COMMENTARY & PHOTOGRAPH FOR ALL PS2 FAN!

PlayStation2

2000-2004

플레이스테이션 2 퍼펙트 카탈로그

PERFECT CATALOGUE

상권

마에다 히로유키·조기현 감수
김경문 옮김

samho MEDIA

머리말

2021년 12월(한국 기준)의 '플레이스테이션 퍼펙트 카탈로그' 발간 후 2년 반 이상이 지난 지금, 드디어 '플레이스테이션 2 퍼펙트 카탈로그'를 내놓을 수 있게 되었다. 모두 이 시리즈를 애호해주신 독자 여러분 덕분인 만큼, 다시 한 번 깊은 감사를 드리고자 한다.

상·하권을 순차적으로 내놓았던 '플레이스테이션 퍼펙트 카탈로그' 때처럼, 이번 PS2편 역시 일단 상권부터 먼저 발간하는 형태가 되었다. 상·하권이 각각 256쪽, 두 권을 합치면 무려 512쪽에 달한다는(한국어판 각권 제4장 제외) 시리즈 최대급 볼륨이 제일 큰 이유로서, 하권도 열심히 제작 중이며 최대한 빨리 내놓도록 노력하고 있으므로, 이 책을 구입해주신 독자라면 부디 추후 나올 하권도 구입하여 꼭 함께 읽어주시기를 바란다.

플레이스테이션 2(이하 PS2)는, 업계의 신참이었기에 밑바닥부터 차근차근 쌓아올렸던 초대 플레이스테이션(이하 PS1)과는 달리, 첫 발표 단계부터 사실상 성공이 예정되어 있었던 게임기였다. 그런 만큼, 시장의 반응을 살피며 무난하게 설계하고 조심스레 홍보해야 했던 PS1 때와는 달리, 소니컴퓨터엔터테인먼트(이하 SCE)가 원래 만들고자 했던 이상적인 게임기로서의 미학을 철저히 관철해낸 하드웨어가 되었다. 한 대라도 더 팔기 위해, 조금이라도 점유율을 올리기 위해 현실과 타협한 흔적이 역력했던 PS1과는 반대로, SCE가 틀잡이한 새로운 형태의 게임기라는 방향성을 처음으로 구체화시킨 기기가 바로 PS2였다 하겠다.

SCE가 추구하는 게임기의 이상형이란 다름 아닌 '소니의 기술을 총동원해 당대 최고의 그래픽과 사운드를 유저에게 선사하는 엔터테인먼트 머신'으로서, 본질적으로는 아동용 완구가 아니라 그래픽 워크스테이션인 것이다. 플레이스테이션의 아버지로서 뼛속까지 기술자였던 쿠타라기 켄이 염원했던, '더 고화질'이고 '더 고음질'이며 무엇보다 '더 고속인' 컴퓨터. 그런 기기여야만이 최고의 엔터테인먼트를 만들어 내리라 믿어 의심치 않았던 그의 신념의 결과물인 PS2는, 그야말로 소니라는 회사 그 자체를 구체화시킨 듯한 제품이라 할 수 있지 않을까.

이 책은 PS2 본체를 비롯해, 일본에서 발매된 게임 소프트 전체와 주변기

기·관련상품에 이르기까지를 최대한 담아냈다. 이에 더해 당시의 일본 게임기 시장을 둘러싼 시대상과 화제도 가능한 한 정리하여, PS2가 드림캐스트·게임큐브·Xbox와 치열하게 경쟁했던 이른바 제6차 게임기 전쟁에서 승자가 되기까지의 과정 역시도 정리해 보았다. 점유율의 우열을 가른 요인이 무엇이었는지를 다각적으로 고찰하는 것은, 곧 PS2의 매력이 과연 무엇이었는지를 밝혀내는 것으로 직결되기 때문이다. 독자 여러분이 이 책을 통해 PS2의 매력을 재발견해주신다면, 이 책을 제작한 사람으로서 최고의 기쁨이 될 것이다.

2021년 12월, 마에다 히로유키

PlayStation2

CHAPTER 1
플레이스테이션 2 하드웨어 대연구
PLAYSTATION2 HARDWARE CATALOGUE PART 1

ERFECT CATALOGUE

상 권 CONTENTS

CHAPTER 2
플레이스테이션 2 일본 소프트 올 카탈로그
PLAYSTATION2 SOFTWARE ALL CATALOGUE **PART 1**

CHAPTER 3
플레이스테이션 2 일본 게임 소프트 가나다순 색인
INDEX OF PLAYSTATION2 GAME SOFTWARE

CHAPTER 4
한국의 플레이스테이션 2 이야기
PLAYSTATION2 KOREAN CATALOGUE **PART 1**

- 이 책 안에서 다루는 게임기, 소프트, 기타 각 상품은 ™ 및 ©, ® 표기를 생략했으나, 각종 권리는 해당 회사의 소유이며, 각 회사의 상표 또는 등록상표입니다.
- 이 책 안에서 다루는 게임기, 소프트, 기타 각 상품은 일부를 제외하고 현재 판매 종료되었습니다. 문의처가 게재되어 있는 상품을 제외하고, 이 책의 정보를 근거로 각 회사에 직접 문의하시는 것은 삼가 주십시오.
- 이 책에 실린 사진은 저자가 촬영한 것을 제외하고는 모두 당시의 카탈로그, 위키미디어 공용의 사진을 사용하였습니다. http://commons.wikimedia.org/wiki/Main_Page
- 회사명 및 상품명은 발매 당시 기준입니다. 또한, 일부 회사명 및 상품명이 정확한 표기가 아닌 경우가 있습니다만, 가독성을 위해 조정한 것이며 오독·오해 유발 목적이 아닙니다.
- 회사명 표기 시에는 '주식회사' 등의 표기를 생략했습니다. 또한 개인 이름의 경칭은 생략했습니다.
- 가격 표시는 원칙적으로 일본의 소비세 제외 가격 기준이지만, 당시 표기를 따라 소비세가 포함되어 표기된 경우가 일부 있습니다.
- 한국어판의 추가 페이지는 모두 한국어판 감수자가 집필하였습니다.

Special Thanks To

38	네이버 카페 '구닥동' 회원
SUI	
게임샵 트레더	
꿀딴지곰	고전게임 컬럼니스트, 유튜브 채널 '꿀딴지곰의 게임탐정사무소' 운영
오영욱	게임잡지의 DB를 꿈꾸는 게임개발자
이승준	'레트로장터' 행사 주최자
정세윤	http://blog.naver.com/plaire0
타잔	레트로 게임 컬렉터, 네이버 카페 '추억의 게임 여행' 운영자
홍성보	월간 GAMER'Z 수석기자
히규	모리 게임(게임샵), 모리 마켓(캐릭터샵) 운영

CHAPTER 1

플레이스테이션 2 하드웨어 대연구 PART 1

PLAYSTATION2 HARDWARE CATALOGUE

더 뛰어난 화질과 더 뛰어난 음질을 추구하는 소니의 DNA

1994년 발매했던 초대 플레이스테이션(이하 PS1)의 성공은, 이후 일본 게임업계 곳곳에서 벌어지는 큰 변혁의 기폭제가 되었다. 그룹 전체 기업규모 면에서 보면 아직 비중이 크다곤 할 수 없었으나, 그룹 본사의 철저한 무관심 속에 외롭게 출범했던 소니컴퓨터엔터테인먼트(이하 SCE)를 설립 수 년 만에 연매출 6,000억 엔 규모의 거대기업으로 성장시킨 것은 물론이려니와, 본격적인 CD-ROM으로의 매체 혁명과 이를 기반으로 이뤄낸 유통혁명, 기존의 2D에서 3D 폴리곤으로의 게임 표현기법 변화, 동영상 재생 기능 내장 덕에 꽃피게 된 오프닝 동영상 문화의 융성 등에 이르기까지, PS1이 업계 전체에 가져다준 진화는 일일이 다 셀 수조차 없다. 그 SCE가 PS1의 후계기를 개발하고 있다는 소문이 1998년경부터 신빙성 있게 퍼져나가자, 직간접적으로 어떻게든 게임과 연관돼있던 업계인이라면 누구든 내심 흥분하지 않을 수 없었다. '뭐가 됐든, 범상한 게임기를 내놓을 리는 없으리라'……. 모두들 그렇게 여겼다.

◀ 3월 2일의 발표 당시 공개된 「그란 투리스모 2000」(가칭)의 스크린샷(당시 제공했던 카탈로그에 게재된 사진을 발췌).

대망의 정식 발표는, 1999년 3월 2일에 있었다. '차세대 플레이스테이션'이란 명칭과 함께 발표된 새로운 게임기의 스펙은, PS1 발표 당시의 놀라움을 아득히 초월하는 것이었다. '영화 제작에 쓰이는 그래픽스 워크스테이션의 연산능력에 필적하는 128비트 CPU', '밴드 폭 2,560비트의 초 병렬 연산 그래픽 엔진', 'DVD-ROM 매체의 채용', 'PS1과 하위호환성이 있는, USB와 IEEE1394를 지원하는 I/O 프로세서'……. 이건 차라리 전문가용 워크스테이션이나 슈퍼컴퓨터를 발표하는 기자회견에나 나올 만한 내용이지, 도무지 일개 게임기의 스펙 발표라고는 믿기지 않을 만큼 어마어마한 충격이었다.

기기가 실제로 어떻게 나올지 도무지 상상조차 가지 않을 내용의 기자회견이 있은 지 반년 후인 9월 13일의 발표에서는, '차세대 플레이스테이션'의 상품명을 '플레이스테이션 2'로 확정하고 기능과 외형을 구체적으로 공개했다. 앞서 발표된 스펙대로의 실체를 드러낸 완성품의 모습은, 세계 최초의 수직·수평 양방향으로 놓을 수 있는 스타일리시한 칠흑의 직육면체형 바디였다. 한눈에 봐도 PS1의 그래픽조차 과거의 퇴물로 느껴져 버리는 압도적인 비주얼을 뿜어냈고, DVD 비디오의 재생 기능도 기본 내장하고 있었으며, 무엇보다 놀라웠던 것은 불과 39,800엔이라는 본체 가격이었다.

SCE는 PS1으로 얻어낸 이익의 거의 대부분을 이 기기(정확히는 기기 내의 핵심 프로세서들)의 개발에 투입했다고 밝혔는데, 그 말이 자연스럽게 수긍될 만큼 발표 내용은 실로 압도적이었다. 적어도 플레이스테이션 2(이하 PS2)라는 제품에 거는 SCE의 열의가 실로 엄청나다는 것만큼은 제대로 느껴졌다. SCE가 만들려는 차세대기는 아동용 장난감으로서의 게임기가 아니다. 보기만 해도, 듣기만 해도 감동과 탄성이 터져 나올 만큼 압도적인 '영상력'을 발휘하는 게임기. 다시 말해, 창사 이래 끊임없이 '더 뛰어난 화질'과 '더 뛰어난 음질'의 정점을 향해 도전해온 소니의 DNA 그 자체나 다름없는 최첨단 기기였다.

PS2의 연산성능이 어느 만큼인지를 논할 때 흔히 당시의 PC와 비교하곤 하나, 동일 클럭의 Pentium Ⅲ보다 CPU의 정수연산 능력이 처지는 데에서 알 수 있듯, 컴퓨터로서의 단순 성능 자체가 두드러지게 높은 것은 아니다. PS2의 우수함은, 바로 영상표현에 철저히 특화시킨 성능 면에서의 우수함인 것이다. 그런 소니 DNA가 만들어낸 경이의 게임기가 당시의 사람들에게 보여준 것이 무엇인지를, 이 책을 통해 독자에 전달하고자 한다.

다가올 인터넷 시대에도 제대로 대비하다

SCE가 PS1 당시 기발한 TV광고를 비롯해 다각도로 미디어 전략을 펼쳐 온 과정에 대해서는 이전 발간했던 '플레이스테이션 퍼펙트 카탈로그'에서 자세히 서술한 바 있는데, PS2 출시를 앞둔 시점부터의 SCE는 인터넷을 기반으로 한 정보 인프라의 구축을 착실히 준비해 나갔다.

PS2 본체에 인터넷 관련 기능 자체를 딱히 넣지는 않은 대신, 인터넷 연결 용도를 상정한 PCMCIA 슬롯(역주※)을 비롯해 USB, i.LINK 등의 통신용 단자는 처음부터 미리 내장해두었고, 본체 발매 다음해인 2001년엔 유선 LAN 단자를 넣은 데이터 저장용 HDD 세트 'PlayStation BB Unit'을 신속하게 발매했다. 소프트 측면에서도, 당시엔 시행착오 단계였으나 회사별로 통신대전이나 추가 데이터 다운로드 등의 인터넷 서비스를 시작하는가 하면, 「파이널 판타지 XI」·「노부나가의 야망 온라인」 등의 온라인 전용 게임도 발매하는 등, 지금의 게임업계에선 보편화된 온라인 게임 서비스의 토대를 개척했다.

한편, SCE는 자사가 직판하는 통신판매 웹사이트 'PlayStation.com'을 사전 오픈하여 유저 가입을 받고 2000년 2월 18일 오전 0시부터 인터넷을 통한 본체 선행 예약판매 접수를 개시했는데, 순식간에 트래픽이 몰려 서버가 다운되고 말았다. 후일 PlayStation.com 독점판매 상품으로서 '유러피언 오토모빌 컬러 컬렉션'이라는 한정색상 PS2 본체를 판매했을 때도 같은 촌극이 벌어지는 등, 이쪽도 당시가 온라인 상거래 초창기였다 보니 사고가 많았으나, 이때 얻어낸 경험들은 SCE를 비롯한 일본 게임회사들의 온라인 사업에 기반이 되었다.

▶ PlayStation BB Unit(외장형)을 플레이스테이션 2 본체에 한 세트로 연결한 모습.

www.jp.playstation.com

"プレイステーション 2"
2月18日(金)午前0時
予約開始!

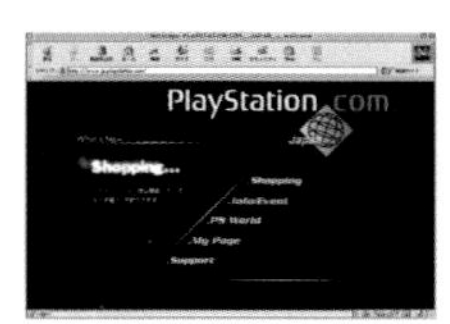

PlayStation.com
Japan

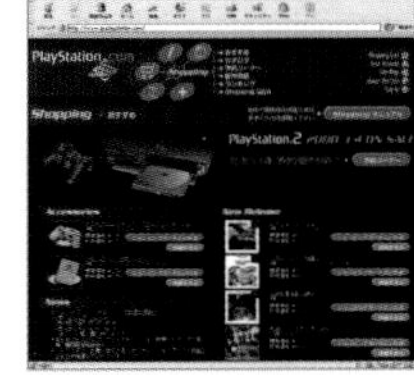

いよいよ始動!

"来てワクワク"

www.jp.playstation.com

▲ PlayStation.com 오픈과, 플레이스테이션 2 본체의 선행 예약판매 개시를 알리는 광고지. 뒷면의 사진에 실린 웹사이트 디자인에 당시의 느낌이 물씬하다.

(역주 ※) PCMCIA 슬롯 내장은 일본에만 발매된 극초기 모델인 SCPH-10000계 한정으로서, 한국을 비롯한 타국에 발매된 SCPH-30000계 모델부터는 3.5인치 HDD 및 네트워크 어댑터 장착용 확장 베이 내장으로 바뀌었다.

HARDWARE 2000 2001 2002 2003 2004 2005 2006 2007 2008 2009 2010 2011 2013 INDEX

모두가 기다려왔던, 플레이스테이션의 새로운 진화형

플레이스테이션 2

SCPH-10000

소니컴퓨터엔터테인먼트 2000년 3월 4일 39,800엔

PlayStation2

▲ 플레이스테이션 2(SCPH-10000)의 외장 패키지. 전체를 청색으로 뒤덮은 대담한 디자인이다.

플레이스테이션 2의 사양

형식번호	SCPH-10000
CPU	Emotion Engine (294.912MHz) 탑재 유닛 : 부동소수점 연산(FPU), 벡터 연산(VPU0·VPU1), 이미지 연산(IPU), 그래픽스 인터페이스, 메모리 인터페이스, 시스템 인터페이스
메모리	워크 RAM : 32MB (Direct RDRAM), 비디오 RAM : 4MB (eDRAM) 사운드 RAM : 2MB, I/O용 RAM : 2MB (EDO DRAM), BIOS ROM : 4MB
그래픽	Graphics Synthesizer (147.456MHz) 해상도 : 480i, 480p, 1080i, VESA (최대 1280×1024픽셀) 발색수 : 32비트 (RGBA 각 8비트) 필레이트 : 최대 2.4G픽셀/초 이펙트 : 알파 블렌딩, 고러드 셰이딩, 밉매핑, 범프 매핑 등
사운드	SPU2 (36.86MHz) PCM 음원 스테레오 48채널 (양자화수 16비트, 샘플링 주파수 최대 48kHz) + 소프트웨어 음원
I/O	PlayStation CPU + (33.8688/36.864MHz)
소프트웨어 매체	DVD-ROM (4배속), CD-ROM (24배속)
전면 입출력 단자	컨트롤러 포트×2, 메모리 카드 슬롯×2, USB 단자×2, S400 i.LINK 단자
후면 입출력 단자	AV 멀티 출력 단자, PCMCIA 슬롯(Type III), 디지털 광출력 단자
전원 / 소비전력	AC 100V±10% 50/60Hz / 약 50W
외형 치수 / 중량	301(가로) × 182(세로) × 78(높이) mm / 약 2.4kg
부속품	아날로그 컨트롤러×1, 메모리 카드(8MB)×1, AC 전원 코드, AV 케이블, 사용설명서, 서비스 가이드

전 세계 출하대수 1억 5,000만 대 이상

플레이스테이션 2(PS2)는 소니컴퓨터엔터테인먼트(SCE, 현 소니인터랙티브엔터테인먼트)가 일본에서 2000년 3월 4일 처음 발매한 가정용 게임기 및 플랫폼이다(역주 ※). 1994년 발매했던 SCE의 첫 게임기인 플레이스테이션(이후 편의상 PS1으로 호칭)의 상업적 성공을 이어받아 개발된 후계기로서, PS1용 소프트도 구동시킬 수 있는 하위호환 기능이 있다.

DVD 비디오 재생 기능까지 있다는 점이 최대의 특징으로서, 당시의 DVD 플레이어로는 파격적인 염가였음에도 고화질·고음질이었던 덕에 게이머 이외의 구매층도 창출하여, 최종적으로는 PS1의 1억 대를 능가하는 가정용 게임기 역사상 최대 출하대수인 전 세계 1억 5,768만 대라는 대기록을 세웠다.

(역주 ※) 한국에서는 소니컴퓨터엔터테인먼트코리아가 2002년 2월 22일 358,000원(기본 세트 기준)으로 발매했으며, 최초 발매 모델은 SCPH-30005 R이다. 본 지면에서 소개된 모델은 SCPH-10000 기준으로서, 일부 기능/사양 및 디테일에 차이가 있다.

TOP VIEW

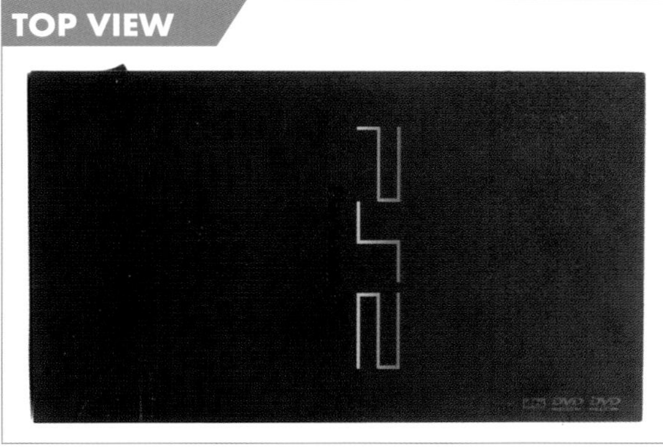

BOTTOM VIEW

FRONT VIEW

REAR VIEW

LEFT SIDE VIEW

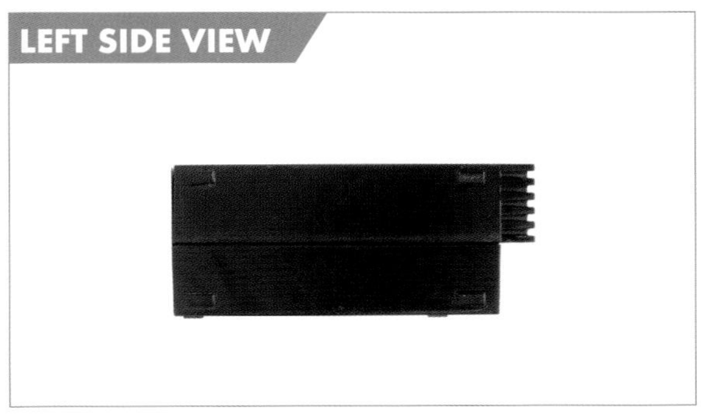

RIGHT SIDE VIEW

수직·수평 양대응의 참신한 디자인

PS2는 시커먼 직육면체형이라는 지극히 참신한 외형 디자인으로도 대중의 주목을 모았다. 좋은 의미로서 게임기답지 않은 이 모습은 PS1의 외형 디자인 역시 담당했던 고토 테이유가 발안한 것으로서, 뛰어난 성능을 어필하면서도 '우주'·'지구'·'물'이라는 근원적인 스케일을 컨셉으로 삼아 표현한 것이다. 수직으로 세운 모습일 경우 영화 '2001 : 스페이스 오디세이'에 등장하는 예지의 결정체 '모놀리스'까지도 연상시키는 등, PS2가 내포한 무한대의 가능성을 느끼게끔 하는 실로 수려한 디자인이라 하겠다.

본체는 수직으로도 수평으로도 놓을 수 있으며, 전용 수직·수평 받침대도 각각 별매함으로써 유저의 환경에 맞춘 스타일을 골라 설치할 수 있다. 이 받침대 역시 칠흑의 우주에 떠 있는 지구를 형상화한 컬러로서, 굳이 추가비용을 감수하고 그라데이션 처리를 넣은 것에서도 디자이너의 강한 의지가 느껴진다.

▲ 수직 상태와 수평 상태. 굳이 수평용 받침대까지 디자인해 내놓은 디자이너의 신념이 실로 대단하다.

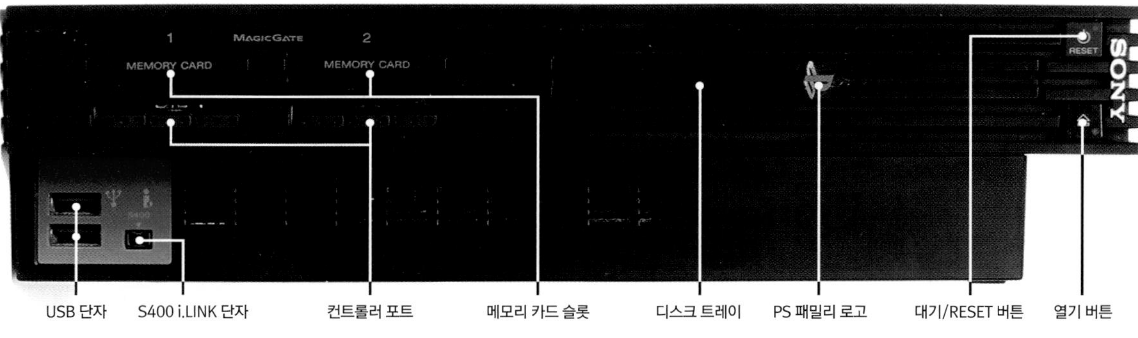

디스크 삽입구는 프론트 로딩 방식

PS1의 CD-ROM 드라이브는 커버가 위로 열리는 탑 로딩 방식이었으나, PS2는 고급스러운 프론트 로딩 방식을 채용하여 열기 버튼을 누르면 트레이가 밀려나온다. 참고로, 열기 버튼 내에는 청색 LED가 있으며 디스크가 들어있는 상태일 때 켜진다. 구동부품이 많이 들어가는 탓에 제조단가 면에서는 불리하지만, 검은 바디 내에서 트레이가 부드럽게 밀려나오는 모습은 마치 고급 AV 기기와도 같아, 그야말로 어른을 위한 게임기라는 인상을 강하게 심어준다.

수직 설치 상태일 때는 '혹시 디스크를 트레이에 놓지 못하는 게 아닐까?'라고 걱정할 수도 있겠으나, 세웠을 때의 트레이 아래 부분(눕혔을 때의 트레이 왼쪽 가장자리 부분)은 오목하게 파인 포켓 형태이므로, 세워 사용할 때라도 안정적으로 트레이에 디스크를 걸칠 수 있도록 했다.

기본적인 단자들은 PS1과 대체로 공통

PS2는 PS1과 완전히 하위호환되며, PS1용 컨트롤러 및 메모리 카드도 함께 사용할 수 있도록 컨트롤러 포트와 메모리 카드 슬롯 역시 하위호환성이 있다. 또한, 컨트롤러 포트는 전용 DVD 리모컨의 리시버 접속에도 활용할 수 있다(SCPH-30000계까지). 본체 뒷면의 AV 멀티 출력 단자와 AC 전원 단자도 PS1과 완전히 동일해, 각종 케이블류도 그대로 물려쓸 수 있도록 배려했다.

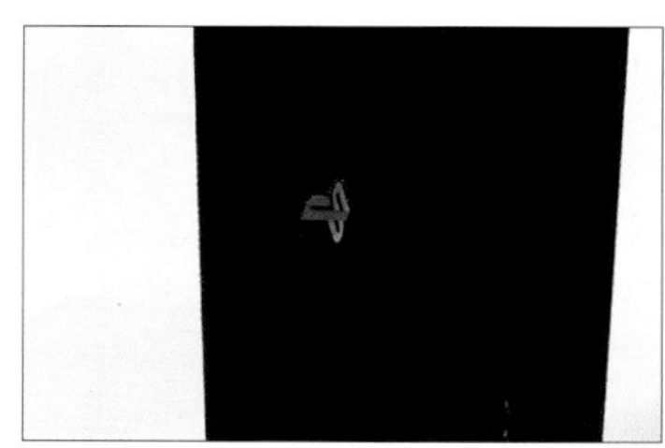
▲ 트레이 중앙의 PS 패밀리 로고는 90도 회전이 가능하다. 수직·수평 설치에 맞춰 돌려두자.

뒷면에 있는 주전원 스위치

PS2의 뒷면에는 주전원 스위치가 있으며, 앞면의 전원 스위치는 On-Standby(대기 상태에서 구동)식 버튼이 되었다. 내장시계 기능도 있는지라, 기본적으로는 항상 주전원이 들어간 상태로 TV 근처에 둔다는 개념이다. VTR이나 DVD 플레이어 등의 AV 가전기기를 의식한 디자인이라 하겠다.

또한 이 버튼은 RESET 용도도 겸하여, 짧게 누르면 리셋, 1초 이상 누르고 있으면 전원 OFF(대기 상태로 전환)라는 두 가지 역할을 맡는다.

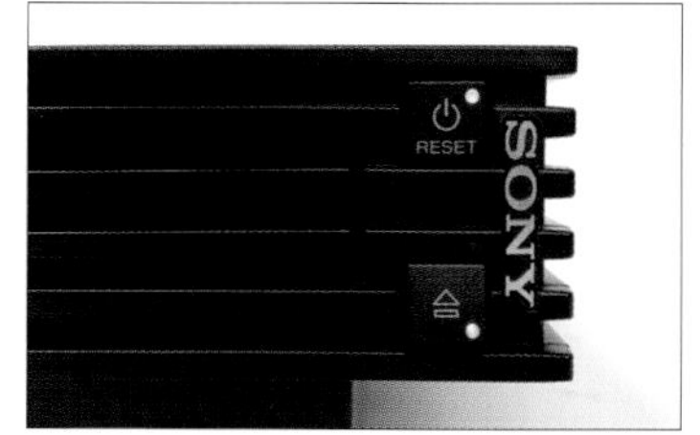

▲ 전원 버튼의 LED는 스탠바이(대기 상태) 시에는 빨간색, 전원 ON 시에는 녹색으로 켜진다.

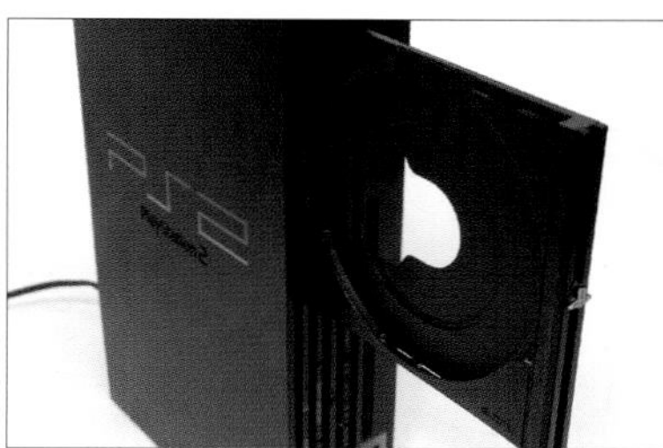

▲ 수직 상태일 때도 수평 상태일 때도 디스크를 제대로 넣을 수 있도록 잘 디자인한 트레이. 잘 보면, 아랫부분에 오목한 홈을 넣어 디스크가 딱 걸쳐지도록 설계했음을 알 수 있으리라.

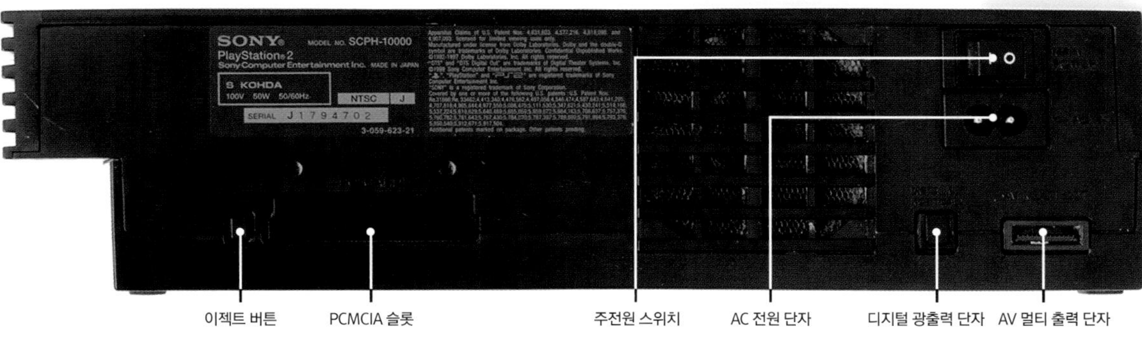

USB 등의 범용 단자를 내장

PS2는 가정용 게임기로는 최초로, USB(1.1) 단자와 i.LINK 단자(역주 ※)라는 범용규격 통신 단자를 내장했다. 양쪽 모두 당시의 디지털 카메라·프린터 등의 범용 주변기기 연결과 데이터 교환 등을 상정한 용도로서, 실제로 이를 활용하는 기기도 발매되었다. 다만 아쉽게도 i.LINK 단자는 SCPH-50000계부터 삭제됐다.

▲ 위에서부터 각각 SCPH-10000, SCPH-30000계, SCPH-50000계. 단자 위치나 삭제 등의 변화가 엿보인다.

추후 확장용이었던 PCMCIA 슬롯

초기형 PS2에는 USB 및 i.LINK 단자처럼, 가정용 게임기로는 최초로 PCMCIA(Type Ⅲ) 슬롯 하나가 내장되어 있다(네오지오도 PCMCIA 슬롯이 있으나, 이쪽은 Type Ⅱ). 당시에는 주로 노트북형 PC 등이 HDD·모뎀·LAN 카드 등을 장착하는 확장단자로 사용했던 규격인데, PS2의 경우 이 슬롯을 통해 LAN(100BASE-T) 및 HDD를 본체와 연결하는 주변기기인 PlayStation BB Unit이 일본에서 실제 발매된 바 있다.

그러나 이후 PS2 본체의 메인보드 고집적화가 순조롭게 진행되어 3.5인치 HDD를 통째로 수납할 만한 공간이 확보되었기에, SCPH-30000계부터는 PCMCIA 슬롯을 없애고 대신 확장 베이가 들어갔다. 그 결과 PCMCIA 슬롯이 있는 SCPH-10000과 확장 베이가 있는 SCPH-30000계 이후라는 2종류의 PS2 모델이 시장에 나돌았기에, 이후 일본에서는 PlayStation BB Unit을 양쪽 타입용으로 각각 발매하였다.

참고로, 일본 외 국가에서는 SCPH-30000계부터 발매했기 때문에 본체와 주변기기 공히 확장 베이형만이 존재한다. 즉, PCMCIA 슬롯형 본체는 일본에만 나온 셈이다.

▲ SCPH-10000에만 존재하는 PCMCIA 슬롯. 이를 통해 HDD와 LAN 어댑터를 연결한다.

▲ SCPH-30000계부터 존재하는 확장 베이. 3.5인치 HDD를 통째로 내장시킬 수 있게 되었다.

(역주 ※) IEEE1394, Firewire, 혹은 DV 단자라고도 부르며, 동일 단자가 내장된 가전기기끼리 고속으로 디지털 데이터를 교환하기 위한 표준규격. 당시엔 주로 iMac 등의 Apple제 기기와, 소니 등의 디지털 캠코더에서 활용됐다. PS2에선 「아머드 코어 3」 등이 주로 근거리 통신대전 케이블 용도로 사용했다.

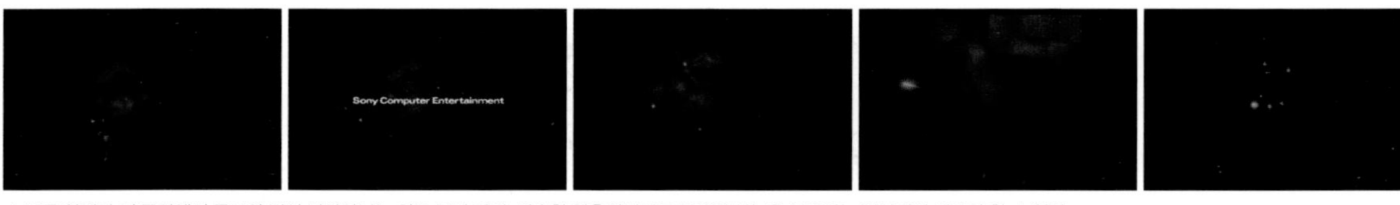

▲ 푸른 안개가 낀 공간에서 큐브와 빛이 날아다니는 최초 부팅 화면. 단순한 연출이면서도 PS2의 성능을 어필하는 인상적인 데모라 할 수 있다.

최초 구동시의 메인 메뉴 화면

부팅 화면과 메인 메뉴, 브라우저 등으로 이루어진 PS2의 시스템 관련 UI는 그리 화려한 편이 아니나 하나같이 간결하고도 기능적이며, 그러면서도 은근슬쩍 PS2의 그래픽 기능이 엿보이도록 디자인되어 있다.

PS1의 경우 의도적으로 컴퓨터다운 느낌을 지워 친근함을 어필하는 인터페이스였던 데 비해, PS2는 메모리 카드의 관리 기능에서부터 아예 '○○KB'라는 단위로 보여주고 각 내장 소프트웨어의 버전 번호까지 나오는 등, 이전과 달리 꽤나 컴퓨터스러운 표현·용어를 도처에 사용한 것도 특징이다. 아마도 대상 유저층을 'PC를 잘 모르는 어린이'가 아니라 '어느 정도 PC 관련 지식이 있는 성인'으로 끌어올렸기 때문이 아닐까. 이렇듯, PS1과 PS2의 UI 차이에도 하드웨어 개발진의 의식 변화가 엿보이는 점이 재미있다.

▲ 디스크 없이 부팅하면 먼저 표시되는 메인 메뉴 화면. 트레이에 게임 디스크나 CD·DVD가 들어있는 상태로 부팅할 경우 즉시 구동된다.

▲ 메인 메뉴 상태에서 △ 버튼을 누르면 '버전 정보' 화면으로 넘어가, 본체의 기본 정보와 각종 내장 소프트웨어의 버전을 보여준다.

▲ PS2용 게임 소프트의 구동 화면. 포커스 아웃 직후 PlayStation 2 로고가 나타나고 게임 데이터를 로딩한다.

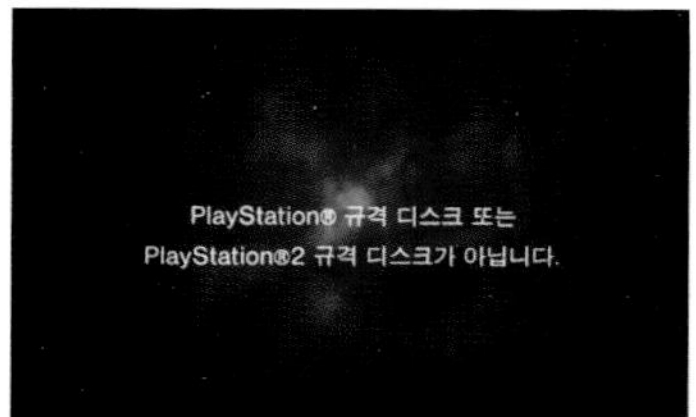

▲ PS2가 지원하지 않는 디스크를 넣으면 표시되는 경고 화면. 정상적인 디스크로 교체하고 리셋하자.

부팅 화면의 '기둥'이 늘기도 한다는데!?

본체 최초 구매시의 부팅 화면은 을씨년스러운 배경이었는데, 꾸준히 사용하다 보니 어느새 자연스레 '기둥'이 늘어나 있더라는 점을 눈치 챈 사람이 있으리라. 이 기둥은 본체에 삽입돼 있는 메모리 카드의 누적 로딩 횟수에 연동되어 생성되는 것으로서, 일반적인 사용빈도일 때 발매 후 대략 5년 정도면 화면에 기둥들이 꽉 차도록 계산했다고 한다. PS2를 즐기다 차세대기가 얼추 등장할 쯤까지를 고려한 의미심장한 연출인 셈이다.

▲ 약 5년 정도면 꽉 들어차게 된다는 큐브형 기둥들. 이렇게 '성장하는' 영상 연출도 인상적이다.

(역주 ※) 14p부터 17p까지의 본체 UI 사진은, UI 텍스트가 모두 한국어화된 SCPH-50005 이후 기준으로 수록했다. 정식발매 초기의 SCPH-30005는 북미판 기준의 영어 UI였다.

브라우저와 시스템 설정

메인 메뉴 화면의 '브라우저'에서는 게임·DVD 재생과 메모리 카드 관리가, '시스템 설정'에서는 각종 환경설정이 가능하다.

■ 브라우저 초기 화면

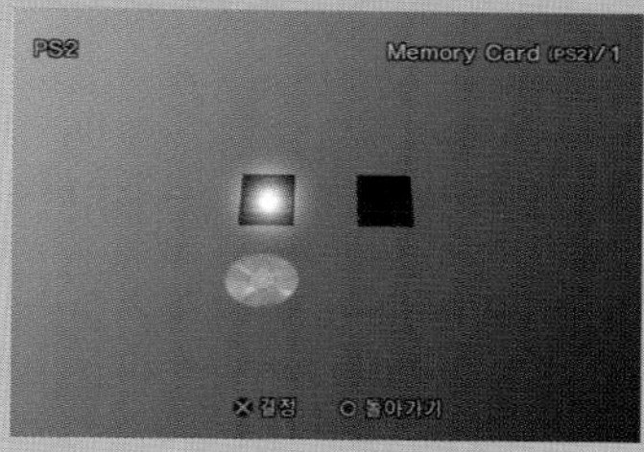

▲ 브라우저에는 현재 삽입돼 있는 디스크 및 메모리 카드의 종류가 표시된다. PS1용이냐 PS2용이냐로 아이콘도 달라진다.

■ 메모리 카드 관리 화면

▲ 메모리 카드 내의 세이브데이터를 전반적으로 관리할 수 있는 기능이다.

■ 세이브데이터 관리 화면

▲ 세이브데이터 아이콘을 열면 저장된 일시와 용량이 표시된다. 복사 및 삭제도 여기서 진행한다.

■ 날짜/시간 설정

▲ PS2 본체에는 시계 기능과 전지가 내장돼 있으므로, 시스템 설정에서 현재 일시를 맞출 수 있다.

■ 화면 크기 설정

▲ 영상의 화면비와 출력계통 등의 설정도 처음으로 가능해졌다. 차세대 TV를 대비한 기능이라 할 수 있다.

■ 시스템 언어 설정

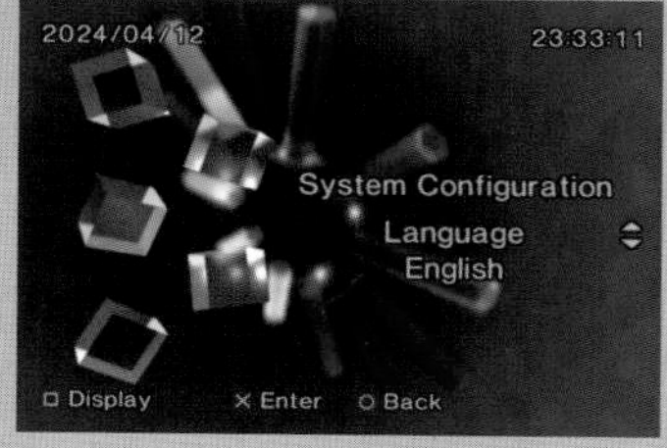

▲ UI의 언어는, 한국판 SCPH-50005 이상 기준으로 한국어와 영어 중에서 선택할 수 있다.

CATALOGUE

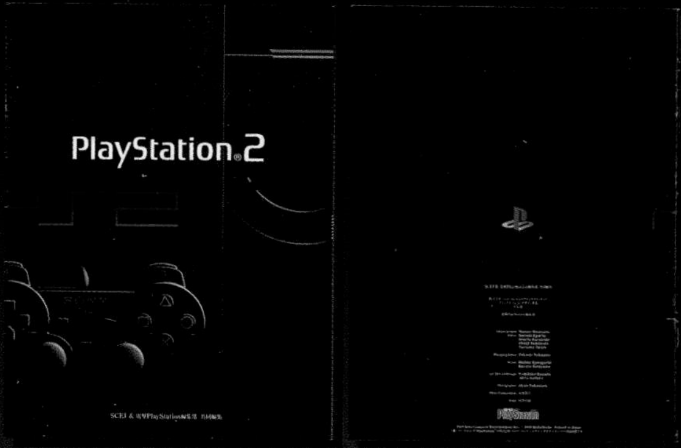

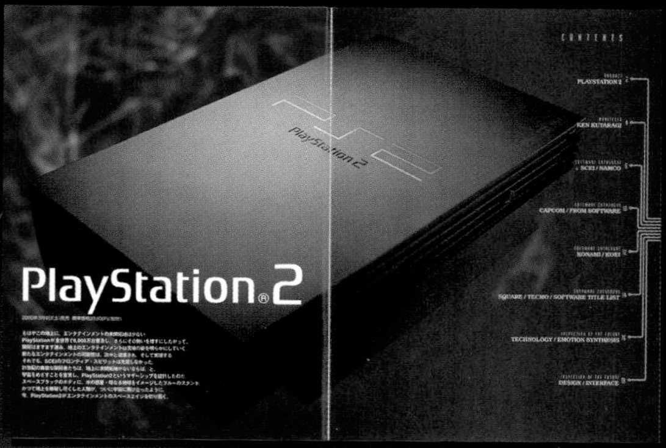

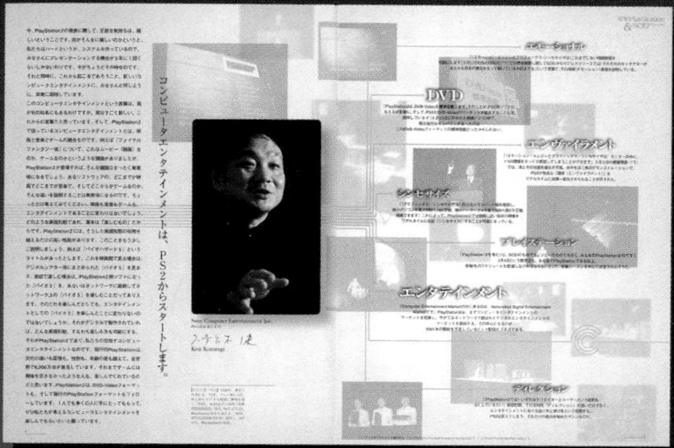

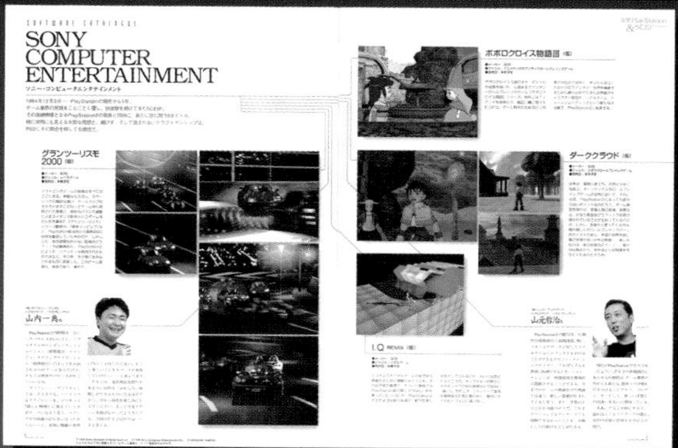

과거의 PS1용 게임도 즐겨보자

PS2에는 PS1용 게임도 즐길 수 있는 하위호환 기능이 내장돼 있다. 자세한 해설은 24p에서 하겠으나, PS1용 CPU를 통째로 탑재했기에 가능한 기능이다(사운드 부분은 SPU2가, 그래픽 부분은 Graphics Synthesizer가 각각 담당한다). 호환성은 매우 높은 편으로서 대부분의 PS1용 게임이 잘 동작하나, 극히 일부 타이틀은 처리속도가 느려지거나 그래픽이 깨지는 등의 문제가 알려져 있다.

참고로 PS1과 PS2는 메모리 카드의 사양이 완전히 다르기에, 게임의 세이브데이터를 사용/저장하려면 각 기기용 메모리 카드를 구분해 삽입해야만 하니 주의하도록 하자.

▲ 브라우저 상에 PS1용 게임 CD-ROM과 메모리 카드가 인식되어 있는 상태. 디스크 컬러도 제대로 검은색으로 나온다.

▲ 메모리 카드 관리 화면. 물론 세이브데이터의 복사·삭제도 당연히 가능하다.

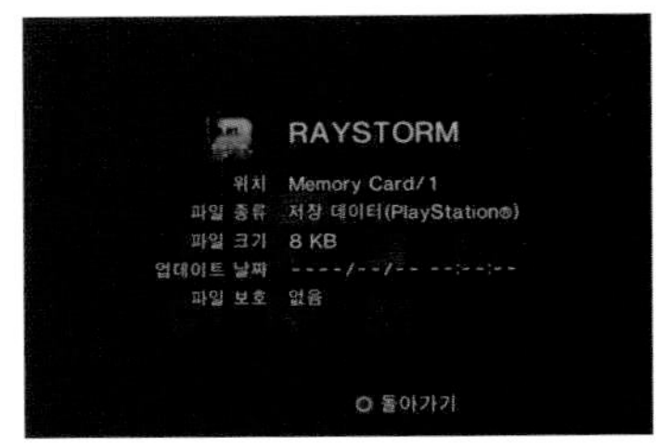

▲ PS1은 내장시계 기능이 없으므로, PS1용 세이브데이터는 저장일시가 나오지 않는다.

과거의 PS1 게임을 하이스펙으로 즐기자

PS2에서 PS1 게임을 즐길 때는, 소소한 특전으로서 아래의 2가지 기능 향상 옵션이 있다. 실기 PS1과는 구동조건이 다르기에 별 효과가 없는 소프트도 있으나, 효과가 있을 때는 꽤 도움이 되는 기능이다.

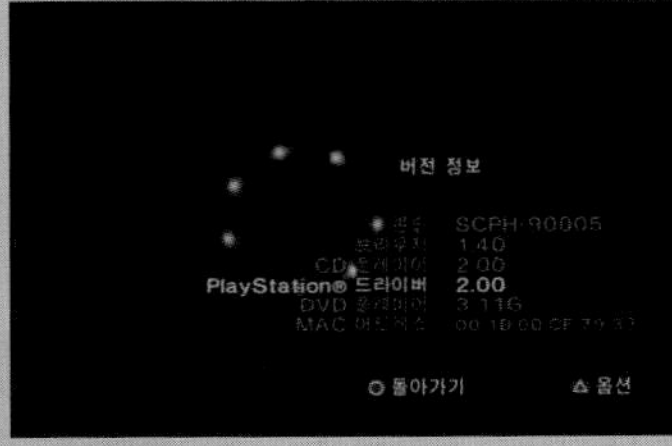

▲ 메인 메뉴에서 △ 버튼을 누르면 나오는 이 화면에서, 'PlayStation 드라이버'에 커서를 맞추고 다시 △ 버튼을 누른다.

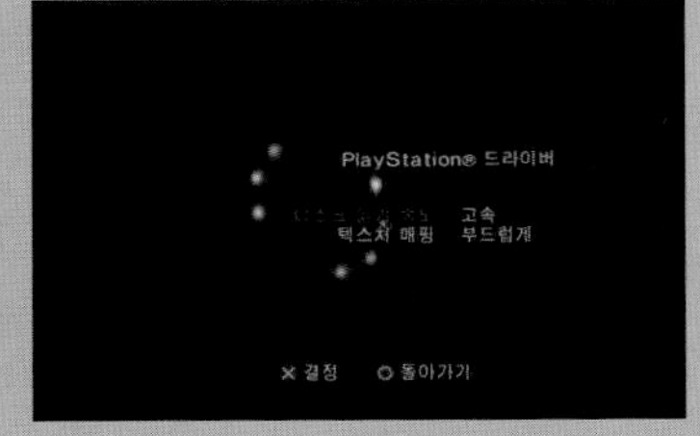

▲ '디스크 읽기 속도'와 '텍스처 매핑'을 설정 가능하다. 모든 소프트에 효과가 있는 것은 아니나, 한 번 시도해볼 만하다.

① 디스크 읽기 속도의 고속화

PS2는 PS1의 CD-ROM 드라이브 대비로 최대 12배의 고속 로딩을 지원한다. 100% 고속화되는 것은 아니나, 당시 로딩이 느려 답답했던 게임을 PS2에서 쾌적하게 즐겨보는 것도 좋겠다.

② 텍스처 매핑의 보간 처리

PS1용 게임의 텍스처 데이터를 Graphics Synthesizer 내에서 부드럽게 보간 처리해주는 기능. 3D 폴리곤계 게임에선 꽤 효과적이다.

플레이스테이션 2로 DVD 비디오를 보자

PS2의 최대 세일즈포인트였던 DVD 비디오 재생 기능. 모든 모델이 지원하는 것은 아니나 컴포넌트·RGB로까지 출력할 수 있는 DVD 플레이어가 당시엔 PS2 외에 드문 편이었던 데다, 음성출력도 광출력을 통한 입체음향까지 제공한다. 이만한 성능을 갖추었으면서도 4만 엔 미만의 (AV기기 기준으로) 염가였으니, 오로지 DVD 비디오 시청용으로만 PS2를 산 유저가 많았던 이유도 이해가 간다.

심지어 시중의 DVD 플레이어와 비교해도 손색없는 기능의 전용 리모컨도 별매했으며(일부 모델은 동봉), SCPH-50000계 이후부터는 아예 IR 수신부를 본체에 내장시켜 한층 더 편리해졌다.

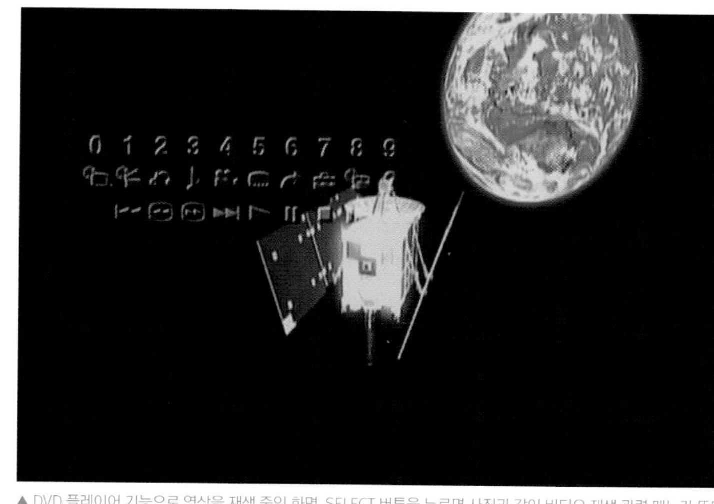

▲ DVD 플레이어 기능으로 영상을 재생 중인 화면. SELECT 버튼을 누르면 사진과 같이 비디오 재생 관련 메뉴가 뜬다.

▲ 본격적인 디자인의 DVD 리모컨과 적외선 리시버.

▲ 브라우저 화면에서도 DVD를 제대로 인식해, 'DVD 비디오'로 표시된다.

SCPH-10000계는 메모리 카드에 DVD 플레이어 파일이 있어야 한다

초기형 PS2(SCPH-10000과 SCPH-15000의 2개 모델)는 본체에 DVD 플레이어 기능이 내장돼 있지 않으므로, 필요할 경우 패키지 내에 동봉된 '유틸리티 디스크'를 구동해 메모리 카드에 DVD 플레이어를 설치해야 하니(본체에 기본 동봉된 메모리 카드에는 사전 설치되어 있다), 유의하도록 하자.

PS2로 일반적인 음악 CD를 듣자

PS2에도 음악 CD를 재생하는 플레이어 기능은 내장돼 있다. 각 트랙이 큐브 형태로 표시되는 심플한 플레이어이지만, 반복재생·셔플 재생 등 일반적인 CD 플레이어의 기능은 대체로 다 있어, 게임과 DVD뿐만 아니라 기분 전환삼아 음악을 감상하는 데에도 활용해볼 만하다.

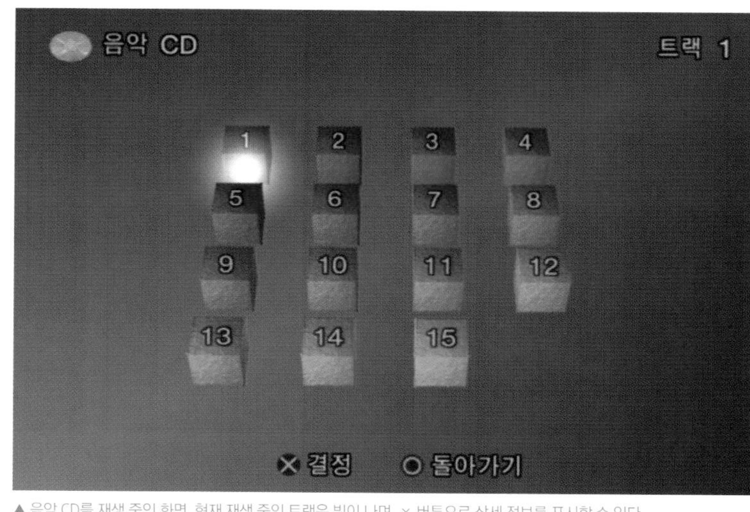

▲ 음악 CD를 재생 중인 화면. 현재 재생 중인 트랙은 빛이 나며, × 버튼으로 상세 정보를 표시할 수 있다.

컬러 바리에이션도 실로 다양했다

PS2는 SCE의 게임기로는 최초로 본격적인 컬러 바리에이션 모델을 전개한 기기다. 그중에서도 출하대수 2,000만 대 돌파 기념으로 기획된 '유러피언 오토모빌 컬러 컬렉션' 시리즈는 유럽 자동차 특유의 광택을 재현해 낸 도장이 실로 멋진 제품이다. 전 세계에서 20,000대, 그중 일본은 각 색별 120대씩 합계 600대+5컬러 풀세트 66대만 판매한 레어 아이템이었다. PlayStation.com 한정판매였는데, 트래픽이 일시에 몰려 곧바로 완매됐다.

SCPH-30000RSR 수주 한정생산
슈퍼 레드
2001년 11월 8일 50,000엔

유러피언 오토모빌 컬러 컬렉션 중 하나.

SCPH-30000RMS 수주 한정생산
메탈릭 실버
2001년 11월 8일 50,000엔

유러피언 오토모빌 컬러 컬렉션 중 하나.

SCPH-30000RAB 수주 한정생산
애스트럴 블루
2001년 11월 8일 50,000엔

유러피언 오토모빌 컬러 컬렉션 중 하나.

SCPH-30000RSW 수주 한정생산
스노우 화이트
2001년 11월 8일 50,000엔

유러피언 오토모빌 컬러 컬렉션 중 하나.

SCPH-30000RLY 수주 한정생산
라이트 옐로
2001년 11월 8일 50,000엔

유러피언 오토모빌 컬러 컬렉션 중 하나.

SCPH-37000L
오션 블루
2002년 7월 19일 30,000엔

최초의 시판용 컬러 바리에이션 모델. 동일 색상의 수직 받침대도 동봉.

SCPH-37000B
젠 블랙
2002년 8월 1일 30,000엔

반투명 블랙 모델로서, 옅은 먹물을 연상케 하는 기품 있는 흑색 외장이다.

SCPH-39000RC 소프트 동봉 한정품
라쳇 & 클랭크 액션 팩
2002년 12월 3일 26,800엔

「라쳇 & 클랭크」 동봉판. 컬러는 일반판 차콜 블랙이다.

SCPH-39000TB 토이저러스 한정
토이즈 블루
2002년 12월 3일 26,799엔

2002년 연말, 토이저러스 한정으로 발매됐다. 「라쳇 & 클랭크」를 동봉.

SCPH-39000S 수량 한정발매
SILVER
2003년 2월 13일 25,000엔

2003년 봄에 발매한 계절 한정판. 동일 색상의 수직 받침대도 별매했다.

SCPH-39000SA 수량 한정발매
SAKURA
2003년 2월 20일 25,000엔

2003년 봄에 발매한 계절 한정판. 동일 색상의 수직 받침대도 별매했다.

SCPH-39000AQ 수량 한정발매
AQUA
2003년 2월 20일 25,000엔

2003년 봄에 발매한 계절 한정판. 동일 색상의 수직 받침대도 별매했다.

SCPH-50000MB/NH
미드나이트 블루
2003년 6월 12일 35,000엔

PlayStation BB Unit 및 동일 색상의 수직 받침대와의 세트 상품.

SCPH-50000NB
미드나이트 블랙
2003년 11월 13일 19,800엔

반투명 블랙 컬러 본체. 이후부터는 이 모델이 기본색이 되었다.

SCPH-50000TSS 토이저러스 한정
새틴 실버
2003년 11월 19일 19,799엔

2003년 연말, 토이저러스 한정으로 발매되었다.

SCPH-50000CW
세라믹 화이트
2004년 3월 18일 19,800엔

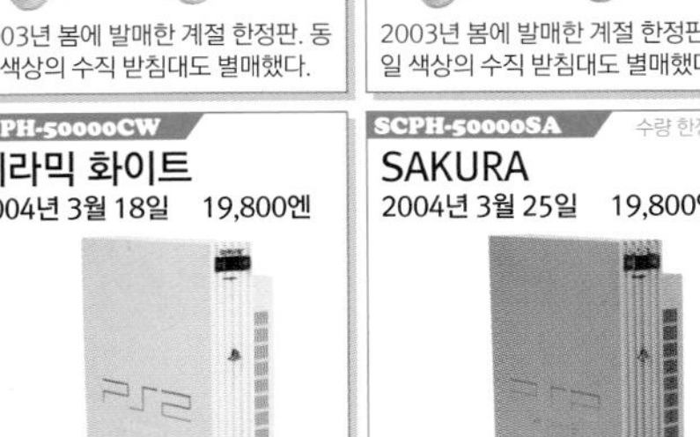

백색 PS2. 큰 호평을 받아, 이후 모델에도 기본색으로 채용됐다.

SCPH-50000SA 수량 한정발매
SAKURA
2004년 3월 25일 19,800엔

2004년 봄의 계절 한정판. 이쪽은 SCPH-50000 베이스다.

SCPH-50000PW 수량 한정발매
펄 화이트
2004년 7월 25일 19,800엔

2004년 봄의 계절 한정판. 세라믹 화이트와는 다른 백색이다.

SCPH-55000GT 소프트 동봉 한정품
세라믹 화이트
2003년 12월 4일 22,000엔

「그란 투리스모 4 Prologue」를 동봉한 'Racing Pack'으로 발매됐다.

SCPH-55000GU 소프트 동봉 한정품
기동전사 Z건담 백식 골드 팩
2003년 12월 4일 35,000엔

오오카와라 쿠니오가 디자인한 수직 받침대와 소프트·메모리 카드를 동봉.

(역주 ※) 위에서 설명하는 모델들은 일본 발매 기준이며, 한국의 경우 2004년에 세라믹 화이트·새틴 실버·아쿠아 컬러 모델이 한정 패키지 형태로 순차 출시되었다.

플레이스테이션 2 모델별 차이점 일람(일본 기준)

형식번호 · 발매일 · 가격 · 중량	PCMCIA 슬롯	확장 베이	DVD 플레이어	IR 수신부	네트워크	앞면 · 뒷면	내부 기판
SCPH-10000 발매일 : 2000년 3월 4일 가격 : 39,800엔 중량 : 2.4kg 가장 최초로 발매된 모델. DVD 비디오의 리전 프리 문제와 메모리 카드를 파괴하는 버그가 있었으나, 대인기로 품절사태가 속출했다.	○	×	△※	×	×	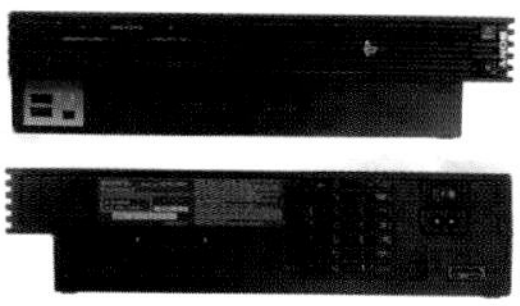	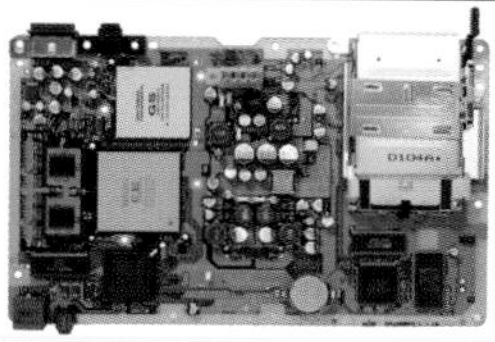
SCPH-15000 발매일 : 2000년 6월 15일 가격 : 39,800엔 중량 : 2.4kg 생산성 향상 목적의 모델 체인지로서, 기능 면의 변경점은 없다. 유틸리티 디스크 1.00은 구동할 수 없도록 했다.	○	×	△※	×	×	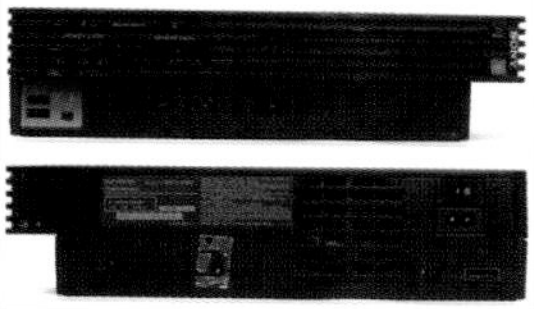	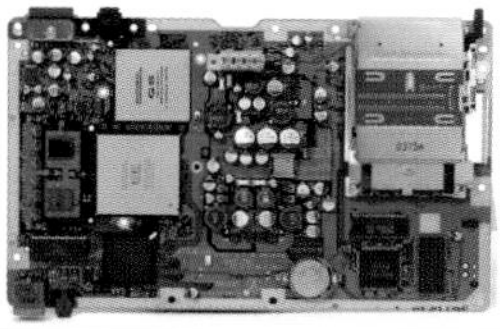
SCPH-18000 발매일 : 2000년 12월 8일 가격 : 39,800엔 중량 : 2.4kg DVD 플레이어를 본체 ROM에 내장했으며, DVD 리모컨·리시버가 동봉되었다. 이에 따라 메모리 카드는 별매품이 됐다.	○	×	○	×	×		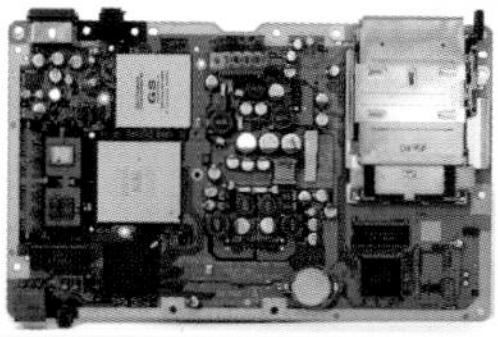
SCPH-30000 발매일 : 2001년 4월 18일 가격 : 오픈 프라이스 중량 : 2.2kg 2001년 6월 29일, 35,000엔으로 가격 변경 2001년 11월 29일, 29,800엔으로 가격 변경 2002년 5월 16일, 오픈 프라이스로 재변경 PCMCIA 슬롯을 삭제하고 확장 베이로 대체했다. DVD 리모컨은 별매품이 되었다.	×	○	○	×	×	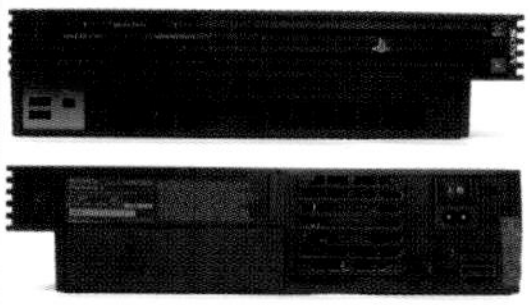	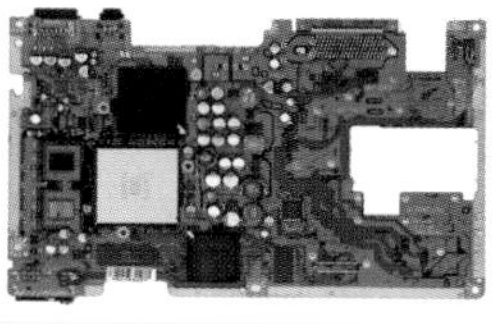
SCPH-35000 발매일 : 2001년 6월 8일 가격 : 39,800엔 중량 : 2.2kg 「그란 투리스모 3 A-spec」이 동봉된 'GT3 Racing Pack'. 전용 패키지이긴 하나 하드웨어 자체의 변경점은 없다.	×	○	○	×	×	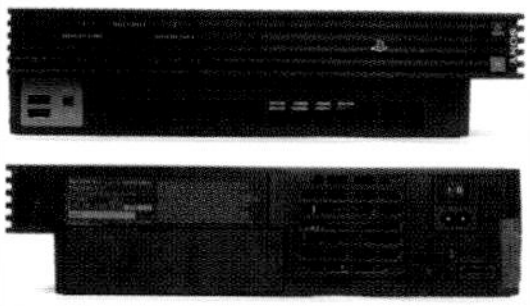	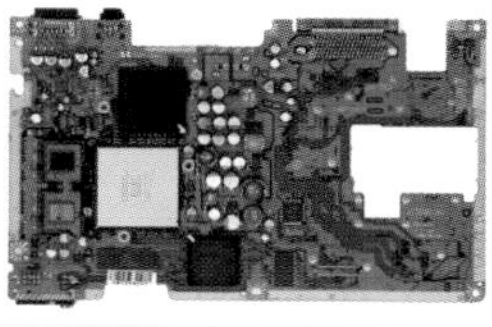
SCPH-37000 발매일 : 2002년 7월 19일 가격 : 30,000엔 중량 : 2.2kg 기본 블랙 컬러가 없는 모델. 수직 받침대와 DVD 리모컨을 동봉했다. 소비전력은 39W로 낮아졌다.	×	○	○	×	×	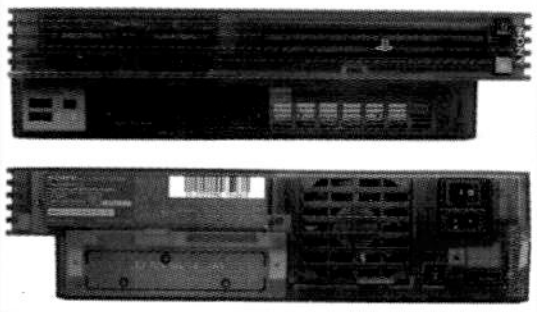	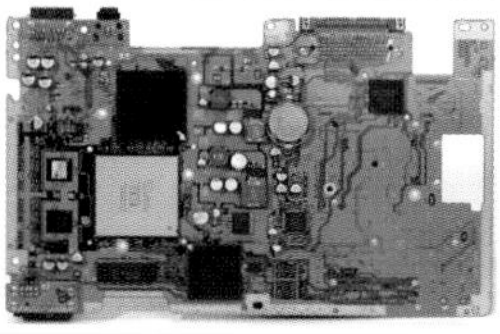
SCPH-39000 발매일 : 2002년 11월 21일 가격 : 오픈 프라이스 중량 : 2.2kg 생산성 향상 목적의 모델 체인지로서, 기능 면의 변경점은 없다.	×	○	○	×	×		
SCPH-50000 발매일 : 2003년 5월 15일 가격 : 25,000엔 중량 : 2.0kg IR 수신부가 본체에 내장되었고, i.LINK 단자가 삭제됐다. DVD 프로그레시브 재생과, DVD±R 및 DVD±RW를 정규 지원한다.	×	○	○	○	×		
SCPH-55000 발매일 : 2003년 12월 4일 가격 : 22,000엔 중량 : 2.0kg 기본 블랙 컬러가 없는 모델로서, 「그란 투리스모 4 Prologue」를 동봉한 'Racing Pack' 등의 한정 모델로만 발매됐다.	×	○	○	○	×	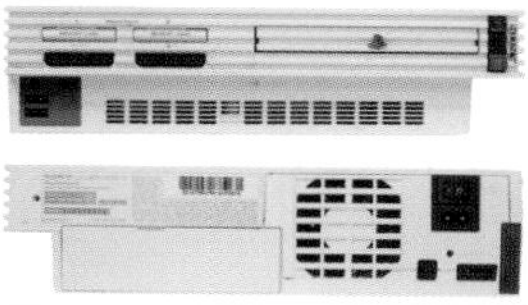	

※ 동봉된 유틸리티 디스크를 구동하여, 메모리 카드에 DVD 플레이어를 설치해야 한다.

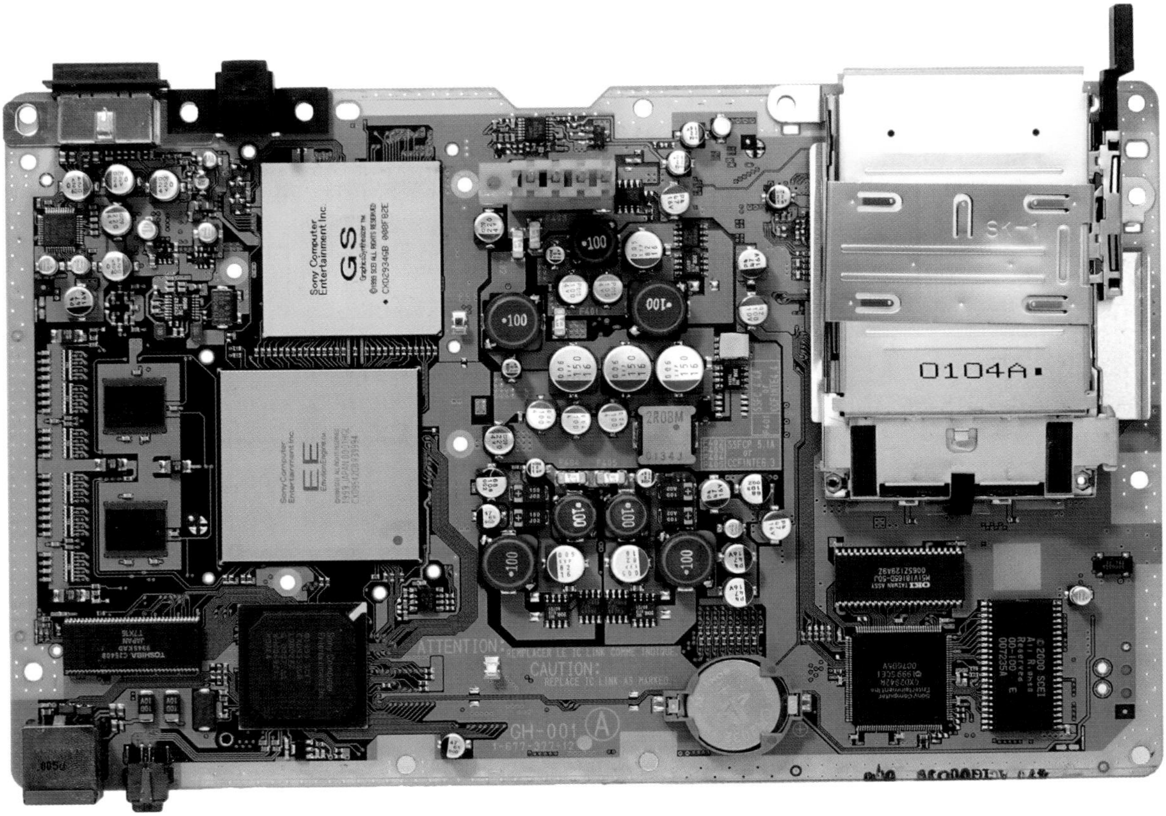

주요 기능을 3개의 칩에 집약

PS2는 메인 CPU인 Emotion Engine(EE)과 그래픽 프로세서인 Graphics Synthesizer(GS), 각종 입출력을 전담하는 I/O 프로세서(IOP)의 세 칩으로 구성되어 있다. 거액의 개발비 중 상당 부분이 이 세 칩의 개발에 쓰였기에, 게임업계를 넘어 반도체·IC 업계에서까지 큰 뉴스로 다루어졌다.

각 칩의 역할과 기능에 대해서는 다음 페이지부터 해설하도록 하겠다.

▲ 엄중한 실드와 거대한 히트싱크로 차폐되어 있는 SCPH-10000의 메인보드.

플레이스테이션 2의 시스템 블록 다이어그램

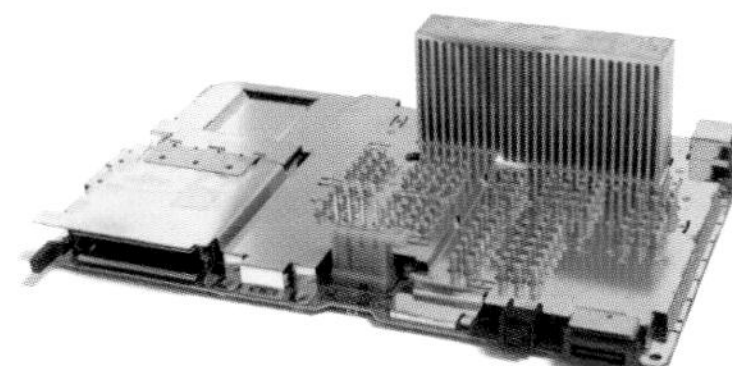

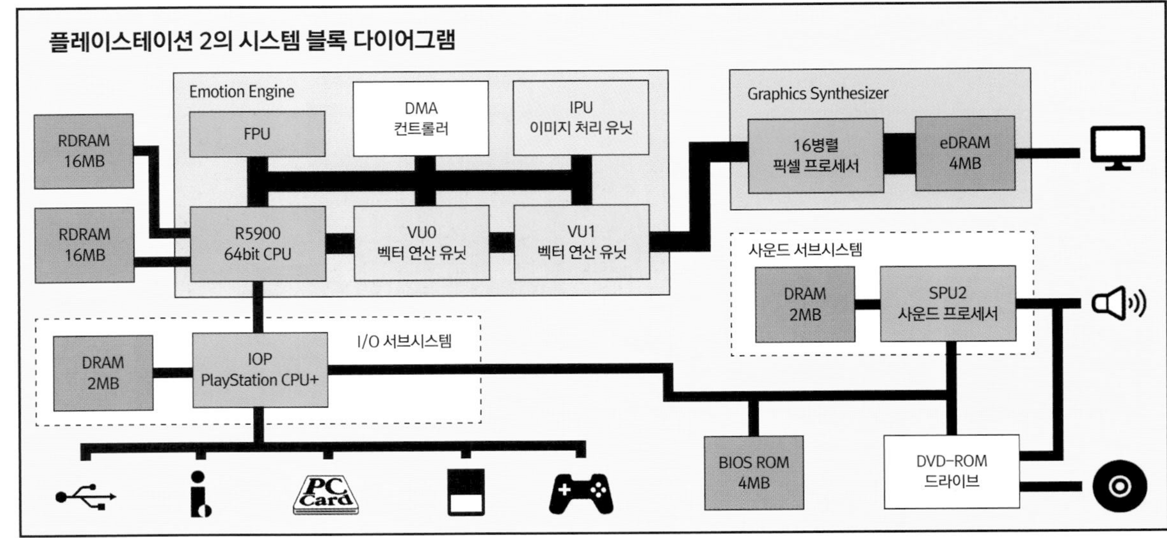

CHECK POINT 1 Emotion Engine 메인 프로세서

전용으로 개발된 고성능 프로세서

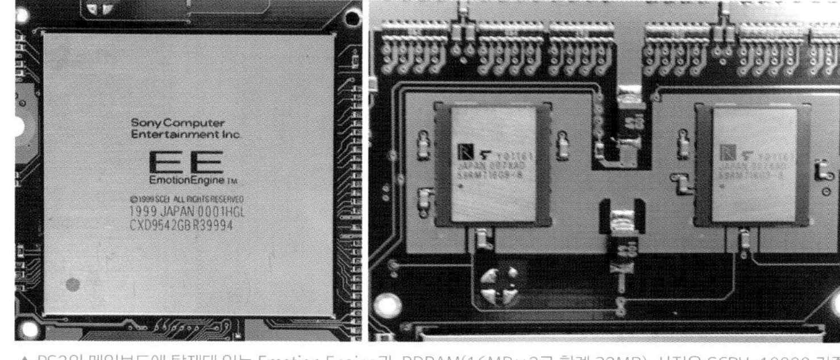

▲ PS2의 메인보드에 탑재돼 있는 Emotion Engine과, RDRAM(16MB×2로 합계 32MB). 사진은 SCPH-10000 기준으로서, 동일한 EE라도 세대별로 제조공정이 계속 바뀌어갔다.

PS2에 탑재된 CPU는 'Emotion Engine'으로 불리며, 도시바와 SCE가 PS2 전용으로 공동 개발한 프로세서다. 정확히는 일반적인 PC에서 말하는 CPU(중앙연산장치)뿐만 아니라, FPU(부동소수점 연산 유닛)와 컨트롤러·인터페이스 등의 주변기능까지도 원칩으로 통합시킨 형태로서, 지금의 SoC와 동일한 발상의 칩이다(후일 Graphics Synthesizer까지 통합시켜 완전히 원칩화됨으로써, 이 경향성이 더욱 강해졌다).

'128비트 프로세서'라는 표현은 내부 버스 폭이 128비트인 점에서 유래했는데, 메모리·I/O 등의 외부 버스는 16비트·32비트·64비트 등으로 제각기 나뉘어 있다. 뒤집어 말하자면, 게임기에 탑재한다는 용도에만 철저히 특화시켜 낭비를 최대한 줄인 설계라고도 할 수 있다.

CPU 코어 부분은 미국 MIPS 사가 개발한 R5900이라는 64비트 프로세서 기반으로서, PS1에서 이룬 실적에 힘입어 차세대에도 채용된 것으로 보인다. 참고로, 칩의 실제 제조는 개발에도 참여했던 도시바가 담당했다.

메인 메모리는 미국 Rambus 사의 RDRAM 32MB를 탑재했다. 16MB 메모리 2개를 16비트 버스로 연결하여 듀얼 채널링함으로써, 3.2GB/초라는 고속 데이터 전송을 구현했다. 2000년 당시 PC의 수준이 PC100 SDRAM 기준으로 800MB/초였음을 감안하면, 무려 4배의 전송속도였다 할 수 있다.

참고로 메모리·Graphics Synthesizer·I/O 등과의 데이터 전송은 DMA 컨트롤러가 담당하는데, PS2에 탑재된 컨트롤러는 10채널까지 동시 전송이 가능하다.

Emotion Engine의 사양

시스템 클럭	294.912MHz
버스 폭	128비트
버스 대역폭	3.2GB/초
명령어(I) 캐시	16KB
데이터(D) 캐시	8KB+16KB (스크래치패드)
연산능력	6.2 GFLOPS
트랜지스터 집적개수	1,350만 개

CHECK POINT 2 SPU2 사운드 프로세서

단순한 음원이 아니라, 디지털 출력까지 지원

PS2에 탑재된 음원은 소니가 내부 개발한 SPU2라는 오리지널 음원 칩으로서, PS1에 탑재되었던 SPU의 기능 확장판이다. 그 원점은 소니가 과거 슈퍼 패미컴용으로 개발해 납품했던 SPC700이기에, 이 칩 자체가 어엿한 컴퓨터로서 독립적으로 작동한다.

기본적으로는 SPU와 동등한 성능을 보유하며, 양자화 비트는 16비트이고, ADPCM의 샘플링 주파수는 44.1kHz 혹은 48kHz다. 출력 가능한 채널 수는 24채널에서 48채널로 확장됐으며, MIDI 등 소프트웨어 음원 형태로의 출력도 지원한다. 또한 2MB의 전용 메모리가 SPU2에 직결돼 있다.

PS2는 내장음원뿐만 아니라 디지털 광출력과 입체음향(돌비 디지털 및 DTS) 등의 하이퀄리티 재생환경도 지원하는데, 이러한 각종 음향규격의 출력도 SPU2가 담당한다. 지금이야 5.1ch 출력이 보편화되어 흔해졌으나, 당시엔 최첨단 스펙이었다. 고성능 DVD 플레이어로서도 충분히 활용할 수 있어야 한다는 개발진의 집착이 낳은 결과일 것이다.

▲ PS2의 메인보드에 탑재되어 있는 SPU2 (CXD2942R).

CHECK POINT 3 VU0/VU1 벡터 연산 유닛

자연계의 '당연함'을 게임에서 표현한다

SCE가 차세대 플레이스테이션을 개발하는 과정에서 목표로 지향했던 영상표현 중 하나가, 'Behavior Synthesis'(행동합성)라는 개념이다. 걷는 도중 돌멩이가 발에 채이면 지형을 따라 굴러가며(당연히, 모래사장이나 얼음 위라면 움직임이 또 달라질 것이다), 물웅덩이 안으로 손을 집어넣으면 수면에 파문이 일어나고, 바람이 불면 깃털이 날려 떠오르며, 깃털끼리 닿으면 서로를 간섭하고……. 이 모두가 자연계에서는 지극히 당연한 물리현상이지만, 이런 것들을 일일이 수작업으로 CG화하거나, 심지어 게임에서 실시간으로 표현해내려면 무지막지한 연산량이 필요해진다.

그 '무지막지한 연산'을 구현해내기 위한 프로세서가 바로 Emotion Engine으로서, 일반적인 게임 내에서의 연산처리와는 별개로 물리연산을 전문적으로 맡는 부분이 바로 VU0/VU1(벡터 연산 유닛)이다.

▲ VU0과 VU1을 내장하고 있는 Emotion Engine.

VU0와 VU1은 Emotion Engine 내에 존재하며, 둘의 역할이 미묘하게 다르다. 모든 사양을 해설하기엔 지면이 부족하므로, 여기서는 개요만 간결하게 설명한다.

VU0

VU0는 128비트 버스로 CPU 코어와 연결되어 있으며, 실질적으로는 코프로세서(마치 CPU와 한 몸인 것처럼 일체화되어 동작하는 칩) 역할을 맡는다. CPU가 게임의 일반적인 메인 처리에 집중하는 동안 VU0는 'Behavior Synthesis'에 해당하는, 즉 직접적인 게임 내용과 무관한 물리연산을 담당하는 것이다.

VU0 내부는 부동소수점 곱연산-누산 유닛 4개와 부동소수점 나눔연산 유닛 1개로 구성되며, 3D CG에서 특히 빈번하게 요구되는 4×4 행렬연산을 끊임없이 처리한다. 그 덕분에, 「진 삼국무쌍」을 예로 들자면 '대량의 적 캐릭터들이 등장하는데도 서로 엉키거나 겹치지 않고서 플레이어를 향해 공격해오는' 등의 동작을 구현할 수 있는 것이다.

VU1

VU1 역시 128비트 버스를 가지고 있지만, 이쪽은 CPU가 아니라 오른쪽 지면에 소개된 Graphics Synthesizer와 밀접하게 연동하여 동작하는 유닛이다.

VU1의 기본적인 역할은 지오메트리 연산으로서, PS1으로 비유하자면 지오메트리 엔진(GTE)에 해당한다. 정수연산만 가능했던 PS1의 GTE와 달리, VU1은 VU0와 비슷하게 부동소수점 곱연산-누산 유닛 5개와 부동소수점 나눔연산 유닛 2개로 구성되어 있으므로, 그 표현력의 격차는 실로 압도적이다.

참고로, 내부에 있는 마이크로코드를 사용해 CPU와의 동기화 없이 독립적으로 동작시킬 수도 있기에, Graphics Synthesizer가 요구하는 정점연산 결과를 언제든 지체 없이 넘겨준다.

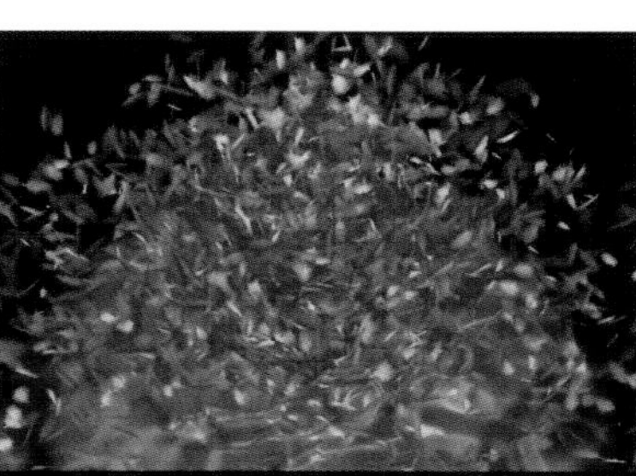
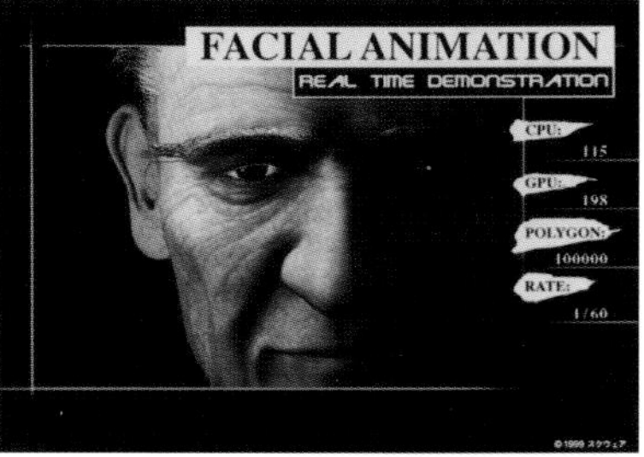

▲ SCE가 차세대 플레이스테이션 발표 당시 공개했던 다양한 물리 시뮬레이션 데모들. 자연계에서 일어나는 물리현상을 게임 내에서 실시간으로 표현한다는 것은, 당시엔 매우 힘겨운 처리였다.

결국 화면에 표현해야

Graphics Synthesizer는 이른바 그래픽 프로세서로서, 여타 게임기·컴퓨터의 GPU나 비디오 카드 / 그래픽 가속 칩에 해당하는 부분이다. Emotion Engine(내의 VU1)이 제공한 3차원 정점(지오메트리) 데이터를 바탕으로 실제 TV에 표시될 영상을 생성해내는 역할을 담당하는 칩으로서, 뒤집어 말하면 EE가 아무리 복잡한 물리연산과 정점연산을 잘 해낸다 한들 Graphics Synthesizer가 실제 영상으로 만들어주지 않으면 아무 의미도 없는 셈이다. 최종적인 영상으로서의 출력능력과 직결된 만큼, 생각하기에 따라서는 CPU보다 훨씬 중요도가 높은 칩이라고도 할 수 있다.

일반적으로 그래픽 표현능력의 병목이 되는 최대 요인은 GPU와 VRAM 간의 액세스 속도인데, SCE가 이 문제에 대해 도출한 해답은 '픽셀 엔진(그래픽을 그리는 기능)을 16개로 늘려 병렬 처리하는 것'과, '칩 내에 VRAM을 탑재해 대량의 버스 폭으로 직결하는 것'이었다. 특히 버스 폭이 2,560비트라는 스펙은 당시의 최신 그래픽 가속 칩과 비교해도 두 자릿수나 높을 만큼 무지막지해, SCE 스스로도 세계 최고속이라고 자찬했을 정도다.

▲ PS2의 메인보드에 탑재돼 있는 Graphics Synthesizer. 사진은 SCPH-10000(왼쪽)과 SCPH-30000(오른쪽) 기준으로서, 동일한 GS라도 세대별로 제조공정이 계속 바뀌어갔다.

또한 Emotion Engine 내의 VU1과는 128비트 버스로 직결돼 있어, CPU의 개입 없이 독립된 처리로의 그래픽 작업이 가능하도록 세심하게 디자인했다. 즉 겉으로만 EE와 GS라는 별개의 프로세서로 나뉘어 있을 뿐, 실제로는 반드시 둘을 함께 조합해 사용할 것만을 상정해 설계한 칩인 것이다.

이제까지의 설명을 잘 읽었다면 알 수 있듯, PC가 어떤 종류의 연산이든 가능하도록 한 범용 계산기인 반면, PS2는 철저하게 3차원 그래픽을 표현하기 위해 필요한 연산·표시에만 특화시켜 설계한 3D CG 전문 게임기라고 할 수 있다.

Graphics Synthesizer의 사양

항목	사양
시스템 클럭	147.456MHz
픽셀 엔진 수	16병렬
DRAM 버스 폭	2,560비트 읽기 : 1,024비트 쓰기 : 1,024비트 텍스처 : 512비트
DRAM 버스 대역폭	48GB/초
최대 표시색수	32비트 (RGBA : 각 8비트)
Z버퍼	32비트
영상처리 기능	텍스처 매핑, 범프 매핑, 포그, 알파 블렌딩, 바이·트라이리니어 필터링, 밉맵, 안티에일리어싱, 멀티패스 렌더링
픽셀 필레이트	24억 픽셀(Z,A) 12억 픽셀(Z,A,T)
파티클 표시 성능	1억 5,000만 개/초
폴리곤 표시 성능	7,500만 개/초 (초소형 폴리곤) 5,000만 개/초 (48pix 사각형,Z,A) 3,000만 개/초 (50pix 삼각형,Z,A) 2,500만 개/초 (48pix 사각형,Z,A,T)
스프라이트 표시 성능	1,875만 개/초 (8×8pix)
연산능력	6.2 GFLOPS
트랜지스터 집적 개수	4,300만 개

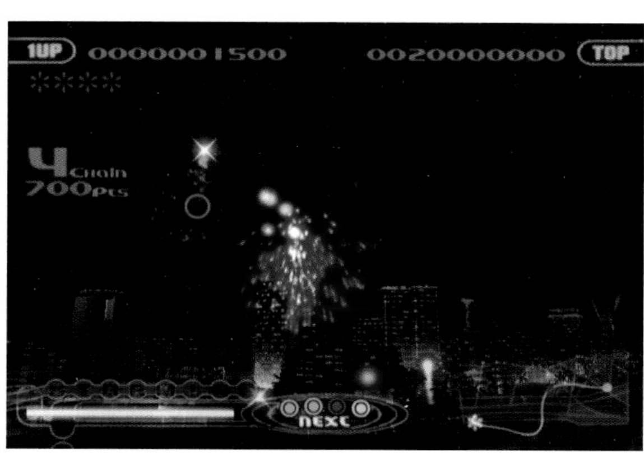

▲ 대량의 파티클이 빛을 내뿜으며 아름다운 불꽃놀이 장면을 만들어낸다. 「판타비전」은 Graphics Synthesizer의 뛰어난 그래픽 능력을 살짝이나마 엿보여주는 게임이다.

IPU가 맡는다

PS1이 등장한 이후 게임의 오프닝 동영상이 중요한 볼거리로 부상하자, 아케이드 게임의 이식작처럼 원래는 동영상이 없던 작품까지도 일부러 동영상을 추가해야만 대접을 받는 시대가 되었다. PS1의 경우엔 CPU에 내장된 MDEC(데이터 디코딩 엔진)이 동영상 재생을 맡았었는데, PS2에선 동일 기능을 구현하기 위해 Emotion Engine 내에 IPU(Image Processing Unit: 영상 처리 유닛)를 내장시켰다. IPU는 H.262에 준거한 MPEG2 동영상을 디코딩할 수 있으므로, CPU에 부담을 주지 않고 PS1 대비 고품질의 동영상을 재생해낸다.

사실 이 MPEG2는 DVD 비디오에 규격인지라, 뒤집어 말하자면 IPU가 있기에 PS2가 DVD 비디오 재생 기능을 가질 수 있었다는 얘기도 된다. 당시엔 소프트웨어 디코딩 방식의 DVD 플레이어 자체가 존재치 않았으니, PS2의 CPU가 아무리 강력하다 한들 하드웨어 디코딩 없이 DVD 비디오 재생을 구현하기란 어려웠으리라.

텍스처 디코딩에도 대활약하는 기능

IPU는 '영상 처리 엔진'이라는 이름답게, MPEG2 디코딩뿐만 아니라 다양한 용도로 활용된다. 메모리의 효율적인 활용을 위해 압축돼 있는 텍스처 데이터를 풀어낼 때도 IPU가 사용되니, 3D 폴리곤의 텍스처용 영상 처리에 필수불가결한 기능이다. 참고로, 이를 응용하여 MPEG2 동영상을 텍스처 소재로서 폴리곤 모델 위에 붙여 그대로 재생한다는 독특한 활용법도 있다.

▲ Emotion Engine을 구성하는 유닛 중 하나로서, IPU도 포함되어 있다.

CHECK POINT 6 IOP 입출력 처리 유닛

PS1용 CPU에 I/O를 맡기다

컨트롤러 입력부터 메모리 카드의 읽기/쓰기까지, PS2의 I/O(Input/Output) 전반을 처리하는 전문 프로세서가 IOP(Input Output Processor: 입출력 처리 유닛)다. 이 IOP 용도로 들어간 칩은 놀랍게도 PlayStation CPU+로서, PS1에서 CPU로 사용되었던 바로 그 칩이다. 앞서 서술한 컨트롤러 용도뿐만 아니라 USB와 i.LINK, PCMCIA(및 SCPH-30000계 이후의 확장베이) 등의 인터페이스까지 모두 이 칩 하나로 처리한다.

PS2가 거의 완벽한 레벨의 PS1 하위호환성을 자랑하는 것은 이 칩 덕분으로서, PS1용 CD-ROM을 로딩할 때는 메인 CPU 지위가 Emotion Engine에서 PlayStation CPU+로 넘어간다. 표준 동작 클럭은 Emotion Engine의 8분주에 상당하는 36.864MHz로 구동되나, PS1 모드로 동작할 때는 33.8688MHz(PS1의 동작 클럭과 동일)로 낮아진다.

참고로, 슬림형 PS2의 제2세대에 해당하는 SCPH-75000계부터는 IOP가 PowerPC 401 "Deckard" 기반의 커스텀 프로세서로 변경되었기에, PS1 모드 역시 소프트웨어 에뮬레이션 형태로 구동된다. 슬림형 PS2가 PS1용 소프트의 호환성이 비교적 낮다고 알려진 이유는 이 때문이므로, 이제 와서 구매를 고려하는 사람이라면 주의하도록 하자.

▲ PlayStation CPU+(CXD9553GB). 원칩 PS1이라고도 할 수 있는 존재다.

▲ SCPH-75000계 이후부터 대신 탑재된 PowerPC 401(CXD9796GP).

DVD 톨 케이스 사이즈로 공급

PS2용 소프트 패키지는 시중의 DVD 소프트에도 널리 쓰이는 톨 케이스를 사용했다. 다만 디스크와 함께 PS2용 메모리 카드를 수납할 수 있는 홀더도 마련해두는 등, 일반적인 톨 케이스와는 내부 디자인이 약간 다른 전용 케이스다.

소프트 매체는 CD-ROM과 DVD-ROM의 2종류가 존재하며, 후기 소프트 중에는 용량 부족을 타개하기 위해 디스크 2장을 수납한 특수 패키지인 경우나 디스크 자체가 듀얼 레이어인 경우도 존재했다. 다만 PS2 초기 모델 당시엔 듀얼 레이어 DVD가 존재하지 않았던지라 충분한 동작검증이 되지 않았기에, 동작불량을 일으키는 기기도 나오는 등 이런저런 문제가 발생하기도 했다.

PS2용 CD-ROM은 기록면에 청색을 입힌 것이 특징이지만, DVD-ROM은 일반 DVD와 동일한 은색이다. DVD 규격에 '기록면은 은색으로 할 것'으로 규정돼 있다보니 SCE도 결국 이를 따랐기 때문이다.

▲▶ 케이스 안쪽을 보면 메모리 카드용 홀더와 PS 마크가 있음을 알 수 있다.

▲ PS2용 CD-ROM의 기록면은 푸른색이다.

해적판 구별용으로 넣은 홀로그램 로고 마크

PS2용 소프트 디스크를 빛에 비스듬히 비춰보면, 중심 부분에 PlayStation 2 로고와 PS 패밀리 마크가 비쳐 보인다. 이것은 불법복제품을 체크하기 위한 해적판 구별용으로 넣은 것으로서, CD-ROM과 DVD-ROM 모두에 들어가 있다. 이것은 어디까지나 시각적으로 해적판 여부를 구별하기 위한 장치일 뿐(이 부분은 애초에 기록면보다 안쪽이라 픽업 렌즈가 읽을 수 없다), 세가새턴용 소프트의 '새턴 링'과 같은 게임 소프트의 물리적인 프로텍트 체크 용도인 것은 아니다.

▲ 디스크의 안쪽 축 부분을 잘 보면 PlayStation 2 로고와 PS 패밀리 마크가 보인다.

CHECK POINT 8 MEMORY CARD

무려 8MB의 대용량 카드

PS2용 메모리 카드는 PS1용의 128KB 용량에서 대폭 상승되어 무려 8MB라는 대용량이 되었다. 용량 표기도 PS1 당시의 '블록'이란 임의 단위가 아니라 제대로 KB 단위로 사용하여, 카드 내 메모리 사용의 효율성까지 끌어올린 것도 큰 변경점의 하나다. 당시 소니가 휴대용 음악 플레이어 등에 채택했던 저작권 보호·암호화 기술 'MagicGate'도 적용하여, 불법복제 대책도 마련해 놓았다.

▲ 메모리 카드의 앞면·뒷면 사진. 앞면에는 라벨 스티커를 붙일 수 있는 공간이 있다.

메모리 카드의 컬러 바리에이션

시판품 메모리 카드

PS2 본체와 동시 발매될 당시의 가격은 3,500엔이었으나, 2002년 6월 27일 2,800엔으로 인하했다. 이후 이쪽이 표준 가격이 되었다.

차콜 블랙
2000년 3월 4일 3,500엔

미드나이트 블루
2002년 6월 12일 2,800엔

크리스탈
2002년 6월 27일 2,800엔

에메랄드
2002년 6월 27일 2,800엔

크림즌 레드
2002년 6월 27일 2,800엔

레몬 옐로
2002년 6월 27일 2,800엔

아일랜드 블루
2002년 6월 27일 2,800엔

세라믹 화이트
2002년 6월 27일 2,800엔

새틴 실버
2002년 6월 27일 2,800엔

메모리 카드 2개 세트

2개 단위로 저렴하게 구입하는 세트도 발매되었다. '세라믹 화이트 / 블랙'은 2개를 따로 살 때보다 30% 이상이나 싼 염가판이다.

아일랜드 블루 / 에메랄드
2002년 7월 18일 4,800엔

세라믹 화이트 / 블랙
2003년 12월 4일 3,500엔

Premium Series

인기 게임의 캐릭터나 로고를 전면에 인쇄해 판매한 시리즈. 위에 스티커를 덧붙여 특이한 색상의 메모리 카드로서 사용할 수도 있다.

삐뽀사루 겟츄
2003년 11월 27일 2,800엔

어디서나 함께
2003년 11월 27일 2,800엔

모두의 GOLF 4
2003년 11월 27일 2,800엔

와일드 암즈 Alter Code : F
2003년 11월 27일 2,800엔

(역주 ※) 이 페이지에 실린 것들은 모두 일본 발매품 기준이다.

세이브에 필수인 외부 저장매체

PS1용 및 PS2용 메모리 카드는 모양이 닮아있긴 하나 상호호환성이 없으며, 단자 구조가 미묘하게 다르기에 PS1에는 PS2용 메모리 카드를 꽂을 수 없다. 또한, 앞서 서술한 대로 '블록'과 'KB'라는 데이터 관리방식 차이도 있으므로, PS2용 게임의 세이브데이터를 PS1용 메모리 카드에 저장하는 것도 불가능하다(반대로, PS1용 세이브데이터를 브라우저 상에서 복사하는 형태로 PS2용 메모리 카드에 저장하는 것은 가능하다. 다만 실제 사용하려면 도로 PS1용 메모리 카드에 옮겨야 한다).

이후 앞면의 레이블 스티커 부착용 공간에 인기 게임의 캐릭터나 로고를 미리 인쇄한 'Premium Series'가 발매되었고, 이 시리즈 전용의 컬러도 나오는 등 다양한 메모리 카드가 출시되었다.

▲ 소프트 패키지의 뒷면에 기재돼 있는, 메모리 카드의 필요 용량 표기.

▲ 메모리 카드의 외장 패키지. 염가화를 위해 블리스터 패키지를 채용했다.

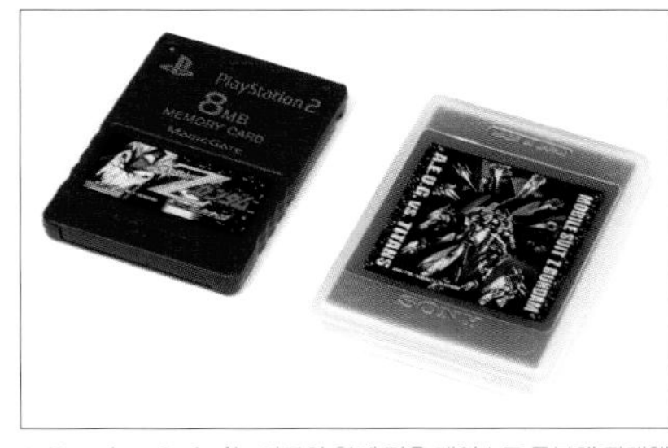

▲ 'Premium Series'는 카드와 함께 전용 케이스도 동봉해 판매했다.

기동전사 Z건담 : 에우고 vs. 티탄즈
2003년 12월 4일 2,800엔

그란 투리스모 4 Prologue
2003년 12월 4일 2,800엔

바이오하자드 아웃브레이크
2003년 12월 11일 2,800엔

모모타로 전철 12 : 서일본 편도 있구먼유!
2003년 12월 11일 2,800엔

소닉 히어로즈
2003년 12월 18일 2,800엔

태고의 달인
2003년 12월 18일 2,800엔

하지메의 일보 2 : VICTORIOUS ROAD
2004년 1월 29일 2,800엔

귀무자 3
2004년 2월 26일 2,800엔

어디서나 함께 : 토로와 별똥별
2004년 4월 1일 2,800엔

더비 스탤리언 04
2004년 4월 22일 2,800엔

슈퍼로봇대전 MX
2004년 5월 27일 2,800엔

실황 파워풀 프로야구 11
2004년 7월 15일 2,800엔

월드 사커 위닝 일레븐 8
2004년 8월 5일 2,800엔

환상수호전 Ⅳ
2004년 8월 19일 2,800엔

어디서나 함께 : 토로와 실컷
2004년 9월 2일 2,800엔

To Heart 2
2004년 10월 28일 2,800엔

그란 투리스모 4
2004년 12월 28일 2,800엔

CHECK POINT 9 DUALSHOCK2

더욱 진화한 듀얼쇼크 2

▲ PS2의 전용 컨트롤러 '듀얼쇼크 2'. 색상이 달라졌을 뿐, 겉모습은 이전의 듀얼쇼크와 꼭 닮았다.

PS2의 전용 컨트롤러는 기존의 PS1용 듀얼쇼크를 개량·진화시킨 '듀얼쇼크 2'로서, PS2 본체에 기본으로 1개 동봉되어 있다. 본체의 기본색상에 맞춰 검은색으로 바꿨으나 외관 디자인은 기존의 듀얼쇼크와 완전히 동일해, 컨트롤러 상단의 'DUALSHOCK2' 로고 유무로 구별해야 할 정도다. 굳이 동일한 디자인을 답습한 것은, 듀얼쇼크의 완성도가 그만큼 뛰어났다는 증거라고도 할 수 있다.

듀얼쇼크 2가 되면서 가장 크게 변경된 부분은, SELECT·START·ANALOG 3개 버튼을 제외한 모든 버튼에 아날로그 입력 검출 기능을 넣은 것이다. 아날로그 입력이라고는 하나 자동차의 액셀/브레이크 페달처럼 누르는 세기가 정밀하게 판정되는 정도까지는 아니며, 버튼을 눌렀을 때 '압력이 센지 약한지 정도를 검출하는' 수준이므로, 일반적인 플레이라면 기존 듀얼쇼크와 비교해도 버튼을 누르는 감각에 그다지 차이가 없다. 오히려 RPG나 시뮬레이션처럼 버튼의 아날로그 입력이 딱히 필요하지 않은 게임이 더 많은 만큼, 노골적으로 '아날로그 입력입니다'라고 강조하지 않고서 무난한 조작감을 추구했다고 할 수 있다.

듀얼쇼크 2 역시 PS1 때처럼 다양한 컬러 바리에이션 모델이 발매되었는데, PS2 본체부터가 다양한 컬러로 나왔던지라 컨트롤러 쪽도 바리에이션이 놀랄 만큼 풍부하다. 플라스틱 소재의 촉감을 잘 살린 기본형부터 골드·실버 등의 특수도장을 입힌 것, 탑코트 처리로 매끈한 촉감을 구현해낸 것 등에 이르기까지 실로 다양한 컬러가 출시됐다.

▲ 듀얼쇼크 2의 뒷면.

▲ 상단에 인쇄된 'DUALSHOCK2' 문자.

▲ 커넥터 형태도 PS1 때와 동일하다.

PS2용 컨트롤러는 PS1에서도 사용할 수 있을까?

컨트롤러의 외관은 물론이고 단자 형태까지 기존 듀얼쇼크의 디자인을 그대로 답습한 '듀얼쇼크 2'. PS2 본체는 PS1과 완전히 하위호환되므로 PS1용 컨트롤러를 그대로 사용할 수 있는 것이 당연하다. 그런데 반대로, PS1에 듀얼쇼크 2를 연결하면 잘 동작할까?

결론부터 말하자면 '동작'한다. 버튼의 사양이 다르긴 하나 PS1 상에서는 여전히 디지털 버튼으로 인식되기 때문에, 딱히 의식하지 않고 교차 혼용할 수 있다.

▲ PS2에서도 문제없이 사용할 수 있는 구 듀얼쇼크.

듀얼쇼크 2의 컬러 바리에이션

차콜 블랙
2000년 3월 4일 3,500엔
플레이스테이션 2의 기본 색상.

슈퍼 레드
유러피언 오토모빌 컬러 컬렉션 본체의 동봉 컬러.

메탈릭 실버
유러피언 오토모빌 컬러 컬렉션 본체의 동봉 컬러.

애스트럴 블루
유러피언 오토모빌 컬러 컬렉션 본체의 동봉 컬러.

스노 화이트
유러피언 오토모빌 컬러 컬렉션 본체의 동봉 컬러.

라이트 옐로
유러피언 오토모빌 컬러 컬렉션 본체의 동봉 컬러.

토이즈 블루
토이저러스 한정 본체의 동봉 컬러. 무광택 블루가 특징이다.

크리스탈
2002년 6월 27일 2,800엔
시판용 컬러 바리에이션 중 하나.

에메랄드
2002년 6월 27일 2,800엔
시판용 컬러 바리에이션 중 하나.

크림즌 레드
2002년 6월 27일 2,800엔
시판용 컬러 바리에이션 중 하나.

레몬 옐로
2002년 6월 27일 2,800엔
시판용 컬러 바리에이션 중 하나.

오션 블루
2002년 7월 18일 2,800엔
오션 블루 본체와 동시 발매되었다.

미드나이트 블루
2003년 6월 12일 2,800엔
미드나이트 블루 본체와 동시 발매되었다.

SILVER
2003년 봄 한정 모델인 SILVER 본체의 동봉 컬러.

SAKURA
2003년·2004년 봄 한정 모델인 SAKURA 본체의 동봉 컬러.

AQUA
2003년 봄 한정 모델인 AQUA 본체의 동봉 컬러.

미드나이트 블랙
2003년 11월 13일 2,800엔
미드나이트 블랙 본체와 동시 발매되었다.

세라믹 화이트
2003년 12월 4일 2,800엔
세라믹 화이트 본체와 동시 발매되었다.

골드
기동전사 Z건담 백식 골드 팩에 동봉된 컬러.

화이트
2003년 12월 13일 3,500엔
PSX용. 4m에 달하는 흰색 롱 케이블이 특징.

펄 화이트
2004년 여름 한정 모델인 펄 화이트 본체의 동봉 컬러.

새틴 실버
2005년 11월 23일 2,800엔
새틴 실버 본체와 동시 발매되었다.

핑크
2006년 11월 22일 한정 발매된 핑크 본체의 동봉 컬러.

시나바 레드
2008년 7월 3일 한정 발매된 시나바 레드 본체의 동봉 컬러.

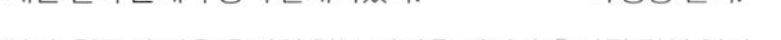
(역주 ※) 위에서 설명하는 모델들은 일본 발매 기준이며, 한국의 경우 후기의 일부 시판용 컬러가 출시된 적이 있다.

PS2가, 가볍고 작고 얇아진 모습으로 신 등장

플레이스테이션 2

SCPH-70000계

소니컴퓨터엔터테인먼트　2004년 11월 3일　오픈 프라이스

PlayStation2

▲ SCPH-70000의 외장 패키지.

플레이스테이션 2의 사양

형식번호	SCPH-70000계
CPU	Emotion Engine (294.912MHz) 탑재 유닛 : 부동소수점 연산(FPU), 벡터 연산(VPU0·VPU1), 이미지 연산(IPU), 그래픽스 인터페이스, 메모리 인터페이스, 시스템 인터페이스
메모리	워크 RAM : 32MB (Direct RDRAM), 비디오 RAM : 4MB (eDRAM) 사운드 RAM : 2MB, I/O용 RAM : 2MB (EDO DRAM), BIOS ROM : 4MB
그래픽	Graphics Synthesizer (147.456MHz) 해상도 : 480i, 480p, 1080i, VESA (최대 1280×1024픽셀) 발색수 : 32비트 (RGBA 각 8비트) 필레이트 : 최대 2.4G픽셀/초 이펙트 : 알파 블렌딩, 고러드 셰이딩, 밉매핑, 범프 매핑 등
사운드	SPU2 (36.86MHz) PCM 음원 스테레오 48채널 (양자화수 16비트, 샘플링 주파수 최대 48kHz) + 소프트웨어 음원
I/O	PlayStation CPU + (33.8688/36.864MHz) (SCPH-70000) / PowerPC 401 "Deckard" (SCPH-75000 이후)
소프트웨어 매체	DVD-ROM (4배속), CD-ROM (24배속)
전면 입출력 단자	컨트롤러 포트×2, 메모리 카드 슬롯×2, USB 단자×2
후면 입출력 단자	AV 멀티 출력 단자, 네트워크 접속단자, 디지털 광출력 단자
전원 / 소비전력	AC 100V±10% 50/60Hz / 약 45W
외형 치수 / 중량	230(가로) × 152(세로) × 28(높이) mm / 약 0.9kg
부속품	아날로그 컨트롤러×1, AC 전원 코드, AC 어댑터, AV 케이블, 사용설명서, 서비스 가이드

A5 하드커버 책자 급의 크기

플레이스테이션 2(SCPH-70000계)는 일본에서 2004년 11월 3일 첫 발매된 신규 PS2 모델이다(역주 ※). 이 제품의 최대 특징은 뭐니 뭐니 해도 '크기'로서, A5 사이즈 하드커버 책자 급의 아담한 외장 안에 기존 PS2의 기능 전체를 압축해낸 고밀도 실장기술로 사람들을 놀라게 했다.

과거 PS1 시절에도 PS1을 소형화한 모델인 PS one이 발매된 바 있었기에 'PS2도 나중에 소형화 모델이 나오겠지'라고 예상하던 사람이 많긴 하였으나(실제로, 외장 패키지 구석에 조그맣게 'two'라고 적혀있다), 이를 감안해도 기존 모델과의 부피비가 약 1/4(약 23%), 중량비가 약 절반(약 45%)이라는 놀라운 압축률은 그야말로 경이적이다. 실물을 보노라면, 그런 숫자보다 얇고도 슬림한 본체 디자인에 아름다움마저도 느껴질 정도다.

(역주 ※) 한국에서는 소니컴퓨터엔터테인먼트코리아가 2004년 11월 11일 248,000원의 가격으로 발매했으며, 한국판의 형식번호는 SCPH-70005다.

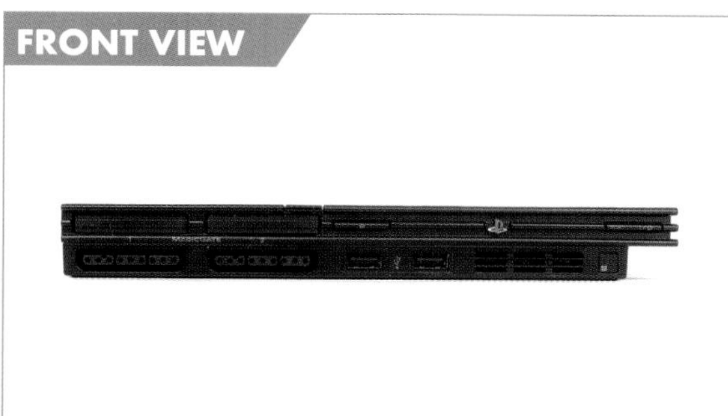

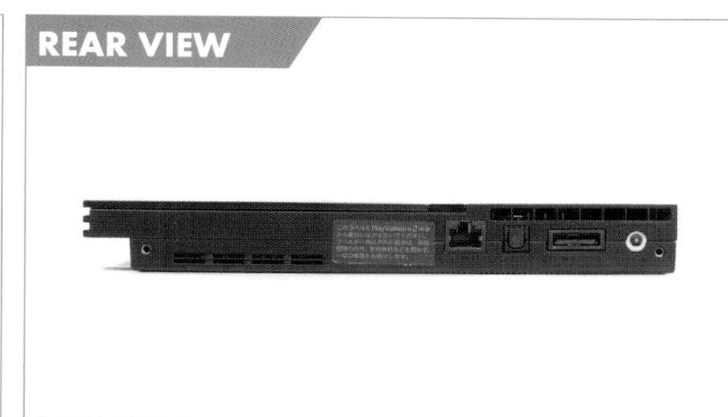

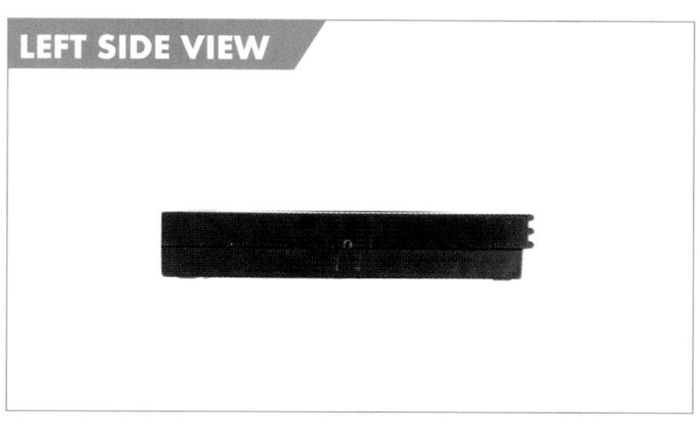

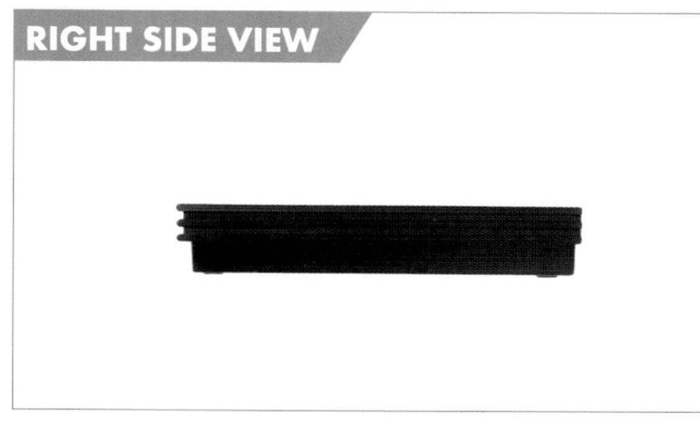

소형화되었어도 PS2의 특징적인 디자인 포인트였던 모서리의 줄무늬형 돌기는 제대로 남겨두었으며, 90도로 돌릴 수 있는 PS 패밀리 마크도 여전하다. 이런 자잘한 디테일이 실로 귀엽고 신선하다 보니 이미 PS2를 갖고 있더라도 신 모델을 사고 싶어질 정도라, 과거의 PS one 당시에는 딱히 없었던 신규 수요의 창출에 성공했던 것이 아니었을까 싶다.

탑 로딩 방식의 슬림 드라이브 채용

소형화에 맞춰 트레이드오프 형태로 빠진 요소도 몇 가지 있다. 그중 가장 큰 것이 '프론트 로딩 방식에서 탑 로딩 방식으로의 변경'이다. 사실 초기 모델에서 프론트 로딩을 채용한 이유는 '당시 아직 과도기 기술이었던 DVD 드라이브를 안정적으로 구동하기 위해서'였으므로, 구동·로딩 기술이 어느 정도 성숙기로 접어들었으니만큼 소형이고 저렴한 슬림 드라이브를 넣어 탑 로딩 방식으로 바꾼 것이다.

▲ SCPH-90000이 수직 설치·수평 설치된 모습. 수직 설치시에는 별매품인 수직 받침대가 필요하다.

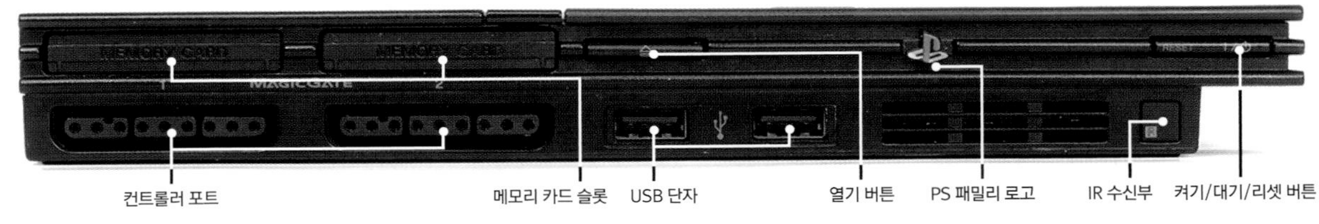

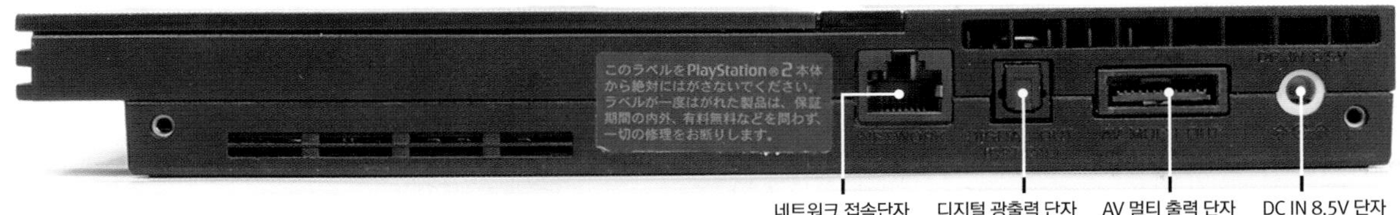

하드디스크는 사용할 수 없다

이전까지는 별매품인 PlayStation BB Unit이 있어야 쓸 수 있었던 네트워크 관련 기능을, SCPH-70000계부터는 소형화에도 불구하고 아예 본체에 기본 내장시켰다. 다만 확장 베이가 삭제되어 HDD를 장착할 수 없게 되었기에, HDD가 필수인 소프트는 플레이할 수 없으니 주의해야 한다(역주※).

다만 HDD가 필수인 게임은 「파이널 판타지 XI」을 비롯해 총 6개 타이틀뿐이며, 이중 대부분이 온라인 게임이고 현재 모두 서비스 종료되었으니, 지금에 와서는 그리 큰 문제점이 아닐 것이다.

오히려 HDD에 데이터를 설치하여 DVD-ROM 로딩 감소 효과를 누릴 수 있었던 HDD 권장 타이틀 쪽이야말로, 이제는 그 혜택을 얻을 수 없다는 점에서 불편할지도 모르겠다.

기타 주변기기는 얼마나 지원되는가

PlayStation BB Unit 외에도, 본체 소형화 탓에 기존 주변기기 중 일부는 사용할 수 없게 되었다. 대표적인 경우

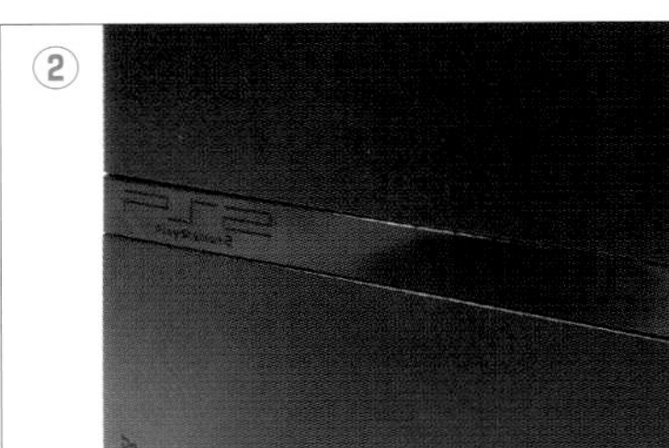

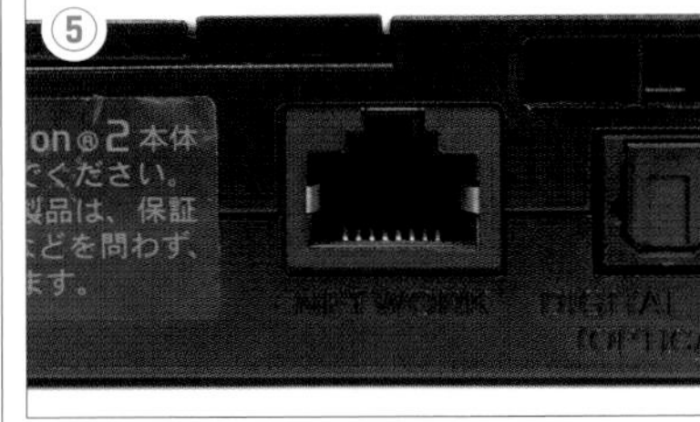

① PC용 슬림 DVD 드라이브 수준의 박형화를 구현해낸, 슬림형 PS2의 드라이브 부.
② 윗면 중앙에는 유광 부분을 일부러 배치해 액센트를 주었다. PS2 로고도 원포인트로 배치했다.
③ 전원부까지는 내장하지 못했기에, AC 어댑터를 사용하는 전원 공급 방식을 채용했다.
④ DVD 드라이브를 오픈해본 모습. 왼쪽 아래의 열기 버튼을 누르면 스프링 구조로 열리도록 했다.
⑤ 처음으로 본체에 표준 내장된 네트워크 접속단자. 이런 작은 사이즈인데도 성공적으로 내장시킨 것이 훌륭하다.

(역주 ※) 한국의 경우 PlayStation BB Unit은 발매되지 않았고, 대신 온라인 플레이를 위한 네트워크 어댑터가 별도 판매되었다. 이 네트워크 어댑터 기능은 SCPH-70005부터 본체에 기본 내장되었으므로, 별도로 구매 장착할 필요가 없어졌다.

▲ 원형 금속판 형태가 된 수직 받침대. 슬림형 PS2 본체와는 나사로 결합된다.

가 수직 받침대로서, 본체 사이즈가 작아졌기에 당연히 기존 제품을 사용할 수 없으므로 SCPH-70000 전용 받침대가 새로 발매되었는데, 과거의 수직 받침대와는 완전히 다른 '원형 금속판'이라는 의외의 디자인이 되었다. 심플한 구조이지만 SCPH-70000의 얇은 두께를 더욱 강조하는 효과도 있어, 이것은 또 이것대로 멋진 디자인이라 하겠다. 참고로 밑면 쪽에서 나사로 고정하는 식이라, 본체에도 바닥 부분에 나사구멍이 설치돼 있다.

그 외의 주변기기는 대체로 문제없이 쓸 수 있으나, 의외로 구 기종용 멀티탭만큼은 사용 불가능하다. 메모리 카드 슬롯과 컨트롤러 포트 사이의 간격이 좁아졌기에 기존 멀티탭을 물리적으로 끼울 수 없기 때문이다. 따라서 슬림형 PS2 전용 멀티탭이 별도로 발매되었다. 문제되는 것은 단자 간격뿐인지라 멀티탭 부분은 그대로 하여 생산해도 무방했겠지만, 굳이 슬림형 PS2에 어울리도록 전체를 새로 디자인해 제작한 것도 SCE다운 섬세한 배려이리라.

일부 소프트의 동작에 문제가 생기기도

외관이 놀라울 만큼 크게 바뀐 슬림형 PS2이지만, 소프트웨어는 기본적으로 기존 기종과 거의 똑같이 돌아간다. 다만, 특정 모델에서 일부 게임이 비정상적으로 동작한다는 사실이 유저들에 의해 제보되었다. 이를 지적받은 SCE도 모든 소프트의 동작을 체크해 확인한 후, 자사 홈페이지에 슬림형 PS2에서 비정상 동작하는 소프트의 리스트를 공개했다.

원인은 SCPH-75000부터 탑재된 칩인 EE+GS와 신형 IOP에 있었다. SCE는 그 대책으로 SCPH-77000을 투입했지만, 어느 정도 개선되었을 뿐 문제를 완전히 해결하지는 못했다.

▲ Emotion Engine과 Graphics Synthesizer를 원칩으로 통합시켜 소형화한 'EE+GS'(21~23p).

▲ 기존의 PlayStation CPU+를 대체해, PowerPC 401 기반의 소프트웨어 에뮬레이션으로 변경한 IOP(24p).

SCPH-70000CB
차콜 블랙
2005년 5월 26일　오픈 프라이스

기존의 본체 디자인을 그대로 소형화시킨 기본 모델.

SCPH-70000SS
새틴 실버
2005년 5월 26일　오픈 프라이스

기존 모델과 동일한 컬러의 새틴 실버 모델.

SCPH-70000CW
세라믹 화이트
2005년 5월 26일　오픈 프라이스

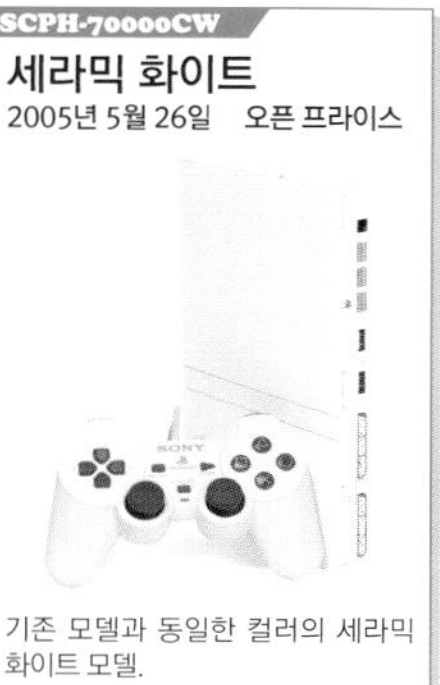

기존 모델과 동일한 컬러의 세라믹 화이트 모델.

SCPH-75000FF
FINAL FANTASY XII Pack
2006년 3월 16일　오픈 프라이스

드라이브 커버에 엠블렘을 넣었고, 「파이널 판타지 XII」를 동봉했다.

SCPH-77000PK
핑크
2006년 11월 22일　16,000엔

SCPH-77000에만 존재하는, 상큼한 핑크색 모델.

(역주 ※) 위에서 설명하는 모델들은 일본 발매 기준이다.

이 사이즈에 전원까지 내장시킨, PS2의 최종모델

플레이스테이션 2

SCPH-90000계

소니컴퓨터엔터테인먼트　2007년 11월 22일　16,000엔

PlayStation2

▲ SCPH-90000의 외장 패키지.

플레이스테이션 2의 사양

형식번호	SCPH-90000계
CPU	Emotion Engine (294.912MHz) 탑재 유닛 : 부동소수점 연산(FPU), 벡터 연산(VPU0·VPU1), 이미지 연산(IPU), 그래픽스 인터페이스, 메모리 인터페이스, 시스템 인터페이스
메모리	워크 RAM : 32MB (Direct RDRAM), 비디오 RAM : 4MB (eDRAM) 사운드 RAM : 2MB, I/O용 RAM : 2MB (EDO DRAM), BIOS ROM : 4MB
그래픽	Graphics Synthesizer (147.456MHz) 해상도 : 480i, 480p, 1080i, VESA (최대 1280×1024픽셀) 발색수 : 32비트 (RGBA 각 8비트) 필레이트 : 최대 2.4G픽셀/초 이펙트 : 알파 블렌딩, 고러드 셰이딩, 밉매핑, 범프 매핑 등
사운드	SPU2 (36.86MHz) PCM 음원 스테레오 48채널 (양자화수 16비트, 샘플링 주파수 최대 48kHz) + 소프트웨어 음원
I/O	PowerPC 401 "Deckard"
소프트웨어 매체	DVD-ROM (4배속), CD-ROM (24배속)
전면 입출력 단자	컨트롤러 포트×2, 메모리 카드 슬롯×2, USB 단자×2
후면 입출력 단자	AV 멀티 출력 단자, 네트워크 접속단자, 디지털 광출력 단자
전원 / 소비전력	AC 100V±10% 50/60Hz / 약 35W
외형 치수 / 중량	230(가로) × 152(세로) × 28(높이) mm / 약 0.7kg
부속품	아날로그 컨트롤러×1, AC 전원 코드, AV 케이블, 사용설명서, 서비스 가이드

중량은 놀랍게도 불과 700g!

플레이스테이션 2(SCPH-90000계)은 2007년 11월 22일 일본에서 발매된 PS2 아키텍처의 최종 모델이다(역주※). 후계기인 플레이스테이션 3가 1년 전에 출시되었기에 PS2는 이 시점에서 이미 '구세대기'였으므로, 시장이 서서히 축소되는 가운데 발매되었다.

최대의 특징은, 이전 슬림형 모델이 AC 어댑터를 연결해야 했던 데 비해 이번 모델은 전원부까지 내장시키는 데 성공했고, 그럼에도 중량이 불과 700g이라는 초경량화를 구현해냈다는 점이다. 덕분에 기존의 AC 어댑터 단자에서 흔히 일어났던 접촉불량 문제가 해결됐으며 거추장스러운 AC 어댑터가 사라진 만큼 설치의 자유도가 상승하여, 여러모로 좋은 개량점이 되었다.

(역주 ※) 한국에서는 소니컴퓨터엔터테인먼트코리아가 2008년 2월 22일 148,000원의 가격으로 발매했으며, 한국판의 형식번호는 SCPH-90005다.

TOP VIEW

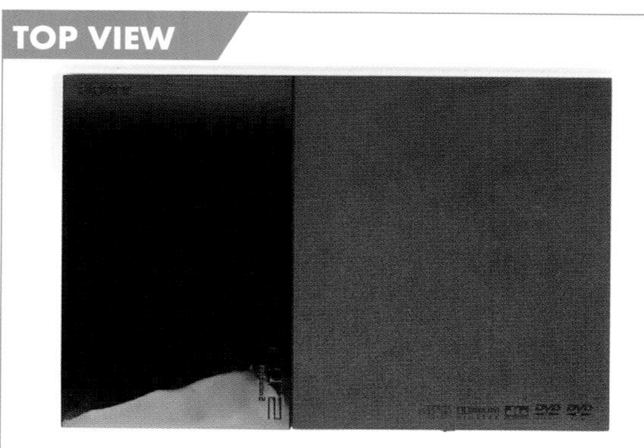

BOTTOM VIEW

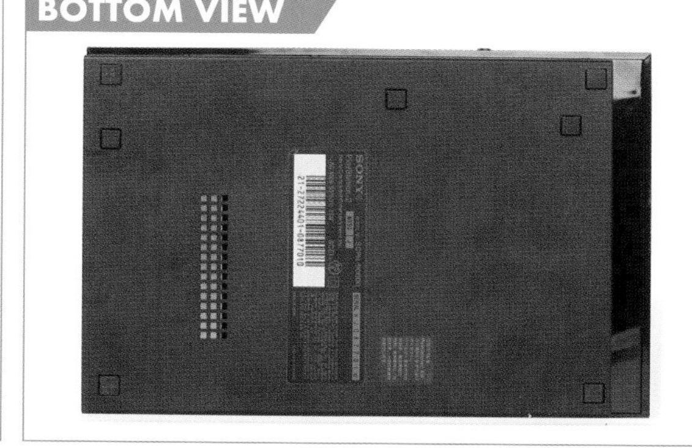

FRONT VIEW

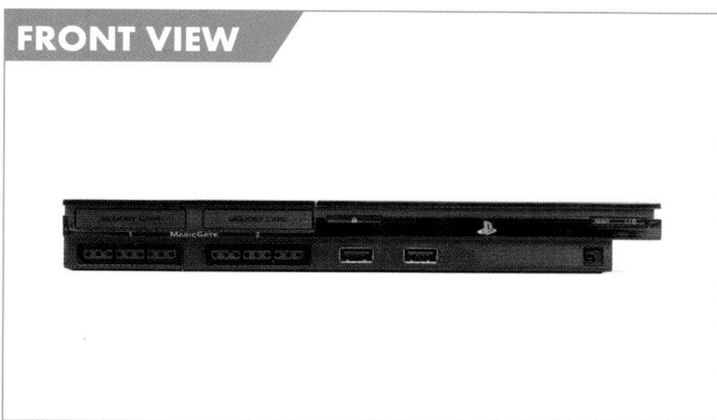

REAR VIEW

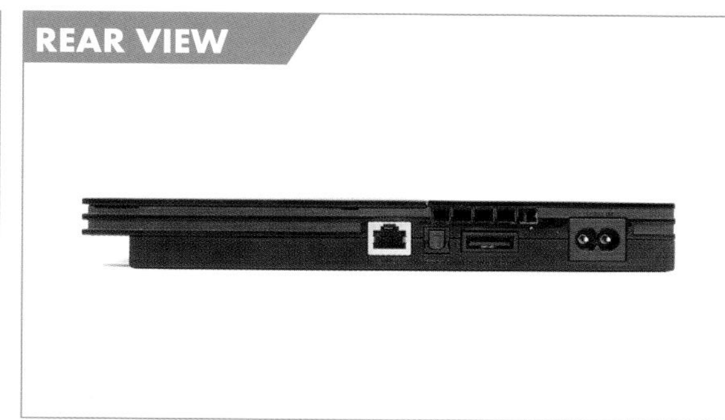

LEFT SIDE VIEW

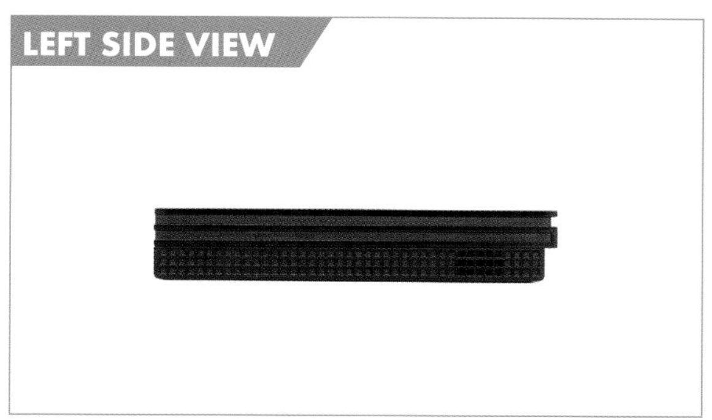

RIGHT SIDE VIEW

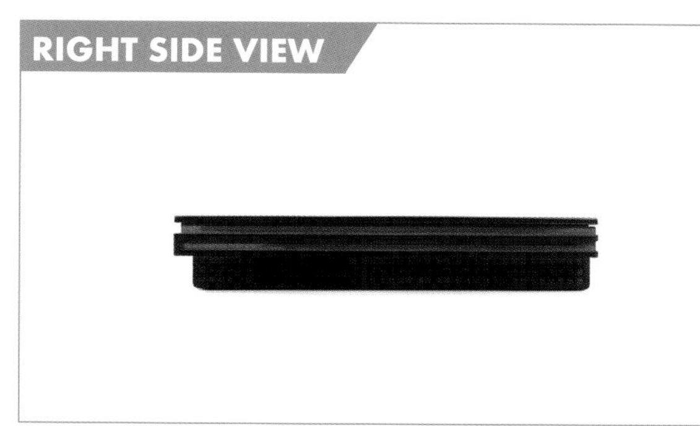

SCPH-75000 이후의 모델과 마찬가지로 PS1 하위호환성에 문제가 있고(이전 모델이었던 SCPH-77000·79000보다도 호환성이 낮다), 다른 모델에 비해 유통량이 적다는 등의 아쉬움은 있으나, 이만큼 컴팩트하고도 가벼운 바디는 역시나 매력적이다. PS2용 게임을 간편하게 즐기고픈 유저에게 추천할 만한 모델이라 하겠다.

전면의 줄무늬는 이번엔 없어졌다

외형치수는 이전의 슬림형 모델과 동일하나, 초대 모델부터 계승되어왔던 본체 전면의 줄무늬형 돌기는 없어졌으며 대신 유광 글로시 가공을 곳곳에 적용한 디자인이 되었다. 또한 탈착이 불편했던 기존의 원형 수직 받침대를 대신해, 금속을 깎아 모양을 낸 새로운 디자인의 수직 받침대도 발매했다. 이 수직 받침대는 SCPH-90000 전용으로 표기돼 있지만 실은 다른 슬림형 PS2에도 사용 가능하므로, 지금 입수하겠다면 이쪽을 추천한다.

▲ SCPH-90000이 수직 설치·수평 설치된 모습. 수직 설치시에는 별매품인 수직 받침대가 필요하다.

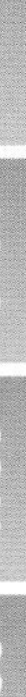

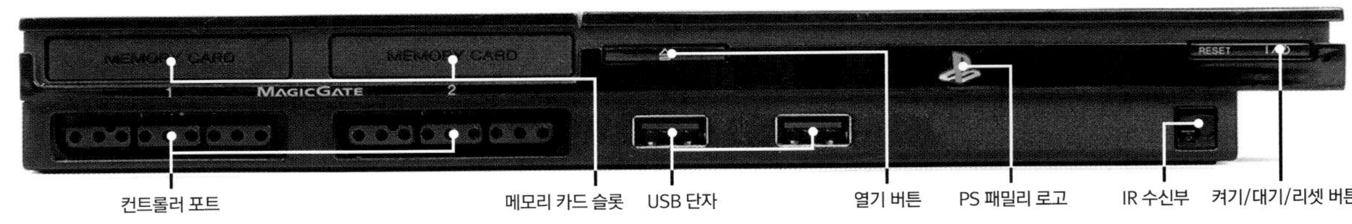

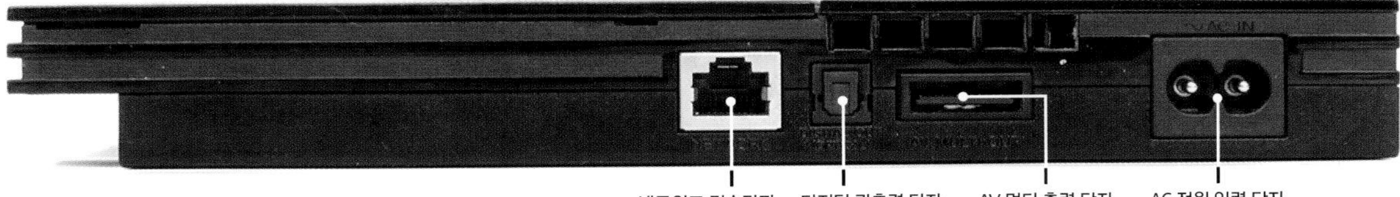

외관으로 비교해보는 SCPH-70000과 SCPH-90000

앞 페이지에서 서술한 대로, 슬림형이 된 후에도 모델이 체인지될수록 꾸준히 세세한 디테일이 수정·개량되어 갔다. 앞서와 다소 설명이 중복되는 부분이 있겠으나, SCPH-70000과 SCPH-90000의 사진을 나란히 게재하였으니 눈으로 비교해보길 바란다.

① 줄무늬형 돌기를 삭제

초대 PS2부터의 일관된 상징이었던 줄무늬형 돌기가 삭제됐다. 어느 쪽이 마음에 들지는 개인적 취향의 문제일 듯.

② 앞면 환기구의 삭제

핵심 칩이 한층 더 집적화되어 발열이 줄어서인지, 이전 모델까지 존재했던 앞면의 환기구가 삭제됐다.

③ 전원부의 내장

전원부가 내장형이 되어, AC 어댑터가 없어졌다. 슬림형 이전의 PS2처럼, 속칭 돼지코 전원 케이블을 직결할 수 있다.

④ 수직 받침대의 변경

SCPH-90000의 수직 받침대는 나사 고정식이 아니라 본체를 끼우는 구조로 변경되었기에, 수직 받침대용 나사구멍이 없어졌다.

⑤ PS2 로고의 위치 변경

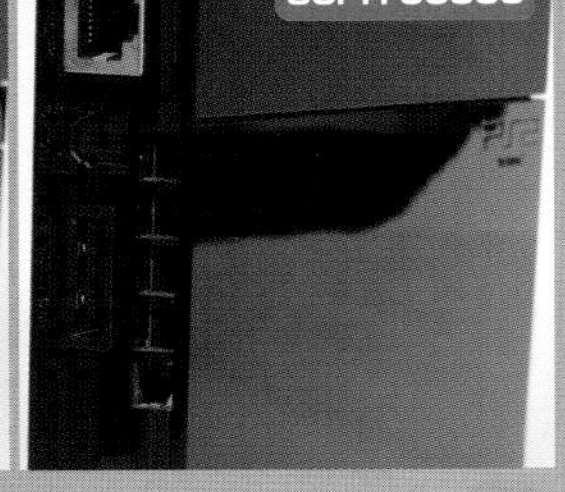

윗면부의 절반이 통째로 유광 처리되었고, PS2 로고의 위치도 변경되었다. 기타 단자류도 조금씩 위치가 달라졌다.

부품 수를 삭감하고 저발열화·경량화하다

PS2의 모델 체인지 역사는 간단히 요약하면 '부품 수 삭감'·'저발열화'·'경량화'의 3가지로 압축된다. 초기 모델의 중량 중 대부분은 금속제 부품(특히 실드 및 히트싱크)과 전원 유닛이었기에, 기판이 집적화되면 될수록 자연스럽게 저소비전력화되어 발열이 줄어들고, 그 결과가 다시 전원 유닛의 소형화와 전체적인 경량화로 이어진다. SCPH-70000 이후부터는 한층 더 적극적인 경량화 개량이 진행되어, 히트싱크를 아예 없애버렸으며 최종모델인 SCPH-90000에 이르면 환기구까지도 거의 없어졌다.

이는 SCE의 지속적인 집적화 노력의 결정체이자, PS2라는 아키텍처가 최종모델을 기해 드디어 진정한 의미로 '완성'되었다는 의미가 아닐까 싶다.

SCPH-90000CB
차콜 블랙
2007년 11월 22일 16,000엔

앞면과 윗면에 유광 플라스틱을 사용해 고급감을 연출한 블랙 모델.

SCPH-90000SS
새틴 실버
2007년 11월 22일 16,000엔

기존 모델과 동일한 컬러의 새틴 실버 모델.

SCPH-90000CW
세라믹 화이트
2007년 11월 22일 16,000엔

기존 모델과 동일한 컬러의 세라믹 화이트 모델.

SCPH-90000CR
시나바 레드
2008년 7월 3일 16,000엔

반년 이상이 지나서야 발매된 신색상. 이것이 PS2의 최종 모델이 되었다.

(역주 ※) 이 4가지 컬러 모델은, 한국에서도 2008년 2월 22일 모두 동시 발매되었다.

슬림형 플레이스테이션 2 모델별 차이점 일람(일본 기준)

형식번호 · 발매일 · 가격 · 중량	PCMCIA 슬롯	확장 베이	DVD 플레이어	IR 수신부	네트워크	앞면 · 뒷면	내부 기판
SCPH-70000 발매일 : 2004년 11월 3일 가격 : 오픈 프라이스 중량 : 900g 슬림형 플레이스테이션 2의 제1세대. 아직 SCPH-55000 세대의 주요 칩은 그대로 남아있다.	×	×	○	○	○		
SCPH-75000 발매일 : 2005년 11월 23일 가격 : 오픈 프라이스 중량 : 900g EE와 GS가 원칩화되어 EE+GS가 되었다. 덕분에 큰 폭으로 집적화되었으나, 구작 소프트의 호환성 문제가 제기되었다.	×	×	○	○	○		
SCPH-77000 발매일 : 2006년 9월 15일 가격 : 16,000엔 중량 : 900g 초대 플레이스테이션용 게임의 하위호환성 문제를 일부 보완한 모델. 이 기종만의 한정 컬러로서 핑크가 발매되었다.	×	×	○	○	○		
SCPH-79000 발매일 : 2007년 7월 1일 가격 : 16,000엔 중량 : 600g 기판 사이즈가 단숨에 반절로 줄어 대폭 경량화됐다. 로딩중 디스크에 스크래치가 나는 경우가 있는 문제점도 보완했다.	×	×	○	○	○		
SCPH-90000 발매일 : 2007년 11월 22일 가격 : 16,000엔 중량 : 720g 최종 모델. 전원 유닛을 왼쪽에 배치하는 과정에서, 기판의 레이아웃도 다소 변칙적으로 조정되었다.	×	×	○	○	○		

PS2 기반의 HDD 내장형 DVD 레코더

PSX

소니　2003년 12월 13일　DESR-5000 : 79,800엔 / DESR-7000 : 99,800엔

PSX

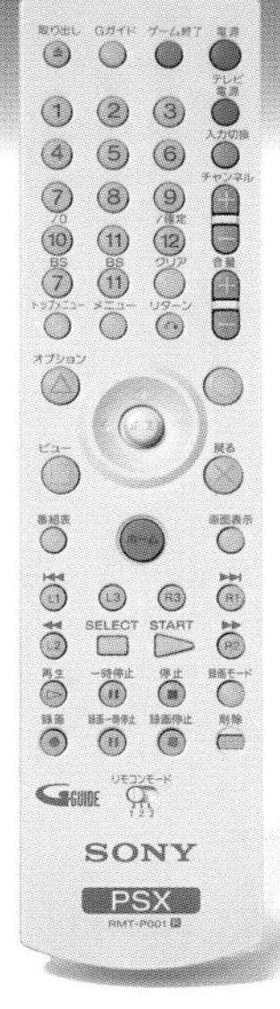

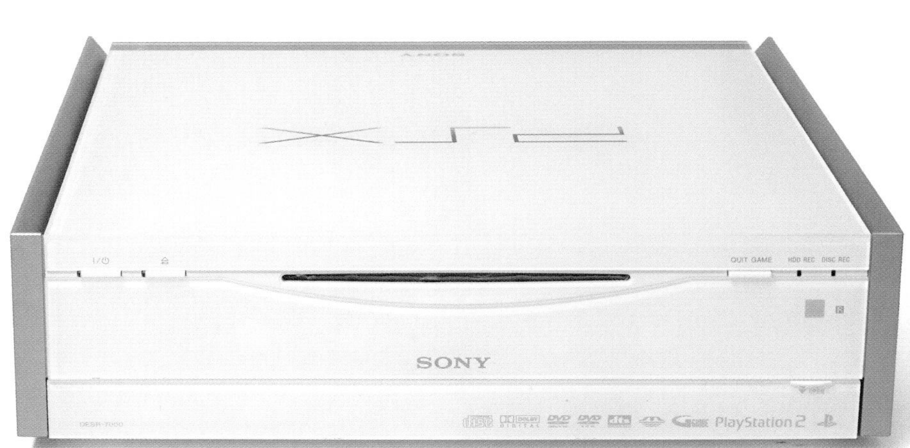

10만 엔 미만의 보급형 레코더

PSX는 소니가 2003년 12월 13일 일본에서만 발매한 HDD 내장형 DVD 레코더다. 자사의 기존 HDD 레코더인 'cocoon' 및 '스고로쿠'와는 컨셉이 완전히 다른 제품으로서, PS2 아키텍처를 기반으로 삼아 개발·설계되었다.

DESR-5000/7000으로 시작하여 DESR-5100/7100, DESR-5500/7500, DESR-5700/7700까지 총 4세대 8개 모델이 발매되었으며, PSX 이전까지는 제법 비싼 편이었던(실매가격 10만 엔 이상) 일본의 HDD 내장형 DVD 레코더 가격대를 끌어내려 널리 보급시키는 데 공헌했다. 참고로 2000년대 전반기 제품이기에, 현재의 디지털 지상파 방송은 지원하지 않는다.

PSX의 사양

형식번호	DESR-5000	DESR-7000
CPU	Emotion Engine (294.912MHz) 탑재 유닛 : 부동소수점 연산(FPU), 벡터 연산(VPU0·VPU1), 이미지 연산(IPU), 그래픽스 인터페이스, 메모리 인터페이스, 시스템 인터페이스	
메모리	워크 RAM : 32MB (Direct RDRAM), 비디오 RAM : 4MB (eDRAM) 사운드 RAM : 2MB, I/O용 RAM : 2MB (EDO DRAM), BIOS ROM : 4MB	
그래픽	Graphics Synthesizer (147.456MHz) 해상도 : 480i, 480p, 1080i, VESA (최대 1280×1024픽셀) 발색수 : 32비트 (RGBA 각 8비트) 필레이트 : 최대 2.4G픽셀/초 이펙트 : 알파 블렌딩, 고러드 셰이딩, 밉매핑, 범프 매핑 등	
사운드	SPU2 (36.86MHz) PCM 음원 스테레오 48채널 (양자화수 16비트, 샘플링 주파수 최대 48kHz) + 소프트웨어 음원	
I/O	PlayStation CPU + (33.8688/36.864MHz)	
HDD 용량	160GB	250GB
기록·재생 매체	음악 CD, DVD±R, DVD±RW, DVD 비디오, PS1/PS2용 CD/DVD-ROM, 메모리 스틱	
입출력 단자	컴포지트 입력 단자, 컴포지트 출력 단자, D단자, 디지털 광출력 단자, VHF/UHF 입력 단자, BS 입력 단자, 컨트롤러 포트×2, 메모리 카드 슬롯×2, USB 단자×1, 메모리 스틱 슬롯, 네트워크 접속단자	
전원 / 소비전력	AC 100V±10% 50/60Hz / 약 80W	
외형 치수 / 질량	312(가로) × 323(세로) × 88(높이) mm / 약 5.7kg	312(가로) × 323(세로) × 88(높이) mm / 약 5.8kg
부속품	리모컨, AC 전원 코드, AV 케이블, F형 커넥터 동축 케이블, 사용설명서, PSX 카르테	

▲ PSX를 수직으로 설치한 모습. 이런 계열의 AV 가전기기가 수직 설치를 지원하는 경우는 매우 드문 편이다.

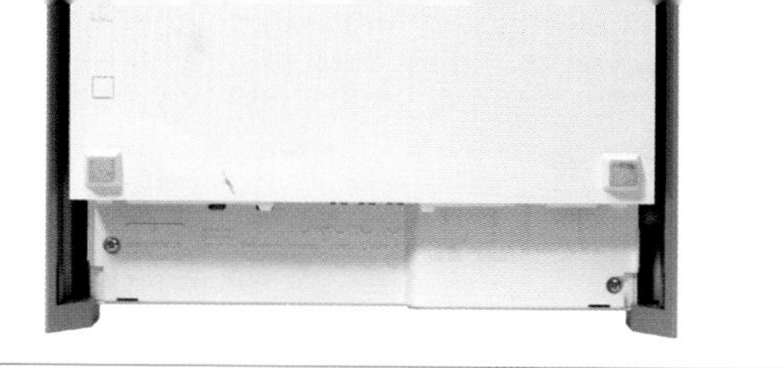

FRONT VIEW

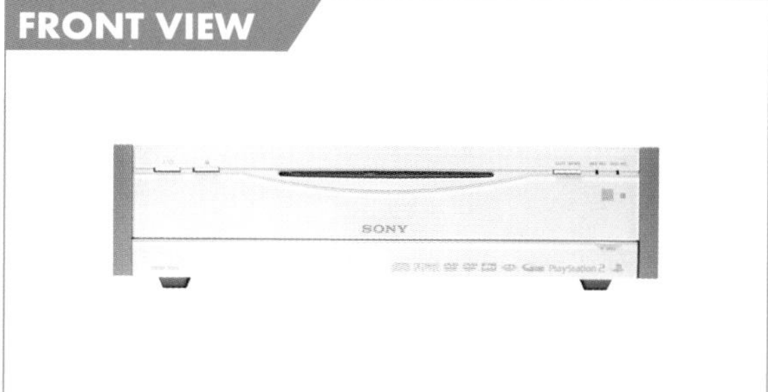

REAR VIEW

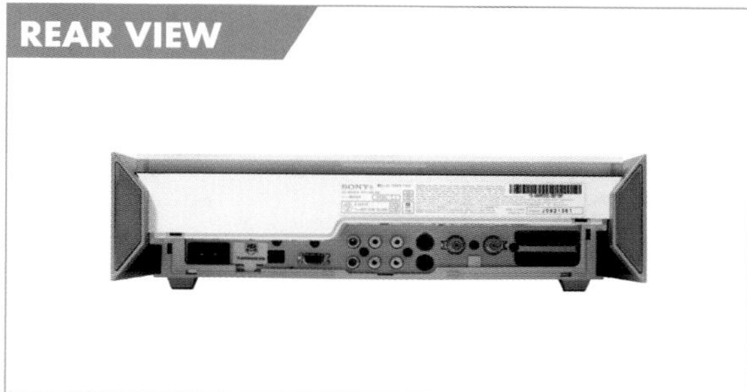

LEFT SIDE VIEW

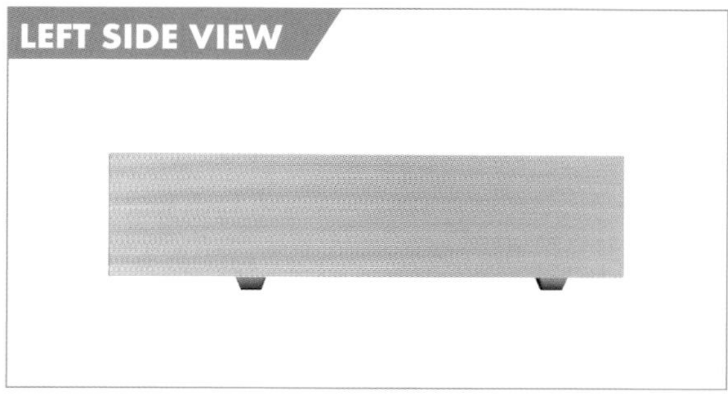

RIGHT SIDE VIEW

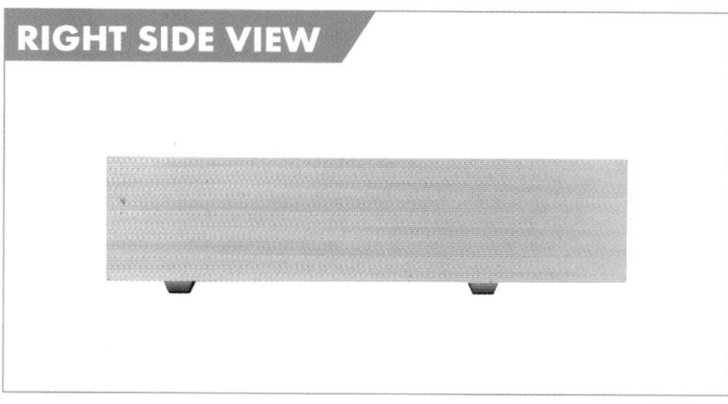

게임기로서는 얼마나 쓸만한가?

PS2를 기반으로 개발된 제품인 만큼, PS1 및 PS2용 소프트는 문제없이 플레이 가능하다. 주변기기류도 일부를 제외하고는 그대로 사용할 수 있다.

또한 네트워크 접속단자를 기본으로 내장하고 있는데다 내장 HDD의 공간 중 40GB를 게임용으로 할당할 수 있으므로, PlayStation BB Unit을 장착한 PS2와 기능적으로 동등하다.

컨트롤러는 기본 동봉되지 않았으나, PSX용의 4m 롱 케이블형 듀얼쇼크 2가 별매품으로 발매되었으며, 일반 PS2용 컨트롤러도 그대로 사용할 수 있다. 단 컨트롤러 단자가 본체 뒷면에 있는지라, 컨트롤러를 빈번히 탈착한다면 서드파티 제 연장 케이블을 별도 준비하는 것이 좋다.

게임기로서의 성능 면에서는 딱 PS2 그 자체이므로 호환성은 거의 완벽하다고 할 수 있겠으나, 앞서 서술한 대로 주변기기 중 일부 사용 불가능한 것이 있다. 대표적인 예가 멀티탭과 포켓스테이션 등인데, PSX 본체의 형태상 물리적으로 끼울 수 없기 때문이다. 반대로 PSX에 일단 꽂을 수 있는 주변기기라면, 대체로 문제없이 사용 가능하다.

▲ PS2 로고가 믿음직스럽게 인쇄되어 있는, PSX의 전면 커버 부.

전원 스위치 디스크 이젝트 버튼 메모리 카드 슬롯 디스크 슬롯 메뉴 조작용 버튼 USB 단자 메모리 스틱 슬롯 게임 종료 버튼

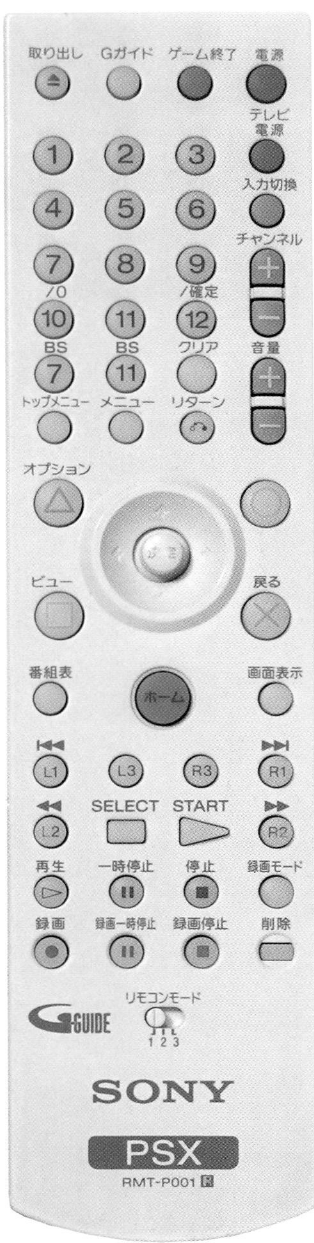

메인 메뉴 UI에 XMB를 채용

PSX의 메인 메뉴 화면에는, 쿠타라기 켄이 고안한 XMB(크로스 미디어 바)라는 오리지널 인터페이스가 도입되어 있다. 이 XMB는 후일 PSP·플레이스테이션 3 등의 게임기는 물론이고, 당시 소니의 TV 및 휴대폰 등에까지 널리 탑재됐다. 소니 가전의 공통 인터페이스로서 보편화시키겠다는 구상의 일환으로서, PSX는 XMB를 채용한 제1호기였다.

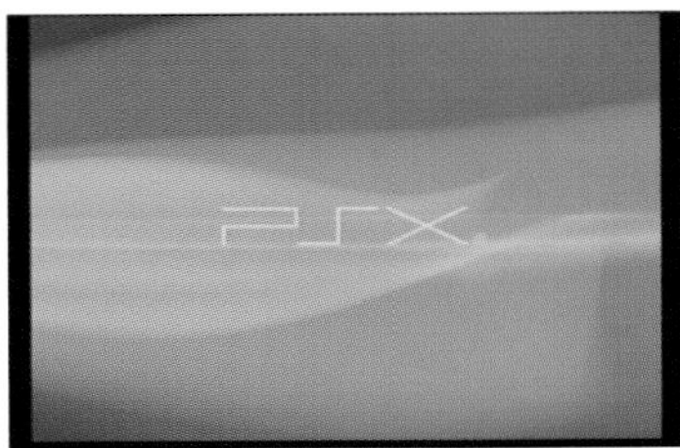
▲ PSX의 부팅 화면.

XMB가 탑재된 기기는, 기본적인

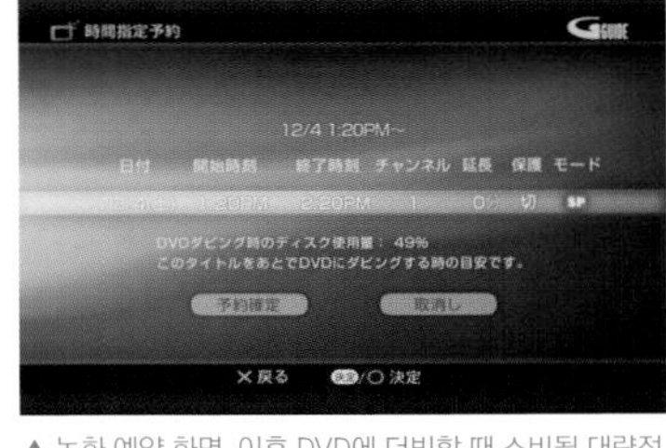
▲ 녹화 예약 화면. 이후 DVD에 더빙할 때 소비될 대략적인 용량까지도 알려준다.

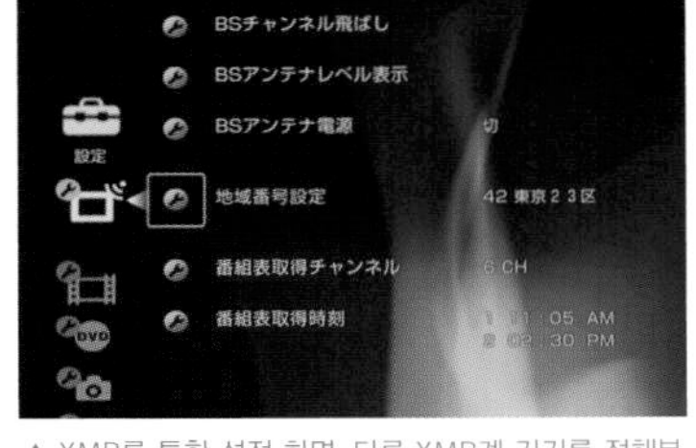

▲ XMB를 통한 설정 화면. 다른 XMB계 기기를 접해본 사람이라면 설명서 없이도 조작할 수 있어 편리하다.

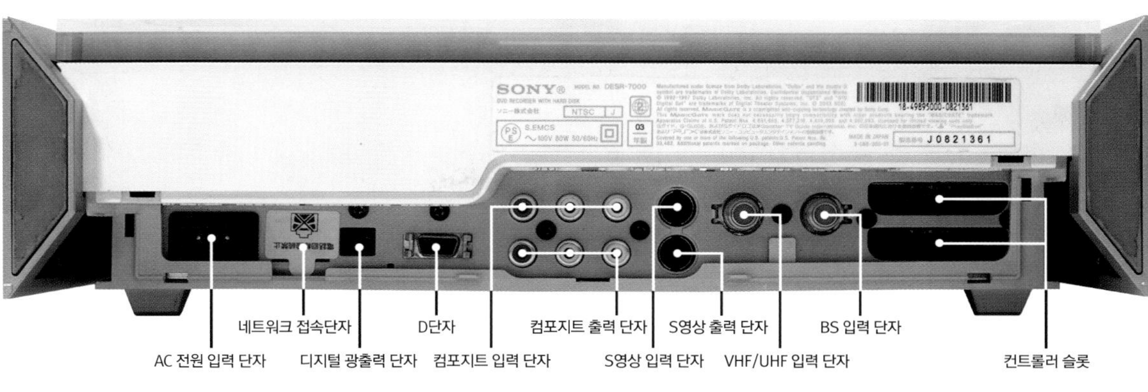

메뉴 배치는 물론이고 아이콘 디자인부터 버튼 레이아웃과 위치·기능에 이르기까지 최대한 공통화되어 있다는 점이 특징이다. 실제로 PSX에서 녹화한 동영상을 메모리 스틱에 인코딩하여 PSP에서 재생하는 등의 복잡한 작업도 매우 손쉬워, 처음 쓰는 기기라도 쉽게 넘나들며 다룰 수 있는 뛰어난 활용성의 메뉴 UI라 할 수 있다.

유일한 별색인, 실버 모델

PSX는 단 1개 모델에 한해 수량한정판인 실버 바디의 컬러 바리에이션이 존재했다. 기능은 일반 DESR-5100과 동일하나, 본격적인 AV가전 스타일의 분위기가 풍겨 나오는 모델이다.

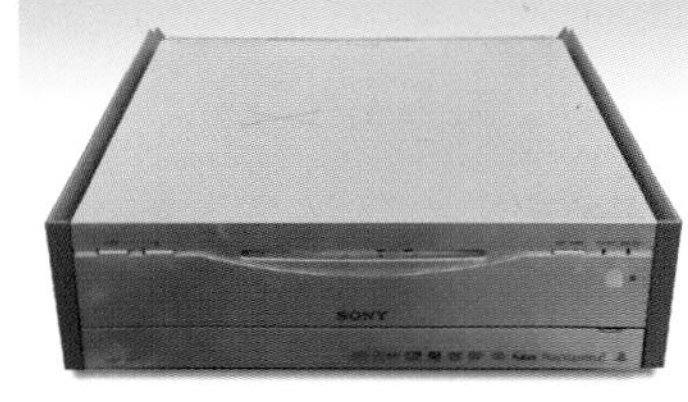
▲ PSX의 유일한 컬러 바리에이션 모델, DESR-5100S. 백색의 이미지가 강한 PSX 중에서는 유독 이채로운 디자인이다.

CATALOGUE

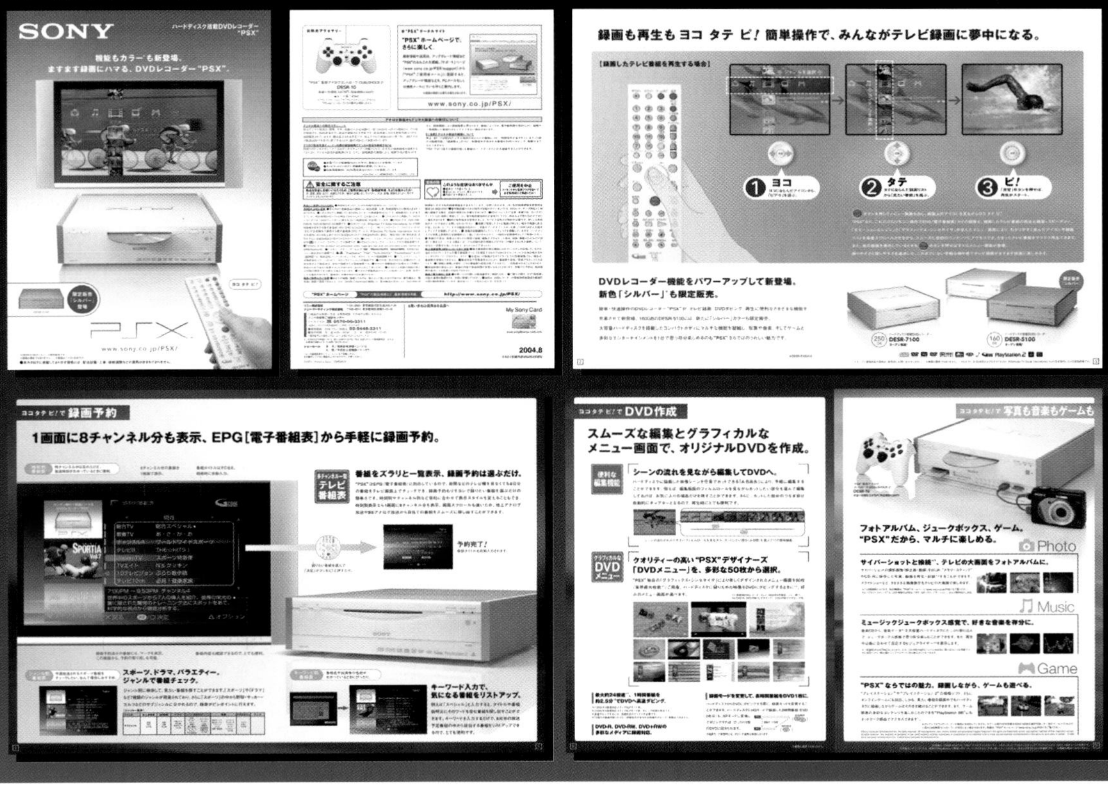

SONY
機能もカラーも新登場。ますます録画にハマる、DVDレコーダー"PSX"。

録画も再生もヨコ タテ ピ! 簡単操作で、みんながテレビ録画に夢中になる。

DVDレコーダー機能をパワーアップして新登場。新色「シルバー」も限定販売。

1画面に8チャンネル分も表示、EPG[電子番組表]から手軽に録画予約。

スムーズな編集とグラフィカルなメニュー画面で、オリジナルDVDを作成。

フォトアルバム、ジュークボックス、ゲーム。"PSX"だから、マルチに楽しめる。

플레이스테이션 2를 능가하는, 소니 미학의 결정체

플레이스테이션 3

CECHA00

소니컴퓨터엔터테인먼트　2006년 11월 11일　오픈 프라이스

PLAYSTATION 3

플레이스테이션 3의 사양

형식번호	CECHA00
CPU	Cell Broadband Engine (3.2GHz) 탑재 유닛 : PowerPC 기반 64비트 코어(PPE), 벡터 연산 유닛(VMX), 단정도 부동소수점 연산 유닛(SPE)×8
메모리	워크 RAM : 256MB (XDR DRAM), 비디오 RAM : 256MB (GDDR3)
그래픽	RSX Reality Synthesizer (500MHz) 해상도 : 최대 1080p(최대 1920×1080픽셀)×2채널 연산성능 : 224 GFLOPS
사운드	디코딩 : Dolby TrueHD, DTS-HD Master Audio, DTS-HD High Resolution Audio, Dolby Digital, DTS Digital Surround, Linear PCM, AAC, MP3, ATRAC3plus 인코딩 : Dolby Digital, DTS Digital Surround
미디어 재생 기능	동영상 : MPEG-1, MPEG-2 PS/TS, H.264/MPEG-4 AVC, MPEG-4 SP, DivX, WMV, AVCHD 음악 : ATRAC(.oma .msa .aa3), AAC(.3gp .mp4), WMA(.wma), MP3(.mp3), 리니어 PCM(.wav) 정지영상 : JPEG, GIF, PNG, TIFF, BMP
소프트웨어 매체	Blu-ray Disc, DVD, CD
전면 입출력 단자	메모리 스틱 슬롯×1, SD/miniSD 메모리 카드 슬롯×1, USB 단자×4, CompactFlash 슬롯×1
후면 입출력 단자	AV 멀티 출력 단자, HDMI 출력 단자, LAN 단자, 광 디지털 출력 단자
전원 / 소비전력	AC 100~220V±10% 50/60Hz / 약 380W
외형 치수 / 질량	325(가로) × 274(세로) × 98(높이) mm / 약 5kg
부속품	무선 컨트롤러(SIXAXIS)×1, AC 전원 코드, AV 케이블, USB 케이블, LAN 케이블, 빠른 시작 가이드, 사용상의 주의, 서비스 가이드

나의 라이벌은 슈퍼컴퓨터

플레이스테이션 3(이하 PS3)는 소니컴퓨터엔터테인먼트가 2006년 11월 11일 일본에서 최초 발매한 가정용 게임기 및 플랫폼이다(역주 ※). PS1의 일본 발매일인 12월 3일(1·2·3), PS2의 헤이세이 12년 3월 4일(1·2·3·4)처럼 숫자를 일부러 맞춰 발매일을 결정한 것에서도, SCE 특유의 위트가 느껴진다.

이 게임기를 위한 CPU로서 슈퍼컴퓨터급의 연산능력을 자랑하는 고성능 프로세서인 CELL(셀)을 도시바와 공동 개발하기까지 했는데, 개발하는 동안 플레이스테이션 2의 Emotion Engine 당시처럼 반도체업계마저 술렁거리게 하는 뉴스가 연일 언론에 오르내릴 정도였다.

블루레이 비디오 재생 기능을 기본 탑재했고 슈퍼 오디오 CD(SACD)도 지원하며, 당시 막 최종규격이 책정된 참이었던 HDMI 단자를 선구적으로 채용하기까지 하는 등, 고화질·고음질을 추구하는 소니의 정신이 강하게 표출된 기기이기도 했다. 최초 발매 당시에는 실매가격이 물경 6만 엔이라는 초고가였기에 구입을 주저하는 게이머가 많아서 보급 속도가 시원찮았지만, 치열한 원가절감을 거쳐 이룩해낸 저가격화의 효과로 서서히 판매량에 활기가 돌아, 결국은 PS2와의 세대교체를 훌륭히 성공시켰다.

(역주 ※) 한국에서는 소니컴퓨터엔터테인먼트코리아가, 2007년 6월 16일 518,000원의 가격으로 정식 발매했다. 한국에 발매된 첫 모델의 형식번호는 CECHE05로서, 내장 HDD는 80GB였다.

TOP VIEW

BOTTOM VIEW

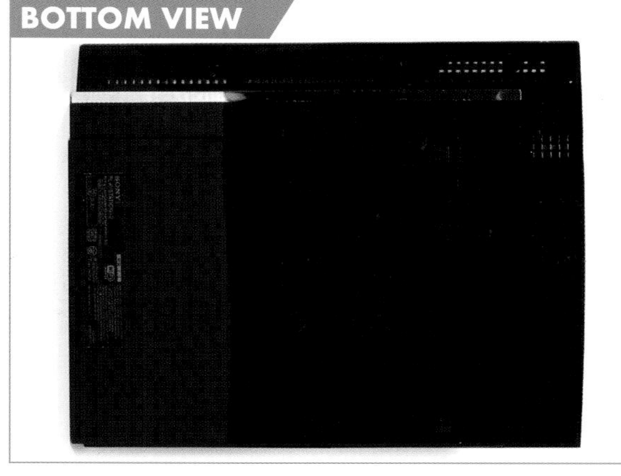

FRONT VIEW

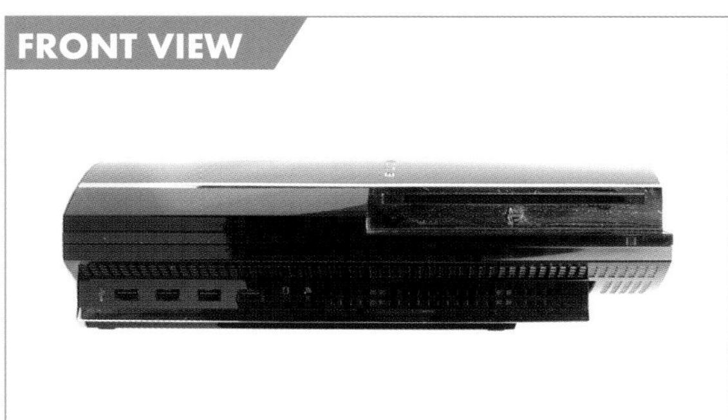

REAR VIEW

LEFT SIDE VIEW

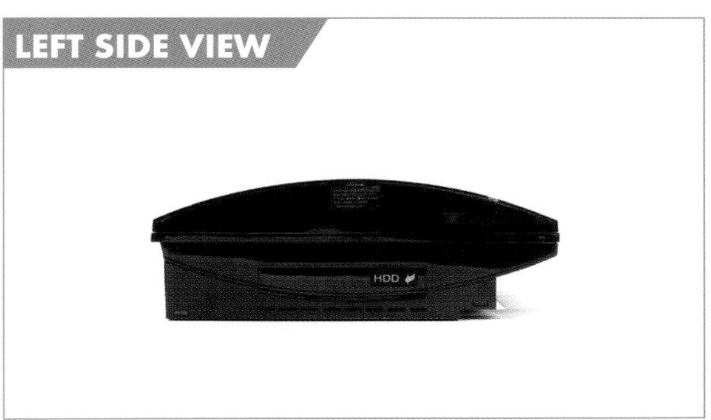

RIGHT SIDE VIEW

초기 모델에 한해 PS2 하위호환 가능

당초의 PS3는 PS2 초기 발매시의 전략을 답습해, PS1 및 PS2용 소프트의 하위호환성 기능을 내장하여 발매되었다. 하지만 이를 구현하기 위해 Emotion Engine+Graphics Synthesizer 칩을 통째로 집어넣은 탓에, 결과적으로 본체 가격에까지 악영향을 끼치고 말았다. 게다가 PS2 자체가 구성이 복잡한지라 완전한 호환성의 구현이 어려웠기에, 발매한 후에도 유저들로부터 PS2용 소프트의 비정상 구동 문제 관련 문의가 잇달았다. SCE도 시스템 업데이트로 계속 호환성을 보완했지만 그래도 완전치는 못했기에, 결국 신 모델 발매를 기해 PS2 하위호환 기능을 삭제하기에 이르렀다.

▲ 수직으로도 세울 수 있는 PS3. 본체 디자인은 역대 플레이스테이션 시리즈를 디자인했던 고토 테이유가 맡았다.

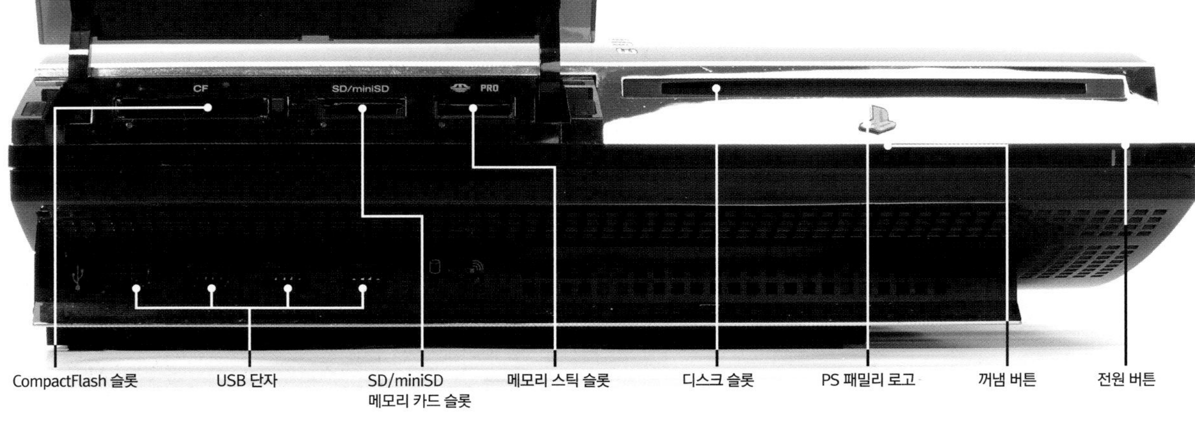

가정용 미디어 서버로서의 PS3

SCE는 PS2 당시에도 DVD 플레이어 기능과 USB 단자, i.LINK 단자를 넣는 등, 기기를 TV 근처에 항상 설치해둔 상태에서 기기 한 대로 게임·영화·음악을 즐기는 '홈 미디어 서버'로서의 활용법을 제안한 바가 있었다. PS3에서는 블루레이 비디오 플레이어 탑재는 물론이고, Full HD급 TV 지원과 인터넷 환경의 연결, 무선 컨트롤러 'SIXAXIS'(식스액시스) 제공 등으로 PS2 당시 못다 이룬 홈 서버로서의 용도를 한층 더 강화시켜, '게임기의 틀을 뛰어넘은 신개념 AV 가전'이라는 포지션을 노렸다.

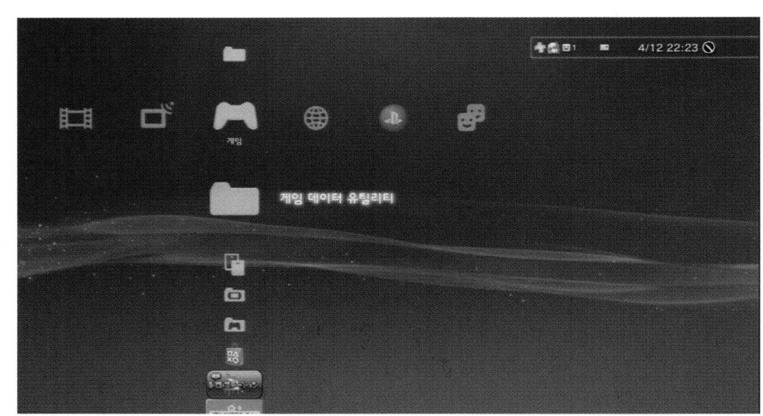

▲ PSX와 플레이스테이션 포터블(PSP)에도 탑재되었던 UI인 XMB(크로스 미디어 바)를, 기본 시스템 메뉴로 채용했다.

TV와는 HDMI로, 오디오 시스템과는 광 디지털 출력으로, 스마트폰·PC와는 유선 혹은 무선 LAN으로……라는 형태로서 유저의 모든 가전을 PS3와 연동시킨다는 컨셉. 소니는 PS3를 통해, AV 가전기기 제조사만이 구현 가능한 미래상을 제시했다고 할 수 있으리라.

▲ 배터리를 내장시키고 케이블을 없앤 전용 무선 컨트롤러 'SIXAXIS'. Bluetooth로 연결되며, 본체 하나에 최대 7개까지 연결 가능하다.

▲ 영어 로고는 전부 대문자인 'PLAYSTATION 3'. 영화 '스파이더맨'의 로고와 동일한 폰트를 사용했다.

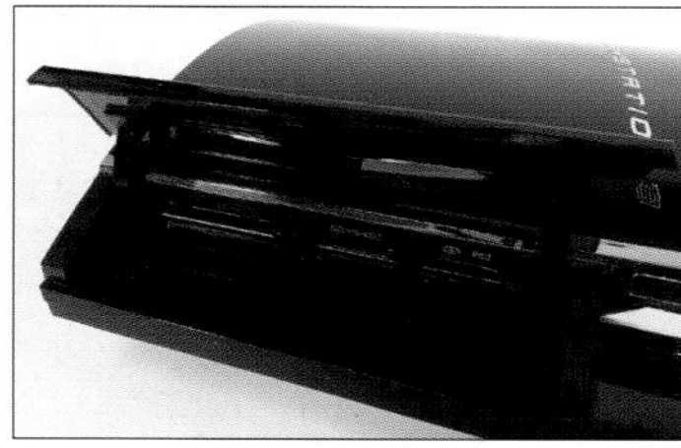
▲ 드라이브 왼쪽의 커버를 열면 각종 플래시 메모리계 카드용 슬롯들이 있다. 내부적으로는 USB로 연결된다.

▲ 본체 밑면에는 2.5인치 SATA HDD가 사전 내장돼 있다. 유저가 직접 대용량 HDD로 교체할 수도 있다.

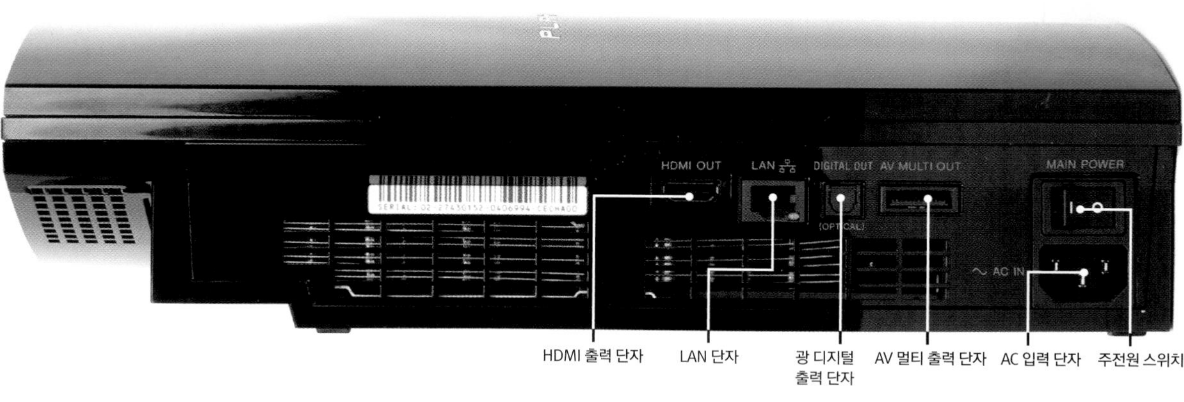

온라인 서비스를 본격 제공하다

PS3가 처음 발매될 당시인 2006년은, 인터넷 상시접속 환경(광대역 통신망)이 거의 보급 완료됨으로써 필수 인프라로 정착된 시기였다. 이를 고려하여 PS3 본체에도 유선 LAN 단자와 무선 LAN 모듈을 표준 내장시켰고, PS2 당시엔 시행착오 단계였던 각종 인터넷 서비스의 제공을 본격적으로 추진했다. 특히 추가 다운로드 컨텐츠의 판매, 다운로드로만 판매하는 염가형 게임 등은 PS3 세대에 접어들어서부터 본격 개화된 문화라 할 수 있다.

다운로드 판매로 제공하는 'PS2 클래식'

PS3의 PlayStation Store에는, PS2용 게임을 다운로드 구입 형태로 즐길 수 있는 'PS2 클래식'(역주 ※)이란 서비스가 있다. 총 60종(2024년 기준)의 게임을 10,000~15,000원 정도에 판매하고 있으며, 즐기고 싶을 때 즉시 살 수 있는 것이 최대의 매력이다.

PS2 하위호환 기능이 없는 중후반기 모델이라도 구동 가능하니, 이 책을 계기로 구입해 즐겨보면 어떨까?

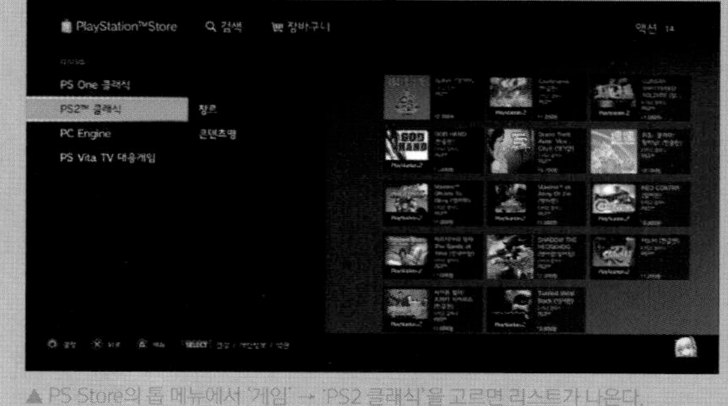

▲ PS Store의 톱 메뉴에서 '게임' → 'PS2 클래식'을 고르면 리스트가 나온다.

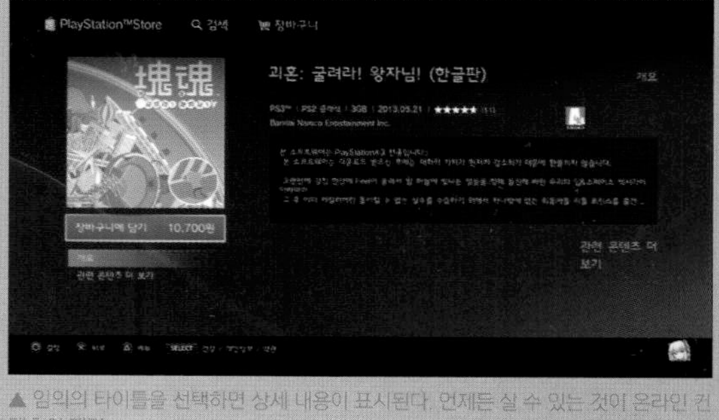

▲ 임의의 타이틀을 선택하면 상세 내용이 표시된다. 언제든 살 수 있는 것이 온라인 컨텐츠의 매력.

(역주 ※) 원서의 내용을 한국 서비스에 맞게 바꾸었다. 일본에서는 'PS2 게임 아카이브스'라는 명칭으로 서비스중이며, 총 110종의 게임을 제공하고 있다.

세계적으로도 대 히트를 이룩한 PS2

일본 외 국가들의 플레이스테이션 2

PlayStation2 Overseas model

▲ 국가별 모델 차이는 NTSC/PAL 규격 여부와 소프트 지역제한 정도로서, 기본적인 기능·사양은 어느 국가나 동일하다.

기본적으로는 일본의 PS2와 동일

일본 외 지역에서의 PS2 발매는, 일본의 7개월 후인 2000년 10월 26일 북미에 출시된 것이 최초다. PS1 당시부터 유니버설 디자인을 지향하여 전 세계에 동일 모델을 판매할 수 있도록 디자인과 사양을 전부 공통화했기에, 기본적으로는 타국의 모델도 일본에서 발매된 것과 동일하다.

다만 컬러 바리에이션 전개나 각종 캠페인·콜라보레이션 기획 등을 적극적으로 진행한 국가는 일본 정도로서, 그 외 국가는 기껏해야 세라믹 화이트와 새틴 실버 정도의 컬러 바리에이션 모델이 나왔을 뿐이었다. 그래도 아래의 유럽 한정 BRAVIA TV와 같은 극히 일부의 이색 모델이 존재하므로, 본 지면에서는 일본 외 국가들의 플레이스테이션 발매 사례를 소개해보고자 한다.

플레이스테이션 2 일체형 TV BRAVIA KDL22PX300

유럽 한정 모델이기는 하나, PS2와 아예 일체화된 TV가 발매된 적이 있다. 22인치 화면에 해상도는 720p로서, 사이즈는 약간 작지만 HDMI 단자가 4개나 되는 등 나름대로 호화로운 스펙이다. 일본에서도 발매되었더라면 제법 팔리지 않았을까 싶다.

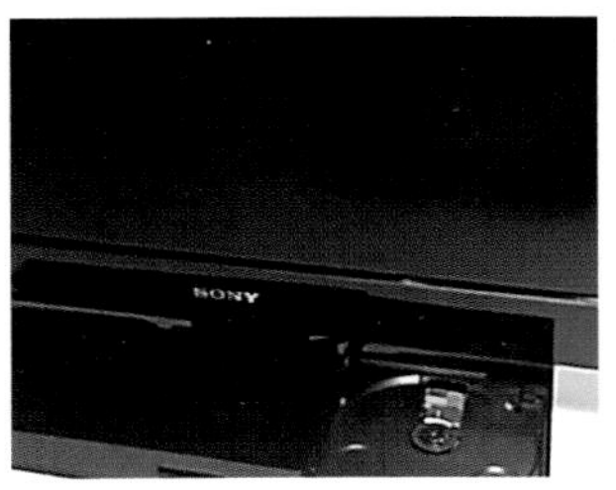
▲ DVD 드라이브는 열기 버튼을 누르고 하단 스탠드의 커버를 왼쪽으로 밀면 열린다.

ADVERTISING

한국에만 한정 발매된 「그란 투리스모」도 있었다

한국에만 한정 발매된 소프트로서, 일본의 「그란 투리스모 컨셉 2001 TOKYO」를 기반으로 신규 차량을 추가한 「그란 투리스모 컨셉 2002 TOKYO-SEOUL」이 존재한다. 현대자동차의 차량이 수록되는 등, 한국 한정 소프트다운 작품이다.

세계 각국에서 발매된 PS2

PS2는 수많은 국가에서 출시되었다 보니 국가별 코드가 꽤나 세분화돼 있다(참고로, PS1의 경우엔 0(일본), 1(북미), 2(유럽), 3(아시아)으로 4종류뿐이었다). 게다가 나중에 추가 분리 구분된 경우까지도 있다 보니, 결과적으로 지역구분이 한층 더 혼란스러워졌다.

일본 외 국가에서의 발매는 일본 발매 후 7개월이 지나서부터였기에, SCPH-10000계를 아예 건너뛰고 처음부터 SCPH-30000계를 시장에 투입했다. 이런 이유로 후면의 확장 인터페이스 역시 PCMCIA 슬롯이 아예 없고 전부 확장 베이였기에, 외장형 PlayStation BB Unit은 오로지 일본판만이 존재한다.

▲ 일본 외 국가에서 발매된 초기 PS2 모델. 처음부터 확장 베이형 모델이었다.

국가별 코드 대응표

코드	해당 지역
00	일본
01	북미
02	호주, 뉴질랜드, 기타 오세아니아 지역
03	영국
04	유럽
05	한국
06	싱가포르, 말레이시아, 태국, 인도네시아, 베트남, 홍콩 및 기타 아시아 지역
07	대만
08	러시아, 인도, 기타 중앙아시아 지역
09	중국 본토
10	브라질, 기타 남미 지역
11	캐나다
12	미국

일본/타국 모델별 대응표

일본 (NTSC-J)	북미 (NTSC-U/C)	오세아니아 (PAL)	영국 (PAL)	유럽 (PAL)	한국 (NTSC-J)	아시아 (NTSC-J)	대만 (NTSC-J)	러시아 (PAL)	중국 (NTSC-C)	남미 (PAL)	비고
SCPH-10000											일본에서 판매 개시
SCPH-15000											
SCPH-18000											
SCPH-30000	SCPH-30001	SCPH-30002	SCPH-30003	SCPH-30004							북미·유럽에서 판매 개시
SCPH-30000	SCPH-30001R	SCPH-30002R	SCPH-30003R	SCPH-30004R	SCPH-30005R	SCPH-30006R	SCPH-30007R				한국·아시아·대만에서 판매 개시
SCPH-35000	SCPH-35001	SCPH-35002	SCPH-35003	SCPH-35004							
SCPH-39000	SCPH-39001	SCPH-39002	SCPH-39003	SCPH-39004	SCPH-39005	SCPH-39006	SCPH-39007	SCPH-39008			러시아에서 판매 개시
SCPH-50000	SCPH-50001	SCPH-50002	SCPH-50003	SCPH-50004	SCPH-50005	SCPH-50006	SCPH-50007	SCPH-50008	SCPH-50009	SCPH-50010	중국·남미에서 판매 개시
SCPH-70000	SCPH-70001,11,12	SCPH-70002	SCPH-70003	SCPH-70004	SCPH-70005	SCPH-70006	SCPH-70007	SCPH-70008	SCPH-70009	SCPH-70010	슬림형 플레이스테이션 2 발매 개시
SCPH-75000	SCPH-75001,11,12	SCPH-75002	SCPH-75003	SCPH-75004	SCPH-75005	SCPH-75006	SCPH-75007	SCPH-75008	SCPH-75009	SCPH-75010	
SCPH-77000	SCPH-77001,11,12	SCPH-77002	SCPH-77003	SCPH-77004	SCPH-77005	SCPH-77006	SCPH-77007	SCPH-77008	SCPH-77009	SCPH-77010	
SCPH-79000	SCPH-79001,11,12	SCPH-79002	SCPH-79003	SCPH-79004	SCPH-79005	SCPH-79006	SCPH-79007	SCPH-79008	SCPH-79009	SCPH-79010	
SCPH-90000	SCPH-90001,11,12	SCPH-90002	SCPH-90003	SCPH-90004	SCPH-90005	SCPH-90006	SCPH-90007	SCPH-90008	SCPH-90009	SCPH-90010	플레이스테이션 2의 최종 모델
DESR-5000											PSX (일본에서만 발매)
DESR-5100											PSX (일본에서만 발매)
DESR-5500											PSX (일본에서만 발매)
DESR-5700											PSX (일본에서만 발매)
DESR-7000											PSX (일본에서만 발매)
DESR-7100											PSX (일본에서만 발매)
DESR-7500											PSX (일본에서만 발매)
DESR-7700											PSX (일본에서만 발매)
			PX300	PX300							BRAVIA (유럽에서만 발매)
			PX300-1	PX300-1							BRAVIA (유럽에서만 발매)

명작·인기 타이틀을 저렴하게 제공하는 염가판 판매전략

플레이스테이션 2 더 베스트

소니컴퓨터엔터테인먼트 2002년 6월 27일~ 2,800엔~

PlayStation2 the Best

저렴한 광매체의 장점을 활용하다

'플레이스테이션 2 더 베스트'는, 제조비가 싸다는 광매체만의 특성을 활용해 구작 타이틀을 염가에 재발매한다는 컨셉으로서 일본에서 전개된 브랜드다(역주 ※). 원래는 PS1으로 1996년부터 시작되었지만, 기획이 호평을 받아 PS2에서도 계속 이어졌다.

그 외에도 50만 장 이상의 히트작을 재발매하는 'MEGA HITS!' 시리즈가 있었고, 코에이·스퀘어 에닉스·일렉트로닉 아츠 등 여러 회사가 독자적인 염가판 레이블을 전개하기도 했다.

(역주 ※) 한국에서는 동일한 컨셉의 염가판으로서, 2004년부터 'Big Hit' 브랜드를 전개했다. 초기 발매가는 단품 26,800원으로서 2004년 내에만 15종이 출시되었고, 최종적으로는 PS2로만 총 76종이 발매되었다. 이후에도 PSP부터 PS4까지, 꾸준히 Big Hit 브랜드가 지속되었다.

PlayStation2 the Best

과거의 인기 타이틀을 염가에 재발매했던 시리즈. 기본적으로는 초판과 내용이 동일하지만, 일부 버그를 수정하거나 추가요소를 넣은 타이틀도 있었다.

PlayStation2 MEGA HITS!

과거의 타이틀 중, 출하량 50만 장 이상을 기록했던 작품을 신규 패키지로 재출시한 것. 후일 'PlayStation 2 the Best' 시리즈와 통합되었다.

HARDWARE
2000
2001
2002
2003
2004
2005
2006
2007
2008
2009
2010
2011
2013
INDEX

디자인의 일관성을 관철한 개발용 기자재

개발용 플레이스테이션 2

소니컴퓨터엔터테인먼트 1999년 9월 2,000,000엔 (DTL-T10000)

Development Tool

PS2 디자인의 데스크탑 PC

DTL-T10000은 전용 워크스테이션이나 PC가 없더라도 단독으로 PS2용 프로그램의 실행 및 디버깅을 할 수 있는 개발용 기자재이며, DTL-H10100은 프로그램 데이터를 기록한 CD-R이나 DVD-R을 직접 구동시켜 무결성을 검증하기 위한 테스트용 기기다. 양쪽 모두 시판품 PS2와 컨셉을 일관시켜 디자인한 점에서, 설계자의 고집과 집착이 느껴진다.

양 기기 모두 메인 CPU와 GPU로 PS2 실기와 동등한 Emotion Engine 및 Graphics Synthesizer를 내장하고 있으나, DTL-T10000의 경우 메인 RAM을 시판품 PS2의 4배인 128MB로 증량했다. OS는 Red Hat Linux다.

DTL-H10100

DTL-T10000

CHAPTER 2

플레이스테이션 2 일본 소프트 올 카탈로그

PART 1

PLAYSTATION2 SOFTWARE ALL CATALOGUE

해설 플레이스테이션 2의 소프트 이야기

COMMENTARY OF PLAYSTATION2 #2

약간 높아진 플레이스테이션 2의 유저 연령층

PS2용 게임 소프트는 일본 국내 시장에서만도 무려 총 2,927개 타이틀이나 발매되어, 2000년대 전반기에 활약한 제6세대 게임기 중 드림캐스트·닌텐도 게임큐브·Xbox를 멀찍이 제치고 압도적인 점유율 1위를 달성했다. 발매된 게임의 장르 면에서도 일본에서 압도적인 인기를 자랑해온 전통의 장르인 RPG·시뮬레이션은 물론이고 액션·슈팅·어드벤처·퍼즐 등에 이르기까지 폭넓은 장르가 두루두루 발매되어, 'PS2 한 대만으로도 충분히 만족할 수 있다'고 단언해도 과언이 아닐 만큼 모두의 취향을 빈틈없이 커버하는 라인업을 자랑했다.

그 반면, 소프트 가격대가 PS1 당시의 5,800~6,800엔보다 약간 비싸진 6,800~7,800엔으로 맞춰졌고, PS1 세대의 유저들이 그대로 PS2 구매층으로 이어진 탓도 있어, PS2의 대상 연령층은 약간 높아졌다. PS2용 게임을 개발하려면 거액의 개발비를 들여야 했으니 어쩔 수 없었던 탓도 있어, 저연령층·염가게 소프트는 계속 PS1에 안주하게 되었다. PS2에서는 기존 PS1용 소프트도 하위호환으로 모두 동작했기에, 결과적으로 두 시장이 순조롭게 공존할 수 있었다 하겠다.

DVD 비디오 재생 기능이 본체의 판매를 견인하다

PS2 시장의 보급률을 견인한 최대 요인은 PS2의 커다란 특징 중 하나인 DVD 비디오 재생 기능과, AV기기로서도 우수했던 기본 성능이다. 이미 서술한 대로 PS2가 첫 발매되었던 2000년 당시의 일본에선 DVD 비디오 플레이어 자체가 아직 고가였기에, 최첨단 게임기이면서 동시에 DVD 플레이어 기능까지 겸비했던 PS2의 등장은 매우 강력한 구매동기로 작용했다. 게다가 마침 영화 '매트릭스'의 DVD판이 PS2 발매를 의식하여 발매일을 앞당겨서까지 PS2와 맞췄는데, 이것이 결과적으로 상호 시너지를 일으켜 DVD판 '매트릭스'의 판매량 상승은 물론이고 PS2 본체의 폭발적인 보급과 DVD 영화 소프트 시장 자체의 창출로까지 이어졌다.

일설에 따르면 DVD판 '매트릭스'는 당시의 DVD 플레이어 총 보급대수를 뛰어넘는 판매량을 불과 1개월 만에 기록했고, 북미에서만도 300만 장 이상을 판 밀리언셀러가 되었다고 한다. 이 폭발적인 판매량을 뒷받침한 것은 당연히 PS2의 보급이었으니, PS2가 일본에서 초회출하대수 100만 대를 기록했다는 것은 곧 DVD 비디오 플레이어의 일본 보급대수 역시 그만큼 늘어났다는 의미일 터이기 때문이다. 다시 본론으로 돌아와, DVD 플레이어 용도로서 PS2를 구매한 고객층은 당연히 성인이었을 테니, PS2의 대상 연령층이 높아진 것도 어떤 의미로는 필연적이었다 할 수 있다.

하나 더 언급하자면, DVD 비디오 재생 기능이 PS2 보급의 큰 원동력 중 하나가 되는 과정에서, 일본에서는 이것이 어느 신흥 업소의 발흥과 엮여 완전히 새로운 효과를 창출해냈다. 바로 '만화 카페'(역주 ※)다. 만화를 마음껏 볼 수 있음을 호객 목적으로 삼은 시설로서의 만화 카페 자체는 이미 1990년대부터 존재했으나, 2000년 이후로 제공 서비스가 폭증하여 개인 부스, 샤워실, 인터넷 PC 등등의 설비 환경이 확충되었다. 그 일환으로 추가된 DVD 비디오 대출·감상 서비스를 제공하는 플레이어로서, 대량의 PS2가 만화 카페에 도입된 것이다.

이유는 두말할 것 없이 PS2가 'DVD 플레이어로서도 저렴했기 때문'으로서, 일부 점포는 DVD 비디오 외에 PS2용 게임 소프트를 대출해주기도 하였다고 한다.

▲ DVD 비디오 보급의 킬러 타이틀이 된 '매트릭스'.

(역주 ※) 망가킷사(マンガ喫茶)라고 하며, 당시의 한국에 빗대면 만화방+DVD방 개념이다. 일본에선 이 만화 카페가 프랜차이즈화와 시설 비대화를 거쳐, 개인화된 공간에서 인터넷+게임+만화+영화 등을 즐기며 간소한 식사·숙박까지도 가능했던 염가 위락시설로 발전했다.

PS2의 높은 개발 난이도와, 미들웨어의 대두

PS2는 발매 전부터 차세대 게임기라는 태풍의 핵으로 주목받아온 만큼, 발매 반년 전에 개최된 발표회 시점에서 이미 전 세계의 게임 개발사 162개사와 라이선스를 체결했다고 발표하였다. 특히 PS1 시절부터 적극적으로 소프트를 개발해온 아트딩크, 프롬 소프트웨어, 코에이 등은 하드웨어 런칭에 맞춘 신작 타이틀을 준비했다. 아트딩크는 플레이스테이션 페스티벌 석상에서 '이기는 쪽에 걸었다'라고, 본체 발매 전임에도 대담하게 코멘트했을 정도였다.

이렇듯 서드파티들 사이에 의욕적인 기운이 넘쳐나긴 하였으나, PS2는 제 성능을 끌어내려면 그에 필적하는 고도의 스킬이 필요할 만큼 개발의 문턱이 높은 하드웨어이기도 했기에, 개발 노하우가 충분히 축적되지 못한 발매 이전부터 초기까지는 그야말로 시행착오의 연속이었다. 그렇다 보니, 발매되기 상당히 이전부터 개발환경을 제공했었음에도 불구하고 소프트 쪽이 슬로우 스타트로 지지부진했다는 점은 부정할 수 없다. 그럼에도 게임기 본체가 품절사태까지 일으키며 입수가 어려울 정도였던 이유는, 결국 PS1과 하위호환성이 있었고 DVD 플레이어로도 유용했기 때문일 것이다.

PS2 정도로 복잡한 하드웨어라면 바닥부터 하드웨어 연구를 시작하는 것은 비현실적인 만큼, 미들웨어(개발 지원 소프트웨어)의 존재는 필수불가결이다. 앞서 언급한 발표회에서는 소프트 개발사뿐만 아니라 서양의 미들웨어 제작사 45개사와의 계약 체결도 발표되었으며, 개발 도중의 게임 소프트뿐만 아니라 개발용 툴도 전시했다. 지금은 이러한 미들웨어 없이 게임을 개발한다는 것이 사실상 불가능한데, 당시의 SCE 측도 그 필요성을 충분히 인식하고 있었다고 볼 수 있다.

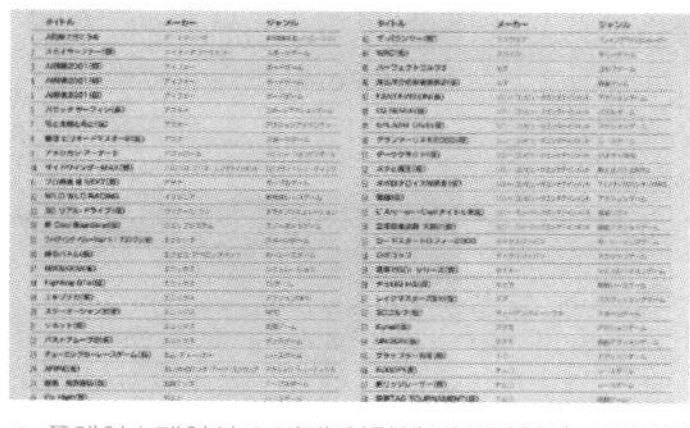
▲ 플레이스테이션 2 발매 이전에 발표되었던 소프트웨어 라인업(일부).

이 장에 게재된 카탈로그의 범례

① 게임 타이틀명

② 기본 스펙 표기란

발매 회사, 장르명, 발매일, 가격, 플레이 명수, 세이브 용량, 지원 주변기기 순으로 표기했다.

③ 염가판 소프트 아이콘

'플레이스테이션 2 더 베스트'판 등이 존재함을 알리는 아이콘.

플레이스테이션 2 더 베스트

④ 패키지 표지

⑤ 게임 화면

⑥ 내용 설명

⑦ 온라인 플레이 지원 아이콘

인터넷을 경유한 플레이의 지원 여부를 아이콘으로 표시했다.

※ 현재는 서비스가 모두 종료되었습니다.

ONLINE 対応 온라인 통신 플레이를 지원하는 소프트 (인터넷 연결 없이도 플레이 가능)

ONLINE 専用 온라인 통신을 전제로 플레이하는 소프트 (인터넷 연결 없이는 플레이 불가)

단어퍼즐 모지핏탄 ①

●남코 ●PZL ●2003년 1월 9일 ●4,800엔 ●플레이 명수 : 1~2인 ●세이브 용량 : 33KB 이상 ②

빈칸에 일본어 낱글자를 하나씩 놓아 단어를 완성해가는 퍼즐 게임. 대전 모드에서는 상대가 놓은 글자 패널까지 ⑥용해 단어를 연쇄시키면 대역전까지 펼쳐지는 등, 둘이서 플레이해도 매우 즐거운 게임이다.

⑧ 연령구분 마크 표기란

2002년 10월 이후부터 적용된 CERO 등급제(역주※) 기준의 연령제한 구분을 의미하는 아이콘.

A (전체 이용가)

B (12세 이용가)

C (15세 이용가)

D (17세 이용가)

Z (청소년 이용불가)

교육·데이터베이스

⑨ 컨텐츠 명시 아이콘 표기란

해당 연령등급이 책정된 근거가 되는 게임 내 표현을 표시한 아이콘.

 연애  선정성  폭력성  공포  음주·흡연  사행성  범죄  약물 언어·기타

(역주 ※) '컴퓨터 엔터테인먼트 심의기구'의 약칭으로서, 한국의 게임물관리위원회와 비슷한 일본 가정용·휴대용 게임업계의 자율심의 등급제 시스템. 심의를 통과해야 일반 판매가 가능하다. 2002년 설립.

2000

PlayStation2 Game Software Catalogue

플레이스테이션 2의 일본 발매 첫해에 발매된 타이틀 수는 122종으로서, 그중 본체 동시 발매 타이틀이 10종이었다. 「결전」과 「이터널 링」처럼 발매 첫해부터 시리즈 속편물이 아닌 오리지널 타이틀이 다수 출시되는 등, PS2의 뛰어난 표현능력을 살린 소프트를 내놓자는 의욕이 그야말로 완연했던, 활력이 흘러넘치는 해였다.

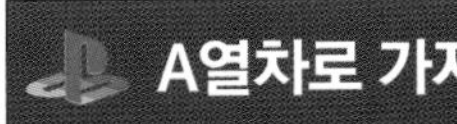

A열차로 가자 6

●아트딩크 ●SLG ●2000년 3월 4일 ●6,800엔
●플레이 명수 : 1인 ●세이브 용량 : 6144KB 이상

'철도 건설'·'운행시간표 설정'·'산업 유치' 등을 통해 도시를 발전시켜가는 도시개발 철도 시뮬레이션 게임, 「A열차로 가자」 시리즈의 제6탄. 통근형·특급·화물차량 등을 운행시켜 3D 그래픽으로 마음껏 달려볼 수 있다. 게임을 수놓는 BGM들도 하나같이 명곡이라 이쪽의 팬도 많은 작품이다.

이터널 링

●프롬 소프트웨어 ●RPG ●2000년 3월 4일 ●6,800엔
●플레이 명수 : 1인 ●세이브 용량 : 100KB 이상

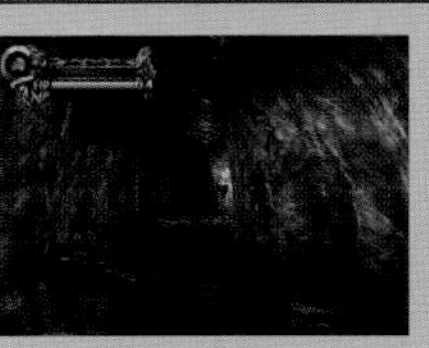

100종에 달하는 반지와 마법을 활용해 난관에 도전하는 RPG. 주인공 '카인'이 되어 자신의 출생의 비밀, 절해의 고도에 잠든 여섯 머리의 용, 강대한 힘이 깃든 '이터널 링'의 비밀 등 다양한 의문을 밝혀내자.

카키노키 쇼기 IV

●아스키 ●TBL ●2000년 3월 4일 ●6,800엔
●플레이 명수 : 1~2인 ●세이브 용량 : 2105KB 이상

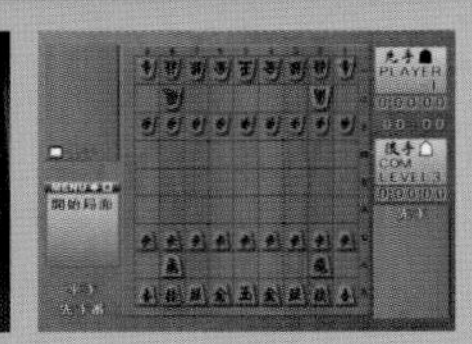

역사가 깊은 쇼기(일본 장기) 게임 시리즈의 PS2판. 고속사고와 학습기능을 탑재해 쾌적한 플레이를 구현해냈다. 사고 레벨은 7단계로 조절 가능하며, CPU의 전법도 앉은비차·몰이비차 등의 10종류 중에서 고를 수 있다.

결전

●코에이 ●SLG ●2000년 3월 4일 ●6,800엔
●플레이 명수 : 1인 ●세이브 용량 : 216KB 이상

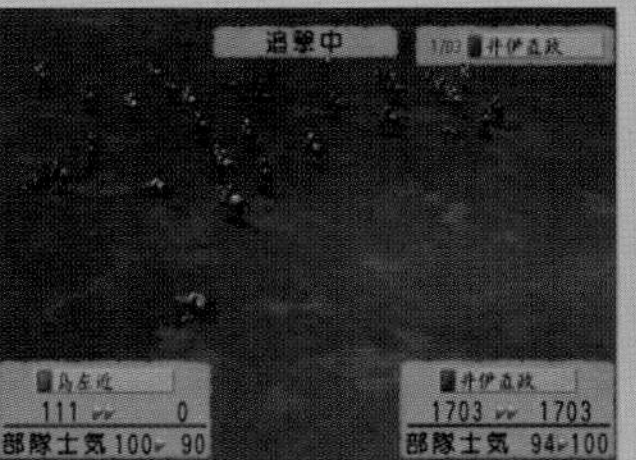

코에이의 첫 PS2 타이틀은, 일본 전국시대의 세키가하라 전투와 오사카 여름 전투를 다룬 역사 시뮬레이션 게임이었다. 동군 혹은 서군의 총대장이 되어, 적군과 전투를 벌여 통쾌한 승리를 거두자. 하드웨어의 성능을 살린 디테일한 연출 덕에, 대군세를 지휘하는 참맛을 한껏 음미할 수 있는 대작이다.

CERO 등급 아이콘

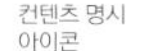

컨텐츠 명시 아이콘

 연애

 선정성

 폭력성

 공포

 음주·흡연

 사행성

 범죄 약물 언어·기타

스테핑 셀렉션

●잘레코 ●ACT ●2000년 3월 4일 ●6,800엔 ●플레이 명수 : 1~2인
●세이브 용량 : 20KB 이상 ●스테핑 셀렉션 전용 컨트롤러 지원

아케이드용 게임의 이식작. 음악에 맞춰 정확한 타이밍으로 풋 패널을 밟는 리듬 액션 게임이다. 챌린지 모드와 단위인정 모드, 무비 모드 등의 다채로운 모드로 플레이할 수 있다.

스트리트 파이터 EX3

●캡콤 / 아리카 ●ACT ●2000년 3월 4일 ●6,800엔 ●플레이 명수 : 1~2인
●세이브 용량 : 16KB 이상 ●멀티탭 지원 : 1~4인

3D 폴리곤 「스트리트 파이터」 시리즈의 3번째 작품. 2 : 2 태그 배틀이 기본이며, 드라마틱 배틀·팀 배틀 등의 다채로운 대전 모드를 제공한다. '에이스'라는 오리지널 캐릭터는 에디트도 가능하다.

드럼매니아

●코나미 ●SLG ●2000년 3월 4일 ●오픈 프라이스 ●플레이 명수 : 1~3인
●세이브 용량 : 52KB 이상 ●RU021, RU018, 멀티탭 지원

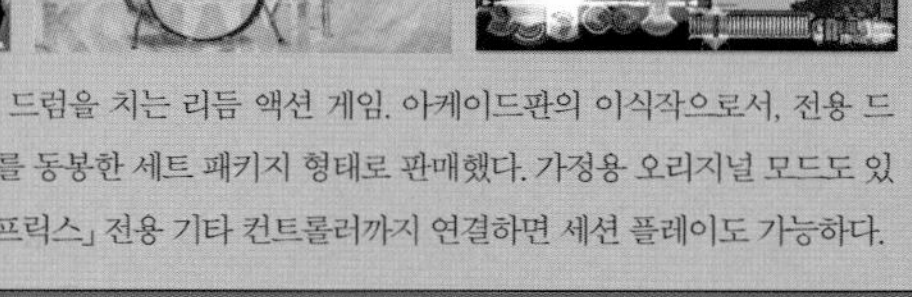

화면을 보며 드럼을 치는 리듬 액션 게임. 아케이드판의 이식작으로서, 전용 드럼 컨트롤러를 동봉한 세트 패키지 형태로 판매했다. 가정용 오리지널 모드도 있으며, 「기타 프릭스」 전용 기타 컨트롤러까지 연결하면 세션 플레이도 가능하다.

마작대회 III : 밀레니엄 리그

●코에이 ●TBL ●2000년 3월 4일 ●4,800엔
●플레이 명수 : 1인 ●세이브 용량 : 70KB 이상

다양한 룰로 리그전을 즐기는 마작 게임. 5종의 스테이지엔 각각 호화 상품이 걸려있으며, '마작박물관'의 협력으로 재현한 '궁정패'·'흑록패각면패' 등 6종의 진귀한 마작패도 입수 가능하다.

모리타 쇼기

●유키 엔터프라이즈 ●TBL ●2000년 3월 4일 ●6,800엔
●플레이 명수 : 1~2인 ●세이브 용량 : 118KB 이상

모리타 카즈로가 개발한 사고루틴을 탑재한 쇼기 게임. 안정적인 기력은 물론이고, 끈질긴 종반전을 재현한 '필사의 개념'을 도입해 알고리즘을 강화했다. 가정용 게임기로는 최초로 데이터베이스 기능도 넣었다.

I.Q REMIX+

●소니컴퓨터엔터테인먼트 ●PZL ●2000년 3월 23일 ●5,800엔
●플레이 명수 : 1~2인 ●세이브 용량 : 34KB 이상

화면 저편에서부터 서서히 압박해오는 큐브들을, 깔리지 않도록 피하며 없애 나가는 명작 퍼즐 게임의 PS2판. 미궁을 돌파하는 스테이지나 거대한 벽과 맞서는 스테이지 등, 시각적 효과를 강화시켰다.

릿지 레이서 V

●남코 ●RCG ●2000년 3월 4일 ●6,800엔 ●플레이 명수 : 1~2인
●세이브 용량 : 420KB 이상 ●네지콘, 조그콘 지원

드리프트로 헤어핀을 고속 주파하는 쾌감이 매력인 레이싱 게임 시리즈의 신작으로서, 가정용 게임기로는 5번째 작품. 런칭 타이틀로 발매되었음에도, 전세대기를 압도할 만큼 멋지고도 디테일하게 묘사한 그래픽으로 차세대기 PS2의 파워를 유저들에게 제대로 선보여준 작품이다.

각종 지원 아이콘  Best판 발매  PlayStation BB Unit 전용  PlayStation BB Unit 지원

판타비전

●소니컴퓨터엔터테인먼트 ●PZL ●2000년 3월 9일 ●5,800엔
●플레이 명수 : 1인 ●세이브 용량 : 300KB 이상

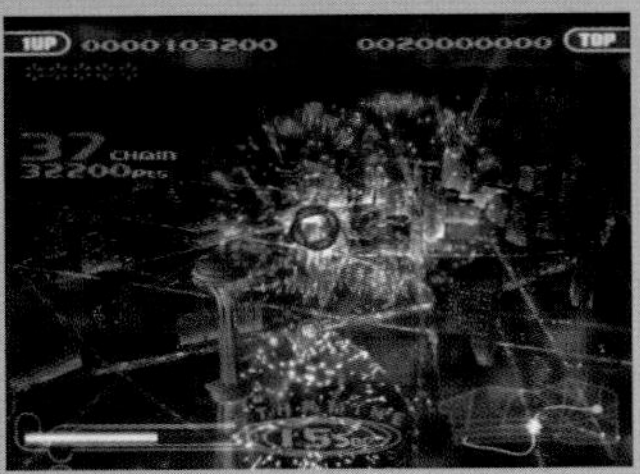

SCE가 최초로 발매한 플레이스테이션 2용 소프트 중 하나로서, 불꽃놀이를 테마로 삼은 액션 퍼즐 게임. 공중으로 사출된 불꽃을 마커로 캐치하여, 같은 색의 불꽃끼리 연결시키면 화려하게 폭발한다. 불꽃이 터지는 동안 다음 불꽃을 캐치하여 연쇄를 만들면 고득점을 얻게 된다.

골프 파라다이스

●T&E 소프트 ●SPT ●2000년 3월 23일 ●5,800엔
●플레이 명수 : 1~4인 ●세이브 용량 : 500KB 이상 ●멀티탭 지원

골프 코스 자동생성 시스템을 탑재한 골프 게임. 개성 만점의 캐릭터 7명 중 하나를 선택하여, 프로 골퍼로 육성해 보자. 아마추어로 시작해 여러 시합을 돌파하여, 세계대회 우승까지 노려보도록.

데드 오어 얼라이브 2

●테크모 ●ACT ●2000년 3월 30일 ●6,800엔
●플레이 명수 : 1~4인 ●세이브 용량 : 100KB 이상

인기 3D 대전격투 게임 시리즈의 제2탄. 신 캐릭터 3명이 추가되었고, 반격기 '홀드'의 커맨드를 원작인 아케이드판보다 간략화한 시스템을 추가했다. 태그 모드에서는 2 : 2로 최대 4인 대전까지도 가능하다.

철권 태그 토너먼트

●남코 ●ACT ●2000년 3월 30일 ●6,800엔 ●플레이 명수 : 1~4인
●세이브 용량 : 420KB 이상 ●멀티탭, 남코 조이스틱 지원

「철권 3」까지의 모든 캐릭터가 총출동하는 태그 배틀을 실현한 타이틀. 2 : 2로 태그 팀을 짜고 싸우며, 두 캐릭터 중 하나를 KO시키면 한 라운드를 따낸다. PS2로 이식되면서 1 : 1 대전도 가능해졌고 신규 동영상도 추가됐다. 연습 모드와 미니게임 '철권 보울' 등, 본편과 무관한 오리지널 모드도 충실하다.

당구 : 빌리어드 마스터 2

●애스크 ●SPT ●2000년 3월 30일 ●5,800엔
●플레이 명수 : 1~2인 ●세이브 용량 : 98KB 이상

PS1으로 발매되었던 「당구 : 빌리어드 마스터」의 강화판. 당구공의 거동을 리얼하게 재현했으며, 나인볼·에이트볼 등 10종류의 게임을 즐길 수 있다. 레슨 모드와 프로 검정 모드도 탑재하였다.

드라이빙 이모션 TYPE-S

●스퀘어 ●RCG ●2000년 3월 30일 ●6,800엔
●플레이 명수 : 1~2인 ●세이브 용량 : 90KB 이상

현실적인 그래픽과 차량 거동을 추구한 리얼 카 드라이브 게임. 세계 11개 제조사들의 인기 차종이 실명으로 등장한다. 그래픽을 실제 자연광 풍경에 최대한 가깝게끔 리얼하게 구현했고, 모드별로 시점도 2종류 중 선택 가능하다.

CERO 등급 아이콘

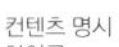

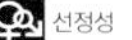

컨텐츠 명시 아이콘

연애

선정성

폭력성

공포

음주·흡연

사행성

범죄

약물

언어·기타

그라디우스 III&IV : 부활의 신화

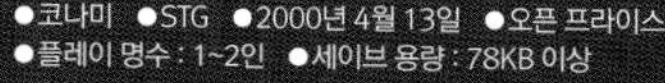

●코나미 ●STG ●2000년 4월 13일 ●오픈 프라이스
●플레이 명수 : 1~2인 ●세이브 용량 : 78KB 이상

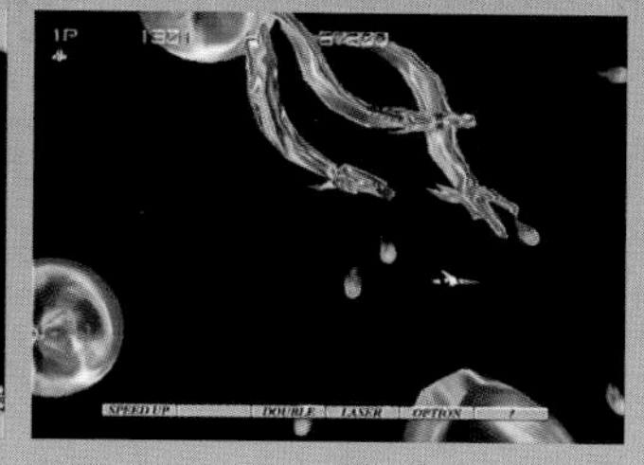

아케이드의 인기 횡스크롤 슈팅 게임 2개 작품을 커플링하여 이식했다. 두 작품 모두 최초의 충실한 완전이식판으로서 원작의 일부 버그까지도 재현했고, 원작에 있었던 처리지연을 완화시키는 기능과 스테이지 셀렉트 기능도 탑재했다. 유명한 코나미 커맨드도 사용할 수 있다.

영세명인 IV

●코나미 ●TBL ●2000년 4월 13일 ●오픈 프라이스
●플레이 명수 : 1인 ●세이브 용량 : 47KB 이상

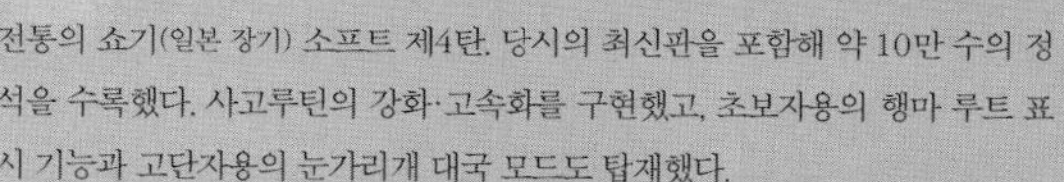

전통의 쇼기(일본 장기) 소프트 제4탄. 당시의 최신판을 포함해 약 10만 수의 정석을 수록했다. 사고루틴의 강화·고속화를 구현했고, 초보자용의 행마 루트 표시 기능과 고단자용의 눈가리개 대국 모드도 탑재했다.

마작하자! 2

●코나미 ●TBL ●2000년 4월 13일 ●오픈 프라이스
●플레이 명수 : 1인 ●세이브 용량 : 80KB 이상

만화가 카타야마 마사유키가 창조한 역대 인기 캐릭터들이 등장하는 마작 게임. PS1판 전작의 11명에, 추가로 7명의 신 캐릭터가 등장한다. 풀보이스로 캐릭터 음성이 나오는 것은 물론이고, 본격적인 사고루틴도 탑재했다.

스카이 서퍼

●아이디어 팩토리 ●SPT ●2000년 4월 20일 ●5,800엔
●플레이 명수 : 1인 ●세이브 용량 : 65KB 이상

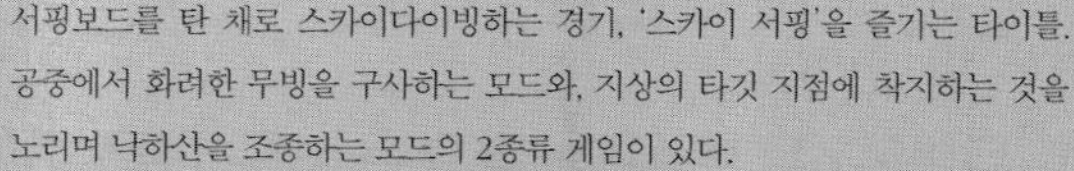

서핑보드를 탄 채로 스카이다이빙하는 경기, '스카이 서핑'을 즐기는 타이틀. 공중에서 화려한 무빙을 구사하는 모드와, 지상의 타깃 지점에 착지하는 것을 노리며 낙하산을 조종하는 모드의 2종류 게임이 있다.

에버그레이스

●프롬 소프트웨어 ●RPG ●2000년 4월 27일 ●6,800엔
●플레이 명수 : 1인 ●세이브 용량 : 100KB 이상

2명의 주인공을 전환하며 진행하는 액션 RPG. 에딘버리 대륙의 '저주의 각인'이라 불리는 엠블렘에 얽힌 스토리가 펼쳐진다. 입수한 아이템을 장비하는 '드레스 업' 시스템에 따라 주인공의 능력이 변화한다.

러브스토리

●에닉스 ●AVG ●2000년 4월 27일 ●7,800엔
●플레이 명수 : 1인 ●세이브 용량 : 200KB 이상

인기 배우들을 기용해 제작한 실사 동영상으로 전개되는 연애 어드벤처 게임. 주인공은 교통사고로 목숨을 잃고는, 천사에게 이끌려 영혼 형태로 지상에 내려온다. 6일간이라는 기한 내에 진실한 사랑을 찾아내어 기적을 일으키기 위해, 지상에서 만난 '리나'라는 소녀와 함께 행동하게 된다.

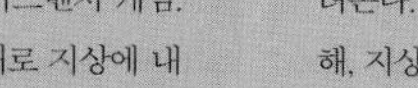

각종 지원 아이콘
 Best판 발매
ONLINE 専用 PlayStation BB Unit 전용
 PlayStation BB Unit 지원

프라이멀 이미지 Vol.1

●아틀러스 ●ETC ●2000년 4월 27일 ●5,800엔
●플레이 명수 : 1인 ●세이브 용량 : 805KB 이상

3D CG로 형상화된 버추얼 아이돌을 연예인으로 프로듀스하는 소프트. 여명기의 VR 아이돌로 일본에서 유명했던 '테라이 유키'를 비롯한 VR 아이돌들 총 4명의 사진을 촬영하여 앨범을 작성할 수 있다.

FIFA 사커 월드 챔피언십

●일렉트로닉 아츠 스퀘어 ●SPT ●2000년 5월 25일 ●6,800엔
●플레이 명수 : 1~2인 ●세이브 용량 : 651KB 이상

FIFA가 공인한 축구 게임. 선수 전원이 실명으로 등록되어 있다. 선수의 애니메이션 패턴이 증가했으며 그래픽도 향상됐다. 조작 상태가 아닌 선수에게도 지시할 수 있는 등, 전략적인 플레이도 가능하다.

건설중장비 난투배틀 : 열받았다 콘고!!

●아트딩크 ●ACT ●2000년 6월 1일 ●6,800엔
●플레이 명수 : 1~2인 ●세이브 용량 : 30KB 이상

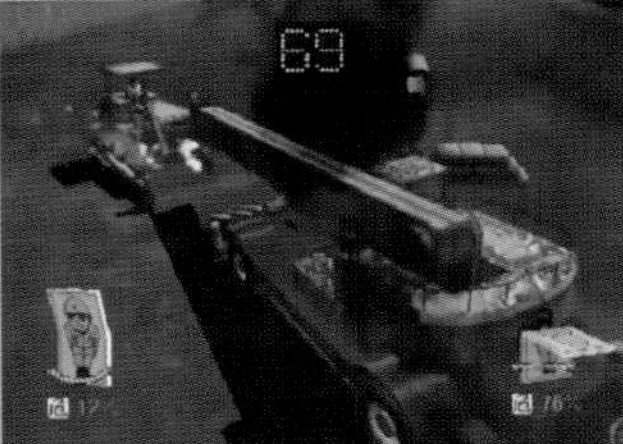

파워 셔블·불도저 등의 건설용 중장비를 조종하여, 공사현장에서 두 대의 중장비가 일대일로 대결한다는 황당무계한 설정의 3D 배틀 액션 게임. 캐릭터 디자인에 열혈만화의 거장인 만화가 모토미야 히로시를 기용했으며, 스토리 모드에서는 풀보이스로 뜨거운 사나이들의 이야기가 펼쳐진다.

올스타 프로레슬링

●스퀘어 ●SPT ●2000년 6월 8일 ●6,800엔
●플레이 명수 : 1~2인 ●세이브 용량 : 1989KB 이상

사실적인 영상미에 심혈을 기울인 리얼 지향의 프로레슬링 게임. 신일본 소속 레슬러 중심이며, 전일본의 점보 츠루타와 일본 프로레슬링의 아버지 역도산도 참전한다. 헤비·주니어 각 모드에서 최강자가 되어보자.

스트리트 마작 트랜스 : 마신 2

●선 소프트 ●TBL ●2000년 6월 15일 ●5,800엔
●플레이 명수 : 1~2인 ●세이브 용량 : 131KB 이상

PS1으로 발매되었던 「마작 스테이션 : MAZIN」의 속편. 번화가와 클럽을 무대로, 불량소녀·밴드 보컬리스트 등의 개성적인 캐릭터가 등장한다. 캐릭터별로 연출이 차별화되어 있으므로, 이를 이용해 상대의 수를 읽어내자.

흐레스벨그

●거스트 ●RCG ●2000년 6월 22일 ●6,800엔
●플레이 명수 : 1인 ●세이브 용량 : 300KB 이상

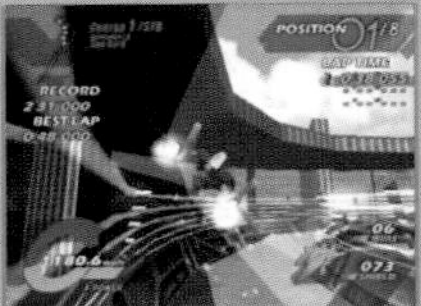

근미래의 하이테크 제트기를 조작하는 플라이트 레이싱 게임. 총 4개 시합을 진행하게 되므로, 각지에서 포인트를 벌며 챔피언을 노려보자. 등장하는 총 8개 기종은 각기 성능이 다르며, 각종 옵션 파츠도 제공된다.

록큰 메가스테이지

●잘레코 ●ACT ●2000년 6월 22일 ●8,800엔 ●플레이 명수 : 1~2인
●세이브 용량 : 400KB 이상 ●록큰 전용 풋 컨트롤러(동봉), 멀티탭 지원

4종류의 악기를 타이밍에 맞춰 조작해, 스테이지 상의 마커를 없애나가는 음악 게임. 악기는 드럼·기타·베이스·키보드 중에서 선택할 수 있다. 전용 풋 컨트롤러를 사용하면 드럼을 발로도 조작할 수 있게 된다.

CERO 등급 아이콘    
컨텐츠 명시 아이콘 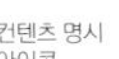 연애  선정성 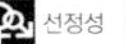 폭력성 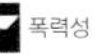 공포   음주·흡연   사행성  범죄  약물  언어·기타

TVDJ

●소니컴퓨터엔터테인먼트 ●ETC ●2000년 6월 29일 ●5,800엔
●플레이 명수 : 1인 ●세이브 용량 : 300KB 이상

TV 방송국의 영상편집 광경을 소재로 삼은 리듬 액션 게임. 실시간으로 재생되고 있는 영상의 필름을 잘 보며, 플레이어가 4개 버튼을 정확한 타이밍으로 눌러 블록을 끼워 맞춤으로서 프로 하나를 직접 편집한다는 시스템이다. 스테이지를 클리어하면, 플레이 과정에서 제작한 프로를 방송으로 다시 보여준다.

스캔들

●소니컴퓨터엔터테인먼트 ●AVG ●2000년 6월 29일 ●6,800엔
●플레이 명수 : 1인 ●세이브 용량 : 102KB 이상

PS1 당시에 인기가 많았던 '야루도라'(즐기는 드라마) 시리즈를 진화시킨 작품. 외국 유명 뮤지션의 스캔들을 취재하는 바람에 주인공이 궁지에 빠지는 과정을 그려낸 스토리다. 하이퀄리티의 애니메이션 동영상을 즐길 수 있다.

영관은 그대에게 : 코시엔으로 가는 길

●아트딩크 ●SLG ●2000년 7월 27일 ●6,800엔
●플레이 명수 : 1~2인 ●세이브 용량 : 150KB 이상

일본 고교야구가 테마인 육성 시뮬레이션 게임. 고교 야구팀 감독이 되어 코시엔 우승을 노려보자. 시합 장면의 그래픽 퀄리티가 향상됐으며, 졸업생으로부터 후배가 경험을 전수받는 '전통 계승 시스템'을 탑재하였다.

실황 파워풀 프로야구 7

●코나미 ●SPT ●2000년 7월 6일 ●오픈 프라이스
●플레이 명수 : 1~2인 ●세이브 용량 : 400KB 이상

인기 야구 게임 시리즈의 제7탄. 그래픽이 3D화되어 선수의 움직임이 훨씬 부드러워졌다. 2000년도 시즌 개막 직후의 선수 데이터를 수록했고, FA나 드래프트로 신규 입단한 선수와 외국인 선수도 등장한다. 대대로 호평 받은 석세스 모드는, 12개의 시나리오로 구성된 '프로야구 생활 편'을 다뤘다.

깜짝 마우스

●소니컴퓨터엔터테인먼트 ●ETC ●2000년 7월 27일 ●4,800엔
●플레이 명수 : 1~2인 ●세이브 용량 : 88KB 이상 ●2버튼 휠마우스 권장

PS2에 시중의 USB 마우스를 연결해 화면에 그림을 그리는 버라이어티 소프트. '일반펜'과 '기술펜' 2가지를 사용해 6종류의 캔버스에 그림을 그리자. 선을 그으면 꽃이 피기도 하고 원을 그리면 태양이 되는 등, 다양한 일이 벌어진다.

크로스 파이어

●일렉트로닉 아츠 스퀘어 ●ACT ●2000년 8월 3일 ●6,800엔
●플레이 명수 : 1인 ●세이브 용량 : 280KB 이상

플레이어가 3명의 NPC와 함께 4인 팀을 구성해 싸우는 건 액션 슈팅 게임. 대테러 조직의 멤버가 되어 다양한 작전에 도전하자. NPC는 저마다 개성이 있으며, 지시를 내리거나 능력을 향상시킬 수도 있다.

아머드 코어 2

●프롬 소프트웨어 ●ACT ●2000년 8월 3일 ●6,800엔
●플레이 명수 : 1~2인 ●세이브 용량 : 70KB 이상 ●i.LINK 케이블, USB 마우스 지원

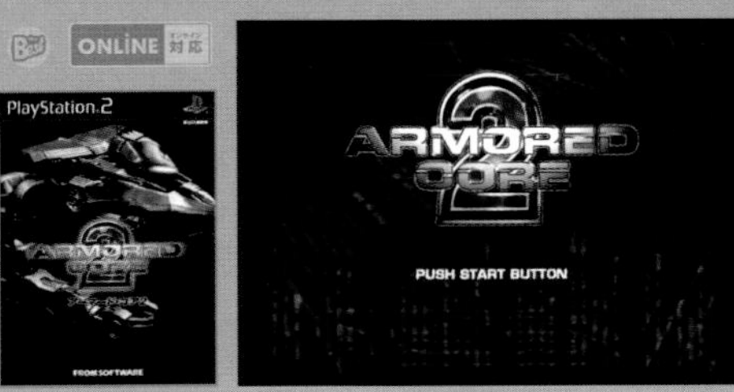

풍부한 파츠를 활용해 조합한 전투 메카를 조종하는 용병 '레이븐'이 되어 수많은 미션에 도전하는 액션 게임. 「아머드 코어」 시리즈 최초의 PS2용 작품이기도 하며, 발열·과열 개념을 비롯해 잠시 동안 고속 순간이동이 가능해지는 오버드 부스트(OB) 등의 신규 시스템이 다수 추가되었다.

진 삼국무쌍

●코에이 ●ACT ●2000년 8월 3일 ●6,800엔
●플레이 명수 : 1인 ●세이브 용량 : 128KB 이상

PS1으로 발매되었던 시리즈 첫 작품 「삼국무쌍」은 대전격투 게임이었지만, '진'을 붙이고 장르 자체를 완전히 바꾸어 대량의 적들을 마구 물리치는 통쾌한 3D 액션 게임이 되었다. 플레이어는 '삼국지'의 인기 무장이 되어, 전장을 누비며 수많은 적들을 쓸어버리면서 아군을 승리로 이끌어야 한다.

실황 월드 사커 2000

●코나미 ●SPT ●2000년 8월 3일 ●오픈 프라이스
●플레이 명수 : 1~2인 ●세이브 용량 : 670KB 이상 ●멀티탭 지원

인기 시리즈인 「실황 월드 사커」의 첫 PS2판. 실명으로 등장하는 일본 대표팀 및 U-23은 물론, 세계 100개국의 대표팀 및 U-23도 수록하였다. 대표팀 선수를 육성하는 '석세스' 등의 다양한 모드를 탑재했다.

드림 오디션

●잘레코 ●ETC ●2000년 8월 3일 ●5,800엔 ●플레이 명수 : 1~2인
●세이브 용량 : 80KB 이상 ●드림 오디션 전용 마이크 및 마이크 컨버터 지원

아케이드에서 인기가 있었던 파티 게임의 이식판. 마이크 하나만으로도 플레이할 수 있는 것이 특징으로서, 총 100곡을 즐길 수 있다. 아케이드를 재현한 모드를 비롯해, 스토리 모드와 에디트 모드도 탑재하였다.

마술사 오펜

●카도카와쇼텐 / ESP ●RPG ●2000년 8월 3일 ●6,800엔
●플레이 명수 : 1인 ●세이브 용량 : 30KB 이상

인기 라이트노벨·애니메이션이 원작인 3D 액션 RPG. 초반에 등장하는 오리지널 캐릭터 3명 중 누구를 선택하느냐에 따라 각기 다른 시나리오가 전개된다. 전부 클리어하면 최종 시나리오를 플레이할 수 있다.

벨벳 파일

●다즈 ●SLG ●2000년 8월 10일 ●6,800엔
●플레이 명수 : 1~2인 ●세이브 용량 : 130KB 이상

쿠데타 군에 제압된 도쿄가 배경인 시뮬레이션 게임. 인간형 병기 '블릿'으로 구성된 부대를 편성하여, 7일 내로 도쿄를 탈환하자. 블릿은 테크닉 설정, 파츠 교환 등으로 자유롭게 커스터마이즈할 수 있다.

CERO 등급 아이콘    

컨텐츠 명시 아이콘 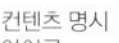 연애  선정성  폭력성  공포  음주·흡연   사행성  범죄  약물   언어·기타

건그리폰 블레이즈

●캡콤 / 게임 아츠 ●ACT ●2000년 8월 10일 ●6,800엔
●플레이 명수 : 1인 ●세이브 용량 : 138KB 이상

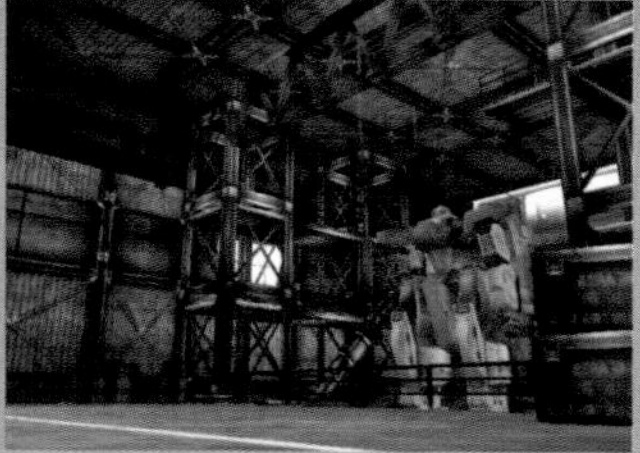

2족보행형 기동병기를 조종해 적 병기와 치열한 전투를 벌이는 3D 슈팅 게임. 원래는 세가새턴용으로 시작된 시리즈이지만, PS2의 강력한 스펙 덕에 표현력이 한층 올라갔다. 각 미션에 따라서 산악·시가지 등 다양한 입체적 전장이 펼쳐진다.

서프로이드 : 전설의 서퍼

●아스키 ●SPT ●2000년 8월 10일 ●6,800엔
●플레이 명수 : 1인 ●세이브 용량 : 311KB 이상

날씨가 각기 다른 6종류의 스테이지를 플레이하는 서핑 게임. 패키지에 동봉된 부속품 'X-BOARD SURFING'을 컨트롤러의 아날로그 스틱 부분에 끼우고 즐기면 실제 서핑에 가까운 몰입감을 만끽할 수 있다.

매지컬 스포츠 : 2000 코시엔

●마호 ●SPT ●2000년 8월 10일 ●2,800엔
●플레이 명수 : 1~2인 ●세이브 용량 : 130KB 이상

일본 고교야구가 테마인 야구 게임. '버튼 하나만을 정확한 타이밍에 누른다'라는 간단한 조작으로 심오한 플레이를 즐길 수 있다. 일본 전국의 4,210개 고교가 등장하며, 유니폼의 디자인도 변경할 수 있다.

라이젤리트 : 이페머럴 판타지아

●코나미 ●RPG ●2000년 8월 10일 ●오픈 프라이스 ●플레이 명수 : 1인
●세이브 용량 : 270KB 이상 ●기타 프릭스 전용 컨트롤러 지원

실시간 개념을 도입한 RPG. '낙원'이라 불렸던 섬 팡듀르가 무대로서, 주인공이 영원히 반복되는 5일간의 루프에서 탈출하기까지의 이야기다. 연주 장면에서는 기타 프릭스 전용 컨트롤러를 사용할 수 있다.

멕스미스 런딤

●아이디어 팩토리 ●SLG ●2000년 8월 24일 ●5,800엔
●플레이 명수 : 1~2인 ●세이브 용량 : 185KB 이상

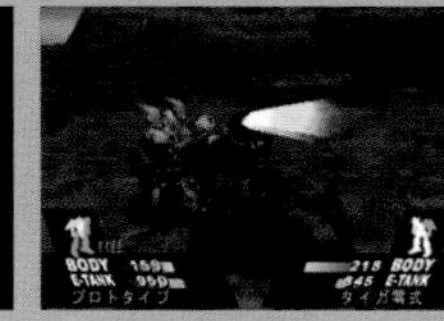

최강의 인간형 병기 'R.B.'를 제작하는 시뮬레이션 게임. 수많은 기술자들의 특성을 파악하고 최적의 인재를 고용하여 파츠를 만들자. 완성시킨 R.B.는 전투 파트에서 성능을 확인해볼 수 있다.

힘내라! 일본! 올림픽 2000

●코나미 ●SPT ●2000년 8월 31일 ●오픈 프라이스 ●플레이 명수 : 1~2인
●세이브 용량 : 230KB 이상 ●멀티탭 지원

일본올림픽위원회의 공식 라이선스를 받은 스포츠 게임. 하계올림픽을 테마로, 선수들의 호쾌함과 박진감을 리얼하게 재현하였다. 육상 100m와 장대높이뛰기 등, 10종류의 경기에서 정상을 노려보자.

삼국지 Ⅶ

●코에이 ●SLG ●2000년 8월 31일 ●8,800엔
●플레이 명수 : 1인 ●세이브 용량 : 693KB 이상

인기 역사 시뮬레이션 게임 시리즈의 첫 PS2판. 군주 및 무장 총 538명과 오리지널 무장 중에서 하나를 선택해, 삼국시대 중국의 통일을 노린다. 군주·군사 등의 신분에 따라 다양한 방향성의 플레이가 펼쳐진다.

각종 지원 아이콘  Best판 발매  PlayStation BB Unit 전용  PlayStation BB Unit 지원

아메리칸 아케이드

●아스트롤 ●TBL ●2000년 9월 7일 ●5,800엔
●플레이 명수 : 1~4인 ●세이브 용량 : 150KB 이상

개성적인 핀볼 기기를 10종류 이상 수록한 게임. 1960~70년대 미국 아케이드에서 인기였던 명기들을 부품 하나까지 실측해 디테일하게 모델링했다. 다양한 각도로 플레이할 수 있으며, 기기 기울이기 등의 핀볼 실기 전용 테크닉도 구사 가능하다.

프로 마작 키와메 NEXT

●아테나 ●TBL ●2000년 8월 31일 ●4,800엔
●플레이 명수 : 1인 ●세이브 용량 : 250KB 이상

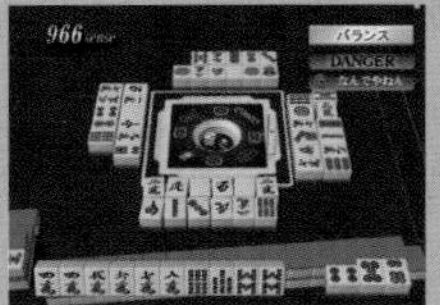

프로 마작사의 플레이스타일을 재현한 마작 게임. 마작 팬으로 유명한 만화가 후쿠모토 노부유키와 프로레슬러 무토 케이지와도 대전 가능하다. 그래픽·알고리즘을 강화했고, 스타일을 점수로 평가하는 '센스 시스템'을 탑재했다.

EX 빌리어드

●타카라 ●TBL ●2000년 9월 7일 ●5,800엔
●플레이 명수 : 1~2인 ●세이브 용량 : 150KB 이상

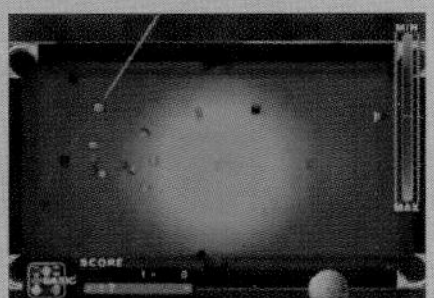

간단한 조작으로 리얼한 플레이를 즐길 수 있는 당구 게임. 포켓 당구대로 8가지, 캐롬 당구대로 5가지 룰을 플레이 가능하다. 위에 게재된 「아메리칸 아케이드」와의 상호 체험 모드도 탑재되어 있다.

극공간 프로야구

●스퀘어 ●SPT ●2000년 9월 7일 ●6,800엔
●플레이 명수 : 1~2인 ●세이브 용량 : 132KB 이상

당시 닛폰TV에서 방송하던 같은 제목의 프로야구 중계프로와 제휴한 야구 게임. 해설자로 카케후 마사유키, 에가와 스구루, 야마모토 코지가 등장한다. 실제 야구 중계프로를 방불케 하는 카메라워크 덕에 리얼한 현장감을 체험할 수 있다. 1999년 시즌의 선수 데이터를 수록했고, 홈구장 역시 모두 재현했다.

G-세이비어

●선라이즈 인터랙티브 ●STG ●2000년 9월 14일 ●7,800엔
●플레이 명수 : 1인 ●세이브 용량 : 150KB 이상

건담 20주년 기념작품인 같은 제목의 영상작품을 슈팅 게임화했다. 원작의 '가이아의 빛 사건'으로부터 1년 후, 플레이어는 G-세이비어로 수많은 강적들을 물리치며 의문의 계획 '프로젝트 레이븐'을 저지해야 한다.

와일드 와일드 레이싱

●이매지니어 ●RCG ●2000년 9월 14일 ●6,800엔
●플레이 명수 : 1~2인 ●세이브 용량 : 73KB 이상

산악 오프로드 코스를 질주하는 레이싱 게임. 다양한 차량을 운전하며 챔피언십의 승자가 되자. 코스의 경우 노면이 기후에 맞춰 변화하며, 급경사나 진흙길 등의 다양한 험로가 앞길에 펼쳐진다.

CERO 등급 아이콘     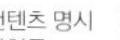 

컨텐츠 명시 아이콘 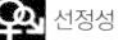 연애  선정성  폭력성  공포  음주·흡연  사행성  범죄  약물  언어·기타 

실피드 : 더 로스트 플래닛

●캡콤 / 게임 아츠 ●STG ●2000년 9월 21일 ●6,800엔
●플레이 명수 : 1인 ●세이브 용량 : 70KB 이상

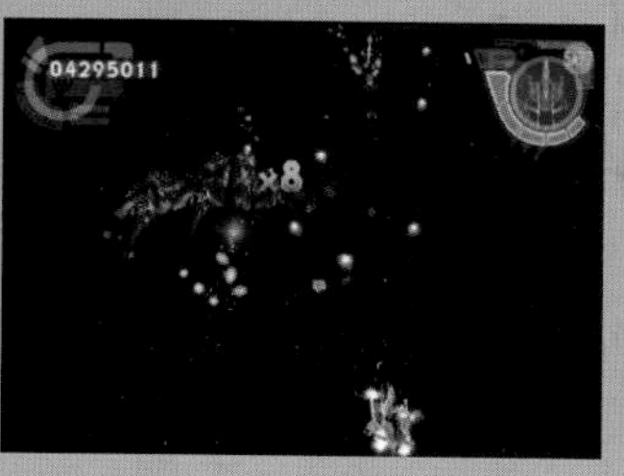
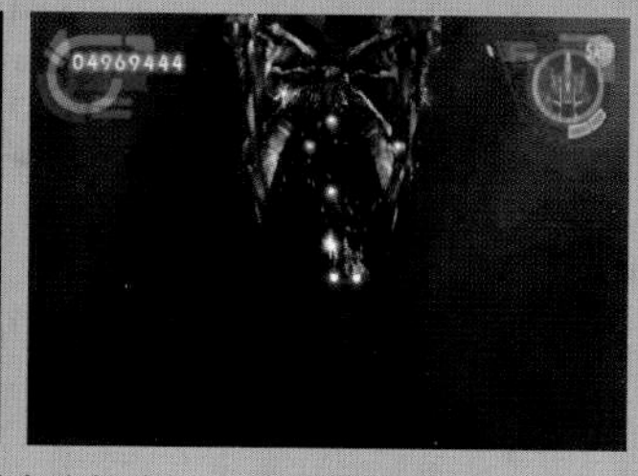

메가CD 등으로 발매되었던 명작 슈팅 게임 「실피드」의 속편이 PS2로 등장했다. 비스듬한 부감시점으로 입체감을 주긴 했으나, 기본적인 게임 시스템은 종스크롤 슈팅 기반으로 제작되어 있다. 배경을 실시간 3D 폴리곤으로 묘사하여 더욱 리얼하고 박력 넘치는 게임 화면을 제공한다.

키보드매니아

●코나미 ●SLG ●2000년 9월 21일 ●오픈 프라이스 ●플레이 명수 : 1~2인
●세이브 용량 : 70KB 이상 ●키보드매니아 전용 컨트롤러 RU025 동봉

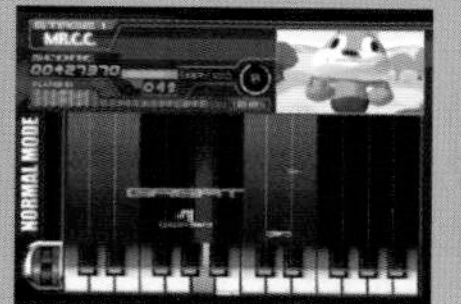

패키지에 동봉된 전용 주변기기를 사용하여, 실제 키보드 건반으로 음악을 연주하는 음악 게임. 아케이드판 1편의 전곡을 망라한 것은 물론, T-SQUARE의 'TRUTH' 등 PS2판 전용 신곡도 수록하였다.

매지컬 스포츠 : GoGoGolf

●마호 ●SPT ●2000년 9월 21일 ●2,800엔
●플레이 명수 : 1~4인 ●세이브 용량 : 50KB 이상

실제 골프의 플레이 감각을 재현한 골프 게임. 스윙의 이미지 영상과 실제 스윙이 겹치는 순간 버튼을 누른다는 심플한 조작 덕에 누구나 간단히 골프를 즐길 수 있다. 게임 모드는 총 3종류가 있다.

링 오브 레드

●코나미 ●SLG ●2000년 9월 21일 ●오픈 프라이스
●플레이 명수 : 1인 ●세이브 용량 : 86KB 이상

제2차 세계대전 이후 남북으로 분단된 가상의 일본이 배경인 시뮬레이션 게임. 2족보행형 전차 'AFW'와 보병을 지휘해 다양한 전장에서 살아남자. AFW에는 여러 종류가 있으며, 어떤 병과를 동반시키느냐로 성능이 달라진다.

위닝 포스트 4 MAXIMUM

●코에이 ●SLG ●2000년 9월 28일 ●6,800엔
●플레이 명수 : 1인 ●세이브 용량 : 234KB 이상

신인 브리더가 되어 경주마 육성·생산을 진행하는 경마 시뮬레이션 게임. 약 450종의 국외·지방 중상 레이스에 출주할 수 있고, 외국산 말의 구입도 가능해졌다. 독자적인 배합이론을 세워 최강의 말을 배출해보자.

Game Select 5 : 화(和)

●유키 엔터프라이즈 ●TBL ●2000년 9월 28일 ●5,800엔
●플레이 명수 : 1~2인 ●세이브 용량 : 204KB 이상

일본의 대중적인 테이블 게임들을 즐기는 타이틀. 수록된 게임은 '쇼기'·'마작'·'화투'·'오목'·'바둑' 5종류이며, 뛰어난 하드웨어 성능을 살려 경쾌한 플레이가 가능하다. 보너스로서 RPG 모드도 탑재되어 있다.

실황 GI 스테이블

●코나미 ●SLG ●2000년 9월 28일 ●오픈 프라이스
●플레이 명수 : 1인 ●세이브 용량 : 130KB 이상

조교사가 되어 외국의 G1 레이스 제패를 노리는 경마 시뮬레이션 게임. 조수 등을 고용하고 마주가 맡겨준 경주마를 육성해, 레이스에서 승리를 거두자. 2000년도 기준의 레이스 프로그램 및 데이터를 탑재하였다.

각종 지원 아이콘 | Best판 발매 | ONLINE 専用 PlayStation BB Unit 전용 | ONLINE 対応 PlayStation BB Unit 지원

상하이 : The Four Elements

●선 소프트 ●PZL ●2000년 9월 28일 ●5,800엔
●플레이 명수 : 1인 이상 ●세이브 용량 : 91KB 이상 ●멀티탭 지원(~4인)

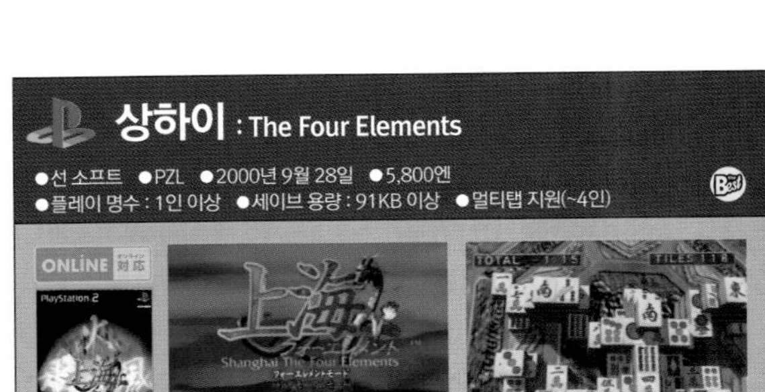

자사의 간판 퍼즐 게임「상하이」를 3D로 즐기는 타이틀. 전통적인 '클래식 상하이'를 비롯해 '플로트'·'캔들라이트'·'윈드스톰' 등등, 다양한 룰로 이루어진 4종류의 '상하이'를 플레이할 수 있다.

수퍼 퍼즐버블

●타이토 ●PZL ●2000년 9월 28일 ●5,800엔
●플레이 명수 : 1~2인 ●세이브 용량 : 129KB 이상

발사대의 각도를 잘 조절하고 버블을 발사해, 같은 색의 버블을 3개 이상 붙여 터뜨리는 퍼즐 게임「퍼즐버블」시리즈의 신작. 거대버블, 꼬마버블, 반사 블록 등의 신규 시스템이 추가되었다.

이데 요스케의 마작가족 2

●세타 ●TBL ●2000년 10월 12일 ●5,800엔
●플레이 명수 : 1인 ●세이브 용량 : 477KB 이상

PS1으로 발매되었던「이데 요스케의 마작가족」의 속편. 판의 흐름에 따라 변화하는 리액션으로 상대의 패를 추측하는 심리전을 중시한 타이틀이다. 초보자·중급자용 해설모드인 '마작 입문 가이드'도 수록했다.

격투맨 바키 : 바키 최강열전

●토미 ●ACT ●2000년 10월 12일 ●6,800엔
●플레이 명수 : 1~2인 ●세이브 용량 : 48KB 이상

이타가키 케이스케의 초인기 만화가 원작인 3D 대전격투 게임. 바키는 물론 레츠 카이오, 오로치 돗포, 하나야마 카오루 등 11명이 등장하여 원작의 '최강 토너먼트 편'을 재현한다. 한마 유지로도 숨겨진 캐릭터로 등장한다.

MotoGP

●남코 ●RCG ●2000년 10월 12일 ●6,800엔
●플레이 명수 : 1~2인 ●세이브 용량 : 56KB 이상

아케이드 게임「500GP」를 기반으로 제작한 공식 라이선스 바이크 레이싱 게임. 세계 각지를 전전하는 시즌 모드, 특정 조건을 달성해야 하는 챌린지 모드 등을 탑재했다. 서킷은 5종류가 수록돼 있다.

익스트림 레이싱 SSX

●일렉트로닉 아츠 스퀘어 ●RCG ●2000년 10월 26일 ●6,800엔
●플레이 명수 : 1~2인 ●세이브 용량 : 143KB 이상

압도적인 스피드로 화려한 테크닉을 구사하는 스노보드 레이싱 게임. 8명의 캐릭터를 조작하여 다양한 형상의 코스에 도전해보자. 버튼의 조합에 따라 다채로운 스타일의 트릭을 만들어낼 수 있다.

아쿠아쿠아

●이매지니어 ●PZL ●2000년 11월 2일 ●5,800엔
●플레이 명수 : 1~2인 ●세이브 용량 : 60KB 이상

위에서 떨어지는 블록을 적절히 배치하여 지구를 창조하는 낙하계 퍼즐 게임. 물이 넘치지 않도록 조심하며 스테이지를 클리어하자. 스테이지가 진행될수록 시대도 진전되며, 거대 운석이나 화산 분화 등의 이벤트도 발생한다.

GI 자키 2

●코에이 ●RCG ●2000년 11월 2일 ●6,800엔
●플레이 명수 : 1~2인 ●세이브 용량 : 274KB 이상

실제 자키가 된 듯한 승마 감각을 맛볼 수 있는 경마 게임. 3D 경마 게임으로는 최초로 장애물 레이스를 도입하여, 더욱 다이내믹한 레이스를 즐길 수 있다. 실명기수 55명과 실명마 5,000두 이상이 등장한다.

CERO 등급 아이콘 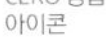    

컨텐츠 명시 아이콘  연애  선정성  폭력성  공포  음주·흡연   사행성  범죄  약물  언어·기타  

댄스 서밋 2001 : 버스트 어 무브

●에닉스 ●ACT ●2000년 11월 2일 ●6,800엔 ●플레이 명수 : 1~2인
●세이브 용량 : 93KB 이상 ●멀티탭 지원(~4인), dance summit 2001 전용 컨트롤러 지원

대인기 리듬 액션 게임 「버스트 어 무브」 시리즈의 PS2판 신작. 총 8팀 32명의 댄서가 등장하며, 조합에 따라 다채로운 콤비네이션 댄스를 구사할 수 있게 되었다. 아스키 사가 전용 컨트롤러를 별도로 발매하기도 했다.

비트매니아 II DX 3rd style

●코나미 ●SLG ●2000년 11월 2일 ●오픈 프라이스 ●플레이 명수 : 1~2인
●세이브 용량 : 90KB 이상 ●RU029, ASC-0515BM, CT013 지원

아케이드판 원작을 이식한 DJ 시뮬레이션 게임. 아케이드판 「~3rd style」의 68곡에, 이전 「비트매니아 II DX」 시리즈에서 13곡을 뽑아내 추가했다. 신규 모드를 탑재하였으며, 오리지널 코스의 설정도 가능하다.

마작 오공 : 대성

●아트딩크 ●TBL ●2000년 11월 2일 ●4,700엔
●플레이 명수 : 1인 ●세이브 용량 : 53KB 이상

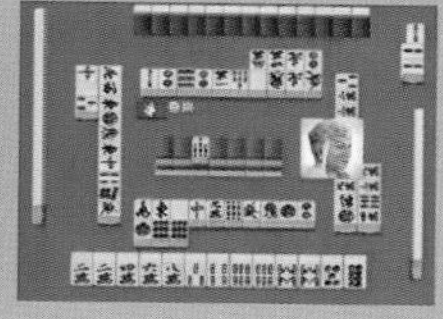

'서유기'가 모델인 마작 게임의 PS2판 신작. 손오공이 되어 요괴들과 마작 대결을 하며 천축으로 향한다는 스토리다. 난이도는 3단계로 설정할 수 있으며, 초보자용 '지도 교실' 모드도 탑재되어 있다.

프린트팬

●소니 ●ETC ●2000년 11월 15일 ●오픈 프라이스 ●플레이 명수 : 1인
●세이브 용량 : 3584KB 이상 ●popegg(MPR-G600), PictureParadise 지원

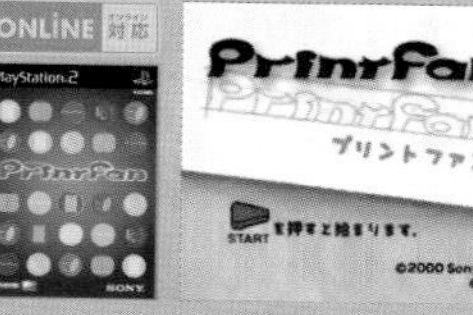

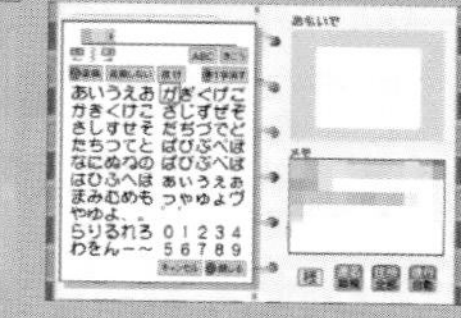

「프린트팬」이란, PS2용 컬러 잉크젯 프린터 'popegg'를 지원하는 인쇄용 소프트다. USB로 PS2와 디지털카메라를 연결하는 시스템 'PictureParadise'도 지원해, 소니 제 디지털카메라로 촬영한 사진을 읽어 인쇄할 수 있다.

사일런트 스코프

●코나미 ●STG ●2000년 11월 16일 ●오픈 프라이스
●플레이 명수 : 1인 ●세이브 용량 : 81KB 이상

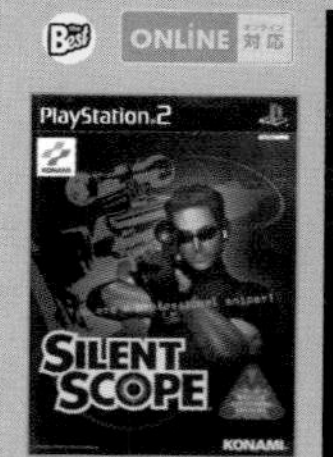

제한시간 내에 테러리스트들을 저격하여 물리치는 건 슈팅 게임. 원작인 아케이드판은 실제로 스코프를 들여다보며 플레이하는 게임이었으나, PS2판의 경우 화면 내에 가상 스코프 화면을 구현하는 식으로 플레이한다. 스토리 모드를 비롯해 슈팅 레인지에서의 저격 모드, 트레이닝 모드도 제공한다.

스노보드 헤븐

●캡콤 ●SPT ●2000년 11월 16일 ●6,800엔
●플레이 명수 : 1~2인 ●세이브 용량 : 65KB 이상

간단한 조작으로 화려한 트릭을 자유롭게 구사할 수 있는 스노보드 레이싱 게임. 스피드·가속력 등이 차별화된 8명 중 하나를 선택해 골로 질주하자. 보더크로스, 프리 라이드 등의 다채로운 모드를 탑재하였다.

내가 감독이다! : 격투 페넌트레이스

●에닉스 ●SLG ●2000년 11월 22일 ●6,800엔
●플레이 명수 : 1~2인 ●세이브 용량 : 1101KB 이상

감독이 되어 우승을 노리는 프로야구 시뮬레이션 게임. 감독으로서 사인을 내거나 선수를 교체하며, 경기의 흐름을 읽고 정확하게 팀을 지휘하자. 선수 개인과 직접 대화해 컨디션을 파악할 수도 있다.

각종 지원 아이콘 | Best판 발매 | ONLINE 専用 PlayStation BB Unit 전용 | ONLINE 対応 PlayStation BB Unit 지원

안젤리크 트로와

●코에이 ●SLG ●2000년 11월 22일 ●7,800엔
●플레이 명수 : 1인 ●세이브 용량 : 124KB 이상

인기 여성용 연애 시뮬레이션 게임의 신작으로서, 전작 「안젤리크 : 천공의 진혼가」 이후의 이야기를 그렸다. 신 우주의 여왕으로서 평화로운 나날을 보내는 주인공 안젤리크 콜레트. 그러나 이변이 일어나고 신비한 목소리에 이끌려, 그녀는 수호성들의 힘을 빌려 수수께끼의 대륙을 육성하는 일을 맡게 된다.

선라이즈 영웅담 R

●선라이즈 인터랙티브 ●RPG ●2000년 11월 22일 ●7,800엔
●플레이 명수 : 1~2인 ●세이브 용량 : 141KB 이상

선라이즈 사의 애니메이션 작품들이 다수 등장하는 크로스오버 타이틀. 행성 선라이즈를 무대로, 총 24개 작품의 기체 120종 이상과 약 180명의 캐릭터가 등장한다. 작품의 벽을 넘어선 꿈의 올스타전을 즐길 수 있다.

ESPN winter XGames snowboarding

●코나미 ●SPT ●2000년 11월 30일 ●오픈 프라이스
●플레이 명수 : 1~4인 ●세이브 용량 : 460KB 이상

ESPN이 주최하는 'XGames' 동계 대회를 재현한 스노보드 게임. 정상급 프로 선수 13명이 실명으로 등장하며, 당시의 최신 라이딩 기어도 수록하였다. 에디트 기능으로 오리지널 보더를 제작할 수도 있다.

유니존

●테크모 ●ETC ●2000년 11월 30일 ●6,800엔 ●플레이 명수 : 1~2인
●세이브 용량 : 590KB 이상 ●멀티탭 지원(~3인)

아날로그 스틱을 조작하여 댄스를 펼치는 음악 게임. 여자 3인조 댄스 유닛 'UNiSON'이 악의 지배자와 싸운다는 스토리다. 일본의 70년대 가요부터 서양 인기 아티스트의 팝송에 이르기까지 총 20곡을 수록했다.

그레이티스트 스트라이커

●타이토 ●SPT ●2000년 12월 2일 ●6,800엔 ●플레이 명수 : 1~2인
●세이브 용량 : 314KB 이상 ●멀티탭, 타이토 음성 인식 컨트롤러 지원

별매품인 음성 인식 컨트롤러를 사용해 선수를 조작할 수 있는 축구 게임. 패스·슛 등의 동작을 음성으로 지시할 수 있다. 감독으로서 선수에게 지시하는 모드와, 선수가 되어 플레이하는 모드를 탑재했다.

기타 프릭스 3rd MIX & 드럼매니아 2nd MIX

●코나미 ●SLG ●2000년 12월 7일 ●오픈 프라이스 ●플레이 명수 : 1~2인
●세이브 용량 : 95KB 이상 ●멀티탭(~3인), RU018, RU021 지원

기타리스트 기분을 만끽하는 「기타 프릭스」와 드러머의 즐거움을 체감하는 「드럼매니아」 두 작품을 하나로 통합한 커플링판. 기타·드럼 모드를 개별적으로 즐길 수도 있고, 베이스기타 채보까지 추가하여 3명이 각자 파트를 담당하는 식으로 최대 3명이 하나의 곡을 연주하는 세션 플레이도 즐길 수 있다.

CERO 등급 아이콘    

컨텐츠 명시 아이콘  연애  선정성  폭력성  공포  음주·흡연  사행성  범죄  약물  언어·기타 

컬러리오 엽서 프린트

●엡손 ●ETC ●2000년 12월 7일 ●3,800엔 ●플레이 명수 : 1인
●세이브 용량 : 158KB 이상 ●엡손 컬러리오 프린터, PictureParadise 지원

PS2용 인쇄 소프트. 사진·일러스트·글자를 조합하여 인쇄물의 레이아웃을 짠 후, 엡손의 컬러 잉크젯 프린터 브랜드인 '컬러리오'로 프린트할 수 있다. 주소록으로 최대 100건의 주소 데이터를 관리할 수도 있다.

쿠리크리 믹스

●프롬 소프트웨어 ●ACT ●2000년 12월 7일 ●5,800엔
●플레이 명수 : 1~4인 ●세이브 용량 : 200KB 이상 ●멀티탭 지원(~4인)

컨트롤러 하나를 두 사람이 한쪽씩 잡고 조작하는 '상부상조 액션' 게임. 토끼 '쿠리'와 '크림'을 각각 조작하여 다양한 스테이지에 도전하자. 제한시간 내로 골인해야 하는 스토리 모드와, 대전 모드를 탑재하였다.

사이드와인더 MAX

●아스믹 에이스 엔터테인먼트 ●STG ●2000년 12월 7일 ●6,800엔
●플레이 명수 : 1인 ●세이브 용량 : 91KB 이상

인기 3D 도그파이팅 게임의 PS2판 신작. 리얼리티를 중시해 제작한 작품으로서, F-14·F-15 등의 실존하는 전투기를 완벽히 재현했다. 주인공을 성장시키다 보면 전술 설정과 팀 편성 등이 가능해진다.

도다이 쇼기 : 사간비차 도장

●마이니치 커뮤니케이션즈 ●TBL ●2000년 12월 7일 ●6,800엔
●플레이 명수 : 1~2인 ●세이브 용량 : 50KB 이상

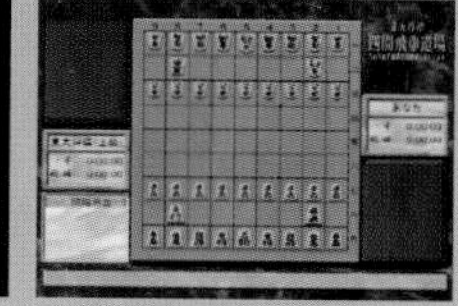

컴퓨터쇼기선수권에서 우승한 사고 엔진과 약 30만 수의 정석을 수록한 쇼기 소프트. 정석 강좌와 정석별 대국, 프리 대전 등의 다채로운 모드를 탑재했다. 기보 음독은 우스이 료코 여류 2단(당시)이 담당했다.

FIFA 2001

●일렉트로닉 아츠 스퀘어 ●SPT ●2000년 12월 7일 ●6,800엔
●플레이 명수 : 1~2인 ●세이브 용량 : 554KB 이상 ●멀티탭 지원(~8인)

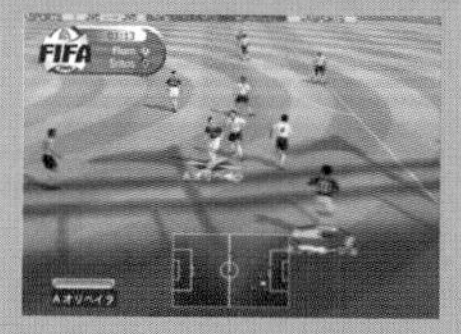

FIFA 및 일본축구협회가 공인한 타이틀. 세계 58개국의 대표팀과 세계 주요 16개 리그의 선수들이 실명으로 등장한다. 나카타 히데토시·에드가 다비즈 등의 일류 선수들이 모션 캡처에 참여해, 리얼한 동작을 구현했다.

프라이멀 이미지 for 프린터

●아틀러스 ●ETC ●2000년 12월 7일 ●2,800엔
●플레이 명수 : 1인 ●세이브 용량 : 805KB 이상 ●popegg 지원

「프라이멀 이미지」(56p)에 popegg 프린터 지원 기능을 추가한 버전. VR 아이돌을 촬영한 스냅사진 데이터를 실제로 종이에 출력할 수 있도록 하였다. 기본적인 소프트 내용은 이전작과 동일하다.

검호

●겐키 ●ACT ●2000년 12월 14일 ●6,800엔
●플레이 명수 : 1~2인 ●세이브 용량 : 70KB 이상

한 명의 검호를 키우는 육성형 검술 액션 게임. 에도시대를 배경으로 도장 수행, 노상시합 등을 통해 주인공을 단련시켜, 유명 검호와의 시합에 도전하자. 목표는 쇼군의 어전시합에서 우승하는 것. 배우 후지오카 히로시가 감수했다.

골프 파라다이스 DX

●T&E 소프트 ●SPT ●2000년 12월 14일 ●5,800엔
●플레이 명수 : 1~4인 ●세이브 용량 : 1300KB 이상 ●멀티탭 지원(~4인)

코스 자동생성 시스템을 탑재한 골프 게임의 제2탄. 전작과 기본 컨텐츠는 동일하나 유저 공모를 통해 제공받은 6개 코스를 신규 추가했고, 디지털카메라로 촬영한 사진 영상을 캐릭터에 텍스처로 붙이는 기능이 들어갔다.

각종 지원 아이콘 Best판 발매 / ONLINE 専用 PlayStation BB Unit 전용 / ONLINE 対応 PlayStation BB Unit 지원

다크 클라우드

●소니컴퓨터엔터테인먼트 ●RPG ●2000년 12월 14일 ●5,800엔
●플레이 명수 : 1인 ●세이브 용량 : 390KB 이상

마신에게 파괴된 세계를 복구하기 위해 모험하는 액션 RPG. 마을의 파츠를 수집하는 '던전 파트'와 마을을 조립해 재건하는 '디오라마 파트'로 구성했다. 던전 자동생성 기능 덕에 몇 번이고 되풀이해 즐길 수 있다.

도그 오브 베이

●마벨러스 엔터테인먼트 ●ACT ●2000년 12월 14일 ●6,800엔
●플레이 명수 : 1~2인 ●세이브 용량 : 211KB 이상

의인화된 개들이 이야기를 펼치는 뮤지컬 스타일의 리듬 액션 게임. 화면 표시에 맞춰 버튼을 누르기만 하면 스토리가 진행된다. 노래와 캐릭터 음성에 다카라즈카 극단의 스타와 인기 성우를 기용하였다.

데드 오어 얼라이브 2 하드코어

●테크모 ●ACT ●2000년 12월 14일 ●6,800엔
●플레이 명수 : 1~2인 ●세이브 용량 : 85KB 이상 ●멀티탭 지원(~4인)

미국 발매판 「데드 오어 얼라이브 2」의 추가요소를 역도입해 최종 조정하여 재발매한 마이너 체인지판. 영어 음성과 5개 국어 지원은 물론, 드림캐스트판에만 있던 추가 스테이지, 숨겨진 캐릭터, CG 갤러리도 탑재했고 추가 복장까지 수록한 완전판이다. 게임 스피드도 2단계 중에서 설정할 수 있다.

트럭 광주곡 : 사랑과 슬픔의 로데오

●메트로 ●RCG ●2000년 12월 14일 ●6,800엔
●플레이 명수 : 1인 ●세이브 용량 : 73KB 이상

아케이드에서 인기였던, 의리와 인정의 트럭 레이싱 게임을 이식했다. 체크포인트를 클리어하면서 골을 노리자. 사람이나 동물과 충돌하기 직전 발동되는 이벤트인 '인정의 핸들꺾기' 등의 독특한 시스템을 탑재하였다.

드림 오디션 2

●잘레코 ●ETC ●2000년 12월 14일 ●6,800엔 ●플레이 명수 : 1~8인
●세이브 용량 : 92KB 이상 ●드림 오디션 전용 마이크 및 마이크 컨버터 지원

마이크 하나로 즐기는 파티게임 이식판의 제2탄. 총 100곡을 수록하였으며, 어펜드 모드를 사용하면 전작과 연동시켜 무려 200곡을 즐길 수 있다. 게임 모드로는 신규 모드인 '말판놀이' 등 4가지 모드를 수록했다.

네오 아틀라스 III

●아트딩크 ●SLG ●2000년 12월 14일 ●6,800엔
●플레이 명수 : 1인 ●세이브 용량 : 2198KB 이상

미지의 영역을 탐색하며 세계지도를 완성해가는 시뮬레이션 게임. 탐험시킨 제독들의 보고 내용에 따라 지도의 결과가 크게 달라진다. 치밀한 에칭 화풍으로 그려진 지도가 실시간으로 변화하는 등, 독특한 세계를 체험할 수 있다.

하지메의 일보 : VICTORIOUS BOXERS

●ESP / 코단샤 ●SPT ●2000년 12월 14일 ●6,800엔
●플레이 명수 : 1~2인 ●세이브 용량 : 70KB 이상

같은 제목의 인기 만화(한국에선 'THE FIGHTING'으로 소개)를 3D 권투 게임화했다. 주인공 '일보'를 비롯해 미야타·센도·타카무라·다테 등 원작의 인기 캐릭터가 등장한다. 뎀프시 롤과 가젤 펀치 등의 필살 블로우도 잘 재현했다.

 CERO 등급 아이콘      

컨텐츠 명시 아이콘  연애  선정성  폭력성  공포  음주·흡연  사행성  범죄  약물  언어·기타 

해피! 해피!! 보더즈

●아틀러스 ●SPT ●2000년 12월 14일 ●6,800엔
●플레이 명수 : 1인 ●세이브 용량 : 91KB 이상

홋카이도에 실존하는 시설 '루스츠 리조트'를 충실하게 재현한 스노보드 게임. 남녀 6명이 펼치는 연애관계가 전개되며, 트릭을 성공시켜 포인트가 모이면 스토리가 진행된다. 30개 이상의 코스를 수록했다.

마작선언 : 외쳐라 론!

●타이토 ●TBL ●2000년 12월 14일 ●3,800엔 ●플레이 명수 : 1인
●세이브 용량 : 240KB 이상 ●타이토 음성인식 컨트롤러 지원

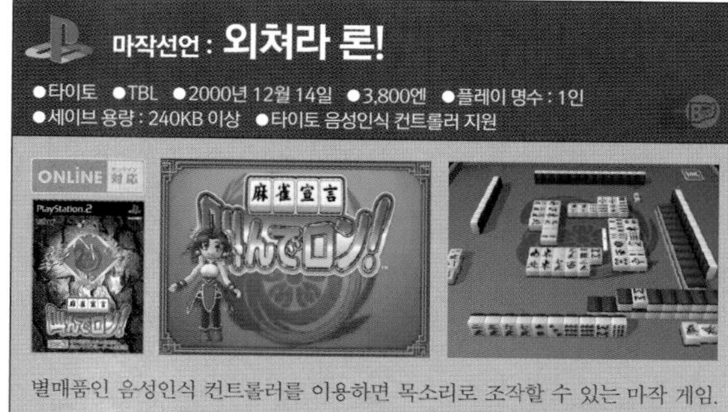

별매품인 음성인식 컨트롤러를 이용하면 목소리로 조작할 수 있는 마작 게임. "퐁"이나 "치" 등의 선언은 기본이고, "잠깐!" 등도 인식한다. 패를 부르는 명칭도 개당 3종류씩 존재하며, 커스터마이즈도 가능하다.

레이크 마스터즈 EX

●다즈 ●SPT ●2000년 12월 14일 ●5,800엔 ●플레이 명수 : 1인
●세이브 용량 : 82KB 이상 ●낚시콘, 피싱 컨트롤러, popegg 지원

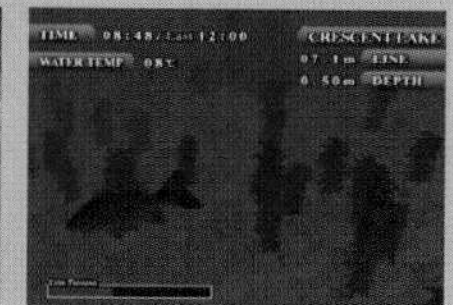

PS1에서 호평을 받았던 배스 낚시 게임의 강화판. 3D로 웅대한 필드를 재현했고, 호수 바닥을 자유롭게 관찰할 수 있는 '수중 카메라 모드'를 탑재하였다. 낚시콘 등의 별매 컨트롤러도 지원한다.

해보자! 온천 탁구!!

●사이쿄 ●SPT ●2000년 12월 21일 ●5,800엔
●플레이 명수 : 1~2인 ●세이브 용량 : 128KB 이상

지방의 온천 마을에서 뜨겁게 대결하는 탁구 게임. 고도의 물리연산 처리 덕에 실로 리얼한 탁구를 만끽할 수 있다. 간단하고 알기 쉬운 조작성을 구현했으며, 당시의 인기 탁구선수 후쿠하라 아이도 플레이어 캐릭터로 사용 가능하다.

윈백

●코에이 ●ACT ●2000년 12월 21일 ●6,800엔
●플레이 명수 : 1~4인 ●세이브 용량 : 120KB 이상

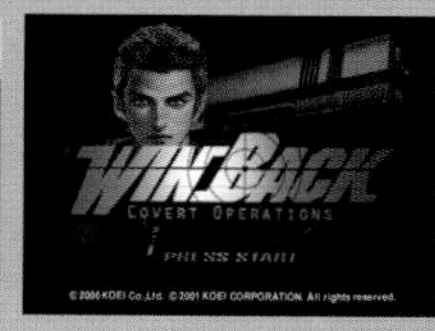

특수부대를 조작해 테러리스트와 싸우는 3D 건 슈팅 게임. 장애물이나 벽 뒤에 몸을 숨기고 적에게 접근해 총격으로 물리치자. 모션 연출에 상당히 공을 들인 타이틀로서, 4인 플레이 등 여러 게임 모드를 탑재하였다.

ESPN NBA 2night

●코나미 ●SPT ●2000년 12월 21일 ●오픈 프라이스
●플레이 명수 : 1~8인 ●세이브 용량 : 660KB 이상 ●멀티탭 지원

NBA 선수들의 움직임을 재현한 농구 게임. NBA 공인 라이선스를 받은 작품이라, 선수들이 모두 실명으로 등장한다. ESPN 인기 아나운서의 실황중계를 통해 본토 농구의 분위기를 맛볼 수 있다.

기동전사 건담

●반다이 ●STG ●2000년 12월 21일 ●6,800엔
●플레이 명수 : 1인 ●세이브 용량 : 102KB 이상

TV 애니메이션판의 스토리를 재현한 3D 액션 게임. 지상전에 초점을 맞춘 시스템인지라 스토리상으로는 원작의 중반까지를 다루었고, 우주가 무대인 후반은 속편 「기동전사 건담 : 해후의 우주」로 이어지게 된다.

쿨 보더즈 : 코드 에일리언

●우엡 시스템 ●SPT ●2000년 12월 21일 ●6,800엔
●플레이 명수 : 1~2인 ●세이브 용량 : 361KB 이상 ●popegg 지원

PS1 당시 인기가 많았던 스노보드 게임의 속편. 코스에 눈이 쌓인 상태의 차이를 리얼하게 구현했고, 날씨도 시간에 따라 변화된다. 버튼·포럼 등 인기 제조사들의 웨어와 기어가 실명으로 등장한다.

HARDWARE | 2000 | 2001 | 2002 | 2003 | 2004 | 2005 | 2006 | 2007 | 2008 | 2009 | 2010 | 2011 | 2013 | INDEX

각종 지원 아이콘  Best판 발매  PlayStation BB Unit 전용  PlayStation BB Unit 지원

실황 파워풀 프로야구 7 결정판

●코나미 ●SPT ●2000년 12월 21일 ●오픈 프라이스
●플레이 명수 : 1~2인 ●세이브 용량 : 400KB 이상

「실황 파워풀 프로야구 7」에 2000년 시즌 종료 후의 선수 데이터를 반영한 결정판. 시나리오를 2000년 후반 기준으로 변경했고, 석세스 모드는 2군에서 1군으로의 승격을 노리는 '프로야구 생활 편'을 수록했다.

실황 월드 사커 2000 파이널 에디션

●코나미 ●SPT ●2000년 12월 21일 ●오픈 프라이스
●플레이 명수 : 1~4인 ●세이브 용량 : 670KB 이상 ●멀티탭 지원

「실황 월드 사커 2000」의 개정판. 같은 해 개최된 시드니 올림픽 기준으로 각국의 데이터를 개정했다. 실명으로 등장하는 나라도 29개국으로 늘어나, 올림픽의 명장면도 직접 재현해보며 즐길 수 있다.

세븐 : 몰모스의 기병대

●남코 ●SLG ●2000년 12월 21일 ●7,800엔
●플레이 명수 : 1인 ●세이브 용량 : 1.5MB 이상

매 턴마다 전열이 교체되는 '로테이션 배틀 시스템'을 탑재한 시뮬레이션 RPG. 견습 기사가, 마물을 퇴치할 수 있다는 '마법의 돌'을 찾아 헤맨다는 스토리다. 본편 클리어 후에는 속편인 '아르메세라 연대기'도 플레이할 수 있다.

세븐 블레이즈

●코나미 ●ACT ●2000년 12월 21일 ●오픈 프라이스
●플레이 명수 : 1인 ●세이브 용량 : 330KB 이상

영화감독 하야시 카이조가 원작·감수를 맡은 3D 액션 게임. 1640년의 나가사키 데지마 지방을 무대로, 주인공 '고쿠라쿠마루'와 '오유리'가 '황금룡'의 비밀을 쫓는다. 하야시 감독의 영화 'ZIPANG'의 속편 격이기도 하다.

초고속 마작

●석세스 ●TBL ●2000년 12월 21일 ●2,000엔
●플레이 명수 : 1인 ●세이브 용량 : 37KB 이상

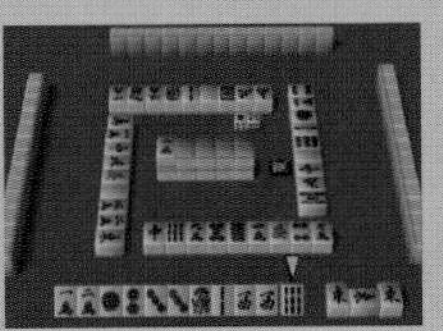

마작 게임 유저들의 최대 요망이었던 '더 빠르고 강한 상대'를 구현한 4인대국 마작 게임. 고속이면서도 강력한 사고루틴을 탑재하였으며, 약 40종류의 디테일한 룰도 설정 가능하다. 모든 화료 족보를 기록하는 모드도 탑재했다.

초고속 리버시

●석세스 ●TBL ●2000년 12월 21일 ●2,000엔
●플레이 명수 : 1~2인 ●세이브 용량 : 51KB 이상

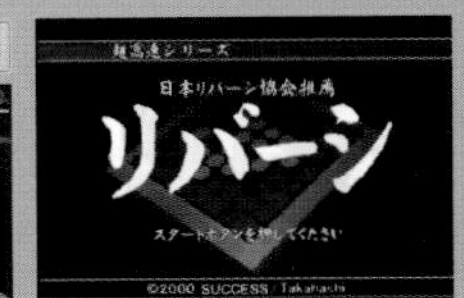
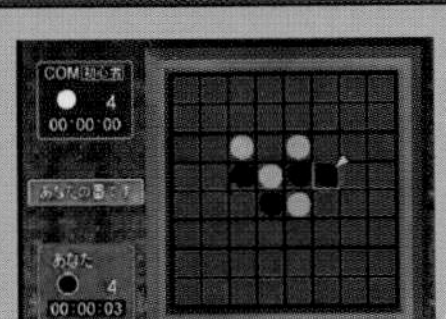

일본리버시협회 추천 소프트. 유저가 원하는 '빠르고 강하며 동작이 쾌적한 게임'을 구현해, 순수한 형태의 리버시(오델로)를 즐길 수 있다. 8×8칸부터 10×10칸과 8각형 보드도 플레이 가능하고, CPU 난이도도 5단계를 제공한다.

쵸로Q HG(하이 그레이드)

●타카라 ●RCG ●2000년 12월 21일 ●6,800엔 ●플레이 명수 : 1~2인
●세이브 용량 : 230KB 이상 ●멀티탭 지원(~4인)

인기 미니카 '쵸로Q'를 테마로 삼은 레이싱 게임. 100개 이상의 커스텀 파츠를 조합하여 다양한 코스를 공략해보자. 서킷뿐만 아니라 물속과 산악지대 등, 다채로운 코스가 준비되어 있다.

천사의 프레젠트 : 마알 왕국 이야기

●니폰이치 소프트웨어 ●RPG ●2000년 12월 21일 ●5,800엔
●플레이 명수 : 1인 ●세이브 용량 : 164KB 이상

PS1으로 인기를 끌었던 「마알 왕국의 인형공주」 시리즈의 제3탄. 과거작의 사이드 스토리와 캐릭터들의 일상을, 총 5화의 옴니버스 형식으로 즐긴다. 뮤지컬 장면의 연출을 강화시켰고, 전투 신도 3D화되었다.

CERO 등급 아이콘     
컨텐츠 명시 아이콘 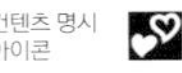 연애  선정성  폭력성  공포  음주·흡연    사행성  범죄   약물   언어·기타

블러드 더 라스트 뱀파이어 : 상권

●소니컴퓨터엔터테인먼트 ●AVG ●2000년 12월 21일 ●5,800엔
●플레이 명수 : 1인 ●세이브 용량 : 166KB 이상

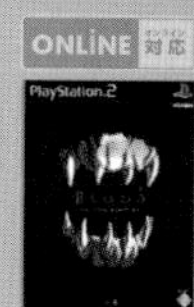

전체가 풀보이스 풀 애니메이션으로 진행되는 어드벤처 게임. 이 작품은 상권으로서, 수수께끼의 소녀 '사야'와 '익수'라 불리는 흡혈귀들 간의 싸움을 그렸다. 선택지에는 모두 제한시간이 걸려있는 것이 특징이다.

블러드 더 라스트 뱀파이어 : 하권

●소니컴퓨터엔터테인먼트 ●AVG ●2000년 12월 21일 ●5,800엔
●플레이 명수 : 1인 ●세이브 용량 : 166KB 이상

서기 2000년의 도쿄를 무대로, 수수께끼의 소녀 '사야'와 흡혈귀 '익수'들 간의 싸움을 그린 어드벤처 게임. 하권에 해당하며, 게임 전체에 걸쳐 Production I.G가 제작한 고품질 애니메이션이 펼쳐진다.

흐레스벨그 : 인터내셔널 에디션

●거스트 ●RCG ●2000년 12월 21일 ●4,800엔
●플레이 명수 : 1~2인 ●세이브 용량 : 300KB 이상

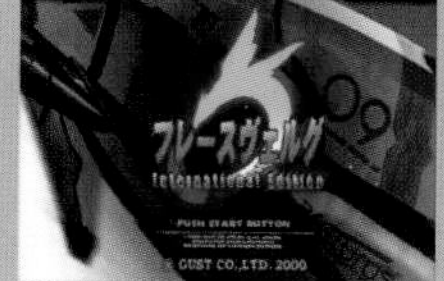

같은 해 6월 발매된 「흐레스벨그」(56p)의 확장판. 서양판을 기반으로 추가 개량했으며 신규 코스도 추가하였다. 그래픽과 연출도 강화했으며, 2P 모드도 상하분할 화면을 통해 뜨거운 대전을 제공한다.

모험시대활극 고에몽

●코나미 ●RPG ●2000년 12월 21일 ●오픈 프라이스
●플레이 명수 : 1인 ●세이브 용량 : 58KB 이상

「힘내라 고에몽」 시리즈의 설정을 리뉴얼한 3D 액션 RPG. 태평한 세상을 무대로 새로운 고에몽이 펼치는 모험활극이다. 매력적인 캐릭터가 다수 등장하며, 진지하면서도 뜨거운 스토리를 즐길 수 있다.

마미무메☆모가쵸의 프린트 아워

●아이디어 팩토리 ●ETC ●2000년 12월 21일 ●4,800엔
●플레이 명수 : 1인 ●세이브 용량 : 581KB 이상 ●popegg 지원

같은 제목의 TV 애니메이션이 원작인 프린트 애플리케이션 소프트. 캐릭터와 대화하거나 미니게임에서 이기면 인쇄용으로 제공되는 디자인이 추가된다. 편지지·엽서·특수 카드 등에도 인쇄가 가능하다.

바운서

●스퀘어 ●ACT ●2000년 12월 23일 ●6,800엔
●플레이 명수 : 1~4인 ●세이브 용량 : 70KB 이상 ●멀티탭 지원

최첨단 격투 액션과 긴박감 있는 드라마가 하이퀄리티 그래픽으로 펼쳐지는 롤플레잉 액션 게임. PS2가 만들어내는 리얼한 영상미는 물론이고 음성·자막 전환까지 지원하는 등, 뉴미디어의 특징을 남김없이 활용한 타이틀이다.

크레이지 범프 : 폭주 카 배틀!

●시스컴 엔터테인먼트 ●ACT ●2000년 12월 28일 ●5,800엔
●플레이 명수 : 1~2인 ●세이브 용량 : 346KB 이상

프로페셔널 운반책이 되어 국가기밀을 지참하고 달리는 미션 클리어형 카 액션 게임. 격렬한 배틀의 무대는 돔구장 1,000개 면적에 달하는 광대한 스테이지다. 대자연 속에서 펼쳐지는 박력의 레이스를 즐겨보자.

테마 파크 2001

●일렉트로닉 아츠 스퀘어 ●SLG ●2000년 12월 28일 ●6,800엔
●플레이 명수 : 1인 ●세이브 용량 : 251KB 이상

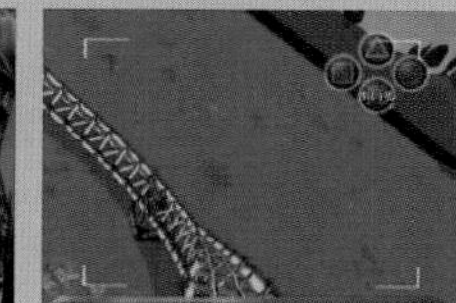

다양한 기종으로 발매된 유원지 경영 시뮬레이션 게임의 속편. 그래픽은 풀 3D화되었으며, 제작한 유원지 내를 자유롭게 감상하는 카메라 모드를 탑재했다. 운영자가 아니라 고객 시점으로 게임을 즐길 수도 있다.

각종 지원 아이콘  Best판 발매  PlayStation BB Unit 전용  PlayStation BB Unit 지원

2001

PlayStation2 Game Software Catalogue

이 해에 발매된 소프트 수는 228개 타이틀로서, 전년에 비해 대폭적으로 늘어났다. 본체 발매 이전부터 기대를 모았던 킬러 타이틀인 「파이널 판타지 X」과 「그란 투리스모 3 A-spec」도 이 해의 발매작으로서, 그 외에 「모기」·「귀무자」·「나와 마왕」·「데빌 메이 크라이」 등의 개성파 신작 타이틀도 다수 발매되었다.

찾으러 가자

●소니컴퓨터엔터테인먼트 ●RPG ●2001년 1월 11일 ●5,800엔
●플레이 명수 : 1인 ●세이브 용량 : 48KB 이상

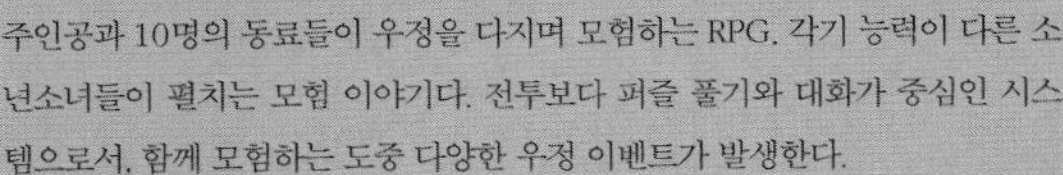

주인공과 10명의 동료들이 우정을 다지며 모험하는 RPG. 각기 능력이 다른 소년소녀들이 펼치는 모험 이야기다. 전투보다 퍼즐 풀기와 대화가 중심인 시스템으로서, 함께 모험하는 도중 다양한 우정 이벤트가 발생한다.

스페이스 비너스 starring 모닝구 무스메.

●소니뮤직엔터테인먼트 ●ETC ●2001년 1월 11일 ●5,800엔
●플레이 명수 : 1인 ●세이브 용량 : 1200KB 이상

당시 일본의 인기 아이돌 유닛 '모닝구 무스메.'의 대히트곡을 다수 수록한 뮤직 비주얼 소프트. 우주에 떠오른 광대한 어뮤즈먼트 콜로니를 무대로 삼아, 뮤직 편집 등의 6가지 모드를 즐길 수 있다.

탑기어 데어데블

●코토부키 시스템 ●RCG ●2001년 1월 18일 ●6,800엔
●플레이 명수 : 1~2인 ●세이브 용량 : 250KB 이상

다양한 기종에서 인기를 얻은 레이싱 게임 「탑기어」 시리즈의 PS2판 신작. 리얼하게 재현된 도시를 무대로, 동서고금의 명차를 몰아보자. 등장하는 차종은 총 12종류. 게임 모드는 2가지가 준비되어 있다.

매든 NFL 2001

●일렉트로닉 아츠 스퀘어 ●SPT ●2001년 1월 18일 ●6,800엔
●플레이 명수 : 1~2인 ●세이브 용량 : 1031KB 이상

미국의 4대 스포츠 중 하나인 미식축구 리그 'NFL'을 완벽 재현한 게임. NFL 소속 팀들은 물론 NFL 유럽의 팀들까지, 총 193개 팀을 수록하였다. 특전으로 미식축구 초보자용 부클릿을 패키지 내에 동봉했다.

귀무자

●캡콤 ●ACT ●2001년 1월 25일 ●7,800엔
●플레이 명수 : 1인 ●세이브 용량 : 420KB 이상

주인공 '아케치 사마노스케'와 '환마' 간의 싸움을 그린 전국 서바이벌 액션 게임. '공전절후의 칼부림 손맛'이라는 선전문구답게 통쾌한 검극을 맛볼 수 있다. 사마노스케의 모델 및 성우로 실존 배우인 금성무(카네시로 타케시)를 기용했고, 금성무 역시 게스트 크리에이터로서 기획에도 참가하는 등 깊이 관여하였다.

CERO 등급 아이콘   

컨텐츠 명시 아이콘 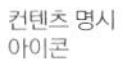 연애  선정성  폭력성  공포  음주·흡연   사행성  범죄  약물  언어·기타

Game Select 5 : 양(洋)

●유키 엔터프라이즈 ●TBL ●2001년 1월 25일 ●4,800엔
●플레이 명수 : 1~2인 ●세이브 용량 : 256KB 이상

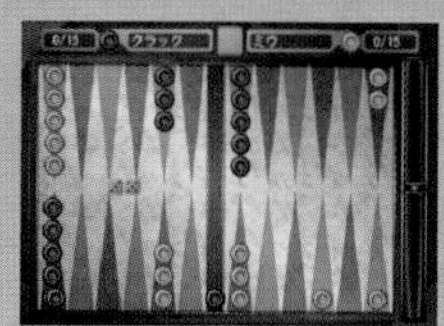

서양이 발상지인 고전 보드 게임들을 즐기는 게임 모음집. 제공하는 게임은 '체스'·'백개먼'·'리버시'·'카드'·'체커' 5종이다. 스토리 모드는 맵을 탐험하며 이들 게임을 즐기는 식으로 진행된다.

스카이 오디세이

●소니컴퓨터엔터테인먼트 ●SLG ●2001년 1월 25일 ●6,800엔
●플레이 명수 : 1인 ●세이브 용량 : 246KB 이상

하늘을 나는 즐거움과 액션 감각이 가득한 조작감을 구현해낸 플라이트 어드벤처 게임. 제공되는 프로펠러기·제트기 등의 비행기로 대자연의 위협에 맞서보자. 기체는 자유롭게 커스터마이즈할 수 있다.

테크닉틱스

●아리카 ●ACT ●2001년 1월 25일 ●6,800엔
●플레이 명수 : 1~2인 ●세이브 용량 : 240KB 이상

귀여운 캐릭터가 한정된 공간 위를 돌아다니며 춤을 추는 리듬 액션 게임. 수면에 차례차례 떠오르는 파문 위에 서서 정확한 타이밍에 버튼을 누르면 멋진 테크노 음악이 완성된다. 모든 곡은 유명 작곡가 호소에 신지가 대표인 슈퍼스위프 사가 제작했다. 룰이 간단하면서도, 리듬을 타는 쾌감이 실로 독특하다.

루나틱 돈 템페스트

●아트딩크 ●RPG ●2001년 2월 8일 ●6,800엔
●플레이 명수 : 1인 ●세이브 용량 : 400KB 이상

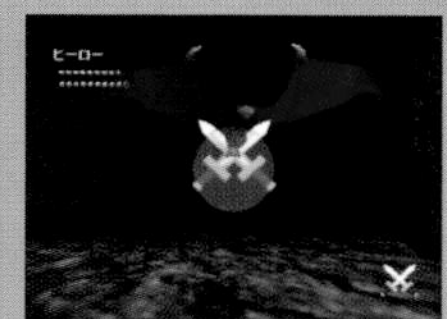

높은 자유도로 인기를 얻었던 RPG 「루나틱 돈」 시리즈의 PS2용 신작. 주인공인 소녀 '히어로'를 조작해 알레그리아 대륙을 모험하자. 셰익스피어의 희곡을 소재로 삼은 대하드라마가 스토리로 펼쳐진다.

기갑병단 J-PHOENIX : 서장 편

●타카라 ●ACT ●2001년 2월 15일 ●1,800엔
●플레이 명수 : 1~2인 ●세이브 용량 : 48KB 이상

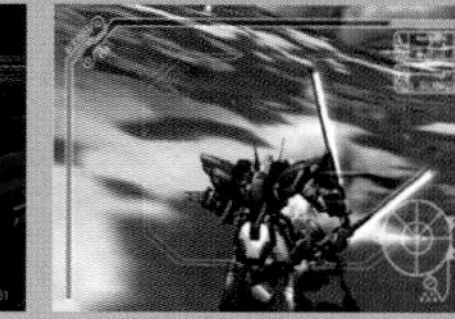

본편(81p)보다 선행 발매된 프렐류드 버전. 스토리의 도입부와 대전 모드를 플레이할 수 있으며, 이 작품에서 얻은 자금과 파츠는 본편에서도 사용 가능하다. 작품의 세계관을 소개하는 해설이 첨부된 그래픽 모드도 제공한다.

다이너소어

●UBISOFT ●AVG ●2001년 2월 15일 ●6,800엔
●플레이 명수 : 1인 ●세이브 용량 : 125KB 이상

같은 해 개봉된 디즈니의 극장판 CG 애니메이션 '다이너소어'를 어드벤처 게임화했다. 영화에서도 활약하는 공룡 3마리의 특기를 활용해, 총 14스테이지의 공략에 도전하자. 게임 내에 삽입된 동영상은 총 15분 가량에 이른다.

초고속 바둑

●석세스 ●TBL ●2001년 2월 15일 ●2,000엔
●플레이 명수 : 1~2인 ●세이브 용량 : 140KB 이상

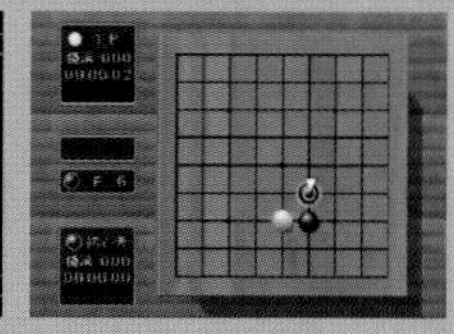

PS2의 고속 연산처리를 활용한 바둑 소프트. CPU의 난이도를 5단계로 설정할 수 있으며, 바둑판도 9줄·13줄·19줄 3종류 중에서 선택 가능하다. 초읽기 기능과 대국 성적 저장 기능 등의 편리한 기능도 제공한다.

각종 지원 아이콘 | Best판 발매 | ONLINE 専用 PlayStation BB Unit 전용 | ONLINE 対応 PlayStation BB Unit 지원

초고속 쇼기

●석세스 ●TBL ●2001년 2월 15일 ●2,000엔
●플레이 명수 : 1~2인 ●세이브 용량 : 145KB 이상

모든 유저가 원하는 '빠르고 강하며 동작이 쾌적한 게임'을 구현한 쇼기 소프트. 난이도는 5단계로 설정할 수 있으며, 초읽기 기능도 탑재하였다. 쇼기판 편집 기능을 활용해 각종 전술을 연구할 수도 있고, 핸디캡 설정 등도 가능하다.

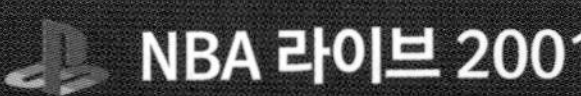

NBA 라이브 2001

●일렉트로닉 아츠 스퀘어 ●SPT ●2001년 2월 22일 ●6,800엔
●플레이 명수 : 1~2인 ●세이브 용량 : 2047KB 이상 ●멀티탭 지원(~8인)

NBA 공식 라이선스 소프트. 당시 NBA의 29개 팀은 물론이고, 마이클 조던을 포함해 1950년대부터 90년대까지의 올스타 선수들이 실명으로 등장한다. NBA 선수들의 리얼한 움직임을 게임으로 즐겨보자.

공전(空戦)

●카도카와쇼텐 ●SLG ●2001년 2월 22일 ●6,800엔
●플레이 명수 : 1인 ●세이브 용량 : 300KB 이상

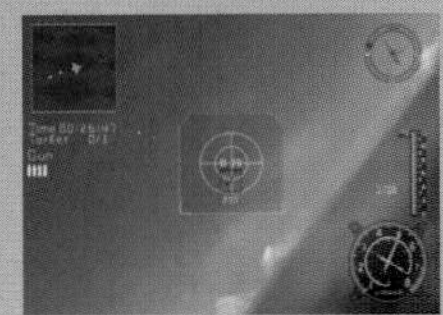

제2차 세계대전부터 현대까지의 전투기 34개 기종이 등장하는 플라이트 시뮬레이션 게임. 제로센·F-15 등을 조종하여 도그파이트를 즐겨보자. 전투기의 역사를 30개 미션으로 차례차례 따라가며 체험하는 것도 가능하다.

광속 타니가와 쇼기

●세타 ●TBL ●2001년 2월 22일 ●6,800엔 ●플레이 명수 : 1~2인
●세이브 용량 : 171KB 이상 ●USB 마우스 지원

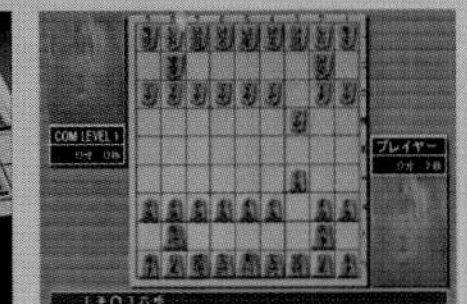

당시 일본 쇼기계에서 굴지의 실력을 자랑했던 타니가와 코지가 감수한 쇼기 소프트. 컴퓨터 쇼기계 최강의 프로그래머였던 카나자와 신이치로가 제작한 사고 알고리즘을 탑재했고, 6단계의 난이도와 6종류의 말떼기 설정도 가능하다.

섀도우 오브 메모리즈

●코나미 ●AVG ●2001년 2월 22일 ●오픈 프라이스
●플레이 명수 : 1인 ●세이브 용량 : 120KB 이상

타임 패러독스와 시간이동을 테마로 삼은 미스터리 어드벤처 게임. 주인공이 죽음의 운명에서 벗어나기 위해, 과거에서 원인을 찾아내고 미래로 가 운명을 바꾼다는 스토리다. 5가지 엔딩을 넘어서면 진정한 결말이 펼쳐진다.

tsugunai : 츠구나이

●소니컴퓨터엔터테인먼트 ●RPG ●2001년 2월 22일 ●5,800엔
●플레이 명수 : 1인 ●세이브 용량 : 420KB 이상

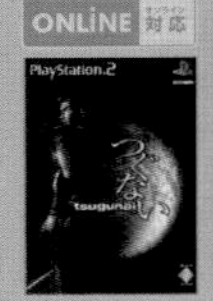

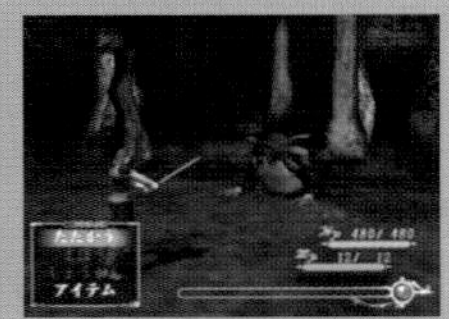

영혼과 육체가 분리된 주인공이, 자신의 몸을 되찾기 위해 타인의 마음을 치유해가는 RPG. 빙의한 캐릭터에 따라 능력치가 달라진다는 독특한 시스템을 탑재했다. 전투에서는 타이밍이 전황을 좌우한다.

F1 챔피언십 시즌 2000

●일렉트로닉 아츠 스퀘어 ●RCG ●2001년 3월 1일 ●6,800엔
●플레이 명수 : 1~2인 ●세이브 용량 : 156KB 이상 ●멀티탭 지원(~4인)

FIA가 공인한 F1 레이싱 게임. 2000년도 시즌에서 경쟁한 11개 팀과 22명의 드라이버가 실명으로 등장한다. 각 팀의 머신은 당시의 실제 스펙을 충실하게 재현했다. 레이스 전략에 맞춰 다양하게 세팅할 수도 있다.

Z.O.E : ZONE OF THE ENDERS

●코나미 ●ACT ●2001년 3월 1일 ●오픈 프라이스
●플레이 명수 : 1~2인 ●세이브 용량 : 280KB 이상

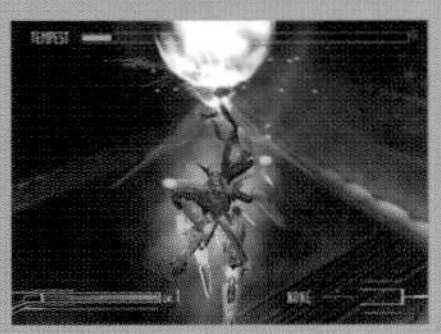

고기동 인간형 로봇 '오비탈 프레임'을 조작해 전투하는 3D 액션 게임. 코지마 히데오가 프로듀스했고, 신카와 요지가 메카닉 디자인을 담당했다. 경쾌한 액션과 드라마틱한 세계관을 즐길 수 있다.

CERO 등급 아이콘   

컨텐츠 명시 아이콘  연애  선정성  폭력성 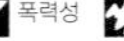 공포  음주·흡연   사행성  범죄  약물  언어·기타

블러디 로어 3

●허드슨 ●ACT ●2001년 3월 1일 ●6,800엔
●플레이 명수 : 1~2인 ●세이브 용량 : 137KB 이상

캐릭터가 강력한 수화(獸化) 상태로 변신하는 것이 특징인 3D 대전격투 게임 시리즈의 제3탄. 아슬아슬 이스케이프·에어 콤보 등의 신규 시스템이 덧붙었으며, 더욱 강력한 상태로 변신하는 '초수화' 시스템도 추가되었다.

미드나이트 클럽 : 스트리트 레이싱

●시스컴 엔터테인먼트 ●RCG ●2001년 3월 1일 ●5,800엔
●플레이 명수 : 1~2인 ●세이브 용량 : 280KB 이상

공공도로를 달리는 스트리트 레이싱 게임. 거리를 제패한 폭주집단 'MIDNIGHT CLUB'의 멤버가 되어, 스트리트 레이서의 정상을 노려보자. 라이벌들에게서 승리할수록 40종류 이상의 차종이 순차적으로 개방된다.

ESPN 내셔널 하키 나이트

●코나미 ●SPT ●2001년 3월 8일 ●오픈 프라이스
●플레이 명수 : 1~4인 ●세이브 용량 : 424KB 이상 ●멀티탭 지원

NHL과 NHLPA의 공식 라이선스 게임. 당시의 NHL 등록 선수 900명이 실명으로 등장한다. 복잡한 포메이션도 실시간으로 변경 가능하다. ESPN 채널 특유의 카메라 앵글과 연출도 잘 재현해냈다.

A열차로 가자 2001

●아트딩크 ●SLG ●2001년 3월 8일 ●6,800엔
●플레이 명수 : 1인 ●세이브 용량 : 5120KB 이상 ●popegg 지원

「A열차로 가자 6」와 기본적인 컨텐츠는 동일하나, 차량을 추가하고 신규 시스템을 탑재했으며 열차 운행에 중점을 둔 타이틀. 시리즈 전통의 명곡 '길모퉁이의 여자'는 멋진 재즈 버전으로 편곡해 수록했다.

익스터미네이션

●소니컴퓨터엔터테인먼트 ●ACT ●2001년 3월 8일 ●6,800엔
●플레이 명수 : 1인 ●세이브 용량 : 88KB 이상

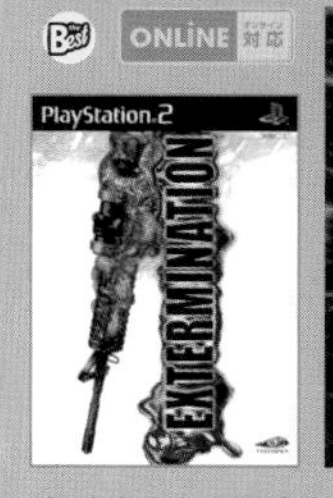

미 해병대의 특수정찰부대원이 되어, 남극에서 미지의 크리처와 싸우는 건 액션 게임. 생물과 무기물을 가리지 않고 변이시켜 버리는 크리처의 침식을 막아가면서, 연구시설에 고립된 사람들을 구출해내야만 한다. 「바이오하자드」 첫 작품을 제작했던 후지와라 토쿠로가 개발에 참여한 작품이기도 하다.

도널드 덕의 구출대작전!!

●UBISOFT ●ACT ●2001년 3월 8일 ●6,800엔
●플레이 명수 : 1인 ●세이브 용량 : 109KB 이상

세계적인 인기를 자랑하는 디즈니 캐릭터 '도널드 덕'이 대활약하는 3D 액션 게임. 도널드의 감정에 따라 액션이 다채롭게 변화한다. 아이템을 모으면 코스 틈이 바뀌며, 새로운 액션도 구사할 수 있다.

파일럿이 되자! 2

●빅터 인터랙티브 소프트웨어 ●SLG ●2001년 3월 8일 ●6,800엔
●플레이 명수 : 1인 ●세이브 용량 : 94KB 이상

전투기·여객기 등 총 26종류의 비행기가 등장하는 플라이트 시뮬레이션 게임. 훈련비행으로 기술을 배우는 '교습편'을 클리어하고 나면, 전투기를 조종하는 '용병 코스'와 여객기로 승객을 나르는 '민간 코스' 중에서 진로를 고를 수 있다.

수도고 배틀 0(제로)

●겐키 ●RCG ●2001년 3월 15일 ●6,800엔 ●플레이 명수 : 1~2인
●세이브 용량 : 180KB 이상 ●마이크로소프트 사이드와인더 포스 피드백 휠 USB, GT FORCE 지원

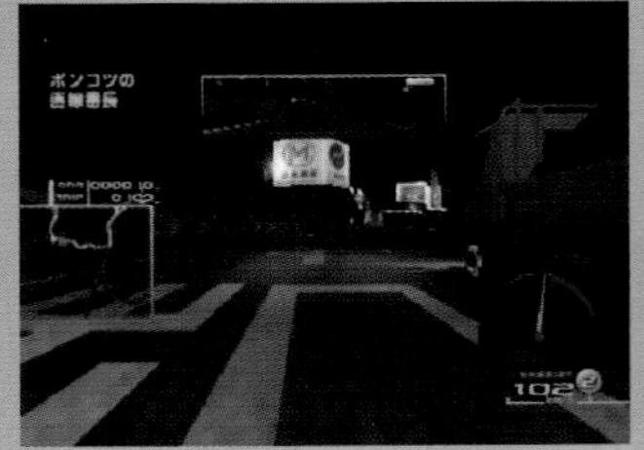

도쿄 도심환상선·완간선·요코하네선·후카가와선·다이바선의 실제 도로 총 180km를 재현해 코스화한 공공도로 레이싱 게임. 각종 파츠·컬러·디자인을 취향대로 조합한 오리지널 차량으로, 라이벌의 정신력을 깎아내며 주파하자. 레이싱 스타일에 따라 자신의 별명이 바뀐다는 개성적인 시스템도 탑재했다.

전차로 GO! 3 통근편

●타이토 ●SLG ●2001년 3월 15일 ●6,800엔 ●플레이 명수 : 1인 ●세이브 용량 : 109KB 이상
●포켓스테이션 지원 : 24KB(3블록), 전차로 GO! 컨트롤러, TYPE2, 원핸들 타입, 마메콘 지원

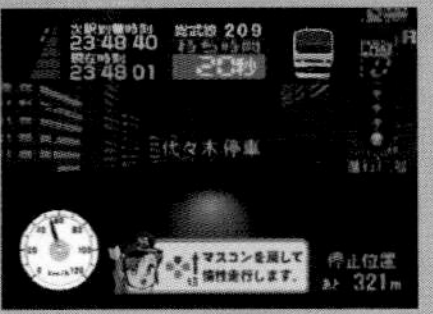

플레이어를 전철 기관사로 만들어주는 인기 시리즈가 드디어 PS2로 첫 등장했다. 아케이드판의 제3탄을 이식한 작품으로서, PS2 전용 컨트롤러는 물론이고 과거 PS1용으로 발매되었던 각종 전용 컨트롤러까지도 지원한다.

파라파라 파라다이스

●코나미 ●ACT ●2001년 3월 15일 ●오픈 프라이스 ●플레이 명수 : 1~2인
●세이브 용량 : 88KB 이상 ●RU034 파라파라 파라다이스 전용 컨트롤러 지원

댄스뮤직 장르인 '파라파라'를 게임화한 리듬 게임. 아날로그 스틱으로 팔의 움직임을 재현하는 플레이 방식이 기본이지만, 전용 컨트롤러의 센서를 통해 실제로 파라파라 댄스를 추며 동작을 판정하는 플레이도 가능하다.

나와 마왕

●소니컴퓨터엔터테인먼트 ●RPG ●2001년 3월 15일 ●5,800엔
●플레이 명수 : 1인 ●세이브 용량 : 150KB 이상

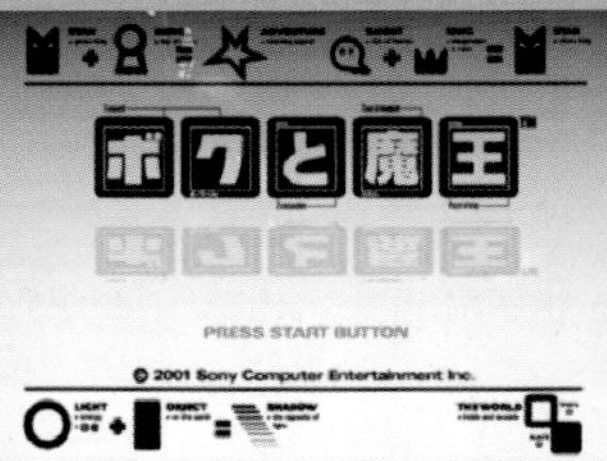

마왕 '스탄'의 부하가 되어버린 소심하기 그지없는 소년 '루카'가, 모든 사람의 역할이 '분류'로 규정된 세계를 여행하는 RPG. 가짜 마왕들을 물리치기 위한 여행을 통해 성장하며 결국 '분류'의 틀에서 벗어난 루카가, 이윽고 세계의 비밀에 다가가기까지의 스토리를 코믹한 화풍과 분위기로 잘 그려낸 작품이다.

월드 사커 위닝 일레븐 5

●코나미 ●SPT ●2001년 3월 15일 ●오픈 프라이스
●플레이 명수 : 1~2인 ●세이브 용량 : 108KB 이상 ●멀티탭 지원(~8인)

인기 축구 게임 시리즈의 PS2판. 50개국의 대표팀 중에서 26개국의 선수가 실명으로 등장한다. 수록된 32개 클럽 팀은 선수 이름과 등번호의 변경이 가능하며, 선수를 신규 등록해 추가할 수도 있다.

위닝 포스트 4 MAXIMUM 2001

●코에이 ●SLG ●2001년 3월 22일 ●6,800엔
●플레이 명수 : 1인 ●세이브 용량 : 244KB 이상

2001년도 데이터를 적용한 「위닝 포스트 4 MAXIMUM」. 기본 시스템은 전작(61p)과 동일하나 씨수말과 번식암말, 레이스 프로그램이 리뉴얼되었다. 개정된 신규 마령표에도 대응한다.

CERO 등급 아이콘 

컨텐츠 명시 아이콘 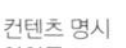 연애  선정성 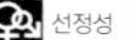 폭력성 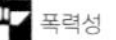 공포  음주·흡연    사행성  범죄  약물  언어·기타

바람의 크로노아 2 : Lunatea's Veil

●남코 ●ACT ●2001년 3월 22일 ●6,800엔
●플레이 명수 : 1인 ●세이브 용량 : 370KB 이상

심플한 액션 시스템과, 상당한 두뇌회전을 요구하는 스테이지 퍼즐이 특징인 퍼즐 액션 게임 시리즈의 2번째 작품. 세계의 조정을 맡고 있는 4개의 종이 수호하는 이세계 '루나티아'에 존재하는 평화·기쁨·분노·망설임의 4개 나라를 여행하며, 모두가 존재를 잊어버린 '슬픔의 나라'를 찾아내야 한다.

GI 자키 2 2001

●코에이 ●RCG ●2001년 3월 22일 ●5,800엔
●플레이 명수 : 1~2인 ●세이브 용량 : 304KB 이상

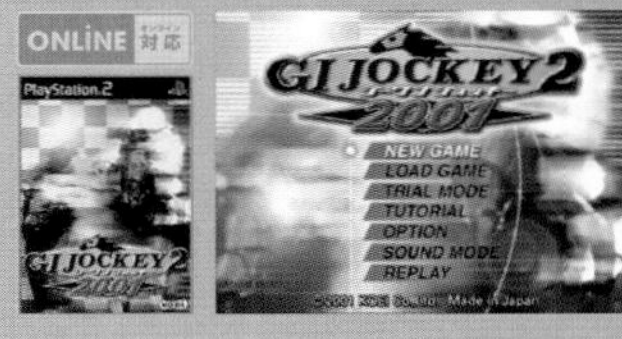

박력 넘치는 승마감각을 체험할 수 있는 경마 레이싱 게임. 2001년도 데이터를 망라하였으며, 당시 막 개장되었던 니가타 경마장도 수록했다. 신규 요소로서 난이도 설정에 '하드'가 추가됐고, 데이터 에디트도 가능해졌다.

실황 J리그 퍼펙트 스트라이커 3

●코나미 ●SPT ●2001년 3월 22일 ●오픈 프라이스
●플레이 명수 : 1~2인 ●세이브 용량 : 500KB 이상 ●멀티탭 지원

당시의 J1·J2 리그 총 27개 팀의 선수들이 실명으로 등장하는 축구 게임. 그래픽이 향상되었고 모션도 추가했다. 선수들의 개성과 특징을 능력치로 리얼하게 재현했고, 6종류의 게임 모드를 탑재하였다.

바이오하자드 코드 : 베로니카 완전판

●캡콤 ●AVG ●2001년 3월 22일 ●6,800엔
●플레이 명수 : 1인 ●세이브 용량 : 103KB 이상

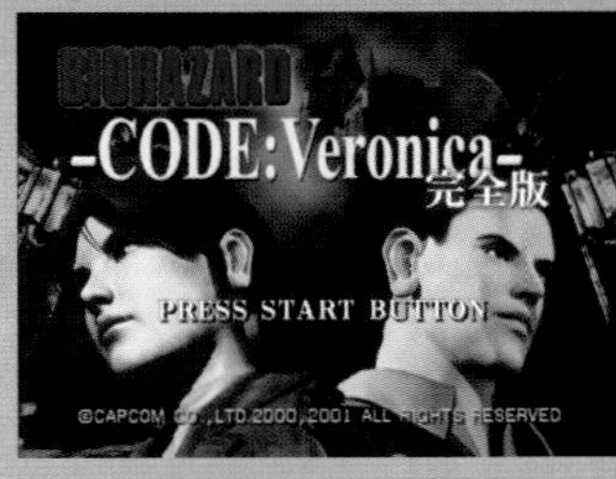

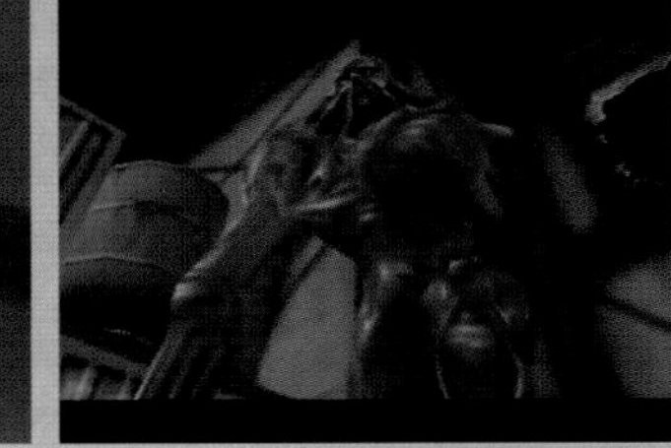

드림캐스트판 「바이오하자드 코드 : 베로니카」에 동영상 교체 등의 추가변경을 가한 이식판. '클레어'와 오빠 '크리스'를 조작해, 생물재해가 발생한 엄브렐러 사 소유의 절해고도 록포트 섬에서 탈출하자. 게임 밸런스를 조정했고 일부 이벤트를 추가했으며, 특히 알버트 웨스커가 활약하는 장면을 늘렸다.

배틀 기어 2

●타이토 ●RCG ●2001년 3월 22일 ●6,800엔 ●플레이 명수 : 1인
●세이브 용량 : 2605KB 이상 ●PS2용 모뎀, i.LINK 케이블, GT FORCE 지원

아케이드 게임의 이식작. 일본 6개 자동차사의 인기 차종을 재현하였으며, 초보자부터 초상급자까지의 다양한 수준에 맞춘 7개 코스를 수록했다. i.LINK 케이블로 PS2 2대를 연결하는 통신 대전 기능도 지원한다.

몬스터 팜

●테크모 ●SLG ●2001년 3월 22일 ●6,800엔
●플레이 명수 : 1~2인 ●세이브 용량 : 255KB 이상 ●PictureParadise 지원

인기 시리즈의 제 3탄. 일반 CD나 DVD를 읽어들여 몬스터를 소환해내 육성하는 시뮬레이션 게임이다. 몬스터를 단련시켜 대회에서 승리를 노려보자. 최종 목표는 사상 최강의 몬스터 '라그나록스'를 물리치는 것이다.

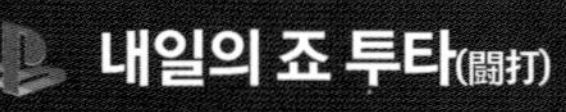

내일의 죠 투타(鬪打)

●선 소프트 ●ETC ●2001년 3월 29일 ●4,300엔
●플레이 명수 : 1인 ●세이브 용량 : 100KB 이상 ●키보드 전용 소프트

만화 '내일의 죠'가 모티브인 타자연습 게임. 원작의 명장면을 3분 1라운드 형태로 재현한다. 정확하게 타자를 입력하면 필살 블로우로 상대를 KO시킬 수 있다. 밑바닥에서부터 기어 올라와 정상을 차지해 보자.

벨벳 파일 Plus

●다즈 ●SLG ●2001년 3월 29일 ●3,800엔
●플레이 명수 : 1~2인 ●세이브 용량 : 130KB 이상 ●popegg 지원

리얼하게 재현된 도쿄를 무대로 삼아 쿠데타군과 싸우는 시뮬레이션 게임. 전작(60p)의 밸런스를 조정해 재발매한 리뉴얼판이다. PS2용 컬러 프린터 'popegg'가 있다면 블릿의 페이퍼크래프트를 출력할 수도 있다.

영세명인 V

●코나미 ●TBL ●2001년 3월 29일 ●오픈 프라이스
●플레이 명수 : 1인 ●세이브 용량 : 47KB 이상

인기 쇼기 소프트의 제5탄. PS2의 뛰어난 성능에 맞춰 처리속도를 향상시켰고, 맞쇼기 전용 루틴을 탑재하여 종반전에 특히 강해졌다. 13가지 전형별 정석 가이드를 새로 추가했고, 핸디캡 대국과 힌트 기능도 탑재했다.

갤롭 레이서 5

●테크모 ●RCG ●2001년 3월 29일 ●6,800엔
●플레이 명수 : 1~2인 ●세이브 용량 : 500KB 이상

기수가 되어 레이스에 도전하는 인기 시리즈의 제5탄. 풀게이트 18두 레이스를 구현했고, 날씨·계절 등의 연출도 강화시켰다. 과거 시리즈에서 호평 받았던 '기승채점 시스템'을 진화시킨 '기승육성 시스템'을 탑재했다.

결전 II

●코에이 ●SLG ●2001년 3월 29일 ●7,800엔
●플레이 명수 : 1~2인 ●세이브 용량 : 131KB 이상

전년에 발매했던 「결전」(54p)의 속편. '사랑과 전쟁'을 테마로 삼아, 삼국지의 세계를 새롭게 재해석하여 대박력 화면으로 펼쳐나간다. '신 군중제어 엔진'을 탑재하여, 500명의 병사들이 실시간으로 충돌하는 집단전투를 구현했다.

슈퍼 걸델릭 아워

●에닉스 ●ACT ●2001년 3월 29일 ●6,800엔
●플레이 명수 : 1~2인 ●세이브 용량 : 78KB 이상

가상의 TV 프로그램을 무대로 삼은 경쟁게 액션 게임. 살짝 이색적인 스타일의 소녀 4명 중 하나를 선택해, 11종류의 경기에 도전하자. 순수하게 경기를 즐기면서, 소녀들의 은근슬쩍 섹시한 액션과 표정을 만끽해보도록.

비트매니아 II DX 4th style : new songs collection

●코나미 ●SLG ●2001년 3월 29일 ●오픈 프라이스 ●플레이 명수 : 1~2인
●세이브 용량 : 90KB 이상 ●RU029, CT013, ASC-0515BM 지원

시리즈 최초로 일반 공모곡까지 수록한 타이틀의 이식작. 아케이드판의 곡을 중심으로, 오리지널 곡까지 포함해 약 50곡을 수록했다. 전작에서 시스템을 개선했으며, 신규 모드인 '서바이벌 모드'를 탑재하였다.

비트매니아 다다다!!

●코나미 ●ETC ●2001년 3월 29일 ●6,800엔 ●플레이 명수 : 1인
●세이브 용량 : 70KB 이상 ●코나미 USB 키보드 전용

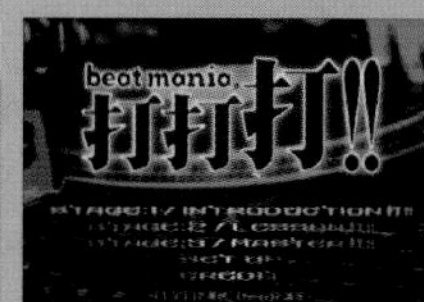

「비트매니아」를 모티브로 삼아 제작한 타자연습 게임. 음악 게임의 재미와 키보드를 치는 행위의 쾌감을 융합시킨 타이틀이다. 코나미 USB 키보드 전용 타이틀이라, 타사의 USB 키보드로는 즐길 수 없다.

CERO 등급 아이콘     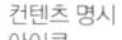 
컨텐츠 명시 아이콘  연애  선정성  폭력성  공포  음주·흡연  사행성  범죄  약물  언어·기타 

에어 레인저

●애스크 ●SLG ●2001년 3월 29일 ●6,800엔
●플레이 명수 : 1인 ●세이브 용량 : 110KB 이상

실존하는 구조헬기를 조작하여 구조활동을 벌이는 헬기 조종 시뮬레이션 게임. 조종방식은 실제 헬기의 조작계를 재현한 스타일과 RC 조종 스타일 중에서 선택 가능하다. 재난현장으로 이동하여 사람들을 구출하자.

기타루 맨 원

●코에이 ●ACT ●2001년 4월 5일 ●1,500엔
●플레이 명수 : 1인 ●세이브 용량 : 260KB 이상

악기를 무기로 쓰는 신감각 뮤직 액션 게임. 같은 해 6월 발매된 「기타루 맨」의 프리뷰판으로서, 가상의 무기 '기타루'를 연주하여 적을 물리치는 게임이다. 미니게임을 클리어하면 본편에서 숨겨진 모드가 개방된다.

강철의 포효 : 워쉽 커맨더

●코에이 ●ACT ●2001년 4월 5일 ●6,800엔
●플레이 명수 : 1인 ●세이브 용량 : 542KB 이상

크고 작은 온갖 항공기와 함선이 대해양에서 뒤엉키는 장절한 해전이 펼쳐지는 액션 게임. 오리지널 함선을 조작해 12종류의 미션에 도전하자. 군사조직 '티라누스'의 야망을 분쇄해야만 한다.

실명실황경마 드림 클래식 : 2001 스프링

●반다이 ●SLG ●2001년 4월 5일 ●5,800엔
●플레이 명수 : 1인 ●세이브 용량 : 201KB 이상 ●대전시 최대 12명

기수 60명, 경주마 2,000두가 실명으로 등장하는 경마 시뮬레이션 게임. 2001년도 일본 경마 스케줄과 신규 경마제도도 적용했다. 레이스 장면은 모두 3D로 재현하여, TV 중계를 방불케 하는 리얼한 경마가 펼쳐진다.

트루 러브 스토리 3

●엔터브레인 ●AVG ●2001년 4월 5일 ●6,800엔
●플레이 명수 : 1인 ●세이브 용량 : 400KB 이상

히로인과 나란히 걸으며 하교하는 '대화 모드'가 특징인 연애 어드벤처 게임. 중학교 3학년생 소년이 되어, 졸업하기 전까지 히로인과의 거리를 좁혀 고백을 성공시키자. 최초로 3인 하교가 가능해졌으며, 진학시 진로가 히로인과 같은지 아닌지로 엔딩이 분기되는 시스템을 도입했다.

이지브라우저

●에르고소프트 ●ETC ●2001년 4월 12일 ●3,800엔 ●플레이 명수 : 1인
●세이브 용량 : 512KB 이상 ●106 USB 키보드, popegg, SmartSCM 모뎀, USB 모뎀 지원

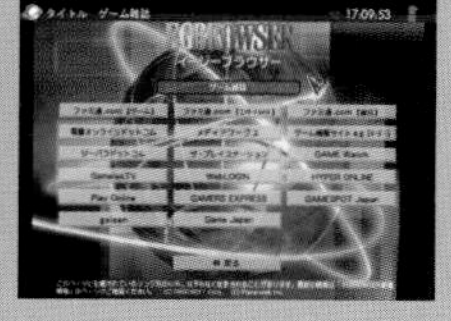

PS2로 간단하게 인터넷을 서핑할 수 있는 소프트. 이 소프트를 지원하는 인터넷 서비스 제공사의 자동설정 프로그램을 탑재해, 누구나 간단히 인터넷에 접속 가능하다. 웹브라우저와 메일 송수신, MP3 플레이어 기능도 탑재했다.

이지브라우저 라이트 for I-O DATA

●I-O DATA ●ETC ●2001년 4월 12일 ●USB 네트워크 어댑터 'P2GATE'에 동봉
●플레이 명수 : 1인 ●세이브 용량 : 512KB 이상

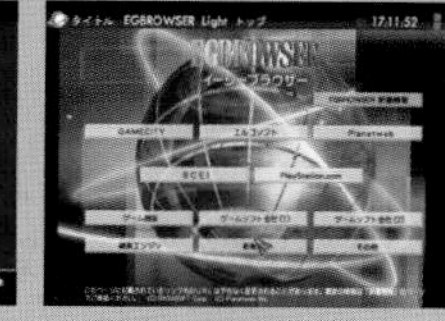

USB 접속식 모뎀 유닛 'P2GATE'의 표준 동봉 소프트. 「이지브라우저」와 동일한 인터넷 브라우저와 메일 기능이 있으나, USB 키보드·HDD 등을 지원하지 않으며 MP3 플레이어 기능도 사용에 일부 제약이 있다.

각종 지원 아이콘  Best판 발매 ONLINE 専用 PlayStation BB Unit 전용 ONLINE 対応 PlayStation BB Unit 지원

아머드 코어 2 어나더 에이지

●프롬 소프트웨어 ●ACT ●2001년 4월 12일 ●6,800엔
●플레이 명수 : 1~2인 ●세이브 용량 : 90KB 이상 ●i.LINK 케이블, USB 마우스, USB 모뎀 지원

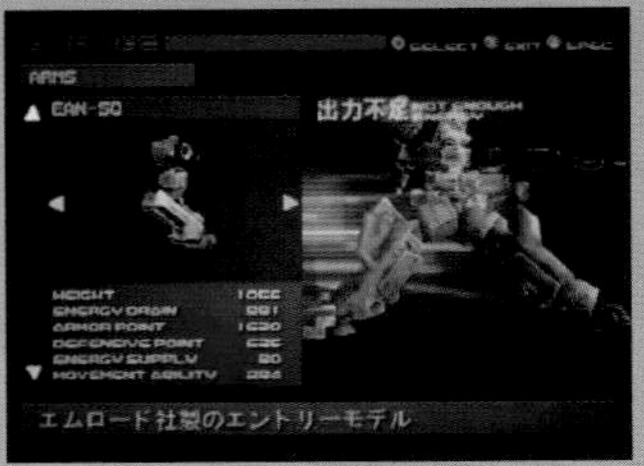

전작 「아머드 코어 2」로부터 5년 후의 세계를 그린 속편. 전작에서 저장한 세이브데이터를 활용하여 이 작품에서 계속 플레이할 수도 있다. 새로운 파츠가 추가된 것은 물론이고, 화면을 좌우로 분할하여 두 명이 동시에 같은 미션을 플레이하는 'VS 미션' 모드도 추가되었다.

베이직 스튜디오 : 파워풀 게임 공방

●아트딩크 ●ETC ●2001년 4월 19일 ●9,800엔
●플레이 명수 : 1~2인 ●세이브 용량 : 50KB 이상 ●popegg 지원

BASIC 언어로 프로그램을 짜 다양한 게임을 개발할 수 있는 소프트. 3D 모델링 툴, 텍스처 등의 그래픽을 제작하는 소프트, 사운드 툴을 내장하고 있으며, 샘플 게임과 샘플 데이터도 다수 수록했다.

슈퍼 마이크짱

●잘레코 ●ACT ●2001년 4월 26일 ●5,800엔 ●플레이 명수 : 1~4인
●세이브 용량 : 16KB 이상 ●전용 마이크 및 마이크 컨버터 지원

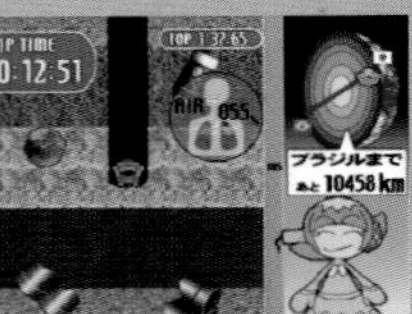

마이크를 통해 '육성으로' 플레이하는 독특한 액션 게임. 육성의 높낮이로 파도를 타는 '서핑', 기합소리로 달리는 '이인삼각' 등 15종류의 게임을 즐길 수 있다. 그라비아 아이돌이 정성껏 플레이 방법을 가르쳐주는 DVD도 동봉했다.

Check-i-TV

●소니컴퓨터엔터테인먼트 ●ETC ●2001년 4월 26일 ●2,800엔
●플레이 명수 : 1인 ●세이브 용량 : 163KB 이상 ●i-mode 휴대폰 접속 케이블 지원

NTT 도코모의 당시 i-mode계 모바일 피처폰 회선과 연동하여, 유저가 투고한 사연을 기반으로 제작된 컨텐츠를 열람하는 '투고 게임'. 영화·음악 관련 의견을 교환하거나 랭킹을 매기는 코너 등을 제공했던 정보성 소프트다.

러브 송즈 : 아이돌이 클래스메~이트

●D3 퍼블리셔 ●SLG ●2001년 4월 26일 ●6,800엔
●플레이 명수 : 1인 ●세이브 용량 : 256KB 이상

아이돌 연예인과 같은 반 친구가 되어 고교생활 3년을 보내는 연애 시뮬레이션 게임. 평일과 휴일마다 스케줄을 결정해 자신을 성장시키자. 독자적인 대화 시스템 'ETS'를 탑재하여, 상대와의 대화가 쾌적하게 진행된다.

그란 투리스모 3 A-spec

●소니컴퓨터엔터테인먼트 ●RCG ●2001년 4월 28일 ●6,800엔
●플레이 명수 : 1~2인 ●세이브 용량 : 256KB 이상

근 200종의 차종과 20개 코스를 수록하여, 당시로서는 최첨단 그래픽으로 실제 차량의 거동을 훌륭하게 재현한 레이싱 게임. 랠리 라이선스, 오일교환 개념 도입 등 전작과는 달라진 점이 많다. 원래는 차량을 직접 조작하지 않는 'B-spec' 버전도 나올 예정이었으나, 이쪽은 후일의 4편에서야 등장하였다.

CERO 등급 아이콘    

컨텐츠 명시 아이콘  연애  선정성  폭력성  공포  음주·흡연  사행성  범죄  약물 언어·기타

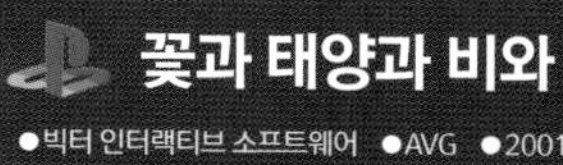

꽃과 태양과 비와

●빅터 인터랙티브 소프트웨어 ●AVG ●2001년 5월 2일 ●6,800엔
●플레이 명수 : 1인 ●세이브 용량 : 41KB 이상

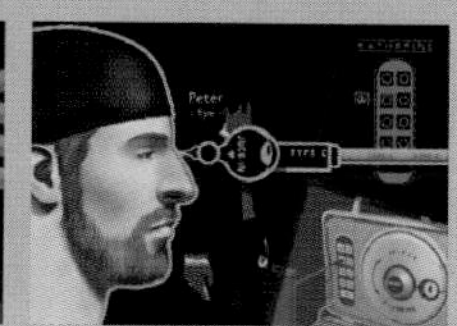

경치가 아름다운 남국의 섬이 무대인 어드벤처 게임. 주인공인 '탐색꾼' 몬도 스미오가 되어, 테러리스트가 섬 어딘가에 숨긴 폭탄을 찾아내자. 남국의 섬 특유의 느긋한 분위기와, 뛰어난 완성도의 BGM이 일품이다.

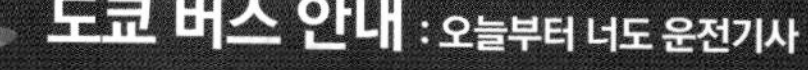

도쿄 버스 안내 : 오늘부터 너도 운전기사

●석세스 ●SLG ●2001년 5월 10일 ●5,800엔 ●플레이 명수 : 1인
●세이브 용량 : 48KB 이상 ●포켓스테이션 지원 : 24KB 이상(미니게임 한정)

도쿄도 도영버스의 운전기사가 되어 실존하는 노선을 운전하는 버스 운전 시뮬레이션 게임. 교통법규를 지키며 버스를 시각표대로 운전하자. 오우메·오다이바·신주쿠 3개 코스를 낮과 밤 시간대로 운전해볼 수 있다.

골풀 GOLF

●아트딩크 ●SPT ●2001년 5월 17일 ●6,800엔
●플레이 명수 : 1~4인 ●세이브 용량 : 350KB 이상 ●멀티탭 지원

아날로그 스틱으로 샷을 치는 골프 게임. 오른쪽 스틱을 어떻게 기울이느냐로 샷의 강도가 달라진다. 연습·시합·이벤트 등으로 캐릭터의 능력치를 올려가며, 4종류의 대회에서 우승을 노려보자.

녹아웃 킹즈 2001

●일렉트로닉 아츠 스퀘어 ●SPT ●2001년 5월 24일 ●6,800엔
●플레이 명수 : 1~2인 ●세이브 용량 : 80KB 이상

전설의 명 선수부터 당시 현역 선수까지, 총 40명의 복서가 등장하는 권투 게임. 간단한 조작으로 콤비네이션·스웨이 등의 동작을 구사할 수 있다. 각 선수들의 개별 동작과 모션을 리얼하게 재현하였다.

페이즈 패러독스

●소니컴퓨터엔터테인먼트 ●AVG ●2001년 5월 24일 ●6,800엔
●플레이 명수 : 1~2인 ●세이브 용량 : 854KB 이상

3명의 주인공으로 플레이하는 어드벤처 게임. PS1으로 발매되었던 「필로소마」의 속편으로서, 우주항모 개런트를 무대로 삼아 인류가 생태 시스템 '필로소마'와 접촉하는 과정을 그린 스토리다.

엔도네시아

●에닉스 ●RPG ●2001년 5월 31일 ●6,800엔
●플레이 명수 : 1인 ●세이브 용량 : 439KB 이상

'수공예품 같은 포근함'을 테마로 삼아, 한 소년의 모험을 그린 '마음이 훈훈해지는 RPG'. 신비한 섬 '엔도네시아'에 흘러들어온 소년이 되어 섬 곳곳을 모험하자. 원래 세계로 돌아가려면 50명의 신과 만나야만 한다.

격사 보이 2 : 특종대국 일본

●아이렘 소프트웨어 엔지니어링 ●ACT ●2001년 5월 31일 ●5,800엔 ●플레이 명수 : 1인
●세이브 용량 : 300KB 이상 ●PictureParadise 가능 디지털 카메라 및 popegg 지원

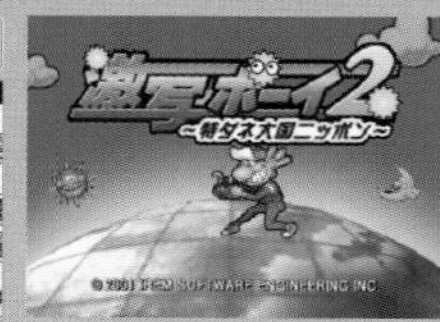

PS1으로 발매된 바 있는 「격사 보이」의 속편. 주인공 '데이빗'이 되어 이국적인 나라 '일본'을 돌며 다양한 특종 사진을 마구 촬영하자. 'popegg'를 본체에 연결하면 사진을 실제로 인쇄해 뽑을 수도 있다.

최강 도다이 쇼기 3

●마이니치 커뮤니케이션즈 ●TBL ●2001년 5월 31일 ●6,800엔
●플레이 명수 : 1~2인 ●세이브 용량 : 80KB 이상

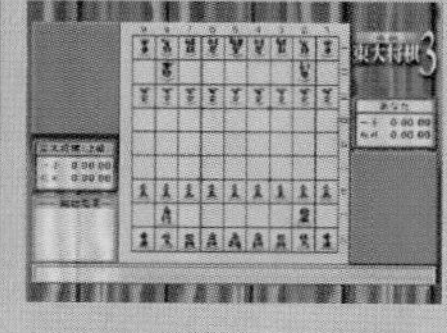

압도적인 실력을 자랑하는 쇼기 소프트의 당시 최신판. 사고 엔진은 세계컴퓨터쇼기선수권에서 3회나 우승한 경력이 있다. 레벨별 대국, 정석 진행 국면의 도중부터 대국, 기력검정 등의 다채로운 모드를 탑재했다.

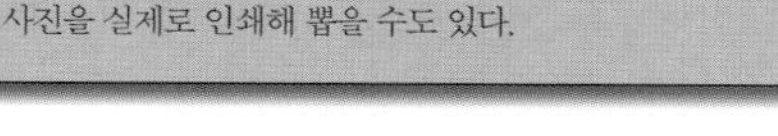

SIMPLE 2000 시리즈 Vol.1 : THE 테이블 게임

●D3 퍼블리셔 ●TBL ●2001년 5월 31일 ●2,000엔
●플레이 명수 : 1~2인 ●세이브 용량 : 300KB 이상

일본에서 대중적으로 유명한 고전 테이블 게임들을 모은 작품. 마작·쇼기·바둑·오목·코이코이(일본식 화투놀이)·세븐스 등 11종류의 테이블 게임을 즐길 수 있다. 스토리를 즐기면서 플레이하는 '스토리 모드'도 있다.

매지컬 스포츠 : 2001 코시엔

●마호 ●SPT ●2001년 5월 31일 ●5,800엔
●플레이 명수 : 1~2인 ●세이브 용량 : 130KB 이상

고교 야구부 소년이 되어 코시엔 우승을 노리는 야구 게임. 전국 49지구 4,210개교를 모델로 삼은 고등학교들이 등장한다. 기본동작이 전부 원 버튼 발동이라는 심플함이 매력. 실황은 성우 후루야 토오루가 담당했다.

레이맨 레볼루션!

●UBISOFT ●ACT ●2001년 5월 31일 ●6,800엔
●플레이 명수 : 1인 ●세이브 용량 : 270KB 이상

유비소프트의 간판 캐릭터 '레이맨'이 활약하는 3D 액션 어드벤처 게임. 레이맨을 조작하여, 해적들이 점령한 행성에 평화를 되찾아주자. 스테이지 내에는 파워 업 아이템과 헬프 캐릭터가 숨겨져 있다.

필살 파친코 스테이션 V : 불꽃의 폭소군단

●선 소프트 ●SLG ●2001년 6월 7일 ●5,800엔
●플레이 명수 : 1인 ●세이브 용량 : 40KB 이상

인기 파친코 시뮬레이터 시리즈의 PS2판 신작. 요시모토 흥업과 제휴해 개발된 다이이치쇼카이 사의 인기 기종을 재현하였다. 전통의 공략 모드 외에, 등장 인물들과의 대전을 즐기는 실전 모드가 탑재되어 있다.

마검 샤오[爻]

●아틀러스 ●ACT ●2001년 6월 7일 ●6,800엔
●플레이 명수 : 1인 ●세이브 용량 : 440KB 이상

드림캐스트로 발매되어 인기를 얻었던 「마검 X」의 리뉴얼 이식판. 시스템을 3인칭 시점으로 변경하고, 이벤트 신을 동영상화하는 등의 개량을 가했다. 빙의한 상대를 지배하는 마검이 되어, 삼업회의 지배자 '천존유성'을 타도하자.

기타카타 겐조 삼국지

●미디어 팩토리 ●ETC ●2001년 6월 14일 ●7,800엔
●플레이 명수 : 1인 ●세이브 용량 : 35KB 이상

기타카타 겐조의 소설 '삼국지'(한국엔 '영웅 삼국지'로 발간)를 비주얼 노벨화했다. 1999년 일본 TBS 라디오에서 방송했던 총 253화 40시간 이상의 라디오 드라마가 풀보이스로 펼쳐진다. 나레이션은 배우 와타나베 켄이 맡았다.

모기

●소니컴퓨터엔터테인먼트 ●ACT ●2001년 6월 21일 ●5,800엔
●플레이 명수 : 1인 ●세이브 용량 : 400KB 이상

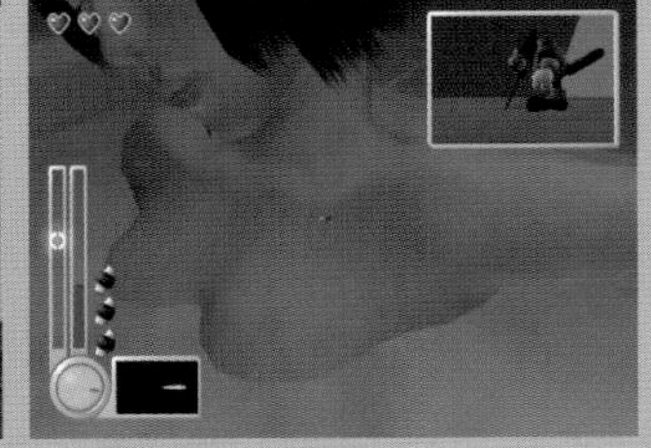

한 마리 모기가 되어 인간의 피를 노리는 전대미문의 액션 게임. 모기를 박멸하려 하는 야마다 가족의 공격을 아크로바틱한 움직임으로 피하며, 피를 최대한 모아 무사히 겨울을 나야 한다. 인체의 특정 지점에 있는 릴랙스 포인트를 찔러 살의를 떨어뜨리거나, 스테이지 도처의 아이템을 모으는 것도 중요하다.

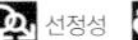       

에버그레이스 2

●프롬 소프트웨어 ●RPG ●2001년 6월 21일 ●6,800엔
●플레이 명수 : 1인 ●세이브 용량 : 100KB 이상

2000년 발매된 「에버그레이스」(57p)의 속편. 장비와 복장에 따라 캐릭터의 능력치가 변화하는 '코디네이트 RPG'다. 세계관은 전작과 동일하지만 3인 파티제가 되었고, 멤버 중 하나를 직접 조작하는 시스템으로 변경했다.

기타루 맨

●코에이 ●ACT ●2001년 6월 21일 ●5,800엔
●플레이 명수 : 1~4인 ●세이브 용량 : 265KB 이상

전설의 악기 '기타루'를 이용해 적을 물리치는 음악 게임. 주인공 'U-1'(유이치)가 되어 '기타루 맨'으로 변신해, 음악의 힘으로 적들과 정면 승부하자. 캐릭터 디자인은 인기 일러스트레이터 326(미츠루)가 맡았다.

승부사 전설 테츠야

●아테나 ●TBL ●2001년 6월 21일 ●5,800엔
●플레이 명수 : 1인 ●세이브 용량 : 230KB 이상

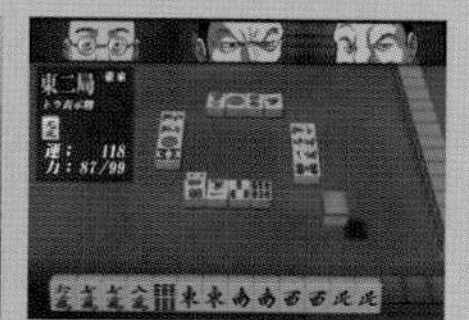

인기 만화 '마작의 제왕 테츠야'의 TV 애니메이션판이 원작인 마작 게임으로서, 원작처럼 사기 기술로 승부한다. 승리해 얻은 경험으로 새로운 기술을 배우는 성장 시스템이 있고, 원작 재현도가 뛰어난 동영상 연출도 볼거리다.

타이거 우즈 PGA TOUR 2001

●일렉트로닉 아츠 스퀘어 ●SPT ●2001년 6월 21일 ●6,800엔
●플레이 명수 : 1~4인 ●세이브 용량 : 318KB 이상 ●멀티탭 지원

타이거 우즈가 공인한 리얼 골프 게임. 타이거 우즈 본인을 비롯한 당시의 정상급 프로 골프선수들이 다수 등장한다. 실제 투어 장소로도 자주 등장했던 페블 비치·포피 힐스 등의 골프 코스도 리얼하게 재현되어 있다.

리리의 아틀리에 : 잘부르그의 연금술사 3

●거스트 ●RPG ●2001년 6월 21일 ●6,800엔 ●플레이 명수 : 1인
●세이브 용량 : 900KB 이상 ●엡손 컬러리오 프린터 시리즈, 돌비 디지털·돌비 서라운드 지원

연금술로 아이템을 만드는 RPG 시리즈의 제3탄. 잘부르그 시내에 아카데미를 설립하기 위해 리리가 활약한다는 스토리다. '더 자유롭고 심오하게'를 테마로 삼아, 조합 시스템을 업그레이드하고 개량시켰다.

RC 리벤지 Pro

●어클레임 재팬 ●RCG ●2001년 6월 28일 ●2,800엔
●플레이 명수 : 1~2인 ●세이브 용량 : 206KB 이상

PS1에서 인기가 있었던 「RC 리벤지」의 강화판. 가상의 테마파크 내를 RC 카와 RC 보트로 질주하는 레이싱 게임이다. 오리지널 코스를 디자인하는 '코스 에디트 기능'도 탑재되어 있다.

기갑병단 J-PHOENIX

●타카라 ●ACT ●2001년 6월 28일 ●6,800엔 ●플레이 명수 : 1~2인
●세이브 용량 : 60KB 이상 ●i.LINK 케이블 지원

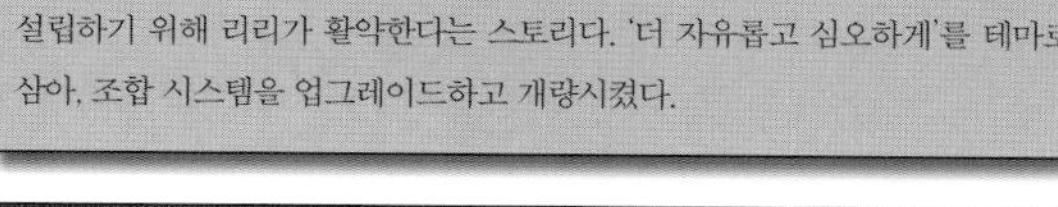

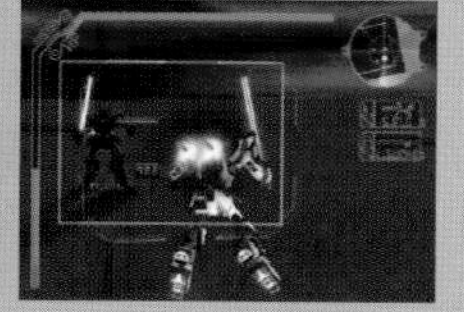

거대 로봇 병기를 커스터마이즈하여 싸우는 하이스피드 액션 게임. 기체의 각 부위와 무기 등의 파츠는 직접 개발 가능할 뿐만 아니라 적에게서 탈취할 수도 있다. 메카닉의 컨셉 디자인은 오오카와라 쿠니오가 맡았다.

골프 내비게이터 Vol.1

●스파이크 ●SLG ●2001년 6월 28일 ●3,800엔
●플레이 명수 : 1인 ●세이브 용량 : 448KB 이상

실존하는 일본 전역의 골프 코스를 시뮬레이트하여 실제로 플레이해볼 수 있는 골프 시뮬레이터. 치바 현에 있는 칼레도니안 골프 클럽과 소부 컨트리클럽의 소부 코스가 수록되어 있다.

각종 지원 아이콘  Best판 발매  PlayStation BB Unit 전용  PlayStation BB Unit 지원

골프 내비게이터 Vol.2

●스파이크 ●SLG ●2001년 6월 28일 ●3,800엔
●플레이 명수 : 1인 ●세이브 용량 : 448KB 이상

실존하는 일본 전역의 골프 코스를 시뮬레이트하여 실제로 플레이해볼 수 있는 골프 시뮬레이터. 사이타마 현의 카와고에 컨트리클럽과, 시즈오카 컨트리의 하마오카 코스 및 타카마츠 코스를 수록하였다.

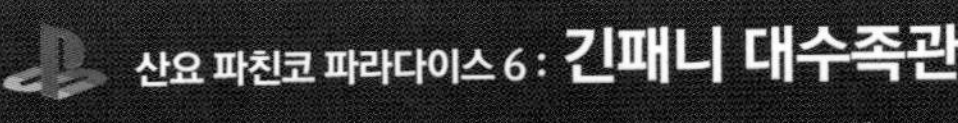

산요 파친코 파라다이스 6 : 긴패니 대수족관

●아이렘 소프트웨어 엔지니어링 ●SLG ●2001년 6월 28일 ●5,800엔
●플레이 명수 : 1인 ●세이브 용량 : 73KB 이상

산요 물산의 인기 기종을 재현한 파친코 실기 시뮬레이터. 'CR 긴기라 패닉'의 'L5'·'L6'·'L7' 3종의 기체를 수록하였다. 실기 공략 모드와 액정 뷰 모드 등, 다양한 모드를 즐길 수 있다.

섀도우 하츠

●아루제 ●RPG ●2001년 6월 28일 ●6,800엔
●플레이 명수 : 1인 ●세이브 용량 : 86KB 이상

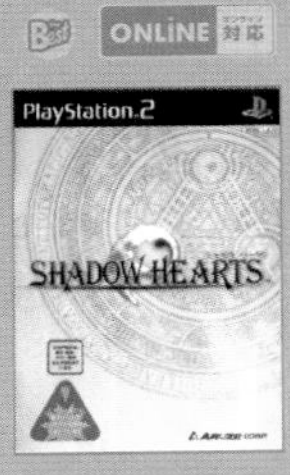

20세기 초두를 배경으로 삼은 RPG. '저지먼트 링'이라는 오리지널 시스템 덕에 속도감과 스릴이 넘치는 전투가 최대의 특징이다. 1913년 파리 교외에서 벌어진 살인사건을 시작으로, 중국대륙과 유럽까지 무대로 삼으며 방대하게 펼쳐지는 독특한 분위기의 스토리 전개가 작품의 매력 포인트이기도 하다.

시티 크라이시스

●시스컴 엔터테인먼트 ●ACT ●2001년 6월 28일 ●6,800엔
●플레이 명수 : 1인 ●세이브 용량 : 230KB 이상

도시의 재난현장에서 구조활동을 벌이는 플라이트 액션 게임. 기동력·내구력·수용인원 등의 성능이 제각기 다른 3대의 헬리콥터를 조종해, 소화활동·구조활동은 물론 범인 추적에 이르기까지 다양한 미션에 도전한다.

매지컬 스포츠 : 하드 히터

●마호 ●SPT ●2001년 6월 28일 ●5,800엔
●플레이 명수 : 1~2인 ●세이브 용량 : 108KB 이상 ●멀티탭 지원(~4인)

상쾌함과 전략성의 양립을 노린 테니스 게임. 버튼을 누르는 시간에 따라 샷의 강도가 변화하는 '프리 차지 시스템' 등의 독특한 시스템을 탑재하였다. 하드히트의 쾌감과 심리전의 묘미를 맛볼 수 있다.

리모코코론

●소니컴퓨터엔터테인먼트 ●ETC ●2001년 6월 28일 ●5,800엔
●플레이 명수 : 1인 ●세이브 용량 : 94KB 이상

화면에 등장하는 캐릭터에게 '참견'을 거는 식으로 스테이지를 클리어해가는 게임. 캐릭터의 대사와 간판 등을 힌트 삼아, 캐릭터들의 고민을 해결해주자. 제한시간 내에 필요한 참견을 전부 완수하면 클리어된다.

노래방 하자! 드림 오디션 3

●잘레코 ●ETC ●2001년 7월 5일 ●6,800엔 ●플레이 명수 : 1~8인
●세이브 용량 : 92KB 이상 ●전용 마이크 및 마이크 컨버터 지원

인기 시리즈의 제3탄. 당시 일본에서 히트했던 최신 J-POP 50곡을 엄선해 수록하여, 스피드 모드나 릴레이 모드 등의 다채로운 모드로 게임을 즐길 수 있다. 전용 마이크와 마이크 컨버터도 패키지에 동봉했다.

CERO 등급 아이콘   

컨텐츠 명시 아이콘  연애  선정성   폭력성  공포   음주·흡연  사행성  범죄  약물 언어·기타

TETSU ONE 전차로 배틀!

●시스컴 엔터테인먼트 ●RCG ●2001년 7월 5일 ●5,980엔
●플레이 명수 : 1~2인 ●세이브 용량 : 85KB 이상

철도차량을 운전하며 일본 전국의 전철과 레이스 배틀을 펼치는 이색 타이틀. 80종류에 달하는 다채로운 차량이 등장하며, 가속·감속은 물론이고 특정 포인트 지점에서 차선을 변경해 상대 차량을 날려버릴 수도 있다.

삐뽀사루 2001

●소니컴퓨터엔터테인먼트 ●ACT ●2001년 7월 5일 ●5,800엔
●플레이 명수 : 1인 ●세이브 용량 : 83KB 이상

과거 PS1으로 발매되어 많은 인기를 누렸던 「삐뽀사루 겟츄」의 속편. 주인공 '카케루'를 조작해, 삐뽀사루들의 팬티를 세탁하기 위해 신규 가차메카 '누겟챠'로 삐뽀사루의 팬티를 겟츄해야 한다.

목장이야기 3 : 하트에 불을 붙여

●빅터 인터랙티브 소프트웨어 ●SLG ●2001년 7월 5일 ●6,800엔
●플레이 명수 : 1인 ●세이브 용량 : 240KB 이상

목장을 배경으로 전개되는 인기 시리즈의 첫 PS2판. 마을사람들 및 동물들과의 교류를 통해 목장을 재건하는 것이 목적이다. 2D에서 3D로 진화된 세계에서 100종류 이상의 이벤트를 즐길 수 있다.

야야 카바지스타 featuring Gawoo

●코에이 ●ACT ●2001년 7월 5일 ●6,800엔
●플레이 명수 : 1~2인 ●세이브 용량 : 462KB 이상

스트리트를 배경으로 진행되는 3D 액션 게임. 우주에서 온 수수께끼의 생물 '가우'에게 화려한 스케이트보드 테크닉을 보여주어 승천시키자. 가드레일과 토관 등을 잘 이용하면 다종다양한 트릭이 만들어진다.

필살 파친코 스테이션 V2 : 천재 바카본

●선 소프트 ●SLG ●2001년 7월 12일 ●5,800엔
●플레이 명수 : 1인

아카츠카 후지오 원작의 TV 애니메이션 '천재 바카본'의 인기 캐릭터들이 잔뜩 등장하는 파친코의 실기 시뮬레이터. 잭팟 찬스일 때 '하얀 장어개'가 등장하면 대박의 기대도가 대폭 상승한다!

본격적 파친코 실기 공략 시리즈 : 밀키 바 & 킬러 퀸 영구보존판

●언밸런스 ●SLG ●2001년 7월 19일 ●5,800엔
●플레이 명수 : 1인 ●세이브 용량 : 120KB 이상

뉴긴 사의 '밀키 바'와 '킬러 퀸'을 수록한 파친코 실기 시뮬레이터. 실기를 충실하게 재현한 것은 물론, 파치슬로의 프로인 이케가미 렌이 감수한 '실전 모드'와 '공략 모드'도 수록되어 있다.

파이널 판타지 X

●스퀘어 ●RPG ●2001년 7월 19일 ●8,800엔 ●플레이 명수 : 1인
●세이브 용량 : 64KB 이상 ●PS2 전용 HDD 유닛 지원

인기 RPG 시리즈의 첫 PS2용 신작. 문명을 파괴하는 강대한 존재 '신'을 물리치기 위한 모험을 그렸다. 테마를 '여행', 핵심 모티브를 '물'로 잡는 등, 시리즈 이전작들과는 차별화된 동양적인 스타일의 세계관을 구축했다. 소환수 육성 개념과, 성장시킬 스킬을 직접 선택하는 '스피어 보드' 시스템 등이 특징이다.

각종 지원 아이콘  Best판 발매   PlayStation BB Unit 전용  PlayStation BB Unit 지원

레이크 마스터즈 EX Super

●다즈 ●SPT ●2001년 7월 19일 ●3,800엔 ●플레이 명수 : 1인
●세이브 용량 : 82KB 이상 ●낚시콘, 낚시콘2, 피싱 컨트롤러 지원

전작(69p)에 '익사이팅 모드'를 추가한 리뉴얼판. 초보자라도 호쾌한 낚시를 즐길 수 있고, 상급자라면 배스와의 치밀한 밀고 당기기도 만끽할 수 있다. 낚시 게임 팬에게 인기였던 '낚시콘2' 컨트롤러도 지원한다.

애장판 안젤리크 트로와

●코에이 ●SLG ●2001년 7월 26일 ●8,800엔
●플레이 명수 : 1인 ●세이브 용량 : 124KB 이상

2000년 발매했던 「안젤리크 트로와」(66p)의 리뉴얼판. 전반적인 화질을 대폭적으로 향상시켰으며, 일부 장면은 애니메이션으로 대체했다. 연애 이벤트 시의 음성 메시지도 대폭 증가했다.

F1 레이싱 챔피언십

●비디오 시스템 ●RCG ●2001년 7월 26일 ●6,800엔
●플레이 명수 : 1~2인 ●세이브 용량 : 753KB 이상

FIA가 공인한 F1 레이싱 게임. 10개 항목에 달하는 치밀한 세팅을 거쳐 실제 머신의 거동을 그대로 재현한다. 전직 F1 드라이버인 카타야마 우쿄가 가르쳐 주는 '드라이빙 스쿨' 등, 다양한 모드를 탑재하였다.

그로우랜서 II

●아틀러스 ●RPG ●2001년 7월 26일 ●6,800엔
●플레이 명수 : 1인 ●세이브 용량 : 170KB 이상

PS1에서 호평을 받았던 「그로우랜서」의 속편. 우루시하라 사토시의 일러스트가 유저를 사로잡는 RPG다. 전투·이동에 독자적인 시스템을 채용했으며, 주인공의 선택에 따라 드라마틱한 스토리가 전개된다.

더 피어

●에닉스 ●AVG ●2001년 7월 26일 ●7,800엔
●플레이 명수 : 1인 ●세이브 용량 : 59KB 이상

동영상이 전부 실사영상인 것이 특징인 '시네마 액티브' 시리즈의 제3탄. 등장인물로 배우와 아이돌을 기용한 호러 어드벤처 게임이다. 간토 지방의 산속에 위치한 서양식 저택을 배경으로, 리얼한 공포 스토리가 펼쳐진다.

트레인 키트 for A열차로 가자 2001

●아트딩크 ●SLG ●2001년 7월 26일 ●2,800엔
●플레이 명수 : 1인 ●PS2 전용 HDD 유닛 필수(14MB 이상 필요)

같은 해 3월 발매되었던 「A열차로 가자 2001」(75p)에 새로운 차량을 추가시켜 주는 어펜드 디스크. PlayStation BB Unit에 이 소프트를 설치하면, 본편에서 총합 114개 차량을 사용할 수 있게 된다.

미싱 블루

●톤킨 하우스 ●AVG ●2001년 7월 26일 ●6,800엔
●플레이 명수 : 1인 ●세이브 용량 : 153KB 이상

「L의 계절」의 속편. 애인을 가장하는 소녀 및 소꿉친구와 평화로운 학교생활을 보내던 주인공이, 전학생과의 만남을 계기로 자신을 둘러싼 일상에 위화감을 느끼기 시작한다. 거짓된 환상세계에서 계속 살아갈 것인가, 아니면 현실로 되돌아갈 것인가. 수많은 분기로 주인공의 성장을 그려내는 장대한 이야기다.

 CERO 등급 아이콘    
컨텐츠 명시 아이콘  연애  선정성  폭력성  공포  음주·흡연  사행성  범죄  약물  언어·기타 

모두의 GOLF 3

●소니컴퓨터엔터테인먼트 ●SPT ●2001년 7월 26일 ●4,980엔
●플레이 명수 : 1~4인 ●세이브 용량 : 1500KB 이상 ●멀티탭 지원

PS1 시절부터 인기가 많았던 골프 게임 시리즈의 제3탄. 그래픽이 대폭 강화되어 현장감이 차원을 달리할 만큼 향상되었다. 대회 모드는 총 28개 대회로 확장되었고, 단위인정 모드로 플레이어의 실력도 확인할 수 있다.

영관은 그대에게 : 코시엔의 패자

●아트딩크 ●SPT ●2001년 8월 2일 ●6,800엔
●플레이 명수 : 1~2인 ●세이브 용량 : 481KB 이상

야구부 감독이 되어 코시엔 대회 우승을 노리는 고교야구 시뮬레이션 게임. 10년 임기 내에 코시엔을 제패해보자. 선수에겐 정신상태를 나타내는 '자신감 포인트' 시스템이 있어, 능력치를 뛰어넘는 활약을 보여주기도 한다.

5분 후의 세계

●미디어 팩토리 ●AVG ●2001년 8월 2일 ●5,800엔
●플레이 명수 : 1인 ●세이브 용량 : 100KB 이상

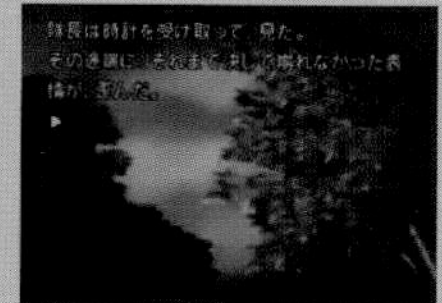

무라카미 류의 같은 제목 소설이 원작인 사운드 노벨. 원작자가 직접 감수한 오리지널 스토리가 전개된다. 원작의 수년 후가 배경으로서, 7명의 주인공이 있으며 각 시나리오에서의 행동이 다른 시나리오에 영향을 미친다.

더 마에스트로무지크 II

●글로벌 A 엔터테인먼트 ●ETC ●2001년 8월 2일 ●4,800엔
●플레이 명수 : 1인 ●세이브 용량 : 30KB 이상 ●더 마에스트로무지크 전용 배턴 컨트롤러 지원

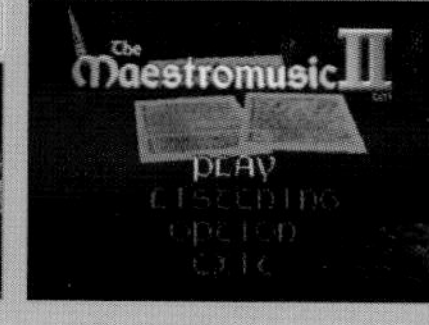

PS1에서 호평을 받았던 음악 시뮬레이션 게임의 PS2판 신작. 오케스트라의 지휘자가 되어 연주를 성공시키자. 유명한 클래식 악곡 14곡을 수록하였으며, PS1판 당시 발매된 전용 배턴 컨트롤러도 지원한다.

TVware 정보혁명 시리즈 : 신세기 에반게리온 타이핑 E계획

●아트딩크 ●ETC ●2001년 8월 2일 ●4,800엔 ●플레이 명수 : 1인
●세이브 용량 : 68KB 이상 ●USB 키보드 필수, USB 마우스 지원

'신세기 에반게리온'의 캐릭터들이 등장하는 타자연습 게임. 이부키 마야의 내비게이션에 따라, 원작 애니메이션을 재현한 7단계의 레슨을 진행한다. 자주 실수하는 글자를 알려주는 성공률 표시 기능도 탑재했다.

호스 브레이커

●코에이 ●SLG ●2001년 8월 2일 ●6,800엔
●플레이 명수 : 1인 ●세이브 용량 : 1218KB 이상

조교사가 되어 말을 육성하는 경마 시뮬레이션 게임. 말의 개성과 컨디션을 파악하여 조교 방침을 결정하자. 2001년도 JRA 스케줄에 대응하며, 각 말들이 가진 개성의 차이를 풍부한 애니메이션을 통해 시각적으로 표현한다.

에버블루

●캡콤 ●AVG ●2001년 8월 9일 ●6,800엔
●플레이 명수 : 1인 ●세이브 용량 : 915KB 이상

다이버가 되어 광대한 해저를 탐색하는 어드벤처 게임. 침몰선이나 해저유적을 탐색하여 숨겨진 보물을 찾아내보자. 도시에서는 보물 등의 정보를 얻거나, 획득한 아이템을 매각하여 고성능 장비를 입수할 수도 있다.

근육 랭킹 : 머슬 워즈 21

●코나미 ●SPT ●2001년 8월 9일 ●6,980엔 ●플레이 명수 : 1~2인
●세이브 용량 : 62KB 이상 ●멀티탭 지원(~8인)

일본 TBS의 인기 TV프로를 게임화했다. '삼진 아웃', '킥 타깃', '제6회 SASUKE' 등의 다양한 경기를 수록하였다. '케인 코스기'·'이케타니 나오키'·'쇼에이' 등의 기본 멤버는 물론이고, 히든 캐릭터도 8명이나 등장한다.

제네레이션 오브 카오스

●아이디어 팩토리 ●SRPG ●2001년 8월 9일 ●6,800엔
●플레이 명수 : 1인 ●세이브 용량 : 237KB 이상

후일 '네버랜드 시리즈'로 통칭되는 연작의 제1탄. 과거 PS1 등으로 발매되었던 「스펙트럴 포스」와 공통된 세계관의 시뮬레이션 RPG다. 적과 아군 병사들 다수가 전장에서 혼전을 벌이는 리얼타임 배틀이 펼쳐진다.

탐탐 파라다이스

●글로벌 A 엔터테인먼트 ●ETC ●2001년 8월 9일 ●7,800엔
●플레이 명수 : 1~2인 ●세이브 용량 : 40KB 이상 ●탐탐 파라다이스 전용 컨트롤러 동봉

민속악기 등의 이색적인 요소가 가득 담긴 리듬 액션 게임. 주인공인 타천사(打天使)가 되어, 천사의 타악기 '탐탐'을 이용해 사람들을 도와주자. 화면 표시와 박자에 맞춰 정확한 타이밍으로 전용 컨트롤러를 두드리면 된다.

리얼 로봇 레지먼트

●반프레스토 ●ACT ●2001년 8월 9일 ●6,800엔
●플레이 명수 : 1~2인 ●세이브 용량 : 63KB 이상

건담 등의 리얼한 모빌슈트는 물론이고, 마징가 Z 등의 슈퍼로봇까지도 등장하는 액션 게임. 4개 기체로 구성된 소대로 포메이션 어택이나 일제사격을 구사하는 등, 다채로운 액션으로 습격해오는 적들과 맞서 싸우자.

매지컬 스포츠 : 2001 프로야구

●마호 ●SPT ●2001년 8월 16일 ●5,800엔
●플레이 명수 : 1~2인 ●세이브 용량 : 450KB 이상

2001년도 개막시 데이터를 수록한, 리얼 지향의 야구 게임. 일본 프로야구 12개 구단의 선수들이 실명으로 등장하며, 홈구장들도 재현하였다. 간단한 조작으로 화려한 플레이를 즐길 수 있는 '프로 액션 시스템'을 탑재했다.

데빌 메이 크라이

●캡콤 ●ACT ●2001년 8월 23일 ●6,800엔
●플레이 명수 : 1인 ●세이브 용량 : 420KB 이상

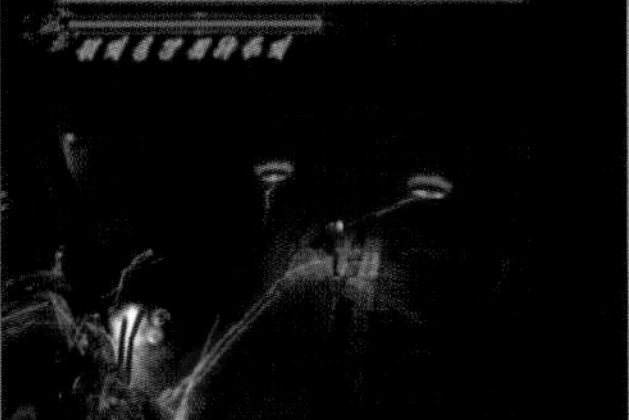

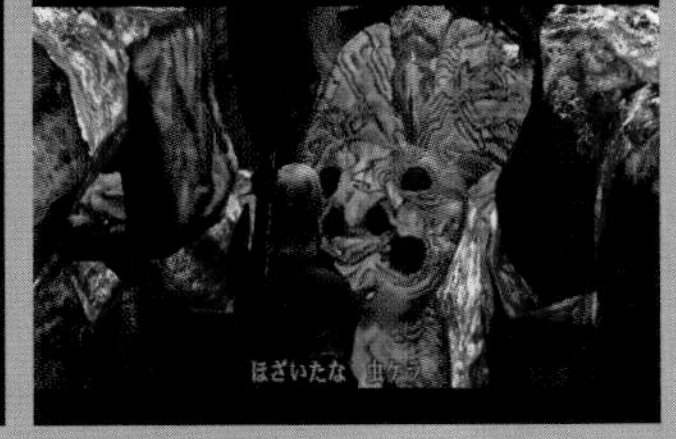

「바이오하자드 4」를 개발하는 과정에서 탄생한 신작 스타일리시 액션 게임. 의문의 미녀로부터 의뢰를 받은 해결사 '단테'가 악마와 대치한다는 스토리다. 적을 몰리칠수록 차오르는 게이지를 해방시켜 발동하는 '마인화', 스타일리시하게 콤보를 마무리하면 평가가 올라가는 상쾌한 액션이 특징인 작품이다.

NBA 스트리트

●일렉트로닉 아츠 스퀘어 ●SPT ●2001년 8월 23일 ●6,800엔
●플레이 명수 : 1~2인 ●세이브 용량 : 153KB 이상

3 : 3으로 대전하는 길거리 농구 게임. 드리블에 페이크, 블로킹, 덩크슛, 상대의 볼을 빼앗는 스틸 등의 화려한 플레이로 포인트를 얻자. 포인트가 모이면 슈퍼 콤보 '게임브레이커'를 쓸 수 있다. 마이클 조던도 등장한다.

노려라! 명문 야구부 2

●다즈 ●SLG ●2001년 8월 23일 ●6,800엔
●플레이 명수 : 1인 ●세이브 용량 : 350KB 이상

PS1으로 발매되어 히트했던 고교야구 시뮬레이션 게임의 제2탄. 봄·여름 코시엔 대회와 국민체육대회(한국의 전국체전에 해당) 우승을 향해 팀을 감독해보자. '흐름 시스템'을 탑재해, 스릴 넘치는 심리전이 펼쳐진다.

CERO 등급 아이콘    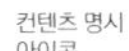

컨텐츠 명시 아이콘  연애  선정성  폭력성  공포   음주·흡연   사행성  범죄  약물  언어·기타

애니메이션 영어회화 : 15소년 표류기 - 눈동자 속의 소년

●석세스 ●ETC ●2001년 8월 30일 ●3,800엔
●플레이 명수 : 1인 ●세이브 용량 : 74KB 이상

장편 애니메이션을 감상하면서 영어회화를 배워보는 소프트. 영어·일본어 자막이 동시에 표시되는 '감상 모드', 메인 파트를 직접 연기해보는 '롤플레이 프랙티스 모드' 등의 모드가 제공된다.

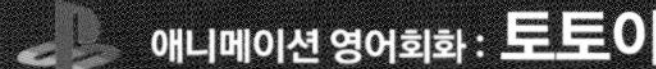

애니메이션 영어회화 : 토토이

●석세스 ●ETC ●2001년 8월 30일 ●3,800엔
●플레이 명수 : 1인 ●세이브 용량 : 76KB 이상

지안니 파도안의 아동소설이 원작인 닛폰 애니메이션의 1992년작 장편 애니메이션을 감상하며 영어회화를 배워보는 소프트. 사전 기능도 내장하여, 모르는 단어라도 곧바로 검색하여 뜻을 찾아낼 수 있도록 하였다.

애니메이션 영어회화 : 터무니쥐 맹활약

●석세스 ●ETC ●2001년 8월 30일 ●3,800엔
●플레이 명수 : 1인 ●세이브 용량 : 76KB 이상

폴 갤리코의 아동소설 '꼬리 없는 쥐 맹크스마우스'가 원작인 닛폰 애니메이션의 1979년작 장편 애니메이션을 감상하며 영어회화를 배워보는 소프트. 모든 대사의 자막을 일본어·영어로 표시해주는 '스크립트 모드'도 있다.

퀘이크 Ⅲ : 레볼루션

●일렉트로닉 아츠 스퀘어 ●STG ●2001년 8월 30일 ●6,800엔
●플레이 명수 : 1~2인 ●세이브 용량 : 77KB 이상 ●멀티탭 지원(~4인)

전 세계에서 대히트를 기록한 대전 FPS 게임 「퀘이크 Ⅲ : 아레나」의 PS2 이식판. 온라인 비지원인 대신, 충실한 스토리를 즐기는 '캠페인 모드'와 화면분할로 즐기는 '로컬 대전 모드'를 수록하였다.

실황 파워풀 프로야구 8

●코나미 ●SPT ●2001년 8월 30일 ●6,980엔
●플레이 명수 : 1~2인 ●세이브 용량 : 1700KB 이상

인기 야구 게임 시리즈의 제8탄. 2001년 페넌트레이스 개막 직후의 데이터를 수록하였으며, 스타디움도 완벽히 재현하는 등 그래픽도 대폭 향상시켰다. 시리즈 대대로 호평 받는 석세스 모드는 '드래프도(島) 편'을 수록했다.

타마마유 이야기 2 : 멸망의 벌레

●겐키 ●RPG ●2001년 8월 30일 ●6,800엔 ●플레이 명수 : 1~2인
●세이브 용량 : 712KB 이상 ●PS2 전용 HDD 유닛 지원(1536MB 이상)

PS1으로 발매돼 인기를 얻었던 RPG의 속편. 전작에서 수백 년 후가 지나, 주인공이 스스로에 걸려있는 저주를 풀기 위해 여행을 떠난다는 스토리다. 심오한 숲에 사는 다양한 성마를 잘 육성하여 미지의 싸움에 도전하자.

파라파 더 래퍼 2

●소니컴퓨터엔터테인먼트 ●ETC ●2001년 8월 30일 ●4,980엔
●플레이 명수 : 1~2인 ●세이브 용량 : 140KB 이상

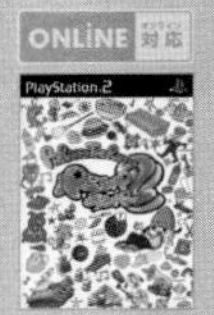

리듬에 맞춰 버튼을 눌러 랩을 완성시켜가는 인기 리듬 게임의 속편. 곡이 연주되는 도중 플레이어의 실력에 따라 채보가 변화해, 고수는 더 테크니컬해지고 초보자는 상대적으로 쉬워지는 플레이를 즐길 수 있다.

헌터×헌터 : 용맥의 제단

●코나미 ●ACT ●2001년 8월 30일 ●6,980엔
●플레이 명수 : 1인 ●세이브 용량 : 323KB 이상

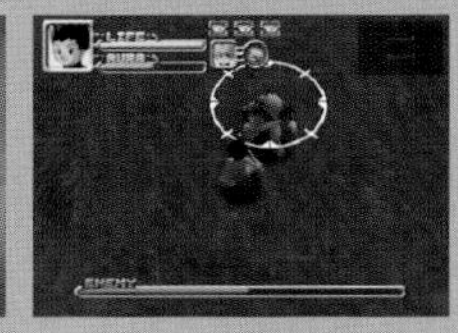

같은 제목의 인기 만화를 액션 어드벤처 게임화했다. 무사히 헌터가 된 곤 일행이 활약한다는 스토리다. 액션 신과 이벤트는 모두 3D로 묘사되며, 각 캐릭터별 필살기도 상당한 박력으로 펼쳐진다.

각종 지원 아이콘   Best판 발매  PlayStation BB Unit 전용  PlayStation BB Unit 지원

비트매니아 II DX 5th style : new songs collection

●코나미 ●SLG ●2001년 8월 30일 ●6,800엔 ●플레이 명수 : 1~2인
●세이브 용량 : 100KB 이상 ●RU029, CT013, ASC-0515BM, PS2 전용 HDD 지원

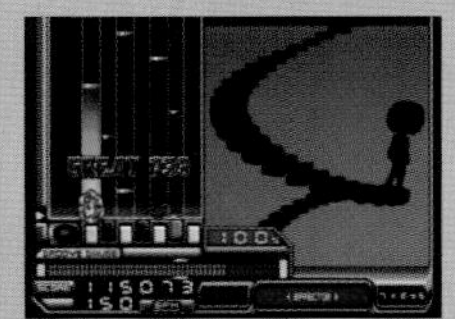

아케이드판을 이식한 DJ 시뮬레이션 게임. '비기너 모드'와 '드릴 모드'를 새로 탑재하여 더욱 쾌적한 플레이가 가능해졌다. 아케이드판의 곡에 이 타이틀만의 오리지널 곡까지 추가하여, 총 64곡을 수록했다.

골프 내비게이터 Vol.3

●스파이크 ●SLG ●2001년 9월 6일 ●3,800엔
●플레이 명수 : 1인 ●세이브 용량 : 448KB 이상

실존하는 일본 전국의 골프 코스를 시뮬레이트하여 실제로 플레이할 수 있는 골프 시뮬레이터. 이번에는 토치기의 로페 클럽과 이바라키의 타이헤이요 어소시에이츠 셔우드 코스를 수록했다.

지오닉 프론트 : 기동전사 건담 0079

●반다이 ●SLG ●2001년 9월 6일 ●6,800엔
●플레이 명수 : 1인 ●세이브 용량 : 575KB 이상

'기동전사 건담' 시리즈의 원점이 되는 사건인 1년 전쟁의 이면을 테마로 삼은 시뮬레이션 게임. '한밤의 펜릴 부대'의 지휘관이 되어 수많은 미션을 클리어해 가자. 적측에서는 건담 6호기 '머드록'이 등장한다.

실황 월드 사커 2001

●코나미 ●SPT ●2001년 9월 6일 ●6,980엔
●플레이 명수 : 1~4인 ●세이브 용량 : 616KB 이상 ●멀티탭 지원

리얼함을 추구한 축구 게임 시리즈의 2001년도판. 등장하는 세계 58개국 중 29개국의 선수들이 실명으로 수록되어 있다. 인터내셔널 컵과 커스텀 리그 등의 다채로운 모드를 플레이 가능하다.

D.N.A. : Dark Native Apostle

●허드슨 ●ACT ●2001년 9월 6일 ●6,800엔
●플레이 명수 : 1인 ●세이브 용량 : 367KB 이상

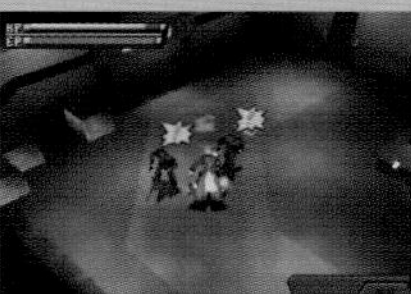

맵을 이동하며 아이템과 정보를 입수하면서 수많은 퍼즐을 풀어나가는 액션 어드벤처 게임. 기억을 잃은 주인공이 자신의 과거를 되짚어나가며 찾는다는 스토리다. 그래픽에 툰 셰이딩 기법을 사용해 미국 코믹스의 화풍을 표현했다.

마이트 & 매직 : 데이 오브 더 디스트로이어

●이매지니어 ●RPG ●2001년 9월 6일 ●6,800엔
●플레이 명수 : 1인 ●세이브 용량 : 2000KB 이상

PC로 인기가 많았던 RPG 시리즈의 PS2 이식판. PC판 「마이트 & 매직 Ⅷ」 기반으로서, 전투 등을 연습해볼 수 있는 튜토리얼 모드를 추가했다. 광대한 세계를 모험하는 검과 마법의 대서사시가 펼쳐진다.

유희왕 진 듀얼몬스터즈 II : 계승된 기억

●코나미 ●TBL ●2001년 9월 6일 ●6,800엔
●플레이 명수 : 1~2인 ●세이브 용량 : 250KB 이상

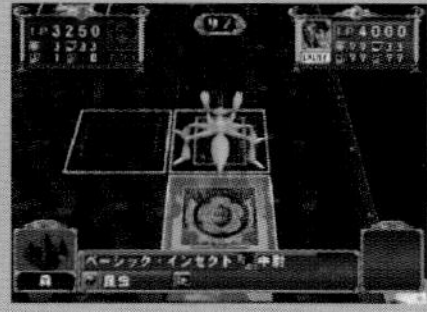

PS1으로 인기를 얻었던 카드 배틀 게임의 기능 강화판. 카드 배틀과 시뮬레이션이라는 두 장르를 융합시킨 전략형 카드 배틀 게임이다. 음모가 소용돌이치는 중세 유럽을 무대로, 캐릭터들이 격돌한다.

캡콤 VS. SNK 2 : 밀리어네어 파이팅 2001

●캡콤 ●ACT ●2001년 9월 13일 ●6,800엔 ●플레이 명수 : 1~2인
●세이브 용량 : 110KB 이상 ●PS2 전용 HDD, USB 키보드, USB 모뎀 지원

캡콤과 SNK의 인기 캐릭터들이 크로스오버 배틀을 펼치는 대전격투 게임. 50명의 캐릭터와 6종의 그루브가 있고, 프리 레이셔 시스템으로 캐릭터의 위력을 자유롭게 조절할 수 있는 등, 더욱 폭넓은 대전이 가능해졌다.

CERO 등급 아이콘 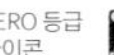  
컨텐츠 명시 아이콘 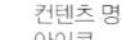 연애  선정성  폭력성  공포  음주·흡연   사행성  범죄  약물    언어·기타

에이스 컴뱃 04 : 섀터드 스카이

●남코 ●STG ●2001년 9월 13일 ●6,800엔 ●플레이 명수 : 1~2인
●세이브 용량 : 80KB 이상 ●PS2 전용 HDD 지원(1024.15MB 이상)

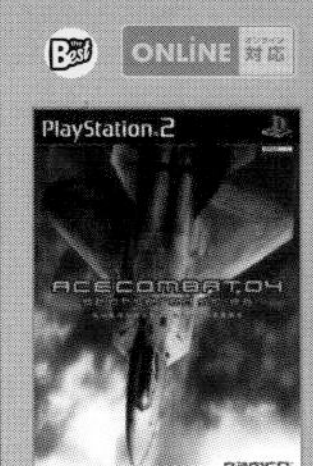

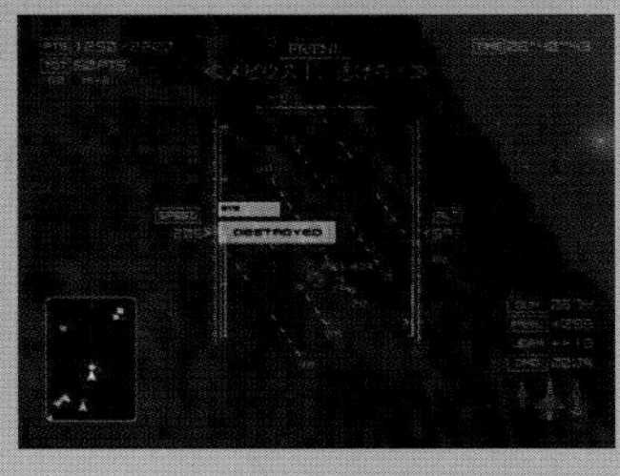

격렬한 도그파이트를 맛볼 수 있는 인기 플라이트 슈팅 게임 시리즈의 제4탄. PS2용 게임이 되어 그래픽 퀄리티가 몰라볼 만큼 올라갔다. 가상의 세계에 존재하는 '유지아 대륙'을 무대로 삼아, 전투기 파일럿이 되어 주어지는 임무를 수행하자. 실존하는 전투기를 포함해, 다양한 기체들을 수록했다.

ESPN XGames skateboarding

●코나미 ●SPT ●2001년 9월 20일 ●6,800엔
●플레이 명수 : 1~2인 ●세이브 용량 : 50KB 이상

스포츠 채널인 ESPN이 주최하는 대회 'XGames'를 테마로 삼은 스케이트보드 게임. 당시의 유명 프로 스케이터 10명이 실명으로 등장한다. 버튼을 다채롭게 조합하여 50종류 이상의 트릭을 구사할 수 있다.

F1 2001

●일렉트로닉 아츠 스퀘어 ●RCG ●2001년 9월 20일 ●6,800엔 ●플레이 명수 : 1~2인
●세이브 용량 : 256KB 이상 ●멀티탭 지원(~4인), GT FORCE 지원

리얼리티를 추구한 F1 레이싱 게임의 2001년도판. 같은 해에 활약했던 모든 팀과 드라이버들이 실명으로 등장하며, 총 17개 코스를 수록했다. F1 게임으로는 최초로 트레이닝 모드를 탑재하여, 스타트 등을 연습해볼 수 있다.

기타도라! 기타 프릭스 4th MIX & 드럼매니아 3rd MIX

●코나미 ●SLG ●2001년 9월 20일 ●6,800엔 ●플레이 명수 : 1~2인
●세이브 용량 : 100KB 이상 ●멀티탭 지원(~3인), PS2 전용 HDD, RU018, RU021 지원

기타와 드럼의 세션 플레이를 즐길 수 있는 커플링 타이틀. 야마하의 전자드럼 장비 'DTXPRESS'도 이 작품부터 연결 가능해졌다. 초기판에는 버그가 있으므로, 이제 와서 입수하려는 사람에겐 수정판을 추천한다.

골프 내비게이터 Vol.4

●스파이크 ●SLG ●2001년 9월 20일 ●3,800엔
●플레이 명수 : 1인 ●세이브 용량 : 448KB 이상

실존하는 일본 전국의 골프 코스를 시뮬레이트하여 실제로 플레이할 수 있는 골프 시뮬레이터. 시즈오카의 타이헤이요 클럽 고텐바 코스와, 이바라키의 이시오카 골프 클럽 코스를 수록하였다.

진 삼국무쌍 2

●코에이 ●ACT ●2001년 9월 20일 ●6,800엔
●플레이 명수 : 1~2인 ●세이브 용량 : 200KB 이상

「진 삼국무쌍」 시리즈의 제2탄. 최초로 2인 동시 대전·협력 플레이가 가능해졌을 뿐만 아니라, 남만병·코끼리병 등의 신규 병종과 챌린지 모드 등도 추가되었다. 액션과 연출, 등장 캐릭터들 및 스테이지까지 모든 면에서 볼륨이 대폭증하여, '일기당천의 쾌감'이 한층 더 강화된 작품이다.

각종 지원 아이콘  Best판 발매  PlayStation BB Unit 전용  PlayStation BB Unit 지원

전차로 GO! 신칸센 : 산요 신칸센 편

●타이토 ●SLG ●2001년 9월 20일 ●6,800엔 ●플레이 명수 : 1인
●세이브 용량 : 400KB 이상 ●전차로 GO! 컨트롤러, 신칸센 전용 컨트롤러, TYPE2, 원 핸들 타입, 마예콘 지원

산요 신칸센에 특화시킨 전철운전 시뮬레이션 게임. 운전석 시점은 물론이고, 주행중인 신칸센의 외관 시점으로도 전환하여 플레이할 수 있다. 게임 중의 상황과 LED 표시가 연동되는 전용 컨트롤러도 발매되었다.

우주~인이란 게 뭐~야?

●타이토 ●ETC ●2001년 9월 27일 ●4,800엔 ●플레이 명수 : 1인
●세이브 용량 : 325KB 이상 ●도코모 i-mode계 휴대폰 접속 케이블 지원

포획한 우주인에게 말을 걸어 그들의 목적을 밝혀내야 하는 커뮤니케이션 게임. 소통을 잘 이어가면 다양한 이벤트가 발생한다. i-mode계 피처폰을 케이블로 연결하면 다양한 우주인을 다운로드할 수도 있었다.

사일런트 힐 2

●코나미 ●AAVG ●2001년 9월 27일 ●6,980엔
●플레이 명수 : 1인 ●세이브 용량 : 94KB 이상

전작과는 독립된 시나리오가 전개되는 호러 어드벤처 게임. 이미 죽은 아내로부터 불가사의한 편지를 받고서 사일런트 힐을 방문한 '제임스'가, 아내의 죽음에 얽힌 진상을 다시 떠올려간다는 스토리다. 안개로 뒤덮인 기묘한 마을에서, 죄를 범한 인간의 마음으로부터 태어난 크리처들과 대치하게 된다.

스카이 거너

●소니컴퓨터엔터테인먼트 ●STG ●2001년 9월 27일 ●5,800엔
●플레이 명수 : 1인 ●세이브 용량 : 280KB 이상

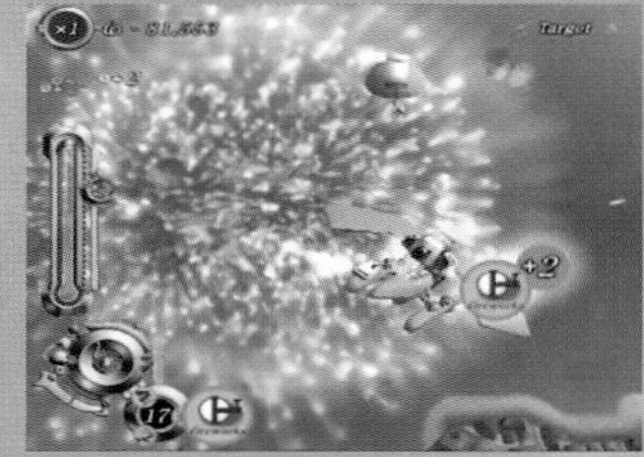

전투정으로 하늘을 자유롭게 누비며 다수의 적을 격추시키는 3D 슈팅 게임. 카메라가 자동으로 적을 따라가는 '적 내비 시스템', 장애물을 자동으로 회피하는 '플라이트 어시스트', 추락 도중 버튼을 연타하면 부활하는 '추락 회피 시스템' 등 여러 편의기능을 넣어, 상쾌한 공중전을 간편하게 즐길 수 있다.

WTA TOUR TENNIS

●코나미 ●SPT ●2001년 9월 27일 ●6,800엔 ●플레이 명수 : 1~2인
●세이브 용량 : 274KB 이상 ●멀티탭 지원(~4인)

여자테니스협회(WTA)가 공인한 테니스 게임. WTA 상위급 프로 선수 20명이 실명으로 등장한다. 61종에 달하는 토너먼트를 100명의 선수들과 함께 경쟁하는 '월드 투어 모드'로, 세계 여자 테니스계의 높은 수준을 체험해보자.

도시ing 메이커

●미디어 팩토리 ●SLG ●2001년 9월 27일 ●5,800엔
●플레이 명수 : 1인 ●세이브 용량 : 1006KB 이상

주민들과 대화하며 도시를 발전시켜가는 도시개발 시뮬레이션 게임. 도시개발 책임자가 되어 주민들의 민원을 접수하여 해결해가자. 주민들과의 친밀도가 높아지면 이주해오는 사람들이 늘어나고 세입자 유치도 가능해진다.

CERO 등급 아이콘     
컨텐츠 명시 아이콘 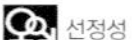 연애  선정성  폭력성 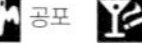 공포   음주·흡연  사행성  범죄  약물  언어·기타

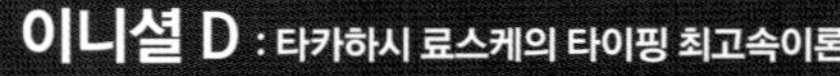

이니셜 D : 타카하시 료스케의 타이핑 최고속이론

●선 소프트 ●ETC ●2001년 10월 4일 ●4,800엔 ●플레이 명수 : 1인
●키보드 전용 소프트 / USB용 DOS/V 일본어 키보드 필수

인기 만화의 애니메이션판을 기반으로 제작한 타자연습 소프트. 각 레벨마다 배틀이 준비되어 있으며, 이를 클리어하면 원작의 명장면이 재현된다. 초반에는 단어 단위지만, 후반에는 원작의 대사를 통으로 입력하는 문제도 나온다.

올스타 베이스볼 2002

●어클레임 재팬 ●SPT ●2001년 10월 4일 ●2,800엔
●플레이 명수 : 1~2인 ●세이브 용량 : 70KB 이상 ●멀티탭 지원(~4인)

2002년도 개막 시점의 데이터로 즐기는 메이저리그 야구 게임. MLB 전 구단의 모든 선수는 물론이고, 본토의 아나운서와 해설자까지도 실명으로 등장한다. 팀 운영 모드에서는 드래프트 및 선수 에디트도 가능하다.

킹스 필드 Ⅳ

●프롬 소프트웨어 ●RPG ●2001년 10월 4일 ●6,800엔
●플레이 명수 : 1인 ●세이브 용량 : 150KB 이상

PS1 당시 인기가 많았던 3D 리얼타임 RPG 시리즈의 PS2용 신작. 기종이 변경되면서 영상표현이 비약적으로 진화되었다. 이전 3부작과 달리 '헬리오도르'라는 소국으로 배경을 옮겨, 재앙을 물리치기 위한 모험 여행이 펼쳐진다.

THE 야마노테선 : TRAIN SIMULATOR REAL

●소니컴퓨터엔터테인먼트 ●SLG ●2001년 10월 4일 ●5,800엔 ●플레이 명수 : 1인
●세이브 용량 : 970KB 이상 ●마스터 컨트롤러 Ⅱ for 트레인 시뮬레이터 지원 (USB 시리얼 변환기기 필수)

JR 동일본이 협력한 야마노테선 운전 시뮬레이터. 외선 순환선을, 난이도가 다른 4종류의 시간대에서 운전해볼 수 있다. 승객의 짐이 도어에 끼는 등의 돌발 상황에도 대처해야 한다. 각종 마스터 컨트롤러도 지원한다.

스타워즈 스타파이터

●일렉트로닉 아츠 스퀘어 ●STG ●2001년 10월 4일 ●6,800엔
●플레이 명수 : 1인 ●세이브 용량 : 134KB 이상

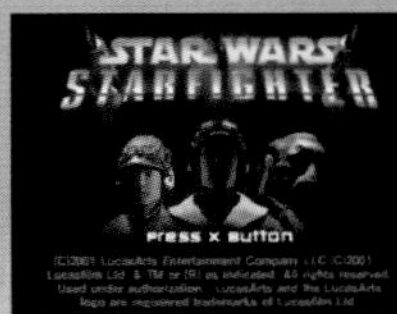

원작 영화의 '에피소드 1' 세계관을 기반으로 삼은 3D 슈팅 게임. 3명의 파일럿을 선택해, 적기 격추나 기지 방어 등의 임무를 수행한다. 영화와 마찬가지로 광탄과 효과음이 엇갈리며 게임에 깊이 있는 몰입감을 더해준다.

타임 크라이시스 2

●남코 ●STG ●2001년 10월 4일 ●9,800엔 (건콘2 동봉판)
●플레이 명수 : 1~2인 ●세이브 용량 : 74KB 이상 ●건콘2 지원

숨기 동작과 총격을 조합시킨 독특한 시스템으로 히트한 아케이드 건 슈팅 게임의 제2탄. 그래픽이 더욱 향상되었으며, 더블 건 모드와 원 스테이지 트라이얼 모드 등의 신규 모드가 추가되었다. 미니게임도 즐길 수 있다.

고갯길 3

●아틀러스 ●RCG ●2001년 10월 11일 ●6,800엔
●플레이 명수 : 1~2인 ●세이브 용량 : 145KB 이상 ●GT FORCE 지원

6개 제조사의 실존 차종을 운전하여, 온갖 커브와 격심한 고저차로 악명 높은 일본 각지의 고갯길 돌파에 도전하는 레이싱 게임. FF·4WD 등의 각종 구동계에 따른 거동의 차이를 리얼하게 재현하였다.

Formula One 2001

●소니컴퓨터엔터테인먼트 ●RCG ●2001년 10월 11일 ●5,800엔
●플레이 명수 : 1~2인 ●세이브 용량 : 80KB 이상 ●GT FORCE 지원

FIA가 공인한 2001년도 데이터를 수록한 F1 레이싱 게임. 영상표현이 더욱 리얼해졌으며, 엔진음도 실제 차량에서 샘플링하여 실로 박력만점이다. 실황과 해설에도 당시 일본의 TV 중계와 동일한 스탭들을 기용했다.

각종 지원 아이콘  Best판 발매  PlayStation BB Unit 전용  PlayStation BB Unit 지원

브라보 뮤직

●소니컴퓨터엔터테인먼트 ●ETC ●2001년 10월 11일 ●4,980엔
●플레이 명수 : 1인 ●세이브 용량 : 92KB 이상

플레이어가 지휘자가 되어 오케스트라를 지휘하는 음악 게임. 화려한 지휘로 공연 분위기를 끌어올려 콘서트를 성공시킴으로써 콘서트홀 해체를 막는 게임의 목적이다. 대중적으로 유명한 클래식 악곡 총 34곡을, 적절한 타이밍에 템포·셈여림·파트 지시 등을 병행해가며 성공적으로 연주하자.

원시의 말

●소니컴퓨터엔터테인먼트 ●AVG ●2001년 10월 18일 ●5,800엔
●플레이 명수 : 1인 ●세이브 용량 : 41KB 이상

말이 통하지 않는 행성에 불시착한 주인공이, 그림문자로 현지인과 대화하며 커뮤니케이션하는 어드벤처 게임. 자신의 행성으로 돌아가려면, 현지 주민들의 도움을 받아 적절한 귀환수단을 찾아내야만 한다.

사일런트 스코프 2 : Innocent Sweeper

●코나미 ●STG ●2001년 10월 18일 ●6,800엔 ●플레이 명수 : 1인
●세이브 용량 : 80KB 이상 ●i.LINK 통신 플레이 지원(최대 2인), USB 마우스 지원

'저격'을 테마로 삼은 건 슈팅 게임의 제2탄. 영국과 그 주변 국가들을 무대로 하여, 더욱 다채로운 시추에이션으로 저격 미션을 펼친다. 특정 조건을 만족시켜야 하는 파고들기성 시스템도 다양하게 넣었다.

글로벌 포크테일

●아이디어 팩토리 ●SLG ●2001년 10월 25일 ●6,800엔
●플레이 명수 : 1인 ●세이브 용량 : 229KB 이상

자사의 '네버랜드 시리즈'의 연장선상에 있는 판타지 시뮬레이션 RPG. 듀크랜드를 무대로 스토리가 펼쳐지며, 전투가 실시간으로 진행되므로 시시각각 변화하는 전황을 파악하면서 적절한 지시를 내려야 한다.

J리그 위닝 일레븐 5

●코나미 ●SPT ●2001년 10월 25일 ●6,800엔 ●플레이 명수 : 1~2인
●세이브 용량 : 183KB 이상 ●멀티탭 지원(~8인), HDD 유닛 지원

'위닝' 시리즈의 J리그판 신작. J1·J2 소속팀 총 700명 이상의 선수를 수록하였으며, 시리즈의 상징인 실황중계 음성도 더욱 다채롭게 상황을 전달해준다. 월드 사커판보다 선수들의 모션 수도 대폭 증가시켰다.

실전 파치슬로 필승법! : 수왕

●사미 ●SLG ●2001년 10월 25일 ●3,800엔
●플레이 명수 : 1인 ●세이브 용량 : 60KB 이상

인기 파치슬로 기기 '수왕'을 시뮬레이트하는 실기 공략계 소프트. 오토 플레이를 통한 데이터 수집 등의 실기공략은 물론이고, 사바나 찬스의 타임 어택 등 가정용 게임기판이기에 가능한 플레이법도 제대로 제공한다.

정문 삼국지

●게임 아츠 ●SLG ●2001년 11월 1일 ●7,800엔
●플레이 명수 : 1인 ●세이브 용량 : 397KB 이상

대만의 일러스트레이터 '정문'의 일러스트를 사용한 삼국지 시뮬레이션 게임. 전투에 중점을 둔 시스템으로서, 진행수순을 간략화시켜 속도감 있는 전개로 게임이 펼쳐진다. 일기토는 카드 배틀 형태로 진행된다.

 CERO 등급 아이콘    컨텐츠 명시 아이콘 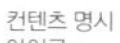 연애  선정성 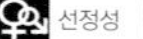 폭력성  공포  음주·흡연   사행성   범죄  약물  언어·기타 

건 서바이버 2 : 바이오하자드 코드 베로니카

●캡콤 ●STG ●2001년 11월 8일 ●6,800엔
●플레이 명수 : 1인 ●세이브 용량 : 57KB 이상 ●건콘2 지원

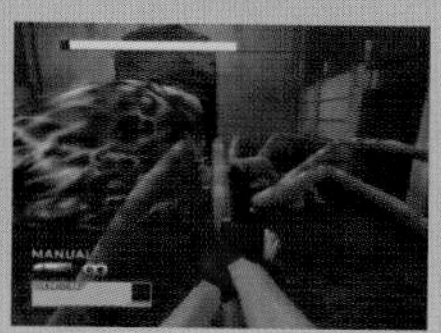

아케이드 게임의 이식판. 같은 해 3월 발매되었던 「바이오하자드 코드 : 베로니카」의 컨텐츠를 바탕으로 건 슈팅 게임화시킨 작품으로서, '던전 모드' 등의 가정용판 오리지널 모드를 탑재하였다.

SIMPLE 2000 시리즈 Vol.2 : THE 파티 게임

●D3 퍼블리셔 ●TBL ●2001년 11월 8일 ●2,000엔
●플레이 명수 : 1~2인 ●세이브 용량 : 55KB 이상 ●멀티탭 지원(~4인)

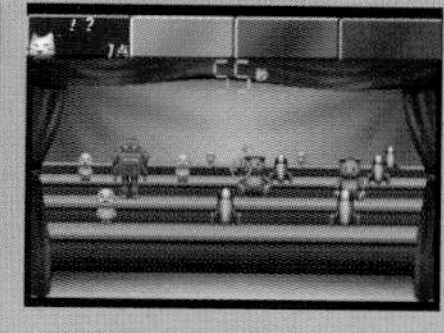

40종류의 미니게임을 수록한 버라이어티 소프트. 일부 게임은 혼자 즐길 수도 있다. 멀티탭을 사용하면 최대 4인까지 플레이 가능하다. 파티 게임이라면 당연히 있어야 할, 벌칙 게임을 정해주는 '룰렛' 기능도 제공한다.

프로야구 JAPAN 2001

●코나미 ●SPT ●2001년 11월 8일 ●6,980엔
●플레이 명수 : 1~2인 ●세이브 용량 : 1400KB 이상

일본프로야구의 모든 것을 완벽 재현한 리얼 지향의 야구 게임. 당시의 12개 구단 전체는 물론, 11개 홈구장도 충실하게 재현했다. 전반적인 게임 시스템은 '파워프로'를 답습한 편으로서, 공식전·오픈전 등 다채로운 모드를 탑재하였다.

THE 경찰관 : 신주쿠 24시

●코나미 ●STG ●2001년 11월 15일 ●6,800엔 ●플레이 명수 : 1~2인
●세이브 용량 : 105KB 이상 ●인공망막센서 '캡처 아이', '하이퍼 블래스터' 지원

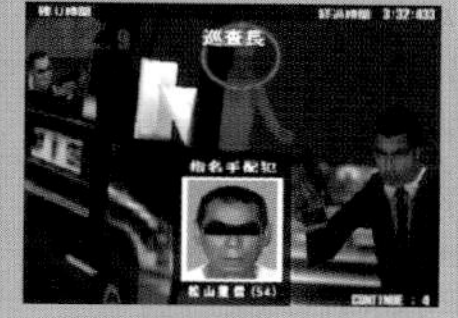

일본 경찰과 범죄조직 간의 싸움을 그린 건 슈팅 게임. 기본 컨트롤러로도 즐길 수는 있으나, 건 컨트롤러 '하이퍼 블래스터'와 전용 카메라를 연결하면 원작인 아케이드판에 가까운 감각으로 실감나게 플레이할 수 있다.

시맨 : 금단의 애완동물 - 가제 박사의 실험도(實験島)

●아스키 ●ETC ●2001년 11월 15일 ●8,800엔 ●플레이 명수 : 1인
●세이브 용량 : 400KB 이상 ●마이크 부착 컨트롤러 동봉

성장하면 인간의 말을 할 수 있는 인면어(人面魚)가 되는 가상의 생물 '시맨'을 육성하는 시뮬레이션 게임. 성체로까지 키워내면 마이크 부착 컨트롤러를 통해 시맨과 직접 대화할 수 있는 것이 최대의 특징이다.

실명실황경마 드림 클래식 : 2001 어텀

●반다이 ●SLG ●2001년 11월 15일 ●6,800엔 ●플레이 명수 : 1인
●세이브 용량 : 530KB 이상 ●i-mode 지원(최대 12인)

「실명실황경마 드림 클래식 : 2001 스프링」(79p)의 속편. 조교사 16명과 기수 60명, 경주마 2,000두가 실명으로 등장하는 경마 시뮬레이션 게임이다. 당시의 최신 프로그램에 대응시켰으며, 국외 레이스도 충실하다.

정의의 우리 편

●소니컴퓨터엔터테인먼트 ●AVG ●2001년 11월 15일 ●5,800엔
●플레이 명수 : 1인 ●세이브 용량 : 430KB 이상

특촬 TV드라마의 히어로가 되어 괴인과 싸우는 '특촬 히어로 체험' 게임. 주인공은 괴인들의 정보를 모아 30분 내로 사건을 해결해야만 한다. 괴인과 멋지게 싸우거나 필살기로 물리치면 프로의 시청률이 상승한다.

일본스모협회 공인 일본 오오즈모 격투 편

●코나미 ●ACT ●2001년 11월 15일 ●6,800엔
●플레이 명수 : 1~2인 ●세이브 용량 : 34KB 이상

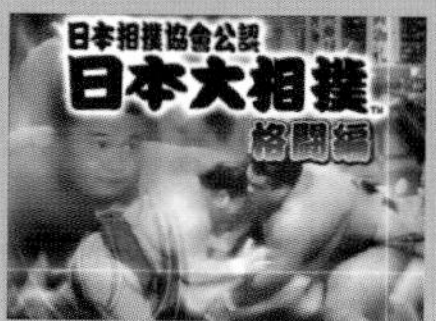

과거 PS1으로 발매되었던 게임인 「일본 오오즈모」의 속편. 타카노하나·무사시마루 등, 당시 일본 스모계에서 인기였던 리키시(스모 선수) 26명이 등장한다. 간단한 조작으로, 우와테나게 등의 총 82가지 기술을 구사할 수 있다.

BUSIN : Wizardry Alternative

●아틀러스 ●RPG ●2001년 11월 15일 ●7,800엔
●플레이 명수 : 1인 ●세이브 용량 : 386KB 이상

「위저드리」 시리즈를 기반으로 새롭게 제작한 3D 던전 RPG. 게임 시스템의 바탕은 원작을 답습했으나 '월령'·'신뢰도' 등의 오리지널 개념을 가미하여, 중후한 그래픽과 함께 던전 탐색을 즐길 수 있다.

플라잉 서커스

●시스컴 엔터테인먼트 ●SLG ●2001년 11월 15일 ●6,800엔
●플레이 명수 : 1인 ●세이브 용량 : 315KB 이상 ●전용 RC 조종기형 컨트롤러 지원

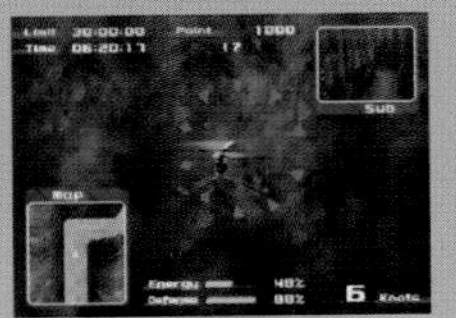

RC계의 명가인 코쇼와 공동 개발한 RC 헬리콥터 시뮬레이션 게임. 다양한 구조로 얽혀있는 스테이지를 돌파하여 최고의 플라이어가 되어보자. 자사가 과거 발매했던 전용 RC 조종기형 컨트롤러도 지원한다.

마알 DE 직소

●니폰이치 소프트웨어 ●PZL ●2001년 11월 15일 ●5,800엔
●플레이 명수 : 1~2인 ●세이브 용량 : 64KB 이상 ●USB 마우스·프린터 지원

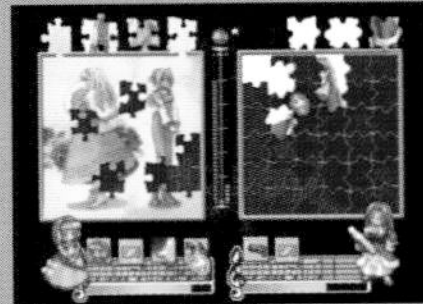

「마알 왕국의 인형공주」의 다양한 공식 일러스트를 활용해 만든 직소 퍼즐 게임. 피스 수는 4단계 중에서 선택할 수 있으며, 2인 협력·대전 플레이도 가능하다. 이 게임만의 오리지널 스토리도 진행된다.

올스타 프로레슬링 II

●스퀘어 ●SPT ●2001년 11월 22일 ●6,800엔 ●플레이 명수 : 1~2인
●세이브 용량 : 111KB 이상 ●멀티탭 지원(~5인), PS2 전용 HDD 지원(128MB 이상 필요)

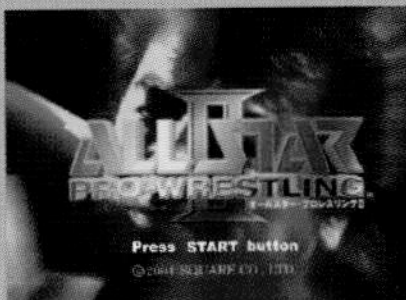

「올스타 프로레슬링」(58p) 시리즈의 제2탄. 신일본 프로레슬링, NOAH, ZERO-ONE 소속 레슬러들이 실명으로 등장한다. 오프닝 동영상에서는 무토 케이지 VS 미사와 미츠하루의 스파링이 펼쳐진다.

크레이지 택시

●세가 ●ACT ●2001년 11월 22일 ●5,800엔
●플레이 명수 : 1인 ●세이브 용량 : 370KB 이상

손님을 최대한 빨리 목적지까지 모시기 위해 수단방법을 가리지 않는 택시 운전사들이 도시를 미친 듯이 누비는 드라이브 액션 게임. 아케이드 게임의 이식작으로서, 가정용 오리지널 코스가 추가되었다.

드림 오디션 : 슈퍼 히트 disc1

●퍼시픽 센추리 사이버웍스 재팬 ●ETC ●2001년 11월 22일 ●2,900엔
●플레이 명수 : 1~8인 ●세이브 용량 : 92KB 이상 ●전용 마이크 및 마이크 컨버터 지원

2000년 8월 발매했던 「드림 오디션」(60p) 시리즈의 신작으로서, 가수별로 수록곡을 나눠 발매했다. 이 작품은 '모닝구 무스메.'와 'GLAY'가 부른 총 20곡을 수록했다. 마이크를 들고, 정확한 음계와 타이밍으로 노래를 불러보자.

드림 오디션 : 슈퍼 히트 disc2

●퍼시픽 센추리 사이버웍스 재팬 ●ETC ●2001년 11월 22일 ●2,900엔
●플레이 명수 : 1~8인 ●세이브 용량 : 92KB 이상 ●전용 마이크 및 마이크 컨버터 지원

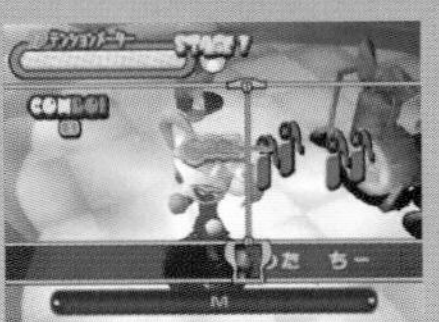

원곡의 음정에 맞춰 노래를 부르는 「드림 오디션」(60p) 시리즈 신작의 어나더 버전. 이 타이틀에는 '하마사키 아유미'와 'B'z'가 부른 총 20곡을 수록했다. 신규 모드 '노래방 교실'도 즐길 수 있다.

파이 체인장

●아젠다 ●TBL ●2001년 11월 22일 ●4,800엔
●플레이 명수 : 1인 ●세이브 용량 : 200KB 이상

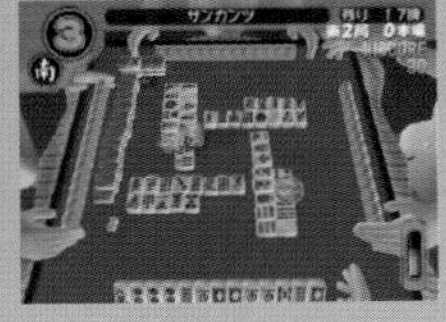

사기 기술을 실시간 조작으로 발동할 수 있는 액션 마작 게임. 버려진 패로 '토마토'를 만들면 서비스 타임이 들어오니, 이때 대전 상대의 빈틈을 노려 패를 바꿔치기해보자. 사기 기술이 없는 4인대국 마작도 즐길 수 있다.

CERO 등급 아이콘     

컨텐츠 명시 아이콘  연애  선정성  폭력성  공포  음주·흡연    사행성  범죄  약물   언어·기타

브라보 뮤직 : 크리스마스 에디션

●소니컴퓨터엔터테인먼트 ●ETC ●2001년 11월 22일 ●2,800엔
●플레이 명수 : 1인 ●세이브 용량 : 174KB 이상

「브라보 뮤직」(94p)과 기본 시스템이 동일한 후속작. 크리스마스 콘서트가 테마로서, 연주할 수 있는 곡이 '고요한 밤 거룩한 밤' 등 겨울과 크리스마스에 관련된 곡들로 모두 교체되어 있다.

Rez

●세가 ●STG ●2001년 11월 22일 ●6,800엔
●플레이 명수 : 1인 ●세이브 용량 : 54KB 이상

'음악'과 '시각'을 게임플레이와 융합시킨다는 컨셉으로 제작된 3D 슈팅 게임. 디지털 공간 안에서, 적 기체를 조준하거나 파괴할 때 나오는 소리를 조화시켜 그루브를 즐기자. BGM 제작에 전 세계의 유명 아티스트들이 대거 참여했다.

망나니 프린세스

●카도카와쇼텐 / ESP ●RPG ●2001년 11월 29일 ●6,800엔
●플레이 명수 : 1인 ●세이브 용량 : 243KB 이상

주인공인 성기사가 되어, 오른팔에 용이 깃들어 있는 공주를 보좌하며 함께 모험하는 RPG. 전반적인 연출에 애니메이션풍이 강하며, 사건을 조사하는 '시나리오 파트'와, 적과 직접 대결하는 '전투 파트'로 구성되어 있다.

ESPN winter XGames snowboarding 2002

●코나미 ●SPT ●2001년 11월 29일 ●6,800엔
●플레이 명수 : 1~2인 ●세이브 용량 : 250KB 이상

2000년 발매했던 「ESPN winter XGames snowboarding」(66p)의 속편. 당시 세계의 톱 프로 스노보드 선수 13명이 실명으로 등장한다. 에디트 기능을 이용하면 오리지널 보더도 제작할 수 있다.

길티기어 젝스 플러스

●사미 ●ACT ●2001년 11월 29일 ●6,800엔
●플레이 명수 : 1~2인 ●세이브 용량 : 73KB 이상

아케이드용 대전격투 게임의 이식작. 원작의 버그를 수정했고, 스토리 모드를 새로 추가하여 세계관을 대폭 확장시켰다. 전작에 출연했던 두 캐릭터인 '클리프'와 '저스티스'도 부활하여 참전했다.

타이코 입지전 IV

●코에이 ●RPG ●2001년 11월 29일 ●6,800엔
●플레이 명수 : 1인 ●세이브 용량 : 881KB 이상

일본 전국시대의 무장 중 하나가 되어 입신출세와 천하통일을 노리는 전국시대 시뮬레이션 게임. 약 600명의 무장이 등장하며, 주인공 카드를 입수하면 다음 게임을 시작할 때 그 무장으로 플레이할 수 있게 된다.

토로와 휴일

●소니컴퓨터엔터테인먼트 ●ETC ●2001년 11월 29일 ●5,800엔
●플레이 명수 : 1인 ●세이브 용량 : 1800KB 이상

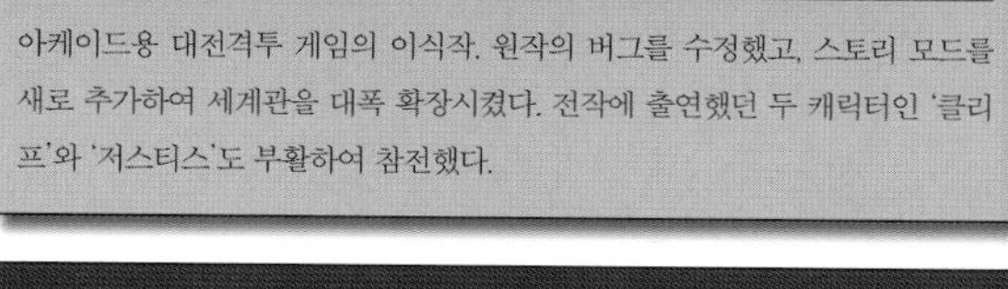

「어디서나 함께」에 등장했던 포케피(포켓 피플) '이노우에 토로'와 함께 카나가와현 미사키쵸를 여행하며 휴일의 추억을 만드는 커뮤니케이션 게임. 토로에게 다양한 단어를 학습시켜 대화를 즐기자. 여행의 추억은 사진 찍기와 토로의 그림일기, 각지에서 주워온 '습득품'등의 형태로 남길 수 있다.

각종 지원 아이콘  Best판 발매  PlayStation BB Unit 전용  PlayStation BB Unit 지원

메탈기어 솔리드 2 : SONS OF LIBERTY

●코나미 ●ACT ●2001년 11월 29일 ●6,800엔
●플레이 명수 : 1인 ●세이브 용량 : 80KB 이상

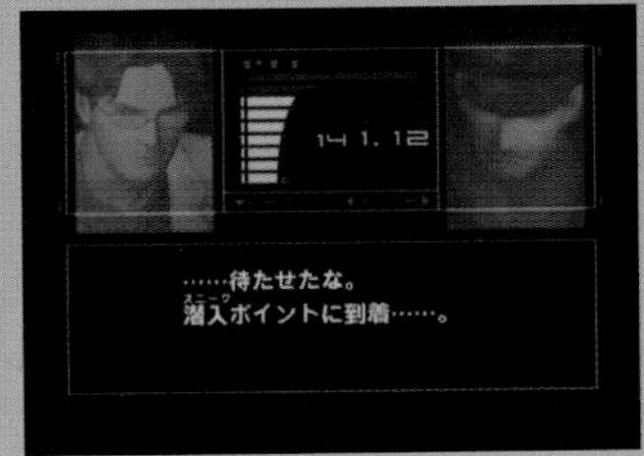

전작의 '쉐도우 모세스 섬 사건'으로부터 2년 후의 '맨해튼 연안 탱커 침몰 사건', 그리고 그 2년 후의 '빅 쉘 점거 사건'으로 이어지는 2부 구성의 스텔스 액션 게임. 후반에서는 '솔리드 스네이크'를 자칭하는 주모자가 일으킨 테러의 진상을, 특수부대 '폭스하운드'의 신참 '라이덴'이 밝혀내는 형태로 진행된다.

FIFA 2002

●일렉트로닉 아츠 스퀘어 ●SPT ●2001년 11월 29일 ●6,800엔
●플레이 명수 : 1~2인 ●세이브 용량 : 910KB 이상 ●멀티탭 지원(~8인)

FIFA가 공인한 축구 게임. 일본 대표팀 등의 약 110개국 대표팀으로 예선을 치러 월드컵 본선 출전을 노리자. 유럽 중심의 15개국 리그와 230개 이상의 클럽 팀으로도 플레이할 수 있다.

레가이아 : 듀얼 사가

●소니컴퓨터엔터테인먼트 ●RPG ●2001년 11월 29일 ●5,800엔
●플레이 명수 : 1인 ●세이브 용량 : 285KB 이상

1998년 PS1으로 발매되었던 「레가이아 전설」의 속편. 종말로 치닫고 있는 세계를 구하기 위해 주인공 일행이 활약하는 RPG다. 방향키를 조합하여 필살기를 구사하는 독특한 전투 시스템이 특징이다.

ICO

●소니컴퓨터엔터테인먼트 ●AVG ●2001년 12월 6일 ●5,800엔
●플레이 명수 : 1인 ●세이브 용량 : 360KB 이상

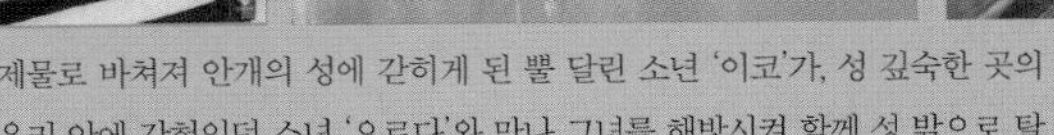

제물로 바쳐져 안개의 성에 갇히게 된 뿔 달린 소년 '이코'가, 성 깊숙한 곳의 우리 안에 갇혀있던 소녀 '요르다'와 만나 그녀를 해방시켜 함께 성 밖으로 탈출하기까지의 장대한 여정을 그린 액션 어드벤처 게임. 이코를 조작해 적들을 물리치며 길을 만들어, 요르다의 손을 잡아끌고 이동해야 한다.

뱀파이어 나이트

●남코 ●STG ●2001년 12월 6일 ●6,800엔
●플레이 명수 : 1~2인 ●세이브 용량 : 40KB 이상 ●건콘2 지원

뱀파이어와 헌터 간의 싸움을 그린 아케이드용 건 슈팅 게임의 이식작. PS2판에는 다양한 의뢰를 달성하면 아이템과 갤러리 모드의 그래픽 등으로 보상받을 수 있는 '스페셜 모드'가 추가되었다.

기동전사 건담 : 연방 vs. 지온 DX

●반다이 ●ACT ●2001년 12월 6일 ●6,800엔 ●플레이 명수 : 1~2인
●세이브 용량 : 150KB 이상 ●PS2전용 HDD 지원(150KB 이상), USB 키보드·모뎀 지원

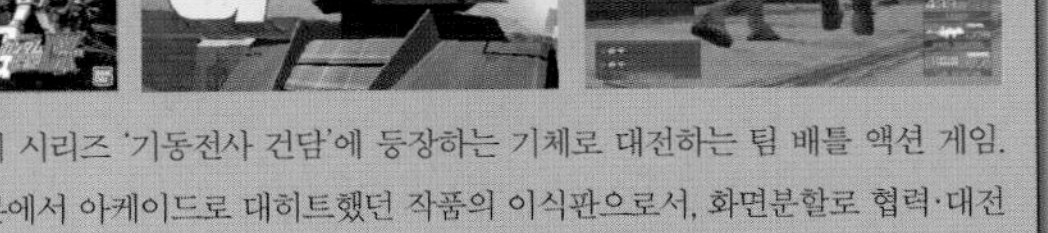

인기 시리즈 '기동전사 건담'에 등장하는 기체로 대전하는 팀 배틀 액션 게임. 일본에서 아케이드로 대히트했던 작품의 이식판으로서, 화면분할로 협력·대전 플레이를 즐길 수 있으며 PS2판 한정의 미션 모드도 추가되었다.

CERO 등급 아이콘 A B C D Z 審査予定

컨텐츠 명시 아이콘  연애  선정성  폭력성 공포 음주·흡연  사행성 범죄  약물 언어·기타

그로우랜서 III

●아틀러스 ●RPG ●2001년 12월 6일 ●6,800엔
●플레이 명수 : 1인 ●세이브 용량 : 91KB 이상

인기 시뮬레이션 RPG 시리즈의 제3탄. 시리즈 최초로 월드 맵과 던전 자동생성 기능을 탑재했다. 유명 일러스트레이터인 우루시하라 사토시가 디자인한 캐릭터들이 스토리를 한층 더 드라마틱하게 장식해 준다.

K-1 월드 그랑프리 2001

●코나미 ●ACT ●2001년 12월 6일 ●6,800엔
●플레이 명수 : 1~2인 ●세이브 용량 : 177KB 이상

선수 본인에게서 직접 캡처한 모션 데이터로 K-1 파이터 총 18명의 움직임을 재현한 3D 대전격투 게임. 당시 실제로 TV중계를 맡았던 미야케 마사하루와 타니카와 사다하루 콤비가 실황·해설자로 참여하여, 현장감이 그만이다.

시드

●아트딩크 ●SLG ●2001년 12월 6일 ●6,800엔
●플레이 명수 : 1인 ●세이브 용량 : 110KB 이상

미션 클리어형 전략 시뮬레이션 게임. 미지의 생명체 '시드'로부터 인류를 지키기 위해 다양한 미션에 도전해 보자. 전함은 직접 설계할 수 있으며, 전함의 무장·장비까지도 자유롭게 조합하여 구성 가능하다.

세·퍼 2001

●코에이 ●SPT ●2001년 12월 6일 ●6,800엔
●플레이 명수 : 1~2인 ●세이브 용량 : 777KB 이상

2001년도 페넌트레이스의 각종 데이터를 기반으로, 일본 프로야구의 박력과 흥분을 재현한 야구 게임. 선수들의 얼굴·체형은 물론이고 홈구장까지 재현했으며, '감독 모드'·'선수 모드' 등 게임 모드도 다양하다.

TVware 정보혁명 시리즈 : 가정의학

●아트딩크 ●ETC ●2001년 12월 6일 ●4,800엔 ●플레이 명수 : 1인
●세이브 용량 : 256KB 이상 ●USB 키보드, USB 마우스, PS2 전용 HDD 지원

일본의 인기 실용서 '가정의학' 시리즈의 정보를 담은 데이터베이스 소프트. 증상·병명·기초지식 등의 메뉴부터 시작해 경혈·한방·운동·식사 등의 다양한 대처법까지 그림과 함께 설명해주며, 각 항목을 링크로 열람할 수도 있다.

TVware 정보혁명 시리즈 : 현대용어 기초지식 2001

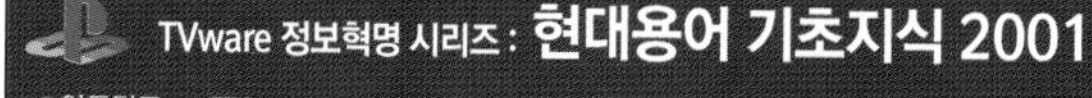

●아트딩크 ●ETC ●2001년 12월 6일 ●4,800엔 ●플레이 명수 : 1인
●세이브 용량 : 256KB 이상 ●USB 키보드, USB 마우스, PS2 전용 HDD 지원

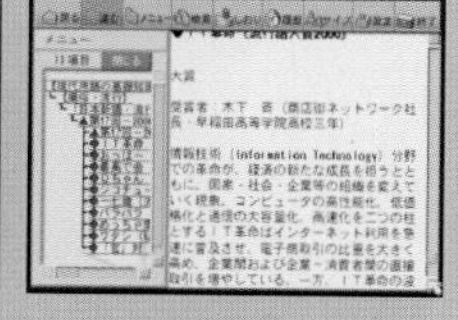

2001년도판 '현대용어 기초지식' 책의 내용을 통째로 수록한 소프트. 143개 장르의 다양한 현대용어들을 도해·사진과 함께 해설해준다. 검색 기능과 책갈피 기능으로 임의의 페이지를 자유롭게 넘나들 수 있다.

TVware 정보혁명 시리즈 : 일본어 대사전

●아트딩크 ●ETC ●2001년 12월 6일 ●4,800엔 ●플레이 명수 : 1인
●세이브 용량 : 256KB 이상 ●USB 키보드, USB 마우스, PS2 전용 HDD 지원

'일본어 대사전' 제2판을 PS2 상에 몽땅 옮겨놓은 소프트. 텍스트만으로 해설이 힘든 내용은 음성 데이터로도 재생이 가능하며, 다양한 서체도 지원하고 도해까지 수록돼 있는 등, 디지털 사전다운 다기능이 실로 충실하다.

당기린다

●카도카와쇼텐 ●ACT ●2001년 12월 6일 ●5,800엔
●플레이 명수 : 1인 ●세이브 용량 : 67KB 이상

무엇이든 잡아당기는 머플러로 적을 물리치는 3D 액션 게임. 주인공 '린다'를 조작해 12명의 언니를 구출하자. 적마다 어딘가에 '잡아당길 구석'이라는 약점이 있어, 이곳을 잘 노려 잡아당기는 데 성공하면 큰 대미지를 준다.

각종 지원 아이콘 Best판 발매 ONLINE 専用 PlayStation BB Unit 전용 ONLINE 対応 PlayStation BB Unit 지원

새벽녘의 마리코

●소니컴퓨터엔터테인먼트 ●ETC ●2001년 12월 6일 ●5,800엔
●플레이 명수 : 1~2인 ●세이브 용량 : 285KB 이상 ●USB 마이크 사용 권장

패키지에 동봉된 마이크 디바이스를 장착하고 캐릭터의 목소리를 직접 연기하는 파티 게임. 화면에 표시되는 자막과 연기지도를 보면서 정확한 타이밍에 성우처럼 연기해보자. 호러·코미디 등, 6종류의 스테이지가 있다.

사이드와인더 F

●아스믹 에이스 엔터테인먼트 ●STG ●2001년 12월 13일 ●6,800엔
●플레이 명수 : 1인 ●세이브 용량 : 81KB 이상 ●FLIGHT FORCE, 플라이트 스틱 지원

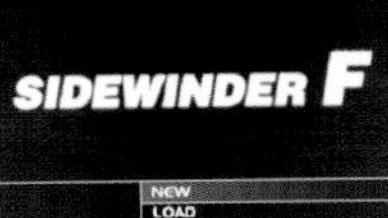

2000년 발매되었던 「사이드와인더 MAX」(67p)의 속편. 세련된 그래픽이 주는 현장감과, 고성능 AI와의 도그파이트를 만끽할 수 있다. Su-27 등, 당시 기준의 최신예 실존 전투기들을 조종 가능하다.

제로

●테크모 ●ACT ●2001년 12월 13일 ●6,800엔
●플레이 명수 : 1인 ●세이브 용량 : 1800KB 이상

일본의 1980년대 후반이 배경인, 고전 일본 공포영화 느낌이 물씬한 호러 액션 어드벤처 게임. 주인공 '히나사키 미쿠'가 되어, 오빠를 찾기 위해 행방불명자가 속출하는 폐허 '히무로 저택'을 혼자서 탐색한다. '사영기'라는 특수한 카메라로, 눈앞에 나타난 원령을 촬영해 봉인한다는 독특한 액션이 최대의 특징이다.

파치슬로 아루제 왕국 6

●아루제 ●SLG ●2001년 12월 13일 ●5,800엔
●플레이 명수 : 1인 ●세이브 용량 : 400KB 이상

6호기 시대인 현재까지도 현재도 일본 전역의 점포에서 가동중인 인기 기종 'HANABI'의 전작, '돈짱 2'·'데카돈짱 2'·'헤라클레스' 3개 기종을 수록한 파치슬로 시뮬레이터. 실기공략 기능도 충실하다.

하마사키 아유미 : A VISUAL MIX

●에이벡스 / 소니뮤직엔터테인먼트 ●ETC ●2001년 12월 13일 ●6,800엔
●플레이 명수 : 1인 ●세이브 용량 : 300KB 이상 ●PS2용 모뎀 지원

인기 가수 '하마사키 아유미'의 공연 무대를 자유롭게 연출할 수 있는 비주얼 소프트. 무대를 원하는 각도로 감상할 수 있으며, 색조를 바꾸거나 50종류의 이펙트를 가미해 자신만의 비디오 클립을 편집/제작할 수도 있다.

모모타로 전철 X : 큐슈 편도 있구먼

●허드슨 ●TBL ●2001년 12월 13일 ●6,800엔
●플레이 명수 : 1~4인 ●세이브 용량 : 20KB 이상

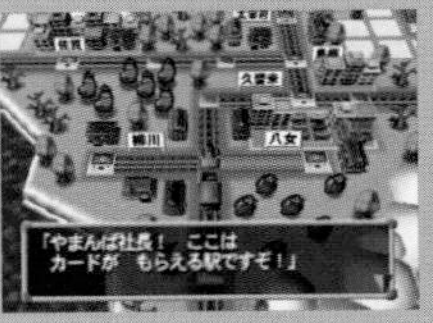

맵을 3D로 디자인한, PS2로는 최초의 「모모타로 전철」. 기본적인 전국 맵은 물론, 큐슈 지방의 지형을 더욱 세밀하게 묘사한 '큐슈 편'도 수록했다. 일본을 대표하는 인기 파티 게임답게 다양한 룰과 플레이법도 준비했다.

월드 사커 위닝 일레븐 5 파이널 에볼루션

●코나미 ●SPT ●2001년 12월 13일 ●6,800엔 ●플레이 명수 : 1~2인
●세이브 용량 : 183KB 이상 ●멀티탭 지원(~8인), PS2 전용 HDD 지원

선수 데이터를 2001~2002년도판으로 갱신한, 「월드 사커 위닝 일레븐 5」(76p)의 업데이트 버전. 선수들의 모션을 대폭 늘렸으며, 포메이션 AI도 강화시켜 CPU전이 한층 더 어려워졌다.

CERO 등급 아이콘   

컨텐츠 명시 아이콘  연애  선정성  폭력성  공포  음주·흡연  사행성   범죄  약물    언어·기타

어드벤처 오브 도쿄디즈니씨 : 잃어버린 보석의 비밀

●코나미 ●ACT ●2001년 12월 20일 ●6,800엔
●플레이 명수 : 1인 ●세이브 용량 : 86KB 이상

램프의 요정에게 초대받아, 일본의 실존 테마파크 '도쿄디즈니씨'의 세계로 온 소년 '서프'가 되어 7곳의 테마포트를 순회하는 액션 게임. 보석 속에 갇혀버린 물의 요정 '프린세스 오브 더 씨'를 구출하자.

크래쉬 밴디쿳 4 : 마왕의 부활

●코나미 ●ACT ●2001년 12월 20일 ●6,800엔
●플레이 명수 : 1인 ●세이브 용량 : 66KB 이상

인기 시리즈의 제4탄. 주인공 '크래쉬'를 조작하여 악의 과학자 '네오 코텍스'의 야망을 깨뜨리자. 신규 액션 '살금살금 걷기'가 추가되었으며, 크래쉬의 여동생 '코코'도 사용할 수 있게 되었다.

선라이즈 영웅담 2

●선라이즈 인터랙티브 ●RPG ●2001년 12월 20일 ●7,800엔
●플레이 명수 : 1~2인 ●세이브 용량 : 317KB 이상

2000년 발매되었던 「선라이즈 영웅담 R」의 속편. 전작에 등장했던 작품들에, '기동전사 Z건담' 등의 7개 작품이 추가로 등장한다. 전투 시스템을 개량하고 음성을 풀보이스화하는 등, 연출도 한층 더 강화시켰다.

CR 열투 파워프로군 : 파치로 상투 달인

●핵베리 ●SLG ●2001년 12월 20일 ●5,800엔
●플레이 명수 : 1인 ●세이브 용량 : 141KB 이상

코라쿠 산업의 인기 파친코 기기를 수록한 파친코 실기 시뮬레이터. 코나미의 인기 야구게임 시리즈 「실황 파워풀 프로야구」와 제휴해 제작한 기종으로서, '파워프로군' 등 시리즈의 인기 캐릭터들이 다수 등장한다.

잭 & 덱스터 : 구세계의 유산

●소니컴퓨터엔터테인먼트 ●ACT ●2001년 12월 20일 ●5,800엔
●플레이 명수 : 1인 ●세이브 용량 : 692KB 이상

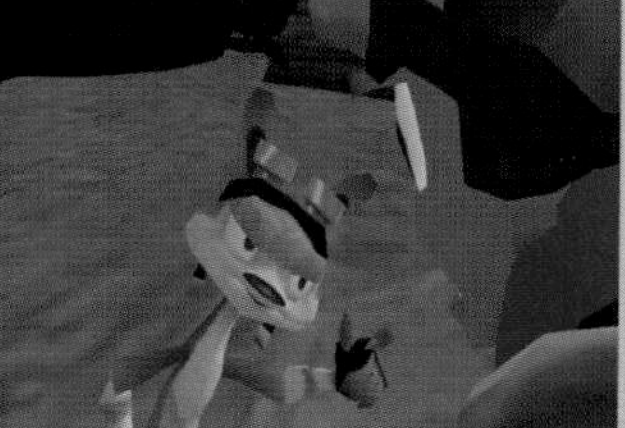

어둠의 힘 '다크 이코'에 의해 족제비로 변해버린 친구 덱스터를 다시 인간으로 되돌리기 위해, 고대문명 '프리커서'의 수수께끼를 풀어가는 우정 모험활극 게임. 하늘의 빛깔까지 세심하게 신경 쓴 광대한 맵과 다채로운 콤보 액션이 특징이다. 후일 명가 스튜디오가 되는 너티 독의 PS2 데뷔작이기도 하다.

실황 파워풀 프로야구 8 결정판

●코나미 ●SPT ●2001년 12월 20일 ●6,800엔
●플레이 명수 : 1~2인 ●세이브 용량 : 1700KB 이상

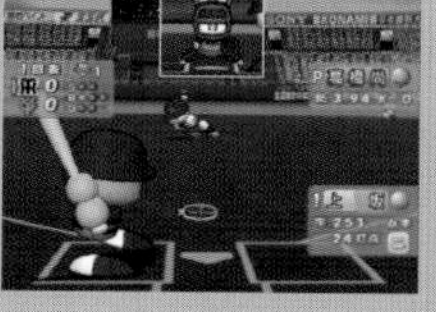

같은 해 8월 발매되었던 「실황 파워풀 프로야구 8」의 마이너 체인지판. 2001년도 페넌트레이스 종료시의 데이터를 완전 수록했다. 선수별 모션이나 구장 등의 그래픽적 측면 역시 대폭 강화시켰다.

대국마작 넷으로 론!

●아리카 ●TBL ●2001년 12월 20일 ●6,800엔 ●플레이 명수 : 1인
●세이브 용량 : 300KB 이상 ●온라인 연결시 최대 4인, USB 키보드·USB 모뎀·PS2 전용 HDD 지원

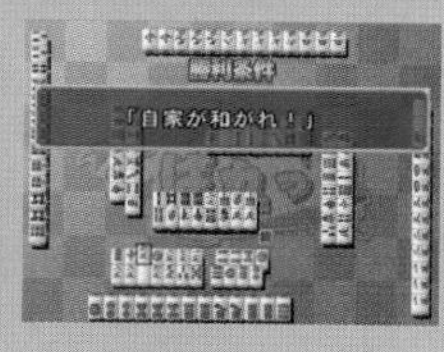

오프라인과 온라인, 어떤 형태로든 즐길 수 있는 마작 게임. 온라인에서는 일반적인 대국은 물론 2 : 2 대국도 가능하며, 파트너와만 대화하거나 패를 교환할 수도 있다. 오프라인으로 즐기는 스토리 모드도 제공한다.

각종 지원 아이콘 Best판 발매  PlayStation BB Unit 전용 ONLINE 対応 PlayStation BB Unit 지원

디지털 홈즈

●아크시스템웍스 ●AVG ●2001년 12월 20일 ●6,800엔
●플레이 명수 : 1인 ●세이브 용량 : 122KB 이상

현대의 런던을 무대로, 셜록 홈즈와 왓슨의 자손들이 IT 기술을 구사하며 활약하는 어드벤처 게임. '택티컬 토크 배틀'이라는 교섭 시스템으로 상대를 설득하며 조사를 진행하는 것이 게임의 특징이다.

헤르미나와 쿨루스 : 리리의 아틀리에, 또 하나의 이야기

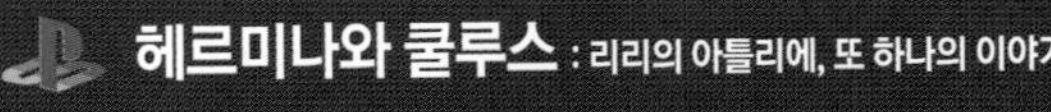

●거스트 ●AVG ●2001년 12월 20일 ●3,980엔 ●플레이 명수 : 1인
●세이브 용량 : 250KB 이상 ●PS2 전용 HDD 유닛 지원

「리리의 아틀리에」에 등장했던 '헤르미나'가 인공생명체 '쿨루스'를 만들어낸 당시의 이야기. 다양한 인물과 만나 쿨루스에게 지식과 단어를 습득시키는 과정에서 서서히 변화하는 감정을 그려낸 어드벤처 게임이다.

두근두근 메모리얼 3 : 약속한 저 곳에서

●코나미 ●SLG ●2001년 12월 20일 ●6,980엔
●플레이 명수 : 1인 ●세이브 용량 : 272KB 이상

고등학교 생활을 보내면서 소녀들과 관계를 쌓아가는 연애 시뮬레이션 게임 시리즈의 3번째 작품. 캐릭터의 그래픽을 풀 3D화하고 툰 렌더링을 도입하여, 3D 애니메이션으로 다양한 움직임을 보여주는 것이 특징이다. 일본 발매시 래핑 버스, 펀딩 투자자 모집 등의 신선한 홍보전략을 적극 시도했던 작품.

봄버맨 카트

●허드슨 ●RCG ●2001년 12월 20일 ●5,800엔 ●플레이 명수 : 1~2인
●세이브 용량 : 700KB 이상 ●멀티탭 지원(~4인), GT FORCE 지원

「봄버맨」 시리즈의 캐릭터들이 카트를 몰고 경쟁하는 레이싱 게임. '배틀 레이스'에서는 폭탄 등의 다양한 공격수단이 오가는 화끈한 레이스를 즐길 수 있다. 기존의 「봄버맨」 스타일로 대전할 수도 있다.

MotoGP 2

●남코 ●RCG ●2001년 12월 20일 ●6,800엔
●플레이 명수 : 1~2인 ●세이브 용량 : 80KB 이상

MotoGP의 공식 라이선스를 따내 개발한 오토바이 레이싱 게임의 제2탄. 코스가 전작의 2배인 10종류로 늘어났으며, 우천시 노면상황의 변화 개념을 추가했다. 왕년의 유명 라이더와 경쟁하는 '레전즈 모드'도 제공한다.

위닝 포스트 5

●코에이 ●SLG ●2001년 12월 22일 ●6,800엔
●플레이 명수 : 1인 ●세이브 용량 : 2068KB 이상

마주가 되어, 소유한 경주마로 명성을 쌓아가는 경마 시뮬레이션 게임의 제5탄. 이전 시리즈보다 '인간관계'에 집중하여, 라이벌 마주도 다수 등장한다. 후계마에 능력인자 시스템을 도입해, 혈통의 경향성을 추리할 수도 있게 됐다.

EX 억만장자 게임

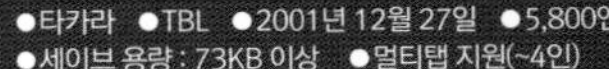

●타카라 ●TBL ●2001년 12월 27일 ●5,800엔 ●플레이 명수 : 1~4인
●세이브 용량 : 73KB 이상 ●멀티탭 지원(~4인)

인기 보드 게임 시리즈의 PS2판. 룰렛을 돌려 보드 위의 말을 이동시키면서 토지나 주식을 매매하여 총자산 1위를 노려야 한다. 주식 매집과 경영권 탈취 등, 다양한 전략을 구사해야만 승부에서 이길 수 있다.

CERO 등급 아이콘   

컨텐츠 명시 아이콘  연애  선정성  폭력성  공포  음주·흡연 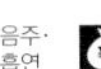 사행성  범죄  약물  언어·기타

실황 J리그 퍼펙트 스트라이커 4

●코나미 ●SPT ●2001년 12월 27일 ●6,800엔
●플레이 명수 : 1~4인 ●세이브 용량 : 610KB 이상 ●멀티탭 지원

2001년도 J리그 공식 데이터를 사용한, '실황 J리그' 시리즈의 제4탄. '시뮬레이트 모드'를 신규 탑재하여, 다양한 상황을 세팅해 관전을 즐길 수도 있다. J1·J2의 모든 선수 데이터를 수록하였다.

시네마 서핑 : 외국영화 대전

●빅터 인터랙티브 소프트웨어 ●ETC ●2001년 12월 27일 ●4,800엔
●플레이 명수 : 1인

2001년까지 일본에서 상영된 바 있는 외국영화(극장·TV·비디오) 3만 타이틀 이상의 정보와 10만 명의 인물정보를 망라한 데이터베이스 소프트. DVD 정보와 흥행수입 랭킹, 일부 작품의 예고편 동영상 등 다양한 자료를 수록했다.

TVware 정보혁명 시리즈 : 프로 아틀라스 for TV - 긴키

●아트딩크 ●ETC ●2001년 12월 27일 ●4,800엔 ●플레이 명수 : 1인
●세이브 용량 : 256KB 이상 ●USB 키보드, USB 마우스, PS2 전용 HDD(640MB 이상 필요), 프린터 지원

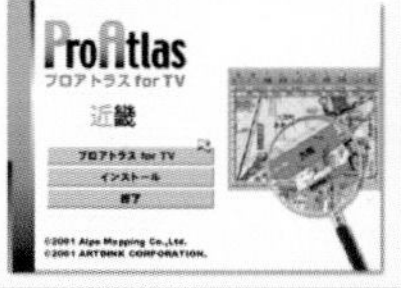
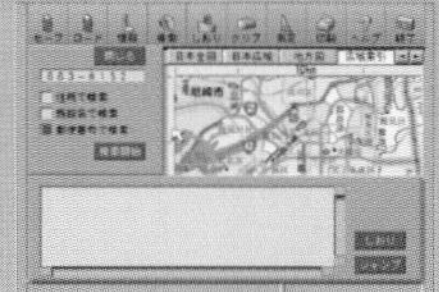

PS2로 열람하는 일본 지도정보 소프트. 당시의 시설 명칭과 우편번호로도 검색이 가능하다. 오사카·효고·나라·시가·와카야마 지방의 정보를 수록했으며, 주요 부분은 더욱 상세한 데이터도 참조할 수 있다.

TVware 정보혁명 시리즈 : 프로 아틀라스 for TV - 수도권

●아트딩크 ●ETC ●2001년 12월 27일 ●4,800엔 ●플레이 명수 : 1인
●세이브 용량 : 256KB 이상 ●USB 키보드, USB 마우스, PS2 전용 HDD(640MB 이상 필요), 프린터 지원

PS2로 열람하는 일본 지도정보 소프트. 도쿄·카나가와·치바·사이타마·군마·야마나시 지방의 정보를 수록했다. 이즈·신슈 등의 관광지 정보도 제공하며, 세세한 데이터를 참조할 수 있도록 하였다.

TVware 정보혁명 시리즈 : 프로 아틀라스 for TV - 전국판

●아트딩크 ●ETC ●2001년 12월 27일 ●4,800엔 ●플레이 명수 : 1인
●세이브 용량 : 256KB 이상 ●USB 키보드, USB 마우스, PS2 전용 HDD(640MB 이상 필요), 프린터 지원

PS2로 열람하는 일본 지도정보 소프트. 일본 전국의 지도를 일목요연하게 수록했다. 시리즈 전체에 공통된 기능으로서, 확인한 지도를 PS2 지원 기능이 있는 프린터로 실제 인쇄하는 것도 가능했다.

TVware 정보혁명 시리즈 : 프로 아틀라스 for TV - 도카이

●아트딩크 ●ETC ●2001년 12월 27일 ●4,800엔 ●플레이 명수 : 1인
●세이브 용량 : 256KB 이상 ●USB 키보드, USB 마우스, PS2 전용 HDD(640MB 이상 필요), 프린터 지원

PS2로 열람하는 일본 지도정보 소프트. 아이치·기후·미에·후쿠이·이시카와·도야마·나가노·시즈오카 지방의 정보를 수록했다. 자주 찾아보는 장소가 있다면, 책갈피 기능으로 별도 저장해둘 수도 있다.

마작패왕 : 마작장 배틀

●마이니치 커뮤니케이션즈 ●TBL ●2001년 12월 27일 ●2,800엔
●플레이 명수 : 1인 ●세이브 용량 : 500KB 이상

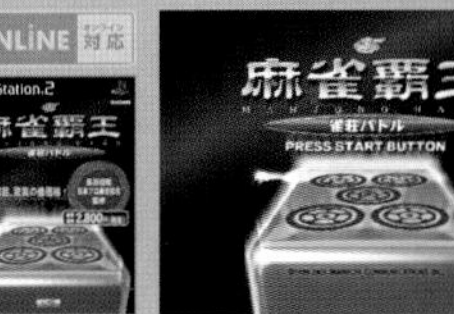

사기 기술이 없는 정통파 4인대국 마작 게임. 적패·와레메·아오텐조 등의 다양한 룰을 설정할 수 있는 8곳의 마작장에서, 12명의 작사들과 진검승부를 벌일 수 있다. 실제 인간에 가까운 사고루틴이 특징이다.

마키시모

●캡콤 ●ACT ●2001년 12월 27일 ●6,800엔
●플레이 명수 : 1인 ●세이브 용량 : 341KB 이상

「마계촌」의 세계관을 계승해 제작한 오리지널 3D 액션 게임. 필드의 다양한 함정을 돌파하며, 다양한 아이템과 액션을 활용하여 마왕을 타도하자. 갑옷이 파괴되면 팬티 차림이 되는, 시리즈의 유명한 전통도 그대로 재현했다.

각종 지원 아이콘  Best판 발매   PlayStation BB Unit 전용  PlayStation BB Unit 지원

2002

PlayStation2 Game Software Catalogue

2002년에 발매된 소프트 수는 346개 타이틀로서, PS1에서 PS2로의 이행도 거의 완료되어 본격적인 보급기로 접어든 해이다. 이 해의 일본 PS2 최대 화제는 MMORPG「파이널 판타지 XI」발매로서, PS2에서도 본격적인 온라인 게임의 시대가 개막한 해이기도 했다. 또한 SCE의 오리지널 액션 게임「라쳇 & 클랭크」가 발매되었고, PS2 본체 동봉 세트판도 함께 출시되었다.

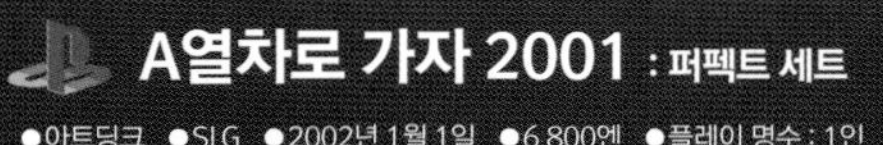

A열차로 가자 2001 : 퍼펙트 세트

●아트딩크 ●SLG ●2002년 1월 1일 ●6,800엔 ●플레이 명수 : 1인
●세이브 용량 : 5120KB 이상 ●PS2 전용 HDD 지원(256MB 이상 필요)

ONLINE 対応

앞서 75p에서 소개한 바 있는「A열차로 가자 2001」본편과, 신규 차량 데이터를 수록한 확장팩「트레인 키트 for A열차로 가자 2001」(86p), 두 작품을 합본하여 한 패키지로 발매한 염가판 소프트다.

NBA 라이브 2002

●일렉트로닉 아츠 스퀘어 ●SPT ●2002년 1월 1일 ●6,800엔
●플레이 명수 : 1~2인 ●세이브 용량 : 1262KB 이상 ●멀티탭 지원(~8인)

ONLINE 対応

NBA가 공인한 농구 게임. 2001년 시즌에 워싱턴 위저즈 팀으로 현역 복귀했던 마이클 조던을 게임 내에서 사용할 수 있다. 신규 탑재된 '프랜차이즈 모드'는 제너럴 매니저로서 게임을 플레이할 수 있는 모드다.

그란 투리스모 컨셉 2001 TOKYO

●소니컴퓨터엔터테인먼트 ●RCG ●2002년 1월 1일 ●3,200엔
●플레이 명수 : 1~2인 ●세이브 용량 : 110KB 이상 ●GT FORCE 지원, i.LINK 통신대전 지원(최대 6인)

ONLINE 対応

「그란 투리스모 3 A-spec」의 특별 버전. 시리즈 중 유일하게 일본 메이커의 차량만을 수록한 타이틀이다. 제35회 도쿄 모터쇼에서 발표되었던 컨셉 카와, 당시 일본의 최신 시판차량을 운전해볼 수 있다.

클라이맥스 테니스

●코나미 ●SPT ●2002년 1월 17일 ●6,800엔 ●플레이 명수 : 1~2인
●세이브 용량 : 139KB 이상 ●멀티탭 지원

ONLINE 対応

WTA가 공인한 3D 테니스 게임. 당시의 랭킹 상위급 프로 선수 20명이 모두 실명으로 등장한다. 시합 도중 정신상태에 따라 선수의 능력치가 변화하거나, 대회 결과에 따라 관객이 증감하는 등의 독특한 시스템을 탑재했다.

쵸로Q HG 2

●타카라 ●RCG ●2002년 1월 10일 ●6,800엔
●플레이 명수 : 1~2인 ●세이브 용량 : 60KB 이상

ONLINE 対応

미니카 '쵸로Q'가 소재인 레이싱 게임의 속편. 일반 도로부터 설산과 수중까지도 제대로 있는 오픈월드 맵 상을 '마이 쵸로Q'로 자유롭게 달릴 수 있다. 레이스에 도전하는 것은 물론이고, 각지의 도시에서 의뢰에 도전하거나 팀 배틀 참가 멤버를 모집할 수도 있고, 컬링에 카지노까지 다양한 즐길거리가 가득하다.

CERO 등급 아이콘 A B C D Z 審査予定
컨텐츠 명시 아이콘 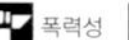 연애  선정성  폭력성  공포  음주·흡연  사행성 범죄  약물 언어·기타

SIMPLE 2000 시리즈 얼티밋 Vol.1 : 러브★스매시!

●D3 퍼블리셔 ●SPT ●2002년 1월 17일 ●2,000엔
●플레이 명수 : 1~2인 ●세이브 용량 : 70KB 이상 ●멀티탭 지원(~4인)

10명의 선수들이 지하 테니스계의 챔피언을 가리기 위해 격렬한 대결을 펼치는 테니스 게임. 파워 게이지를 모으면 각 캐릭터 고유의 필살기도 사용할 수 있다. D3 퍼블리셔의 그라비아 아이돌 '후타바 리호'도 참전한다.

타이핑 검호 : 열혈검객 무사시

●선 전자 ●ETC ●2002년 1월 17일 ●4,800엔
●플레이 명수 : 1인 ●세이브 용량 : 74KB 이상 ●키보드 전용 소프트

무라카미 모토카 원작의 검도 만화(원제는 '무사시의 검')를 모티브로 삼은 타자 연습 소프트. 주인공 '나츠키 무사시'가 되어 고교 3학년의 인터하이에 도전하자. 스토리는 원작을 따라가며, 난이도 조절도 가능하다.

브라보 뮤직 초명곡반

●소니컴퓨터엔터테인먼트 ●ETC ●2002년 1월 17일 ●2,800엔
●플레이 명수 : 1인 ●세이브 용량 : 142KB 이상

「브라보 뮤직」(94p)과 시스템이 동일한 3번째 작품. 지구를 찾아온 화성인을 위해 일주일동안 오케스트라 콘서트를 개최해야 한다. 연주할 수 있는 곡은 '운명'을 비롯해 모두가 알고 있는 유명한 클래식 작품들이다.

익사이팅 프로레슬링 3

●유크스 ●SPT ●2002년 1월 24일 ●6,800엔
●플레이 명수 : 1~2인 ●세이브 용량 : 4173KB 이상 ●멀티탭 지원(~4인)

미국의 프로레슬링 단체 WWF(현 WWE)를 소재로 삼은 프로레슬링 게임. 시리즈 제3탄으로서, 당시 유명했던 인기 슈퍼스타 42명을 수록했다. 로열 럼블, 6인 태그매치 등의 오리지널 시합도 가능해졌다.

삼국지 Ⅷ

●코에이 ●SLG ●2002년 1월 24일 ●9,800엔 ●플레이 명수 : 1~8인
●세이브 용량 : 757KB 이상 ●PS2 전용 HDD 지원

유명 역사 시뮬레이션 게임 시리즈의 8번째 작품. 의형제·호적수 등의 인물관계 이벤트가 늘어났다. 184년부터 51년간의 각 연도별 시나리오를 수록했으며, 등장하는 모든 무장을 선택 가능해 다양한 상황으로 즐길 수 있다.

짱! 재미있는 인터넷 : 친구 루프

●선 전자 ●ETC ●2002년 1월 24일 ●3,800엔 ●플레이 명수 : 1인
●세이브 용량 : 4096KB 이상 ●PS2용 USB 모뎀, PS2 전용 HDD, USB 마우스, USB 키보드 지원

PS2로 인터넷을 즐기기 위한 툴들을 모아놓은 소프트. 인터넷 접속용의 온라인 서비스 가입 기능과 웹브라우저를 비롯해 이메일 앱, 주소록, 즐겨찾기 기능 등 기본적인 애플리케이션이 전부 들어가 있다.

야마사 Digi 월드 2 : LCD 에디션

●야마사 엔터테인먼트 ●SLG ●2002년 1월 24일 ●6,800엔
●플레이 명수 : 1인 ●세이브 용량 : 40KB 이상

야마사의 액정 파치슬로 3개 기종을 플레이할 수 있는 파치슬로 시뮬레이터. 인기 기종 '타임 크로스'와 '큐 로고스', '트리거 존'을 수록했다. 시점 변경과 연출 표시 등, 다채로운 기능을 즐길 수 있다.

새벽녘의 마리코 2nd Act

●소니컴퓨터엔터테인먼트 ●ETC ●2002년 1월 24일 ●2,800엔
●플레이 명수 : 1~2인 ●세이브 용량 : 256KB 이상 ●USB 마이크 사용 권장

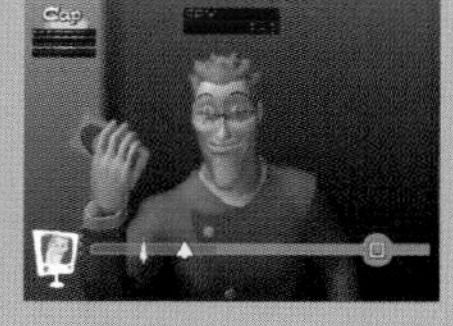

전년 12월에 발매되었던 「새벽녘의 마리코」(100p)의 추가 디스크. 가라오케 연극 2개 스테이지와 마이크를 사용하는 7종의 미니게임, 본편과 조합하여 즐길 수 있는 가라오케 대결용 곡 5곡을 수록하였다.

각종 지원 아이콘  Best판 발매  PlayStation BB Unit 전용  PlayStation BB Unit 지원

웨이브랠리

●에이도스 ●SPT ●2002년 1월 31일 ●5,800엔
●플레이 명수 : 1~2인 ●세이브 용량 : 115KB 이상

제트스키 제조사인 가와사키 중공과 제휴하여 제작한 제트스키 레이싱 게임. 세계 각지를 이미지화한 10개 코스를 달려보자. 파도를 실시간으로 생성하는 전용 파도 제어 엔진을 탑재해, 플레이할 때마다 신선한 감각을 맛볼 수 있다.

그란디아 익스트림

●에닉스 ●RPG ●2002년 1월 31일 ●7,800엔
●플레이 명수 : 1인 ●세이브 용량 : 64KB 이상

세가새턴과 드림캐스트로 인기가 많았던 RPG 시리즈의 외전 격 타이틀. 전투의 재미를 추구한 RPG로서, 성장 시스템을 리뉴얼했고 합체기 등의 신규 시스템을 도입했다. 던전을 들어갈 때마다 구조가 달라지는 것도 특징이다.

최강 도다이 쇼기 스페셜

●마이니치 커뮤니케이션즈 ●TBL ●2002년 1월 31일 ●2,000엔
●플레이 명수 : 1~2인 ●세이브 용량 : 80KB 이상

세계 최고봉의 사고 엔진을 탑재한 쇼기 소프트. CPU 난이도는 6단계를 제공하며, 시간제한과 말 떼기 설정도 가능하다. 기보 읽어주기 및 초읽기 보이스는 여류기사인 우스이 료코 2단과 아지키 후사코 2급이 녹음했다.

버추어 파이터 4

●세가 ●ACT ●2002년 1월 31일 ●6,800엔 ●플레이 명수 : 1~2인
●세이브 용량 : 40KB 이상 ●PS2 전용 HDD 유닛 지원

아케이드판을 이식한 3D 대전격투 게임. 「버추어 파이터 3」의 이스케이프 버튼을 없애고, 방향키만으로 입체적인 축 이동이 가능토록 했다. 가정용판은 AI를 통한 캐릭터 육성 시스템과 훈련 모드를 추가하였다.

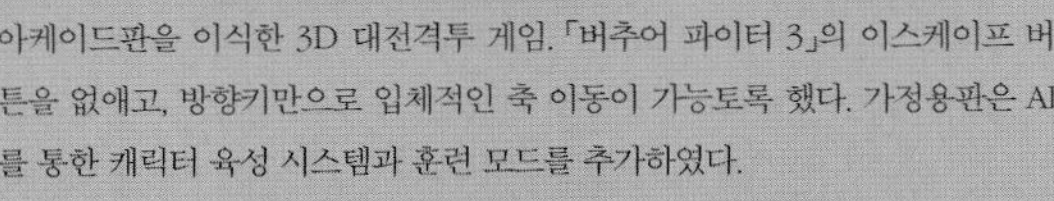

하이퍼 스포츠 2002 WINTER

●코나미 ●SPT ●2002년 1월 31일 ●6,800엔
●플레이 명수 : 1~2인 ●세이브 용량 : 200KB 이상

10종목의 동계 스포츠를 수록한 타이틀. 심플한 조작과 깔끔한 그래픽이 특징이다. 능력치가 제각기 다른 캐릭터들 중 하나를 선택해 경기에 도전하며, 종합 득점을 웹사이트에 등록해 인터넷 랭킹으로 경쟁할 수 있었다.

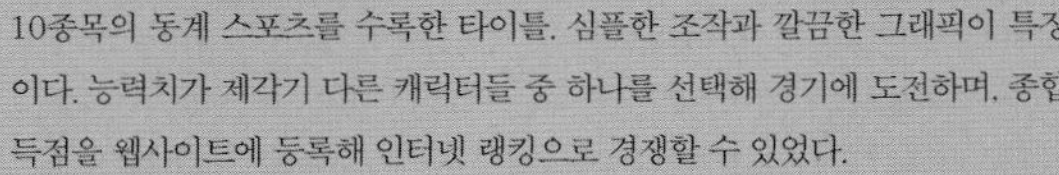

파이널 판타지 X 인터내셔널

●스퀘어 ●RPG ●2002년 1월 31일 ●7,800엔 ●플레이 명수 : 1인
●세이브 용량 : 64KB 이상 ●PS2 전용 HDD 유닛 지원

「파이널 판타지 X」의 북미판을 일본어화해 역발매한 버전. 캐릭터를 자유롭게 육성할 수 있는 새로운 스피어 보드를 추가했으며, 소환수들 및 추가 보스와의 대결도 가능해졌다. 어나더 스토리도 특전 DVD 형태로 제공했다.

프라레일 : 꿈이 한가득! 프라레일로 가자!

●토미 ●SLG ●2002년 1월 31일 ●6,800엔
●플레이 명수 : 1인 ●세이브 용량 : 2500KB 이상

거대한 맵에 '프라레일' 파츠를 자유롭게 배치할 수 있는 시뮬레이션 게임. 레일을 연결해 노선을 짜는 것은 물론이고, 역·빌딩 등을 배치해 도시를 구축할 수도 있다. 전동차 약 60종, 차량 약 15종을 수록했다.

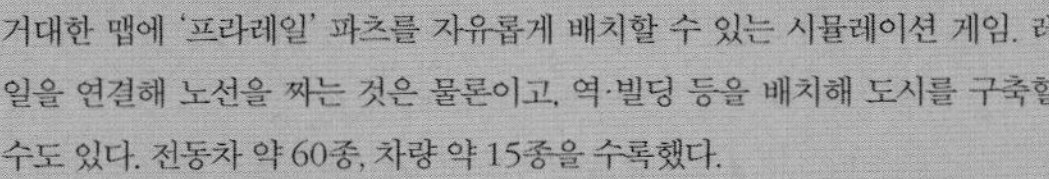

매든 NFL 2002

●일렉트로닉 아츠 스퀘어 ●SPT ●2002년 1월 31일 ●6,800엔
●플레이 명수 : 1~2인 ●세이브 용량 : 1480KB 이상

NFL이 공인한 미식축구 게임 시리즈의 2002년판. 해설·실황 보이스를 모두 일본어화했으며, 일본어판 해설자로는 배우 벳쇼 테츠야가 기용되었다. 트레이딩 카드 기능인 '매든 카드'는 치어 카드가 추가되었다.

CERO 등급 아이콘     

컨텐츠 명시 아이콘  연애  선정성  폭력성  공포  음주·흡연  사행성  범죄  약물  언어·기타

라 퓌셀 : 빛의 성녀 전설

●니폰이치 소프트웨어 ●SLG ●2002년 1월 31일 ●6,800엔
●플레이 명수 : 1인 ●세이브 용량 : 360KB 이상

빛의 성녀가 되기를 꿈꾸는 신인 퇴마사들의 활약을 그린 턴제 시뮬레이션 RPG. 니폰이치 소프트웨어의 전매특허인 '파고들기 SRPG'의 원점 격 게임으로서, 최대 레벨 9999라는 황당무계한 설정에, 캐릭터별 특성치·스킬에까지도 레벨이 존재하는 등, 오랫동안 파고들 수 있는 시스템이 가득한 작품이다.

레디 투 럼블 복싱 : 라운드 2

●미드웨이 게임스 ●SPT ●2002년 1월 31일 ●6,800엔
●플레이 명수 : 1~2인 ●세이브 용량 : 63KB 이상

1999년 다양한 기종으로 발매된 바 있는 권투 게임의 속편. 미국적인 느낌이 물씬한 복서 23명이 등장하여 화끈한 대결을 펼친다. 전작과 마찬가지로, 'RUMBLE' 알파벳을 모두 모으면 필살 펀치를 사용할 수 있다.

SSX 트리키

●일렉트로닉 아츠 스퀘어 ●RCG ●2002년 2월 7일 ●오픈 프라이스
●플레이 명수 : 1~2인 ●세이브 용량 : 141KB 이상

간단한 조작으로 다채로운 트릭을 구사할 수 있는 스노보드 레이싱 게임. 세계 챔피언을 목표로 월드 서킷에 도전해보자. 캐릭터가 레벨 업할수록 더 성능이 좋은 보드를 사용할 수 있게 된다.

NHL 2002

●일렉트로닉 아츠 스퀘어 ●SPT ●2002년 2월 7일 ●6,800엔
●플레이 명수 : 1~2인 ●세이브 용량 : 2755KB 이상 ●멀티탭 지원(~8인)

NHL이 공인한 아이스하키 게임. 당시의 NHL 소속 30개 팀과 20개국 국가대표 팀을 수록하여, 국제대회도 재현할 수 있다. 경기 도중에 링크의 빙질이 서서히 열화되는 것까지 재현해, 리얼한 게임을 체험할 수 있다.

썬더 스트라이크 : OPERATION PHOENIX

●에이도스 ●STG ●2002년 2월 7일 ●6,800엔
●플레이 명수 : 1인 ●세이브 용량 : 98KB 이상

최신예 헬리콥터를 조작하여 테러리스트를 섬멸하는 3D 슈팅 게임. 아날로그 스틱을 사용하는 오리지널 조종 시스템을 채용하였다. 밀림·사막 등의 스테이지는 디테일한 부분까지 리얼하게 구현되어 있다.

사무라이

●스파이크 ●ACT ●2002년 2월 7일 ●6,800엔
●플레이 명수 : 1인 ●세이브 용량 : 124KB 이상

사무라이의 세상이 끝나가던 메이지 시대에, 토착무가 '흑생가'와 불량 무사집단 '적옥당' 간의 충돌, 그리고 그에 말려드는 여관거리 사람들의 모습을 그린 2일간의 이야기. 떠돌이 사무라이인 주인공이 어떻게 살아갈지는 전적으로 플레이어의 자유로서, 마지막에 '사무라이 성적'을 매겨 사무라이다움을 평가한다.

스매쉬코트 프로토너먼트

●남코 ●SPT ●2002년 2월 7일 ●6,800엔
●플레이 명수 : 1~4인 ●세이브 용량 : 75KB 이상 ●멀티탭 지원

대인기 테니스 게임 시리즈의 첫 PS2판. 당시 세계 랭킹 상위권이었던 남녀 플레이어 16명이 실명으로 등장한다. 세계 4대 메이저 대회에 출장하여 우승을 노리자. 오리지널 선수를 육성하는 모드도 탑재하였다.

매지컬 스포츠 : 하드 히터 2

●마호 ●SPT ●2002년 2월 7일 ●5,800엔
●플레이 명수 : 1~2인 ●세이브 용량 : 108KB 이상 ●멀티탭 지원(~4인)

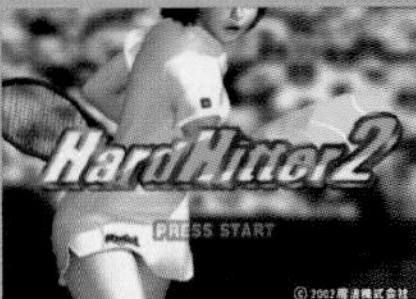

2001년 발매했던 「하드 히터」(84p)의 기능 강화판. 간단한 조작으로 심오한 테니스 플레이를 즐길 수 있다. 세계 랭킹 1위를 노리는 모드와 미니게임 등을 탑재하였으며, 최대 4인 동시 플레이도 가능하다.

에이지 오브 엠파이어 II

●코나미 ●SLG ●2002년 2월 14일 ●6,800엔 ●플레이 명수 : 1인
●세이브 용량 : 580KB 이상 ●PS2용 USB 모뎀·마우스 지원, PS2 전용 HDD 지원, 네트워크 대전 지원(2인)

PC용의 원작을 이식한 전략 시뮬레이션 게임. 캠페인 모드에서는 칭기즈 칸, 잔 다르크 등의 시대를 재현한 5개 시나리오를 즐길 수 있다. 인터넷에 접속하면 다른 플레이어와 대전할 수도 있었다.

코시엔 : 짙푸른 하늘

●마호 ●SPT ●2002년 2월 14일 ●5,800엔
●플레이 명수 : 1~2인 ●세이브 용량 : 190KB 이상

당시 일본 전국 4,210개 고교의 최신 데이터를 수록한 고교야구 시뮬레이션 게임. 모교의 감독이 되어 팀을 단련시켜, 코시엔 대회에서 우승해보자. PictureParadise 기능을 이용하는 '주인공 에디트' 모드를 새로 추가했다.

삼국지전기

●코에이 ●SLG ●2002년 2월 14일 ●6,800엔
●플레이 명수 : 1~2인 ●세이브 용량 : 189KB 이상

삼국지를 소재로 삼은 전략 시뮬레이션 게임. 조조·유비·손책 중에서 군주를 선택해 천하통일을 노리자. 이벤트 등을 통해 스토리가 드라마틱하게 전개된다. 전투에서는 기사회생의 일격으로 전황을 한 방에 뒤집을 수도 있다.

스페이스 채널 5 Part 2

●세가 ●ETC ●2002년 2월 14일 ●5,800엔
●플레이 명수 : 1~2인 ●세이브 용량 : 161KB 이상

스페이스 리포터 '우라라'가 대활약하는 음악 게임. PS2로는 이 속편이 전작보다도 먼저 발매되었다. 마이클 잭슨 본인이 '스페이스 마이클'이란 캐릭터로 게임 내에 직접 출연하고 자신의 음성까지 제공해 큰 화제가 되었다.

듀얼 하츠

●소니컴퓨터엔터테인먼트 ●RPG ●2002년 2월 14일 ●5,800엔
●플레이 명수 : 1인 ●세이브 용량 : 104KB 이상

트레저 헌터인 주인공와 귀여운 동물 '바쿠'가 꿈의 세계에서 만나, 함께 사람들의 꿈속을 모험하는 RPG. 타산적인 협력관계로 시작하지만 점차 우정을 쌓아나가는 훈훈한 스토리, 현실과 꿈을 오간다는 신선한 세계관, 메인 스토리와 무관한데도 재미가 풍부한 수집 시스템 등으로 큰 호평을 받았던 타이틀이다.

CERO 등급 아이콘  
컨텐츠 명시 아이콘 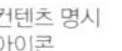 연애  선정성  폭력성  공포  음주·흡연  사행성  범죄  약물  언어·기타

소울 리버 2

●에이도스 ●ACT ●2002년 2월 14일 ●6,800엔
●플레이 명수 : 1인 ●세이브 용량 : 124KB 이상

서양에서 호평을 받았던 3D 액션 어드벤처 게임의 속편. 부활한 뱀파이어가, 자신을 처형한 창조주에게 복수한다는 스토리다. 현재와 과거, 물질 세계와 정신 세계를 왕래하며 의문을 풀어가는 장대한 스토리가 전개된다.

배스 스트라이크

●Pai ●SLG ●2002년 2월 14일 ●6,800엔
●플레이 명수 : 1인 ●세이브 용량 : 320KB 이상

배스 낚시 단체 B.A.S.S.가 공인한 배스 피싱 게임. 배스 낚시의 본토인 미국의 호수가 모델인 5종의 스테이지에서 본격 배스 낚시를 즐겨보자. 화면을 상하로 2분할하는 형태로, 수중을 관찰하면서 낚시할 수 있다.

아키라 : 사이코 볼

●반다이 ●TBL ●2002년 2월 21일 ●4,980엔
●플레이 명수 : 1~2인 ●세이브 용량 : 70KB 이상

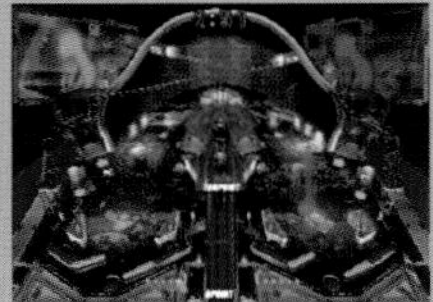

오토모 카츠히로 원작의 극장판 애니메이션 'AKIRA'를 테마로 삼은 핀볼 게임. 원작의 세계관을 재현한 4개 스테이지를 수록하였다. 리얼한 핀볼 게임이면서도, 게임다운 연출과 장치도 즐길 수 있다.

그란디아 II

●에닉스 ●RPG ●2002년 2월 21일 ●6,800엔
●플레이 명수 : 1인 ●세이브 용량 : 68KB 이상

드림캐스트로 발매되었던 RPG의 이식작. 몬스터 퇴치가 생업이던 주인공이, 어느 의뢰를 계기로 거악을 물리치기 위한 여행에 나선다는 장대한 스토리다. 이식 과정에서 동영상을 대폭 늘렸고, 신규 이벤트도 추가했다.

TETSU ONE 전차로 배틀! : WORLD GRAND PRIX

●시스컴 엔터테인먼트 ●RCG ●2002년 2월 21일 ●3,800엔
●플레이 명수 : 1~2인 ●세이브 용량 : 85KB 이상

「TETSU ONE 전차로 배틀!」(85p)의 리뉴얼판. 등장하는 전동차들이 각국 국기를 모티프로 삼은 디자인으로 변경되어, 세계에서 가장 빠른 전차를 가리는 결정전에 도전한다. 신호와 동시에 발진하는 '스타트 대시'가 추가됐다.

포춘 스트리트 3 : 억만장자로 만들어줄게! 가정교사도 붙여주지!

●에닉스 ●TBL ●2002년 2월 28일 ●6,800엔 ●플레이 명수 : 1~4인
●세이브 용량 : 573KB 이상 ●멀티탭 지원

인기 보드 게임 시리즈의 첫 PS2 발매작. 자신의 점포를 키워 돈을 벌어들이자. 폴리곤 그래픽을 전면 도입하여, 게임 도중에 맵 일부가 다이내믹하게 변화하는 등의 신규 장치가 대거 추가되었다.

영세명인 VI : 통신 쇼기 클럽

●코나미 ●TBL ●2002년 2월 28일 ●6,800엔 ●플레이 명수 : 1인
●세이브 용량 : 50KB 이상 ●USB 모뎀 지원

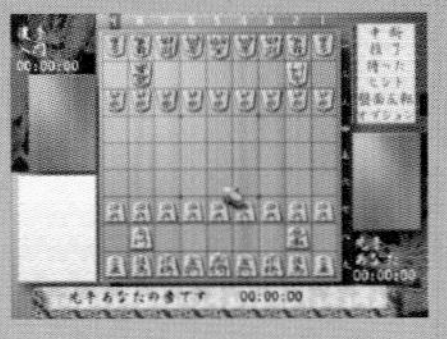

인기 쇼기 소프트의 제6탄. 유단자급의 사고 엔진과 예측 수읽기 기능으로 사고 시간을 단축시켜, 최강 레벨이라도 한 수에 불과 30초라는 고속화를 구현했다. 프로 기사의 최신 행마 등, 10만 수의 행마 데이터를 수록했다.

키보드매니아 II 2nd MIX & 3rd MIX

●코나미 ●SLG ●2002년 2월 28일 ●6,800엔 ●플레이 명수 : 1~2인
●세이브 용량 : 80KB 이상 ●RU205 키보드매니아 전용 컨트롤러 필수

전용 주변기기를 연결하여 실제 키보드 건반으로 연주하는 음악 게임. 'Light' 채보를 추가하여 초보자라도 연주에 도전하기 쉬워졌다. 「~3rd MIX」의 시스템 기반으로, 「~2nd MIX」·「~3rd MIX」의 전곡을 수록하였다.

각종 지원 아이콘 Best판 발매  PlayStation BB Unit 전용  PlayStation BB Unit 지원

Kanon

●NEC 인터채널 ●AVG ●2002년 2월 28일 ●6,800엔
●플레이 명수 : 1인 ●세이브 용량 : 25KB 이상

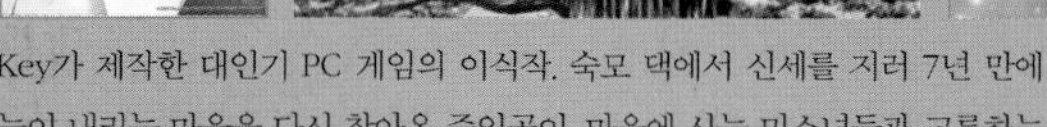

Key가 제작한 대인기 PC 게임의 이식작. 숙모 댁에서 신세를 지러 7년 만에 눈이 내리는 마을을 다시 찾아온 주인공이, 마을에 사는 미소녀들과 교류하는 과정에서 어째서인지 잊고 있었던 7년 전의 기억을 되찾아간다. 코믹한 대화 주고받기와, 아련함과 애절함이 교차하는 스토리로 큰 화제를 모았던 수작.

제노사가 에피소드 I : 권력에의 의지

●남코 ●RPG ●2002년 2월 28일 ●7,800엔 ●플레이 명수 : 1인
●세이브 용량 : 165KB 이상 ●PS2 전용 HDD 지원(1792.22MB 이상)

미래를 무대로 삼은 SF RPG 「제노사가」 시리즈의 첫 작품. 정체불명의 존재 '그노시스'와의 전투, '조할'을 둘러싼 인간들 사이의 싸움이 시작된다. 게임 그래픽 전체가 실시간 3D CG로 펼쳐지는 것이 특징이다.

솔트레이크 2002

●에이도스 ●SPT ●2002년 2월 28일 ●6,800엔
●플레이 명수 : 1~2인 ●세이브 용량 : 71KB 이상 ●멀티탭 지원(~4인)

IOC가 공인한 올림픽 스포츠 게임. 2002년 개최했던 솔트레이크 동계올림픽이 테마로서, 알파인 스키·봅슬레이 등 6개 종목을 플레이 가능하다. 실제 경기장을 완벽 재현했고, TV 중계와 동일한 시점으로 게임을 즐길 수 있다.

초고속 마작 플러스

●석세스 ●TBL ●2002년 2월 28일 ●3,800엔
●플레이 명수 : 1인 ●세이브 용량 : 37KB 이상

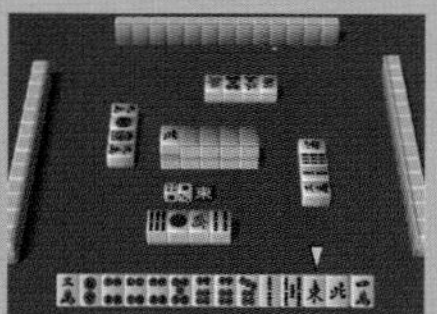

마작 팬들의 바램인 '신속함'·'강력함'·'쾌적한 조작감'을 구현한 마작 소프트. 적도라·와레메 등 약 40종류의 룰을 설정할 수 있다. DVD 비디오 '모두의 마작 : 마작교실 초급편'도 동봉해, 초보자라도 기초부터 배울 수 있다.

머나먼 시공 속에서 2

●코에이 ●AVG ●2002년 2월 28일 ●6,800엔
●플레이 명수 : 1인 ●세이브 용량 : 116KB 이상

PS1에서 인기가 많았던 일본풍 여성용 연애 게임의 제2탄. 이세계 '쿄'를 배경으로, 주인공이 원령과 싸운다는 스토리다. '응원합사' 시스템을 신규 탑재했으며, 대립하는 세력 중 어디에 붙느냐로 이야기가 변화한다.

EX 인생게임

●타카라 ●AVG ●2002년 3월 7일 ●6,800엔 ●플레이 명수 : 1~4인
●세이브 용량 : 131KB 이상 ●멀티탭 지원(~4인), 룰렛 컨트롤러 지원

유명 보드게임의 PS2판. 과거 「인생게임」 시리즈의 요소를 계승하면서 그래픽을 3D로 진화시켰다. 신규 요소로서, 게임 도중에 자신의 아이로 태어난 캐릭터를 사용할 수 있는 '가계도 시스템'을 탑재했다.

내가 감독이다! Volume.2 : 격투 페넌트레이스

●에닉스 ●SLG ●2002년 3월 7일 ●6,800엔
●플레이 명수 : 1~2인 ●세이브 용량 : 1100KB 이상

2000년 발매했던 「내가 감독이다!」(65p)의 속편. 신 기능으로서 투구 경향을 살펴보는 '볼배합 스코프', 타자가 잘 치는 코스를 알려주는 '안타 분포도' 등을 추가해, 디테일한 데이터를 플레이어에게 제공해준다.

CERO 등급 아이콘    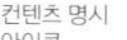  
컨텐츠 명시 아이콘  연애  선정성  폭력성  공포  음주·흡연  사행성  범죄  약물 언어·기타

귀무자 2

●캡콤 ●ACT ●2002년 3월 7일 ●6,800엔
●플레이 명수 : 1인 ●세이브 용량 : 390KB 이상

'사랑과 슬픔의 칼부림 손맛'을 선전문구로 내세운, 전작의 10년 후를 그린 '전국 서바이벌 액션' 게임. 주변 조력자 캐릭터들의 행동이 주인공에 대한 호감도에 따라 바뀌고, 심지어는 이것이 스토리 전개에까지도 영향을 미치는 시스템을 신규 도입했다. 주인공의 모델로 명배우인 고 마츠다 유사쿠를 기용했다.

사커츠쿠 2002 : J.LEAGUE 프로 사커 클럽을 만들자!

●세가 ●SLG ●2002년 3월 7일 ●6,800엔
●플레이 명수 : 1인 ●세이브 용량 : 330KB 이상

J리그 클럽의 대표 겸 감독이 되어 세계 최강 클럽을 목표로 삼는 클럽 육성 시뮬레이션 게임. J리거 선수들이 실명으로 등장하는 것은 물론, 특수 에디트 기능으로 만화의 캐릭터도 게임 내에 등장시킬 수 있다.

더욱더 골풀 GOLF

●아트딩크 ●SPT ●2002년 3월 7일 ●3,980엔
●플레이 명수 : 1~4인 ●세이브 용량 : 210KB 이상 ●멀티탭 지원

아날로그 스틱을 사용하는 독특한 조작감으로 호평 받았던 골프 게임 「골풀 GOLF」(81p)의 속편. 16개 코스의 미러 코스를 새로 추가했고, 단시간에 즐길 수 있는 '3홀 매치 플레이' 모드를 탑재하였다.

리얼 배스 피싱 : 탑 앵글러

●심스 ●SPT ●2002년 3월 7일 ●5,800엔 ●플레이 명수 : 1인
●세이브 용량 : 72KB 이상 ●낚시콘, 낚시콘2 지원

루어의 움직임을 살피며 배스와의 힘겨루기를 즐길 수 있는 배스 피싱 게임. 기후·시간대·지형 등의 조건 변화, 루어의 성능 등 실제 배스 낚시의 다양한 요소를 재현했다. 각 호수에서 개최되는 토너먼트에서 우승을 노려보자.

타이핑 연애백서 : BOYS BE…

●선 전자 ●ETC ●2002년 3월 14일 ●4,800엔
●플레이 명수 : 1인 ●세이브 용량 : 155KB 이상 ●키보드 전용 소프트

같은 제목의 만화가 원작인 인기 학원물 러브코미디 애니메이션을 소재로 삼은 타자연습 소프트. 터치 타이핑 기술을 익혀 소녀들의 호감도를 올리자. 총 5화의 옴니버스 스토리를 비롯해 갤러리 모드·미니게임을 수록했다.

와일드 암즈 Advanced 3rd

●소니컴퓨터엔터테인먼트 ●RPG ●2002년 3월 14일 ●5,800엔
●플레이 명수 : 1인 ●세이브 용량 : 35KB 이상

황량한 세계 '팔가이아'를 무대로, 자신의 신념만을 의지해 살아가는 모험가를 일컫는 '철새'가 된 한 소녀의 성장과 여행길을 그려낸 RPG. 습격당한 열차에서 운명적으로 마주친 메인 캐릭터들의 뒷이야기를 쫓아가는 영화적인 연출의 스토리가, 풍성한 볼륨으로 플레이어 앞에 펼쳐진다.

WRC : 월드 랠리 챔피언십

●스파이크 ●RCG ●2002년 3월 14일 ●6,800엔
●플레이 명수 : 1~2인 ●세이브 용량 : 1440KB 이상 ●GT FORCE 지원

실존하는 드라이버 및 실업 팀들의 차량이 실명으로 등장하는 랠리 레이싱 게임. 코스와 날씨에 맞춰 세팅을 변경하여 챔피언십에 도전해 승리를 거두자. 별매품인 스티어링 휠 컨트롤러도 지원한다.

빌바쿠

●카도카와쇼텐 ●PZL ●2002년 3월 20일 ●3,980엔
●플레이 명수 : 1~2인 ●세이브 용량 : 70KB 이상

최대한 적은 양의 다이너마이트로, 거대한 빌딩을 효율적으로 폭파 해체해야 하는 퍼즐 게임. 21종의 빌딩이 등장하며 거의 100종에 달하는 스테이지를 제공한다. 다이너마이트 설치를 마치면 해체 과정이 리얼하게 묘사된다.

잡동사니 명작극장 : 낙서 왕국

●카도카와쇼텐 ●RPG ●2002년 3월 20일 ●6,800엔
●플레이 명수 : 1~2인 ●세이브 용량 : 299KB 이상

신이 여러 '색깔'과 '모양'을 가져와 구축해낸 세계에서, 플레이어가 직접 그려낸 낙서를 구체화시켜 최대 3 : 3 배틀에 도전하는 RPG. 노트에 그린 낙서를 실물로 만들어주는 펜 '펜젤'이 성장하면 손발이나 날개도 추가할 수 있어, 낙서가 더욱 강력해진다. 자신이 그린 최강의 낙서를 대회에 출전시켜 승리를 노려보자.

리벨 판타지아 : 마리엘과 요정 이야기

●빅터 인터랙티브 소프트웨어 ●RPG ●2002년 3월 20일 ●6,800엔
●플레이 명수 : 1인 ●세이브 용량 : 100KB 이상

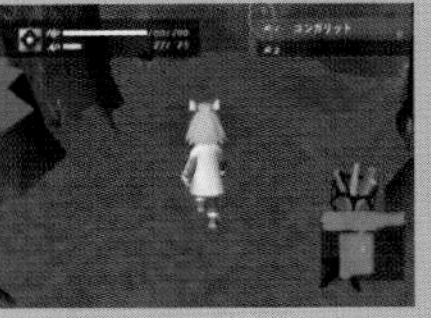

견습 요정술사인 주인공이, 요정들과 함께 3D 던전을 탐색하는 RPG. 마테리얼을 찾아내 요정들을 육성시켜 보자. 요정은 100종류 이상이나 되며, 던전 내부의 장애물을 해체하는 데 중요한 역할을 한다.

미국 횡단 울트라 퀴즈

●디지큐브 ●QIZ ●2002년 3월 28일 ●5,800엔
●플레이 명수 : 1~2인 ●세이브 용량 : 442KB 이상 ●멀티탭 지원(~4인)

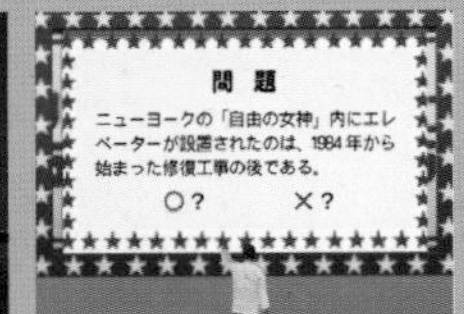

"뉴욕에 가고 싶습니까~!"라는 구호로 유명한 일본의 80년대 인기 퀴즈 프로가 PS2로 부활했다. 당시의 MC 후쿠토메 노리오가 3D화돼 등장하며, 음성도 본인이 직접 녹음해 분위기를 살렸다. 수록 문제는 약 1만 종.

알파인 레이서 3

●남코 ●SPT ●2002년 3월 28일 ●6,800엔
●플레이 명수 : 1~2인 ●세이브 용량 : 97KB 이상

눈 위의 레이스를 테마로 삼은 동계 스포츠 게임. 7명의 개성적인 캐릭터 중 하나를 선택해, 과격한 레이스에서 승리해보자. 스키·스노보드·스키보드 3종류 중에서 하나를 골라 코스를 돌파한다.

ESPN NBA 2Night 2002

●코나미 ●SPT ●2002년 3월 28일 ●6,800엔 ●플레이 명수 : 1~2인
●세이브 용량 : 860KB 이상 ●멀티탭 지원

2000년에 발매했던 「ESPN NBA 2night」(69p)의 속편. 선수들의 얼굴 텍스처를 전부 리뉴얼하는 등으로 그래픽을 강화시켰다. 당시의 현역 NBA 농구선수 340명이 모두 실명으로 등장한다.

 CERO 등급 아이콘    컨텐츠 명시 아이콘  연애  선정성 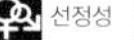 폭력성  공포  음주·흡연    사행성  범죄  약물  언어·기타

킹덤 하츠

●스퀘어 ●RPG ●2002년 3월 28일 ●6,800엔 ●플레이 명수 : 1인
●세이브 용량 : 132KB 이상 ●PS2 전용 HDD 유닛 지원

디즈니와 「파이널 판타지」, 두 세계의 캐릭터들이 함께 활약한다는 설정으로 큰 화제를 일으킨 RPG. 바깥세상에서 소환되어 온 소년 '소라'가 왕궁마도사 도널드 덕 일행과 함께 모험한다는 스토리로서, 하이퀄리티의 액션과 그래픽 덕에 단순한 캐릭터 게임에 머물지 않고 강력한 팬층을 만들어내는 데 성공했다.

NFL 2K2

●세가 ●SPT ●2002년 3월 28일 ●6,800엔
●플레이 명수 : 1~2인 ●세이브 용량 : 480KB 이상 ●멀티탭 지원(~8인)

인기 미식축구 게임의 2002년도판. 쿼터백 AI의 개량과 패스 캐치 시스템 신설로 공격적 측면을 강화한 것이 특징이다. 아날로그 스틱만으로 조작 가능한 '버추얼 컨트롤 시스템'을 탑재하였다.

더 베이스볼 2002 : 배틀 볼 파크 선언

●코나미 ●SPT ●2002년 3월 28일 ●6,800엔
●플레이 명수 : 1~2인 ●세이브 용량 : 1400KB 이상

당시 일본 프로야구 12개 구단에 소속된 선수 480명을 리얼하게 재현한 프로야구 게임. 2002년도 개막시 데이터를 탑재했고, 공식전·캠프·오픈전 등의 다양한 모드로 야구를 즐길 수 있다. 선수 명감과 프로 기록집도 수록했다.

사이바리아 : 컴플리트 에디션

●석세스 ●STG ●2002년 3월 28일 ●5,800엔
●플레이 명수 : 1~2인 ●세이브 용량 : 388KB 이상

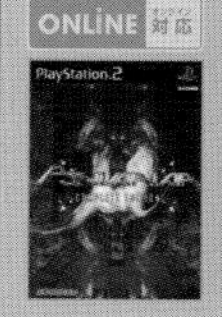

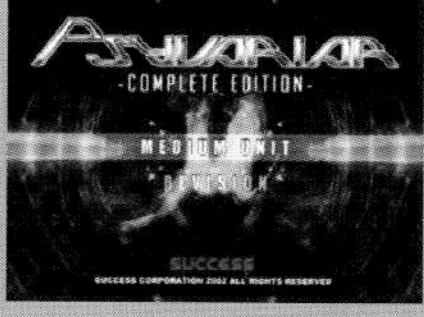

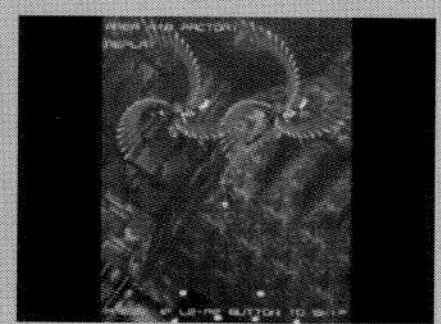

적탄을 일부러 기체에 스치도록 하여 기체를 강화시키는 'BUZZ 시스템'이 특징인 슈팅 게임. 마이너 체인지판인 「사이바리아 REVISION」도 수록했으며, 일본에선 공략 DVD 동봉판과 사운드트랙 CD 동봉판도 동시 발매했다.

사이버 마작장 : 동풍장 편

●코나미 ●TBL ●2002년 3월 28일 ●6,800엔 ●플레이 명수 : 1인
●세이브 용량 : 201KB 이상 ●USB 키보드, USB 모뎀·터미널 어댑터 지원

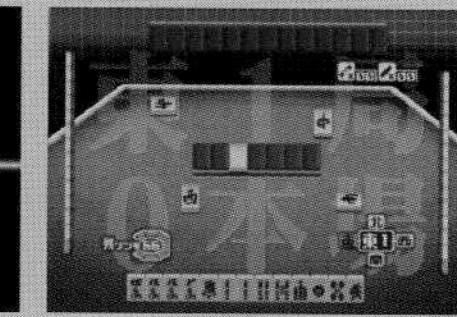

당시 일본에서 PC로 인기였던 인터넷 마작장 서비스를 PS2로도 이용할 수 있도록 해주었던 소프트. 인터넷에 접속하여, PS2 유저뿐만 아니라 PC 유저와도 대국 가능했다. 오프라인 모드로 CPU와도 대전할 수 있다.

제트로 GO! 2

●타이토 ●SLG ●2002년 3월 28일 ●6,800엔 ●플레이 명수 : 1인
●세이브 용량 : 240KB 이상 ●제트로 GO! 컨트롤러 지원

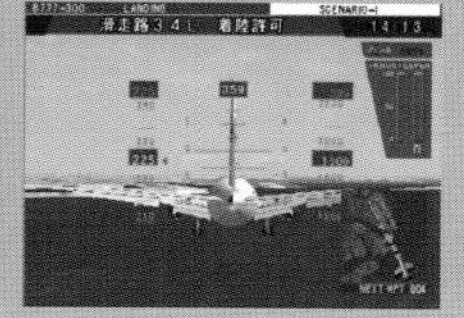

PS1으로 발매했던 여객기 운항 시뮬레이션 게임의 속편. JAL 그룹 3개사의 여객기와 일본 전국 공항 9개소의 데이터를 수록하여, 실제에 가까운 운행업무를 체험해볼 수 있다. 조작계도 3종류 중에서 선택 가능하다.

실황 GI 스테이블 2

●코나미 ●SLG ●2002년 3월 28일 ●6,800엔
●플레이 명수 : 1인 ●세이브 용량 : 581KB 이상

2000년 발매되었던 「실황 GI 스테이블」(63p)의 속편. 조교사가 되어, 해외 GI 레이스를 제패할 수 있을 만한 명마를 육성하자. 경주마를 육성하는 모드와 가상 레이스를 즐기는 모드가 있어, 경마의 재미를 한껏 파고들 수 있다.

각종 지원 아이콘

Best판 발매

PlayStation BB Unit 전용

PlayStation BB Unit 지원

SIMPLE 2000 시리즈 Vol.3 : THE 배스 피싱

●D3 퍼블리셔 ●SPT ●2002년 3월 28일 ●2,000엔
●플레이 명수 : 1인 ●세이브 용량 : 50KB 이상 ●낚시콘, 낚시콘2 지원

리얼한 그래픽으로 배스와의 한판 승부를 구현한 피싱 시뮬레이터. 기온·수온·날씨 등으로 배스 낚시의 전략성을 리얼하게 재현하였다. 낚은 물고기의 중량 등, 우승조건이 각기 다른 10개 대회를 제패하자.

SIMPLE 2000 시리즈 얼티밋 Vol.2 : 에디트 레이싱

●D3 퍼블리셔 ●RCG ●2002년 3월 28일 ●2,000엔
●플레이 명수 : 1~2인 ●세이브 용량 : 235KB 이상

시중의 일반 CD·DVD 디스크를 넣어 코스를 자동 생성하는 기능을 탑재한 레이싱 게임. 등장하는 차종 40대는 모두 오픈카 스타일이며, 레이스에서 승리해 상금을 따면 성능을 올리거나 더욱 고성능인 차를 구매할 수도 있다.

슈퍼로봇대전 IMPACT

●반프레스토 ●SLG ●2002년 3월 28일 ●7,980엔
●플레이 명수 : 1인 ●세이브 용량 : 380KB 이상

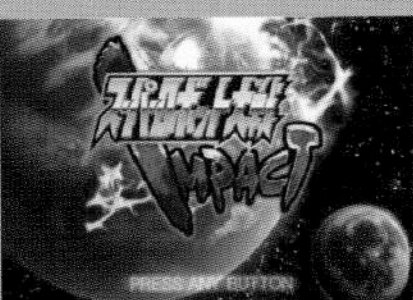

PS2로는 첫 「슈퍼로봇대전」 시리즈 작품. 총 28개 원작의 기체 및 캐릭터가 등장하며, 3부로 구성된 100화 이상의 스토리를 즐길 수 있다. 전투 시스템으로 원호행동, 합체공격, 동시 원호공격 등을 채용했다.

제독의 결단 Ⅳ

●코에이 ●SLG ●2002년 3월 28일 ●9,800엔
●플레이 명수 : 1인 ●세이브 용량 : 1858KB 이상

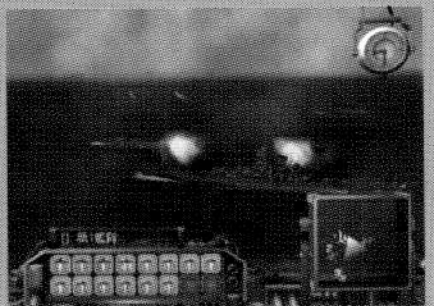

제2차 세계대전 당시의 함대전을 테마로 삼은 시뮬레이션 게임의 제4탄. 무대를 태평양에서 전 세계로 확대시켰으며, 선택할 수 있는 국가도 4개국으로 늘렸다. 전투를 실시간 3D로 묘사하여 더욱 박력이 넘친다.

철권 4

●남코 ●ACT ●2002년 3월 28일 ●5,800엔 ●플레이 명수 : 1~2인
●세이브 용량 : 70KB 이상 ●프로그레시브(525p) 출력 지원

이전의 「철권」 시리즈와 달리 벽과 지형의 고저차 등을 적극적으로 도입하고 포지션 체인지를 추가하는 등, 시스템 측면에서 많은 변화를 준 타이틀. 가정용판 전용의 'TEKKEN FORCE' 모드도 볼륨을 한층 더 늘렸다.

블랙 매트릭스 Ⅱ

●NEC 인터채널 ●SLG ●2002년 3월 28일 ●6,800엔
●플레이 명수 : 1인 ●세이브 용량 : 66KB 이상

어두운 세계관으로 3개 종족간의 대립을 그린 시뮬레이션 RPG. 인간에게 살해당한 마왕의 동생이, 죽음의 문턱에서 부활하여 인간 및 천사와 싸운다는 스토리다. 선택지에 따라 이야기가 분기되는 멀티 시나리오 시스템을 채용했다.

프로젝트 암스

●반다이 ●ACT ●2002년 3월 28일 ●6,800엔
●플레이 명수 : 1~2인 ●세이브 용량 : 50KB 이상

미나가와 료지 원작의 인기 만화를 3D 액션 게임화했다. 비밀결사 '에그리고리'와 오리지널 ARMS들 간의 싸움을 재현했으며, 스토리 모드에 등장한 캐릭터는 대전 모드에서도 사용이 가능해진다.

에어 레인저 2

●애스크 ●SLG ●2002년 3월 28일 ●6,800엔
●플레이 명수 : 1인 ●세이브 용량 : 115KB 이상

2001년 발매했던 구조헬기 시뮬레이션 게임 「에어 레인저」(79p)의 속편. 에어 레인저에 입대한 주인공이 되어, 재난상황에 처해있는 사람들을 구출해내자. 실제에 근거한 구조활동을 게임으로 체험할 수 있다.

CERO 등급 아이콘   

컨텐츠 명시 아이콘  연애  선정성  폭력성  공포  음주·흡연  사행성  범죄  약물  언어·기타  

완간 미드나이트

●겐키 ●RCG ●2002년 3월 28일 ●6,800엔 ●플레이 명수 : 1~2인
●세이브 용량 : 40KB 이상 ●GT FORCE 지원, i.LINK 지원

쿠스노키 미치하루 원작 인기 만화의 세계관을 만끽할 수 있는 레이싱 게임. 배틀로 라이벌을 하나씩 격파하여, 의문의 드라이버 '악마의 Z'를 꺾어야 한다. 배틀 시스템으로 「수도고 배틀」에서 호평 받았던 SP 배틀을 채용했다.

아머드 코어 3

●프롬 소프트웨어 ●ACT ●2002년 4월 4일 ●6,800엔 ●플레이 명수 : 1~4인
●세이브 용량 : 95KB 이상 ●i.LINK 케이블, i.LINK 허브, USB 마우스, USB 모뎀 지원

파츠를 자유롭게 조합해 전투 메카닉을 제작할 수 있는 액션 게임 시리즈의 신작. 투기장 '아레나'가 부활됐으며, 자동공격 비트와 무장해제 등의 신규 시스템을 도입했다. 조건이 까다롭긴 하나, 로컬 4인 대전도 구현했다.

실전 파치슬로 필승법! : Sammy's Collection

●사미 ●SLG ●2002년 4월 4일 ●4,800엔
●플레이 명수 : 1인 ●세이브 용량 : 70KB 이상

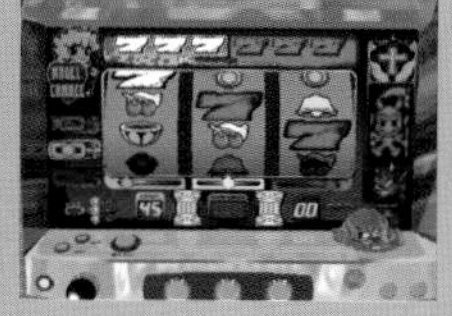

로데오 사의 인기 기종 2대를 수록한 파치슬로 실기 시뮬레이터. '인디아나 존스 2'와 '더블 챌린지'를 수록하였으며, 릴 부분만 표시하는 기능과 누름 타이밍을 연습하는 모드 등의 신규 기능을 탑재했다.

녹아웃 킹즈 2002

●일렉트로닉 아츠 스퀘어 ●SPT ●2002년 4월 4일 ●6,800엔
●플레이 명수 : 1~2인 ●세이브 용량 : 75KB 이상

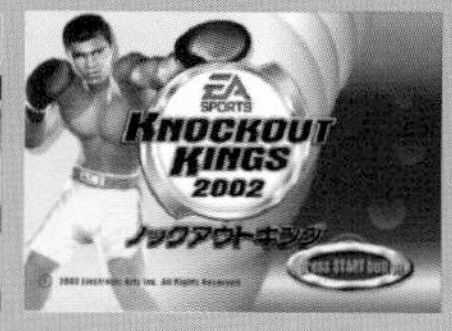

무하마드 알리 등의 전설적인 챔피언부터 당시 현역 복서에 이르기까지, 총 45명을 수록한 권투 게임. 모션 캡처와 페이셜 애니메이션 등을 채용하여, 권투 특유의 박력을 리얼하게 재현해냈다.

노부나가의 야망 : 람세기

●코에이 ●SLG ●2002년 4월 4일 ●9,800엔 ●플레이 명수 : 1인
●세이브 용량 : 5072KB 이상 ●PS2 전용 HDD 유닛 지원

「노부나가의 야망」 시리즈의 9번째 작품. 1,400명 이상의 무장을 수록한 전국시대 시뮬레이션 게임이다. 전투장면을 3D화했고, 모든 부대가 동시에 싸우는 실시간 배틀 등의 다양한 시스템을 도입해, 대박력의 전투를 구현했다.

리리의 아틀리에 플러스 : 잘부르그의 연금술사 3

●거스트 ●RPG ●2002년 4월 4일 ●4,800엔 ●플레이 명수 : 1인
●세이브 용량 : 900KB 이상 ●PS2 전용 HDD(디스크 캐시), 엡손 컬러리오 시리즈, 돌비 디지털, 돌비 서라운드 지원

연금술을 테마로 삼은 RPG 시리즈의 제3탄. 주인공 '리리'가 잘부르그에 연금술 아카데미를 설립하게 된다는 스토리다. 조합 시스템과 이벤트의 볼륨을 대폭 늘렸고, 연애 엔딩도 마련해두었다.

스턴트 GP

●MTO ●RCG ●2002년 4월 11일 ●5,790엔
●플레이 명수 : 1~2인 ●세이브 용량 : 109KB 이상

하이테크를 탑재한 마이크로 차량으로 스턴트 액션을 구사하며 겨루는 3D 레이싱 게임. 하프파이프나 루프를 신나게 주파하며 화려한 기술을 뽐내보자. 성능이 각기 다른 20종류의 머신과, 총 24종의 코스를 수록했다.

두근두근 메모리얼 2 : 뮤직비디오 클립 - 서커스에서 만나요

●코나미 ●ETC ●2002년 4월 18일 ●3,800엔
●플레이 명수 : 1인 ●세이브 용량 : 40KB 이상

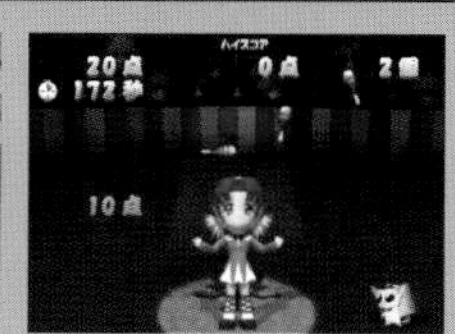

「두근두근 메모리얼 2」의 인기투표 상위 캐릭터 5명이 등장하는 뮤직비디오 클립 모음집. 서커스를 모티브로 삼은 미니게임을 클리어하면 각 히로인별로 이미지 클립을 감상할 수 있게 된다.

각종 지원 아이콘  Best판 발매   PlayStation BB Unit 전용  PlayStation BB Unit 지원

열중! 프로야구 2002

●남코 ●SPT ●2002년 4월 18일 ●6,800엔
●플레이 명수 : 1~2인 ●세이브 용량 : 62KB 이상

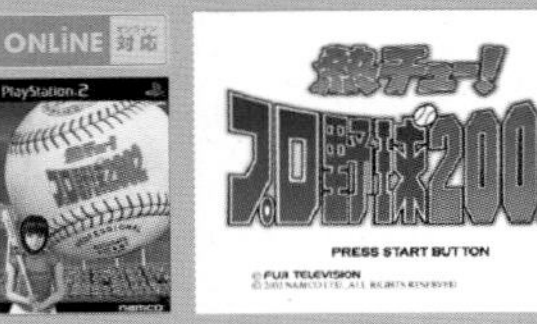

일본 후지TV와의 제휴로 제작된 프로야구 게임. 2002년도 개막 데이터를 수록하였으며, 야구 중계를 보는 듯한 현장감 넘치는 플레이가 펼쳐진다. 선수 특유의 동작과 구장의 분위기도 3D 그래픽으로 리얼하게 재현했다.

갈레리언즈 : 애시

●엔터브레인 ●ACT ●2002년 4월 25일 ●6,800엔
●플레이 명수 : 1인 ●세이브 용량 : 128KB 이상

가상의 미래세계가 배경인 3D 사이킥 액션 게임. PS1으로 발매된 바 있는 「갈레리언즈」의 속편으로서, 3인칭 배후시점 카메라와 록온 시스템을 채용하여 뛰어난 액션성을 구현한 작품이다.

기갑무장 G브레이커 : 제3차 클라우디아 대전

●선라이즈 인터랙티브 ●SLG ●2002년 4월 25일 ●6,800엔
●플레이 명수 : 1~2인 ●세이브 용량 : 56KB 이상

「선라이즈 영웅담 R」(66p)에 등장했던 가상의 작품 '기갑세기 G브레이커'의 프리퀄. 젊었을 적의 '쿄 아카츠키'의 싸움을 그린 시뮬레이션 RPG다. 그랜드 트루퍼의 고기동으로, 300회가 넘는 배틀을 돌파해보자.

기갑병단 J-PHOENIX : 버스트 택틱스

●타카라 ●ACT ●2002년 4월 25일 ●5,800엔 ●플레이 명수 : 1~2인
●세이브 용량 : 75KB 이상 ●i.LINK 케이블 지원

2001년 발매되었던 「기갑병단 J-PHOENIX」(83p)의 속편. 기체의 전신 16개 부위를 커스터마이즈할 수 있으며, 300종류 이상의 파츠가 등장한다. 동료 기체에 지시를 내려 연계 공격을 날려보자.

서베일런스 : 감시자

●소니컴퓨터엔터테인먼트 ●AVG ●2002년 4월 25일 ●5,800엔
●플레이 명수 : 1인 ●세이브 용량 : 163KB 이상

'야루도라' 시리즈의 스탭들이 제작한 오리지널 어드벤처 게임. 테러대책 특수부대의 대장이 되어 거대 테러조직과 싸워야 한다. 실시간으로 송출되는 6개의 모니터를 계속 감시하여 상황을 파악해, 대원들에게 적절한 지시를 내리자.

최강의 쇼기 2

●언밸런스 ●TBL ●2002년 4월 25일 ●7,800엔
●플레이 명수 : 1~2인 ●세이브 용량 : 170KB 이상

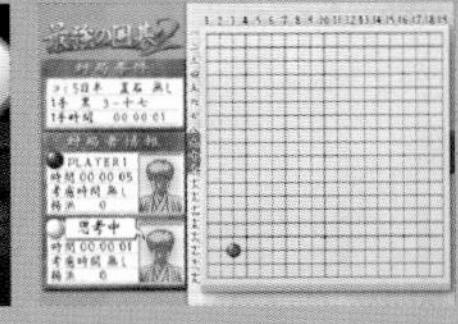

2001년도 컴퓨터바둑세계대회를 제패한 사고엔진을 더욱 튜닝하여 탑재한 바둑 소프트. CPU의 기력을 5단계로 설정할 수 있으며, 형세 확인 및 기보 읽어주기 등 다채로운 기능을 탑재하였다.

최종전차

●비지트 ●AVG ●2002년 4월 25일 ●5,800엔
●플레이 명수 : 1인 ●세이브 용량 : 288KB 이상

1998년 PS1으로 발매했던 같은 제목 작품의 리메이크작. 밖으로 나갈 수 없게 된 전철 안에서 벌어지는 에피소드를 그린 사운드 노벨로서, 그래픽·사운드를 강화했으며 현재 진행상황을 알려주는 '노선도' 기능도 추가했다.

제네레이션 오브 카오스 넥스트 : 잃어버린 인연

●아이디어 팩토리 ●SLG ●2002년 4월 25일 ●6,800엔
●플레이 명수 : 1인 ●세이브 용량 : 272KB 이상

2001년 발매했던 「제네레이션 오브 카오스」(86p)의 속편. 연애 스토리인 '넥스트 모드', 국가 간의 분쟁을 그린 '노멀 모드', 대륙의 패자가 되기 위해 싸우는 '카오스 모드'를 탑재하였다.

CERO 등급 아이콘    

컨텐츠 명시 아이콘  연애  선정성  폭력성  공포  음주·흡연    사행성  범죄  약물  언어·기타

샤인 : 말을 엮어서

●석세스 ●SLG ●2002년 4월 25일 ●6,800엔
●플레이 명수 : 1인 ●세이브 용량 : 70KB 이상

남쪽 지방의 섬이 배경인 미소녀 연애 어드벤처 게임. 카메라맨 지망생인 주인공이 6명의 여성과 대화하며 그녀들을 촬영하게 된다는 스토리다. 오리지널 시스템인 '아이디어 휠'을 활용해, 소녀들과 쉽게 대화할 수 있다.

SIMPLE 2000 시리즈 Vol.4 : THE 더블 마작 퍼즐

●D3 퍼블리셔 ●TBL ●2002년 4월 25일 ●2,000엔
●플레이 명수 : 1인 ●세이브 용량 : 38KB 이상

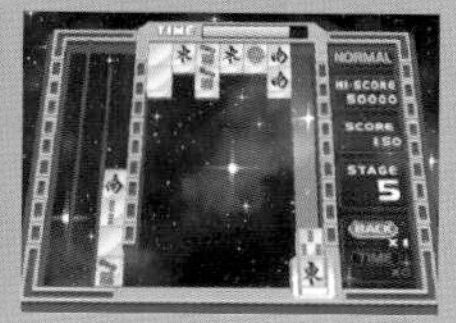

아케이드에서 호평 받았던, 마작패를 이용하는 퍼즐 게임 2종을 수록한 타이틀. 마작 룰의 '슌쯔'·'커쯔'에 맞춰 패를 없애나가는 「게키 토리데」와, 손패를 3개 이상 맞춰 빼내는 「쟝 SPACE」를 즐길 수 있다.

절체절명도시

●아이렘 소프트웨어 엔지니어링 ●AAVG ●2002년 4월 25일 ●6,800엔 ●플레이 명수 : 1인
●세이브 용량 : 320KB 이상 ●PS2 전용 HDD 지원(1024MB 이상), PS2 전용 트랜스 바이브레이터 지원

현대의 도시 내에서 재난에 휘말린 사람들의 생존기를 묘사한 게임 시리즈의 첫 작품. 인공섬 도시 '신현도'에 도착한 첫날 대지진에 휘말리고 만 주인공은, 필요한 물자를 모아 목숨을 부지하며 섬에서 무사히 탈출해야만 한다. 특정 행동의 선택이나 동행자 여부로 엔딩이 변화하는 것이 특징이다.

스파이 헌터

●미드웨이 게임스 ●STG ●2002년 4월 25일 ●6,800엔
●플레이 명수 : 1~2인 ●세이브 용량 : 38KB 이상

미국 미드웨이 사가 개발한 미션 클리어형 카체이스 액션 게임. 무장한 스파이용 차량으로 노스트라 사의 음모를 분쇄하자. 14가지 미션이 존재하며, 차량에 무기나 장비를 추가할 수도 있다.

일미간 프로야구 : 파이널 리그

●스퀘어 ●SPT ●2002년 4월 25일 ●6,800엔
●플레이 명수 : 1~2인 ●세이브 용량 : 141KB 이상

일본 프로야구계와 미국 메이저리그의 선수들이 한자리에 모여 겨루는 야구 게임. 일본 프로야구 선수들과 메이저리그 소속 선수들 간의 미일 대항전에 올스타전, 토너먼트, 시즌제 리그전까지도 플레이할 수 있다.

필살 파친코 스테이션 V3 : 출동! 미니스커트 폴리스

●선 전자 ●SLG ●2002년 4월 25일 ●5,800엔
●플레이 명수 : 1인 ●세이브 용량 : 500KB 이상

인기 시리즈의 제3탄. 다이이치쇼카이 사의 CR 기종 '출동! 미니스커트 폴리스'를 완벽 재현한 파친코 실기 시뮬레이터다. 리치 카탈로그, 잭팟 확률 변경, 핀 조정 등 과거 작품에서도 호평 받았던 시스템을 탑재하였다.

월드 사커 위닝 일레븐 6

●코나미 ●SPT ●2002년 4월 25일 ●6,800엔 ●플레이 명수 : 1~2인
●세이브 용량 : 647KB 이상 ●멀티탭 지원(~8인), PS2 전용 HDD 지원

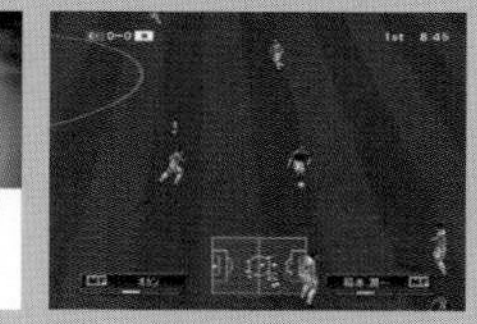

인기 축구 게임 시리즈의 제6탄. 일본 대표팀은 물론이고 유럽·남미 선수들도 실명으로 등장한다. 40개 팀이 참가할 수 있는 '마스터 리그', 더욱 진화된 이적 시스템, 에디트 기능 등 시스템 면에서도 충실하다.

기동전사 건담 : 기렌의 야망 - 지온 독립전쟁기

●반다이 ●SLG ●2002년 5월 2일 ●6,800엔
●플레이 명수 : 1인 ●세이브 용량 : 203KB 이상

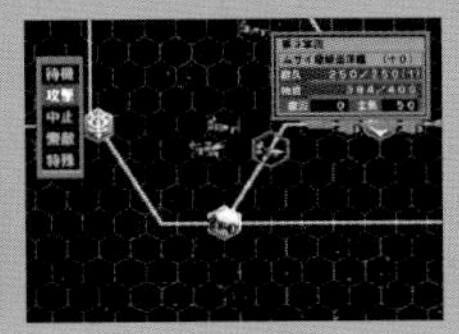

인기 전략 시뮬레이션 게임 시리즈의 제3탄. 지온의 기렌 총수 혹은 연방의 레빌 장군이 되어, 아군을 승리로 이끌자. 전투장면의 CG 퀄리티가 향상되었으며, 무대를 1년전쟁으로 한정시킴으로써 세계관을 더 깊이 파고들었다.

2002 FIFA 월드컵

●일렉트로닉 아츠 스퀘어 ●SPT ●2002년 5월 2일 ●5,800엔
●플레이 명수 : 1~2인 ●세이브 용량 : 450KB 이상 ●멀티탭 지원(~8인)

2002 FIFA 월드컵 한국·일본 경기를 완벽 체험 가능한 축구 게임. 32개 출장국의 선수들이 전부 실명으로 등장하며, 대회형식과 시합일정도 실제대로 맞췄다. 리얼한 그래픽으로 유명 선수들의 움직임도 재현했다.

파친코로 놀자! : 피버 도데카 사우루스

●인터내셔널 카드 시스템 ●SLG ●2002년 5월 2일 ●3,800엔
●플레이 명수 : 1인 ●세이브 용량 : 256KB 이상 ●회전형 컨트롤러 지원

산쿄 사의 인기 기종을 수록한 파친코 실기 시뮬레이터. 공룡이 테마인 'CR 피버 도데카 사우루스'의 게임성과 액정화면 연출을 재현하였다. 퀴즈 모드를 통해 파친코 지식을 나름대로 배워볼 수도 있다.

-U- 언더워터 유니트

●아이렘 소프트웨어 엔지니어링 ●STG ●2002년 5월 2일 ●4,800엔
●플레이 명수 : 1인 ●세이브 용량 : 76KB 이상

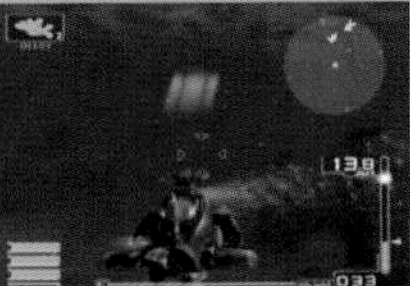

신형 잠수함을 조작해 해상이나 공중의 적과 싸우는 3D 슈팅 게임. X-소나로 잠수중인 적을 찾아내 조준하여 격추하자. 적은 공중에서도 습격해온다. 초고대유적을 발굴해야 하는 미션도 있다.

실황 월드 사커 2002

●코나미 ●SPT ●2002년 5월 16일 ●6,800엔
●플레이 명수 : 1~4인 ●세이브 용량 : 610KB 이상 ●멀티탭 지원

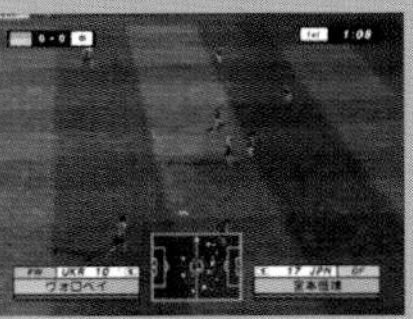

인기 축구 게임 시리즈의 2002년도판. 세계 58개국의 대표팀들이 등장하며, 실명화된 선수도 늘어났다. 리얼한 그래픽과 실황·해설 덕분에 마치 TV 경기 중계처럼 게임을 즐길 수 있다. 오리지널 팀 제작 기능도 있다.

DDRMAX : 댄스 댄스 레볼루션 6th MIX

●코나미 ●SLG ●2002년 5월 16일 ●5,800엔 ●플레이 명수 : 1~2인
●세이브 용량 : 77KB 이상 ●RU017, RU023, RU026, RU031 지원

아케이드용 인기 리듬 게임 시리즈의 첫 PS2 이식판. '프리즈 애로우'가 새로 등장하기에, 화살표를 밟은 상태로 고정한다는 새로운 액션을 익혀야 한다. 가정용 오리지널 곡도 2곡 수록되어 있다.

파이널 판타지 XI

●스퀘어 ●RPG ●2002년 5월 16일 ●7,800엔
●플레이 명수 : 1인 ●PS2 전용 HDD 유닛 지원

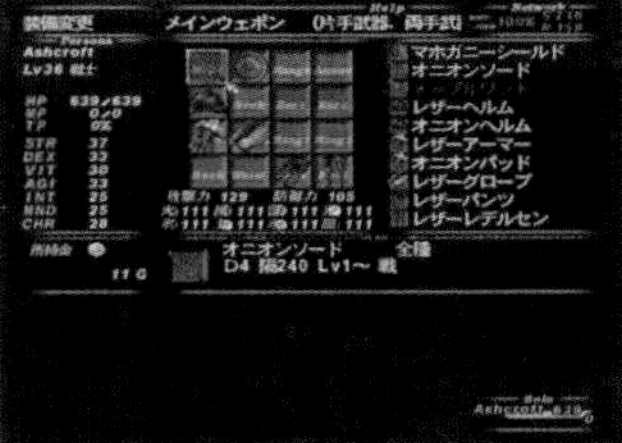

FF 시리즈 최초의 MMORPG. 「파이널 판타지」의 세계에서 다른 플레이어들와 함께 모험과 생활을 즐기는 온라인 전용 게임으로서, 이후 여러 확장팩과 신규 시나리오가 업데이트되었다. 2024년 현재 PS2판 등은 종료됐고 PC로만 서비스중이지만, 그럼에도 무려 20년 넘게 계속 운영중인 경이적인 게임이다.

 CERO 등급 아이콘     컨텐츠 명시 아이콘  연애  선정성  폭력성  공포  음주·흡연   사행성  범죄  약물  언어·기타

비트매니아 다다다!! : THE BEST다

●코나미 ●ETC ●2002년 5월 16일 ●3,800엔
●플레이 명수 : 1인 ●세이브 용량 : 70KB 이상 ●전용 키보드 필수

「비트매니아」 시리즈의 인기곡과, 판권곡의 인스트루멘털 편곡판 등으로 게임을 즐기는 타자연습 소프트. 전용 키보드를 사용하여, 곡 도중에 내려오는 문장을 시간 내에 입력해가며 진행해야 한다.

아카가와 지로 : 달빛 - 가라앉은 종의 살인

●빅터 인터랙티브 소프트웨어 ●AVG ●2002년 5월 23일 ●5,800엔
●플레이 명수 : 1인 ●세이브 용량 : 217KB 이상

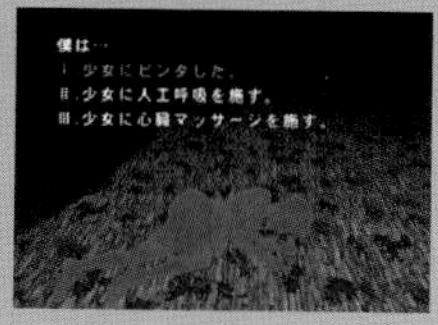

추리소설가 아카가와 지로가 원작·감수를 맡은 사운드 노벨. 산속의 학교에 부임한 주인공이 다양한 미스터리와 사건에 맞선다는 스토리다. 총 3장 구성이며, 오프닝 테마곡의 피아노 연주는 탤런트 사카이 아야나가 맡았다.

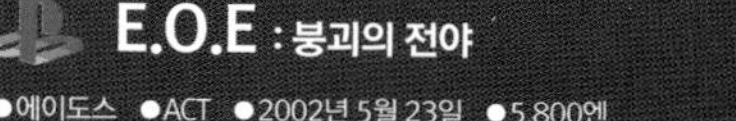

E.O.E : 붕괴의 전야

●에이도스 ●ACT ●2002년 5월 23일 ●5,800엔
●플레이 명수 : 1인 ●세이브 용량 : 84KB 이상

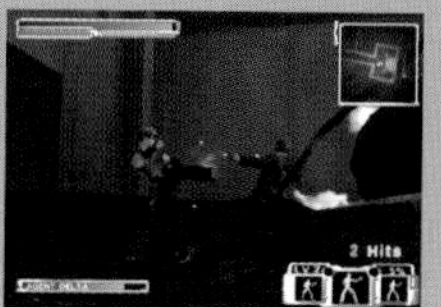

간단한 조작으로 통쾌한 배틀을 즐기는 3D 액션 어드벤처 게임. 군산복합체 기업에 의해 군사병기로 개조된 애인을 구하기 위해 주인공이 맞선다는 스토리다. 다채로운 무기로 무한 콤보를 구사해 주변의 적을 일망타진하자.

워리어즈 오브 마이트 앤 매직

●석세스 ●RPG ●2002년 5월 23일 ●5,800엔
●플레이 명수 : 1인 ●세이브 용량 : 373KB 이상

고전 명작 「마이트 앤 매직」 시리즈의 세계관을 바탕으로 제작한 외전 격 3D 액션 RPG. 주인공인 '앨러론'이 되어 자신의 출생의 비밀을 밝혀내, 적의 음모를 저지하자. 지하미궁, 수도원 등 9곳의 필드가 등장한다.

NBA 2K2

●세가 ●SPT ●2002년 5월 23일 ●6,800엔 ●플레이 명수 : 1~2인
●세이브 용량 : 54KB 이상 ●멀티탭 지원(~8인)

인기 농구 게임 시리즈의 제3탄. 2002년 9월 시점의 NBA 데이터를 수록하였으며, 마이클 조던을 비롯한 5명의 전설적인 선수들도 사용할 수 있다. 크로스오버 드리블로 상대를 마음껏 우롱할 수도 있다.

실명실황경마 드림 클래식 2002

●반다이 ●SLG ●2002년 5월 23일 ●6,800엔 ●플레이 명수 : 1인
●세이브 용량 : 1036KB 이상 ●대전시 최대 12인, i-mode 지원

경주마를 육성·조교해 레이스 승리를 노리는 경마 시뮬레이션 게임. 2002년 최신 경마일정에 대응하며, 영국 등 외국의 레이스에도 도전할 수 있게 되었다. i-mode 휴대폰을 지원해, 일본 전국의 유저와 혈통이론 경쟁이 가능했다.

일본 대표 선수가 되자!

●에닉스 ●AVG ●2002년 5월 23일 ●6,800엔
●플레이 명수 : 1인 ●세이브 용량 : 85KB 이상

커맨드 선택 시스템으로 세계 정상을 노리는 축구 게임. 일본 대표팀으로 선발된 신인 선수가 되어 국가대표팀의 일상을 체험해보자. 드라마 파트와 시합 파트가 번갈아 진행되며, 실황중계는 아나운서 쿠라시키 야스오가 담당했다.

런어바웃 3 : 네오 에이지

●E3 스탭 ●ACT ●2002년 5월 23일 ●6,800엔
●플레이 명수 : 1인 ●세이브 용량 : 346KB 이상

호쾌한 파괴 액션을 즐길 수 있는 레이싱 게임 시리즈의 제3탄. 맨해튼을 무대로, 온갖 구조물들을 화끈하게 박살내면서 골인해보도록 하자. 등장하는 차량은 18대+α이며, 30개 미션을 수록하였다.

각종 지원 아이콘 | Best판 발매 | ONLINE 専用 PlayStation BB Unit 전용 | ONLINE 対応 PlayStation BB Unit 지원

오토스타츠

●소니컴퓨터엔터테인먼트 ●PZL ●2002년 5월 30일 ●5,800엔
●플레이 명수 : 1~2인 ●세이브 용량 : 98KB 이상

평면인 필드에 물·나무·흙 블록을 규칙에 따라 배치하여, 건물을 세워가며 마을로 발전시키는 액션 퍼즐 게임. 3종류의 블록을 조합해 일정 조건을 만족시키면 더 높은 건물이 세워지는 '연쇄'를 노려야만 한다.

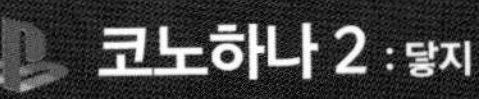

코노하나 2 : 닿지 않는 레퀴엠

●석세스 ●AVG ●2002년 5월 30일 ●3,800엔
●플레이 명수 : 1인 ●세이브 용량 : 84KB 이상

PS1으로 발매되었던「코노하나 : True Report」의 속편에 해당하는 학원물 미스터리 어드벤처 게임. 주인공 '메구루'와 자칭 신문부 부장 '미아코'가, 다시 한 번 학교에서 벌어진 연쇄살인 사건을 해결하게 된다.

SIMPLE 2000 시리즈 Vol.5 : THE 블록 – HYPER

●D3 퍼블리셔 ●PZL ●2002년 5월 30일 ●2,000엔
●플레이 명수 : 1~2인 ●세이브 용량 : 41KB 이상

고전 게임 '블록깨기'가 3D로 진화되어 다시 돌아왔다. 다양한 장치와 아이템으로 승부하는 총 150스테이지가 수록되어 있어 충분히 오래 즐길 수 있다. 2인 협력 플레이와 2인 대전 플레이도 가능하다.

디즈니 골프 클래식

●캡콤 ●SPT ●2002년 5월 30일 ●4,980엔 ●플레이 명수 : 1~4인
●세이브 용량 : 370KB 이상 ●멀티탭 지원(~4인)

미키 마우스, 도널드 덕 등의 대인기 디즈니 캐릭터들이 등장하는 골프 게임. 혼자서 즐겨도 좋고, 모두 함께 왁자지껄 즐겨도 좋다. 조작은 간단하지만, 시스템 자체는 제법 본격적인 3D 골프 게임이다.

여름빛 모래시계

●프린세스 소프트 ●AVG ●2002년 5월 30일 ●6,800엔
●플레이 명수 : 1인 ●세이브 용량 : 255KB 이상

타임 리프가 테마인 연애 어드벤처 게임. 주인공 '코타로'는 7월 어느 날, 짝사랑하던 '카호'에게 고백하기로 결심한다. 그런데 다음날 눈을 떠보니 9월 1일로 타임 리프돼 있었고, 카호가 이미 죽었다는 충격적인 소식까지 듣는다.

미니어처 철도 : 블루 트레인 특급편

●석세스 ●SLG ●2002년 5월 30일 ●5,800엔
●플레이 명수 : 1인 ●세이브 용량 : 1290KB 이상

화면 내에 철도 디오라마를 만들어볼 수 있는 철도모형 시뮬레이션 게임. 30종 이상의 실명 기관차가 등장하며, 선로·건물·자연물 등의 다양한 파츠도 200종 이상 제공된다. 마음대로 디오라마를 만들어, 열차를 순회시켜보자.

프로젝트 FIFA 월드컵 : 그럼 네가 대표감독

●일렉트로닉 아츠 스퀘어 ●SLG ●2002년 5월 30일 ●6,800엔
●플레이 명수 : 1~2인 ●세이브 용량 : 233KB 이상

일본 축구 대표팀의 감독이 되어 선수를 발굴·육성·지휘하여 FIFA 월드컵 우승을 노리는 축구팀 육성 시뮬레이션 게임. 시합 장면에서는 경기 진행 도중 감독으로서 실시간으로 지시를 내릴 수 있다.

F1 2002

●일렉트로닉 아츠 스퀘어 ●RCG ●2002년 6월 6일 ●6,800엔 ●플레이 명수 : 1~2인
●세이브 용량 : 306KB 이상 ●멀티탭 지원(~4인), GT FORCE 지원

포뮬러 원의 2002년 시즌 데이터를 완벽하게 지원하는 3D 레이싱 게임. 당시의 드라이버·머신·팀·서킷들이 모두 실명으로 등장한다. 슬립스트림을 통한 치열한 심리전이 레이스의 승패를 좌우한다.

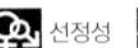
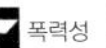

마이 홈을 만들자!

●빅터 인터랙티브 소프트웨어 ●SLG ●2002년 6월 6일 ●5,800엔
●플레이 명수 : 1인 ●세이브 용량 : 1007KB 이상 ●popegg 지원

주택 건축 시뮬레이션 게임. 단독주택을 직접 설계한 후 1인칭 시점으로 자유롭게 돌아볼 수 있다. 주택 관련업체의 협력을 받아, 당시 실존했던 가구 및 건축자재의 데이터를 다수 수록하였다. popegg 프린터로 인쇄할 수도 있다.

레이징블레스 : 항마묵시록

●퍼시픽 센추리 사이버웍스 재팬 ●ACT ●2002년 6월 6일 ●6,800엔
●플레이 명수 : 1~2인 ●세이브 용량 : 42KB 이상 ●멀티탭 지원(~4인)

검과 마법의 판타지 세계 내에서 몬스터들과 싸우는 3D 액션 게임. 차별화된 타입의 전사 4명 중에서 조작할 캐릭터를 선택해, 필드 내의 적을 격파하며 전진하자. 콤보를 멋지게 연결하는 쾌감이 있는 작품이다.

월드 판타지스타

●스퀘어 ●SPT ●2002년 6월 6일 ●6,800엔
●플레이 명수 : 1~2인 ●세이브 용량 : 119KB 이상

36명의 일본 대표선수들이 실명으로 등장하는 축구 게임. '월드 챔피언십'과 '토너먼트' 등, 다양한 모드로 축구를 즐길 수 있다. '팀 에디트' 모드에서는 세계 각국의 선수들도 선발할 수 있다.

인터넷 바둑 : 헤이세이 기원 24

●석세스 ●TBL ●2002년 6월 13일 ●5,800엔 ●플레이 명수 : 1~2인
●세이브 용량 : 142KB 이상 ●USB 키보드, PlayStation BB Unit 지원

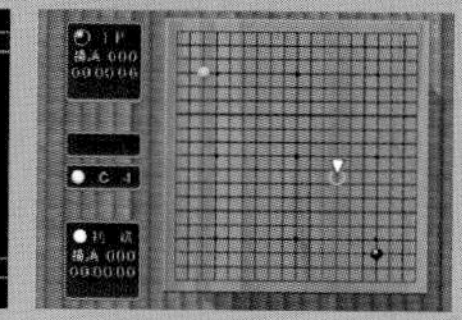

인터넷 대국이 가능했던 바둑 게임. 바둑 서버 'IGS 팬더넷'에 접속해, PS2 유저는 물론 PC 유저와도 대국할 수 있었다. 오프라인 모드에서는 강력한 사고엔진을 상대로 삼아 연습 가능하다.

인터넷 오델로 : 오델로 월드 24

●석세스 ●TBL ●2002년 6월 13일 ●5,800엔 ●플레이 명수 : 1~2인
●세이브 용량 : 52KB 이상 ●USB 키보드, PlayStation BB Unit 지원

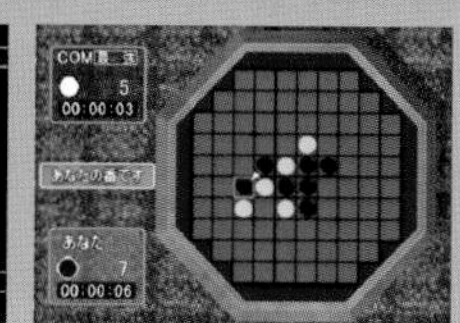

인터넷 대국을 지원했던 오델로 게임. 일본오델로연맹의 공식 서버인 '오델로 월드 24'에 접속하여 인터넷상의 플레이어와 대국을 즐길 수 있었다. CPU와 대전하는 오프라인 모드도 들어있다.

인터넷 쇼기 : 쇼기 도장 24

●석세스 ●TBL ●2002년 6월 13일 ●5,800엔 ●플레이 명수 : 1~2인
●세이브 용량 : 119KB 이상 ●USB 키보드, PlayStation BB Unit 지원

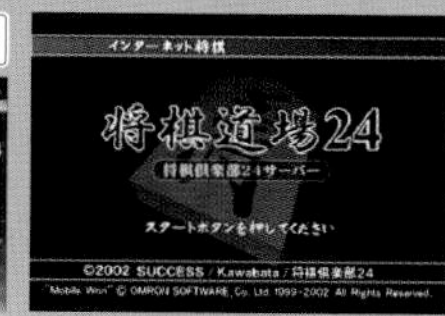

인터넷 대국이 가능했던 쇼기 게임. 쇼기 서버 '쇼기 클럽 24'에 접속하여 인터넷상의 플레이어와 대국할 수 있었다. 사고 엔진으로 '카와바타 쇼기'를 탑재하여, 오프라인으로 CPU와 대국해볼 수도 있다.

인터넷 마작 : 동풍장에서 놀자

●석세스 ●TBL ●2002년 6월 13일 ●5,800엔 ●플레이 명수 : 1인
●세이브 용량 : 141KB 이상 ●USB 키보드, PlayStation BB Unit 지원

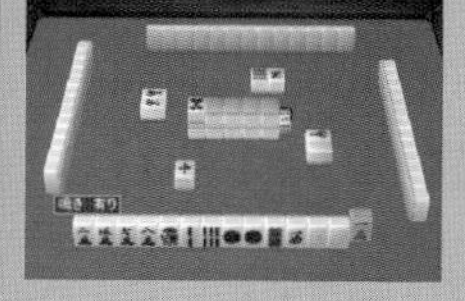

인터넷 대국 서비스를 제공했던 마작 게임. 인터넷 마작 사이트 '동풍장'에 접속하여 인터넷상의 플레이어와 대국할 수 있었다. 사고 엔진으로 '샤누아르 마작'을 탑재하여, 오프라인으로 CPU와 대국해볼 수도 있다.

최강 도다이 쇼기 4 : 야구라 도장 포함

●마이니치 커뮤니케이션즈 ●TBL ●2002년 6월 13일 ●6,800엔
●플레이 명수 : 1~2인 ●세이브 용량 : 200KB 이상

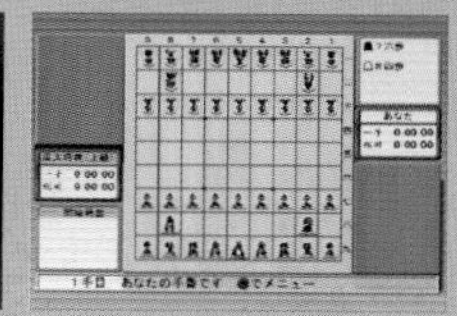

강력한 사고 엔진을 탑재한 쇼기 게임 시리즈의 신작. PC용으로 인기였던 「최강 도다이 쇼기 4」와 「도다이 쇼기 : 야구라 도장」을 통합하고 문제 및 정석을 갱신하였다. 정석은 사상 최다량인 120만 수를 수록했다.

각종 지원 아이콘 | Best판 발매 | ONLINE 専用 PlayStation BB Unit 전용 | ONLINE 対応 PlayStation BB Unit 지원

르망 24 아워즈

●세가 ●RCG ●2002년 6월 13일 ●6,800엔 ●플레이 명수 : 1~2인
●세이브 용량 : 200KB 이상 ●GT FORCE 지원

실제 르망 24시간 내구 레이스를 소재로 삼은 레이싱 게임. 설정하기에 따라 레이스를 10분간으로 단축시킨 모드부터, 노면과 타이어의 상황을 판단하며 실제로 24시간을 달리는 모드까지도 선택할 수 있다.

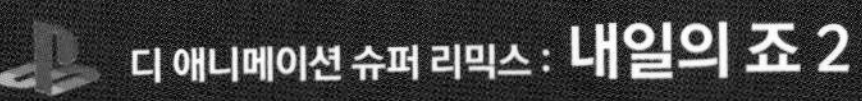

디 애니메이션 슈퍼 리믹스 : 내일의 죠 2

●캡콤 ●ETC ●2002년 6월 20일 ●5,800엔
●플레이 명수 : 1인 ●세이브 용량 : 106KB 이상

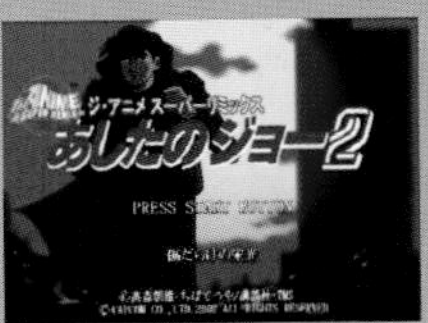

인기 애니메이션 '내일의 죠 2'를 소재로 삼은 버라이어티 소프트. 리키이시 사후부터 호세 멘도사와의 시합까지를 진행한다. 미니게임을 클리어하면 고화질로 수록된 동영상을 감상할 수 있다.

디 애니메이션 슈퍼 리믹스 : 거인의 별

●캡콤 ●ETC ●2002년 6월 20일 ●5,800엔
●플레이 명수 : 1인 ●세이브 용량 : 106KB 이상

야구를 다룬 걸작 애니메이션 '거인의 별'의 동영상을 고화질로 수록한 버라이어티 소프트. 원작의 하이라이트 장면을 다수 수록하였으며, 미니게임을 클리어하여 얻은 포인트를 지불하면 제대로 감상할 수 있다.

.hack//감염확대 Vol.1

●반다이 ●RPG ●2002년 6월 20일 ●5,800엔
●플레이 명수 : 1인 ●세이브 용량 : 685KB 이상

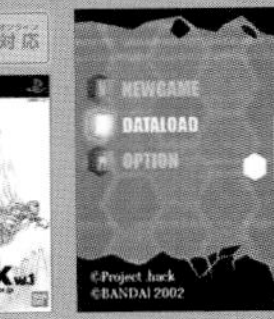

가상의 온라인 게임을 배경으로 스토리를 펼치는 RPG. 3개월 단위로 발매되는 4부작의 제1편으로서, 이 작품에선 게임 '더 월드'를 막 시작한 주인공이 게임 내에서 벌어지는 이변에 휘말려드는 과정을 그렸다.

두근두근 메모리얼 Girl's Side

●코나미 ●SLG ●2002년 6월 20일 ●6,800엔
●플레이 명수 : 1인 ●세이브 용량 : 158KB 이상

'도키메모 펀드'를 통해 출자를 받아 제작한 여성용 연애 시뮬레이션 게임. 하바타키 학원에서 고교 생활을 즐기며 자신을 계발하고 친구 및 남성 캐릭터들과 교류하여, 졸업할 때 동경하는 남성에게 고백을 받자. 연애 시뮬레이션 게임의 시스템에 여성간의 인간관계가 만들어내는 리얼리티를 잘 녹여내었다.

포포로크로이스 : 시작되는 모험

●소니컴퓨터엔터테인먼트 ●RPG ●2002년 6월 20일 ●5,800엔
●플레이 명수 : 1인 ●세이브 용량 : 369KB 이상

인기 시리즈 「포포로크로이스 이야기」의 4번째 작품으로서, 전작까지의 주인공 피에트로의 아들인 '피논' 왕자가 활약하는 2부작 중 전반부에 해당하는 스토리다. 정령세계 '판토네시아'에서 세력을 키우고 있는 어둠에 맞서 싸우자.

룸메이트 아사미 : 사모님은 여고생

●데이텀 폴리스타 ●AVG ●2002년 6월 20일 ●6,800엔
●플레이 명수 : 1인 ●세이브 용량 : 150KB 이상

인기 만화 '사모님은 여고생'을, 자사의 히트작 「룸메이트」의 시스템으로 어드벤처 게임화한 작품이다. 학급 담임인 주인공의 학생이자 현역 여고생인 아사미와 몰래 결혼했다는 사실을 들키지 않도록 숨겨가며 신혼생활을 만끽하자.

CERO 등급 아이콘 A B C D Z 審査予定 / 컨텐츠 명시 아이콘

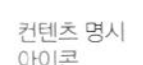
연애

선정성

폭력성

공포

음주·흡연

사행성

범죄

약물

언어·기타

SIMPLE 2000 본격사고 시리즈 Vol.2 : THE 바둑

●D3 퍼블리셔 ●TBL ●2002년 6월 25일 ●2,000엔
●플레이 명수 : 1~2인 ●세이브 용량 : 250KB 이상

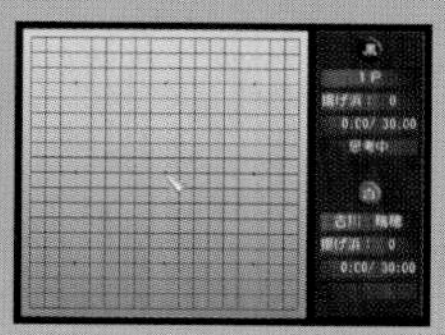

일본기원이 감수한 바둑 소프트. 대국할수록 CPU가 점점 강해지는 사고루틴을 탑재했다. 자유대국 모드는 난이도를 3단계로 설정 가능하며, 개성적인 캐릭터 8명과 대결하는 서바이벌 모드 등도 즐길 수 있다.

이지브라우저 BB

●에르고소프트 ●ETC ●2002년 6월 27일 ●3,800엔 ●플레이 명수 : 1인
●세이브 용량 : 512KB 이상 ●106 USB 키보드·popegg 지원, PlayStation BB Unit 전용, 이더넷 접속 케이블 필요

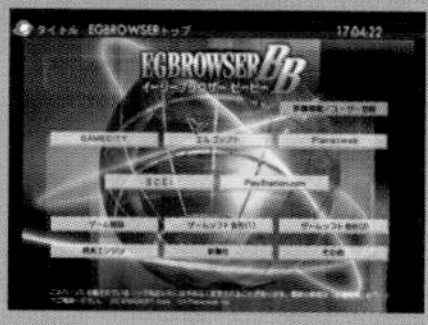

PlayStation BB Unit 전용 웹브라우저 소프트. 브로드밴드 및 HDD와 결합하여 쾌적한 고속 인터넷 서핑을 구현했다. 웹브라우저와 이메일 소프트가 내장돼 있으며, 단독으로 온라인 쇼핑도 가능했다.

우사기 : 야성의 투패

●디지큐브 ●TBL ●2002년 6월 27일 ●4,800엔
●플레이 명수 : 1인 ●세이브 용량 : 42KB 이상

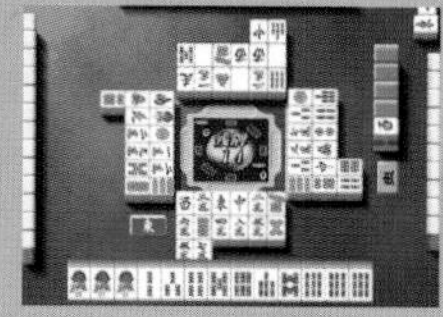

일본의 마작만화 잡지 '근대마작'에 연재되던 인기 마작만화가 원작인 마작 게임. 등장하는 각 캐릭터의 특수능력과 개성이 오가는 태그 배틀을 즐길 수 있다. 2 : 2 팀배틀 대국으로 당신 안에 잠든 야성을 깨워보자.

건 서바이버 3 : 디노 크라이시스

●캡콤 ●STG ●2002년 6월 27일 ●6,800엔 ●플레이 명수 : 1인
●세이브 용량 : 145KB 이상 ●건콘2 지원

「건 서바이버」 시리즈의 제3탄. PS1으로 발매되어 호평 받았던 「디노 크라이시스」의 세계를 바탕으로 제작한 오리지널 건 슈팅 게임이다. 정글과 시가지를 누비며, 흉포한 공룡들을 총 한 자루로 제압하자.

검호 2

●겐키 ●ACT ●2002년 6월 27일 ●6,800엔
●플레이 명수 : 1~2인 ●세이브 용량 : 310KB 이상

리얼함을 추구한 검술 액션 게임 「검호」(67p)의 속편. 미야모토 무사시, 사카모토 료마, 야규 쥬베이 등의 유명한 검호 약 30명이 등장한다. 일대다수 대결도 추가되어, 검술과 심리전이 한층 더 다채로워졌다.

콜로볼 2002

●엔터브레인 ●TBL ●2002년 6월 27일 ●7,800엔
●플레이 명수 : 1~2인 ●세이브 용량 : 63KB 이상

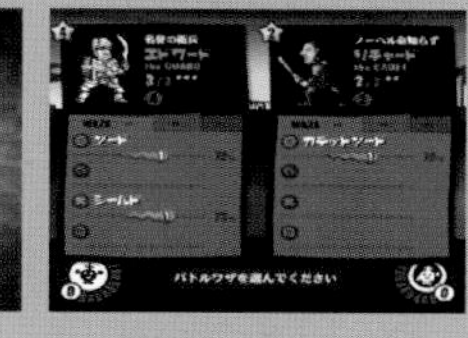

축구공 위에서 대결하는 테이블 게임. 육각형 패널 위에 유닛을 배치하여, 같은 패널 내에 적이 있으면 전투가 시작된다. 상대 유닛을 격파한 스코어로 승부를 겨룬다. 유닛은 약 5,000종류가 등장한다.

산요 파친코 파라다이스 7 : 에도 사나이 겐 씨

●아이렘 소프트웨어 엔지니어링 ●SLG ●2002년 6월 27일 ●4,800엔
●플레이 명수 : 1인 ●세이브 용량 : 154KB 이상

원작의 홀 가동 직후에 바로 PS2로 발매되어 인기를 얻은, 'CR 에도 사나이 겐 씨'의 파친코 실기 시뮬레이터. 아이렘의 인기 캐릭터 '목수 겐 씨'와 친구들이 다수 등장하는 유쾌한 리치 액션을 즐길 수 있다.

식신의 성

●타이토 ●STG ●2002년 6월 27일 ●5,800엔
●플레이 명수 : 1~2인 ●세이브 용량 : 70KB 이상

각자 개성이 다른 6명의 캐릭터 중 하나를 선택해, 일반공격과 식신공격을 적절히 구사하며 진행하는 종스크롤 슈팅 게임. 플레이어 기체가 적이나 탄에 근접할수록 격파시 얻는 득점이 올라가는 '텐션 보너스 시스템'이 특징이다.

각종 지원 아이콘 | Best판 발매 | ONLINE 専用 PlayStation BB Unit 전용 | ONLINE 対応 PlayStation BB Unit 지원

신 컴뱃 쵸로Q

●타카라 ●ACT ●2002년 6월 27일 ●6,800엔
●플레이 명수 : 1~2인 ●세이브 용량 : 183KB 이상

타카라토미의 미니 탱크 완구 '컴뱃 쵸로Q'를 테마로 삼은 액션 게임. 세계 10개국의 탱크 108대를 SD화한 '컴뱃 쵸로Q'를 마음껏 개조하여, 자신만의 최강 커스텀 탱크를 만들어내 보자.

SIMPLE 2000 본격사고 시리즈 Vol.1 : THE 쇼기 - 모리타 카즈로의 쇼기 강습

●D3 퍼블리셔 ●TBL ●2002년 6월 27일 ●2,000엔
●플레이 명수 : 1~2인 ●세이브 용량 : 110KB 이상

대국할수록 강해지는 학습 AI 기능을 탑재한 쇼기 소프트. 난이도를 5단계로 설정할 수 있는 자유대국 모드 등, 다채로운 게임 모드를 수록했다. 100문제 박보장기에서는 자신의 실력에 맞춰 문제를 고를 수 있다.

스트리트 골퍼

●D3 퍼블리셔 ●SPT ●2002년 6월 27일 ●6,800엔
●플레이 명수 : 1~4인 ●세이브 용량 : 200KB 이상

게임 타이틀명 그대로, 도시의 거리 전체를 코스로 삼아 플레이하는 골프 게임. 일본 각지의 명소를 배경으로, 빌딩·전철 등의 장애물을 잘 피하고 때로는 이용도 하면서 공략하자. 2코스 36홀을 수록했다.

속 아들내미 건드리기 : 변진 구슬 아들내미

●에닉스 ●ETC ●2002년 6월 27일 ●6,800엔
●플레이 명수 : 1인 ●세이브 용량 : 229KB 이상

PS1으로 발매되어 호평 받았던 「아들내미 건드리기」의 속편. 이곳저곳에 놓인 '물건'을 건드리면 기한 센스의 동영상이 나오는 게 재미있다. '아들내미'가 데리고 다니는 드로이드는 '변진' 기능이 있어, 몸 이곳저곳이 변신하기도 한다.

하지메의 일보 : VICTORIOUS BOXERS - CHAMPIONSHIP VERSION

●ESP ●SPT ●2002년 6월 27일 ●2,800엔
●플레이 명수 : 1~2인 ●세이브 용량 : 70KB 이상

2000년 발매했던 「하지메의 일보 : VICTORIOUS BOXERS」(68p)의 Best판 겸 기능강화판. VS 모드에서는 동일 캐릭터끼리의 대결이 가능해졌고, 싱글 모드에서는 카모가와 체육관의 역사를 재현하였다.

봉신연의 2

●코에이 ●RPG ●2002년 6월 27일 ●6,800엔
●플레이 명수 : 1인 ●세이브 용량 : 195KB 이상

1998년 PS1으로 발매했던 RPG 「봉신연의」의 속편. 전작의 3년 후를 무대로, 주인공 '자아'가 거대한 적과 맞서 싸운다는 스토리다. 게임은 실시간 액션 RPG 스타일이며, 이동시에는 날씨나 시간이 변화한다.

유디의 아틀리에 : 그람나트의 연금술사

●거스트 ●RPG ●2002년 6월 27일 ●6,800엔
●플레이 명수 : 1인 ●세이브 용량 : 700KB 이상

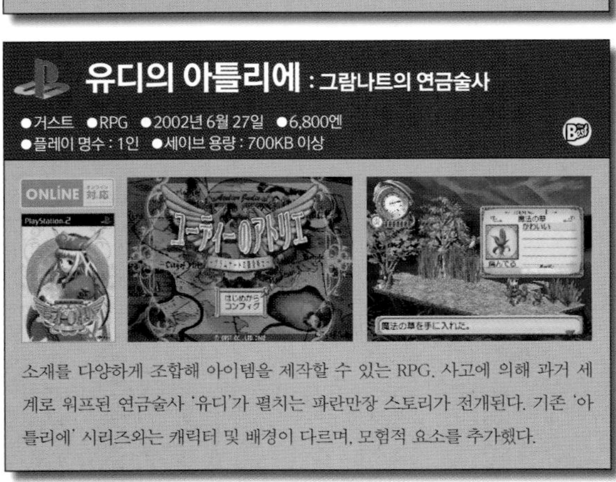

소재를 다양하게 조합해 아이템을 제작할 수 있는 RPG. 사고에 의해 과거 세계로 워프된 연금술사 '유디'가 펼치는 파란만장 스토리가 전개된다. 기존 '아틀리에' 시리즈와는 캐릭터 및 배경이 다르며, 모험적 요소를 추가했다.

레드 카드

●미드웨이 게임스 ●SPT ●2002년 6월 27일 ●5,800엔
●플레이 명수 : 1~2인 ●세이브 용량 : 101KB 이상

심판의 판단기준을 자유롭게 설정할 수 있는 축구 게임. 50개국의 대표팀이 실명으로 등장하며, 실존 구장을 포함해 14개 경기장이 등장한다. 러프한 플레이도 재현하여, 경기 내내 실제 축구처럼 격렬한 공방이 펼쳐진다.

CERO 등급 아이콘    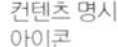  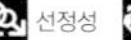

컨텐츠 명시 아이콘 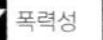 연애  섹정성   폭력성  공포  음주·흡연  사행성  범죄 약물 언어·기타

고스트 바이브레이션

●에이도스 ●ACT ●2002년 7월 4일 ●5,800엔
●플레이 명수 : 1인 ●세이브 용량 : 42KB 이상

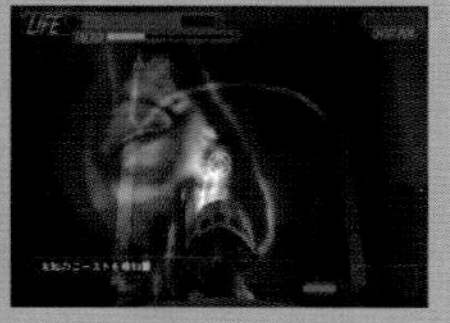

서양식 저택에 갇혀버린 주인공이 유령들을 포획하면서 탈출을 노리는 3D 액션 게임. 총 9스테이지로 구성돼 있으며, 각 스테이지는 보스를 포획하면 클리어된다. 독특한 시점 탓에 공포와 긴장감을 맛볼 수 있다.

사일런트 힐 2 : 최후의 시

●코나미 ●ACT ●2002년 7월 4일 ●4,800엔
●플레이 명수 : 1인 ●세이브 용량 : 94KB 이상

2001년 발매되었던 「사일런트 힐 2」(92p)에 새로운 시나리오 및 엔딩을 추가한 버전. 추가 시나리오인 '마리아 편'에서는, 본편과 달리 마리아가 직접 무기를 손에 들고 적과 싸울 수 있게 되었다.

타잔 프리라이드

●UBISOFT ●AAVG ●2002년 7월 4일 ●6,800엔
●플레이 명수 : 1인 ●세이브 용량 : 88KB 이상

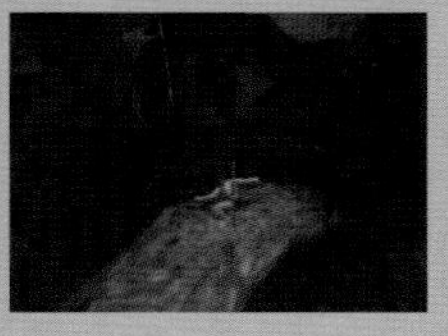

디즈니의 인기 극장판 애니메이션 '타잔'이 원작인 3D 액션 게임. 타잔이 되어 정글의 평화를 지켜내자. 영화의 스토리를 그대로 따라가는 모드와, 타임 어택 등을 즐길 수 있는 모드가 제공된다.

둘이서 판타비전

●소니컴퓨터엔터테인먼트 ●PZL ●2002년 7월 4일 ●4,800엔
●플레이 명수 : 1인 ●세이브 용량 : 300KB 이상

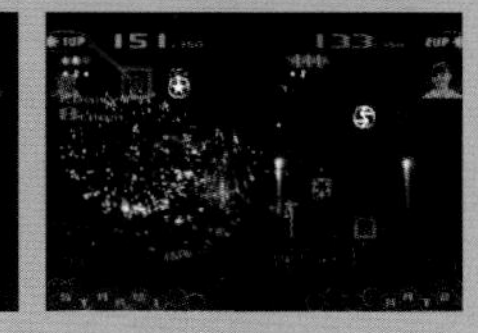

상대 진지에서 더 많은 폭죽을 쏘아 올리는 2인 대전 모드를 추가한, 「판타비전」(56p)의 마이너 체인지 버전. 폭죽과 스테이지도 대폭 추가했으며, 소프트 가격도 전작보다 저렴하게 책정하였다.

에어로 댄싱 4 : New Generation

●세가 ●SLG ●2002년 7월 11일 ●6,800엔 ●플레이 명수 : 1~2인
●세이브 용량 : 57KB 이상 ●USB 연결식 조종간(플라이트 포스·플라이트 스틱) 지원

드림캐스트 등으로 발매된 바 있는 플라이트 시뮬레이터 시리즈의 신작. 다양한 조종기술을 익히는 커리큘럼 모드를 거쳐, 항공 경기와 미션에 도전해 보자. 새로운 기체로 헬리콥터가 추가되었다.

스플래시다운

●아타리 ●RCG ●2002년 7월 11일 ●6,800엔
●플레이 명수 : 1~2인 ●세이브 용량 : 92KB 이상

미국에서 히트한 바 있는 제트스키 레이싱 게임. 특정한 포인트에서 아크로바틱한 스턴트를 성공시키면 제트스키의 가속력이 상승한다. 서양권의 유명 아티스트들 다수가 BGM에 참가하였다.

환상수호전 III

●코나미 ●RPG ●2002년 7월 11일 ●6,800엔
●플레이 명수 : 1인 ●세이브 용량 : 135KB 이상

PS1으로 발매되었던 「환상수호전 2」의 15년 후를 그린 시리즈 신작. 여러 주인공들의 시점을 보여주면서 스토리를 전개하며, 하나의 사건 이면에서 벌어진 일의 진상이 나중에 다른 시점으로 진행할 때 밝혀지는 '트리니티 사이트 시스템'이 최대의 특징이다. 전투에도 다양한 신규 시스템을 도입했다.

각종 지원 아이콘 Best판 발매  PlayStation BB Unit 전용  PlayStation BB Unit 지원

나의 여름방학 2 : 바다 모험 편

●소니컴퓨터엔터테인먼트 ●AVG ●2002년 7월 11일 ●5,800엔
●플레이 명수 : 1인 ●세이브 용량 : 92KB 이상

초등학교 3학년 소년이 되어, 이즈 반도에 있는 친척 집에서 여름방학을 보내는 어드벤처 게임. 무대가 해변의 시골마을이 된 덕분에 바다 속으로 잠수해 탐색할 수 있게 되었다. 막과자를 사먹거나 자전거로 이곳저곳을 돌아다니며 낚시하는 등, 햇볕에 피부가 까맣게 그을릴 때까지 여름을 만끽해보자.

일본스모협회 공인 일본 오오즈모 격투 혼바쇼 편

●코나미 ●SPT ●2002년 7월 11일 ●6,800엔
●플레이 명수 : 1~2인 ●세이브 용량 : 195KB 이상

2001년 발매되었던 「일본스모협회공인 일본 오오즈모 격투 편」(95p)의 속편. 마쿠노우치 리키시 40명과 15일간에 걸쳐 대결하여 최고 순위를 노리자. 독특한 조작으로, 82종류의 스모 기술을 자유롭게 구사할 수 있다.

나는 작다

●빅터 인터랙티브 소프트웨어 ●AAVG ●2002년 7월 11일 ●6,800엔
●플레이 명수 : 1인 ●세이브 용량 : 132KB 이상

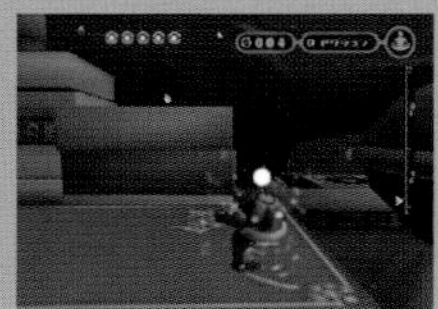

게임 오버가 아예 없어, 시간과 목표에 연연하지 않아도 되는 액션 어드벤처 게임. 작은 우주인 '봄'이 되어, 뿔뿔이 흩어진 동료들을 구출하면서 지명수배범을 추적해 체포하자. 마음이 훈훈해지는, 포근한 분위기의 게임이다.

영관은 그대에게 2002 : 코시엔의 고동

●디지큐브 ●SPT ●2002년 7월 18일 ●6,800엔
●플레이 명수 : 1인 ●세이브 용량 : 300KB 이상

PS2로는 3번째인 「영관은 그대에게」 시리즈 신작. 일본 전국의 약 4,000개 고교 중 하나를 선택해, 감독이 되어 코시엔 우승을 노려보자. 선수의 특징을 보여주는 '어빌리티 시스템'을 신규 탑재하였다.

건그레이브

●레드 엔터테인먼트 ●AAVG ●2002년 7월 18일 ●6,800엔
●플레이 명수 : 1인 ●세이브 용량 : 80KB 이상

만화가 나이토 야스히로 등, 초호화 크리에이터들이 디자인에 참여한 3D 액션 슈팅 게임. 쌍권총을 난사하며 적들과 주변 기물들을 신나게 파괴하자. 화면 오른쪽 상단의 게이지가 가득 차면, 등에 멘 관짝으로 필살기를 쓸 수 있다.

카마이타치의 밤 2 : 감옥섬의 동요

●춘소프트 ●AVG ●2002년 7월 18일 ●6,800엔
●플레이 명수 : 1~2인 ●세이브 용량 : 300KB 이상

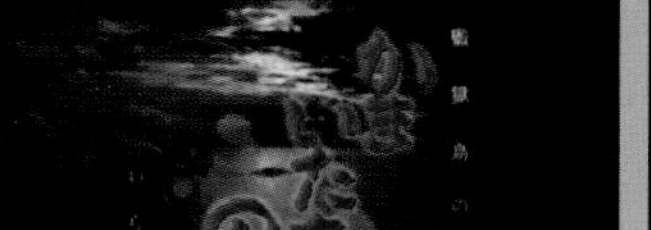

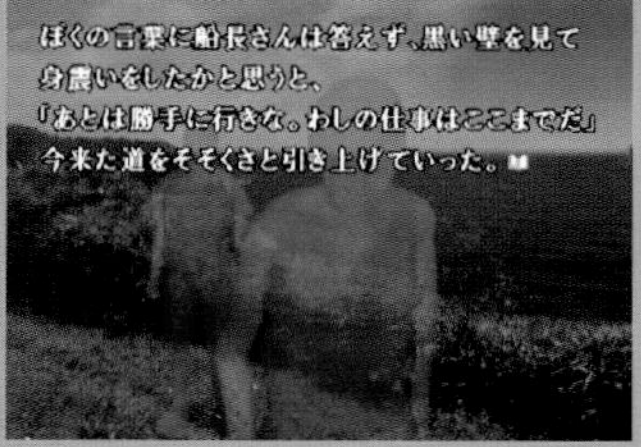

대인기 사운드 노벨의 제2탄. '토오루'와 '마리'가 작가 아비코 타케마루의 초대를 받아 절해의 고도 '초승달 섬'을 방문한다는 스토리를 기반으로, 각 시나리오마다 전혀 다른 이야기가 펼쳐진다. 동요의 가사 그대로 살인이 벌어지는 '동요 편' 등, 총 12개 스토리를 수록했다. '러브 테스터 편'은 PS2판 한정 에피소드다.

CERO 등급 아이콘   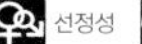
컨텐츠 명시 아이콘  연애  선정성  폭력성  공포  음주·흡연  사행성 범죄 약물  언어·기타

삐뽀사루 겟츄 2

●소니컴퓨터엔터테인먼트 ●ACT ●2002년 7월 18일 ●5,800엔
●플레이 명수 : 1인 ●세이브 용량 : 300KB 이상

PS1으로 발매되었던 「삐뽀사루 겟츄」의 속편. 전작 주인공의 사촌형제 '히카루'를 조작해, 다양한 가챠메카를 활용하여 천재 원숭이 '스펙터'가 통솔하는 삐뽀사루들을 포획하자. 각 삐뽀사루의 특성을 보여주는 '팬티'도 종류가 늘어났으며, 가챠메카 역시 전작에 비해 여러모로 추가·변경되었다.

구원의 반 : 재림조

●포그 ●AVG ●2002년 7월 18일 ●5,800엔
●플레이 명수 : 1인 ●세이브 용량 : 102KB 이상

현대, 헤이안 시대, 겐로쿠 시대, 막부 말기까지 4가지 시대에 걸친 윤회전생을 테마로 삼은 연애 어드벤처 게임. 드림캐스트판에서 추가된 시나리오도 수록하였으며, 이후의 시나리오 전개도 보완한 완전판이다.

서핑 에어쇼 with RatBoy

●나우프로덕션 ●SPT ●2002년 7월 18일 ●5,800엔
●플레이 명수 : 1인 ●세이브 용량 : 72KB 이상

에어리얼을 구사하여 세계 챔피언 자리를 노리는 서핑 게임. 'RatBoy'라는 애칭으로 유명한 실존 프로 서퍼 '제이슨 콜린스'를 비롯해, 당시의 유명한 프로 서퍼들이 실명으로 등장하여 플레이어가 직접 조작할 수 있다.

실황 파워풀 프로야구 9

●코나미 ●SPT ●2002년 7월 18일 ●6,800엔
●플레이 명수 : 1~2인 ●세이브 용량 : 700KB 이상

인기 야구 게임 시리즈의 제9탄. 2002년도 개막시의 선수 데이터를 수록했으며, 페넌트 모드는 최대 10년간의 플레이가 가능해졌다. 인기 있는 석세스 모드는 고교 야구부가 전국 제패를 노린다는 스토리로 진행된다.

실전 파치슬로 필승법! : 알라딘 A

●사미 ●SLG ●2002년 7월 18일 ●3,800엔
●플레이 명수 : 1인 ●세이브 용량 : 67KB 이상

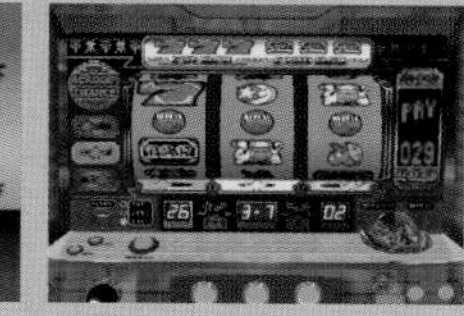

사미 사의 인기 기기를 수록한 파치슬로 실기 시뮬레이터. '알라딘 A'를 세세한 부분까지 충실하게 재현했고, 분석에 필요한 기능 등 실기공략을 도와주는 모드를 수록하였다. 매니아 점수를 측정하는 퀴즈 기능도 있다.

타이거 우즈 PGA TOUR 2002

●일렉트로닉 아츠 스퀘어 ●SPT ●2002년 7월 18일 ●6,800엔
●플레이 명수 : 1~2인 ●세이브 용량 : 135KB 이상 ●멀티탭 지원(~4인)

타이거 우즈와 PGA 투어가 공인한 골프 게임. 당시의 유명 프로 골퍼들이 실명으로 등장하며, 그들의 스윙 모션을 완벽 재현하였다. 스킬을 배분하여 자신만의 타이거 우즈를 육성해볼 수도 있다.

비트매니아 II DX 6th style : new songs collection

●코나미 ●SLG ●2002년 7월 18일 ●6,800엔 ●플레이 명수 : 1~2인
●세이브 용량 : 180KB 이상 ●RU029, CT013, ASC-0515BM 지원

인기 DJ 시뮬레이션 게임 「비트매니아 II DX」 시리즈의 제6탄. 아케이드판의 모든 모드를 충실하게 이식하였으며, 뮤직 클럽 등의 신규 모드도 추가했다. 신곡을 포함해 총 69곡을 수록했다.

각종 지원 아이콘  Best판 발매 ONLINE 專用 PlayStation BB Unit 전용 ONLINE 對応 PlayStation BB Unit 지원

건틀릿 : 다크 레거시

●미드웨이 게임스 ●ACT ●2002년 7월 25일 ●6,800엔
●플레이 명수 : 1~2인 ●세이브 용량 : 286KB 이상 ●멀티탭 지원(~4인)

4인 동시 플레이가 최대 특징인 고전 아케이드 액션 게임 「건틀릿」 시리즈를 3D 폴리곤화시킨 작품 「건틀릿 레전드」의 속편. PS2판은 멀티탭을 사용하여 4인 동시 플레이를 즐길 수 있도록 했다.

실황 J리그 퍼펙트 스트라이커 5

●코나미 ●SPT ●2002년 7월 25일 ●6,800엔 ●플레이 명수 : 1~2인
●세이브 용량 : 699KB 이상 ●멀티탭 지원(~4인)

J리그의 매력을 만끽할 수 있는 축구 게임. J1·J2에 소속된 2002년 3월 시점의 선수 데이터를 수록하였으며, 얼굴에도 선수 본인의 사진을 사용하였다. 신규 모드 '퍼펙트 시즌'에서는 선수 이적·육성도 가능해졌다.

죠죠의 기묘한 모험 : 황금의 선풍

●캡콤 ●ACT ●2002년 7월 25일 ●6,800엔
●플레이 명수 : 1인 ●세이브 용량 : 42KB 이상

같은 제목의 인기 만화 중 제5부인 '황금의 바람'을 소재로 삼은 골드 익스피리언스 어드벤처 게임. 기본적으로 원작의 스토리를 따라가며, 원작의 장면을 재현해내면 '시크릿 팩터'를 얻을 수 있는 '슈퍼 스토리' 모드와, 원작과는 다른 조합의 대전을 펼치는 '어나더 스토리' 모드가 있다. 갤러리 모드도 수록했다.

SIMPLE 2000 시리즈 Vol.6 : THE 스노보드

●D3 퍼블리셔 ●SPT ●2002년 7월 25일 ●2,000엔
●플레이 명수 : 1~2인 ●세이브 용량 : 46KB 이상

간단한 조작으로도 화려한 트릭이 연이어 펼쳐지는 스노보드 게임. 리얼하게 묘사된 총 8개 코스를 즐길 수 있다. 등장하는 캐릭터 4명에게는 각각 12종류씩의 코스튬이 준비되어 있다.

SIMPLE 2000 시리즈 Vol.7 : THE 복싱 - REAL FIST FIGHTER

●D3 퍼블리셔 ●SPT ●2002년 7월 25일 ●2,000엔
●플레이 명수 : 1~2인 ●세이브 용량 : 90KB 이상

모션 캡처로 선수들의 리얼한 동작을 재현한 복싱 게임. 통쾌함과 승부의 심리전에 집중해 제작한 작품으로서, 단순하면서도 심오한 게임성을 추구하였다. '후타바 리호'를 포함해 11명의 권투선수가 등장한다.

SIMPLE 2000 본격사고 시리즈 Vol.3 : THE 체스

●D3 퍼블리셔 ●TBL ●2002년 7월 25일 ●2,000엔
●플레이 명수 : 1~2인 ●세이브 용량 : 280KB 이상

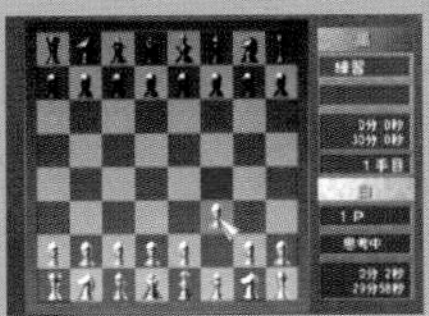

막 배우기 시작한 초보자부터 실력에 자신이 있는 상급자까지 폭넓게 커버하는 체스 게임. 자유 대국 모드는 CPU 난이도를 6단계로 설정 가능하다. 지면 바로 게임 오버되는 긴장감 만점의 토너먼트 모드도 있다.

SIMPLE 2000 본격사고 시리즈 Vol.4 : THE 마작

●D3 퍼블리셔 ●TBL ●2002년 7월 25일 ●2,000엔
●플레이 명수 : 1인 ●세이브 용량 : 39KB 이상

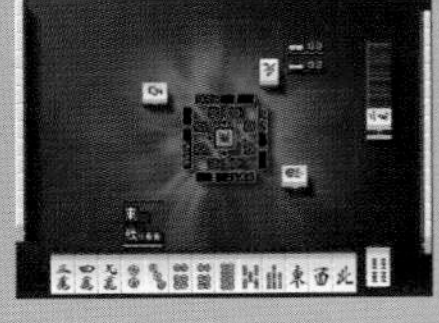

유명 프로 작사 30명이 실명으로 등장하는 마작 게임. 프로 작사의 사고패턴을 재현하여, 경쾌하게 전개되는 고속 플레이를 체험할 수 있다. 각 연맹·협회 등의 협력을 받아 실존하는 대회를 재현했고, 디테일한 룰 설정도 가능하다.

 CERO 등급 아이콘    컨텐츠 명시 아이콘 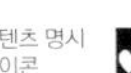 연애  선정성  폭력성  공포  음주·흡연   사행성  범죄  약물   언어·기타 

전차로 GO! 여정편

●타이토 ●SLG ●2002년 7월 25일 ●6,800엔 ●플레이 명수 : 1인
●세이브 용량 : 135KB 이상 ●전차로 GO! 여정편 컨트롤러, 신칸센 전용 컨트롤러, TYPE 2 지원

관광객들에게도 인기가 많은 노면전차에 초점을 맞춘 전철 운전 시뮬레이션 게임. 에노시마 전철, 이요 전철, 케이후쿠 전철, 하코다테 시 교통국의 전철 기관사 체험을 해볼 수 있다. 이 작품 전용의 컨트롤러도 발매했다.

팩맨 월드 2

●남코 ●ACT ●2002년 7월 25일 ●5,800엔
●플레이 명수 : 1인 ●세이브 용량 : 90KB 이상

팩맨을 조작하여 함정투성이인 스테이지를 클리어해 가는 3D 액션 게임. 고스트들이 빼앗아간 5개의 황금과일을 되찾아오자. 게임 내에서 왕년의 명작 아케이드 게임을 플레이할 수도 있다.

따끈따끈 대중목욕탕

●테크모 ●SLG ●2002년 7월 25일 ●5,800엔
●플레이 명수 : 1~2인 ●세이브 용량 : 97KB 이상

헤이와 사의 인기 머신 '따끈따끈 대중목욕탕' 시리즈 3개 기종을 수록한 파친코 실기 시뮬레이터. '파친코 모드'에서는 실기의 상세정보를 열람할 수 있다. '게임 모드'에서는 실기의 캐릭터들이 나오는 레이싱 게임을 즐긴다.

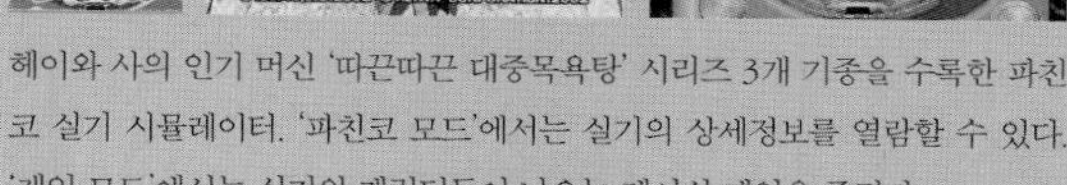

야마사 Digi 월드 3

●야마사 엔터테인먼트 ●SLG ●2002년 7월 25일 ●6,800엔
●플레이 명수 : 1인 ●세이브 용량 : 70KB 이상

야마사 사의 인기 머신 3개 기종을 수록한 파치슬로 실기 시뮬레이터. '사이버 드래곤'·'킹 펄서'·'타임 파크'를 세세한 부분까지 재현하였으며, 고속 오토 등의 풍부한 기능으로 실기 공략에 도움을 준다.

라이딩 스피리츠

●스파이크 ●RCG ●2002년 7월 25일 ●6,800엔
●플레이 명수 : 1~2인 ●세이브 용량 : 96KB 이상

머신과 아이템이 모두 실명으로 등장하는 오토바이 레이싱 게임. 일본 내 유명 제조사들의 라이선스를 받아 200대 이상의 머신 및 아이템을 수록했다. 전후좌우로 하중을 이동시키는 바이크 특유의 조작감각을 즐길 수 있다.

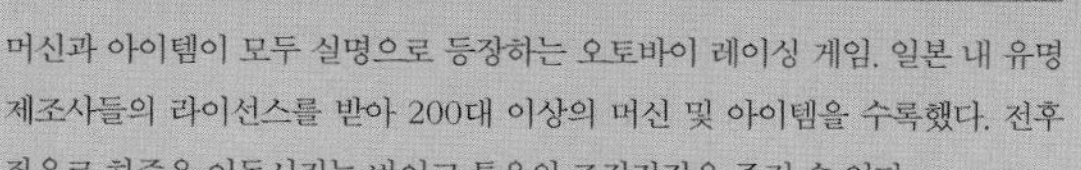

룸매니아 #203

●세가 ●SLG ●2002년 7월 25일 ●5,800엔
●플레이 명수 : 1인 ●세이브 용량 : 87KB 이상

드림캐스트용 게임의 이식작. 아파트 내에 동거하는 '신'의 입장이 되어, 같은 방의 주민 '네지 타이헤이'의 인생을 드라마틱하게 변화시켜 보자. '엿보기 모드'와 '수색 모드'를 구사하여 내비를 발동시켜 보도록.

기동전사 건담 전기

●반다이 ●ACT ●2002년 8월 1일 ●6,800엔
●플레이 명수 : 1~2인 ●세이브 용량 : 363KB 이상

인기 애니메이션 '기동전사 건담'이 원작인 미션 클리어형 액션 게임. 모빌슈트 부대의 대장이 되어, 다양한 포메이션을 활용하며 적과 싸우자. 건담·자쿠 등 30종류가 넘는 모빌슈트들이 등장한다.

컴뱃 퀸

●타이토 ●AAVG ●2002년 8월 1일 ●6,800엔
●플레이 명수 : 1인 ●세이브 용량 : 170KB 이상

코이케 에이코 등, 당시 일본에서 인기였던 그라비아 아이돌 6명이 실사 및 3D 그래픽으로 등장하는 액션 어드벤처 게임. 적을 물리친 포인트 수에 따라, 출연했던 아이돌의 스페셜 무비를 감상할 수 있도록 했다.

꺾고 붙이고 달리~고 : 나, 데드히트

●석세스 ●ETC ●2002년 8월 1일 ●5,800엔
●플레이 명수 : 1~2인 ●세이브 용량 : 1814KB 이상

오리지널 코스와 머신을 직접 제작할 수 있는 레이싱 게임. 코스 디자인시 커브와 경사를 자유롭게 설정할 수 있으며, 머신도 매우 디테일한 부분까지 세팅할 수 있다. 스토리를 제작하여 레이스에 엮을 수도 있다.

UFC 2 : 탭아웃

●캡콤 ●ACT ●2002년 8월 1일 ●6,800엔
●플레이 명수 : 1~2인 ●세이브 용량 : 109KB 이상

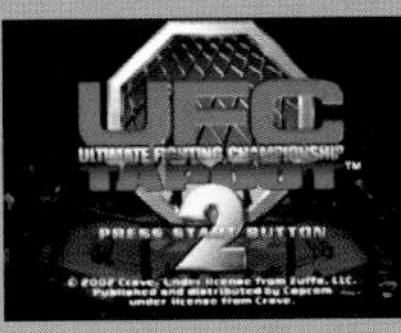

미국의 종합격투기단체 'UFC'와 제휴해 제작한 대전격투 게임. 우노 카오루·티토 오티즈 등, 당시 UFC에서 활약했던 선수 27명이 실명으로 등장한다. 옥타곤 링에서 펼쳐지는 궁극의 육탄전을 체험해보라.

RPG 만들기 5

●엔터브레인 ●ETC ●2002년 8월 8일 ●7,800엔 ●플레이 명수 : 1인
●세이브 용량 : 2271KB 이상 ●USB 키보드 지원

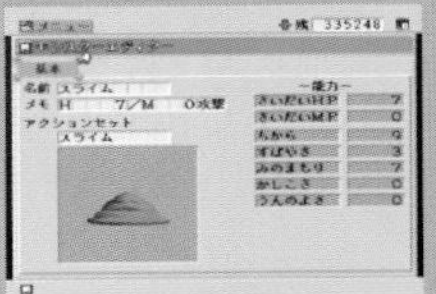

RPG를 직접 만들 수 있는 개발 툴. 시리즈 최초의 풀 3D화와 '스크립트' 시스템 채용으로 자유도가 대폭 향상되었으나, 제작이 복잡해져 난이도도 상승했다. 샘플 게임으로 「드래곤 퀘스트」풍의 'fu-ma'를 수록했다.

탐관오리

●글로벌 A 엔터테인먼트 ●SLG ●2002년 8월 8일 ●5,980엔
●플레이 명수 : 1인 ●세이브 용량 : 74KB 이상

일본 사극 드라마의 대표적인 탐관오리 악역인 아쿠다이칸[悪代官]을 주인공으로 삼은 시뮬레이션 게임. 악덕상인에게 뇌물을 받아내 호위군과 양아치를 고용하고 저택에 함정을 설치해, 들이닥치는 정의의 사도를 일망타진하자.

AIR

●NEC 인터채널 ●AVG ●2002년 8월 8일 ●7,200엔
●플레이 명수 : 1인 ●세이브 용량 : 25KB 이상

Key가 제작한 인기 PC 게임의 일반 발매판을 이식한 작품. 개성적인 성격의 떠돌이 주인공과 신비한 소녀 '미스즈'가 만나는 'DREAM 편'부터 시작되는 총 3부 구성의 대작으로서, 윤회전생과 모녀의 가족애가 얽히는 애절한 스토리가 펼쳐진다. PS2판은 풀보이스 음성이 추가되어 있다.

에버블루 2

●캡콤 ●AVG ●2002년 8월 8일 ●6,800엔
●플레이 명수 : 1인 ●세이브 용량 : 1034KB 이상

2001년 발매되었던 해양탐색 어드벤처 게임 「에버블루」(87p)의 속편. 기본적인 시스템은 답습하고, 그래픽 쪽을 강화하였다. 해양생물을 촬영하여 사진을 수집하는 '해양도감'과 '수족관' 모드가 추가되었다.

기갑무장 G브레이커 2 : 동맹의 반격

●선라이즈 인터랙티브 ●SRPG ●2002년 8월 8일 ●6,800엔
●플레이 명수 : 1~2인 ●세이브 용량 : 56KB 이상

같은 해 4월 발매됐던 「기갑무장 G브레이커」의 속편. GT(그랜드 트루퍼)라 불리는 인간형 전투병기로 기동력 높은 공격을 펼치는 'MAPS' 시스템을 탑재하였다. 300기 이상이 한번에 격돌하는 대규모 전투를 즐길 수 있다.

파치슬로 아루제 왕국 7

●일본 어뮤즈먼트 방송 ●SLG ●2002년 8월 8일 ●5,800엔
●플레이 명수 : 1인 ●세이브 용량 : 400KB 이상

아루제 사의 인기 머신 5대를 즐길 수 있는 파치슬로 실기 시뮬레이터. 액정 머신 '선더 V2'·'선더 V'·'바쿠쵸'와, 4th 릴 머신 '오오타코 슬롯 2'·'컨티 4XZ'를 DVD 2장에 나눠 수록했다.

레고 레이서 2

●타이토 ●RCG ●2002년 8월 8일 ●4,800엔
●플레이 명수 : 1~2인 ●세이브 용량 : 80KB 이상

조립식 블록 완구 '레고'를 테마로 제작한 레이싱 게임. 350종류에 달하는 블록을 조합하여 차량을 제작해 은하 챔피언과 대결하자. 공룡의 섬과 화성 등, 총 5종류의 레고 월드가 등장한다.

버추어 캅 Re-Birth

●세가 ●STG ●2002년 8월 15일 ●5,800엔 ●플레이 명수 : 1~2인
●세이브 용량 : 48KB 이상 ●건콘2 지원

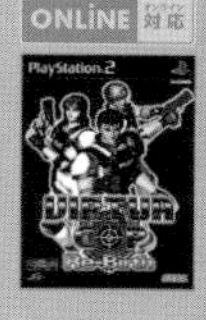

아케이드용 건 슈팅 게임 2개 작품의 합본 이식작. 3D 폴리곤 그래픽으로 리얼하게 적의 피탄 리액션을 연출해 건 슈팅 장르에 혁명을 일으킨「버추어 캅」과, 속편인「버추어 캅 2」를 리메이크해 수록했다.

아우토 모델리스타

●캡콤 ●RCG ●2002년 8월 22일 ●6,800엔 ●플레이 명수 : 1~2인
●세이브 용량 : 242KB 이상 ●USB 키보드, USB 모뎀, GT FORCE 지원

'아티스툰'이라는 신선한 영상표현 기법으로 마치 만화영화 속 세계를 달리는 듯한 연출을 구현한 레이싱 게임. 리플레이 데이터에 이펙트·사운드를 추가로 붙여 자신만의 오리지널 영상을 제작할 수도 있다.

넷파치 Gold : CR 몬스터 맨션

●다이코쿠 전기 ●SLG ●2002년 8월 22일 ●6,800엔 ●플레이 명수 : 1인
●세이브 용량 : 120KB 이상 ●PlayStation BB Unit, i-mode 휴대폰 접속 케이블 지원

타케야 사의 히트작을 수록한 파친코 시뮬레이터. 'CR 몬스터 맨션'과 '몬스터 맨션 2'를 재현하였으며, 공략을 도와주는 기능은 물론이고 온라인 서비스에 접속하여 실제로 상품을 획득할 수도 있었다.

필살 파친코 스테이션 V4 : 드럼틱 마작

●선 전자 ●SLG ●2002년 8월 22일 ●4,800엔
●플레이 명수 : 1인 ●세이브 용량 : 186KB 이상

다이이치쇼카이 사의 'CR 드럼틱 마작'과 'CR 드럼틱 마작 E'를 수록한 파치슬로 실기 시뮬레이터. 호평 받은 시스템을 계승했고, 캠페인에 도전할 수 있는 '퀘스트 모드'를 새로 추가하였다.

프로젝트 미네르바

●D3 퍼블리셔 ●ACT ●2002년 8월 22일 ●6,800엔
●플레이 명수 : 1인 ●세이브 용량 : 120KB 이상

여배우 후지와라 노리카가 주연을 맡은 3D 액션 게임. 세계 각지에서 분쟁을 일으키는 안드로이드를 섬멸하기 위해 후지와라가 이끄는 용병부대가 활약한다는 스토리다. 캐릭터 간의 연계 플레이로 다양한 미션을 클리어하자.

메모리얼 송

●데이텀 폴리스타 ●AVG ●2002년 8월 22일 ●6,800엔
●플레이 명수 : 1인 ●세이브 용량 : 82KB 이상

'노래와 추억'이 키워드인 연애 어드벤처 게임. 5명의 히로인들에겐 저마다 각자의 테마를 상징하는 노래가 있으며, 이 노래가 주인공과의 '추억의 노래'가 되어 감동적인 스토리를 연출한다.

Ever17 : the out of infinity

●키드 ●AVG ●2002년 8월 29일 ●6,800엔
●플레이 명수 : 1인 ●세이브 용량 : 60KB 이상

수심 51m 아래에 설치된 해양 테마파크 내부에 사고로 인해 갇혀버린 남녀 7명의 탈출극을 그린 어드벤처 게임. 「infinity」 시리즈의 2번째 작품으로서, 전작처럼 SF적 요소가 섞여있다. 플레이어는 대학생 '타케루'와 기억상실 소년 중 하나를 선택해, 테마파크에서 탈출해야만 한다.

기간틱 드라이브

●에닉스 ●AAVG ●2002년 8월 29일 ●6,800엔
●플레이 명수 : 1~2인 ●세이브 용량 : 80KB 이상

거대 로봇 '기인'을 조작해 적과 싸우는 3D 액션 게임. 기인의 양 팔·다리 각각에 대응되는 버튼을 눌러 디테일하게 조종한다는 독특한 조작계를 채용하였다. 전투로 얻은 보수를 이용해 기인을 강화시킬 수도 있다.

진 삼국무쌍 2 맹장전

●코에이 ●ACT ●2002년 8월 29일 ●3,980엔
●플레이 명수 : 1~2인 ●세이브 용량 : 262KB 이상

「진 삼국무쌍 2」(91p)를 새로운 측면에서 즐길 수 있는 어펜드 디스크. 동탁·여포 등 7명의 무장으로도 무쌍 모드를 즐길 수 있다. 신규 난이도 '최강'이 추가되었으며, 5번째 숨겨진 무기도 등장한다.

스위치

●세가 ●AVG ●2002년 8월 29일 ●5,800엔
●플레이 명수 : 1인 ●세이브 용량 : 271KB 이상

메가 CD로 처음 발매된, 온갖 개그가 가득한 어드벤처 게임의 이식작. 화면상에 있는 각종 스위치를 누르면 다양한 리액션이 돌아온다. 일본의 연예극단 'WAHAHA 혼포'가 제작에 관여했고, 단원들이 음성 연기에도 참가했다.

스타워즈 : 제다이 스타파이터

●일렉트로닉 아츠 스퀘어 ●STG ●2002년 8월 29일 ●6,800엔
●플레이 명수 : 1~2인 ●세이브 용량 : 113KB 이상

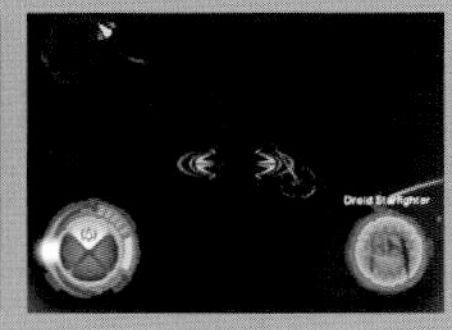

영화 '스타워즈 에피소드 2 : 클론의 습격'의 외전 격 스토리가 펼쳐지는 3D 슈팅 게임. 플레이어는 제다이 평의회의 파일럿이 되어, 카쉬크 행성계에서 일어나고 있는 난동을 조사하러 가게 된다.

3D 격투 만들기 2

●엔터브레인 ●ETC ●2002년 8월 29일 ●7,800엔
●플레이 명수 : 1~2인 ●세이브 용량 : 2022KB 이상

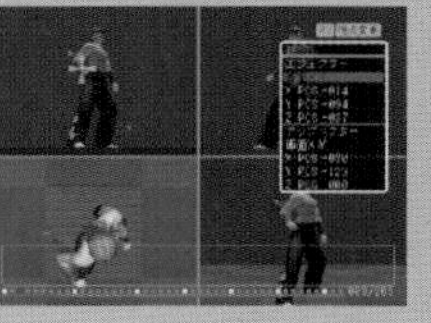

3D 격투 게임을 직접 제작해볼 수 있는 에디터 소프트. 캐릭터의 타입을 선택하고 기술의 대미지·판정을 설정한 후 모션을 디테일하게 에디트하여, 자신만의 오리지널 캐릭터를 생성할 수 있다.

패널 퀴즈 : 어택 25

●디지큐브 ●TBL ●2002년 8월 29일 ●5,800엔
●플레이 명수 : 1~2인 ●세이브 용량 : 484KB 이상 ●멀티탭 지원(~4인)

오델로 풍의 패널 게임과 같은 진행이 특징인 일본의 장수 퀴즈 프로를 게임화했다. "중요하고도 중요한 어택 찬~스"란 유행어로 유명한 MC 코다마 키요시도 직접 출연하여, 폴리곤과 음성으로 원작 프로의 분위기를 리얼하게 재현했다.

CERO 등급 아이콘

컨텐츠 명시 아이콘
 연애
 선정성
 폭력성
 공포
 음주·흡연
 사행성
 범죄
 약물
 언어·기타

훌리건 : 그대 안의 용기

●퍼시픽 센추리 사이버웍스 재팬 ●AVG ●2002년 8월 29일
●6,800엔 ●플레이 명수 : 1인 ●세이브 용량 : 64KB 이상

6명의 히로인과 주인공이 펼치는, 웃음과 눈물과 로맨스가 공존하는 연애 어드벤처 게임. 멀티 시나리오를 채용하였으며, 게임 속 게임으로 카드 배틀도 즐길 수 있다. 주제가는 쿠시다 아키라, 원화는 핫포비 진이 담당했다.

하이히트 메이저리그 베이스볼 2003

●타카라 ●SPT ●2002년 9월 5일 ●4,800엔
●플레이 명수 : 1~2인 ●세이브 용량 : 2000KB 이상

메이저리그의 다이내믹한 플레이를 즐길 수 있는 야구 게임. 메이저리그의 홈구장 30곳을 재현하였으며, 700명의 선수가 실명으로 등장한다. 70종류 이상의 능력치로 선수의 능력을 알려준다.

시골살이 : 남쪽 섬 이야기

●빅터 인터랙티브 소프트웨어 ●AVG ●2002년 9월 12일 ●6,800엔
●플레이 명수 : 1인 ●세이브 용량 : 78KB 이상

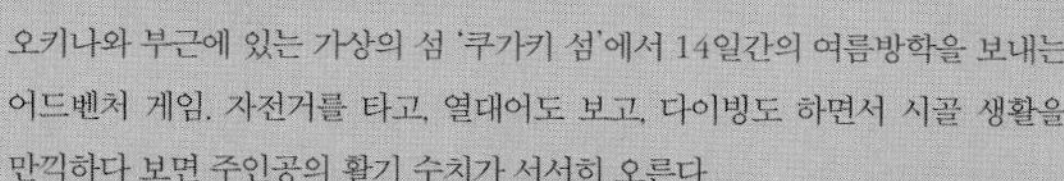

오키나와 부근에 있는 가상의 섬 '쿠가키 섬'에서 14일간의 여름방학을 보내는 어드벤처 게임. 자전거를 타고, 열대어도 보고, 다이빙도 하면서 시골 생활을 만끽하다 보면 주인공의 활기 수치가 서서히 오른다.

익스트림 G3

●어클레임 재팬 ●RCG ●2002년 9월 12일 ●4,800엔
●플레이 명수 : 1~2인 ●세이브 용량 : 284KB 이상

미래의 서킷을 질주하는 초고속 바이크 레이싱 게임. 완전무장한 몬스터 바이크에 탑승해 궁극의 레이스를 체험하자. 탑재된 무기로 상대를 공격할 수도 있고, 획득한 상금으로 바이크를 강화시키는 것도 가능하다.

에그매니아

●코토부키 시스템 ●PZL ●2002년 9월 12일 ●4,800엔
●플레이 명수 : 1~2인 ●세이브 용량 : 65KB 이상

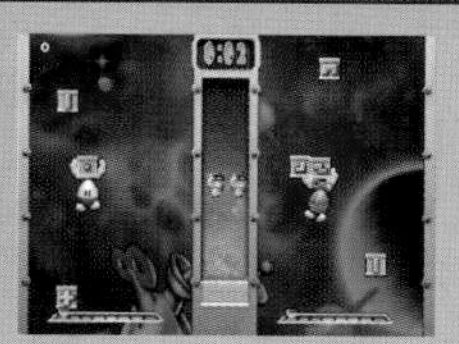

하늘에서 떨어지는 블록을 캐치해 쌓아올리는 대전형 퍼즐 게임. 블록을 잘 쌓아올려 상대보다 먼저 정상에 도달해야 한다. 8명의 캐릭터로 싸우는 '토너먼트' 등, 총 7종류의 모드를 탑재하였다.

더 다큐먼트 오브 메탈기어 솔리드 2

●코나미 ●ETC ●2002년 9월 12일 ●2,980엔
●플레이 명수 : 1인 ●세이브 용량 : 60KB 이상

「메탈기어 솔리드 2」의 스테이지 모델링, 캐릭터 모델링, 폴리곤 데모 등 방대한 개발자료를 일목요연하게 열람할 수 있는 인터랙티브 설정자료집 소프트. 미니게임으로서 5스테이지의 'VR 트레이닝' 모드도 수록했다.

SIMPLE 2000 시리즈 Vol.8 : THE 테니스

●D3 퍼블리셔 ●SPT ●2002년 9월 12일 ●2,000엔
●플레이 명수 : 1~2인 ●세이브 용량 : 89KB 이상 ●멀티탭 지원(~4인)

간단한 조작으로 서브와 스매시를 구사할 수 있는 테니스 게임. 20명의 개성 넘치는 선수들이 등장하며, 코트도 4종류 중에서 선택할 수 있다. 투어 모드, 엑시비션 등의 다채로운 게임 모드를 준비했다.

SIMPLE 2000 시리즈 Vol.9 : THE 연애 어드벤처 - BITTERSWEET FOOLS

●D3 퍼블리셔 ●AVG ●2002년 9월 12일 ●2,000엔
●플레이 명수 : 1인 ●세이브 용량 : 100KB 이상

PC용 게임의 이식작. 이탈리아 피렌체를 배경으로, 목숨을 걸고 싸우는 청년과 순진한 소녀의 만남을 그린 미소녀 어드벤처 게임이다. 2개의 신규 시나리오를 추가했고, 신카이 마코토가 제작한 오프닝 무비도 넣었다.

각종 지원 아이콘  Best판 발매  PlayStation BB Unit 전용  PlayStation BB Unit 지원

SIMPLE 2000 시리즈 Vol.10 : THE 테이블 게임 세계편

●D3 퍼블리셔 ●TBL ●2002년 9월 12일 ●2,000엔
●플레이 명수 : 1~4인 ●세이브 용량 : 364KB 이상

세계적으로 널리 즐기는 테이블 게임 15종류를 즐길 수 있는 모음집. 각 게임별로 난이도 설정이 가능하며, 룰을 알기 쉽게 설명해주는 강좌 모드도 제공한다. 클리어 후에 개방되는 숨겨진 컨텐츠도 있다.

닌자어썰트

●남코 ●STG ●2002년 9월 12일 ●6,800엔 ●플레이 명수 : 1~2인
●세이브 용량 : 48KB 이상 ●건콘2 지원

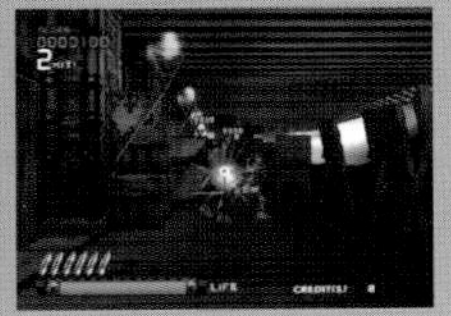

'마파충'을 다루는 닌자가 주인공인 사이버+전국시대풍 건 슈팅 게임. 가정용 오리지널 시스템을 다수 가미해, 주요 캐릭터와 스테이지 구성이 다른 4가지 스토리를 즐기는 모드와, 미션을 클리어하는 모드 등이 추가되었다.

위닝 포스트 5 MAXIMUM 2002

●코에이 ●SLG ●2002년 9월 19일 ●6,800엔 ●플레이 명수 : 1인
●세이브 용량 : 2131KB 이상 ●PlayStation BB Unit 지원(캐시 512MB 이상, 스토리 데이터 저장 2201KB 이상)

2001년 발매되었던 「위닝 포스트 5」(102p)의 강화판. 최신 레이스 프로그램에 대응하며, 씨수말 등의 데이터도 갱신했다. 자신이 육성시킨 말을 실존했던 명마와 경쟁시킬 수 있는 등, 다채로운 추가기능이 탑재되었다.

J리그 위닝 일레븐 6

●코나미 ●SPT ●2002년 9월 19일 ●6,800엔 ●플레이 명수 : 1~2인
●세이브 용량 : 439KB 이상 ●멀티탭 지원(~8인)

인기 축구 게임 시리즈의 제6탄. J1·J2에 소속된 모든 선수들이 실명으로 등장한다. 선수 모션도 대폭 증강시켜 J리그 사양으로 변경했다. 리그전, 컵 대회 등의 각종 모드를 탑재하였다.

수퍼 퍼즐버블 2

●타이토 ●PZL ●2002년 9월 19일 ●4,800엔
●플레이 명수 : 1~2인 ●세이브 용량 : 225KB 이상

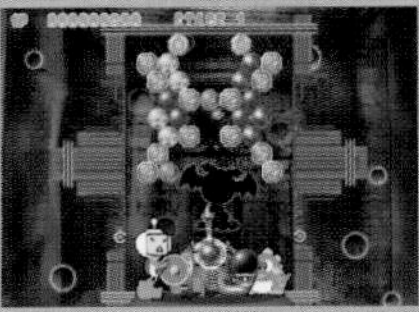

「수퍼 퍼즐버블」의 속편. 5개 스테이지로 구성하여 가볍게 즐기면서 사이사이에 이벤트 동영상도 감상하는 스토리 모드와, 오리지널 스테이지를 제작해보고 저장도 할 수 있는 에디트 모드가 추가되었다.

.hack//악성변이 Vol.2

●반다이 ●RPG ●2002년 9월 19일 ●5,800엔
●플레이 명수 : 1인 ●세이브 용량 : 682KB 이상

3개월 간격으로 한 타이틀씩, 총 4부작을 발매한 RPG 시리즈의 제2탄. 같은 해 6월 발매했던 「.hack//감염확대 Vol.1」(122p)의 속편으로서, 애니메이션판의 캐릭터도 등장한다. 전작 경험자용의 데이터 컨버트 시스템도 있다.

MARVEL VS. CAPCOM 2 : New Age of Heroes

●캡콤 ●ACT ●2002년 9월 19일 ●6,800엔 ●플레이 명수 : 1~2인
●세이브 용량 : 58KB 이상 ●USB 키보드, USB 모뎀 지원

마블 코믹스와 캡콤의 인기 캐릭터들이 3 : 3으로 싸우는 대전격투 게임. 총합 56명의 캐릭터가 등장하며, 파트너를 호출하여 공격하는 '어시스트'와 팀 전원이 협력하는 '하이퍼 콤보' 등으로 화려한 대전이 펼쳐진다.

에너지 에어포스

●타이토 ●SLG ●2002년 9월 26일 ●5,800엔 ●플레이 명수 : 1인
●세이브 용량 : 190KB 이상 ●플라이트 스틱, 헤드마운트 디스플레이 지원

기업 및 전문가의 협력으로 최대한의 리얼함을 구현해낸 플라이트 슈팅 게임. 조종석 내부부터 기체의 거동, 각 전투기간의 성능차이에 이르기까지를 높은 차원으로 재현해냈다. 실존 각국을 무대로, 여러 작전을 수행하자.

 CERO 등급 아이콘   

컨텐츠 명시 아이콘  연애  선정성  폭력성  공포  음주·흡연   사행성  범죄  약물   언어·기타

컬드셉트 세컨드 익스팬션

●세가 ●TBL ●2002년 9월 26일 ●6,800엔 ●플레이 명수 : 1~4인
●세이브 용량 : 62KB 이상 ●PS2용 USB 모뎀, PlayStation BB Unit, 멀티탭 지원

카드 배틀과 '모노폴리'풍 보드 게임을 융합시킨 타이틀. 자신 나름의 카드 덱을 짜둔 후, 자신의 진지를 성장시켜 상대의 마력을 빼앗아야 한다. 깊이 있는 전략을 구사해 상대와 경쟁하여 보드에서 승리하자.

겟 백커스 탈환대 : 빼앗긴 무한성

●코나미 ●RPG ●2002년 9월 26일 ●6,800엔
●플레이 명수 : 1인 ●세이브 용량 : 290KB 이상

당시 주간 '소년 매거진'에서 연재중이던 같은 제목의 인기 만화를 게임화했다. 멋진 그래픽과 자동생성 던전에서 전개되는 커맨드 배틀이 특징인 RPG다. 원작자가 감수한 오리지널 스토리가 펼쳐진다.

SIMPLE 2000 시리즈 얼티밋 Vol.3 : 최속! 폭주 킹 - 암승전설

●D3 퍼블리셔 ●RCG ●2002년 9월 26일 ●2,000엔
●플레이 명수 : 1~2인 ●세이브 용량 : 280KB 이상

폭주족 간의 개조차량 레이스를 테마로 삼은 이색 레이싱 게임. 사나이답게 취향을 잔뜩 관철시킨 튜닝으로 차량을 디자인해 폭주해보자. 잡지 '챔프 로드'가 디자인에 협력한 차량 12대가 등장하며, 조수석에 탈 동승자도 고를 수 있다.

대전략 1941 : 역전의 태평양

●사미 ●SLG ●2002년 9월 26일 ●6,800엔
●플레이 명수 : 1인 ●세이브 용량 : 886KB 이상

이번엔 해전이 중심인, 「대전략」 시리즈의 신작. 태평양전쟁이 소재로서, 일본군이 승리한다는 'if' 시나리오가 전개된다. 역사적인 전장은 물론이고 가상의 맵도 수록하였으며, 계획만 남고 끝났던 병기와 전술도 재현했다.

발더스 게이트 : 다크 얼라이언스

●퍼시픽 센추리 사이버웍스 재팬 ●ACT ●2002년 9월 26일 ●6,800엔
●플레이 명수 : 1~2인 ●세이브 용량 : 343KB 이상

미국에서 절대적인 인기를 끌었던 액션 RPG의 일본어판. 미려한 그래픽으로 치밀하게 구축된 세계를, 이 작품의 오리지널 시나리오와 함께 즐길 수 있다. 수십 종류에 달하는 볼륨의 이벤트 동영상도 수록했다.

페라리 F355 챌린지

●세가 ●RCG ●2002년 9월 26일 ●5,800엔 ●플레이 명수 : 1~2인
●세이브 용량 : 26KB 이상 ●GT FORCE 지원

페라리 사가 공인한 드라이빙 시뮬레이터. 리얼한 시뮬레이션성을 추구했기에 매우 섬세한 조작이 필요하다. PS2판은 3인칭 시점을 추가했으며, 페라리 관련 동영상 및 사진자료 등을 다수 수록하였다.

브리트니즈 댄스 비트

●세가 ●ACT ●2002년 9월 26일 ●6,800엔
●플레이 명수 : 1~2인 ●세이브 용량 : 55KB 이상

세계적인 인기가수, 브리트니 스피어스가 주연인 리듬 액션 게임. 화면에 표시되는 아이콘에 맞춰, 정확한 타이밍에 버튼을 누르자. 이 작품 전용으로 제작된 동영상도 들어가 있는 등, 브리트니 팬이라면 필수 구비작이다.

포이니 포인

●소니컴퓨터엔터테인먼트 ●ACT ●2002년 9월 26일 ●5,800엔
●플레이 명수 : 1인 ●세이브 용량 : 300KB 이상

타인의 기분을 바꿔주는 아이템 '포인'을 사용해, 동네에 일어난 사건들을 해결해가는 액션 게임. 포인에는 '변색'과 '소멸'이라는 법칙이 있고, 공중을 활강하거나 발판을 만드는 등의 다양한 활용법도 있다.

각종 지원 아이콘 Best Best판 발매 ONLINE 専用 PlayStation BB Unit 전용 ONLINE 対応 PlayStation BB Unit 지원

트리플 플레이 2002

●일렉트로닉 아츠 스퀘어 ●SPT ●2002년 9월 26일 ●6,800엔
●플레이 명수 : 1~2인 ●세이브 용량 : 157KB 이상

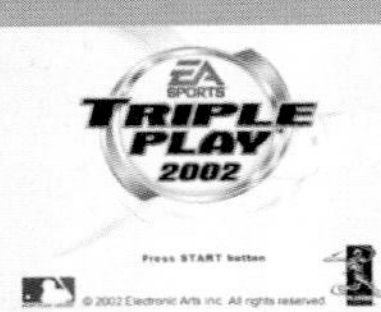

메이저리그의 모든 구단과 30개 구장을 재현한 야구 게임. 2001년 7월 15일 시점의 최신 데이터와 이적 정보를 반영했다. 선호하는 팀으로 한 시즌을 뛰어보자. 당시 메이저리그에 진출했던 스즈키 이치로·신조 츠요시도 등장한다.

야마사 Digi 월드 SP

●야마사 엔터테인먼트 ●SLG ●2002년 9월 26일 ●4,800엔
●플레이 명수 : 1인 ●세이브 용량 : 80KB 이상

야마사 사의 인기 머신 '네오 플래닛'을 수록한 파치슬로 실기 시뮬레이터. 메달 어택 등 다채로운 게임 모드를 탑재하였으며, 'Elvision'을 사용한 디테일하고 깔끔한 릴 표시를 즐길 수 있다.

츄립

●빅터 인터랙티브 소프트웨어 ●AVG ●2002년 10월 3일 ●6,800엔
●플레이 명수 : 1인 ●세이브 용량 : 53KB 이상

히로인과의 '츄'(입맞춤)가 목적인 어드벤처 게임. 일본의 70년대를 연상케 하는 세계관이 특징으로서, 남녀노소 온갖 등장인물과 '츄'가 가능하다. 다양한 '츄'로 경험을 쌓아, 동경하는 히로인과의 '츄'를 노려보자.

노부나가의 야망 : 람세기 with 파워업 키트

●코에이 ●SLG ●2002년 10월 3일 ●10,800엔 ●플레이 명수 : 1인
●세이브 용량 : 5211KB 이상 ●PlayStation BB Unit 지원

「노부나가의 야망 : 람세기」(115p)의 기능 강화판. 신규 무장 및 가보가 다수 등록되었고, 오리지널 역사 이벤트를 유저가 직접 만들 수 있게 되었다. 가상 이벤트와, 신규 모드인 '미션 챌린지'도 추가되어 있다.

프릭스타일 모토크로스

●일렉트로닉 아츠 스퀘어 ●ACT ●2002년 10월 3일 ●6,800엔
●플레이 명수 : 1~2인 ●세이브 용량 : 100KB 이상

위험한 코스를 질주하는 모토크로스 게임. 실존하는 라이더 8명이 등장하며, 다양한 트릭 무브는 물론이고 코너링과 낙상까지도 리얼한 모션으로 재현하였다. 개성적인 서킷도 9종류나 제공된다.

SIMPLE 2000 시리즈 Vol.11 : THE 오프로드 버기

●D3 퍼블리셔 ●RCG ●2002년 10월 10일 ●2,000엔
●플레이 명수 : 1~2인 ●세이브 용량 : 50KB 이상 ●GT FORCE 완전 지원

오프로드 카 특유의 질주감각을 만끽할 수 있는 레이싱 게임. 성능이 차별화된 차량 6대 중 하나를 골라, 다채로운 로케이션의 코스를 주파하자. '오프로드'와 '짐카나'의 2가지 모드가 제공된다.

마작패왕 : 단급 배틀

●마이니치 커뮤니케이션즈 ●TBL ●2002년 10월 10일 ●2,800엔
●플레이 명수 : 1인 ●세이브 용량 : 500KB 이상

일본프로마작협회가 감수한 마작 소프트. 일체의 사기 기술을 배제한 본격 4인 대국 마작으로서, 프로 마작사 3명이 실명으로 등장한다. '단급 배틀'에서 인정 문제를 풀어내면 1급까지의 실제 급위인정서를 획득할 수 있었다.

원더 존

●소니뮤직엔터테인먼트 ●ETC ●2002년 10월 10일 ●4,800엔
●플레이 명수 : 1인 ●세이브 용량 : 110KB 이상

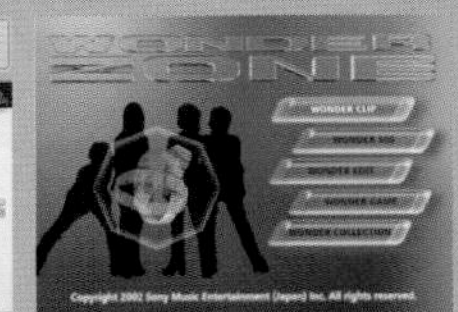

당시 일본의 인기 걸즈 밴드 'ZONE'의 데뷔곡부터 최신곡까지를 즐길 수 있는 뮤직 비주얼 소프트. 동영상을 원하는 시점으로 감상하거나, 수록된 동영상 소재를 조합해 자신만의 비디오 클립을 제작할 수도 있다.

사일런트 스코프 3

●코나미 ●STG ●2002년 10월 17일 ●6,800엔 ●플레이 명수 : 1인
●세이브 용량 : 79KB 이상 ●USB 마우스 지원

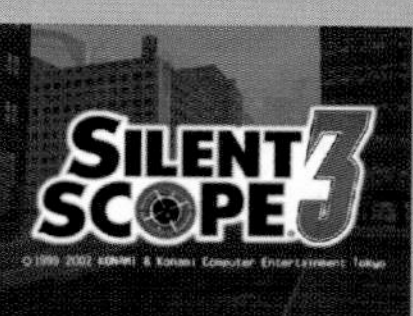

저격을 테마로 삼은 건 슈팅 게임 시리즈의 제3탄. 새로운 스토리로 제작된 가정용 오리지널 타이틀「사일런트 스코프 3」와, 당시 아케이드에서 가동됐던 작품「저격/SOGEKI」의 이식판을 수록한 합본 컬렉션이다.

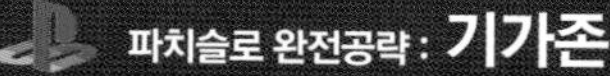

파치슬로 완전공략 : 기가존

●시스컴 엔터테인먼트 ●SLG ●2002년 10월 17일 ●3,500엔
●플레이 명수 : 1인 ●세이브 용량 : 150KB 이상 ●슬롯컨 지원

타카사고 전기의 인기 기종 '기가존'을 수록한 파치슬로 실기 시뮬레이터. 풀 3D로 실기를 디테일한 부분까지 잘 재현했다. 실기 공략과 낌새가 좋은 기체의 탐색을 도와주는 '탑 시크릿' 등, 77종류의 비밀이 밝혀진다.

크리티컬 블릿 : 7th TARGET

●캡콤 ●AVG ●2002년 10월 24일 ●6,800엔
●플레이 명수 : 1인 ●세이브 용량 : 135KB 이상

근미래의 일본을 무대로, 여자 현상금 사냥꾼 '사라 피츠제럴드'의 활약을 그린 시네마틱 노벨. 액션 소설을 방불케 하는 긴장감과 속도감이, 참신한 카메라워크와 다채로운 연출로 멋지게 펼쳐진다.

겟배스 배틀

●세가 ●SPT ●2002년 10월 24일 ●6,800엔 ●플레이 명수 : 1~2인
●세이브 용량 : 100KB 이상 ●낚시콘, 낚시콘2 지원

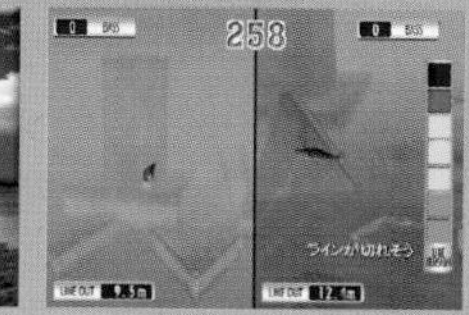

1998년 가동되었던 아케이드용 게임「겟배스」의 기능 강화판. 미국의 호수를 모델로 삼은 스테이지에서, 계속 변화하는 조건을 잘 읽어내 대어급 배스를 낚아올려 보자. 2인 대전 모드도 즐길 수 있다.

SIMPLE 2000 시리즈 Vol.13 : 여성을 위한 THE 연애 어드벤처 – 유리의 숲

●D3 퍼블리셔 ●AVG ●2002년 10월 24일 ●2,000엔
●플레이 명수 : 1인 ●세이브 용량 : 132KB 이상

한여름의, 그리고 영원의 사랑을 그린, 여성을 위한 연애 어드벤처 게임. '카미카쿠시'의 전설이 남아있는 피서지에서 여름을 보내게 된 주인공과 3명의 미소년을 둘러싸고 벌어지는, 사랑과 불가사의한 사건에 관한 이야기다.

SIMPLE 2000 시리즈 얼티밋 Vol.4 : 비기 사기마작의 거리 – 형씨, 눈치 챘구먼

●D3 퍼블리셔 ●TBL ●2002년 10월 24일 ●2,000엔
●플레이 명수 : 1인 ●세이브 용량 : 64KB 이상

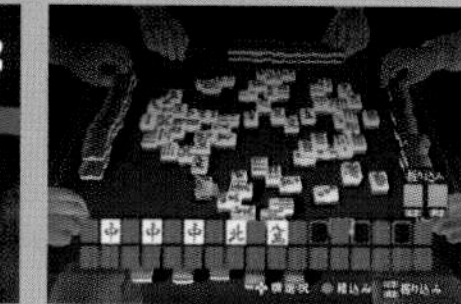

비기와 사기 기술에 초점을 맞춘 마작 게임. 다채로운 기술을 구사하여 자신의 손패를 바꿔치기하자. 이 게임에선 CPU도 사기 기술을 쓰니 방심은 금물. 실력자들 간의 피 말리는 대결을 그린 스토리 모드도 있다.

스페이스 피셔맨

●소니컴퓨터엔터테인먼트 ●ACT ●2002년 10월 24일 ●5,800엔
●플레이 명수 : 1인 ●세이브 용량 : 428KB 이상

우주를 배경으로 거대한 우주 물고기를 낚는 피싱 액션 게임. 팝아트스러운 세계관에서 100미터가 넘는 거대 물고기나 로봇 물고기를 낚아보자. 6개 지역의 총 18개 행성이 스테이지로 등장한다.

태고의 달인 : 타타콘으로 두둥둥

●남코 ●ACT ●2002년 10월 24일 ●6,980엔
●플레이 명수 : 1~2인 ●세이브 용량 : 76KB 이상 ●타타콘 지원

일본식 큰북을 두드리는 간단한 조작으로 아이들부터 어르신에 이르기까지 폭넓게 인기를 끈 아케이드용 리듬 액션 게임의 첫 가정용 게임기 이식작. 전용 컨트롤러 '타타콘'을 이용하면 오락실에 온 기분으로 플레이할 수 있다.

각종 지원 아이콘  Best판 발매  PlayStation BB Unit 전용  PlayStation BB Unit 지원

탐정 진구지 사부로 : Innocent Black

●워크잼 ●AVG ●2002년 10월 24일 ●5,800엔
●플레이 명수 : 1인 ●세이브 용량 : 80KB 이상

워크잼이 시리즈 판권을 양도받은 후 제작한 신생 「진구지 사부로」 시리즈의 첫 작품. 그래픽·BGM 모두 이전까지의 하드보일드풍 분위기를 계승하여, 가출소녀 수색에서 시작되는 거대한 사건에 도전하게 된다.

메달 오브 아너 : 프론트라인

●일렉트로닉 아츠 스퀘어 ●STG ●2002년 10월 24일 ●6,800엔
●플레이 명수 : 1인 ●세이브 용량 : 149KB 이상

대히트를 기록한 FPS 게임 시리즈의 이식판. 제2차 세계대전 당시 노르망디 상륙작전의 오마하 해변에서 시작되는 유럽전선의 전투들을 재현했다. 총탄이 빗발치는 전장의 공포를 리얼하게 체험할 수 있다.

울트라맨 파이팅 에볼루션 2

●반프레스토 ●ACT ●2002년 10월 31일 ●6,800엔
●플레이 명수 : 1~2인 ●세이브 용량 : 91KB 이상

'울트라맨' 시리즈가 원작인 3D 격투 게임의 제2탄. PS1으로 발매됐던 전작에 비해 그래픽이 대폭 진화되었으며, 필살기도 캐릭터당 최대 4종류로 늘어났다. 신 캐릭터로 잭·에이스·레오가 추가되었다.

온라인 게임즈 : 대 빙글빙글 온천

●세가 ●TBL ●2002년 10월 31일 ●6,800엔 ●플레이 명수 : 1인
●세이브 용량 : 596KB 이상 ●PlayStation BB Unit, USB 모뎀, USB 키보드 지원

누구나 간편하게 즐길 수 있는 온라인 테이블 게임 모음집. 드림캐스트로 발매했던 「빙글빙글 온천」 시리즈의 2편과 3편을 하나로 합쳤기에 볼륨이 실로 어마어마하다. 게임 외에 온라인 커뮤니케이션 기능도 충실하다.

Only you : 리벨크루스

●제넥스 ●AVG ●2002년 10월 31일 ●7,800엔
●플레이 명수 : 1인 ●세이브 용량 : 174KB 이상

PC용 원작을 이식한 미소녀 게임. 주인공이 복수를 위해 자신을 단련하면서 8명의 미소녀와 교류해나간다는 스토리다. 호화 성우진을 기용해 풀보이스화했으며, 오프닝과 이벤트에 애니메이션 동영상을 사용했다.

학원도시 바라누아르

●아이디어 팩토리 ●SLG ●2002년 10월 31일 ●6,800엔
●플레이 명수 : 1인 ●세이브 용량 : 1196KB 이상

용사를 목표로 삼은 소녀들의 우아하고도 과격한 학창시절 이야기. 시끌벅적 학원물 스토리와 전략 시뮬레이션을 결합시킨 타이틀로서, 던전에서의 전투와 학교 숙제를 병행하면서 용사육성학부 진학을 목표로 삼아야 한다.

드래곤 퀘스트 캐릭터즈 토르네코의 대모험 3 : 이상한 던전

●에닉스 ●RPG ●2002년 10월 31일 ●6,800엔
●플레이 명수 : 1인 ●세이브 용량 : 1.28MB 필수

로그라이크 RPG 시리즈의 제3탄. 이전작들과는 달리, 던전 클리어 시나 사망 시에도 레벨이 초기화되지 않고 그대로 유지되도록 바뀌었다. 시나리오가 진행되면 토르네코의 아들인 '포포로'로도 플레이할 수 있어, 몬스터를 동료로 삼으면서 아버지와는 전혀 다른 형태로 모험을 즐길 수 있게 된다.

CERO 등급 아이콘

컨텐츠 명시 아이콘
 연애
 선정성
 폭력성
 공포
 음주·흡연

 사행성
 범죄
 약물
 언어·기타

THE 케이힌 급행 : TRAIN SIMULATOR REAL

●온가쿠칸 ●SLG ●2002년 10월 31일 ●5,800엔
●플레이 명수 : 1인 ●세이브 용량 : 940KB 이상

실제 전동차에서 촬영한 실사 동영상을 활용한 전철운전 시뮬레이션 게임. 케이힌 급행전철 사의 협력으로 케이큐 본선·쿠리하마선·공항선을 재현했고, 신형을 포함한 8개 전동차를 실제 운행시각표 기준으로 운전해볼 수 있다.

필살 파친코 스테이션 V5 : 핑크 레이디

●선전자 ●SLG ●2002년 10월 31일 ●5,800엔
●플레이 명수 : 1인 ●세이브 용량 : 270KB 이상

다이이치쇼카이 사의 'CR 핑크 레이디'를 수록한 파친코 실기 시뮬레이터. 대히트곡과 함께 발동되는 다채로운 리치 액션을 재현하였다. 시리즈 전통의 풍부한 기능은 여전해, 실기를 공략하는 데 여러모로 도움을 준다.

기갑무장 G브레이커 : 레전드 오브 클라우디아

●선라이즈 인터랙티브 ●ACT ●2002년 11월 7일 ●6,800엔
●플레이 명수 : 1~2인 ●세이브 용량 : 100KB 이상

인기 시리즈의 제3탄. 복잡했던 조작은 간략화하고, 기체의 거동은 더욱 직관적으로 조정해 즐길 만한 타이틀로 진화시켰다. 밀림·동굴·적기지 등에서 다양한 적을 격파하자. 특전으로 애니메이션판 동영상도 수록했다.

SIMPLE 2000 시리즈 Vol.12 : THE 퀴즈 20,000문제

●D3 퍼블리셔 ●QIZ ●2002년 11월 7일 ●2,000엔
●플레이 명수 : 1~4인 ●세이브 용량 : 46KB 이상 ●멀티탭 지원

다양한 장르의 사지선다식 문제를 수록한 퀴즈 게임. 출제자에 따라 장르가 달라지는 '솔로 퀴즈'나 최대 4인 동시 경쟁이 가능한 모드를 비롯해, 보드 게임을 융합시킨 퀴즈판 DX도 즐길 수 있다.

테크닉 비트

●아리카 ●ACT ●2002년 11월 7일 ●5,800엔
●플레이 명수 : 1~2인 ●세이브 용량 : 227KB 이상

「테크닉틱스」(73p)의 속편으로서, 곡에 맞춰 필드 상에 발생하는 파문에 올라서 정확한 타이밍에 버튼을 누르며 플레이하는 리듬 액션 게임. 이번엔 역대 남코·아리카 개발 게임들의 여러 명곡들을 편곡해 수록곡으로 삼았다.

파워 스매시 2

●세가 ●SPT ●2002년 11월 7일 ●6,800엔 ●플레이 명수 : 1~2인
●세이브 용량 : 362KB 이상 ●멀티탭 지원(~4인)

3D 그래픽으로 선수의 리얼한 모션을 표현한 테니스 게임. 기본적으로는 아케이드판의 이식작이며, 오리지널 선수를 육성하는 월드 투어 모드를 추가했다. 복식 모드로는 최대 4인 동시 플레이가 가능하다.

FEVER 6 : SANKYO 공식 파친코 시뮬레이션

●인터내셔널 카드 시스템 ●SLG ●2002년 11월 7일 ●5,800엔
●플레이 명수 : 1인 ●세이브 용량 : 118KB 이상 ●회전형 컨트롤러 지원

SANKYO의 인기 파친코 머신인 '피버 원티드'·'피버 파치 리그'·'피버 세인트' 3개 기종을 수록한 파친코 실기 시뮬레이터. 점포별 랭킹에 도전하는 '랭킹 모드'를 통해 높은 순위를 노려보자.

올스타 베이스볼 2003

●어클레임 재팬 ●SPT ●2002년 11월 14일 ●5,800엔
●플레이 명수 : 1~2인 ●세이브 용량 : 83KB 이상 ●멀티탭 지원(~4인)

메이저리그가 공인한 야구 게임. 미국 메이저리그 30개 구단의 선수 900명 이상, 심지어 아나운서와 해설자까지도 전부 실명으로 등장한다. 선수의 동작은 모션 캡처를 통해 리얼하게 재현했다.

HARDWARE 2000 2001 2002 2003 2004 2005 2006 2007 2008 2009 2010 2011 2013 INDEX

금광맥 탐사 시뮬레이션 : 잉갓 79

●팹 커뮤니케이션즈 ●SLG ●2002년 11월 14일 ●6,800엔
●플레이 명수 : 1인 ●세이브 용량 : 64KB 이상

지하 깊숙이 숨어있는 금광맥을 찾아내는 시뮬레이션 게임. 미쓰비시 머티리얼 자원개발과 공동개발한 소프트로서, 인공위성을 사용한 조사와 시금 조사 등 다양한 실제 금광맥 조사 기술을 리얼하게 구현했다.

진 혼두라 : SHIN CONTRA

●코나미 ●ACT ●2002년 11월 14일 ●6,800엔
●플레이 명수 : 1~2인 ●세이브 용량 : 108KB 이상

「혼두라」 시리즈의 신작. 시스템 자체는 이전작처럼 횡스크롤 2D 액션 슈팅 게임이지만, 캐릭터와 스테이지를 모두 3D화해 묘사한 것이 특징이다. 표준 장비된 3가지 무기를 적절히 활용하여 적들을 물리치자.

SIMPLE 2000 시리즈 Vol.14 : THE 당구

●D3 퍼블리셔 ●TBL ●2002년 11월 14일 ●2,000엔
●플레이 명수 : 1~2인 ●세이브 용량 : 64KB 이상

간단한 조작으로 누구라도 쉽게 즐길 수 있는 당구 게임. 3D로 구현한 리얼한 시점과 당구공의 정밀한 거동을 재현하였다. 나인볼 등 6가지 게임을 수록했고, 스토리 모드에서는 10명의 캐릭터와 대결할 수 있다.

SIMPLE 2000 시리즈 Vol.15 : THE 럭비

●D3 퍼블리셔 ●SPT ●2002년 11월 14일 ●2,000엔
●플레이 명수 : 1~2인 ●세이브 용량 : 271KB 이상

럭비를 테마로 삼아 다양한 청춘 드라마를 그려낸 럭비 팀 육성 시뮬레이션 게임. 럭비부 감독이 되어 부원들과 함께 일본 1위를 노려보자. 우정과 노력, 좌절과 꿈 등이 교차하는 뜨겁고도 쌉싸름한 이벤트를 즐길 수 있다.

SIMPLE 2000 시리즈 헬로키티 Vol.1 : 스타라이트★퍼즐 - 바쁘게 큐브를★쿠쿵 부둥부둥♥

●D3 퍼블리셔 ●PZL ●2002년 11월 14일 ●2,000엔
●플레이 명수 : 1~2인 ●세이브 용량 : 67KB 이상

산리오 사의 인기 캐릭터 '헬로키티'가 등장하는 액션 퍼즐 게임. 헬로키티를 잘 조작해 계속 떨어지는 큐브를 규칙에 맞춰 없애나가자. 스테이지별로 헬로키티의 복장도 바뀐다. 대전·협력 플레이도 가능하다.

SIMPLE 2000 시리즈 헬로키티 Vol.2 : 모두 함께 말판놀이 - 신비한 세계에서 사이좋게 말판놀이

●D3 퍼블리셔 ●TBL ●2002년 11월 14일 ●2,000엔
●플레이 명수 : 1~4인 ●세이브 용량 : 58KB 이상 ●멀티탭 지원(~4인)

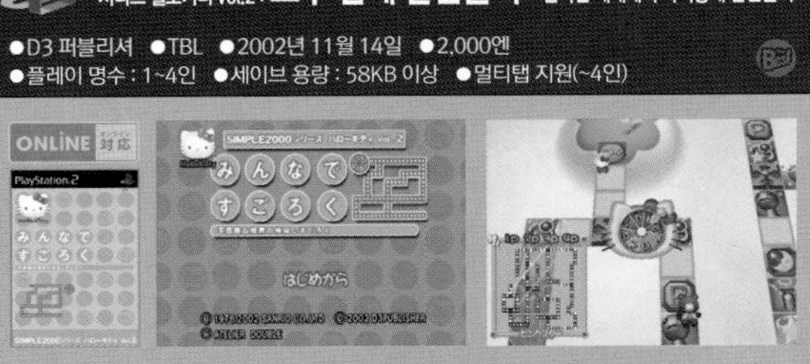

산리오 사의 '헬로키티' 캐릭터를 활용하는 테이블 게임. 5가지 세계의 5가지 맵이 제공되며, 각각의 맵에서 골인을 노려보자. 도중에 멈추는 칸마다 다양한 미니게임과 이벤트가 준비되어 있다.

SIMPLE 2000 시리즈 얼티밋 Vol.5 : 러브★마작!

●D3 퍼블리셔 ●TBL ●2002년 11월 14일 ●2,000엔
●플레이 명수 : 1인 ●세이브 용량 : 113KB 이상

그라비아 아이돌 '후타바 리호'와 대결하는 2인대국 마작 게임. 백사장·교정·리호의 방 등, 다양한 장소와 상황에서 마작으로 대결해 보자. 승리하면 리호의 코스튬을 입수하며, 벌칙 게임으로 리호의 사진도 촬영할 수 있다.

스레드 컬러즈 : 작별의 저편

●D3 퍼블리셔 ●AVG ●2002년 11월 14일 ●6,800엔
●플레이 명수 : 1인 ●세이브 용량 : 129KB 이상

서로 통하는 마음과 마음, 사람들 사이의 인연과 운명을 그린 포지티브 멘탈 어드벤처 게임. 기억상실 상태로 입원생활을 보내고 있는 주인공은 히로인들과 교류하게 된다. 플레이어의 선택이 새로운 만남을 부르고 운명을 바꾼다.

CERO 등급 아이콘    

컨텐츠 명시 아이콘 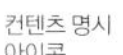 연애  선정성  폭력성  공포  음주·흡연    사행성  범죄  약물  언어·기타 

브레스 오브 파이어 V : 드래곤 쿼터

●캡콤 ●RPG ●2002년 11월 14일 ●6,800엔
●플레이 명수 : 1인 ●세이브 용량 : 240KB 이상

인기 RPG 시리즈의 5번째 작품. 지하세계를 무대로 삼은 SF 세계관으로 바뀌었으며, 캐릭터와 배경도 풀 3D화되었다. 'D-카운터'와 'SOL'(시나리오 오버레이) 시스템 등, 참신한 시스템을 다수 탑재하였다.

슈퍼 배틀봉신

●코에이 ●ACT ●2002년 11월 16일 ●5,800엔 ●플레이 명수 : 1~2인
●세이브 용량 : 60KB 이상 ●멀티탭 지원(~4인)

중국의 전기소설 '봉신연의'를 기반으로 제작한 3D 액션 게임. 선인들이 만든 무기 '보패'를 활용하여, 몰려드는 적들을 물리치자. 4명의 주인공 중 하나를 선택해 총 8스테이지를 클리어해야 한다.

슈퍼카 스트리트 챌린지

●석세스 ●RCG ●2002년 11월 21일 ●5,800엔
●플레이 명수 : 1~2인 ●세이브 용량 : 146KB 이상

서양 9개 자동차사의 컨셉 모델 및 슈퍼카로 세계 주요 도시를 누비는 레이싱 게임. 레이스에서 승리하면 새로운 코스·차량·파츠를 얻을 수 있다. 자신만의 오리지널 슈퍼카를 만드는 모드도 제공한다.

제로욘 챔프 시리즈 : 드리프트 챔프

●허드슨 ●RCG ●2002년 11월 21일 ●6,800엔 ●플레이 명수 : 1~2인
●세이브 용량 : 117KB 이상 ●GT FORCE 지원

다양한 기종으로 발매되어 인기를 얻었던 「제로욘 챔프」 시리즈의 PS2판 신작. 3D화된 30종류의 실존 차량이 등장해, 속도감과 흥분을 맛볼 수 있다. 메인 모드인 드래그 레이스는 물론, 일반 레이스와 어드벤처 게임도 제공한다.

토니 호크 프로 스케이터 3

●석세스 ●SPT ●2002년 11월 21일 ●5,800엔
●플레이 명수 : 1~2인 ●세이브 용량 : 72KB 이상

스케이트보드 계의 신이라고까지 불리는 토니 호크의 이름을 넣은 스케이트보드 게임. 더욱 진화된 트릭&콤보를 구사할 수 있다. 도합 약 1시간에 달하는 하이퀄리티 동영상도 수록하였다.

팝픈 뮤직 7

●코나미 ●SLG ●2002년 11월 21일 ●6,800엔 ●플레이 명수 : 1~4인
●세이브 용량 : 82KB 이상 ●팝픈 컨트롤러 지원

인기 음악 시뮬레이션 게임 시리즈의 첫 PS2판. 아케이드판의 모든 모드를 제대로 재현한 'Side-A'에 가정용 오리지널 버전인 'Side-B'까지, 디스크 한 장에 소프트 2개 분량을 채워 넣은 빵빵한 볼륨의 게임이다.

해리포터와 비밀의 방

●일렉트로닉 아츠 스퀘어 ●AAVG ●2002년 11월 23일 ●6,800엔
●플레이 명수 : 1인 ●세이브 용량 : 174KB 이상

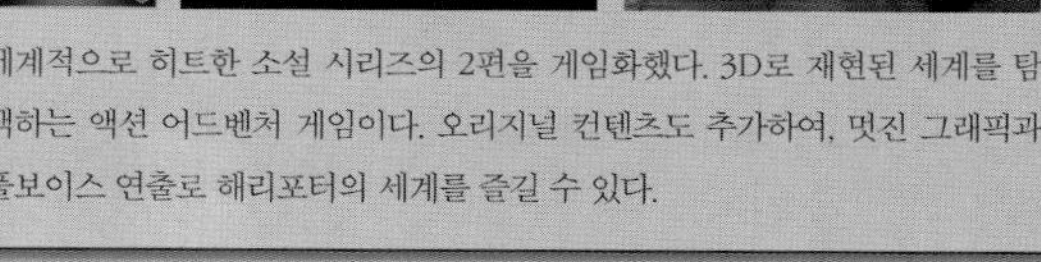

세계적으로 히트한 소설 시리즈의 2편을 게임화했다. 3D로 재현된 세계를 탐색하는 액션 어드벤처 게임이다. 오리지널 컨텐츠도 추가하여, 멋진 그래픽과 풀보이스 연출로 해리포터의 세계를 즐길 수 있다.

SD건담 G제네레이션 네오

●반다이 ●SLG ●2002년 11월 28일 ●6,800엔
●플레이 명수 : 1인 ●세이브 용량 : 179KB 이상

'∀건담'까지의 역대 건담 시리즈 모빌슈츠들이 등장하는 스테이지 클리어형 시뮬레이션 게임. 시리즈 최초로, 오리지널 시나리오 중심으로 전개된다. 유닛은 모두 풀 폴리곤화되었으며, CG 동영상도 한결 진화되었다.

각종 지원 아이콘 Best판 발매 ONLINE 専用 PlayStation BB Unit 전용 ONLINE 対応 PlayStation BB Unit 지원

NBA 라이브 2003

●일렉트로닉 아츠 스퀘어 ●SPT ●2002년 11월 28일 ●6,800엔
●플레이 명수 : 1~2인 ●세이브 용량 : 484KB 이상 ●멀티탭 지원(~8인)

NBA가 공인한 농구 게임. 2002년 최신 데이터를 수록하여 모든 팀과 선수가 실명으로 등장한다. 일본판은 시리즈 최초로 일본어 실황·해설을 실현했다. AI도 개량하여 시합이 더욱 전략적으로 전개된다.

추억으로 변하는 그대 : 메모리즈 오프

●키드 ●AVG ●2002년 11월 28일 ●6,800엔
●플레이 명수 : 1인 ●세이브 용량 : 60KB 이상

연애 어드벤처 게임 시리즈의 제3탄. 대학생인 주인공 '쇼고'가, 잊었다고 여겼던 과거의 애인 '카나타'와 우연히 재회하면서 스토리가 시작된다. 카나타 외에도 6명의 개성적인 히로인들이 등장한다.

K-1 월드 그랑프리 2002

●코나미 ●ACT ●2002년 11월 28일 ●6,800엔
●플레이 명수 : 1~2인 ●세이브 용량 : 147KB 이상

전작까지의 파이터들에, 2001년 월드 GP 챔피언인 '마크 헌트' 등의 선수 3명을 추가한 타이틀. 육성 시스템이 있는 모드도 추가됨으로써, 자신의 취향을 담은 오리지널 선수를 육성할 수도 있게 되었다.

더 킹 오브 파이터즈 2000

●SNK 플레이모어 ●ACT ●2002년 11월 28일 ●6,800엔
●플레이 명수 : 1~2인 ●세이브 용량 : 100KB 이상

'네스츠 편' 3부작 중 2번째 작품. 액티브 스트라이커 시스템을 탑재하여, 연속기의 자유도가 대폭 향상되었다. PS2판은 일정 조건을 충족하면 사용이 가능해지는 히든 매니악 스트라이커도 대거 추가되었다.

숀 파머 프로 스노보더

●석세스 ●SPT ●2002년 11월 28일 ●5,800엔
●플레이 명수 : 1~2인 ●세이브 용량 : 393KB 이상

프로 스노보더 '숀 파머'의 이름을 붙인 스노보드 게임. 숀을 비롯한 13명의 프로 스노보더가 실명으로 등장하며, 4가지 대전 모드도 즐길 수 있다. 화려한 트릭을 구사해 콤보를 만들어보자.

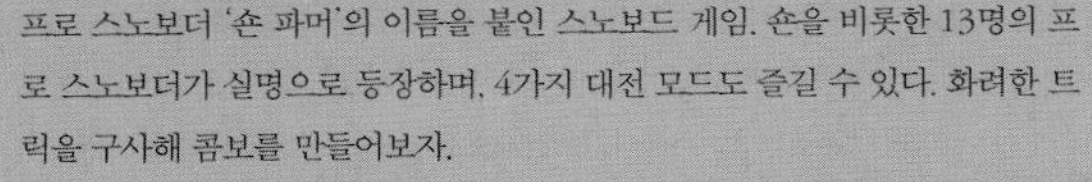

SIMPLE 2000 시리즈 Vol.16 : THE 스나이퍼 2 - 악몽의 총탄

●D3 퍼블리셔 ●STG ●2002년 11월 28일 ●2,000엔
●플레이 명수 : 1인 ●세이브 용량 : 37KB 이상

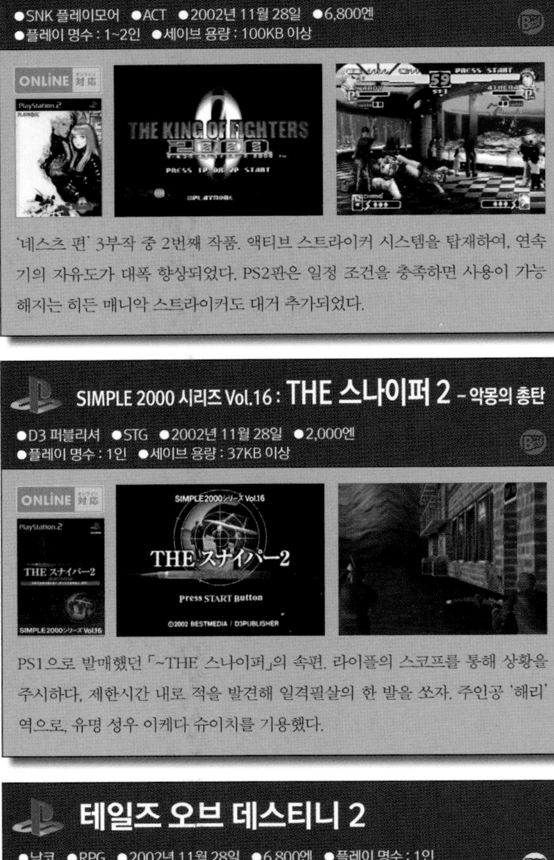

PS1으로 발매했던 「~THE 스나이퍼」의 속편. 라이플의 스코프를 통해 상황을 주시하다, 제한시간 내로 적을 발견해 일격필살의 한 발을 쏘자. 주인공 '해리' 역으로, 유명 성우 이케다 슈이치를 기용했다.

다크 크로니클

●소니컴퓨터엔터테인먼트 ●RPG ●2002년 11월 28일 ●5,800엔
●플레이 명수 : 1인 ●세이브 용량 : 52KB 이상

경쾌한 전투와 디오라마식 마을 육성 시스템이 특징인 액션 RPG. 던전은 입장 시마다 자동생성으로 구조가 바뀐다. 어머니를 찾는 소년 '유리스'와 미래에서 온 소녀 '모니카'가 스토리를 이끈다. 타국엔 「다크 클라우드 2」로 발매됐다.

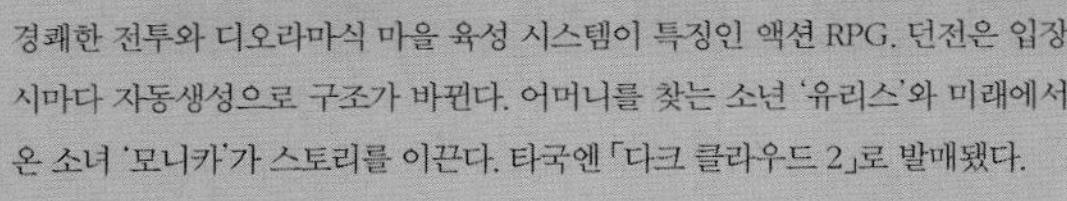

테일즈 오브 데스티니 2

●남코 ●RPG ●2002년 11월 28일 ●6,800엔 ●플레이 명수 : 1인
●세이브 용량 : 61KB 이상 ●멀티탭 지원(~4인)

PS1으로 발매되어 인기를 얻었던 RPG의 속편. 전작의 18년 후를 배경으로, 전작 주인공의 아들 '카일'이 마주하게 되는 '운명'을 그린 스토리다. 「테일즈 오브」 시리즈다운 치밀한 설정의 방대한 세계를 모험하자.

CERO 등급 아이콘   

컨텐츠 명시 아이콘 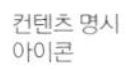 연애  선정성  폭력성  공포  음주·흡연  사행성  범죄  약물  언어·기타 

루팡 3세 : 마술왕의 유산

●반프레스토 ●AAVG ●2002년 11월 28일 ●6,980엔
●플레이 명수 : 1인 ●세이브 용량 : 157KB 이상

풀보이스로 즐기는 시네마틱 어드벤처 게임. 루팡 3세는 유럽의 어느 나라에 위치한 난공불락의 성 '한네발트 성'에서 개최되는 자선 미술전 행사에 잠입하여, 마술왕 '란돌프 2세'의 보물을 노리게 된다.

아르고스의 전사

●테크모 ●ACT ●2002년 12월 5일 ●6,800엔
●플레이 명수 : 1인 ●세이브 용량 : 150KB 이상

아케이드와 패미컴으로 큰 인기를 얻었던 고전 액션 게임을 과감하게 개변해 리메이크한 신작. 요요 형태의 방패 '디스크 아머'로 싸운다는 점 외에는 원작과 거의 연관이 없는 오리지널 작품으로서, 통쾌한 콤보 액션이 일품이다.

라첏 & 클랭크

●소니컴퓨터엔터테인먼트 ●ACT ●2002년 12월 3일 ●5,800엔
●플레이 명수 : 1인 ●세이브 용량 : 351KB 이상

다양한 행성들이 스테이지로 등장하는 3D 액션 게임. 주인공인 외계인 소년 '라쳇'과 로봇 파트너 '클랭크'를 조작하여, '가젯'이라 불리는 기상천외한 기계 장치들을 활용하며 싸워야 한다. 다양한 무기·가젯·도구들을 획득 가능하며, 이들 중에는 전투용 외에 액션이 추가되는 아이템도 있다.

에이틴 휠러

●세가 ●RCG ●2002년 12월 5일 ●5,800엔 ●플레이 명수 : 1~2인
●세이브 용량 : 224KB 이상 ●GT FORCE 지원

바퀴 18개짜리 대형 트레일러 차량으로 미 대륙을 횡단하는 드라이빙 게임. '아케이드 모드'는 물론이고 정차 포인트에 정확하게 정차시켜야 하는 '파킹 챌린지 모드', 화면을 상하분할해 즐기는 '대전 모드'도 있다.

NBA 스타팅 파이브

●코나미 ●SPT ●2002년 12월 5일 ●6,800엔 ●플레이 명수 : 1~2인
●세이브 용량 : 800KB 이상 ●멀티탭 지원

NBA 2002~2003 시즌의 데이터를 수록한 농구 게임. 당시의 NBA 스타 선수들을 하이퀄리티 그래픽으로 리얼하게 재현하였으며, 간단한 조작으로 슈퍼 플레이를 자유롭게 구사할 수 있다.

가챠로쿠

●소니컴퓨터엔터테인먼트 ●TBL ●2002년 12월 5일 ●5,800엔
●플레이 명수 : 1~4인 ●세이브 용량 : 84KB 이상 ●멀티탭 지원

잊혀져가는 일본의 전통을 찾아, 일본열도 전국을 일주하는 말판놀이 게임. 일본 각지의 명소 및 행사 관련 이벤트를 대거 수록했다. 4명까지 동시 플레이가 가능하며, 액션 게임도 50종류나 즐길 수 있다.

기갑병단 J-PHOENIX : 코발트 소대 편

●타카라 ●ACT ●2002년 12월 5일 ●6,800엔
●플레이 명수 : 1~2인 ●세이브 용량 : 84KB 이상

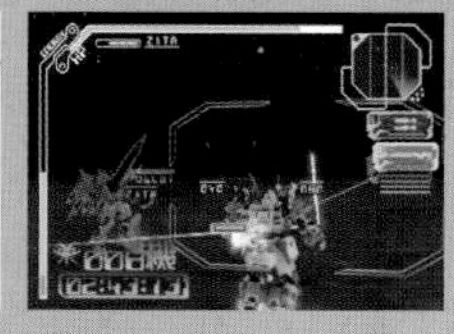

거대 로봇을 커스터마이즈하여 싸우는 인기 게임 시리즈의 제3탄. 치열한 3D 액션 시스템에, 새로이 턴제 시뮬레이션 요소를 도입하였다. 사령관과 파일럿으로 1인 2역을 담당하며 미션을 공략하자.

각종 지원 아이콘  Best판 발매 ONLINE 専用 PlayStation BB Unit 전용 ONLINE 対応 PlayStation BB Unit 지원

시노비

●세가 ●ACT ●2002년 12월 5일 ●6,800엔
●플레이 명수 : 1인 ●세이브 용량 : 370KB 이상

스타일리시한 액션과, 심플하면서도 깊이 있는 스토리를 겸비한 닌자 액션 게임. 21세기 초의 도쿄를 무대로, 주인공 '호츠마'와 식신들 간의 싸움을 그렸다. 약동감과 속도감이 넘치는 시노비 VS 시노비의 대결을 즐겨보자.

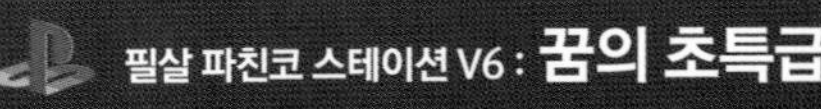

필살 파친코 스테이션 V6 : 꿈의 초특급

●선 전자 ●SLG ●2002년 12월 5일 ●4,800엔
●플레이 명수 : 1인 ●세이브 용량 : 296KB 이상

액정 릴 연출에 횡스크롤 5라인을 채용한 'CR 꿈의 초특급' 중에서, 사양이 각각 차별화된 3종류의 기체를 수록한 파친코 실기 시뮬레이터. 대박 찬스 도중에는 일본 전국의 명소를 각 특급열차가 소개해준다.

FIFA 2003

●일렉트로닉 아츠 스퀘어 ●SPT ●2002년 12월 5일 ●6,800엔
●플레이 명수 : 1~2인 ●세이브 용량 : 487KB 이상 ●멀티탭 지원(~8인)

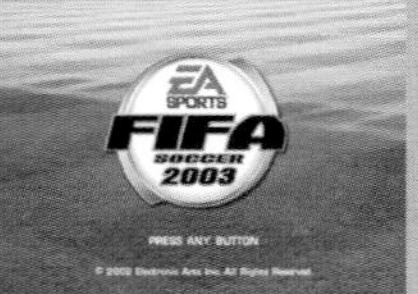

FIFA가 공인한 축구 게임. 세계 16개국 300개 이상의 클럽과 40개국 이상의 대표팀을 수록했으며, 모든 선수가 실명으로 등장한다. 20곳 이상의 스타디움도 재현하여, 본토 축구의 분위기를 만끽할 수 있다.

모모타로 전철 11 : 가난뱅이신 봄비 출현! 편

●허드슨 ●TBL ●2002년 12월 5일 ●6,800엔
●플레이 명수 : 1~4인 ●세이브 용량 : 280KB 이상

PS2로는 2번째 작품이 되는, 허드슨의 간판 보드 게임 시리즈 신작. 역을 불리한 속성 투성이인 '블랙 역'으로 만들어버리는 '블랙 가난뱅이신'이 시리즈 최초로 등장한다. CG가 툰 렌더링화되어 비주얼 퀄리티가 향상되었다.

아카기 : 어둠에 내려앉은 천재

●D3 퍼블리셔 ●TBL ●2002년 12월 12일 ●6,800엔
●플레이 명수 : 1인 ●세이브 용량 : 40KB 이상

잡지 '근대마작'의 초인기 만화가 원작인 마작 게임. 만화판 1~6권의 내용을 따라가며, 플레이어는 '아카기'가 되어 전설의 명장면을 체험할 수 있다. 원작에선 있을 수 없었던 이치카와·야기와의 대국도 가능하다.

에볼루션 스케이트보딩

●코나미 ●SPT ●2002년 12월 12일 ●6,800엔
●플레이 명수 : 1~2인 ●세이브 용량 : 230KB 이상

실존 브랜드의 스포츠웨어를 착용한 실명 프로보더가 등장하는 스케이트보드 게임. 다양한 스테이지에서 화려한 트릭을 구사해 고득점을 노리자. 무려 90종류 이상의 트릭을 구사할 수 있다.

건바리 컬렉션 + 타임 크라이시스

●남코 ●STG ●2002년 12월 12일 ●3,800엔 ●플레이 명수 : 1~2인
●세이브 용량 : 180KB 이상 ●건콘2 지원

남코가 PS1 당시 발매했던 건콘용 건 슈팅 게임 4종을 하나로 합본해 이식한 타이틀. 미니게임 모음집인 「건블릿」·「건발」·「건발리나」와, 스토리가 있는 「타임 크라이시스」를 수록하였다.

갤롭 레이서 6 : 레볼루션

●테크모 ●ACT ●2002년 12월 12일 ●6,800엔 ●플레이 명수 : 1~2인
●세이브 용량 : 899KB 이상 ●PlayStation BB Unit 지원

수많은 레이스에서 좋은 성적을 남겨 초일류 자키가 되는 것이 목표인 경마 레이싱 게임. 라이벌·조교사들과 교류하는 자키 라이프, 전작보다 진화된 시설 및 조교 메뉴, 말 생산 시스템 등 다양한 시스템이 추가되었다.

CERO 등급 아이콘    

컨텐츠 명시 아이콘 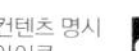 연애  선정성  폭력성  공포  음주·흡연  사행성  범죄  약물     언어·기타

길티기어 이그젝스

●사미 ●ACT ●2002년 12월 12일 ●6,800엔 ●플레이 명수 : 1~2인
●세이브 용량 : 72KB 이상 ●파이터 스틱 길티기어 이그젝스 커스텀, 프로그레시브 출력 지원

아케이드에서 인기가 많았던 대전격투 게임의 이식작. 더스트 어택용의 'D 버튼'이 새롭게 추가되었으며, 위기 회피용인 '사이크 버스트' 등 다양한 시스템을 도입했다. 볼륨 만점의 스토리 모드도 즐기는 맛이 있다.

클락 타워 3

●캡콤 ●AVG ●2002년 12월 12일 ●6,800엔
●플레이 명수 : 1인 ●세이브 용량 : 678KB 이상

인기 시리즈의 제3탄. 2003년의 런던을 배경으로, 주인공인 소녀가 체험하는 공포를 그렸다. 감독 및 연기지도로 일본 영화계의 거장 후카사쿠 킨지를 기용했고, 치밀한 카메라워크로 새로운 공포를 연출하였다.

스페이스 채널 5

●세가 ●ACT ●2002년 12월 12일 ●3,000엔
●플레이 명수 : 1인 ●세이브 용량 : 73KB 이상

우주의 TV 방송국 신인 리포터 '우라라'가 모로 성인과 댄스 배틀을 벌이는 리듬 액션 게임. 버튼을 정확하게 입력해 성공적으로 댄스하면 프로 시청률도 상승한다. 스토리 없이 연속으로 댄스만을 즐기는 모드도 있다.

쵸로Q HG 3

●타카라 ●RCG ●2002년 12월 12일 ●6,800엔
●플레이 명수 : 1~2인 ●세이브 용량 : 60KB 이상

미니카 '쵸로Q'를 테마로 삼은 레이싱 게임의 제3탄. 신규 액션인 '윌리 점프'를 구사하여 장애물을 돌파해보자. 140종 이상의 커스텀 파츠를 조합하여 플레이어 자신만의 쵸로Q를 제작할 수도 있다.

.hack//침식오염 Vol.3

●반다이 ●RPG ●2002년 12월 12일 ●5,800엔
●플레이 명수 : 1인 ●세이브 용량 : 658KB 이상

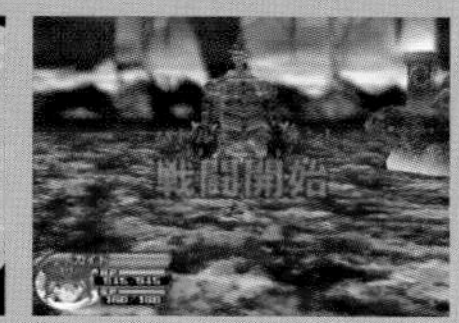

3개월 간격으로 발매된 RPG 시리즈의 제3탄. 스토리는 클라이맥스에 접어들어, 전환점을 맞이하며 더욱 깊이 있게 진행된다. 입수가 어려운 소환마법의 등장으로, 전작과는 차원이 다른 화려한 장면을 구현하였다.

Let's 브라보 뮤직

●소니컴퓨터엔터테인먼트 ●ETC ●2002년 12월 12일 ●5,800엔
●플레이 명수 : 1~2인 ●세이브 용량 : 699KB 이상 ●PlayStation BB Unit 지원

「브라보 뮤직」 시리즈의 마지막 작품. 두 플레이어가 각각 지휘자·연주자가 되는 '커플 콘서트'가 추가되었으며, 타사의 지휘봉 컨트롤러도 지원한다. PS BB Unit으로 제공되었던 다운로드 곡을 포함하면 시리즈 최대급 볼륨이다.

월드 사커 위닝 일레븐 6 파이널 에볼루션

●코나미 ●SPT ●2002년 12월 12일 ●6,800엔 ●플레이 명수 : 1~2인
●세이브 용량 : 832KB 이상 ●멀티탭 지원(~8인), PlayStation BB Unit 지원

같은 해 4월 발매된 「월드 사커 위닝 일레븐 6」(117p)의 최종 진화판. 신규 기능으로 시합 후 채점 기능을 탑재했고, 온라인을 통해 최신 데이터를 배포하였다. 브라질 등, 선수명이 실명화된 국가도 늘어났다.

아이돌 작사 R : 쟝글★프로젝트

●퍼시픽 센추리 사이버웍스 재팬 ●TBL ●2002년 12월 19일 ●6,800엔
●플레이 명수 : 1인 ●세이브 용량 : 64KB 이상

4개 팀 중 하나를 선택해 최강 아이돌 작사 자리를 노리는 마작 배틀 게임. 각 아이돌마다 개성적인 필살기를 갖고 있어 이를 활용해 적과 싸우는 식이다. 사기 기술이 있는 마작 게임에 가까운 룰이다.

각종 지원 아이콘  Best판 발매  PlayStation BB Unit 전용  PlayStation BB Unit 지원

언리미티드 사가

●스퀘어 ●RPG ●2002년 12월 19일 ●6,800엔
●플레이 명수 : 1인 ●세이브 용량 : 261KB 이상

인기 RPG「사가」 시리즈의 제9탄. 전설의 '7대 경이'의 비밀을 밝혀내자. 회화를 보는 듯한 아트풍의 그래픽과 전통의 프리 시나리오를 결합했고, 신규 탑재한 '릴' 시스템 덕에 플레이의 개성이 강한 편이다.

에르데 : 노간주나무 아래서

●키드 ●AVG ●2002년 12월 19일 ●6,800엔
●플레이 명수 : 1인 ●세이브 용량 : 55KB 이상

현실세계와 가상세계 양쪽을 오가며 진행하는 어드벤처 게임. 주인공 소년 '타쿠미'와, 그곳에서 만난 소녀들 간의 사랑을 그린 스토리다. 두 세계에서 벌어지는 사건을 거쳐, 소녀들과 함께 성장해가자.

킹 오브 콜로세움 : 신일본×전일본×판크라스 디스크

●스파이크 ●SPT ●2002년 12월 19일 ●6,800엔 ●플레이 명수 : 1~2인
●세이브 용량 : 1480KB 이상 ●멀티탭 지원(~4인)

일본의 대형 프로레슬링·종합격투기 단체 선수들이 실명으로 등장하는 프로레슬링 게임. 이 작품은 신일본·전일본·판크라스 소속 선수들을 수록했다. 신규 시스템 '클러치'로 프로레슬링 특유의 공방을 리얼하게 재현했다.

XI5 : 아쿠이 오형제

●소니컴퓨터엔터테인먼트 ●PZL ●2002년 12월 19일 ●5,800엔
●플레이 명수 : 1~5인 ●세이브 용량 : 221KB 이상 ●멀티탭 지원

SCE의 주사위 퍼즐 게임 시리즈 마지막 작품. 폭발 시스템이 추가되어, 자신이 올라타 있는 주사위가 유폭되지 않도록 주의하며 보드 위의 주사위를 계속 폭발시켜야 한다. 이전작과 동일한 룰로도 플레이할 수 있다.

GTC AFRICA

●석세스 ●RCG ●2002년 12월 19일 ●5,800엔
●플레이 명수 : 1~2인 ●세이브 용량 : 71KB 이상

아프리카 대륙을 달리는 레이싱 게임. 포드·스바루·미쓰비시·폰티악 등, 세계적인 자동차사들의 차량이 실명으로 등장한다. 리얼한 그래픽으로 재현된 웅장한 대자연 속에서, 운전기술의 한계에 도전해보자.

실황 파워풀 프로야구 9 결정판

●코나미 ●SPT ●2002년 12월 19일 ●6,800엔
●플레이 명수 : 1~2인 ●세이브 용량 : 700KB 이상

같은 해 7월 발매된「실황 파워풀 프로야구 9」(127p)의 데이터 갱신판. 2002년도 시즌 종료 시의 데이터를 수록했고, 리플레이 기능이 부활되었다. 석세스 모드에서는 수학여행 이벤트가 펼쳐진다.

실전 파치슬로 필승법! : 맹수왕 S

●사미 ●SLG ●2002년 12월 19일 ●3,800엔 ●플레이 명수 : 1인
●세이브 용량 : 67KB 이상 ●실전 파치슬로 컨트롤러 지원

사미의 인기 기종 '맹수왕 S'의 매력을 전부 담아낸 파치슬로 실기 시뮬레이터. 500종류 이상의 액정 연출, 3가지 타입 중에서 선택 가능한 사바나 찬스의 재현 등, 실기 공략을 도와주는 기능을 탑재하였다.

상하이 : 삼국패투의

●선 전자 ●PZL ●2002년 12월 19일 ●5,800엔
●플레이 명수 : 1~2인 ●세이브 용량 : 42KB 이상

산처럼 쌓아올린 마작패 중에서 무늬가 같은 패를 한 쌍씩 빼나가는 인기 퍼즐게임. 과거작의 배열로 즐기는 '클래식 상하이', 삼국지 모티브의 '삼국지 모드', 스톡 기능이 있는 '상하이 개(改) : 곤륜' 등의 모드가 있다.

CERO 등급 아이콘     

컨텐츠 명시 아이콘  연애  선정성  폭력성  공포  음주·흡연  사행성  범죄  약물  언어·기타  

SIMPLE 2000 시리즈 Vol.18 : THE 파티 말판놀이

●D3 퍼블리셔 ●TBL ●2002년 12월 19일 ●2,000엔
●플레이 명수 : 1~4인 ●세이브 용량 : 40KB 이상 ●멀티탭 지원(~4인)

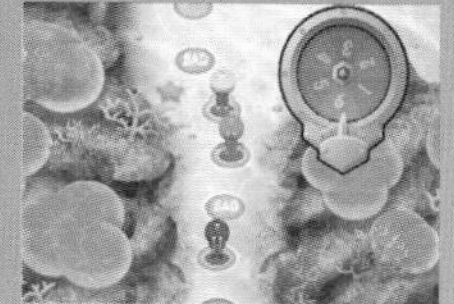

1~4명이 플레이할 수 있는 말판놀이 계 보드 게임 모음집. 20종류의 미니게임으로 보물을 모아 서로의 가치를 경쟁하여, 최종적으로 가장 많은 돈을 번 사람이 승리한다. 획득한 보물은 컬렉션 모드에 추가된다.

SIMPLE 2000 시리즈 Vol.19 : THE 연애 시뮬레이션 - 나에게 맡카페

●D3 퍼블리셔 ●SLG ●2002년 12월 19일 ●2,000엔
●플레이 명수 : 1인 ●세이브 용량 : 50KB 이상

5명의 히로인을 웨이트리스로 고용해 카페를 경영하는 연애 시뮬레이션 게임. 카페 점장이 된 고교생이 주인공으로서, 커피의 맛을 내는 법과 업장 경영법 등을 익혀나간다. 히로인의 대사는 모두 풀보이스화되어 있다.

SIMPLE 2000 시리즈 Vol.20 : THE 던전 RPG - 시노비 : 몬스터가 사는 성

●D3 퍼블리셔 ●RPG ●2002년 12월 19일 ●2,000엔
●플레이 명수 : 1인 ●세이브 용량 : 55KB 이상

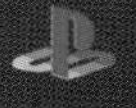

반복해 즐길 수 있는 일본풍 던전 RPG. 요마 토벌이 임무인 히사 닌자의 일원이 되어, 온갖 요괴들이 날뛰는 미궁에 도전한다. 던전은 물론 아이템·이벤트까지도 모두 자동생성이라, 매번 도전할 때마다 상황이 달라진다.

스페이스 레이더스

●타이토 ●STG ●2002년 12월 19일 ●5,800엔
●플레이 명수 : 1~2인 ●세이브 용량 : 295KB 이상

「스페이스 인베이더」 25주년 기념작품. 능력이 차별화된 캐릭터 3명 중 하나를 선택해, 지구를 습격하는 우주인들에 맞서 싸우는 액션 슈팅 게임이다. CG 크리에이터 아오야마 토시유키가 제작한 동영상도 수록했다.

투혼 이노키도 : 퍼즐 DE 다~!

●퍼시픽 센추리 사이버웍스 재팬 ●PZL ●2002년 12월 19일 ●6,800엔
●플레이 명수 : 1~2인 ●세이브 용량 : 45KB 이상

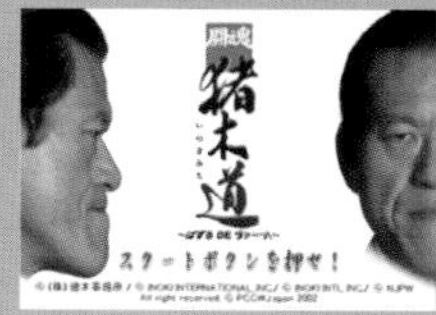

전설의 프로레슬러 안토니오 이노키가 프로듀스한, 프로레슬링풍의 낙하계 대전 퍼즐 게임. 간단한 조작으로 박력만점의 컷인과 후끈한 연출이 펼쳐진다. 이노키 본인 등, 신일본 프로레슬링 소속 인기 레슬러들이 실명으로 등장한다.

토막 : 지구를 지켜라 완전판

●선 전자 ●SLG ●2002년 12월 19일 ●5,800엔
●플레이 명수 : 1인 ●세이브 용량 : 42KB 이상

화분에 목만 담겨있는, 살아있는 여신을 육성하는 이색 연애 육성 시뮬레이션 게임. 여신과의 연애를 성사시켜 세계 멸망의 위기에서 벗어나자. 게임 내 기간은 3년이며, 1개월마다 육성결과를 판정해 여신의 표정·성격이 변화된다.

패신 3

●디지큐브 ●TBL ●2002년 12월 19일 ●4,800엔
●플레이 명수 : 1인 ●세이브 용량 : 45KB 이상

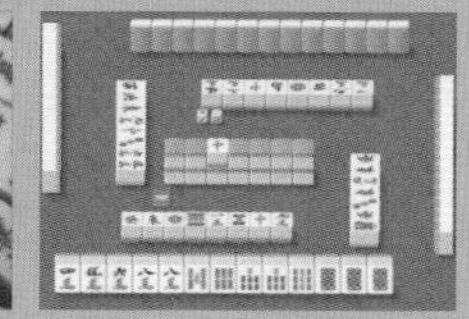

일본 3대 마작단체에 소속된 프로 마작사 20명이 실명으로 등장하는 마작 게임. 전국대회 모드와 프리 대국 모드로 본격적인 4인대국 마작을 즐길 수 있다. 전직 프로야구 선수인 펀치 사토가 실황을 맡아, 대국 분위기를 띄운다.

봄버맨 제터즈

●허드슨 ●ACT ●2002년 12월 19일 ●6,800엔 ●플레이 명수 : 1~2인
●세이브 용량 : 53KB 이상 ●멀티탭 지원(~4인)

같은 제목의 애니메이션이 원작인 액션 게임. 봄버 별에 충돌하기 직전인 인공 혜성을 저지하기 위해, '화이트봉'과 '맥스'를 적절히 조작하여 월드를 공략하자. 신규 룰과 필살기를 추가한 배틀 게임도 즐길 수 있다.

각종 지원 아이콘  Best판 발매   PlayStation BB Unit 전용  PlayStation BB Unit 지원

매든 NFL 2003

●일렉트로닉 아츠 스퀘어 ●SPT ●2002년 12월 19일 ●6,800엔
●플레이 명수 : 1~2인 ●세이브 용량 : 1350KB 이상

NFL 게임의 최고봉, 「매든」 시리즈의 당시 최신판. 당시 NFL 32개 팀의 선수들 및 스타디움은 물론이고, NFL 유럽과 왕년의 올스타에 이르기까지 2,000명 이상의 선수가 실명으로 등장한다.

메탈기어 솔리드 2 SUBSTANCE

●코나미 ●ACT ●2002년 12월 19일 ●6,800엔
●플레이 명수 : 1인 ●세이브 용량 : 90KB 이상

「메탈기어 솔리드 2 : SONS OF LIBERTY」의 확장판. 수록 음성이 영어로 바뀌는 등 여러 변경점이 있으며, 모의 가상훈련을 진행하는 'MISSIONS' 모드, 외전 격 단편 스테이지인 'SNAKE TALES' 모드 등을 추가했다.

로우 라이더 : Round The World

●퍼시픽 센추리 사이버웍스 재팬 ●ACT ●2002년 12월 19일 ●6,800엔
●플레이 명수 : 1~2인 ●세이브 용량 : 352KB 이상

개조된 승용차를 운전하는 카 액션 게임. 유압식 차고조절 시스템 덕에 마치 춤을 추듯 움직이는 개조 승용차로, 리듬에 맞춰 화려한 퍼포먼스를 성공시키자. 물론 페인트 등으로 차량을 커스터마이즈할 수도 있다.

GI 자키 3

●코에이 ●ACT ●2002년 12월 21일 ●6,800엔
●플레이 명수 : 1~2인 ●세이브 용량 : 498KB 이상

기수가 되어 레이스에서 승리해야 하는 경마 레이싱 게임. 실명 기수가 100명 이상, 실존 명마도 6,000두 이상이나 등장한다. 마구를 당기거나 발바꿈을 거는 등, 다채로운 액션으로 말의 기량을 끌어올리자.

NFL 2K3

●세가 ●SPT ●2002년 12월 26일 ●4,800엔 ●플레이 명수 : 1~2인
●세이브 용량 : 50KB 이상 ●멀티탭 지원(~8인)

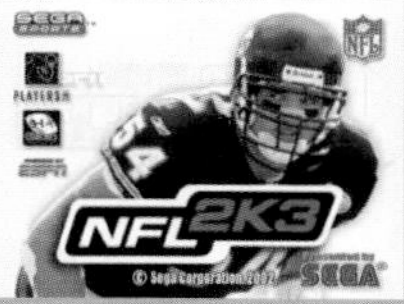

인기 NFL 게임의 2003년도판. 일본어 지원이 추가되었으며, 2003년 8월 기준의 데이터를 수록하였다. 선수의 모션을 대량으로 추가했고, 과거의 명장면을 재현할 수 있는 시추에이션 모드 등을 탑재했다.

돌아오지 않는 숲

●글로벌 A 엔터테인먼트 ●AVG ●2002년 12월 26일 ●5,800엔
●플레이 명수 : 1인 ●세이브 용량 : 90KB 이상

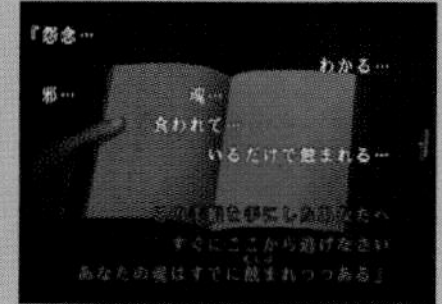

도호쿠 지방의 한 서양식 저택을 무대로 삼은 소설식 호러 어드벤처 게임. 멀티엔딩에 '체력' 개념을 추가하여, 궁지에 몰리는 공포를 체험할 수 있다. 추리를 거듭하여 스토리의 진상을 밝혀내자.

기동 신선조 : 피어라 검

●엔터브레인 ●RPG ●2002년 12월 26일 ●6,800엔
●플레이 명수 : 1인 ●세이브 용량 : 77KB 이상

메이지 유신 직후의 교토를 배경으로, 새로운 '신선조'가 활약하는 RPG. 탐문 중심의 어드벤처 파트, 야간 순찰 위주인 RPG 파트로 구성되어 있다. 콘도·오키타 등의 신생 신선조 멤버들이 전원 미소녀인 것이 최대 특징.

킹덤 하츠 파이널 믹스

●스퀘어 ●RPG ●2002년 12월 26일 ●6,800엔
●플레이 명수 : 1인 ●세이브 용량 : 132KB 이상

같은 해 3월 발매했던 「킹덤 하츠」(113p)의 북미판을 다시 일본어화해 발매한 리뉴얼판. 모든 캐릭터 음성이 영어이며(일본어 자막 부가), 난이도 선택·이벤트 등 다양한 추가 요소를 넣었다.

CERO 등급 아이콘    
컨텐츠 명시 아이콘  연애  선정성  폭력성  공포  음주·흡연  사행성  범죄  약물  언어·기타 

SIMPLE 2000 시리즈 Vol.17 : THE 추리 - 새로운 20권의 사건수첩

●D3 퍼블리셔 ●AVG ●2002년 12월 26일 ●2,000엔
●플레이 명수 : 1인 ●세이브 용량 : 40KB 이상

2001년 PS1으로 발매했던 「~THE 추리」의 속편. PC를 통해 얻어낸 정보를 기반으로 미제사건들을 해결하자. 살인사건부터 특이한 사건에 이르기까지, 완전히 새로 만든 20종의 시나리오를 수록하였다.

스위트 레거시 : 나와 그녀의 이름도 없는 과자

●퍼시픽 센추리 사이버웍스 재팬 ●AVG ●2002년 12월 26일 ●6,800엔
●플레이 명수 : 1인 ●세이브 용량 : 64KB 이상

PC용 게임의 이식작. 여장한 상태로 파티셰 학교에 다니게 된 주인공과 히로인들 간의 달콤한 사랑을 그린 연애 어드벤처 게임이다. 이식 과정에서 시나리오와 CG를 수정했고, 신규 이벤트와 신규 히로인을 추가하였다.

다운포스

●MTO ●RCG ●2002년 12월 26일 ●6,800엔
●플레이 명수 : 1~2인 ●세이브 용량 : 82KB 이상

하드코어한 스피드와 격렬한 크래시 연출이 가득한 근미래 F1 레이싱 게임. 진화된 F1 경기를 연상시키는 머신 16종류로, 스피드를 중시한 16개 코스를 주파한다. 말 그대로의 무규칙 레이스를 체험해보자.

탑건 : 에이스 오브 더 스카이

●타이터스 재팬 ●STG ●2002년 12월 26일 ●6,800엔
●플레이 명수 : 1인 ●세이브 용량 : 190KB 이상

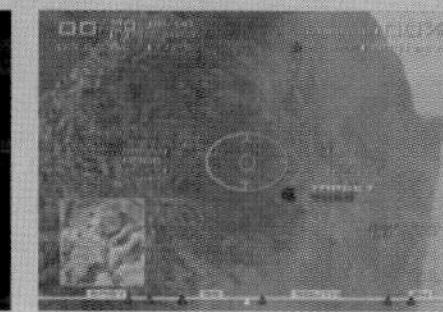

궁극의 공중전을 리얼한 전투공간에서 플레이할 수 있는 3D 플라이트 슈팅 게임. 영화 '탑건'을 모티브로 삼은 다채로운 미션을 수록하였다. 획득한 스코어에 따라, 숨겨진 기체도 사용할 수 있게 된다.

피안화

●사미 ●AVG ●2002년 12월 26일 ●6,800엔
●플레이 명수 : 1인 ●세이브 용량 : 378KB 이상

나가사카 슈케이의 소설이 원작인 소설형 어드벤처 게임. 원작자가 제작총지휘를 담당한 오리지널 스토리가 전개된다. 교토행 신칸센 열차 안에서 만난 여대생 3명이, 차례차례 기괴한 현상에 말려들게 된다는 이야기다.

미즈이로

●NEC 인터채널 ●AVG ●2002년 12월 26일 ●7,200엔
●플레이 명수 : 1인 ●세이브 용량 : 110KB 이상

PC용 게임의 이식작. 다양한 기종으로 발매된 정통파 연애 어드벤처 게임이다. 선택지만 제대로 선택하면 원하는 히로인을 쉽게 공략 가능해 스토리에만 집중할 수 있다. 이식 과정에서 이벤트 CG를 늘렸고 신규 히로인을 추가했다.

밀리언 갓

●일본 어뮤즈먼트 방송 ●SLG ●2002년 12월 26일 ●3,800엔
●플레이 명수 : 1인 ●세이브 용량 : 400KB 이상

4호기 시대에 화제였던 같은 명칭의 기기가 소재인 파치슬로 시뮬레이터. 1/8192의 확률로 성립되는 '프리미엄 갓 게임'에 당첨되면 약 5,000개에 달하는 메달들이 일제히 쏟아져 나오는 것이 이 기기의 매력이다.

로터스 챌린지

●MTO ●RCG ●2002년 12월 26일 ●6,800엔 ●플레이 명수 : 1~2인
●세이브 용량 : 70KB 이상 ●GT FORCE 지원

영국의 자동차사 로터스가 공인한 레이싱 게임. 로터스 사의 실존 차량 30종류가 등장한다. 주행·슬립·다이빙 등, 스피드뿐만 아니라 고도의 운전기술까지도 요구하는 카 스턴트의 세계에서 활약해보자.

HARDWARE 2000 2001 2002 2003 2004 2005 2006 2007 2008 2009 2010 2011 2013 INDEX

2003
PlayStation2 Game Software Catalogue

이 해에 발매된 소프트 수는 455개 타이틀로서, 전년 대비로 순조롭게 상향곡선을 그리며 소프트 라인업을 늘려나갔다. 파친코·파치슬로 시뮬레이터 계열, PC로 발매됐던 성인용 미소녀 게임의 이식작 계열이 늘어나는 등, PS2용 소프트에 다양성의 폭이 크게 넓어지기 시작한 것도 이 해의 중요한 경향이다. 또한 고전 게임을 3D 그래픽으로 리메이크한 '세가 에이지스 2500' 시리즈도 인상적이었다.

단어퍼즐 모지핏탄

●남코 ●PZL ●2003년 1월 9일 ●4,800엔
●플레이 명수 : 1~2인 ●세이브 용량 : 33KB 이상

빈칸에 일본어 낱글자를 하나씩 놓아 단어를 완성해가는 퍼즐 게임. 대전 모드에서는 상대가 놓은 글자 패널까지 역이용해 단어를 연쇄시켜 대역전을 펼칠 수도 있는 등, 둘이서 플레이해도 매우 즐거운 게임이다.

쇼기 월드 챔피언 : 게키사시 2

●마이니치 커뮤니케이션즈 ●TBL ●2003년 1월 9일 ●6,800엔
●플레이 명수 : 1~2인 ●세이브 용량 : 200KB 이상

제12회 세계컴퓨터쇼기선수권에서 우승한 사고엔진을 탑재한 쇼기 소프트. AI가 프로 뺨치는 종반전 실력을 발휘하며, 종국 후에도 플레이어의 실수를 지적하고 모범 수순을 알려주는 '검토 모드'를 탑재하였다.

트라이앵글 어게인

●키키 ●AVG ●2003년 1월 9일 ●6,800엔
●플레이 명수 : 1인 ●세이브 용량 : 58KB 이상

음악과 애니메이션의 융합으로 시너지를 일으키는 뮤직 어드벤처 게임. 주인공 '타테시나 아카리'가 연예계의 계단을 올라가는 과정을, 농밀한 음악과 애니메이션풍 비주얼, 유명 성우진의 풀보이스 연기로 그려냈다.

허디거디

●에이도스 ●ACT ●2003년 1월 9일 ●6,800엔
●플레이 명수 : 1인 ●세이브 용량 : 110KB 이상

동물들을 유도해 우리 안으로 이동시키는, 비폭력 액션 어드벤처 게임. 악의 양치기가 잠재워버린 아버지를 대신해 양치기 토너먼트에 출전해보자. 훈훈한 세계를 만끽하며 동물들과 술래잡기를 즐길 수 있다.

쇽스

●일렉트로닉 아츠 스퀘어 ●RCG ●2003년 1월 9일 ●6,800엔
●플레이 명수 : 1~4인 ●세이브 용량 : 120KB 이상 ●멀티탭 지원(~4인)

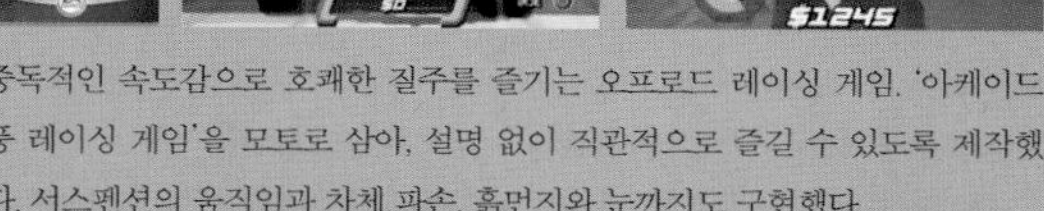

중독적인 속도감으로 호쾌한 질주를 즐기는 오프로드 레이싱 게임. '아케이드풍 레이싱 게임'을 모토로 삼아, 설명 없이 직관적으로 즐길 수 있도록 제작했다. 서스펜션의 움직임과 차체 파손, 흙먼지와 눈까지도 구현했다.

에볼루션 스노보딩

●코나미 ●ACT ●2003년 1월 16일 ●6,800엔
●플레이 명수 : 1~2인 ●세이브 용량 : 100KB 이상

스노보드와 폭력묘사를 결합시킨 신감각 액션 게임. 유명 프로 보더도 등장하는 스토리 모드와, 80가지가 넘는 다채로운 미션을 수록했다. 당시의 최신 스노보드 비디오도 즐길 수 있다.

CERO 등급 아이콘

컨텐츠 명시 아이콘
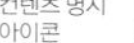 연애
 선정성
 폭력성
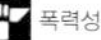 공포
 음주·흡연

 사행성
 범죄
 약물
 언어·기타

겟 백커스 탈환대 : 탈환이다! 전원집합!!

●코나미 ●ACT ●2003년 1월 16일 ●6,800엔
●플레이 명수 : 1~2인 ●세이브 용량 : 176KB 이상

애니메이션화까지 된 같은 제목 인기 만화의 게임판 제4탄. 미도 반, 아마노 긴지 등의 캐릭터를 조작해 제한시간 내로 의뢰를 달성하는 액션 게임이다. 원작과 동일한 필살기를 사용해, 습격해오는 적들을 쓸어버리자.

V-RALLY 3

●아타리 ●RCG ●2003년 1월 16일 ●6,800엔 ●플레이 명수 : 1~4인
●세이브 용량 : 2000KB 이상 ●GT FORCE 지원

6개국의 48개 코스를 제공하는 본격 랠리 시뮬레이션 게임. 푸조 206 WRC 등, 실존하는 랠리 카로 세계 각지를 주파해 보자. 리얼하게 재현된 랠리 레이스의 세계에서 챔피언 자리를 노려보도록.

아머드 코어 3 사일런트 라인

●프롬 소프트웨어 ●ACT ●2003년 1월 23일 ●6,800엔 ●플레이 명수 : 1~2인
●세이브 용량 : 104~418KB 이상 ●i.LINK, i.LINK 허브, USB 마우스, USB 모뎀 지원

「아머드 코어 3」 이후의 스토리를 그린 속편. 전작의 데이터를 계승해 플레이할 수도 있다. 무기 파괴, 플레이어의 움직임을 학습하는 AI 기체의 육성 등, 신규 시스템이 다수 추가되었다.

쿨 샷 : 유카와 케이코의 프로페셔널 빌리어드

●디지큐브 ●SLG ●2003년 1월 23일 ●5,800엔
●플레이 명수 : 1~2인 ●세이브 용량 : 64KB 이상

당시 일본 당구계의 탑 랭커였던 유카와 케이코가 감수한 당구 소프트. 유카와 프로의 시범 데모를 보면서 당구 스킬을 연마해 보자. 에이트볼·나인볼 등 5종류의 룰로 게임을 플레이할 수 있다.

폭주 데코토라 전설 : 남아의 가는 길은 꿈의 로망

●스파이크 ●RCG ●2003년 1월 23일 ●6,800엔
●플레이 명수 : 1~2인 ●세이브 용량 : 357KB 이상

PS1으로 인기가 많았던 시리즈의 제4탄. 등장하는 404종류의 파츠를 조합해, 자신만의 데코토라(데코레이션 트럭)를 만들어보자. 엔카가 흐르는 등의 연출도 강화했다. 각지의 라이벌을 물리쳐 일본 최고의 사나이가 되자.

007 나이트파이어

●일렉트로닉 아츠 스퀘어 ●ACT ●2003년 1월 30일 ●6,800엔
●플레이 명수 : 1~2인 ●세이브 용량 : 86KB 이상 ●멀티탭 지원(~4인)

'007' 제임스 본드가 되어 절체절명의 임무에 도전하는 액션 게임. 적을 사살하는 것뿐만 아니라, 스파이 도구를 사용해 적을 속이거나 살인 없이 미션을 클리어하는 등의 독특한 FPS 액션 플레이를 즐길 수 있다.

오퍼레이터즈 사이드

●소니컴퓨터엔터테인먼트 ●AAVG ●2003년 1월 30일 ●5,800엔
●플레이 명수 : 1인 ●세이브 용량 : 156KB 이상 ●USB 마이크 필수

플레이어의 음성으로만 주인공을 조작하는 액션 어드벤처 게임. 따라서 플레이하려면 마이크가 필수다. 외계인의 습격을 받은 우주정거장의 모니터 룸에 갇히고 만 주인공. 유일하게 연락 가능한 사람은 모니터로만 볼 수 있는 웨이트리스 '리오'뿐이다. 목소리로 직접 지시를 내려, 위기에서 탈출해야 한다.

데빌 메이 크라이 2

●캡콤 ●ACT ●2003년 1월 30일 ●7,800엔
●플레이 명수 : 1인 ●세이브 용량 : 368KB 이상

ONLINE 対応

2001년 발매했던 「데빌 메이 크라이」(88p)의 속편. 쌍권총과 검으로 싸우는 스타일리시 액션 게임이다. '데빌 하츠' 시스템 등의 신규 요소를 추가했으며, 또 하나의 주인공인 '루시아'로도 플레이할 수 있다.

돌격! 아미맨 : 사상 최소의 작전

●캡콤 ●SLG ●2003년 1월 30일 ●6,800엔
●플레이 명수 : 1인 ●세이브 용량 : 55KB 이상

ONLINE 対応

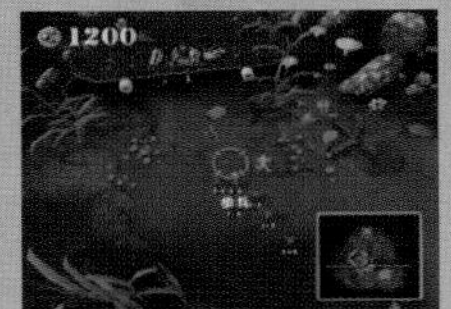

조그만 장난감들의 세계에서 활약하는 액션 시뮬레이션 게임. 장난감 병사 '아미맨'들을 지휘하여 다양한 미션을 공략하자. 적 세력 '탠 포스'는 물론이고, 개미나 거미까지도 플레이어의 강적이 된다.

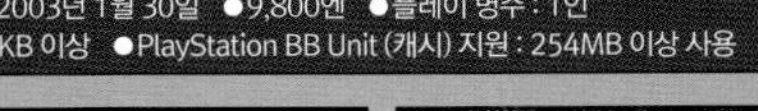

노부나가의 야망 : 창천록

●코에이 ●SLG ●2003년 1월 30일 ●9,800엔 ●플레이 명수 : 1인
●세이브 용량 : 2542KB 이상 ●PlayStation BB Unit (개시) 지원 : 254MB 이상 사용

ONLINE 対応

시리즈 최초로 다이묘뿐만 아니라 군단장이나 성주로도 플레이가 가능해져, 더욱 다채로운 외교·모략전을 즐길 수 있다. 출진부터 합전까지를 묶은 '군략 페이즈' 시에는, 진군 과정을 보면서 전략을 세울 수 있다.

마이 메리 메이

●키드 ●AVG ●2003년 1월 30일 ●6,800엔
●플레이 명수 : 1인 ●세이브 용량 : 100KB 이상

ONLINE 対応

드림캐스트용 게임의 이식작. 인공생명체 소녀 '레우'와 주인공의 공동생활을 그린 연애 어드벤처 게임이다. 인간을 꼭 닮은 인공생명체 '레프리스'를 중심으로, 철학과 상통하는 바가 있는 중후한 테마를 그려냈다.

마계전기 디스가이아

●니폰이치 소프트웨어 ●SLG ●2003년 1월 30일 ●6,800엔
●플레이 명수 : 1~2인 ●세이브 용량 : 368KB 이상

ONLINE 対応

온갖 육성 시스템을 꽉꽉 우겨 담은 '사상 최악의 폐인 생성 시뮬레이션 RPG'. 최대 레벨 9999에 캐릭터 전생 가능, 제작한 캐릭터의 능력치로 스승을 키워 주는 사제 제도, 온갖 속성의 무기들과 무기 숙련도 시스템, 아이템까지도 레벨 노가다가 가능한 점 등등, 실로 하나부터 열까지 육성 투성이인 게임이다.

두근두근 배구 2

●석세스 ●SPT ●2003년 1월 30일 ●5,800엔 ●플레이 명수 : 1~2인
●세이브 용량 : 315KB 이상 ●멀티탭 지원(~4인)

ONLINE 対応

귀여운 캐릭터들이 화려한 액션을 펼치는 배구 게임. 6인제 배구와 2인제 비치발리볼 모드가 있어, 본격적인 룰로 재미있게 배구를 즐길 수 있다. 멀티탭을 사용하는 4인 동시 대전도 지원한다.

강아지와 놀자 : dogstation

●코나미 ●SLG ●2003년 2월 6일 ●4,800엔 ●플레이 명수 : 1~2인
●세이브 용량 : 69KB 이상 ●USB 마이크, USB 키보드 지원

ONLINE 対応

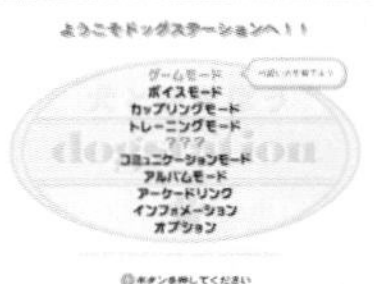
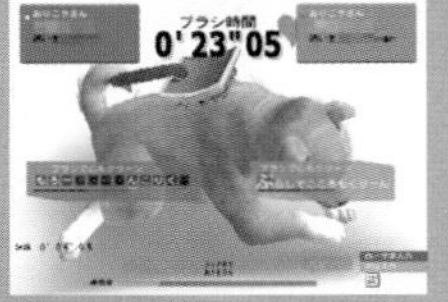

애견과 소통하거나 함께 놀아주면서 멋진 성견으로 성장시키는 육성 게임. 하이스펙 3D로 묘사된 강아지들이 실시간으로 다양한 반응을 보여준다. 음성입력, 커맨드 선택, 텍스트 입력 등 다양한 소통방식을 제공한다.

익사이팅 프로레슬링 4

●유크스 ●SPT ●2003년 2월 6일 ●6,800엔 ●플레이 명수 : 1~2인
●세이브 용량 : 229KB 이상 ●멀티탭 지원(~6인)

인기 프로레슬링 게임의 제4탄. 미국 최대의 프로레슬링 단체 'WWE'를 테마로 삼은 작품으로서, 더 락 등의 슈퍼스타 50명 이상이 등장한다. 스토리를 중시한 시즌 모드는 드래프트를 추가하여 한층 더 진화되었다.

파치로 상투 달인 2 : CR 쥬라기 공원

●핵베리 ●SLG ●2003년 2월 6일 ●5,600엔
●플레이 명수 : 1인 ●세이브 용량 : 159KB 이상

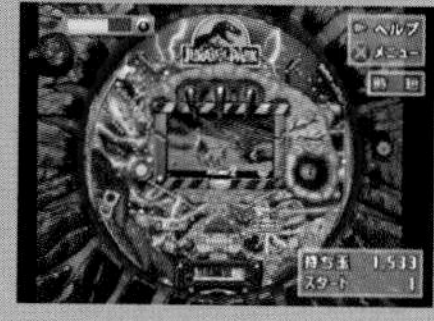

쿄라쿠 사의 인기 머신을 수록한 파친코 실기 시뮬레이터. 'CR 쥬라기 공원' 중 'X'와 'ZZ' 버전을 완벽 재현하였다. 공략 모드는 핀 조정과 교환율 변경 등, 실기 공략에 도움을 주는 기능을 탑재했다.

몬스터 배스

●코나미 ●SPT ●2003년 2월 6일 ●6,800엔 ●플레이 명수 : 1~2인
●세이브 용량 : 222KB 이상 ●낚시콘, 낚시콘2 지원

배스의 기분을 알려주는 '어심 상태창'을 탑재한 배스 피싱 게임. 다이와 정공의 협력을 받아, 해당 회사의 실제 루어·로드를 수록했다. 배스 낚시 게임 사상 최고급 CG로, 배스와의 심오한 배틀을 즐길 수 있다.

US OPEN 2002 : A USTA EVENT

●타이토 ●SPT ●2003년 2월 6일 ●5,800엔
●플레이 명수 : 1~2인 ●세이브 용량 : 77KB 이상

당시 세계 테니스계의 톱 플레이어 10명이 실명으로 등장하는 테니스 게임. 세계 4대 대회의 경기장과 분위기, 코트 재질에 따른 구질 변화까지도 재현하였다. 간단한 조작으로 누구나 쉽게 화려한 플레이를 펼칠 수 있다.

아누비스 : ZONE OF THE ENDERS

●코나미 ●ACT ●2003년 2월 13일 ●6,800엔
●플레이 명수 : 1~2인 ●세이브 용량 : 140KB 이상

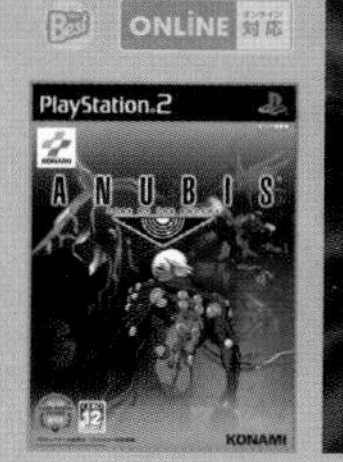

2001년 발매되었던 「Z.O.E : ZONE OF THE ENDERS」(72p)의 속편. 주인공 '딩고'가 조종하는 '오비탈 프레임'이란 이름의 거대 로봇 '제프티'가 몰려드는 적들을 화려하게 물리치는 3D 로봇 액션 게임이다. 다수의 적을 일제히 공격하는 록온 기능, 적 잡아 던지기 등의 상쾌한 플레이가 재미있다.

비너스 & 브레이브스 : 마녀와 여신과 멸망의 예언

●남코 ●RPG ●2003년 2월 13일 ●6,800엔 ●플레이 명수 : 1인
●세이브 용량 : 985KB 이상 ●PlayStation BB Unit 지원

100년에 걸친 대재앙으로부터 세계를 지키기 위해, 불로불사인 주인공이 유한한 수명을 살아가는 동료들과 함께 예언을 극복해가는 RPG. 앞열·가운데열·뒷열이 순차적으로 바뀌는 '로테이션 배틀'이 특징으로서 17가지 직종의 강·약점 연구가 중요하며, 전투 내용에 따라 동료들과의 인간관계도 변화해간다.

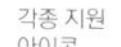
각종 지원 아이콘

Best판 발매

PlayStation BB Unit 전용

PlayStation BB Unit 지원

건 서바이버 4 : 바이오하자드 HEROES NEVER DIE

●캡콤 ●STG ●2003년 2월 13일 ●6,800엔 ●플레이 명수 : 1인
●세이브 용량 : 130KB 이상 ●건콘2, USB 마우스 지원

공포와 통쾌함을 동시에 느낄 수 있는 건 슈팅 게임 시리즈의 제4탄. 이번엔 「바이오하자드」 세계관의 오리지널 스토리를 오리지널 주인공 2명이 이끌어간다. 과거 시리즈작에 채용된 적이 있는 '재핑 시스템'도 탑재했다.

J리그 택틱스 매니저

●사미 ●SPT ●2003년 2월 13일 ●6,800엔 ●플레이 명수 : 1~2인
●세이브 용량 : 530KB 이상 ●아스키 그립 V2 지원

J리그 클럽의 감독이 되어 선수에게 지시를 내리는 축구 전술 시뮬레이션 게임. 시시각각 변화하는 상황 속에서 득점상황, 선수들의 체력, 시합시간 등을 고려하며 작전을 내려 클럽을 승리로 이끌자.

배우의 길

●소니컴퓨터엔터테인먼트 ●ETC ●2003년 2월 13일 ●5,800엔
●플레이 명수 : 1~2인 ●세이브 용량 : 181KB 이상 ●USB 마이크 필수

연기력과 배역 몰입력을 겨루는 '연기' 버라이어티 게임. 화면에 표시되는 스토리를 보며 마이크로 직접 대사를 읽어 연기하자. 무대는 총 16종류가 준비돼 있으며, 정확함·음량·감정 등을 기준으로 채점한다.

스파이더맨

●캡콤 ●ACT ●2003년 2월 13일 ●6,800엔
●플레이 명수 : 1인 ●세이브 용량 : 80KB 이상

영화 '스파이더맨'이 원작인 3D 액션 게임. 벽을 타고 기어오르거나 고층빌딩 사이를 웹 스윙으로 날아다니는 등, 스파이더맨 특유의 액션을 재현하였다. 숙적 '그린 고블린'과의 싸움이 오리지널 스토리로 펼쳐진다.

형사 보이스

●소니컴퓨터엔터테인먼트 ●AVG ●2003년 2월 13일 ●5,800엔
●플레이 명수 : 1인 ●세이브 용량 : 250KB 이상 ●USB 마이크 필수

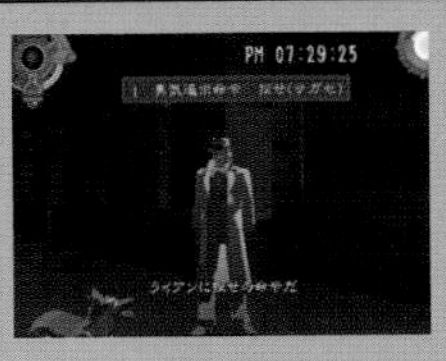

USB 마이크를 통한 음성인식으로 플레이하는 어드벤처 게임. 주인공을 조작하여 대화로 수사를 진전시켜 사건을 해결해야만 한다. 경찰견의 유도나 파트너 형사에게의 보고 등을 모두 음성 명령으로 조작할 수 있다.

드래곤볼Z

●반다이 ●ACT ●2003년 2월 13일 ●6,800엔
●플레이 명수 : 1~2인 ●세이브 용량 : 45KB 이상

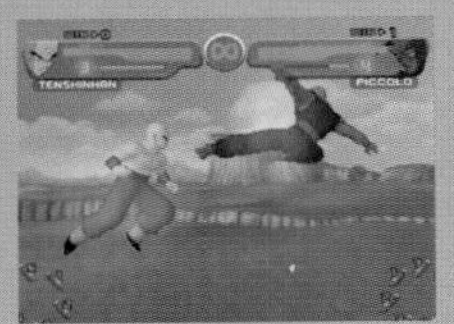

인기 애니메이션 '드래곤볼Z'가 원작인 3D 대전 액션 게임. 원작의 '사이어인 편'부터 '인조인간 셀 편'까지를 재현했으며, 총 23명의 캐릭터가 등장한다. 스킬을 잘 배분하여 자신만의 오리지널 손오공도 만들 수 있다.

프로야구 팀을 만들자! 2

●세가 ●SLG ●2003년 2월 13일 ●6,800엔
●플레이 명수 : 1~2인 ●세이브 용량 : 1343KB 이상

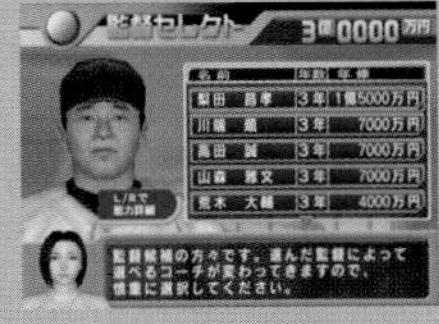

다양한 기종으로 발매된 인기 경영 시뮬레이션 게임의 제2탄. 일본 프로야구 12개 구단 중 하나를 선택해 세계 최고의 구단으로 만들자. 선수 육성과 신인 스카우트부터 설비투자에 작전 지시까지, 온갖 일거리를 해야 한다.

반지의 제왕 : 두 개의 탑

●일렉트로닉 아츠 스퀘어 ●ARPG ●2003년 2월 13일 ●6,800엔
●플레이 명수 : 1인 ●세이브 용량 : 80KB 이상

영화 '반지의 제왕' 1·2편의 내용을 액션 RPG화한 작품. 반지 원정대 일행을 조작하여 어둠의 세력과 맞서 싸우자. 아름다운 그래픽으로 그려진 가운데땅을 배경으로, 다양한 미션을 클리어하며 진행한다.

CERO 등급 아이콘     

컨텐츠 명시 아이콘  연애  선정성  폭력성  공포  음주·흡연   사행성   범죄  약물   언어·기타

기동전사 건담 : 기렌의 야망 - 지온 독립전쟁기 공략지령서

●반다이 ●SLG ●2003년 2월 20일 ●3,800엔
●플레이 명수 : 1인 ●세이브 용량 : 203KB 이상

2002년 발매했던 「~지온 독립전쟁기」(116p)를 더 재미있게 만들어주는 컨텐츠 모음집. 세이브데이터 모음집, if 시나리오, 이전 3개 관련작의 애니메이션을 정리해 수록하였다. 90가지 이상의 이벤트를 고화질로 즐겨보자.

돌격!! 크로마티 고교

●디지큐브 ●AVG ●2003년 2월 20일 ●4,800엔
●플레이 명수 : 1~4인 ●세이브 용량 : 130KB 이상 ●멀티탭 지원

인기 만화를 파티 게임화한 작품. 코시엔에 출전하기 위해 야구부원과 도구를 모으는 원작의 에피소드를 기반으로 제작한 보드 게임이다. 원작에 등장했던 소재들을 잔뜩 넣은 미니게임과, 교가 노래방 모드까지도 제공한다.

진 여신전생 III NOCTURNE

●아틀러스 ●RPG ●2003년 2월 20일 ●7,800엔
●플레이 명수 : 1인 ●세이브 용량 : 160KB 이상

'악마합체' 시스템과 컬트적인 세계관이 인상적인 RPG 시리즈의, 9년 만의 넘버링 속편. '도쿄 수태'에 의해 혼돈에 빠진 도쿄를 무대로, 악마의 힘을 얻은 주인공이 신세계를 창조한다는 장대한 스토리가 펼쳐진다.

Formula One 2002

●소니컴퓨터엔터테인먼트 ●RCG ●2003년 2월 20일 ●5,800엔
●플레이 명수 : 1~2인 ●세이브 용량 : 725KB 이상 ●GT FORCE 지원

FIA 공인 작품으로서, 리얼함을 추구한 현실지향적인 F1 레이싱 게임. 특히 조작감에 심혈을 기울여, 머신 성능에 따른 브레이크·액셀의 감각차와 타이어 선택 등 F1 매니아가 좋아할 만한 시스템이 가득하다.

PRIDE

●캡콤 ●ACT ●2003년 2월 20일 ●6,800엔
●플레이 명수 : 1~2인 ●세이브 용량 : 180KB 이상

종합격투기 이벤트 'PRIDE'를 게임화한 작품. 타카다 노부히코, 사쿠라바 카즈시 등 총 20명의 선수들이 실명으로 등장한다. 오리지널 선수를 만들어 육성하는 'CREATE FIGHTER' 모드도 제공한다.

야마사 Digi 월드 4

●야마사 엔터테인먼트 ●SLG ●2003년 2월 20일 ●6,800엔
●플레이 명수 : 1인 ●세이브 용량 : 80KB 이상

'킹 펄서'를 비롯한 야마사 사의 인기 파치슬로 머신 5개 기종을 수록한 실기 시뮬레이터 소프트. 현재도 6호기로 가동 중인 시리즈 후계기 '펄서'의 역사를, 이 작품을 통해 꼭 체험해보도록 하자.

Iris : 이리스

●키드 ●AVG ●2003년 2월 27일 ●6,800엔
●플레이 명수 : 1인 ●세이브 용량 : 60KB 이상

고교 입학시험을 앞둔 중학생이 주인공인 연애 어드벤처 게임. 중학교 3학년 3학기라는 한정된 시간 동안 체험하는 '첫사랑'이 테마인 작품이다. 선택지를 어떻게 고르느냐로 스토리가 분기되는 멀티 시나리오를 채용했다.

가디언 엔젤

●데이텀 폴리스타 ●AVG ●2003년 2월 27일 ●6,800엔
●플레이 명수 : 1인 ●세이브 용량 : 90KB 이상

시간과 공간을 뛰어넘어 사건을 해결하는 어드벤처 게임. 수수께끼의 조직에 의해 살아있는 채로 영체가 되어버린 주인공이 되어, 딸이 말려든 사건의 전모를 밝혀내자. 총 6가지 스토리로 구성되어 있다.

각종 지원 아이콘 Best판 발매 / ONLINE 専用 PlayStation BB Unit 전용 / ONLINE 対応 PlayStation BB Unit 지원

카이도 배틀 : 닛코·하루나·롯코·하코네

●겐키 ●RCG ●2003년 2월 27일 ●6,800엔 ●플레이 명수 : 1~2인
●세이브 용량 : 94KB 이상 ●GT FORCE 지원

일본 각지의 유명한 고갯길을 경이적인 퀄리티로 재현해낸 공공도로 레이싱 게임. 낮에는 오피셜 레이스로 상금을 벌고, 밤에는 라이벌과의 배틀을 즐기자. 사계절과 날씨, 시간대에 따라 코스의 상황이 변화한다.

시맨 : 금단의 애완동물 (완전판)

●D3 퍼블리셔 ●ETC ●2003년 2월 27일 ●7,800엔
●플레이 명수 : 1인 ●세이브 용량 : 400KB 이상 ●시마이크 컨트롤러 필수

드림캐스트용 게임의 이식작. 시맨을 처음 발견했던 실험환경을 충실하게 재현한 오리지널 키트로서, 새로운 형태의 추가 등 신규 요소를 다수 넣었다. 배우 호소카와 토시유키의 나레이션이 포함된 사운드트랙 CD도 동봉했다.

사쿠라대전 : 뜨거운 열정으로

●세가 ●AVG ●2003년 2월 27일 ●6,800엔
●플레이 명수 : 1인 ●세이브 용량 : 200KB 이상

시리즈의 원점인 1편을 「사쿠라대전 3」의 시스템 기준으로 리메이크한 작품. 이홍란이 주인공인 스토리 등의 신규 이벤트가 추가되어, 원작의 10장에서 총 11장으로 늘어났다. 서브 캐릭터에게도 호감도가 설정되어 있다.

진 삼국무쌍 3

●코에이 ●ACT ●2003년 2월 27일 ●6,800엔 ●플레이 명수 : 1~2인
●세이브 용량 : 150KB 이상 ●PlayStation BB Unit (캐시) 지원 : 512MB 이상 필요

'삼국지'가 기반인 인기 액션 게임 시리즈의 제3탄. 기존의 위·오·촉나라 3국에 동탁·원소 등의 세력까지 추가되어 총 8개 세력으로 플레이 가능하다. 사용 가능한 무장이 대폭 늘어났고, 캐릭터 에디트 기능도 탑재됐다.

SIMPLE 2000 시리즈 얼티밋 Vol.6 : 러브★어퍼!

●D3 퍼블리셔 ●ACT ●2003년 2월 27일 ●2,000엔
●플레이 명수 : 1~2인 ●세이브 용량 : 55KB 이상

선수가 모조리 여성뿐인 3D 권투 게임. 어둠의 복싱계 챔피언을 결정하기 위해, 후타바 리호 등의 캐릭터 11명이 뜨거운 대결을 벌인다. 각 캐릭터별로 고유능력이 있으며, 필살 펀치도 구사할 수 있다.

스타 오션 : Till the End of Time

●에닉스 ●RPG ●2003년 2월 27일 ●7,800엔
●플레이 명수 : 1인 ●세이브 용량 : 170KB 이상

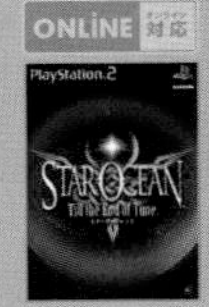

인기 RPG 시리즈의 제3탄. 전작의 400년 후를 무대로 삼아, 주인공 '페이트'를 중심으로 이야기를 전개한다. 스킬 시스템을 완전히 리뉴얼하여, 긴박감이 넘치는 리얼타임 배틀을 즐길 수 있다.

SLOT! PRO DX : 후지코 2

●니혼 텔레네트 ●SLG ●2003년 2월 27일 ●3,800엔
●플레이 명수 : 1인 ●세이브 용량 : 67KB 이상

애니메이션 '루팡 3세'에 등장하는 미녀 '미네 후지코'를 테마로 삼은 파치슬로 실기의 시뮬레이터. 빅 보너스 도중일 때는 화면 오른쪽에 표시되는 순서대로 누르는 잭 인 게임을 성공시켜 메달 대량획득을 노리자.

모노노케 이문록

●거스트 ●SLG ●2003년 2월 27일 ●6,800엔 ●플레이 명수 : 1인
●세이브 용량 : 380KB 이상 ●돌비 디지털·돌비 서라운드 지원

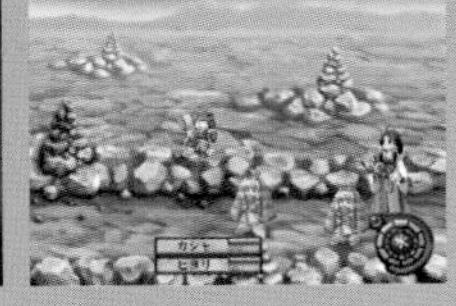

일본 다이쇼 시대의 신슈 지방을 무대로, 모노노케들의 싸움을 그린 시뮬레이션 RPG. 5명의 주인공이 등장하며, 캐릭터별로 완전 차별화된 스토리가 전개된다. 동료로 삼은 모노노케는 다양한 아이템으로 커스터마이즈할 수 있다.

CERO 등급 아이콘

컨텐츠 명시 아이콘
 연애
 선정성
 폭력성
 공포
 음주·흡연
 사행성
 범죄
 약물
 언어·기타

타임 스플리터즈 : 시공의 침략자

●에이도스 ●STG ●2003년 2월 27일 ●6,800엔 ●플레이 명수 : 1~2인
●세이브 용량 : 246KB 이상 ●멀티탭 지원(~4인), i.LINK 연결시 1~8인

영국산 게임의 일본어판. 사악한 외계인 '타임 스플리터즈'를 물리치기 위해 다양한 시공을 넘나드는 FPS 게임이다. 스테이지가 현대전에 SF에 서부극풍까지 다채로우며, 최대 8인 동시 플레이도 가능하다.

전차로 GO! 프로페셔널 2

●타이토 ●SLG ●2003년 2월 27일 ●6,800엔 ●플레이 명수 : 1인
●세이브 용량 : 105KB 이상 ●전차로 GO! 컨트롤러 TYPE2, 신칸센 전용 컨트롤러, 여정편 컨트롤러 지원

PS2판「전차로 GO!」시리즈의 4번째 작품. 코세이선, 세토대교선, 나가사키·사세보선 등의 선로를 운행해볼 수 있다. 후일 발매된 TAITO BEST판은, 버그가 수정돼있는 등 초기 발매판과 일부 차이가 있다.

배스 랜딩 3

●사미 ●SPT ●2003년 2월 27일 ●6,800엔 ●플레이 명수 : 1~2인
●세이브 용량 : 250KB 이상 ●낚시콘, 낚시콘2 지원

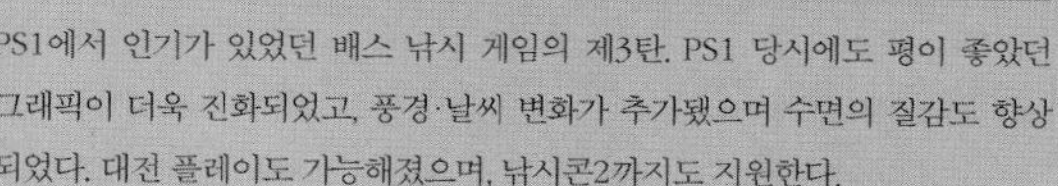

PS1에서 인기가 있었던 배스 낚시 게임의 제3탄. PS1 당시에도 평이 좋았던 그래픽이 더욱 진화되었고, 풍경·날씨 변화가 추가됐으며 수면의 질감도 향상되었다. 대전 플레이도 가능해졌으며, 낚시콘2까지도 지원한다.

해피~ 브리~딩 : 치어풀 파티

●제로 시스템 ●AVG ●2003년 2월 27일 ●6,800엔
●플레이 명수 : 1인 ●세이브 용량 : 144KB 이상

PC용 원작을 이식한 미소녀 어드벤처 게임. 아버지의 해외 전근을 계기로 홀로 살게 된 주인공의 집에 히로인들이 하나둘 눌러앉는다는 스토리다. 이식 과정에서 신규 시나리오와 CG 등을 추가하였다.

팝픈 뮤직 : 베스트 히츠!

●코나미 ●SLG ●2003년 2월 27일 ●5,800엔 ●플레이 명수 : 1~2인
●세이브 용량 : 57KB 이상 ●팝픈 컨트롤러 지원

인기 음악 시뮬레이션 게임 시리즈의 가정용 오리지널 타이틀. 아케이드판과 가정용판의 1편부터 6편까지에 수록된 곡들 중에서 유저들의 리퀘스트를 받아 선정한 인기곡 30곡을 플레이할 수 있다.

MotoGP 3

●남코 ●RCG ●2003년 2월 27일 ●6,800엔 ●플레이 명수 : 1~2인
●세이브 용량 : 42KB 이상 ●멀티탭 지원(~4인)

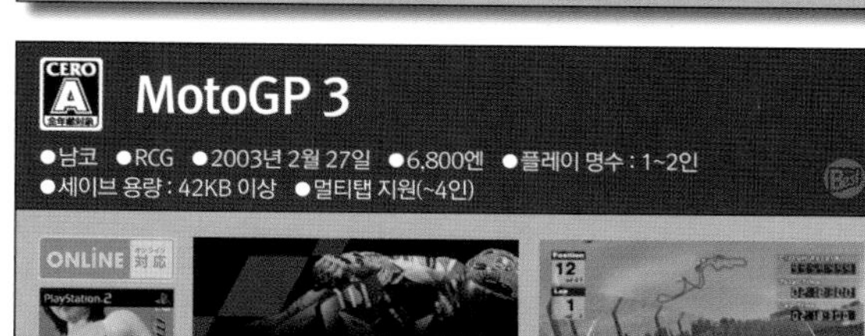

공식 라이선스를 받은 바이크 레이싱 게임의 제3탄. 수록 코스는 15개로 늘어났으며, 최대 4인까지의 화면분할 대전이 가능해졌고, 1인칭 시점도 추가되었다. 브레이크 어시스트 기능을 탑재하여, 초보자도 쉽게 즐길 수 있다.

더 씽

●코나미 ●ACT ●2003년 2월 27일 ●6,800엔
●플레이 명수 : 1인 ●세이브 용량 : 2319KB 이상

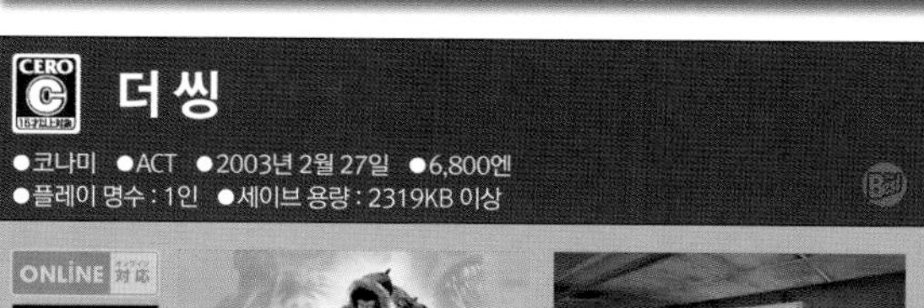

82년작 영화 '괴물'(The Thing)의 정규 후속 스토리를 다룬 FPS 게임. 원작의 3개월 뒤, 주인공 블레이크가 동료들과 협력하여 에일리언을 물리친다는 스토리다. 전개에 따라서는 아군이 에일리언화되는 경우도 있다.

슬라이 쿠퍼 : 전설의 비법서를 찾아서

●소니컴퓨터엔터테인먼트 ●ACT ●2003년 3월 6일 ●5,800엔
●플레이 명수 : 1인 ●세이브 용량 : 50KB 이상

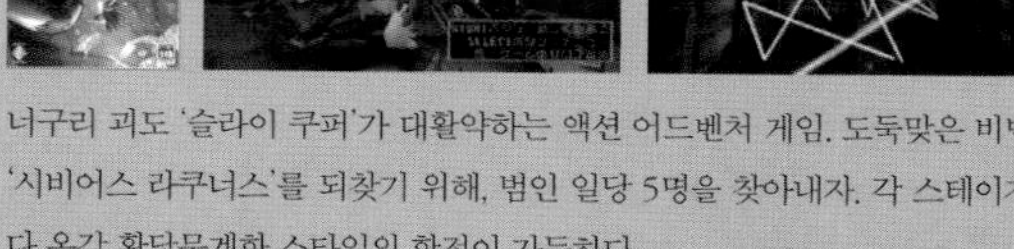

너구리 괴도 '슬라이 쿠퍼'가 대활약하는 액션 어드벤처 게임. 도둑맞은 비법서 '시비어스 라쿠너스'를 되찾기 위해, 범인 일당 5명을 찾아내자. 각 스테이지마다 온갖 황당무계한 스타일의 함정이 가득하다.

각종 지원 아이콘 | Best판 발매 | ONLINE 専用 PlayStation BB Unit 전용 | ONLINE 対応 PlayStation BB Unit 지원

카오스 레기온

●캡콤 ●ACT ●2003년 3월 6일 ●6,800엔
●플레이 명수 : 1인 ●세이브 용량 : 277KB 이상

'레기온'이라 불리는 다채로운 소환수를 활용해 적의 대군단과 맞서 싸우는 액션 게임. 주인공 '지크 바르하이트'와, 어둠으로 타락한 친구 '빅터 드라크로와'를 중심으로 펼쳐지는 중후한 스토리가 특징이다.

킹 오브 콜로세움 : 노아×ZERO-ONE 디스크

●스파이크 ●SPT ●2003년 3월 6일 ●6,800엔
●플레이 명수 : 1~2인 ●세이브 용량 : 1820KB 이상 ●멀티탭 지원(~4인)

당시 일본을 대표하던 프로레슬러·격투가들이 실명으로 등장하는 프로레슬링 게임. 전년 12월에 발매되었던 첫 작품(144p)의 어나더 버전으로서, 이번엔 프로레슬링 노아와 ZERO-ONE의 선수들을 수록했다.

새비지 스카이

●석세스 ●ACT ●2003년 3월 6일 ●5,800엔
●플레이 명수 : 1~2인 ●세이브 용량 : 109KB 이상

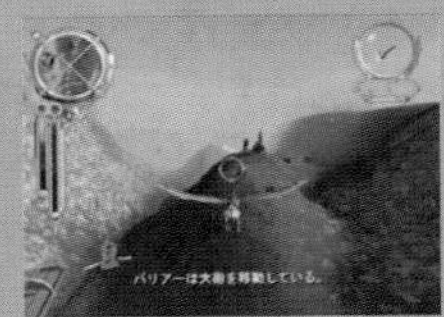

판타지 세계에 등장하는 생물을 조종하여 공중을 날며 싸우는 3D 액션 게임. 드래곤·그리폰·페가수스 중 하나를 선택해 브레스와 독 공격으로 싸우자. 27종의 미션에는 각각 3가지씩의 비밀이 숨겨져 있다.

에어로빅스 레볼루션

●코나미 ●SPT ●2003년 3월 13일 ●5,800엔 ●플레이 명수 : 1인
●세이브 용량 : 206KB 이상 ●댄스 댄스 레볼루션 전용 컨트롤러 지원

「댄스 댄스 레볼루션」(DDR) 시리즈를 기반으로 삼아, 리듬을 부드럽게 낮춰 유산소운동을 가이드해주는 소프트. DDR 매트를 지원하나, 꼭 그게 없더라도 운동 자체는 가능하다. 칼로리 소비 추이도 기록해준다.

영세명인 7 : 통신 쇼기 클럽

●코나미 ●TBL ●2003년 3월 13일 ●4,800엔 ●플레이 명수 : 1~2인
●세이브 용량 : 50KB 이상 ●PlayStation BB Unit, USB 모뎀 지원

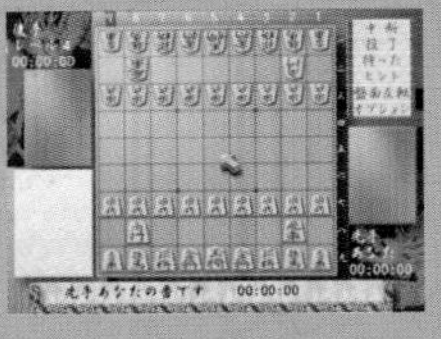

인기 쇼기 소프트의 제7탄. 최신 정석 데이터 38만 수 이상을 수록했고, 기력 상승에 도움을 주는 '감상전' 모드를 추가하였다. '인터넷 쇼기 도장'에 접속하면 기력이 맞는 상대와 24시간 언제든 대국할 수 있었다.

엔젤릭 콘서트

●석세스 ●AVG ●2003년 3월 13일 ●6,800엔
●플레이 명수 : 1인 ●세이브 용량 : 143KB 이상

미소녀 게임과 음악을 융합시킨 어드벤처 게임. 마법악기 '포르테일'의 연주자인 주인공이 되어, 소꿉친구 소녀와 함께 왕도를 목표로 여행을 떠난다는 스토리다. 캐릭터 음성은 인기 아이돌 성우가 담당했다.

Tom Clancy's GHOST RECON

●UBISOFT ●ACT ●2003년 3월 13일 ●6,800엔
●플레이 명수 : 1~2인 ●세이브 용량 : 500KB 이상

미국의 작가 톰 클랜시가 감수한, 전술적 요소를 매우 중시한 FPS. 미군 특수부대 '고스트'의 일원이 되어, 2008년의 러시아를 배경으로 소비에트 재건을 꾀하는 국수주의자들로부터 모스크바를 해방시켜야 한다.

버추어 파이터 4 에볼루션

●세가 ●ACT ●2003년 3월 13일 ●6,800엔
●플레이 명수 : 1~2인 ●세이브 용량 : 167KB 이상

「버추어 파이터 4」(104p)에 신 캐릭터 2명을 추가하고, 기존 캐릭터는 밸런스 조정과 함께 신규 기술을 추가시킨 버전. 가상의 오락실에서 대회에 참가해 우승을 노리는 '퀘스트 모드'를 새로 추가했다.

CERO 등급 아이콘    

컨텐츠 명시 아이콘  연애  선정성  폭력성  공포  음주·흡연  사행성  범죄  약물  언어·기타

파이널 판타지 X-2

●스퀘어 ●RPG ●2003년 3월 13일 ●7,800엔
●플레이 명수 : 1인 ●세이브 용량 : 434KB 이상

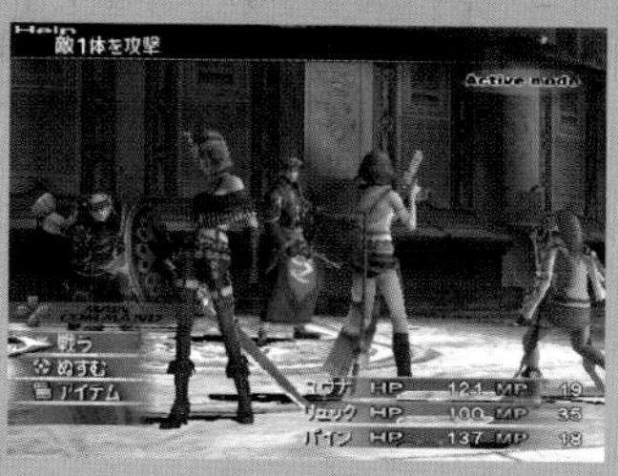

「파이널 판타지 X」(83p) 이후의 스토리를 그린 정규 속편. 세계가 위기를 극복한지 2년이 지나고, 비장한 사명에서 벗어나 밝아진 유나 일행이 전작과는 크게 바뀐 세계를 여행한다는 스토리다. 전투 시스템 변경, '드레스 업' 개념의 도입 등으로 전반적인 시스템이 전작과 크게 달라졌다.

프티콥터

●아쿠아 시스템 ●SLG ●2003년 3월 13일 ●5,800엔 ●플레이 명수 : 1~2인
●세이브 용량 : 110KB 이상 ●Compact Flight Controller for USB 지원

1/48 스케일의 미니어처 헬기를 조종해, 어린이방이나 계단 등 집안 곳곳에 숨겨진 별을 찾아내는 게임. 조작계는 '실기 모드'와 'RC 모드' 2종류가 있으며, 기체도 5종류 이상 중에서 선택할 수 있다.

OVER THE MONOCHROME RAINBOW featuring SHOGO HAMADA

●소니뮤직엔터테인먼트 ●AVG ●2003년 3월 19일 ●8,800엔
●플레이 명수 : 1인 ●세이브 용량 : 820KB 이상

일본의 인기 가수, 하마다 쇼고를 피처링한 타이틀. 다양한 퀘스트를 해결하고 콘서트를 개최하여, 노래로 이세계 '아레트'를 구해내야 한다. 애니메이션 파트에서는 하마다 쇼고가 과감히 성우에도 도전한다.

아크 더 래드 : 정령의 황혼

●소니컴퓨터엔터테인먼트 ●RPG ●2003년 3월 20일 ●5,800엔
●플레이 명수 : 1인 ●세이브 용량 : 66KB 이상

인기 RPG 시리즈의 제5탄. 전작의 천년 후가 배경이라 등장 캐릭터들이 모두 교체됐으며, '인간'쪽 주인공과 '마족'쪽 주인공 두 사람의 시점으로 스토리가 전개된다. 시리즈 최초의 풀 3D화가 중후한 오케스트라와 어우러진다.

쪽빛보다 푸르게

●키드 ●AVG ●2003년 3월 20일 ●6,800엔
●플레이 명수 : 1인 ●세이브 용량 : 70KB 이상

후미즈키 코우의 인기 만화를 게임화했다. 비주얼 노벨식 어드벤처 게임으로서, 표류해온 남쪽 섬에서 집으로 돌아갈 수단을 찾는 '남쪽 섬 편', 마유의 별장에 놀러와 스케이트를 즐기는 '겨울 호수 편' 2편을 수록하였다.

NBA 2K3

●세가 ●SPT ●2003년 3월 20일 ●5,800엔 ●플레이 명수 : 1~2인
●세이브 용량 : 52KB 이상 ●멀티탭 지원(~8인)

미국의 스포츠 전문 케이블 채널인 ESPN과 제휴해 제작한 NBA 농구 게임. 02-03년 시즌의 최신 데이터를 탑재했고, 프랜차이즈 모드를 비롯한 기존 시스템을 모두 리뉴얼했다. 일본판은 일본어 지원을 추가했다.

더 베이스볼 2003 : 배틀볼 파크 선언 - 퍼펙트 플레이 프로야구

●코나미 ●SPT ●2003년 3월 20일 ●6,800엔
●플레이 명수 : 1~2인 ●세이브 용량 : 850KB 이상

닛폰TV의 프로야구 중계 프로와 제휴해 제작한 야구 게임. 2003년도 개막 예상 데이터를 채용했고, 12개 구단 소속 선수 528명의 모션을 리얼하게 재현했다. 이 해에 주목을 받았던 한신 팀의 호시노 감독도 등장한다.

각종 지원 아이콘  Best판 발매   PlayStation BB Unit 전용  PlayStation BB Unit 지원

실전 파치슬로 필승법!: 멋진남자 김태랑

●사미 ●SLG ●2003년 3월 20일 ●3,800엔 ●플레이 명수 : 1인
●세이브 용량 : 70KB 이상 ●실전 파치슬로 컨트롤러 지원

당시 홀에서 인기였던 같은 제목 만화(원제는 '샐러리맨 킨타로') 원작 파치슬로 실기의 시뮬레이터. 메달을 배출하는 순서를 지시해주는 어시스트 타입 '킨타로 찬스'의 매력을 마음껏 체험해볼 수 있다.

트웰브 스태그 (XII STAG)

●타이토 ●STG ●2003년 3월 20일 ●5,800엔
●플레이 명수 : 1~2인 ●세이브 용량 : 50KB 이상

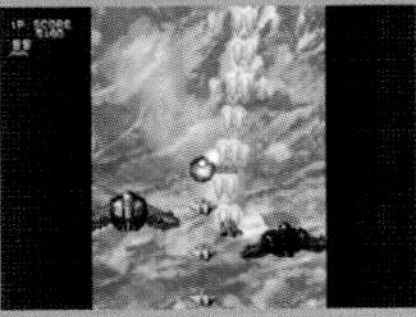

아케이드용 종스크롤 슈팅 게임의 이식작. 자신의 기체를 좌우로 흔들면 발사되는 '사이드 어택'과 후방 공격인 '백파이어'를 잘 활용하면 득점배율이 상승하므로, 이를 이용해 고득점을 노려야 한다.

룸매니아 : 눈물의 청춘

●세가 ●AVG ●2003년 3월 20일 ●6,800엔
●플레이 명수 : 1인 ●세이브 용량 : 187KB 이상

2002년 발매했던 「룸매니아 #203」(129p)의 속편. 샐러리맨이 된 '네지 타이헤이'의 생활에 영향을 주어, 그의 인생을 극적으로 유도하자. 여대생 '코이즈미 카카토'의 방을 엿볼 수도 있다.

FEVER 7 : SANKYO 공식 파친코 시뮬레이션

●인터내셔널 카드 시스템 ●SLG ●2003년 3월 20일 ●5,200엔
●플레이 명수 : 1인 ●세이브 용량 : 177KB 이상 ●회전형 컨트롤러 지원

파친코 제조사인 SANKYO의 'FEVER 대 야마토'·'FEVER 럭키 벨' 2개 기종을 공식 수록한 파친코 실기 시뮬레이터. 감상 모드에서는 다양한 리치 액션도 즐길 수 있다.

무적코털 보보보 : 튀어나온 코털 축제

●허드슨 ●ACT ●2003년 3월 20일 ●5,800엔
●플레이 명수 : 1인 ●세이브 용량 : 80KB 이상

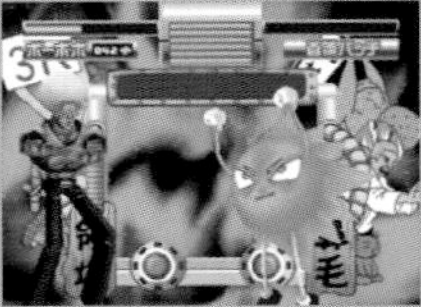

사와이 요시오의 인기 만화를 게임화했다. 주인공 '보보보'를 조작하여, 앞을 가로막는 털 사냥 부대를 긴 코털로 물리치는 액션 게임. 좌우 아날로그 스틱을 이용하여 코털을 자유자재로 조작할 수 있다.

미스트 III : 엑자일

●일렉트로닉 아츠 스퀘어 ●AVG ●2003년 3월 20일 ●6,800엔
●플레이 명수 : 1인 ●세이브 용량 : 315KB 이상

섬 안을 탐색하여 다양한 수수께끼를 풀어내야 하는 어드벤처 게임 시리즈의 3번째 작품. 이동 시스템이 심리스화되었고 동영상 연출도 강화되어, 작품의 세계로의 몰입도가 더욱 늘어났다.

뱀파이어 유이 : 천야초

●제넥스 ●AVG ●2003년 3월 27일 ●6,800엔
●플레이 명수 : 1인 ●세이브 용량 : 30KB 이상

카키노우치 나루미의 인기 만화가 원작인 비주얼 노벨. 엄격한 미션스쿨 내에서 벌어진 괴사건에 뱀파이어 공주 '유이'가 도전한다. 나기·센쥬 등 원작의 캐릭터들도 등장하는 오리지널 스토리가 펼쳐진다.

우사기 : 야생의 투패 THE ARCADE

●디지큐브 ●TBL ●2003년 3월 27일 ●3,800엔
●플레이 명수 : 1인 ●세이브 용량 : 40KB 이상

인기 마작 만화의 아케이드판을 이식한 작품. 자신과 동료 캐릭터를 선택하여, 콤비 대국으로 상대를 이기는 것이 목적이다. 캐릭터 성능은 원작을 따라가며, 대국 도중에 원작의 다양한 대사가 컷인으로 펼쳐진다.

날려라!! 골프

●코나미 ●SPT ●2003년 3월 27일 ●6,800엔 ●플레이 명수 : 1~4인
●세이브 용량 : 100KB 이상 ●멀티탭 지원

아날로그 스틱으로 직감적인 조작을 즐기는 골프 게임. 등장하는 캐릭터 20명 중에는 점보 오자키, 마루야마 시게키 등 16명의 일본 유명 프로골퍼가 포함되어 있다. 최대 4인 멀티플레이도 가능하다.

산요 파친코 파라다이스 8 : 신 바다이야기

●아이렘 소프트웨어 엔지니어링 ●SLG ●2003년 3월 27일 ●4,800엔
●플레이 명수 : 1인 ●세이브 용량 : 200KB 이상

대히트 기기 'CR 신 바다이야기'를 PS2로 체험할 수 있는 타이틀. 시뮬레이션 모드와 '파치슬로 풍운록'이란 스토리 모드를 탑재했다. 확률변동 확정시의 프리미엄 연출 '샘 등장'의 순간을 놓치지 마라!

SIMPLE 2000 시리즈 Vol.22 : THE 통근전철 기관사 - 전차로 GO! 3 통근편

●D3 퍼블리셔 ●SLG ●2003년 3월 27일 ●2,000엔 ●플레이 명수 : 1인
●세이브 용량 : 109KB 이상 ●전차로 GO! 컨트롤러, TYPE2, 원핸들 타입, 마메콘 지원

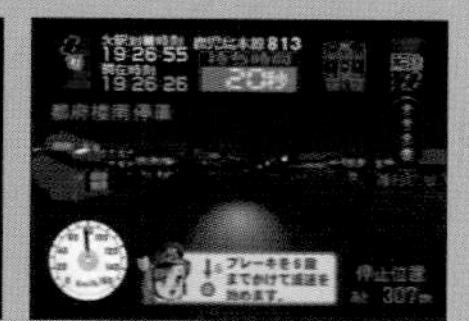

「전차로 GO! 3」의 타이틀명을 변경한 염가판. '노멀 모드'를 비롯하여 위반행위 감점 등을 없애 난이도를 낮춘 '패밀리 모드', 감점은 크지만 보너스 점수도 많은 '철인 모드'가 있다.

SIMPLE 2000 시리즈 Vol.23 : THE 퍼즐 컬렉션 2,000문제

●D3 퍼블리셔 ●PZL ●2003년 3월 27일 ●2,000엔
●플레이 명수 : 1~2인 ●세이브 용량 : 65KB 이상

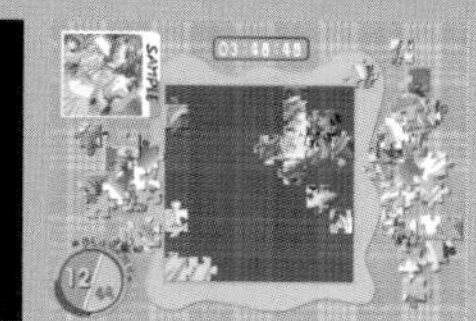

3종류의 퍼즐 총 2,000문제를 즐길 수 있는 소프트. 직소 퍼즐 800문제, 일러스트 퍼즐 600문제, 슬라이드 퍼즐 600문제를 수록하였다. 몇 문제를 클리어했는지도 그때그때 알려주므로 달성감을 느낄 수 있다.

SIMPLE 2000 시리즈 Vol.24 : THE 볼링 HYPER

●D3 퍼블리셔 ●SPT ●2003년 3월 27일 ●2,000엔
●플레이 명수 : 1~2인 ●세이브 용량 : 27KB 이상 ●멀티탭 지원(~4인)

간단한 조작으로 즐기는 본격 볼링 시뮬레이터. 투구속도와 볼 중량 등을 반영해 볼의 미묘한 움직임을 재현하였으며, 커브도 의도한 대로 던질 수 있다. 4인까지 동시 플레이 가능하며, 후타바 리호도 등장한다.

창천룡 THE ARCADE

●디지큐브 ●PZL ●2003년 3월 27일 ●3,800엔
●플레이 명수 : 1~2인 ●세이브 용량 : 41KB 이상

아케이드판 퍼즐 게임의 이식작. 실에 꿴 구슬처럼 쭉 이어진 마작패들 중, 가로·세로 1번씩만 꺾이는 범위 내에 있는 같은 패를 찾아내 없애나간다. 패가 아래에 쌓여 감춰져 있거나 단차로 가려져있는 경우도 있다.

소울 칼리버 II

●남코 ●ACT ●2003년 3월 27일 ●6,800엔 ●플레이 명수 : 1~2인
●세이브 용량 : 138KB 이상 ●프로그레시브(525p) 출력 지원

무기 공격 개념을 도입한 아케이드용 3D 대전격투 게임의 이식작. PS2판은 게스트 캐릭터로 「철권」의 '미시마 헤이하치'가 추가되었다. 사악한 검의 영향이 강해진 세계를 돌며 무기를 수집하는 1인용 모드 '웨폰 마스터 모드'를 탑재하였다. 수집한 무기는 다른 모드에서도 사용 가능하다.

태고의 달인 : 두근! 신곡 가득한 봄 축제

●남코 ●ACT ●2003년 3월 27일 ●4,500엔 ●플레이 명수 : 1~2인
●세이브 용량 : 77KB 이상 ●타타콘 지원

30곡 이상의 신곡을 수록한 PS2판 「태고의 달인」 시리즈의 제2탄. 애니메이션 곡으로 '호빵맨'·'터치'·'도라에몽' 등을, 게임 곡으로는 자사의 명작 「제비우스」의 BGM 편곡판 등을 추가했다.

제2차 슈퍼로봇대전 α

●반프레스토 ●SLG ●2003년 3월 27일 ●7,980엔
●플레이 명수 : 1인 ●세이브 용량 : 262KB 이상

대히트 시뮬레이션 RPG 「슈퍼로봇대전 α」의 속편. '용자왕 가오가이가'와 '브레인 파워드' 등의 작품이 신규 참전하였다. 후속 시리즈에서도 채용되는 '소대 시스템'을 처음 탑재한 작품이다.

Pia♡캐럿에 어서 오세요!! 3

●NEC 인터채널 ●SLG ●2003년 3월 27일 ●7,200엔
●플레이 명수 : 1인 ●세이브 용량 : 512KB 이상

PC용 게임의 이식작. 패밀리 레스토랑이 배경인 연애 시뮬레이션 게임의 제3탄으로서, 시리즈 전통의 유니폼 셀렉트 시스템도 탑재했다. 여름방학 중의 패밀리 레스토랑에서, 주인공과 히로인들의 연애가 펼쳐진다.

메모리즈 오프 Duet

●키드 ●AVG ●2003년 3월 27일 ●6,800엔
●플레이 명수 : 1인 ●세이브 용량 : 110KB 이상

연애 어드벤처 게임 「메모리즈 오프」 시리즈의 1·2편을 합본한 염가판 패키지. 각 작품의 프리퀄 스토리에 해당하는 '메모리즈 오브 Pure'와 '메모리즈 오프 2nd : 유키호타루'도 수록하였다.

랠리 챔피언십

●석세스 ●RCG ●2003년 3월 27일 ●5,800엔 ●플레이 명수 : 1~2인
●세이브 용량 : 325KB 이상 ●멀티탭 지원(~4인)

정해진 코스를 달려 타임을 경쟁하는 랠리 레이싱 게임. 총 17개 제조사 27개 차종의 랠리 카가 등장한다. 하중이동 드리프트로 베스트 레코드를 노려보자. 화면분할로 최대 4인 동시 대전을 구현하였다.

릴로 & 스티치 : 스티치의 대모험

●일렉트로닉 아츠 스퀘어 ●ACT ●2003년 3월 27일 ●6,800엔
●플레이 명수 : 1인 ●세이브 용량 : 47KB 이상

디즈니의 애니메이션 영화를 액션 게임화했다. 릴로와 스티치가 만나기 이전의 스토리를 그렸다. 스티치를 조작하여 실험에 필요한 DNA를 모으자. 줌바 박사의 방해를 모두 이겨내고 클리어해야 한다.

워리어 블레이드 : 라스턴 vs 바바리안 편

●타이토 ●ACT ●2003년 4월 3일 ●6,800엔
●플레이 명수 : 1~2인 ●세이브 용량 : 205KB 이상

자사 왕년의 명작 게임명을 재사용한 액션 게임. 3D로 그려진 다채로운 스테이지에서 10명의 바바리안이 격렬한 전투를 펼친다. 11가지 퀘스트에 도전하는 'QUEST' 모드 등, 3가지 모드가 탑재되어 있다.

강철의 포효 2 : 워십 거너

●코에이 ●ACT ●2003년 4월 3일 ●6,800엔
●플레이 명수 : 1인 ●세이브 용량 : 1530KB 이상

2001년 발매했던 「강철의 포효」(79p)의 속편. 800종 이상의 파츠를 조합하여 오리지널 전투함을 건조해, 미션 클리어식 액션 스테이지에 도전해야 한다. 전장은 총 40개 스테이지를 준비했다.

CERO 등급 아이콘     

컨텐츠 명시 아이콘  연애  선정성  폭력성  공포  음주·흡연    사행성  범죄  약물   언어·기타

삼국지 Ⅷ with 파워업 키트

●코에이 ●SLG ●2003년 4월 3일 ●10,800엔 ●플레이 명수 : 1~8인
●세이브 용량 : 1769KB 이상 ●PlayStation BB Unit (캐시) 지원 : 128MB 이상 필요

「삼국지 Ⅷ」(105p)에, 공명 사후 삼국시대 말기의 신규 시나리오를 추가한 타이틀. 결혼하면 아이가 태어나며, 이를 키워 무장으로 삼을 수도 있게 되었다. 데이터를 변경하는 에디터 기능 등도 탑재했다.

SIMPLE 2000 시리즈 Vol.25 : THE 운전면허 시뮬레이션

●D3 퍼블리셔 ●ETC ●2003년 4월 3일 ●2,000엔
●플레이 명수 : 1인 ●세이브 용량 : 39KB 이상

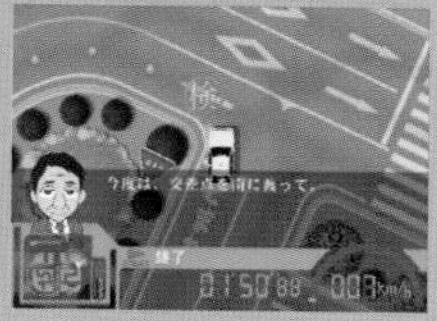

일본의 보통면허·보통2류·한정보통2류·원동기면허 취득을 도와주는, 게임형 수험학습 소프트웨어. 당시의 일본 도로교통법을 따른 학과시험 문제 3,000종 이상을 수록했다. 탑뷰 형식의 기능시험 교습도 제공한다.

열중! 프로야구 2003

●남코 ●SPT ●2003년 4월 3일 ●6,800엔
●플레이 명수 : 1~2인 ●세이브 용량 : 47KB 이상

「열중! 프로야구 2002」(116p)의 속편. 남코와 일본 후지TV가 제휴해 제작한 일본 프로야구 게임으로서, 2003년도 개막 전 데이터를 수록하였다. 투타간의 심리전은 물론, 수비·주루시의 심리전도 맛볼 수 있다.

카나리아 : 이 마음을 노래에 실어

●NEC 인터채널 ●AVG ●2003년 4월 10일 ●4,980엔
●플레이 명수 : 1인 ●세이브 용량 : 112KB 이상

PC용 게임의 이식작. 카가와 현 코토히라로 이사 온 주인공이, 학교 축제에서의 라이브 공연 개최를 위해 친구들과 노력하는 미소녀 어드벤처 게임. 이식하면서 신규 캐릭터·시나리오를 추가했고, 캐릭터 송도 리뉴얼했다.

캔버스 : 세피아 빛깔의 모티브

●NEC 인터채널 ●AVG ●2003년 4월 10일 ●4,980엔
●플레이 명수 : 1인 ●세이브 용량 : 26KB 이상

PC판을 이식한 미소녀 어드벤처 게임. 그림에 대한 정열을 잃어버린 주인공이, 히로인들과 교류하면서 정열을 되찾아간다는 스토리다. 이식 과정에서 신 캐릭터를 추가했고, 기존 히로인에도 신규 시나리오를 넣었다.

.hack//절대포위 Vol.4

●반다이 ●RPG ●2003년 4월 10일 ●5,800엔
●플레이 명수 : 1인 ●세이브 용량 : 683KB 이상

3개월 간격의 연속발매와 미디어믹스 전략으로 화제가 된 RPG 시리즈의 완결편. 주인공 파티와 8상 간의 마지막 싸움을 그렸다. 데이터 컨버트 시스템을 탑재하였으며, 30분 분량의 오리지널 애니메이션도 동봉했다.

도돈파치 대왕생

●아리카 ●STG ●2003년 4월 10일 ●5,800엔
●플레이 명수 : 1~2인 ●세이브 용량 : 40KB 이상

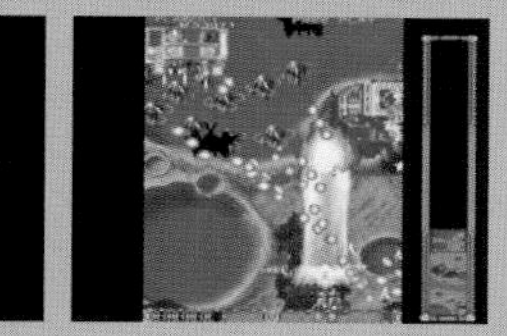

아케이드용 고난이도 탄막 슈팅 게임의 이식작. 원작을 충실하게 이식한 본편과, 한층 더 난이도를 높인 보스 러시 모드를 수록했다. 달인이 클리어한 리플레이 데이터도 수록하여 공략을 도와준다.

갤럭시 엔젤

●브로콜리 ●SLG ●2003년 4월 17일 ●6,800엔
●플레이 명수 : 1인 ●세이브 용량 : 955KB 이상

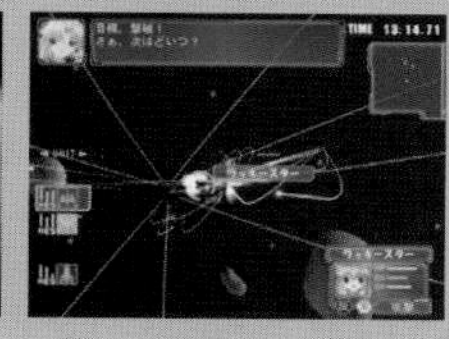

주인공이 되어 5명의 소녀로 이루어진 부대를 지휘하는 미디어 믹스계 연애 어드벤처+시뮬레이션 게임. 어드벤처 파트에서 엔젤 부대와의 신뢰관계를 쌓으면 시뮬레이션 파트에서 소녀들의 전투력이 상승한다.

각종 지원 아이콘  Best판 발매  PlayStation BB Unit 전용  PlayStation BB Unit 지원

TBS 올스타 감사제 VOL.1 : 초호화! 퀴즈 결정판

●허드슨 ●ETC ●2003년 4월 17일 ●4,800엔 ●플레이 명수 : 1~2인
●세이브 용량 : 62KB 이상 ●멀티탭 지원(~4인)

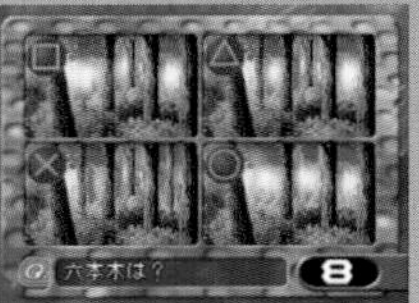

일본 TBS 방송의 간판 퀴즈 프로를 게임화한 작품. 당시의 사회자 시마다 신스케·시마자키 와카코의 대표적인 구호 "앤서 체크!"는 물론이고, '아카사카 5번가 미니 마라톤' 등의 인기 코너도 재현해 현장감이 대단하다.

파치로 상투 달인 3 : CR P-MAN & CR 야와라 키즈 키와미 편

●핵베리 ●SLG ●2003년 4월 17일 ●3,800엔
●플레이 명수 : 1인 ●세이브 용량 : 159KB 이상

「파치로 상투 달인」 시리즈의 신작. 'CR P-MAN'·'CR 야와라 키즈 키와미 편' 2종류를 수록한 실기 시뮬레이터다. 일본의 인기 연예인 미카와 켄이치를 모티브로 삼은 정체불명의 생물 'P-MAN'이란 과연!?

파이널 판타지 XI : 지라트의 환영

●스퀘어 에닉스 ●RPG ●2003년 4월 17일 ●3,980엔
●플레이 명수 : 1인 ●PlayStation BB Unit 필수

2002년 발매했던 「파이널 판타지 XI」의 추가 시나리오 제1탄. 계정에 확장팩 코드를 등록하면 닌자·용기사·사무라이 등 과거 FF 시리즈에서도 인기였던 직업을 입수하게 되며, 새로운 지역에도 갈 수 있게 된다.

AI 바둑 2003

●제넥스 ●TBL ●2003년 4월 24일 ●6,800엔
●플레이 명수 : 1~2인 ●세이브 용량 : 76KB 이상

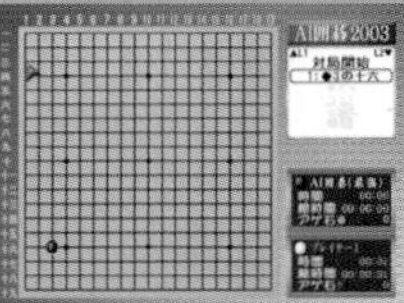

'Many Faces of Go'라는 사고루틴을 탑재한 바둑 소프트. 자신의 실력에 맞춰 AI CPU의 대전 레벨을 설정할 수 있으며, 전통적인 19줄 바둑판 외에 9줄·13줄 바둑판으로 대국할 수도 있다.

AI 쇼기 2003

●제넥스 ●TBL ●2003년 4월 24일 ●6,800엔
●플레이 명수 : 1~2인 ●세이브 용량 : 76KB 이상

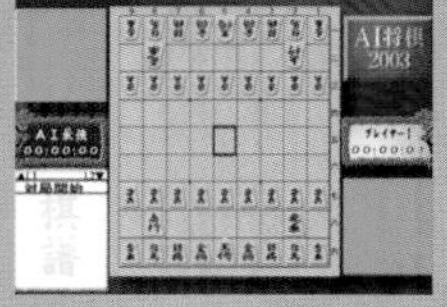

야마시타 히로시가 개발한 사고루틴 'YSS'를 탑재한 쇼기 소프트. 기력 상승을 목표로 수련하는 '장려회 모드'와 초보자용으로 제작한 '접대 모드' 등을 제공해, 실력에 맞춘 대국을 즐길 수 있다.

AI 마작 2003

●제넥스 ●TBL ●2003년 4월 24일 ●6,800엔
●플레이 명수 : 1인 ●세이브 용량 : 99KB 이상

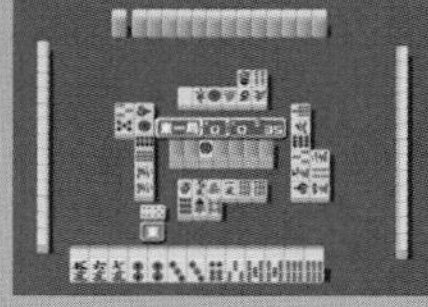

마작의 이른바 '운빨' 요소를 비롯해 다양한 데이터가 기록되는 마작 소프트. 다양한 실력의 AI CPU를 상대로, 사기 기술 없이 진지하게 대국한다. 노리는 역이나 위험패를 알려주는 힌트 기능도 탑재했다.

그린 그린 : 종소리 다이내믹

●웰메이드 ●AVG ●2003년 4월 24일 ●6,800엔
●플레이 명수 : 1인 ●세이브 용량 : 625KB 이상

PC용 인기 학원물 연애 어드벤처 게임의 이식작을 2가지 버전으로 동시발매했다. 이쪽은 신나고 경쾌한 스타일의 구성으로서, 2명의 히로인 '쿠스노키 카오리'과 '이부키 미나'를 추가했으며 신규 시나리오도 넣었다.

그린 그린 : 종소리 로맨틱

●웰메이드 ●AVG ●2003년 4월 24일 ●6,800엔
●플레이 명수 : 1인 ●세이브 용량 : 625KB 이상

PC용 인기 학원물 연애 어드벤처 게임의 이식작을 2가지 버전으로 동시발매했다. 이쪽은 애절함을 강조한 구성으로서, 추가 히로인으로 '야마자키 에리'·'츠키모리 코즈에' 2명이 등장한다. 엔딩 곡도 추가했다.

CERO 등급 아이콘   

컨텐츠 명시 아이콘  연애  선정성  폭력성  공포  음주·흡연   사행성  범죄  약물 언어·기타

THE 편의점 3 : 저 동네를 독점하라

●햄스터 ●SLG ●2003년 4월 24일 ●5,800엔
●플레이 명수 : 1인 ●세이브 용량 : 480KB 이상

편의점 경영 시뮬레이션 게임의 제3탄. 점주가 되어 인테리어·상품 가격·인사 정책 등을 설정해 규정된 경영목표를 달성하자. 실제 일본 편의점 기업인 로손과 제휴하여, 실존 점포처럼 출점할 수도 있다.

G-taste 마작

●크로스노츠 ●TBL ●2003년 4월 24일 ●6,800엔
●플레이 명수 : 1인 ●세이브 용량 : 41KB 이상

야가미 히로키의 섹시 만화를 소재로 삼은 마작 게임. 가정용 게임인 만큼 원작보다 에로도는 낮춰져 있다. 마작 탐정이 되어 사건을 해결하는 '스토리 모드'와, 원작 캐릭터가 되어 대전하는 '토너먼트 모드'가 있다.

SIMPLE 2000 시리즈 Vol.21 : THE 미소녀 시뮬레이션 RPG - Moonlight Tale

●D3 퍼블리셔 ●SRPG ●2003년 4월 24일 ●2,000엔
●플레이 명수 : 1~2인 ●세이브 용량 : 220KB 이상

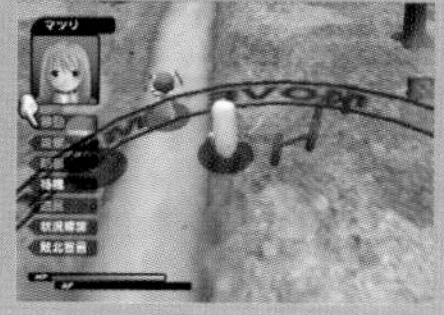

동료로 삼은 소녀들과 힘을 합쳐 자동생성형 던전을 공략해나가는 미소녀 시뮬레이션 RPG. '죽음의 회랑'에서는 새로운 코스튬을 입수하게 되며, 이렇게 입수한 코스튬으로 소녀들을 강화시킬 수 있다.

SIMPLE 2000 시리즈 Vol.26 : THE 핀볼×3

●D3 퍼블리셔 ●TBL ●2003년 4월 24일 ●2,000엔
●플레이 명수 : 1인 ●세이브 용량 : 39KB 이상

판타지 세계가 무대인 'Attack The Dragon', 전쟁을 테마로 삼은 'Operation Thunder Storm', 80p의 같은 제목 연애 게임이 원작인 '러브 송즈 : 아이돌과 핀보~올' 3종의 핀볼 게임을 합본한 세트다.

SIMPLE 2000 시리즈 Vol.27 : THE 프로야구 - 2003 페넌트레이스

●D3 퍼블리셔 ●SPT ●2003년 4월 24일 ●2,000엔
●플레이 명수 : 1~2인 ●세이브 용량 : 346KB 이상

심플한 조작으로 즐기는 일본 프로야구 게임. 각 팀별 25명씩, 총 300명의 선수가 실명으로 등장한다. 2003년도 개막 전 데이터를 수록하였으며, 모션 캡처로 선수의 부드러운 움직임을 구현하였다.

SIMPLE 2000 시리즈 얼티밋 Vol.7 : 최강! 백색 오토바이 킹 - SECURITY POLICE

●D3 퍼블리셔 ●RCG ●2003년 4월 24일 ●2,000엔
●플레이 명수 : 1인 ●세이브 용량 : 45KB 이상

VIP가 탑승한 리무진을 목적지까지 호위하는 경찰 바이크 게임. 고속도로나 황야 등의 다채로운 환경과 상황에서 VIP을 지켜내야 한다. 정의의 총탄과 몸통 박치기로 무장집단을 박살 내버리자.

SIMPLE 2000 시리즈 얼티밋 Vol.8 : 격투! 미로 킹

●D3 퍼블리셔 ●ACT ●2003년 4월 24일 ●2,000엔
●플레이 명수 : 1~2인 ●세이브 용량 : 98KB 이상

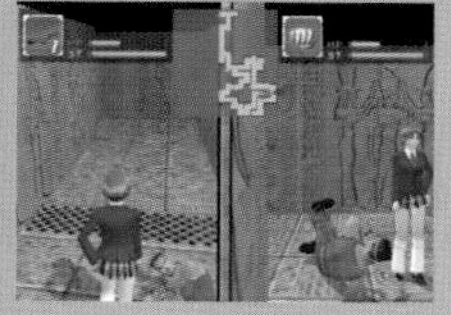

미로에 흩어져있는 열쇠를 모아 가장 먼저 탈출해야 하는 미로 게임. 미로에서 라이벌 캐릭터와 만나면 바주카나 책가방으로 공격하자. 미로는 자동생성 시스템이므로, 항상 새로운 전술로 도전해야 한다.

슬로터 UP 매니아 : 초 오키슬롯! 파이오니어 스페셜

●도라스 ●SLG ●2003년 4월 24일 ●4,980엔 ●플레이 명수 : 1인
●세이브 용량 : 600KB 이상 ●슬로콘, 파치슬로 컨트롤러 Pro 지원

기체 상단의 꽃잎에 불이 깜박여 잭팟을 예고하는 시스템으로 유명한 오키슬롯 시리즈. 실기 시뮬레이터인 만큼 BIG 보너스 성립확률을 자유롭게 변경 가능하다. '하나하나'·'시오사이'를 마음껏 즐겨보자.

WRC II : 익스트림

●스파이크 ●RCG ●2003년 4월 24일 ●6,800엔
●플레이 명수 : 1~4인 ●세이브 용량 : 1500KB 이상 ●GT FORCE 지원

2002년 발매했던 「WRC」(112p)의 속편. 50명의 실명 선수가 등장하는 레이싱 게임이다. 기상환경과 노면상황을 극복하며 세계 14개국 115종의 공공도로 코스를 돌파해 챔피언이 되어보자.

DDRMAX 2 : 댄스 댄스 레볼루션 7th MIX

●코나미 ●SLG ●2003년 4월 24일 ●6,800엔 ●플레이 명수 : 1~2인
●세이브 용량 : 86KB 이상 ●RU017, RU023, RU026, RU031, RU039 지원

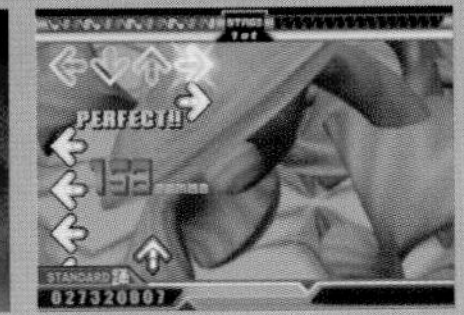

인기 리듬 게임 시리즈의 제7탄. 상급자용인 'CHALLENGE(오니) 모드'가 새로 등장했고, 일시적으로 삭제되었던 과거 작품의 곡들도 일부 재수록하였다. 차기작의 선행수록곡도 포함해, 총 74곡을 수록했다.

천주 3

●프롬 소프트웨어 ●ACT ●2003년 4월 24일 ●6,800엔
●플레이 명수 : 1~2인 ●세이브 용량 : 40KB 이상

닌자가 되어 임무를 받아 표적을 암살하는 스텔스 닌자 액션 게임. 스텔스 상태에서 공격하면 일격으로 적을 쓰러뜨릴 수 있는 '인살' 시스템이 핵심인 액션 시리즈다. PS1에서 PS2로 플랫폼이 바뀌면서 그래픽이 대폭 강화되었고 표현력도 상승하여, 인살 연출이 한층 더 다이내믹해졌다.

어디서나 함께 : 나다운 그림책

●소니컴퓨터엔터테인먼트 ●ETC ●2003년 4월 24일 ●5,800엔
●플레이 명수 : 1인 ●세이브 용량 : 518KB 이상

'토로'를 비롯한 「어디서나 함께」의 포케피들이 등장하는 이야기 만들기 게임. 그림책의 공백부분에 단어나 삽화를 넣어 자신만의 그림책을 만들어보자. 일단 완성한 그림책이라도 내용을 다시 편집할 수 있다.

마이 메리 메이비

●키드 ●AVG ●2003년 4월 24일 ●6,800엔
●플레이 명수 : 1인 ●세이브 용량 : 62KB 이상

같은 해 1월 발매했던 「마이 메리 메이」(152p)의 속편. 전작 이상으로 스토리를 중시한 시나리오로서, 임신과 육친의 죽음 등 무거운 테마를 다뤘다. 전작에서 밝혀지지 않았던 비밀도 여기서 밝혀진다.

모션 그라비아 시리즈 : 키타가와 토모미

●소니뮤직엔터테인먼트 ●ETC ●2003년 4월 24일 ●3,800엔
●플레이 명수 : 1인 ●세이브 용량 : 50KB 이상

PS2로 즐기는 '움직이는 그라비아 사진집'이라는 테마의 디지털 사진집 시리즈. 당시 연예사무소 '옐로 캡' 소속이었던 그라비아 모델 4명의 소프트를 동시에 발매했다. 사진 데이터는 사진집 1,000권 분량이다.

모션 그라비아 시리즈 : 네모토 하루미

●소니뮤직엔터테인먼트 ●ETC ●2003년 4월 24일 ●3,800엔
●플레이 명수 : 1인 ●세이브 용량 : 50KB 이상

PS2로 즐기는 디지털 그라비아 사진집 시리즈 중 하나. 컨트롤러를 조작하여 사진을 다양한 각도에서 살펴보거나 확대·축소할 수 있으며, 특정한 장면을 프린터로 출력할 수도 있었다.

 CERO 등급 아이콘 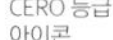   
컨텐츠 명시 아이콘  연애  선정성  폭력성  공포  음주·흡연    사행성  범죄  약물  언어·기타 

모션 그라비아 시리즈 : MEGUMI

●소니뮤직엔터테인먼트 ●ETC ●2003년 4월 24일 ●3,800엔
●플레이 명수 : 1인 ●세이브 용량 : 50KB 이상

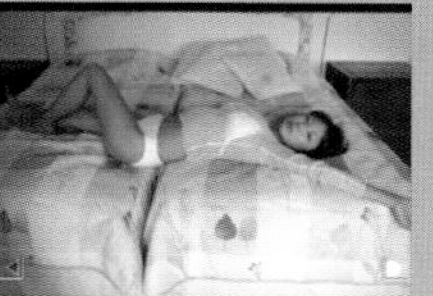

PS2로 즐기는 디지털 그라비아 사진집 시리즈 중 하나. 모션 그라비아 외에 비장의 동영상 '시크릿 컬렉션'을 모으는 기능과, 마음에 드는 페이지를 따로 마킹해 두는 '도그 이어' 기능도 탑재하였다.

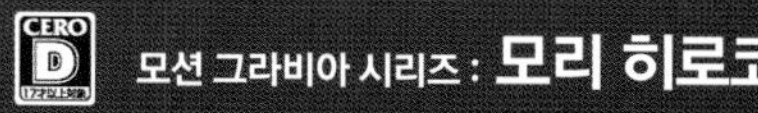

모션 그라비아 시리즈 : 모리 히로코

●소니뮤직엔터테인먼트 ●ETC ●2003년 4월 24일 ●3,800엔
●플레이 명수 : 1인 ●세이브 용량 : 50KB 이상

PS2로 즐기는 디지털 그라비아 사진집 시리즈 중 하나. 각 소프트마다 메이킹 DVD 디스크를 별도로 동봉했으며, 이 디스크는 기존의 DVD 비디오 포맷이므로 각 아이돌들의 모습을 동영상으로 즐길 수 있다.

유메리아

●남코 ●AVG ●2003년 4월 24일 ●6,800엔
●플레이 명수 : 1인 ●세이브 용량 : 341KB 이상

현실세계와 꿈의 세계를 무대로 스토리가 진행되는 연애 어드벤처 게임. 캐릭터를 전부 실시간 3D로 묘사해, 대화 장면의 바스트업 그래픽도 실제처럼 움직이는 것이 특징이다. 꿈의 세계의 배틀에서는 소녀들과 함께 적과 싸운다.

NBA 스트리트 2 : 덩크 천국

●일렉트로닉 아츠 ●SPT ●2003년 5월 1일 ●6,800엔
●플레이 명수 : 1~2인 ●세이브 용량 : 100KB 이상 ●멀티탭 지원(~4인)

NBA 선수들이 실명으로 등장하는 3-on-3 길거리 농구 게임의 제2탄. 간단한 조작으로 화려한 트릭과 호쾌한 덩크슛을 구사할 수 있다. 최대 4명까지의 대전 플레이와 선수 에디트도 지원한다.

엘리시온 : 영원의 생츄어리

●NEC 인터채널 ●AVG ●2003년 5월 1일 ●4,980엔
●플레이 명수 : 1인 ●세이브 용량 : 53KB 이상

PC판을 이식한 미스테리어스 어드벤처 게임. 외딴섬의 저택에 사는 노인의 주치의로 초빙된 주인공이, 메이드들과 생활하는 과정에서 음모에 말려들게 된다. 원작인 PC판에 없었던 시나리오도 추가했다.

그대가 바라는 영원 : 럼블링 하츠

●프린세스 소프트 ●AVG ●2003년 5월 1일 ●6,800엔
●플레이 명수 : 1인 ●세이브 용량 : 284KB 이상

PC판 성인용 연애 어드벤처 게임을 이식한 작품. 주인공 '타카유키'와 메인 히로인 '하루카'·'미츠키'를 중심으로 다양한 감정과 복잡한 인간관계가 엇갈리는 스토리를, 2부 구성의 시나리오로 절묘하게 그려냈다.

코노하나 3 : 거짓 그림자 너머에

●석세스 ●AVG ●2003년 5월 1일 ●3,800엔
●플레이 명수 : 1인 ●세이브 용량 : 92KB 이상

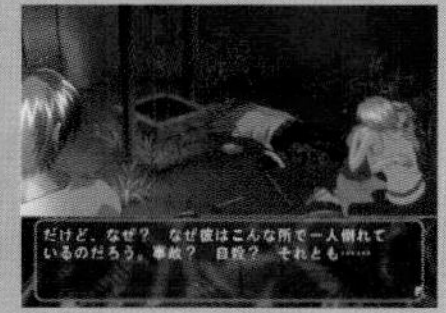

미스테리 어드벤처 게임 시리즈의 제3탄. '워터 아일랜드'를 방문한 주인공 일행 3명은 오프라인 모임으로 모인 5인조와 만나게 된다. 하지만 그중 1명이 시체로 발견되면서 본격적인 사건의 막이 오른다.

This Is Football 2003 : 세계최강축구

●소니컴퓨터엔터테인먼트 ●SPT ●2003년 5월 1일 ●5,800엔
●플레이 명수 : 1~2인 ●세이브 용량 : 1128KB 이상 ●멀티탭 지원(~8인)

세계 15개국의 550개 클럽 팀과 81개국의 대표팀을 수록하여, 총 1만 2천 명 이상의 선수들이 실명으로 등장하는 축구 게임. 고등학교부터 시작해 차근차근 성장하는 커리어 모드 등도 즐길 수 있다.

매지컬 파친코 코튼 : 파친코 실기 시뮬레이션

●석세스 ●SLG ●2003년 5월 1일 ●4,800엔
●플레이 명수 : 1인 ●세이브 용량 : 56KB 이상

게임의 세계에서 파친코로 진출! 빗자루에 올라탄 마녀 '코튼'이 주인공인 파친코 실기 시뮬레이터. 다채로운 리치 액션에, 신규 시스템인 '시간단축 예고'의 게임성이 뛰어나 화제가 되었던 기종이다.

야마사 Digi 월드 SP : 바다가 최고 R

●야마사 엔터테인먼트 ●SLG ●2003년 5월 1일 ●4,800엔
●플레이 명수 : 1인 ●세이브 용량 : 80KB 이상

야마사와 산요 두 회사의 제휴로 제작되어 당시 가동되었던 '바다가 최고 R'의 파치슬로 실기 시뮬레이터. 산요의 파친코 '바다 시리즈'의 인기 캐릭터 '마린'도 등장하며, 상하 릴을 이용한 더블 리치가 뜨겁다!

제네레이션 오브 카오스 III : 시간의 봉인

●아이디어 팩토리 ●SLG ●2003년 5월 8일 ●6,800엔
●플레이 명수 : 1인 ●세이브 용량 : 364KB 이상

시뮬레이션 RPG 시리즈의 제3탄. 봉신대륙 오르드에서 벌어진, 라디아 왕국과 제논 교국 간의 전쟁을 그렸다. 게임은 크게 RPG 파트와, 턴 배틀로 진행되는 시뮬레이션 파트로 구성되어 있다.

쵸비츠 : 치이만의 사람

●브로콜리 ●AVG ●2003년 5월 15일 ●6,800엔
●플레이 명수 : 1인 ●세이브 용량 : 64KB 이상

CLAMP의 같은 제목 만화가 원작인 육성 어드벤처 게임. 재수학원에 다니던 주인공은 쓰레기장에서 주운 미소녀형 컴퓨터 '치이'와 함께 생활하게 된다. 원작을 따라가는 스토리로 게임이 전개된다.

2003년 개막 힘내라 구계왕 : 말하자면 프로야구네요~

●아틀러스 ●SPT ●2003년 5월 15일 ●6,800엔
●플레이 명수 : 1~2인 ●세이브 용량 : 300KB 이상

구단·선수·구장이 모두 실명으로 등장하는 일본 프로야구 게임. 버블헤드 인형 풍의 코믹한 2등신 캐릭터로 그려진 선수들이 활약한다. 전권감독이 되어 5년간 팀을 육성하는 페넌트 모드도 수록했다.

그랑프리 챌린지

●아타리 ●RCG ●2003년 5월 22일 ●6,800엔
●플레이 명수 : 1~2인 ●세이브 용량 : 280KB 이상

FOA의 공식 라이선스를 받아 코스·머신·드라이버가 모두 실명으로 등장하는 F1 게임. 라이벌 차량은 각 드라이버의 드라이빙 스타일을 AI로 재현해 제어한다. 리얼한 레이스의 심리전을 즐길 수 있다.

필살 파친코 스테이션 V7 : 천재 바카본 2

●선 소프트 ●SLG ●2003년 5월 22일 ●5,200엔
●플레이 명수 : 1인 ●세이브 용량 : 500KB 이상

실기 시뮬레이터 시리즈 『필살 파친코 스테이션 V』의 제7탄. 전작과 마찬가지로 만화 '천재 바카본'이 테마인 파친코 기기로서, 이번 작품도 잭팟 찬스의 흰색 장어개 출현이 최대 특징이다.

팬텀 : PHANTOM OF INFERNO

●프린세스 소프트 ●AVG ●2003년 5월 22일 ●6,800엔
●플레이 명수 : 1인 ●세이브 용량 : 798KB 이상

PC용 게임의 이식작. 최강의 암살자가 된 청년이 음모와 무법이 판치는 세계에서 꽃피우는 순애 스토리다. 이식 과정에서 시나리오·CG 등 다양한 컨텐츠를 추가했으며, DVD-PG판에서는 삭제했던 총기 선택도 부활시켰다.

CERO 등급 아이콘   
컨텐츠 명시 아이콘 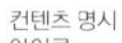 연애  선정성 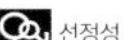 폭력성  공포  음주·흡연   사행성  범죄  약물  언어·기타 

맥스 페인

●일렉트로닉 아츠 ●ACT ●2003년 5월 22일 ●6,800엔
●플레이 명수 : 1인 ●세이브 용량 : 215KB 이상

서양 PC 게임의 이식작. 주인공 '맥스 페인'이 자신의 아내와 아이를 죽인 범인에게 복수하는 과정을 그린 하드보일드 복수극이다. 영화 '매트릭스'·'영웅본색'에서 모티브를 얻은 강렬한 스페셜 액션, '블릿 타임'이 특징이다.

러브히나 고~저스 : 슬쩍 해프닝!!

●코나미 ●AVG ●2003년 5월 22일 ●4,800엔
●플레이 명수 : 1인 ●세이브 용량 : 180KB 이상

아카마츠 켄의 인기 만화를 게임화했다. 주인공 케이타로와 6명의 히로인들이 펼치는 이야기다. 좌우 아날로그 스틱을 마구 돌려, 히나타장에서 벌어지는 건전하면서도 섹시한 해프닝과 다양한 사건을 체험해보자.

위닝 포스트 5 MAXIMUM 2003

●코에이 ●SLG ●2003년 5월 29일 ●6,800엔 ●플레이 명수 : 1인
●세이브 용량 : 214KB 이상 ●PlayStation BB Unit (캐시) 지원 : 512MB 이상 필요

「위닝 포스트 5 MAXIMUM 2002」(134p)의 업그레이드판. 기본적인 컨텐츠는 전작을 계승하며, 당시의 최신 프로그램 및 각종 데이터 기준으로 갱신하였다. 마주 타입도 4종류 중에서 선택할 수 있다.

카페 리틀 위시 : 마법의 레시피

●프린세스 소프트 ●AVG ●2003년 5월 29일 ●6,800엔
●플레이 명수 : 1인 ●세이브 용량 : 144KB 이상

PC용 게임의 이식작. 카페에서 숙식하며 일하는 주인공과 히로인들 간의 애환과 일상을 그린 작품이다. 고른 선택지에 따라 히로인 개별 시나리오로 분기된다. 이식 과정에서 신규 히로인을 추가했다.

최강 도다이 쇼기 2003

●마이니치 커뮤니케이션즈 ●TBL ●2003년 5월 29일 ●6,800엔
●플레이 명수 : 1~2인 ●세이브 용량 : 200KB 이상

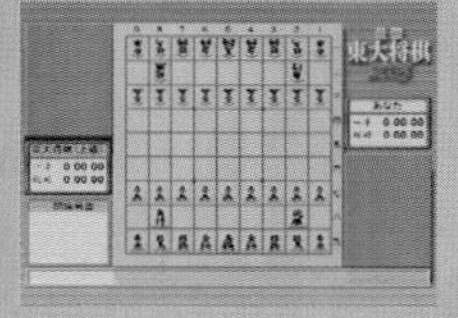

세계컴퓨터쇼기선수권에서 3회 우승한 사고루틴을 탑재한 쇼기 소프트. 몰이비차 전술을 추가한 당시 최신 버전으로서, 정석 140만 수도 수록하였다. 여성 쇼기 기사의 음성을 넣은 감상전도 즐길 수 있다.

최종병기 그녀

●코나미 ●AVG ●2003년 5월 29일 ●6,800엔
●플레이 명수 : 1인 ●세이브 용량 : 108KB 이상

타카하시 신의 인기 만화가 원작인 TV 애니메이션 기반의 어드벤처 게임. 인류 역사상 가장 슬프고 덧없는 러브스토리가 펼쳐진다. 선택지에 따라 치세의 상태가 '인간'과 '병기' 중 하나로 변동되는 멀티 시나리오를 채용했다.

CR 필살 청부인 격투편 : 파치로 상투 달인 4

●핵베리 ●SLG ●2003년 5월 29일 ●5,800엔
●플레이 명수 : 1인 ●세이브 용량 : 100KB 이상

코라쿠 사의 인기 기종을 즐기는 파친코 실기 시뮬레이터. 'CR 필살 청부인 격투편'의 ZR·XR·MR판과 'CR 필살 청부인'의 Z3판을 수록하였으며, 리치 액션 등을 감상하는 모드와 공략 모드도 탑재하였다.

심즈

●일렉트로닉 아츠 ●SLG ●2003년 5월 29일 ●6,800엔
●플레이 명수 : 1~2인 ●세이브 용량 : 1593KB 이상

PC용 원작을 이식한 육성 시뮬레이션 게임. '심'들을 지켜보며 그들을 행복하고 쾌적한 생활로 유도하자. 목적이 있는 스토리 모드와 프리 플레이 모드, 2P 대전 모드가 있다. 일본판 타이틀명은 「심피플 : 안방극장」이었다.

SIMPLE 2000 시리즈 Vol.28 : THE 무사도 - 칼부림 일대기

●D3 퍼블리셔 ●ACT ●2003년 5월 29일 ●2,000엔
●플레이 명수 : 1~2인 ●세이브 용량 : 54KB 이상

미야모토 무사시·야규 쥬베이 등의 이름난 검객들을 물리치는 검극 액션 게임. 천하무쌍의 환상에 사로잡힌 주인공이 되어, 사나이간의 진검승부를 펼쳐보자. 일본 역사에 남은 검호들과의 일대일 대결을 즐길 수 있다.

SIMPLE 2000 시리즈 Vol.29 : THE 연애 보드게임 - 청춘 18 라디오

●D3 퍼블리셔 ●TBL ●2003년 5월 29일 ●2,000엔
●플레이 명수 : 1인 ●세이브 용량 : 82KB 이상

연애 어드벤처 게임과 전략성 풍부한 보드 게임을 조합한 타이틀. 존폐위기에 몰린 라디오 방송국을 무대로, 젊은 스탭들이 방송국 존속을 위해 동분서주한다. 달콤쌉싸름하고도 애절한 스토리를 즐길 수 있다.

SIMPLE 2000 시리즈 Vol.30 : THE 길거리 농구 - 3 ON 3

●D3 퍼블리셔 ●SPT ●2003년 5월 29일 ●2,000엔
●플레이 명수 : 1~2인 ●세이브 용량 : 80KB 이상

3 : 3 팀으로 대결하는 '3 on 3 농구'를 게임화한 작품. 리얼하고 멋지며 트리키한 농구 모션을 재현하였다. 개성적인 8개 팀 24명의 캐릭터가 등장하며, 원하는 팀을 선택해 플레이할 수 있다.

전뇌전기 버추얼 온 마즈

●세가 ●ACT ●2003년 5월 29일 ●6,800엔
●플레이 명수 : 1~2인 ●세이브 용량 : 100KB 이상

로봇 대전 액션 게임「버추얼 온 포스」를 기반으로 제작한 PS2 오리지널 신작. 트윈 스틱 컨트롤러를 따로 내지 않은 대신, 듀얼쇼크 2의 아날로그 스틱 2개를 트윈 스틱처럼 사용하는 조작계를 제공했다.

MVP 베이스볼 2003

●일렉트로닉 아츠 ●SPT ●2003년 6월 5일 ●5,800엔
●플레이 명수 : 1~2인 ●세이브 용량 : 40KB 이상

2003년 개막시 데이터를 도입한 본격파 메이저리그 야구 게임. 약 1,100명의 선수가 실명으로 등장한다. 투타의 심리전을 더욱 치열하게 만드는 게임 시스템은 물론, 감독으로서 장기간 팀을 지휘하는 모드도 탑재했다.

J리그 프로 사커 클럽을 만들자! 3

●세가 ●SLG ●2003년 6월 5일 ●6,800엔 ●플레이 명수 : 1~2인
●세이브 용량 : 788KB 이상 ●PlayStation BB Unit 및 네트워크 어댑터 지원

외국 리그 소속 선수의 실명화, '게임 플랜' 개념의 채용, '코치 제도' 도입 등 다방면의 시스템을 강화시킨 시리즈 신작. 최초로 커버모델을 넣은 작품으로서, 오노 신지 선수를 기용했다. J리그의 정상을 노려보자.

파이어 프로레슬링 Z

●스파이크 ●SPT ●2003년 6월 5일 ●6,800엔
●플레이 명수 : 1~2인 ●세이브 용량 : 354KB 이상 ●멀티탭 지원(~4인)

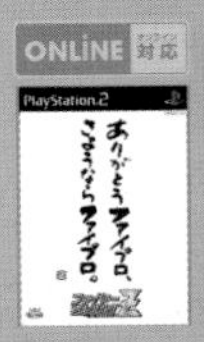
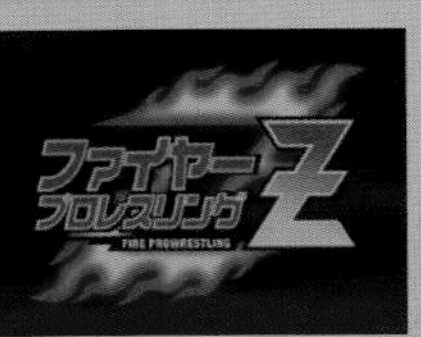

'고마워 파이프로, 잘 있어 파이프로.'라는 커버 선전문구가 인상적인 프로레슬링 게임. 당시 기준으로 시리즈 최다인수인 244명의 레슬러가 등장한다. 실존 레슬러를 모티브로 삼은 스토리 모드도 제공했다.

노부나가의 야망 온라인

●코에이 ●RPG ●2003년 6월 12일 ●6,800엔 ●플레이 명수 : 1인
●USB 키보드 지원, PlayStation BB Unit 필수

역사 시뮬레이션 게임의 금자탑「노부나가의 야망」시리즈를 기반으로 제작한 MMORPG. 플레이어는 사무라이·닌자 등의 직업을 선택해, 플레이어끼리 도당을 꾸려 전투에 참여하는 등 가상의 전국시대를 즐길 수 있었다.

CERO 등급 아이콘   

컨텐츠 명시 아이콘 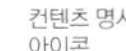           

연애 선정성 폭력성 공포 음주·흡연 사행성 범죄 약물 언어·기타

이상한 나라의 앨리스

●글로벌 A 엔터테인먼트 ●TBL ●2003년 6월 12일 ●6,800엔
●플레이 명수 : 1~4인 ●세이브 용량 : 41KB 이상

루이스 캐럴의 아동소설을 게임화한, 카드 게임과 보드 게임을 융합시킨 개척형 보드 게임이다. 원작의 삽화를 담당했던 존 테니얼의 그림을 최대한 활용하였으며, 원작의 친숙한 캐릭터도 다수 등장한다.

모두의 GOLF 온라인

●소니컴퓨터엔터테인먼트 ●SPT ●2003년 6월 12일 ●4,800엔 ●플레이 명수 : 1인
●멀티탭 지원(오프라인 시 ~4인), USB 키보드 지원, PlayStation BB Unit 필수

「모두의 GOLF」의 온라인 전용판. 시리즈 전통의 시스템을 계승하여, 온라인에서 '모두가' 함께 즐기는 게임이다. 대회에 참가하거나 유저끼리 대전할 수도 있었다. 게임 중에는 채팅으로 대화도 가능했다.

리플의 알

●D3 퍼블리셔 ●SPT ●2003년 6월 12일 ●4,800엔
●플레이 명수 : 1인 ●세이브 용량 : 94KB 이상

여성용 연애 시뮬레이션 게임. 저주를 받아 깊은 잠에 빠져든 왕자 레그란드를 구하기 위해, 플레이어는 여섯 나라의 왕자들과 협력하여 100일 후 개최되는 왕위계승식 날까지 저주를 풀어야 한다.

MLB 2003

●소니컴퓨터엔터테인먼트 ●SPT ●2003년 6월 19일 ●5,800엔
●플레이 명수 : 1~2인 ●세이브 용량 : 430KB 이상

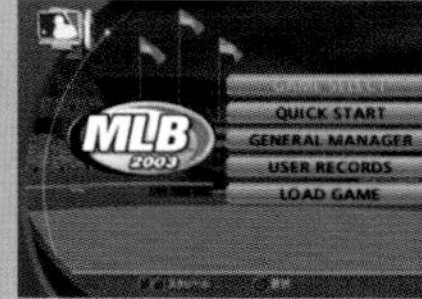

메이저리그의 총 30개 구단 및 선수 750명이 실명으로 등장하며, 마쓰이 히데키가 MLB로 이적했던 2003년 당시의 데이터를 완전 망라한 야구 게임이다. 메이저리그 야구를 체험시켜주는 모드를 풍부하게 제공한다.

엔터 더 매트릭스

●반다이 ●ACT ●2003년 6월 19일 ●6,800엔
●플레이 명수 : 1인 ●세이브 용량 : 186KB 이상

세계적으로 대히트한 SF 액션 영화 '매트릭스'의 세계를 배경으로 삼은 스핀오프 액션 게임. 영화의 스토리를 보완하는 내용으로서, 영화판 스탭들이 제작한 실사 동영상을 풍부하게 수록했다.

실전 파치슬로 필승법! : 사바나 파크

●사미 ●SLG ●2003년 6월 19일 ●3,800엔 ●플레이 명수 : 1인
●세이브 용량 : 70KB 이상 ●실전 파치슬로 컨트롤러, 실전 파치슬로 컨트롤러 mini 지원

메가 히트작 '수왕'·'맹수왕 S'의 후계기 '사바나 파크'를 충실하게 재현해낸 파치슬로 실기 시뮬레이터. '사파리 찬스'·'그레이트 사파리 투어' 2개 기종에서 AT로 대량의 구슬을 획득해보자.

스타워즈 : 장고 펫

●일렉트로닉 아츠 ●ACT ●2003년 6월 19일 ●6,800엔
●플레이 명수 : 1인 ●세이브 용량 : 50KB 이상

SF 영화 '스타워즈' 시리즈의 프리퀄 3부작에 등장하는 현상금 사냥꾼 '장고 펫'이 주인공인 3D 액션 게임. 제트 팩을 활용해 자유자재로 이동하며 다양한 무기를 구사하여 현상범들을 제압하자.

마법의 펌프킨 : 앤과 그레그의 대모험

●MTO ●ACT ●2003년 6월 19일 ●6,800엔
●플레이 명수 : 1인 ●세이브 용량 : 200KB 이상

할로윈 날 밤, 동상으로 변해버린 친구들을 구하기 위해 앤과 그레그가 모험을 펼치는 3D 액션 게임. 퍼즐과 함정이 가득한 총 24개 스테이지를, 2명의 주인공 캐릭터를 교체해가며 클리어해 보자.

각종 지원 아이콘  Best판 발매  PlayStation BB Unit 전용  PlayStation BB Unit 지원

네오지오에서 인기가 많았던 액션 슈팅 게임 「메탈 슬러그」 시리즈의 제4탄. 루트 분기와 좀비화 등의 신규 시스템 추가가 최대 특징이다. 아케이드 모드를 클리어하면 미니게임이 추가된다.

간토 지방의 고갯길 레이서들을 묘사한 만화 '이니셜 D'를 게임화하여 엄청난 인기를 누리고 시리즈화까지 된 아케이드용 레이싱 게임의 이식작이다. 애니메이션판과 동일한 성우진을 기용하여 원작의 분위기를 살려낸다.

비오라트의 아틀리에 : 그람나트의 연금술사 2

●거스트 ●RPG ●2003년 6월 26일 ●6,800엔 ●플레이 명수 : 1인
●세이브 용량 : 450KB 이상 ●돌비 디지털 & 돌비 서라운드 지원

'아틀리에' 시리즈의 5번째 작품에 해당하는 RPG. 인구가 줄어들고 있는 카롯테 마을에 사는 주인공 '비오라트'는 마을의 당근을 매우 좋아하는 소녀다. 연금술 공방을 성공적으로 경영해, 3년간 마을을 발전시키자.

삼국지전기 2

●코에이 ●SLG ●2003년 6월 26일 ●6,800엔
●플레이 명수 : 1~2인 ●세이브 용량 : 197KB 이상

'삼국지'를 테마로 삼은 전술 시뮬레이션 게임의 속편. 전작에도 등장했던 유비·조조·손책 세력은 물론이고, 이번 작품에서는 여포 세력을 신규 선택할 수 있게 되었다. 선택한 무장의 군세를 이끌고 전투에 도전하자.

SIMPLE 2000 시리즈 Vol.31 : THE 지구방위군

●D3 퍼블리셔 ●ACT ●2003년 6월 26일 ●2,000엔
●플레이 명수 : 1~2인 ●세이브 용량 : 60KB 이상

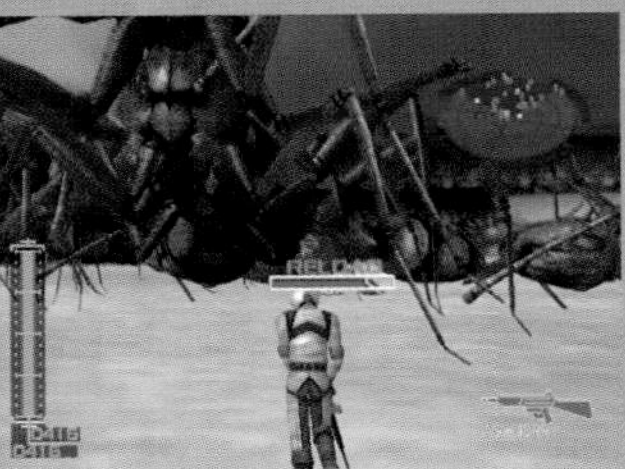
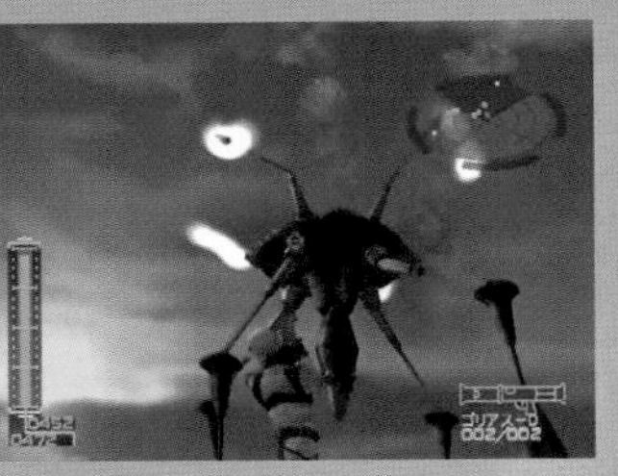

UFO와 거대생물에 맞서, 무수히 밀려들어오는 적들을 쓸어버리고 지구를 지켜내는 통쾌한 액션 게임. 첫 작품은 'SIMPLE 2000 시리즈' 중 하나로 시작했지만, 이후 독립적으로 시리즈화되어 현재까지 다양한 기종으로 계속 속편이 이어지는 인기 시리즈가 되었다. 2인 동시 플레이도 지원한다.

SIMPLE 2000 시리즈 Vol.32 : THE 탱크

●D3 퍼블리셔 ●ACT ●2003년 6월 26일 ●2,000엔
●플레이 명수 : 1~2인 ●세이브 용량 : 110KB 이상

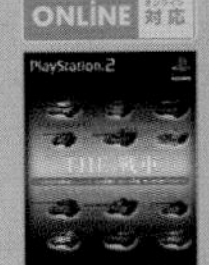

실존하는 탱크 13종이 등장하는 액션 시뮬레이터. 30종의 미션이 수록되어 있다. 화면분할로 즐기는 대전 모드와, 플레이어 2명이 탱크 1대를 분담하여 조종하는 협력 플레이 모드도 탑재하였다.

트라이앵글 어게인 2

●키키 ●AVG ●2003년 6월 26일 ●6,800엔 ●플레이 명수 : 1인
●세이브 용량 : 71KB 이상 ●돌비 서라운드 지원

음악과 애니메이션으로 구성된 '뮤직 어드벤처' 시리즈의 제2탄으로서, 전작에서 스토리가 바로 이어지는 속편이다. 음악업계를 무대로 펼쳐지는 주인공 '타테시나 아카리'의 이야기는 이 작품에서 결말을 맺는다.

CERO 등급 아이콘     

컨텐츠 명시 아이콘  연애  선정성  폭력성  공포  음주·흡연   사행성   범죄  약물   언어·기타

Never7 : the end of infinity

●키드 ●AVG ●2003년 6월 26일 ●5,800엔
●플레이 명수 : 1인 ●세이브 용량 : 180KB 이상

PS1으로 발매되었던 어드벤처 게임 「인피니티」에 신규 시나리오를 추가한 완전판. 루프물이자 SF 색채가 강한 스토리다. 원작에서 다 풀리지 않았던 비밀이 여기서 모두 밝혀지는 완결편 역할을 맡은 작품이다.

불꽃놀이 장인이 되자 2

●마호 ●SLG ●2003년 6월 26일 ●3,800엔
●플레이 명수 : 1인 ●세이브 용량 : 200KB 이상

불꽃놀이 폭죽 장인이 되어, 자작 폭죽을 만들고 쏘아 올리는 방식 등을 설정해 불꽃놀이 축제를 성공시키는 것이 목적인 시뮬레이션 게임. 경기에서 승리하면 새로운 기술과 재료를 얻을 수 있다.

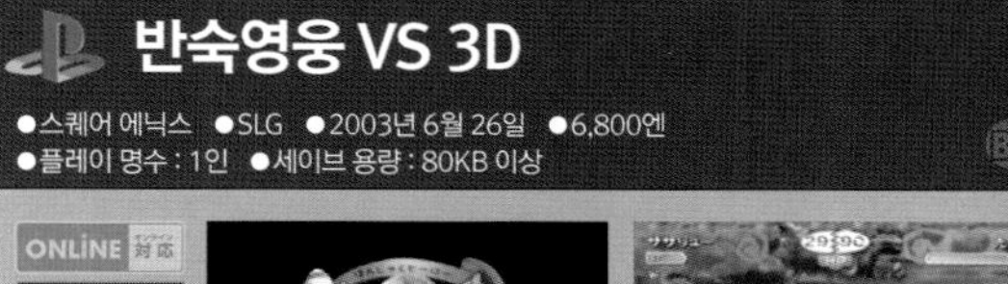

반숙영웅 VS 3D

●스퀘어 에닉스 ●SLG ●2003년 6월 26일 ●6,800엔
●플레이 명수 : 1인 ●세이브 용량 : 80KB 이상

2D로 그려진 주인공과 에그몬스터들이 '3D 군단'과 싸우는 시뮬레이션 RPG. 기본 시스템은 시리즈 전작을 계승하였으며, 전투는 육탄전으로 전개된다. 전황을 뒤집을 수 있는 히든카드인 '에그몬스터'는 총 101종류가 등장한다.

판타스틱 포춘 2

●제넥스 ●SLG ●2003년 6월 26일 ●7,800엔
●플레이 명수 : 1인 ●세이브 용량 : 200KB 이상

PS1에서 호평을 받았던 「판타스틱 포춘」의 속편. 드넓은 바다 한가운데의 섬나라가 배경으로서, 3명의 주인공 중 하나가 되어 개성이 풍부한 남성 캐릭터들과의 연애와 여성 캐릭터들과의 우정을 다져보자.

피시 아이즈 3 : 기억의 파편들

●빅터 인터랙티브 소프트웨어 ●AVG ●2003년 6월 26일 ●6,800엔
●플레이 명수 : 1인 ●세이브 용량 : 369KB 이상 ●돌비 서라운드 프로로직 II 지원

잔잔한 스토리로 안식을 주는 독특한 분위기가 특징인 낚시 어드벤처 게임. 실제를 방불케 하는 아름다운 3D 그래픽의 배경에서 30종류의 물고기가 노닌다. 낚시도구는 잡을 물고기와 낚시터에 맞춰 적절히 선택하자.

프로거

●코나미 ●ACT ●2003년 6월 26일 ●5,800엔
●플레이 명수 : 1인 ●세이브 용량 : 134KB 이상

10살이 된 '프로거'가, 어엿하고 용감한 개구리가 되기 위해 개구리 현자들이 통치하는 다양한 세계를 모험하는 액션 게임. 스토리 모드와 타임 어택 모드를 즐길 수 있다.

프로야구 시뮬레이션 덕아웃 '03 : 더 터닝 포인트

●디지큐브 ●SLG ●2003년 6월 26일 ●6,800엔
●플레이 명수 : 1인 ●세이브 용량 : 1420KB 이상

본격적인 데이터를 탑재한 일본 프로야구 시뮬레이션 게임. 12개 구단 중 원하는 팀의 감독이 되어, 치밀하고도 방대한 데이터를 배경으로 일본 최강이 되어보자. 1·2군 도합 약 800명의 실존 선수 데이터를 탑재했다.

승부사 전설 테츠야 2 : 강자 정상결전

●아테나 ●TBL ●2003년 7월 3일 ●5,800엔
●플레이 명수 : 1인 ●세이브 용량 : 220KB 이상

인기 마작 게임의 제2탄. 전작과 마찬가지로, 친숙한 캐릭터·동영상·풀보이스 등의 연출로 원작의 스토리를 즐길 수 있다. 원작에서도 인기가 많았던 '신주쿠·우에노 강자대전' 에피소드를 게임화하였다.

각종 지원 아이콘 Best판 발매 ONLINE 専用 PlayStation BB Unit 전용 ONLINE 対応 PlayStation BB Unit 지원

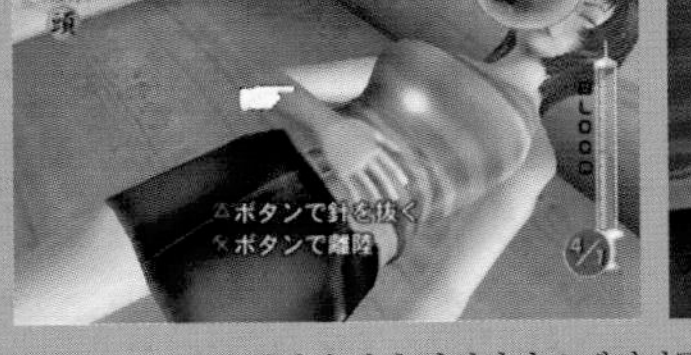
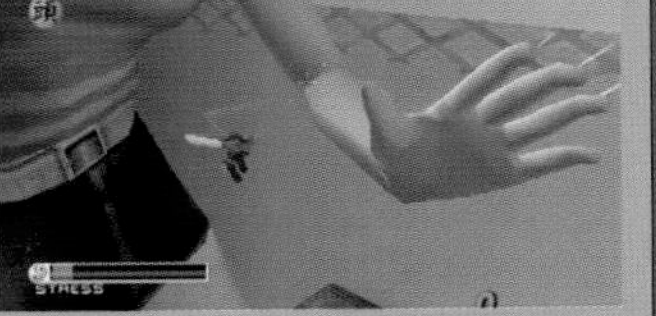

한 마리 모기가 되어 인간의 피를 빠는 액션 게임의 속편. 전작의 야마다네 집 모기에 더해 브라운네 집에 사는 미국 모기도 주인공으로 추가되어, 선택한 캐릭터에 따라 차별화된 스테이지를 공략할 수 있다. 각 스테이지별로 포인트 흡혈을 통해 사람들의 건강문제를 해결해주면서 피를 목표량만큼 모아야 한다.

사일런트 힐 3

●코나미 ●ACT ●2003년 7월 3일 ●6,980엔
●플레이 명수 : 1인 ●세이브 용량 : 364KB 이상

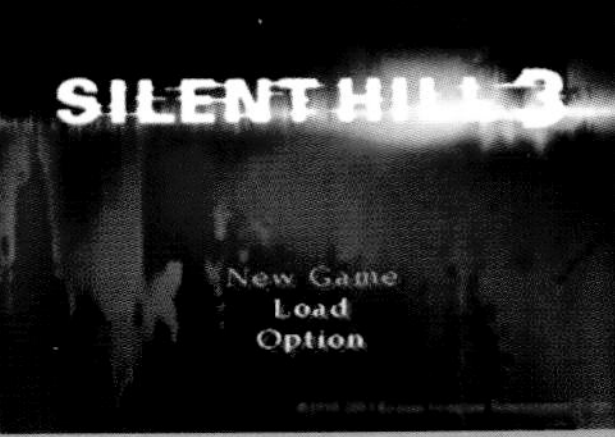

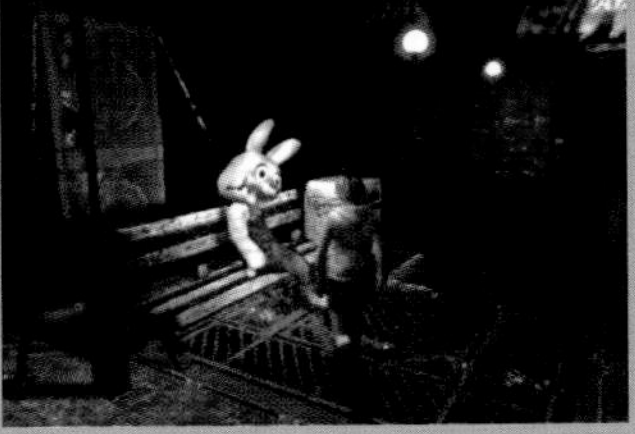

미려한 그래픽과 효과적인 사운드를 잘 활용하여, 역대 시리즈 중에서도 특히 뛰어난 공포감 연출로 호평을 받았던 타이틀. 첫 작품 주인공의 딸인 '헤더'가 악몽의 세계를 헤매다, 최종적으로는 사일런트 힐에서 교단과 직접 대치한다는 스토리다. 시리즈 전통의 'UFO 엔딩' 등, 개그성 요소도 여럿 숨겨져 있다.

팝픈 뮤직 8

●코나미 ●SLG ●2003년 7월 3일 ●6,800엔 ●플레이 명수 : 1~2인
●세이브 용량 : 114KB 이상 ●팝픈 컨트롤러, 팝픈 뮤직 아케이드 스타일 컨트롤러 지원

인기 음악 시뮬레이션 게임의 제8탄. TV·애니메이션·인기 가수 등으로 유명한 곡들을 포함해 100곡 이상을 수록했다. 자사 게임 「아누비스」(153p)의 테마곡도 편곡판으로 수록돼 있어 플레이가 가능하다.

로보캅 : 새로운 위기

●타이터스 재팬 ●ACT ●2003년 7월 3일 ●6,800엔
●플레이 명수 : 1인 ●세이브 용량 : 83KB 이상

인기 영화 '로보캅'의 분위기를 그대로 살려내면서도 오리지널 스토리를 펼치는 액션 게임. 로보캅을 조작하여 옴니 사의 음모에 맞서 싸우자. 총 9스테이지 구성으로서, 영화판의 캐릭터도 다수 등장한다.

슬로터 UP 코어 : 염타! 거인의 별

●도라스 ●SLG ●2003년 7월 10일 ●4,200엔 ●플레이 명수 : 1인
●세이브 용량 : 350KB 이상 ●슬로콘, 파치슬로 컨트롤러 Pro 지원

애니메이션 '거인의 별'이 파치슬로화되어 등장했다. 좌우의 연출용 릴의 조합이 특징인 기종으로서, 보너스 성립 기대도를 일목요연하게 보여준다. 기종은 휴마 모델 외에도 하나가타·아키코·잇테츠 모델까지 수록했다.

R-TYPE FINAL

●아이렘 소프트웨어 엔지니어링 ●STG ●2003년 7월 17일 ●5,800엔
●플레이 명수 : 1인 ●세이브 용량 : 145KB 이상

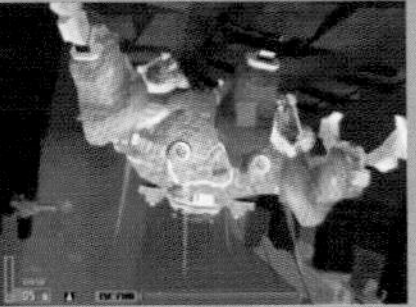

파동포와 포스 시스템이 특징인 슈팅 게임 「R-TYPE」 시리즈의 신작. 플레이어 기체가 무려 99종류+α라는 어마어마한 볼륨에, 디테일한 커스터마이즈도 가능하다. AI를 사용해 기체를 대전시키는 모드도 있다.

CERO 등급 아이콘      
컨텐츠 명시 아이콘  연애  선정성  폭력성  공포  음주·흡연  사행성  범죄  약물  언어·기타  

버추얼 뷰 : R.C.T. - 영상 플레이

●포니 캐년 ●ETC ●2003년 7월 17일 ●3,800엔
●플레이 명수 : 1인 ●세이브 용량 : 350KB 이상

인기 그라비아 아이돌 유닛 'R.C.T.'를 기용한 인터랙티브 실사영상 소프트. 다수의 카메라로 촬영한 영상 데이터를 원하는 앵글로 감상할 수 있다. 이 타이틀에서는 360도 시점의 영상도 수록하였다.

버추얼 뷰 : 네모토 하루미 - 영상 플레이

●포니 캐년 ●ETC ●2003년 7월 17일 ●3,800엔
●플레이 명수 : 1인 ●세이브 용량 : 350KB 이상

인기 그라비아 아이돌 '네모토 하루미'를 기용한 인터랙티브 실사영상 소프트. 약 30분 길이의 동영상을 실시간으로 시점 변경하여 자신만의 비디오 클립으로 편집하는 기능도 탑재하였다.

버추얼 뷰 : MEGUMI - 영상 플레이

●포니 캐년 ●ETC ●2003년 7월 17일 ●3,800엔
●플레이 명수 : 1인 ●세이브 용량 : 350KB 이상

인기 그라비아 아이돌 'MEGUMI'를 기용한 인터랙티브 실사영상 소프트. 유저가 촬영 현장에 잠입한다는 컨셉으로서, BGM 등이 전혀 없이 실제 현장음과 아이돌의 육성을 그대로 들려준다.

F1 커리어 챌린지

●일렉트로닉 아츠 ●RCG ●2003년 7월 17일 ●6,800엔 ●플레이 명수 : 1~2인
●세이브 용량 : 205KB 이상 ●멀티탭 지원(~4인), GT FORCE 지원

기존의 F1 시리즈 플레이는 물론이고, 드라이버로서 4년간 시즌을 체험하는 '커리어 모드'를 새로 추가한 작품. 세운 시즌 성적에 따라 머신 개량이나 이적 등의 다양한 이벤트가 발생하게 된다.

키노의 여행 : the Beautiful World

●미디어웍스 ●AVG ●2003년 7월 17일 ●4,800엔
●플레이 명수 : 1인 ●세이브 용량 : 50KB 이상

전격문고의 인기 소설을 디지털 노벨화한 작품. 원작을 재현한 시나리오 파트와, 선택지 및 미니게임을 추가한 어드벤처 시나리오 파트의 2부 구성이다. 이 작품만의 오리지널 스토리도 수록하였다.

실황 파워풀 프로야구 10

●코나미 ●SPT ●2003년 7월 17일 ●6,980엔
●플레이 명수 : 1~2인 ●세이브 용량 : 820KB 이상

인기 야구 게임 시리즈의 10번째 작품. '마이라이프 모드'라는, 일개 야구선수가 되어 입단부터 은퇴까지의 페넌트를 플레이하는 모드가 새로 추가되었다. 기존의 석세스 모드도 볼륨이 늘어난, 기념비적인 작품이다.

토라카픗! 대-시!!

●웰메이드 ●AVG ●2003년 7월 17일 ●6,800엔
●플레이 명수 : 1인 ●세이브 용량 : 412KB 이상

성인용 PC 게임의 이식작. 60년에 한 번 개최되는 축제와, 거기서 비밀리에 벌어지는 괴물 퇴치에 얽힌 군상극을 그렸다. PS2판은 에로 묘사를 삭제한 대신 신규 CG 및 시나리오를 추가하였다.

퍼스트 Kiss☆이야기

●브로콜리 ●AVG ●2003년 7월 17일 ●7,800엔
●플레이 명수 : 1인 ●세이브 용량 : 28KB 이상

PC-FX와 드림캐스트로 발매된 바 있는 연애 어드벤처 게임 「퍼스트 Kiss☆이야기」의 1·2편을 합본 이식한 작품. 퍼스트 키스를 나누는 것이 목표인 1편과, 그로부터 4년 후의 이야기를 그린 2편으로 구성돼 있다.

각종 지원 아이콘  Best판 발매  PlayStation BB Unit 전용 ONLINE 対応 PlayStation BB Unit 지원

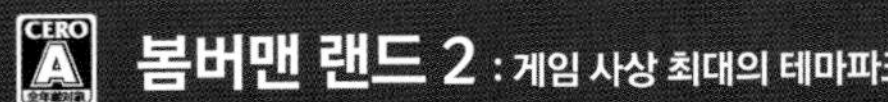

봄버맨 랜드 2 : 게임 사상 최대의 테마파크

●허드슨 ●ETC ●2003년 7월 17일 ●5,980엔 ●플레이 명수 : 1~2인
●세이브 용량 : 251KB 이상 ●멀티탭 지원(~4인)

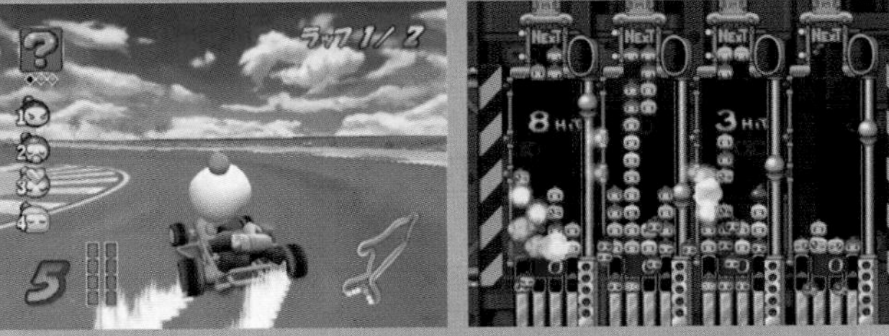

다양한 미니게임으로 가득한 테마파크 '봄버맨 랜드'를 여럿이 함께 즐기는 미니게임 모음집. 기존의 '봄버맨 배틀'은 물론이고 '봄버맨 카트', '패닉 봄버', 미니봄을 구출하는 '서바이벌 봄버맨' 등 다양한 게임에 도전할 수 있다. 랜드 내에 있는 피스들을 많이 모아 '피스 킹'을 노려보자.

마지 : 그때의 머나먼 약속을

●프린세스 소프트 ●AVG ●2003년 7월 17일 ●6,800엔
●플레이 명수 : 1인 ●세이브 용량 : 343KB 이상

PC용 원작을 이식한 미소녀 어드벤처 게임. 할아버지가 남긴 서양식 저택으로 이주하게 된 주인공이 메이드 및 무녀들과 교류하며 살아간다는 스토리다. 이식 과정에서 신규 엔딩과, PS2판만의 신 캐릭터를 추가하였다.

록맨 X7

●캡콤 ●ACT ●2003년 7월 17일 ●5,800엔
●플레이 명수 : 1인 ●세이브 용량 : 40KB 이상

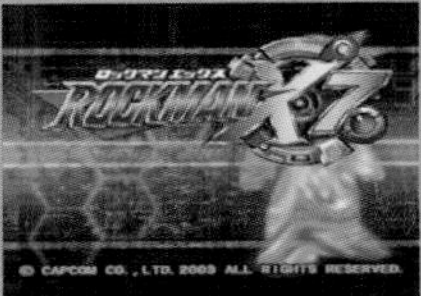

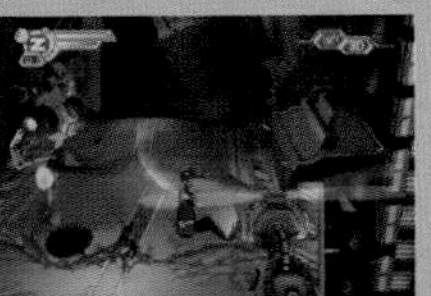

「록맨 X」 시리즈의 7번째 작품이자, PS2로는 첫 타이틀. 그래픽이 3D화되었으며, 스테이지 구성도 3D화되어 입체적으로 바뀌었다. 새로운 주인공 '액셀'이 등장하여, 임의로 교체하면서 진행하게 된다.

이브 버스트 에러 플러스

●게임빌리지 ●AVG ●2003년 7월 24일 ●6,800엔
●플레이 명수 : 1인 ●세이브 용량 : 50KB 이상

두 주인공의 시점으로 차별화되어 전개되는 두 스토리가 밀접하게 연결되는 명작 멀티 사이트 어드벤처 게임의 리메이크작. 캐릭터 디자인을 리뉴얼했고 바스트 업 일러스트에 애니메이션을 넣는 등, 원작을 여러 모로 개선했다.

추억의 파편 : Close to

●키드 ●AVG ●2003년 7월 24일 ●6,800엔
●플레이 명수 : 1인 ●세이브 용량 : 100KB 이상

캐릭터 디자인을 인기 일러스트레이터 고토P가 맡은 미소녀 연애 어드벤처 게임. 사고로 유령이 된 주인공과, 기억을 잃은 히로인들이 엮이는 스토리다. 주인공의 행동에 따라 각 히로인별 시나리오로 분기된다.

수도고 배틀 01(제로원)

●겐키 ●RCG ●2003년 7월 24일 ●6,800엔 ●플레이 명수 : 1~2인
●세이브 용량 : 390KB 이상 ●GT FORCE 지원

2001년 발매했던 「수도고 배틀 0」(76p)의 속편. 기본 시스템은 전작과 동일하며, 새로운 배틀 에리어로 요코하마·나고야·오사카를 추가했다. 배틀 형식에도 1 : 2와 연속 배틀이 추가되었다.

SIMPLE 2000 시리즈 Vol.33 : THE 제트코스터

●D3 퍼블리셔 ●AVG ●2003년 7월 24일 ●2,000엔
●플레이 명수 : 1인 ●세이브 용량 : 100KB 이상 ●헤드마운트 디스플레이 지원

오너가 되어 유원지를 발전시켜가는 시뮬레이션 게임. 7종류의 제트코스터 중 마음에 드는 것을 선택해 설치하자. 유원지에는 제트코스터 외에도 어트랙션·유흥시설 등 70종류의 설비를 설치할 수 있다.

CERO 등급 아이콘     

컨텐츠 명시 아이콘 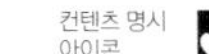 연애  선정성  폭력성  공포  음주·흡연    사행성  범죄  약물   언어·기타

SIMPLE 2000 시리즈 Vol.34 : THE 연애 호러 어드벤처 - 표류소녀

●D3 퍼블리셔 ●AVG ●2003년 7월 24일 ●2,000엔
●플레이 명수 : 1인 ●세이브 용량 : 120KB 이상

땅속으로 가라앉아버린 폐교가 무대인 어드벤처 게임. 5명의 소녀 중에서 파트너를 선택해, 폐교의 과거와 감춰진 수수께끼를 밝혀내자. 지하에 매몰된 학교 건물에는 정적과 어둠, 그리고 악한 자가 배회하고 있다.

슬로터 UP 코어 2 : 호타! 미나미의 제왕

●도라스 ●SLG ●2003년 7월 24일 ●4,200엔 ●플레이 명수 : 1인
●세이브 용량 : 180KB 이상 ●슬로콘, 파치슬로 컨트롤러 Pro 지원

같은 제목의 인기 대부업 만화가 원작인 '미나미의 제왕'의 파치슬로 실기 시뮬레이터. 릴 보드 상부의 도트 액정에 펼쳐지는 연출을 재현했고, 실기 BGM과 동일한 곡을 즐기는 사운드 모드도 탑재했다.

SOCOM : U.S. NAVY SEALs

●소니컴퓨터엔터테인먼트 ●STG ●2003년 7월 24일 ●8,800엔 ●플레이 명수 : 1인
●세이브 용량 : 182KB 이상 ●USB 헤드셋 지원, 온라인 최대 8인 VS 8인

온라인과 헤드셋을 지원하는 현대전 FPS 게임. 특수부대 멤버가 되어 테러리스트와 싸우자. 최대 16인까지의 온라인 대전도 가능했으며, 음성채팅과 조합하여 본격적인 팀플레이를 만끽할 수 있었다.

테니스의 왕자 : Smash Hit!

●코나미 ●SPT ●2003년 7월 24일 ●6,800엔 ●플레이 명수 : 1~2인
●세이브 용량 : 114KB 이상 ●멀티탭 지원(~4인)

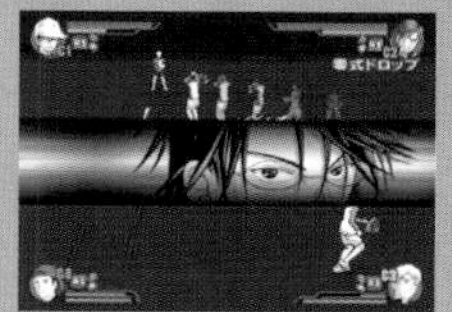

코노미 타케시의 인기 만화가 원작인 테니스 액션 게임. 세이슌 중학교는 물론 라이벌 학교까지 포함해 40명의 캐릭터가 초 리얼 3D로 등장한다. 복식 모드는 원작에선 불가능했던 조합도 자유롭게 할 수 있다.

트루 러브 스토리 : Summer Days, and yet...

●엔터브레인 ●SLG ●2003년 7월 24일 ●6,800엔
●플레이 명수 : 1인 ●세이브 용량 : 227KB 이상

인기 시리즈의 제4탄. 화창한 여름의 하루하루를 그린 연애 시뮬레이션 게임이다. 캐릭터 디자인을 리뉴얼했고, 시리즈 전통의 대화 시스템에 '화제 레벨' 개념을 신설해 대화를 효율적으로 진행할 수 있다.

일어나요 TV 10th Anniversary : 오늘의 강아지

●디지큐브 ●SLG ●2003년 7월 24일 ●5,800엔
●플레이 명수 : 1인 ●세이브 용량 : 17KB 이상

일본 후지TV의 인기 아침프로 '일어나요 TV'와 제휴한 육성 시뮬레이션 게임. 견주가 되어 강아지 한 마리를 키워보자. 키워낸 강아지가 프로에 출연하면, 니시야마 키쿠에 아나운서가 에피소드를 직접 낭독해준다.

탐관오리 2 : 망상전

●글로벌 A 엔터테인먼트 ●ACT ●2003년 7월 31일 ●6,800엔
●플레이 명수 : 1인 ●세이브 용량 : 1281KB 이상

일본 시대극 드라마의 탐관오리가 주인공인 시뮬레이션 게임 제2탄. 주인공 '와루타쿠미노카미스케베'가 되어 방해꾼인 정의의 사도를 토벌하자. '허리띠 풀기 2' 등 사나이의 로망을 반영한 미니게임 3종도 수록했다.

기동전사 건담 SEED

●반다이 ●STG ●2003년 7월 31일 ●6,800엔
●플레이 명수 : 1~2인 ●세이브 용량 : 192KB 이상

같은 제목 TV 애니메이션의 스토리를 따라가는 액션 슈팅 게임. 작품 내에서 등장하는 MS들이 대거 등장하며, 외전 '기동전사 건담 SEED ASTRAY'에서도 일부 참전한다. 성우 연기와 컷인 등으로, 원작을 방불케 하는 연출을 펼친다.

길티기어 이그젝스 샤프 리로드

●사미 ●ACT ●2003년 7월 31일 ●3,980엔 ●플레이 명수 : 1~2인
●세이브 용량 : 73KB 이상 ●프로그레시브 출력 지원

전작(145p)에서 캐릭터간 상성 및 밸런스를 조정하고, 새로운 캐릭터 '로보 카이'를 추가한 버전. 초회출하판은 버그가 많았기에, 버그를 잡고 밸런스를 재조정해 다시 발매한 재수정판도 존재한다.

K-1 월드 그랑프리 : THE BEAST ATTACK!

●코나미 ●ACT ●2003년 7월 31일 ●5,800엔
●플레이 명수 : 1~2인 ●세이브 용량 : 148KB 이상

「K-1 월드 그랑프리」 시리즈에 드디어 야수 '밥 샙'이 등장! 본인이 직접 모션 캡처에 참여한 것은 물론 시합 도중의 기합소리 등까지 수록하여, 야수의 파이트를 게임으로도 충실하게 재현하였다.

극락작 프리미엄

●디지큐브 ●PZL ●2003년 7월 31일 ●3,800엔
●플레이 명수 : 1~2인 ●세이브 용량 : 40KB 이상

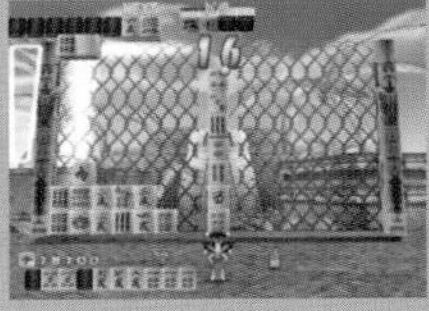

마작패를 사용하는 낙하계 퍼즐 게임. 2개 단위로 떨어지는 패를 같은 모양이 3개 붙도록 만들어 없애가며, 더욱 좋은 역을 만들어내자. 리치가 걸리면 슬롯으로 '작두'를 결정해, 한층 더 고득점을 노릴 수 있다.

SAKURA : 설월화

●프린세스 소프트 ●AVG ●2003년 7월 31일 ●7,000엔
●플레이 명수 : 1인 ●세이브 용량 : 161KB 이상

프린세스 소프트와 CIRCUS가 공동 개발한 미소녀 어드벤처 게임. 한 권의 책을 계기로, 등장인물들이 신비한 사건에 말려들게 된다는 스토리다. 이시다 아키라·호리에 유이 등의 인기 성우들이 다수 출연했다.

SuperLite 2000 테이블 : 바둑

●석세스 ●TBL ●2003년 7월 31일 ●2,000엔
●플레이 명수 : 1~2인 ●세이브 용량 : 90KB 이상

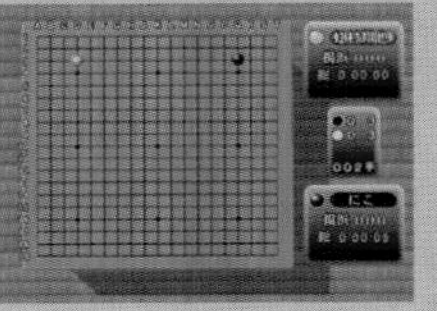

종합 우승을 노리는 '최강전', 실력이 다른 15명의 상대 중 하나를 선택하는 '프리 대국'을 지원하는 바둑 소프트. 9줄·19줄 바둑판의 2종류를 제공하며, 대국 종료 후 기보를 재생해 자신이 둔 수를 검증할 수도 있다.

SuperLite 2000 테이블 : 오델로

●석세스 ●TBL ●2003년 7월 31일 ●2,000엔
●플레이 명수 : 1~2인 ●세이브 용량 : 104KB 이상

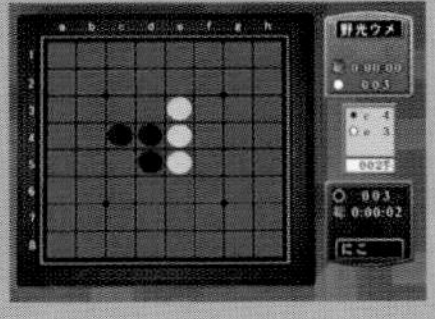

룰에 차이가 있는 대회를 진행하며 종합 우승을 노리는 '최강전', 실력이 다른 15명 중에서 상대를 선택하는 '프리 대국'이 가능한 오셀로 게임. 기보 재생을 통한 검증과, 전적 기록 기능 등도 완비했다.

SuperLite 2000 테이블 : 쇼기

●석세스 ●TBL ●2003년 7월 31일 ●2,000엔
●플레이 명수 : 1~2인 ●세이브 용량 : 115KB 이상

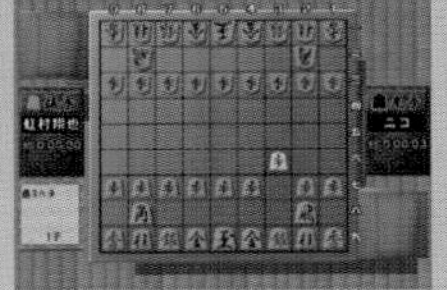

룰이 차별화된 대회들을 진행하며 종합 우승을 노리는 '최강전', 실력이 다른 15명 중 상대를 선택하는 '프리 대국'이 가능한 쇼기 소프트. 기보와 전적도 모두 기록하여, 기력 향상을 도와준다.

SuperLite 2000 테이블 : 마작

●석세스 ●TBL ●2003년 7월 31일 ●2,000엔
●플레이 명수 : 1~2인 ●세이브 용량 : 67KB 이상

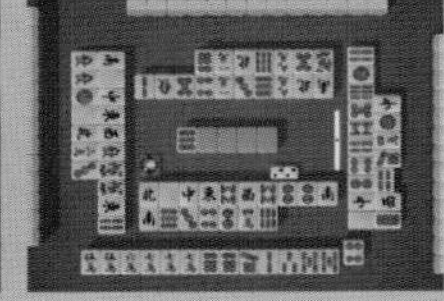

시즌 당 12회의 대회를 통해 종합 우승을 노리는 '최강전', 실력이 다른 15명 중 상대를 선택하는 '프리 대국'이 가능한 마작 게임. 성적은 모두 기록되며, 만들어낸 역의 일람 및 회수·비중이 표시된다.

CERO 등급 아이콘    컨텐츠 명시 아이콘  연애  선정성  폭력성  공포  음주·흡연   사행성  범죄  약물  언어·기타 

스페이스 인베이더 애니버서리

●타이토 ●STG ●2003년 7월 31일 ●1,480엔
●플레이 명수 : 1~2인 ●세이브 용량 : 44KB 이상

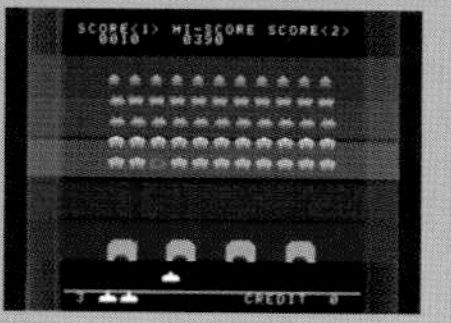

「스페이스 인베이더」 출시 25주년 기념 작품. 당시의 흑백판·컬러판 등 구작 클래식판 바리에이션은 물론, 2인용·VS·3D 모드 등등의 신작도 수록하였다. 당시의 광고지 및 개발자료도 열람할 수 있다.

헝그리 고스트

●소니컴퓨터엔터테인먼트 ●AVG ●2003년 7월 31일 ●6,800엔
●플레이 명수 : 1인 ●세이브 용량 : 495KB 이상

자신의 분신을 조작하여 사후세계를 탐험하는 유사 사후세계 체험 어드벤처 게임. 최종지점인 '심판의 문'에 도착하는 것이 목적으로서, '최후의 심판' 결과는 심판의 문에 도달할 때까지의 행동으로 결정된다.

마계전생

●D3 퍼블리셔 ●RPG ●2003년 7월 31일 ●6,800엔
●플레이 명수 : 1인 ●세이브 용량 : 400KB 이상

야마다 후타로의 인기 소설 '마계전생'이 원작인 로그라이크 RPG. 야규 쥬베이가 되어, 도쿠가와 막부 전복을 노리는 아마쿠사 시로와 맞서자. 100종류의 무기·방어구가 등장하며, 필드 자동생성 시스템을 탑재하였다.

마호로매틱 : 좀 더≠반짝반짝 메이드.

●코나미 ●SLG ●2003년 7월 31일 ●6,800엔
●플레이 명수 : 1인 ●세이브 용량 : 100KB 이상

나카야마 분쥬로 원작, 지타마 보 작화 인기 만화의 애니메이션판을 게임화했다. 전투 안드로이드이자 메이드인 '마호로 씨'와 멋진 추억을 만들자. 「비트매니아」·「메탈기어 솔리드」 등 자사 작품을 패러디한 이벤트 게임이 가득하다.

모노폴리 : 노려라!! 대부호 인생!!

●토미 ●TBL ●2003년 7월 31일 ●6,800엔 ●플레이 명수 : 1~4인
●세이브 용량 : 114KB 이상 ●멀티탭 지원(~4인)

고전 보드게임 '모노폴리'부터 초보자용 '주니어', 토미가 독자적으로 디자인한 어레인지판 등 총 13종류의 '모노폴리'를 즐길 수 있는 게임. CPU전 및 대인전으로 최대 4인까지 대전이 가능하다.

이스 Ⅰ·Ⅱ 이터널 스토리

●디지큐브 ●RPG ●2003년 8월 7일 ●6,800엔
●플레이 명수 : 1인 ●세이브 용량 : 1100KB 이상

PC용 게임 「이스 Ⅰ·Ⅱ 완전판」을 이식한 작품. 원작에 해당하는 「이스 이터널」 1·2편의 그래픽과 음악을 리메이크하였으며, 2편의 경우 타임어택 모드와 새로운 난이도를 추가하였다. 동영상도 전부 리뉴얼했다.

올스타 프로레슬링 Ⅲ

●스퀘어 에닉스 ●SPT ●2003년 8월 7일 ●7,800엔
●플레이 명수 : 1~2인 ●세이브 용량 : 831KB 이상 ●멀티탭 지원(~5인)

인기 시리즈의 제3탄. 신일본·NOAH·ZERO-ONE 소속 선수들 33명과 전설의 레슬러 12명이 등장한다. 레슬러의 입장 장면을 테마곡까지 완전 재현하였으며, 메이킹 시스템도 한층 더 업그레이드했다.

제대로 프로야구

●나우프로덕션 ●SLG ●2003년 8월 7일 ●6,800엔
●플레이 명수 : 1~2인 ●세이브 용량 : 410KB 이상

프로야구의 매력 중 하나이기도 한 '투수와 타자 사이의 심리전'에 초점을 맞춘 일본 프로야구 게임. 2003년도 데이터를 수록했고 670명의 선수가 등장한다. 한정된 자금으로 궁극의 팀을 만드는 '대 드리프트' 모드도 있다.

각종 지원 아이콘  Best판 발매  PlayStation BB Unit 전용  PlayStation BB Unit 지원

카디널 아크 : 혼돈의 봉인부적

●아이디어 팩토리 ●TBL ●2003년 8월 7일 ●6,800엔
●플레이 명수 : 1~2인 ●세이브 용량 : 254KB 이상

덱 내의 카드를 사용해 라이벌과 싸우는 전략형 보드+카드 게임. 사신 헬가이아의 부활을 저지하기 위해, 206종류의 스펙트럴 카드를 활용하여 싸우자. 전략적인 심리전이 승부의 키포인트가 된다.

공포신문 【헤이세이 판】: 괴기! 심령 파일

●코나미 ●AVG ●2003년 8월 7일 ●6,800엔
●플레이 명수 : 1인 ●세이브 용량 : 42KB 이상

츠노다 지로 원작의 인기 만화를 어드벤처 게임화했다. 진정한 공포의 세계를, 원작자가 직접 감수한 오리지널 시나리오로 체험할 수 있다. 도중에는 츠노다 지로의 소장품인 심령사진 컬렉션도 등장한다.

그레고리 호러쇼 : 소울 컬렉터

●캡콤 ●AAVG ●2003년 8월 7일 ●6,800엔
●플레이 명수 : 1인 ●세이브 용량 : 707KB 이상

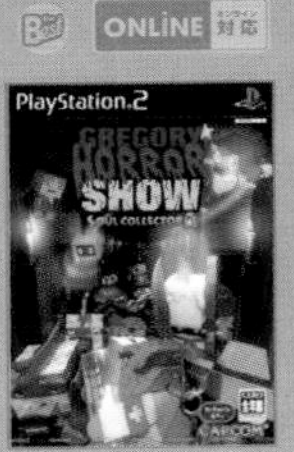

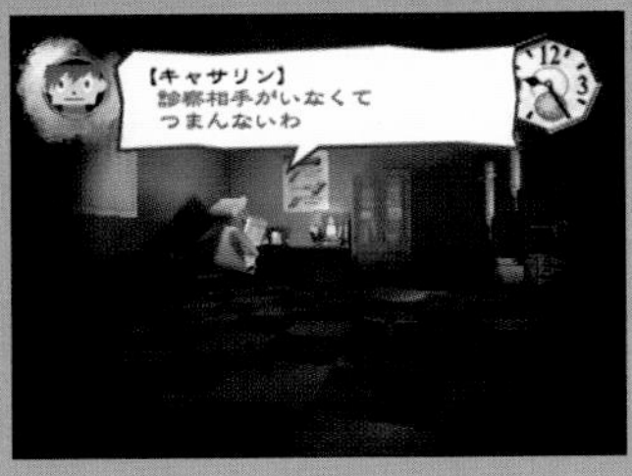

풀 CG로 제작된 호러 코미디 애니메이션이 원작인 액션 어드벤처 게임. 수수께끼의 세계를 헤매다 '그레고리 하우스'로 들어오게 된 주인공은 원래 세계로 돌아가기 위해 사신과 계약하여, 방황하는 혼들을 모으는 임무를 수행하게 된다. 숙박객들의 다양한 방해를 해치면서 수수께끼를 풀어내자.

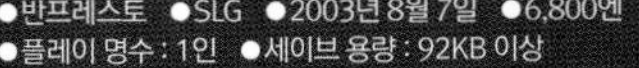

서몬 나이트 3

●반프레스토 ●SLG ●2003년 8월 7일 ●6,800엔
●플레이 명수 : 1인 ●세이브 용량 : 92KB 이상

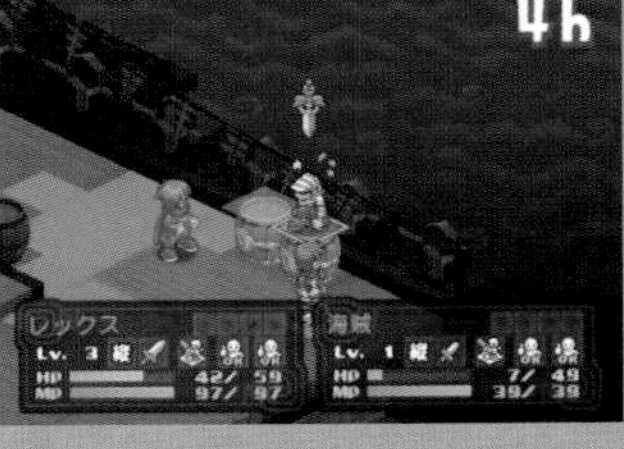

'소환'을 테마로 삼은 시뮬레이션 RPG, 「서몬 나이트」 시리즈의 제3탄. 이세계 '린바움'이 배경으로서, 퇴역한 제국 군인이자 신임 가정교사인 주인공이 명문가의 자제인 학생들과 배로 여행하던 도중 폭풍에 휘말려 '잊혀진 섬'에 표착하게 된다. 학생들과 협력하여 모험을 진행하자.

데드 투 라이츠

●남코 ●ACT ●2003년 8월 7일 ●6,800엔
●플레이 명수 : 1인 ●세이브 용량 : 100KB 이상

퇴폐의 도시 '그랜트 시티'를 무대로 이야기가 전개되는 느와르 액션 어드벤처 게임. 본고장 할리우드의 각본가가 시나리오를 제작한 스토리와, '타임 시프트 다이브'로 대표되는 압도적인 영상표현을 즐길 수 있다.

바스켈리언

●죠르단 ●SPT ●2003년 8월 7일 ●6,800엔
●플레이 명수 : 1~2인 ●세이브 용량 : 150KB 이상

근미래 스타일의 농구 액션 게임. 팀의 사령탑인 포인트 가드를 직접 조작하여, 시합을 지배하는 감각을 맛볼 수 있다. 팀을 우승으로 이끌기 위해서는 선수들의 개성을 파악하여 제대로 기용·교대하는 것이 중요하다.

CERO 등급 아이콘

컨텐츠 명시 아이콘
 연애  선정성  폭력성  공포 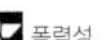 음주·흡연   사행성  범죄  약물  언어·기타

라제폰 : 창궁환상곡

●반다이 ●ACT ●2003년 8월 7일 ●6,800엔
●플레이 명수 : 1인 ●세이브 용량 : 40KB 이상

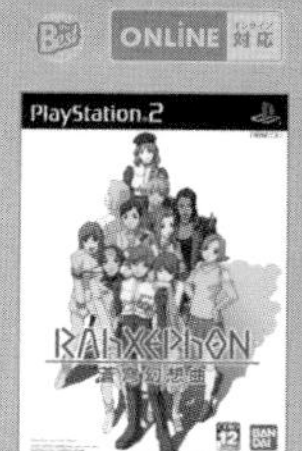

SF 로봇 애니메이션 '라제폰'이 원작인 액션 어드벤처 게임. 17세 생일을 맞이한 주인공 '카미나 아야토'는 정체불명의 적과의 싸움에 말려들게 된다. 게임은 기본적으로 '어드벤처 파트'와 '배틀 파트'로 구성되어 있으며, 애니메이션판과는 다른 형태의 스토리 전개를 즐길 수 있다.

플리프닉

●소니컴퓨터엔터테인먼트 ●TBL ●2003년 8월 7일 ●5,800엔
●플레이 명수 : 1~2인 ●세이브 용량 : 30KB 이상

2년 반이라는 장기간에 걸쳐 개발한 핀볼 게임. 무중력공간이나 정글 등이 테마인 입체적인 스테이지와, 볼이 제트코스터처럼 레인을 따라 달리는 쾌감을 융합시킨 새로운 감각의 핀볼 타이틀이다.

리얼 스포츠 프로야구

●엔터브레인 ●SPT ●2003년 8월 7일 ●6,800엔
●플레이 명수 : 1~2인 ●세이브 용량 : 340KB 이상

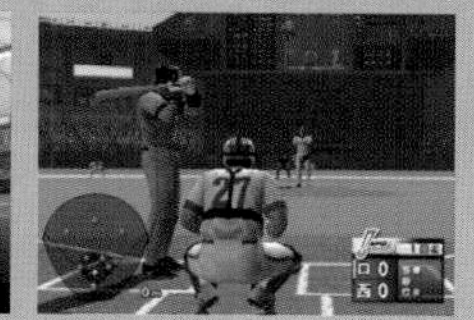

일본 프로야구의 모든 것을 리얼하게 체험할 수 있는 야구 게임. 플레이어가 주역이 되어 팀을 일본 최고로 만들자. 12개 구단의 1군 등록 선수들과 11개 구장을 수록했고, 야구이론에 기반해 실제에 가까운 감각을 구현했다.

월드 사커 위닝 일레븐 7

●코나미 ●SPT ●2003년 8월 7일 ●6,980엔 ●플레이 명수 : 1~2인
●세이브 용량 : 1195KB 이상 ●멀티탭 지원(~8인), PlayStation BB Unit 지원

인기 축구 게임의 2003/04 시즌 버전. 당시의 최신 선수 데이터를 수록했고, 유니폼도 리뉴얼했다. 실황도 6개 국어 중에서 선택할 수 있어 실제 경기를 방불케 하는 현장감을 제공한다. 일본 대표팀은 총 45명의 선수가 등장한다.

SIMPLE 2000 시리즈 얼티밋 Vol.9 : 격주 맨해튼 - 런어바웃 3 네오 에이지

●D3 퍼블리셔 ●RCG ●2003년 8월 14일 ●2,000엔
●플레이 명수 : 1인 ●세이브 용량 : 346KB 이상

2002년 발매되었던 「런어바웃 3 : 네오 에이지」(119p)의 염가 재발매판. 온갖 사물을 마구 파괴하며 골을 향해 달리는 레이싱 게임이다. '충돌'과 '파괴'의 쾌감을 맛볼 수 있는 30종의 미션을 탑재하였다.

SIMPLE 2000 시리즈 얼티밋 Vol.10 : 러브★송즈♪ - 아이돌이 클래스메~이트

●D3 퍼블리셔 ●SLG ●2003년 8월 14일 ●2,000엔
●플레이 명수 : 1인 ●세이브 용량 : 256KB 이상

2001년 발매했던 「러브 송즈」(80p)의 염가 재발매판. 연예인들이 다수 다니는 '메이코 학원'에서 꿈같은 3년간을 보내자. D3 퍼블리셔 사를 대표하는 버추얼 아이돌 '후타바 리호'의 데뷔작이기도 하다.

몬스터 팜 4

●테크모 ●SLG ●2003년 8월 14일 ●6,800엔
●플레이 명수 : 1~2인 ●세이브 용량 : 230KB 이상

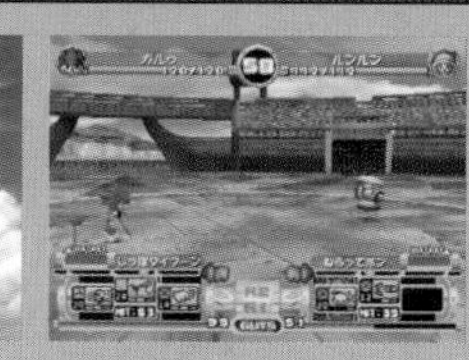

2001년 발매되었던 「몬스터 팜」(77p)의 속편. 일반 CD 및 DVD 디스크를 넣어 읽어들여 다양한 몬스터를 탄생시키는 육성 시뮬레이션 게임이다. 개성적인 몬스터들을 육성하여 No.1 브리더가 되어보자.

각종 지원 아이콘  Best판 발매   PlayStation BB Unit 전용  PlayStation BB Unit 지원

불고기집 점원 : 본 파이어!

●미디어 엔터테인먼트 ●ACT ●2003년 8월 14일
●4,800엔 ●플레이 명수 : 1~2인

불고기집의 고기 굽기 전담 점원이 되어 고기·채소가 타지 않도록 잘 구워내, 계속 들어오는 손님들의 주문에 응해주는 액션 게임. 연쇄가 터지면 굽는 속도가 2배가 되는 '본 파이어 모드'로 고득점을 벌 수 있다.

사이드와인더 V

●아스믹 에이스 엔터테인먼트 ●SLG ●2003년 8월 21일 ●6,800엔 ●플레이 명수 : 1~2인
●세이브 용량 : 639KB 이상 ●FLIGHT FORCE, 플라이트 스틱, 헤드마운트 디스플레이, i.LINK 통신 지원

플라이트 시뮬레이터 성향이 강한 3D 전투기 슈팅 게임 시리즈의 제5탄. 근 미래를 무대로 삼아, 실존하는 다양한 전투기들로 여러 임무를 수행하게 된다. VTOL기 조작이 새로 추가되었다.

데프 잼 벤데타

●일렉트로닉 아츠 ●ACT ●2003년 8월 21일 ●6,800엔
●플레이 명수 : 1~2인 ●세이브 용량 : 88KB 이상 ●멀티탭 지원(~4인)

미국의 인기 힙합 레이블인 'Def Jam'에 소속된 래퍼들이 대거 등장해 싸움을 벌이는 프로레슬링계 대전격투 게임. BGM은 당연히 힙합 위주이며, DABO 등의 일본인 힙합 아티스트도 참전했다.

프로젝트 미네르바 프로페셔널

●D3 퍼블리셔 ●ACT ●2003년 8월 21일 ●5,800엔
●플레이 명수 : 1인 ●세이브 용량 : 120KB 이상

여배우 후지와라 노리카가 주인공 역을 맡은 3D 서바이벌 액션 게임 「프로젝트 미네르바」의 업그레이드판. 게임 시스템을 리뉴얼하였으며, 스테이지 약 40종, 미션 약 80종으로 볼륨을 대폭 증가시켰다.

위닝 포스트 6

●코에이 ●SLG ●2003년 8월 28일 ●6,800엔 ●플레이 명수 : 1인
●세이브 용량 : 2135KB 이상 ●PlayStation BB Unit (캐시) 지원 : 1GB 이상 필요

인기 경마 시뮬레이션 게임 시리즈의 제6탄. 이번엔 외국에 생산목장을 개설할 수 있고, 외국 혈통 개념의 도입, 국내 혈통의 공출, 외국 레이스 도전 등 전반적으로 '세계 경마계에 도전'이란 컨셉에 중점을 두어 게임을 구성했다.

개가의 호포

●코에이 ●SLG ●2003년 8월 28일 ●6,800엔
●플레이 명수 : 1인 ●세이브 용량 : 650KB 이상

여러 군사세력에 의해 분할되어 있는 가상의 현대 일본을 무대로 삼은 전술 시뮬레이션 게임. 플레이어는 자유해방군의 사령관으로서 임의의 도도부현에서 게임을 시작해, 전투를 거듭하며 일본 재통일을 노린다.

기갑병단 J-PHOENIX 2 : 서장 편

●타카라 ●ACT ●2003년 8월 28일 ●4,800엔
●플레이 명수 : 1~2인 ●세이브 용량 : 117KB 이상

인간형 병기 '판처 프레임'을 개발하여 직접 조작하는 미션 클리어형 로봇 액션 게임. 시리즈 최초로 우주공간에서의 배틀을 구현해냈다. OVA 'PF 립스 소대'의 제2화를 별도 디스크로 동봉했다.

십이국기 : 홍련의 표식, 황진의 길

●코나미 ●AVG ●2003년 8월 28일 ●6,800엔
●플레이 명수 : 1인 ●세이브 용량 : 112KB 이상

오노 후유미의 소설 '십이국기'를 어드벤처 RPG화했다. 플레이어는 이세계에 홀로 남겨진 주인공 '나카지마 요코'가 되어 경국으로 향하게 된다. 게임 도중 다양한 선택지가 제시되며, 그중엔 원작에 없는 전개도 있다.

CERO 등급 아이콘    
컨텐츠 명시 아이콘 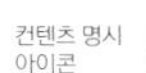 연애  선정성  폭력성  공포  음주·흡연   사행성   범죄  약물  언어·기타 

향수어린 분위기가 가슴에 와닿는 어드벤처 게임. 어느 여름날, 대학생인 주인공 앞으로 자기 필적이지만 전혀 쓴 기억이 없는 엽서가 도착한다. 그 비밀을 알아내기 위해 고향으로 향하여, 오래 전의 친구들과 재회한다.

세가 마크 Ⅲ의 명작 RPG 「판타지 스타」를, PS2의 성능으로 완전히 개변해 풀리메이크했다. SEGA AGES 2500 시리즈 제1탄이기도 해, 특전인 정보 파일을 수납할 수 있는 바인더의 동봉판도 함께 발매했다.

SEGA AGES 2500 시리즈 Vol.2 : 모나코 GP

●세가 ●RCG ●2003년 8월 28일 ●2,500엔 ●플레이 명수 : 1~2인
●세이브 용량 : 60KB 이상 ●멀티탭 지원(~4인)

세가 아케이드 레이싱 게임 계보 초기의 명작인 「모나코 GP」를 풀 폴리곤으로 개변 리메이크한 작품. 멀티탭을 사용하면 화면분할 형태의 최대 4인 동시 대전 플레이도 즐길 수 있게 된다.

SEGA AGES 2500 시리즈 Vol.3 : 판타지 존

●세가 ●STG ●2003년 8월 28일 ●2,500엔
●플레이 명수 : 1인 ●세이브 용량 : 90KB 이상

세가의 명작 슈팅 게임 「판타지 존」을 풀 폴리곤으로 개변 리메이크한 작품. 풀리메이크 과정에서 원작에 없었던 오리지널 스테이지 및 오리지널 보스, 상점 오리지널 아이템 등을 다수 추가했다.

하몽야화

●키드 ●AVG ●2003년 8월 28일 ●6,800엔
●플레이 명수 : 1인 ●세이브 용량 : 175KB 이상

그림책의 세계 '펠트 랜드'를 배경으로 진행하는 연애 어드벤처 게임. 여동생을 잃은 주인공과 소꿉친구 소녀 두 사람의 이야기다. 원래 세계로 돌아갈 방법을 찾는 과정에서, 주인공은 인간으로서 크게 성장한다.

큐피드 비스트로 2

●석세스 ●SLG ●2003년 8월 28일 ●6,800엔
●플레이 명수 : 1인 ●세이브 용량 : 1393KB 이상

'요리'를 테마로 삼은 식당 경영 시뮬레이션 게임. 요리 대국으로 유명한 시나몬 왕국의 요리학교에서, 주인공과 히로인이 교류하는 과정을 그린 스토리다. 동시 발매된 Xbox판과는 다른 오리지널 히로인이 등장한다.

FEVER 8 : SANKYO 공식 파친코 시뮬레이션

●인터내셔널 카드 시스템 ●SLG ●2003년 8월 28일 ●5,200엔
●플레이 명수 : 1인 ●세이브 용량 : 220KB 이상 ●회전형 컨트롤러 지원

'CR 원더 파워풀' 중 사양이 차별화된 3개 버전을 수록한 파친코 실기 시뮬레이터. 이 작품부터 등장하는 신 캐릭터 '잼'도 추가되어, 다채롭고도 두근거리는 리치 액션으로 유저를 매료시킨다.

마작비룡전설 텐파이

●니혼 텔레네트 ●TBL ●2003년 8월 28일 ●4,980엔
●플레이 명수 : 1인 ●세이브 용량 : 42KB 이상

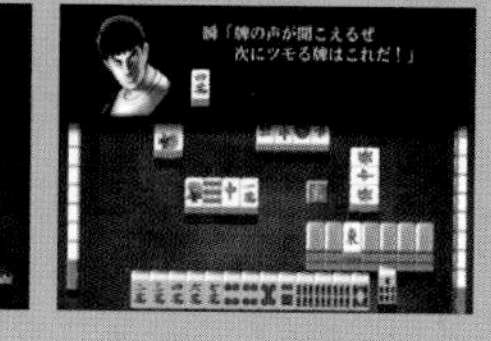

잡지 '주간만화 고라쿠'의 인기 만화를 원작으로 삼은 마작 게임. 원작의 도입부부터 사천 사투 편까지를 플레이할 수 있다. 주인공 '오키모토 슌'이 되어 강적들과 대결하자. 프리 대전에서는 최대 63명을 사용 가능하다.

각종 지원 아이콘  Best판 발매  PlayStation BB Unit 전용   PlayStation BB Unit 지원

지상전만을 다뤘던 전작 「기동전사 건담」의 속편이자, 우주로 무대를 옮긴 극장판 '기동전사 건담 : 해후의 우주'의 게임판. 본편 컨텐츠 외에, 오리지널 스토리인 '사이드 스토리 모드'와 '에이스 파일럿 모드' 등도 제공한다. 게임 내 삽입 애니메이션을 재편집 수록한 다이제스트 DVD도 동봉했다.

더 베이스볼 2003 : 배틀 볼 파크 선언 - 퍼펙트 플레이 프로야구 가을호

●코나미 ●SPT ●2003년 9월 4일 ●6,800엔
●플레이 명수 : 1~2인 ●세이브 용량 : 750KB 이상

닛폰 TV의 프로야구 중계 프로와 제휴한 야구 게임의 제2탄. 같은 해 7월 1일 시점의 선수 데이터를 수록했고, '7월부터 페넌트' 모드를 새로 탑재하였다. 선호하는 팀으로 시즌 후반을 치를 수 있다.

아우토 모델리스타 U.S.-tuned

●캡콤 ●RCG ●2003년 9월 11일 ●4,800엔 ●플레이 명수 : 1~2인
●세이브 용량 : 239KB 이상 ●GT FORCE, USB 키보드, USB 모뎀, 네트워크 어댑터 지원

131p에서 소개했던 「아우토 모델리스타」의 북미판을 역수입한 타이틀. 차량의 거동과 적 차량의 AI를 조정하였으며, 국내외의 실존 차량도 추가했다. 주행 장면을 편집하는 'VJ 모드'에도 새로운 효과를 추가했다.

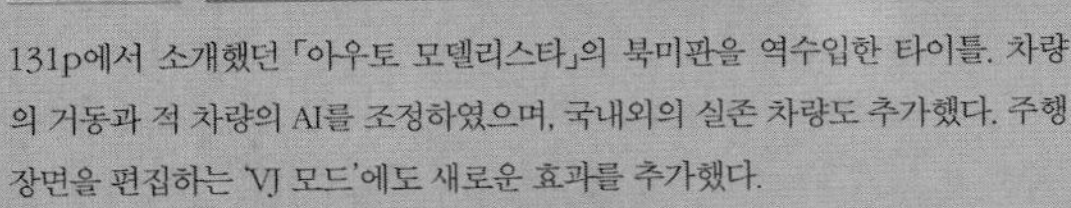

격투 프로야구 : 미즈시마 신지 올스타즈 VS 프로야구

●세가 ●SPT ●2003년 9월 11일 ●6,980엔
●플레이 명수 : 1~2인 ●세이브 용량 : 355KB 이상

'야구짱! 도카벤'·'아부상' 등으로 유명한 야구만화 거장 미즈시마 신지 작품들의 캐릭터와 실제 일본 프로야구가 크로스오버된 페넌트레이스를 즐기는 타이틀. 시합 도중 만화 내 등장인물끼리의 대결 이벤트도 발생한다.

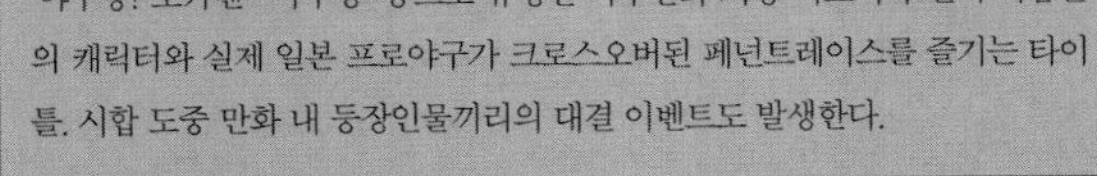

SuperLite 2000 슈팅 : 사이바리아 MEDIUM UNIT

●석세스 ●STG ●2003년 9월 11일 ●2,000엔
●플레이 명수 : 1~2인 ●세이브 용량 : 388KB 이상

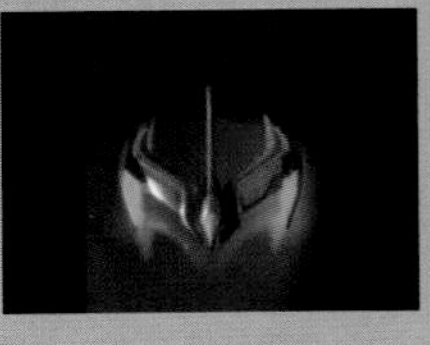
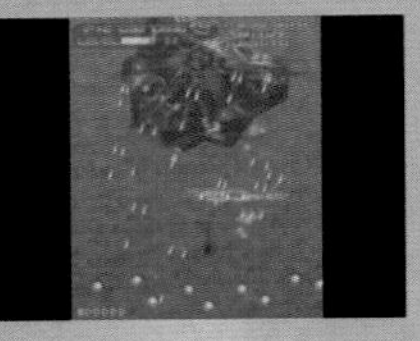

「사이바리아 : 컴플리트 에디션」(133p)에서 제1탄인 「사이바리아 MEDIUM UNIT」만을 분리해 발매한 염가판. 적탄에 일부러 스치는 'BUZZ 시스템'을 최대한 이용하는 공격적인 플레이가 공략의 핵심이다.

SuperLite 2000 퍼즐 : 네모네모 로직

●석세스 ●PZL ●2003년 9월 11일 ●2,000엔
●플레이 명수 : 1인 ●세이브 용량 : 132KB 이상

가로·세로 열에 표시되는 힌트를 토대로, 모눈을 칠해가며 그림을 완성하는 퍼즐 게임. 숫자나 ×표시의 모순 체크 기능도 있어 초보자도 안심이다. 총 250문제가 있으며, 엑스트라 스테이지도 제공된다.

슬로터 UP 매니아 2 : 안내의 극! 저글러 스페셜

●도라스 ●SLG ●2003년 9월 11일 ●5,800엔 ●플레이 명수 : 1인
●세이브 용량 : 420KB 이상 ●슬로콘, 파치슬로 컨트롤러 Pro, 쿠루토 지원

키타 덴시의 '저글러' 시리즈 중에서 4호기 시대의 5개 기종을 수록한 파치슬로 실기 시뮬레이터. 기체 왼쪽 아래에 있는 '고고 램프'의 점멸로 알려주는 대박 찬스 알림이 이 시리즈의 특징이다.

CERO 등급 아이콘    

컨텐츠 명시 아이콘 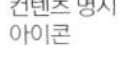 연애  선정성  폭력성 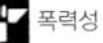 공포  음주·흡연  사행성  범죄  약물  언어·기타

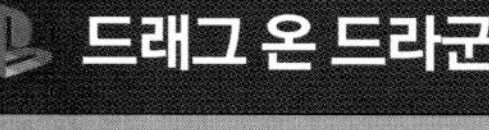

드래그 온 드라군

●스퀘어 에닉스 ●RPG ●2003년 9월 11일 ●6,800엔
●플레이 명수 : 1인 ●세이브 용량 : 41KB 이상

드래곤과 함께 싸우는 액션 RPG. 주인공이자 조국의 멸망을 겪은 왕자 '카임'은, 어느 날 한 마리의 드래곤과 만나 복수를 위해 계약하고 투쟁을 결의한다.

드래곤에 탑승하여 펼치는 공중전과 공대지 전투, 드래곤에서 내려 직접 싸우는 지상전이라는 3가지 전투 시스템이 존재한다.

웰컴 투 유니버설 스튜디오 재팬

●코나미 ●AVG ●2003년 9월 18일 ●6,800엔
●플레이 명수 : 1인 ●세이브 용량 : 60KB 이상

일본의 유명 테마파크 '유니버설 스튜디오 재팬'의 세계를 재현한 어드벤처 게임. 현장감을 한껏 재현한 8가지 어트랙션과 이벤트를 즐겨보자. 모든 이벤트를 클리어하면 밤하늘에 불꽃놀이가 펼쳐진다.

천재 비트 군 : 글라몬 배틀

●타이토 ●ACT ●2003년 9월 18일 ●5,800엔
●플레이 명수 : 1~2인 ●세이브 용량 : 531KB 이상

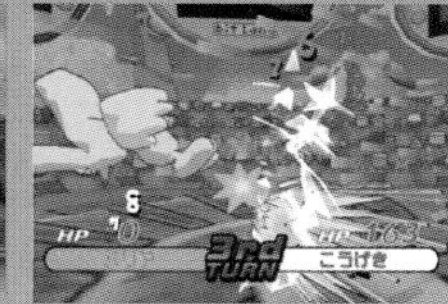

일본 NHK의 인기 프로 '천재 비트 군' 내의 인기 코너 '글라몬 배틀'을 게임화한 작품. 낙서를 입체화시킨 '글라몬'을 육성하여 다양한 배틀에 도전하자. 배틀에서 물리친 글라몬은 '박물관'에서 열람할 수 있다.

축구감독 지휘 시뮬레이션 : 포메이션 파이널

●코나미 ●SLG ●2003년 9월 18일 ●6,800엔
●플레이 명수 : 1~2인 ●세이브 용량 : 628KB 이상

축구팀 감독이 되어 승리를 노리는 시뮬레이션 게임. 유럽 클럽이나 대표팀 등, 120개 팀 중 하나의 감독으로 취임해 보자. 훈련으로 선수를 강화시키거나, 시합 도중에 작전지시 혹은 질타·격려도 할 수 있다.

소녀 요시츠네 전

●웰메이드 ●SLG ●2003년 9월 18일 ●4,800엔
●플레이 명수 : 1인 ●세이브 용량 : 121KB 이상

'미나모토노 요시츠네가 실은 소녀였다'라는 대담한 재해석을 시도한 타이틀. 무사시보 벤케이를 주인공으로 삼아, 완전히 새로운 요시츠네 전설을 전개한다. 스토리는 연애 어드벤처로, 전투는 전략 시뮬레이션으로 진행한다.

DEAR BOYS : Fast Break!

●코나미 ●SPT ●2003년 9월 18일 ●6,800엔
●플레이 명수 : 1~2인 ●세이브 용량 : 90KB 이상

야가미 히로키의 인기 만화를 게임화한, 총 50명 이상의 캐릭터가 등장하는 농구 게임이다. 미즈호 고교에서 전국 제패를 노리는 모드, 원하는 선수들로 자유롭게 팀을 만드는 모드 등 다채로운 모드를 탑재하였다.

마계영웅기 마키시모 : 마신 몬스터의 야망

●캡콤 ●ACT ●2003년 9월 18일 ●6,800엔
●플레이 명수 : 1인 ●세이브 용량 : 400KB 이상

「마계촌」의 파생작품 중 하나인 「마키시모」(103p)의 속편. 소피아 공주를 구출하기 위해 계속 여행하는 영웅 '마키시모'의 이야기다. 스테이지 클리어식으로 바뀌었으며, 해머·플레임 소드 등 다채로운 무기를 사용한다.

유러피언 게임 컬렉션

●D3 퍼블리셔 ●TBL ●2003년 9월 18일 ●6,800엔
●플레이 명수 : 1~4인 ●세이브 용량 : 60KB 이상 ●멀티탭 지원(~4인)

15분~1시간 정도면 한 판이 끝나는 유럽산 유명 보드 게임들의 모음집. '고스트', '카르타헤나', '벼룩 서커스', '미드나이트 파티', '원시 수프' 5개 게임을 수록했다. 혼자서도 플레이할 수 있다.

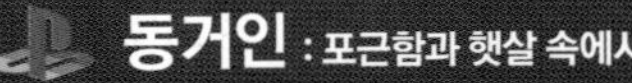

동거인 : 포근함과 햇살 속에서

●NEC 인터채널 ●AVG ●2003년 9월 25일 ●7,200엔
●플레이 명수 : 1인 ●세이브 용량 : 337KB 이상

PC용 게임의 이식작. 주인공이 아버지의 죽음을 계기로, 동경하던 선생님 및 그녀의 여동생인 같은 반 친구와 동거한다는 스토리다. 이식하면서 신규 CG와 에피소드를 추가했다. 마음 훈훈해지는 러브스토리를 즐겨보자.

이시쿠라 노보루 9단의 바둑강좌 입문 편

●언밸런스 ●TBL ●2003년 9월 25일 ●2,980엔
●플레이 명수 : 1~2인 ●세이브 용량 : 150KB 이상

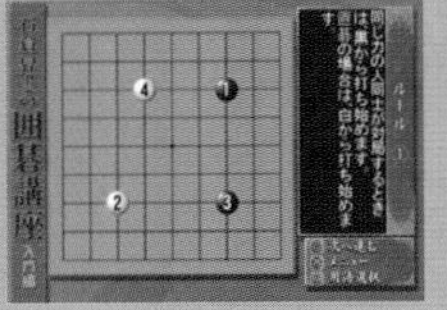

멀티미디어를 효과적으로 활용한 체험식 바둑 학습 시스템. 친절한 지도로 정평이 난 이시쿠라 노보루 9단의 신작 오리지널 바둑 해설을 수록하였다. 연습 문제 및 CPU와의 실전 대전 기능도 탑재하였다.

그랜드 셉트 오토 III

●캡콤 ●ACT ●2003년 9월 25일 ●6,800엔
●플레이 명수 : 1인 ●세이브 용량 : 500KB 이상

가상의 도시 '리버티 시티'가 무대인 3D 범죄 액션 게임. 주인공이 자신을 배신한 옛 애인에 복수하기 위해 움직인다는 스토리다. 오픈월드에서 차를 훔치거나 통행인을 총으로 쏠 수 있는 등, 시스템적 자유도가 매우 높다.

선라이즈 월드 워 from 선라이즈 영웅담

●반다이 ●SLG ●2003년 9월 25일 ●6,800엔
●플레이 명수 : 1~2인 ●세이브 용량 : 370KB 이상

2001년 발매되었던 「선라이즈 영웅담 2」(99p)의 속편. 선라이즈 사의 역대 애니메이션 작품들에 등장했던 메카닉·캐릭터들이 대거 등장하는 시뮬레이션 RPG다. 수록 작품의 명장면이 이벤트 형태로 재현된다.

진 삼국무쌍 3 맹장전

●코에이 ●ACT ●2003년 9월 25일 ●4,280엔 ●플레이 명수 : 1~2인
●세이브 용량 : 150KB 이상 ●PlayStation BB Unit 지원 : 1024MB 이상 필요

2003년 발매되었던 「진 삼국무쌍 3」(156p)의 확장판. 등장하는 무장 전원에 새로운 스테이지를 하나씩 추가한 '열전 모드', 자동 생성된 스테이지에서 싸우는 '수라 모드' 등을 즐길 수 있다.

SIMPLE 2000 시리즈 Vol.35 : THE 헬리콥터

●D3 퍼블리셔 ●ACT ●2003년 9월 25일 ●2,000엔
●플레이 명수 : 1인 ●세이브 용량 : 75KB 이상

RC식 무선 헬리콥터를 조종하여, 까마귀를 쫓아내거나 지붕 위의 공을 찾아내는 등 동네 곳곳의 다양한 미션을 공략하는 게임. 미션 해결로 보수를 얻으면 헬리콥터를 다양하게 커스터마이즈할 수 있다.

SIMPLE 2000 시리즈 얼티밋 Vol.12 : 스트리트 골퍼

●D3 퍼블리셔 ●SPT ●2003년 9월 25일 ●2,000엔
●플레이 명수 : 1~4인 ●세이브 용량 : 200KB 이상

「스트리트 골퍼」(124p)의 염가판. 도시 한복판에서 골프를 펼치기에, 빌딩 벽에 공을 반사시키거나 지면에서 고공의 장소로 볼을 쳐올리는 등의 그야말로 비현실적인 플레이가 매력이다. 대전 상대들도 하나같이 개성적이다.

 CERO 등급 아이콘      컨텐츠 명시 아이콘 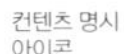 연애  선정성  폭력성  공포  음주·흡연  사행성  범죄  약물  언어·기타   

신 베스트 플레이 프로야구

●엔터브레인 ●SLG ●2003년 9월 25일 ●6,800엔
●플레이 명수 : 1~2인 ●세이브 용량 : 34KB 이상

감독이 되어, 야구팀을 지휘해 페넌트 우승을 노리는 시뮬레이션 게임. 시합 진행은 TV중계를 연상시키는 3D 화면으로 펼쳐지며, 스트라이크 존과 볼 반발력 등을 에디트하는 기능도 추가되었다.

SEGA AGES 2500 시리즈 Vol.4 : 스페이스 해리어

●3D 에이지스 ●STG ●2003년 9월 25일 ●2,500엔
●플레이 명수 : 1인 ●세이브 용량 : 65KB 이상

세가 체감형 캐비닛 게임의 명작 「스페이스 해리어」를 풀 폴리곤으로 개변해 리메이크한 작품. 원작을 전반적으로 리뉴얼했으며, 록온 기능과 폭탄·배리어 등의 아이템을 획득하는 파워 업 시스템도 추가했다.

SEGA AGES 2500 시리즈 Vol.5 : 골든 액스

●3D 에이지스 ●ACT ●2003년 9월 25일 ●2,500엔
●플레이 명수 : 1~2인 ●세이브 용량 : 60KB 이상

벨트스크롤 액션 게임의 명작 「골든 액스」를 폴리곤 그래픽으로 개변 리메이크한 작품. 폴리곤으로 연출한 이벤트 장면을 추가했으며, 1 : 1 대전과 서바이벌 모드 등도 즐길 수 있다.

D·N·ANGEL : TV Animation Series – 붉은 날개

●타카라 ●ACT ●2003년 9월 25일 ●6,800엔
●플레이 명수 : 1인 ●세이브 용량 : 33KB 이상

스기사키 유키루 원작의 인기 애니메이션이 소재인 트랩 해체 어드벤처 게임. 주인공 '니와 다이스케'가 되어, 학생과 '괴도 다크'로서의 이중생활을 체험하자. 게임만의 오리지널 스토리 5종을 제공한다.

TBS 올스타 감사제 2003 가을 : 초호화! 퀴즈 결정판

●허드슨 ●QIZ ●2003년 9월 25일 ●4,980엔 ●플레이 명수 : 1~2인
●세이브 용량 : 62KB 이상 ●멀티탭 지원(~4인)

2003년 4월 발매되었던 「TBS 올스타 감사제 VOL.1」(164p)의 속편. 원작인 TV 프로의 분위기를 재현한 퀴즈 게임으로서, 퀴즈는 전부 리뉴얼했다. 미니게임도 업그레이드하여 수록하였다.

테니스의 왕자 : SWEAT & TEARS 2

●코나미 ●SPT ●2003년 9월 25일 ●6,800엔
●플레이 명수 : 1인 ●세이브 용량 : 131KB 이상

PS1으로 발매되었던 「테니스의 왕자 : SWEAT & TEARS」의 속편. 세이슌 중학교 테니스부에 입부하여 1년간을 체험하는 부활동 시뮬레이션 게임이다. 등장 캐릭터들과 일상생활 및 부활동으로 우정을 쌓아가자.

나츠이로 코마치 : 일일천하(一日千夏)

●프린세스 소프트 ●AVG ●2003년 9월 25일 ●6,800엔
●플레이 명수 : 1인 ●세이브 용량 : 344KB 이상

PC용 게임의 이식작. 산과 바다로 둘러싸인 작은 마을이 무대로서, 주인공이 소꿉친구와 그 여동생을 비롯한 소녀들과 생활하는 나날을 그린 연애 어드벤처 게임이다. 이식 과정에서 CG를 추가했고 자잘한 개량도 가했다.

프라이빗 너스 : 마리아

●데이텀 폴리스타 ●AVG ●2003년 9월 25일 ●6,800엔
●플레이 명수 : 1인 ●세이브 용량 : 64KB 이상

PC용 원작을 이식한 연애 어드벤처 게임. 원인불명의 병에 걸린 주인공이, 궁극의 개인 간호사 '마리아'와 함께 보내는 1개월간의 이야기다. 독자적인 영상 표현기법 '코믹 디스프'로, 이벤트를 인상적으로 연출했다.

각종 지원 아이콘  Best판 발매  PlayStation BB Unit 전용  PlayStation BB Unit 지원

모험소년 클럽 화보

●죠르단 ●AVG ●2003년 9월 25일 ●6,800엔
●플레이 명수 : 1인 ●세이브 용량 : 48KB 이상

1955~65년 언저리의 고전적인 근대 일본풍 정서를 즐기는 '쇼와 시대 추억찾기 게임'. 당시의 TV 광고와 간판 등이 그대로 등장하며, 당시의 그룹사운드나 가요 등을 커버한 곡들도 삽입했다.

마작패왕 : 대회 배틀

●마이니치 커뮤니케이션즈 ●TBL ●2003년 9월 25일 ●2,800엔
●플레이 명수 : 1인 ●세이브 용량 : 1000KB 이상

사기 기술을 일절 배제한 4인대국 마작 게임. 일본프로마작협회 공인의 1급 인정 모드도 업그레이드되어, 초단 인정증까지 취득할 수 있게 되었다. 룰을 차별화한 8개 대회와 프리 대전도 플레이할 수 있다.

메모오프 믹스

●키드 ●ETC ●2003년 9월 25일 ●6,800엔
●플레이 명수 : 1인 ●세이브 용량 : 40KB 이상

「메모리즈 오프」 시리즈 초기의 3개 작품 캐릭터들이 다양한 미니게임으로 활약하는 버라이어티 소프트. 간이 마작 스타일의 '메모작', 퍼즐, 시리즈 관련 퀴즈 등의 다양한 미니게임을 플레이할 수 있다.

에너지 에어포스 에임스트라이크!

●타이토 ●STG ●2003년 10월 2일 ●6,800엔 ●플레이 명수 : 1인
●세이브 용량 : 265KB 이상 ●플라이트 스틱, 헤드마운트 디스플레이 지원

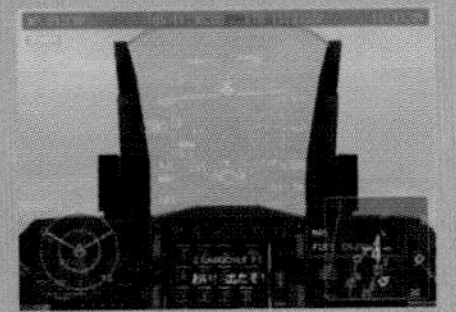

2002년 발매했던 「에너지 에어포스」(134p)의 속편. 25만 ㎢가 넘는 방대한 맵을 무대로 삼아, 35개 항목의 트레이닝을 거쳐 실전 군사작전에 투입되어 보자. 전작에 없던 신규 기체도 여럿 추가되었다.

실전 파치슬로 필승법! : 킹 캐멀

●사미 ●SLG ●2003년 10월 2일 ●3,800엔 ●플레이 명수 : 1인
●세이브 용량 : 80KB 이상 ●실전 파치슬로 컨트롤러, 실전 파치슬로 컨트롤러 mini 지원

기체 상단에 '드림 릴'이라 불리는 화려한 연출용 장치를 탑재하여 화제를 모았던 파치슬로 기기 '킹 캐멀'의 실기 시뮬레이터. 일본에서의 실기 홀 가동일에 동시 발매한 작품이기도 하다.

천외마경 II : MANJI MARU

●허드슨 ●RPG ●2003년 10월 2일 ●4,980엔
●플레이 명수 : 1인 ●세이브 용량 : 85KB 이상

같은 제목의 PC엔진용 명작 RPG를 풀 리메이크한 작품. 그래픽을 전부 새로 작업했고, 시스템도 전반적으로 최적화하였다. 게임 밸런스도 현대에 맞게 수정하여, 원작보다 난이도가 낮아졌다.

인터루드

●NEC 인터채널 ●AVG ●2003년 10월 9일 ●6,800엔
●플레이 명수 : 1인 ●세이브 용량 : 33KB 이상 ●프로그레시브 출력 지원

드림캐스트용 게임의 이식작. 정체불명의 소녀 '아야'를 비롯한 3명의 히로인이 등장하며, '판도라 프로젝트'를 둘러싼 불가사의한 사건이 전개된다. 호리베 히데로가 그린 이벤트 CG가 500장 이상이나 수록되었다.

변덕쟁이 스트로베리 카페

●D3 퍼블리셔 ●SLG ●2003년 10월 9일 ●4,800엔
●플레이 명수 : 1인 ●세이브 용량 : 90KB 이상

여고생이 주인공으로 등장하는 여성용 육성 시뮬레이션 게임. 여행을 떠난 부모를 대신해 1년간 카페를 경영하며, 학업과 연애를 양립시켜 보자. 목표는 크리스마스이브에 좋아하는 남자와 사귀게 되는 것이다.

 CERO 등급 아이콘    

컨텐츠 명시 아이콘  연애  선정성  폭력성  공포  음주·흡연  사행성  범죄  약물  언어·기타 

사무라이의 길 2

●스파이크 ●ACT ●2003년 10월 9일 ●6,800엔
●플레이 명수 : 1인 ●세이브 용량 : 114KB 이상

2002년 발매되었던 「사무라이」(107p)의 속편. 에도에서 멀리 떨어진 마을 '아마하라'를 무대로, 일개 사무라이의 인생을 체험하는 액션 어드벤처 게임이다. 입수 가능한 칼은 60종류이며, 400종 이상의 기술이 등장한다.

SIMPLE 2000 시리즈 Vol.36 : THE 딸♥육성 시뮬레이션 - 아빠와 함께

●D3 퍼블리셔 ●SLG ●2003년 10월 9일 ●2,000엔
●플레이 명수 : 1인 ●세이브 용량 : 240KB 이상

아버지가 되어, 신비한 소녀를 육성하는 시뮬레이션 게임. 플레이 기간은 3년간. 딸은 초등학교·중학교·고등학교를 각각 1년간 거치며, 그동안 다수의 이벤트가 펼쳐진다. 엔딩은 20종류 이상 준비되어 있다.

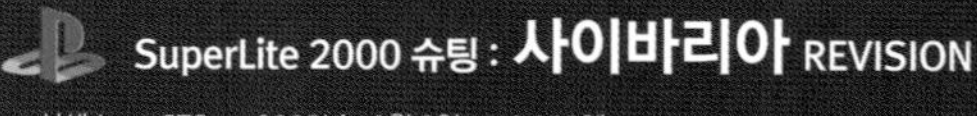

SuperLite 2000 슈팅 : 사이바리아 REVISION

●석세스 ●STG ●2003년 10월 9일 ●2,000엔
●플레이 명수 : 1~2인 ●세이브 용량 : 388KB 이상

「사이바리아 컴플리트 에디션」(133p)에서 「사이바리아 REVISION」만을 분리한 염가판. 동일한 탄을 몇 번이고 BUZZ 가능하며, 특정 조건으로 등장하는 '데인저 스테이지'에서는 한층 더 스릴 넘치는 전개가 펼쳐진다.

SuperLite 2000 퍼즐 : 넘버 크로스워드

●석세스 ●PZL ●2003년 10월 9일 ●2,000엔
●플레이 명수 : 1인 ●세이브 용량 : 112KB 이상

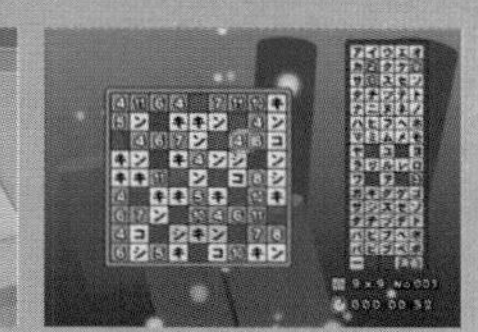

크로스워드처럼, 가로세로로 배치된 숫자들을 단서 삼아 각 칸에 올바른 글자가 들어가도록 넣으며 풀어나가는 퍼즐. 문제 수는 250문제+α이며, 최대 13×17에 달하는 특대 사이즈 문제도 수록되어 있다.

댄스 댄스 레볼루션 익스트림

●코나미 ●SLG ●2003년 10월 9일 ●6,800엔 ●플레이 명수 : 1~2인
●세이브 용량 : 99KB 이상 ●RU017, RU023, RU026, RU031, RU039 지원

인기 댄스 게임 시리즈의 제8탄. 더욱 쉬워진 '비기너 모드'와 고난이도 채보를 동시에 추가하여 폭넓은 유저를 겨냥한 작품이다. 가정용판 전용 신곡, 구곡의 부활판 등 총 100곡 이상의 볼륨을 자랑한다.

경영 시뮬레이션 : 쥬라기 공원

●코나미 ●SLG ●2003년 10월 16일 ●6,800엔
●플레이 명수 : 1인 ●세이브 용량 : 1710KB 이상

영화 '쥬라기 공원'처럼, 공룡들이 서식하는 공원을 직접 구축해 경영하는 것이 목적인 시뮬레이션 게임. 손님들을 관리하면서도, 동시에 재해나 난폭해진 공룡에 대처해야 하는 등의 경영관리 시스템이 특징이다.

체인 다이브

●소니컴퓨터엔터테인먼트 ●ACT ●2003년 10월 16일 ●5,800엔
●플레이 명수 : 1인 ●세이브 용량 : 160KB 이상

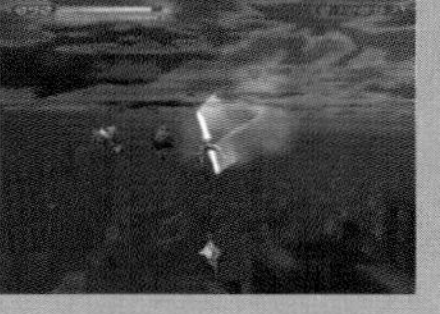

다양한 적을 분쇄할 수 있는 '플라즈마 체인'을 구사하는 하이스피드 액션 게임. 멸망의 위기에 직면한 행성 엘름을 무대로, 고독한 영웅의 이야기가 펼쳐진다. 공간을 종횡무진 이동하며 20개 스테이지를 공략하자.

트레인 시뮬레이터 : 미도스지선

●온가쿠칸 ●SLG ●2003년 10월 22일 ●4,800엔
●플레이 명수 : 1인 ●세이브 용량 : 100KB 이상

일본 오사카 지하철의 미도스지선과 키타오사카 급행선 구간을 운전할 수 있는 시뮬레이터. 시간대를 선택하면, 야간운전이나 러시아워시 운행표 등의 다양한 상황을 세팅하여 운전을 즐길 수 있다.

각종 지원 아이콘  Best판 발매  PlayStation BB Unit 전용  PlayStation BB Unit 지원

이시쿠라 노보루 9단의 바둑강좌 중급 편 : 실력 5급을 노리는 사람에게

●언밸런스 ●TBL ●2003년 10월 23일 ●3,980엔
●플레이 명수 : 1인 ●세이브 용량 : 100KB 이상

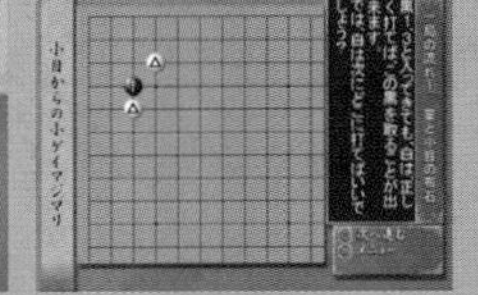

친절한 지도로 유명한 이시쿠라 노보루 9단이 등장하는 바둑 소프트. 바둑 해설·문제집·대국 기능을 하나로 통합한 소프트로서, 공격법과 파고드는 타이밍, 방법론 등 기력 향상에 도움이 되는 정보를 수록했다.

더 킹 오브 파이터즈 2001

●SNK 플레이모어 ●ACT ●2003년 10월 23일 ●6,800엔
●플레이 명수 : 1~2인 ●세이브 용량 : 100KB 이상

시리즈 8번째 작품으로서, 네스츠 편 3부작의 완결편. 이식 과정에서 신규 오프닝을 추가하고 스테이지 그래픽을 입체감 있는 3D로 변경하였으며, 캐릭터 바스트 업 그래픽에 공식 일러스트를 쓴 등의 변경점이 있다.

섀도우 타워 어비스

●프롬 소프트웨어 ●RPG ●2003년 10월 23일 ●6,800엔
●플레이 명수 : 1인 ●세이브 용량 : 111KB 이상

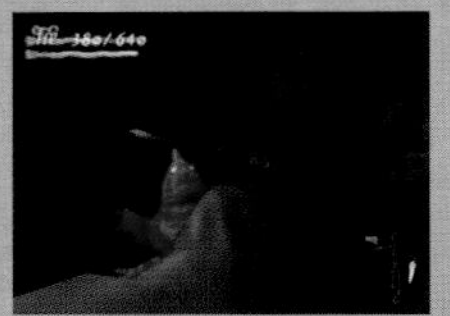

PS1용 1인칭 액션 RPG 「섀도우 타워」의 속편. 몬스터와 아이템이 유한한 세계인지라, 모험하면서 전략적으로 움직일 필요가 있다. 부위파괴 시스템이 있으므로, 적의 행동을 제한시키는 것이 공략의 중요 포인트다.

SIMPLE 2000 시리즈 Vol.37 : THE 슈팅 - 더블 자염룡

●D3 퍼블리셔 ●STG ●2003년 10월 23일 ●2,000엔
●플레이 명수 : 1~2인 ●세이브 용량 : 41KB 이상

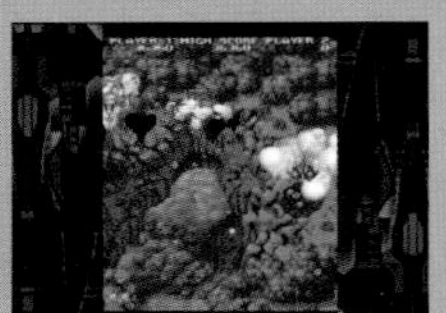

3종류의 샷과 전멸폭탄이라는 클래식한 조합이 특징인 아케이드판 원작의 종스크롤 슈팅 게임 「자염룡」과, 폴리곤 그래픽의 신작 슈팅 게임 「자염룡 익스플로전」 2개 작품을 하나로 합본한 소프트다.

SIMPLE 2000 시리즈 얼티밋 Vol.13 : 폭주! 오토바이 킹 - 달려라! 부릉부릉 전설

●D3 퍼블리셔 ●RCG ●2003년 10월 23일 ●2,000엔
●플레이 명수 : 1~2인 ●세이브 용량 : 222KB 이상

2002년 발매했던 「~최속! 폭주 킹 - 압승전설」(135p)의 속편. 화려하게 튜닝한 개조 오토바이가 등장하는 레이싱 게임이다. 전국제패를 노리는 모드와, 2P 대전이 가능한 모드를 탑재하였다.

툼 레이더 : 엔젤 오브 다크니스

●에이도스 ●ACT ●2003년 10월 23일 ●6,980엔
●플레이 명수 : 1인 ●세이브 용량 : 384KB 이상

여성 트레저 헌터 '라라 크로프트'의 활약을 묘사한 액션 어드벤처 게임. 파리·프라하 등의 유명 도시를 무대로 삼아 총격전과 격투전을 펼친다. 다른 등장인물들과의 대화에 따라 이후의 스토리 전개가 변화된다.

초시공요새 마크로스

●반다이 ●STG ●2003년 10월 23일 ●6,800엔
●플레이 명수 : 1인 ●세이브 용량 : 133KB 이상

같은 제목의 TV 애니메이션 및 극장판을 기반으로 제작한 3D 액션 슈팅 게임. 플레이어는 무명의 파일럿이 되어, 탑승할 기체를 선택하여 TV 애니메이션 혹은 극장판의 스토리를 따라가며 싸우게 된다. 가변형 전투기 '발키리'를 비롯한 원작의 기체들이 등장하여, 원작의 거동을 그대로 재현한다.

CERO 등급 아이콘

컨텐츠 명시 아이콘 연애 선정성 폭력성 공포 음주·흡연 사행성 범죄 약물 언어·기타
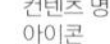

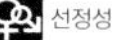

NARUTO -나루토- : 나루티밋 히어로

●반다이 ●ACT ●2003년 10월 23일 ●6,800엔
●플레이 명수 : 1~2인 ●세이브 용량 : 54KB 이상

키시모토 마사시의 만화가 원작인 인기 애니메이션을 게임화했다. 작품 내에서 닌자가 보여주는 다양한 액션을 전부 담아낸 3D 입체 닌자 액션 게임. 오의 연출 도중에 추가입력을 성공하면 오의가 다음 단계로 진화된다.

열중! 프로야구 2003 : 가을의 야간경기 축제

●남코 ●SPT ●2003년 10월 23일 ●5,800엔
●플레이 명수 : 1~2인 ●세이브 용량 : 49KB 이상

같은 해 4월 발매되었던 일본 프로야구 게임 「열중! 프로야구 2003」(163p)의 데이터 갱신판. 각 팀별 라인업은 페넌트레이스 종반의 상황을 재현하였다. 선수별 모션 및 실황 종류도 추가했다.

마크 오브 크리

●캡콤 ●ACT ●2003년 10월 23일 ●6,800엔
●플레이 명수 : 1인 ●세이브 용량 : 700KB 이상

폴리네시아풍의 세계에서 스토리를 펼치는 전략 액션 게임. 고대로부터 전해 내려온 엠블렘 '크리'를 지키기 위해 악의 조직에 맞서자. 스텔스 공격과 콤보 공격 등, 다양한 전략 패턴을 구사할 수 있다.

낙승! 파치슬로 선언

●테크모 ●SLG ●2003년 10월 23일 ●5,800엔
●플레이 명수 : 1인 ●세이브 용량 : 53KB 이상

당시 실존했던 'BILLY THE BIG'·'현상범'·'슈퍼 블랙잭'·'모구모구 풍림화산' 4개 파치슬로 기종을 수록한 실기 시뮬레이터. 릴 속도의 변경 기능을 탑재하여, 누르는 타이밍을 손쉽게 연습 가능하다.

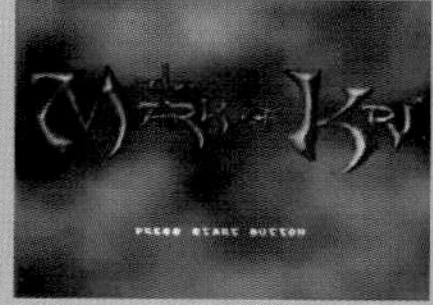

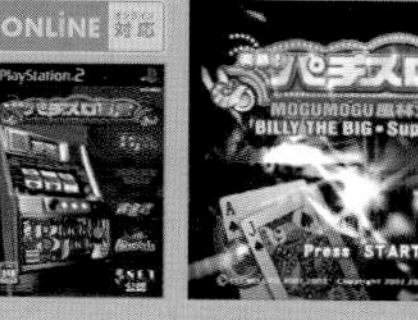

로스트 패시지 : 잊혀진 구절

●프린세스 소프트 ●AVG ●2003년 10월 23일 ●6,800엔
●플레이 명수 : 1인 ●세이브 용량 : 161KB 이상

교육실습생이 되어, 학생·교사들과 함께 2주일을 보내는 연애 어드벤처 게임. 소꿉친구이자 신사의 무녀인 우사 미즈키, 이전 담임이며 실습생 담당 교사인 아야노코지 이쿠미 등, 6명의 매력적인 여성이 등장한다.

북으로. : Diamond Dust

●허드슨 ●AVG ●2003년 10월 30일 ●6,800엔
●플레이 명수 : 1인 ●세이브 용량 : 80KB 이상

드림캐스트로 발매되었던 홋카이도 배경의 연애 어드벤처 게임의 속편. 전작과는 직접적인 연결고리가 없으며, 새로운 주인공이 여름방학 동안 홋카이도 지방에서 마음에 둔 소녀들과의 관계를 쌓아가게 된다.

GI 자키 3 2003

●코에이 ●ACT ●2003년 10월 30일 ●6,800엔 ●플레이 명수 : 1~2인
●세이브 용량 : 493KB 이상 ●PlayStation BB Unit (캐시) 지원 : 512MB 이상 필요

박력 넘치는 기수 체험이 가능한 경마 레이싱 게임의 2003년도판. 당시의 최신 레이싱 프로그램에 대응하며, 대전 캠페인 모드도 탑재하였다. 「위닝 포스트」 시리즈 4~6편과의 세이브데이터 연동을 지원한다.

신기환상 : 스펙트럴 소울즈

●아이디어 팩토리 ●SLG ●2003년 10월 30일 ●6,800엔
●플레이 명수 : 1인 ●세이브 용량 : 536KB 이상

'네버랜드 시리즈'의 연장선상에 있는 시뮬레이션 RPG. 현대에서 소환된 주인공이 네버랜드를 위해 싸운다는 스토리다. 「학원도시 바라누아르」(138p)의 캐릭터들도 작품에 다수 등장한다.

HARDWARE | 2000 | 2001 | 2002 | 2003 | 2004 | 2005 | 2006 | 2007 | 2008 | 2009 | 2010 | 2011 | 2013 | INDEX

각종 지원 아이콘: Best판 발매 / ONLINE 専用 PlayStation BB Unit 전용 / ONLINE 対応 PlayStation BB Unit 지원

SIMPLE 2000 시리즈 Vol.38 사나이를 위한 바이블 : THE 우정 어드벤처 - 호타루 소울

●D3 퍼블리셔 ●AVG ●2003년 10월 30일 ●2,000엔
●플레이 명수 : 1인 ●세이브 용량 : 293KB 이상

PC용 게임의 이식작. 뜨거운 '사나이'들 간의 우정을 테마로 삼아, '사람'과 '직업'의 의미를 혼과 혼으로 이어진 사나이들의 뜨거운 우정과 함께 그려낸다. 이식 과정에서 풀보이스 음성과 CG·시나리오를 추가했다.

태고의 달인 : 지화자 3대째

●남코 ●ACT ●2003년 10월 30일 ●4,500엔 ●플레이 명수 : 1~2인
●세이브 용량 : 69KB 이상 ●타타콘 지원

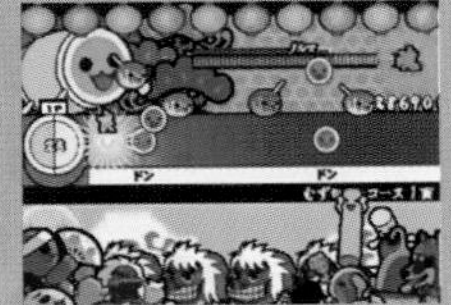

인기 리듬 액션 게임 시리즈의 제3탄. 화면표시에 맞춰 북을 두드리는 간단한 조작이 특징이며, 다양한 장르의 총 39곡을 수록하였다. 배경에서 춤추는 캐릭터도 늘어났으며, 미니게임도 4종류나 즐길 수 있다.

초형귀 : 성스러운 프로틴 전설

●글로벌 A 엔터테인먼트 ●STG ●2003년 10월 30일 ●5,980엔
●플레이 명수 : 1인 ●세이브 용량 : 80KB 이상

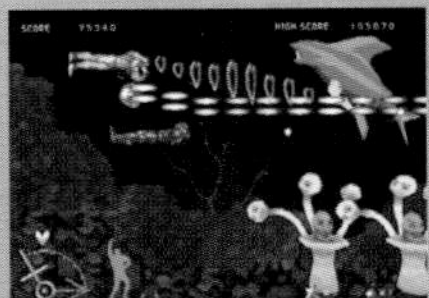

마초한 근육남자들이 가득한 괴상한 세계를 무대로 삼은 횡스크롤 슈팅 게임. 아날로그 스틱을 빙글빙글 돌려 충전하는 '멘즈 빔'을 잘 활용하여, 후끈하고 불끈한 온갖 적들을 격파하며 전진하자.

D.C.P.S. : 다 카포 - 플러스 시추에이션

●카도카와쇼텐 ●AVG ●2003년 10월 30일 ●6,800엔
●플레이 명수 : 1인 ●세이브 용량 : 120KB 이상

PC용 게임의 이식작. 1년 내내 벚꽃이 피어있는 신비한 섬을 무대로, 주인공과 히로인들 간의 교류를 그린 학원물 연애 어드벤처 게임이다. 이식하면서 히로인을 추가했고, 성우를 TV 애니메이션판 기준으로 통일했다.

테니스의 왕자 : Kiss of Prince - Ice

●코나미 ●ETC ●2003년 10월 30일 ●4,980엔
●플레이 명수 : 1인 ●세이브 용량 : 45KB 이상

'테니스의 왕자'의 캐릭터들이 노래하는 오리지널 송과 함께, 시합 영상을 편집한 비디오 클립을 즐길 수 있는 소프트. 세이슌 중학교의 9명과 다른 학교의 11명까지, 총 20명의 인기 캐릭터들이 등장한다.

테니스의 왕자 : Kiss of Prince - Flame

●코나미 ●ETC ●2003년 10월 30일 ●4,980엔
●플레이 명수 : 1인 ●세이브 용량 : 45KB 이상

왼쪽의 「~Ice」판과 동시 발매된, 비디오 클립을 즐기는 팬 소프트. 신경쇠약식으로 캐릭터를 고르며, 캐릭터 조합에 따라 다양한 시추에이션이 펼쳐진다. 「~Ice」와는 다른 학교의 11명 쪽 구성이 다르다.

텐타마 : 1st 서니 사이드

●키드 ●AVG ●2003년 10월 30일 ●6,800엔
●플레이 명수 : 1인 ●세이브 용량 : 65KB 이상

PS1용 게임의 이식작. 주인공과 견습천사 '카린'이 펼치는 따뜻하면서도 슬픈 순애 스토리다. 이식하는 과정에서 연출을 수정하고 시나리오를 추가하였으며, PC용 액세서리집의 CG도 추가하였다.

트랜스포머

●타카라 ●ACT ●2003년 10월 30일 ●6,800엔
●플레이 명수 : 1인 ●세이브 용량 : 47KB 이상

일본·북미에서 히트했던 인기 애니메이션을 게임화했다. 사이버트론·데스트론 중 한쪽 진영을 선택해 상대 세력과 싸우자. 총 10스테이지 구성이며, 인기 캐릭터가 약 100종이나 등장한다. 변신 액션도 원버튼으로 발동할 수 있다.

CERO 등급 아이콘 A B C D Z 教育・データベース

컨텐츠 명시 아이콘  연애  선정성  폭력성 공포 음주·흡연  사행성 범죄  약물 언어·기타

불꽃놀이 백경

●일본 어뮤즈먼트 방송 ●SLG ●2003년 10월 30일 ●4,800엔
●플레이 명수 : 1인 ●세이브 용량 : 500KB 이상

불꽃놀이를 모티브로 삼은 파치슬로 시리즈 제3탄인 기기를 정밀하게 재현한 실기 시뮬레이터. 당시의 일본 휴대폰을 경유하여 전국 랭킹에 참가할 수 있었던 '배틀 슬롯 모드'를 탑재하였다.

에어 레인저 2 plus

●애스크 ●ACT ●2003년 10월 30일 ●4,800엔
●플레이 명수 : 1인 ●세이브 용량 : 115KB 이상

2002년 발매되었던 「에어 레인저 2」(144p)의 확장판. 리얼한 조작성과 그래픽은 동일하며, 4개 스테이지를 새로 추가하였다. 연수와 구조활동으로 단련한 테크닉을 발휘하여 사람들을 구조하자.

EX 인생게임 II

●타카라 ●TBL ●2003년 11월 6일 ●6,800엔 ●플레이 명수 : 1~4인
●세이브 용량 : 118KB 이상 ●멀티탭 지원(~4인), 룰렛 컨트롤러 지원

PS2용 「인생게임」으로는 제2탄. 캐릭터와 보드를 모두 3D 모델링화하여 연출을 강화시켰다. 게임 내에서 선택할 수 있는 직업은 40종에 달하며, 이벤트도 약 1만 종류나 수록되어 있다.

유리의 장미

●캡콤 ●AVG ●2003년 11월 6일 ●6,800엔 ●플레이 명수 : 1인
●세이브 용량 : 200KB 이상 ●USB 마우스 지원

아이돌 그룹 TOKIO의 마츠오카 마사히로가 주연을 맡은 사이코 서스펜스 어드벤처 게임. 타임 슬립한 신문기자가 되어 미해결 연쇄살인사건에 도전한다. '사람의 마음을 엿보는 능력'을 이용해 사건의 진상을 밝혀내자.

사혼곡 : 사이렌

●소니컴퓨터엔터테인먼트 ●AVG ●2003년 11월 6일 ●5,800엔
●플레이 명수 : 1인 ●세이브 용량 : 77KB 이상

외딴 산촌에서 돌연 벌어진 괴기현상에 말려든 사람들을 그려낸 호러 게임. '시인'이라는 불사의 존재가 마을 곳곳을 배회하고 있지만, 대신 주인공들에겐 특정한 상대의 시청각을 가로채 파악할 수 있는 특수능력 '환시'가 주어지므로, 이를 잘 활용해 위기를 회피하며 진행해야 한다.

산요 파친코 파라다이스 9 : 새로운 바다 추가요!

●아이렘 소프트웨어 엔지니어링 ●SLG ●2003년 11월 6일 ●4,800엔
●플레이 명수 : 1인 ●세이브 용량 : 223KB 이상

산요 물산의 인기 디지털 파친코 기기를 수록한 실기 시뮬레이터. 'CR 신 바다 이야기' 시리즈 중 'M56'·'L52'를 수록했으며, 실기 공략을 도와주는 모드도 있다. 인기 모드인 '파치프로 풍운록 2'에는 히로인도 5명 등장한다.

SIMPLE 2000 시리즈 Vol.39 : THE 나의 도시 만들기 - 도시ing 메이커++

●D3 퍼블리셔 ●SLG ●2003년 11월 6일 ●2,000엔
●플레이 명수 : 1인 ●세이브 용량 : 1006KB 이상

2001년 발매했던 「도시ing 메이커」(92p)의 강화판. 도시개발 프로듀서가 되어 자신만의 도시를 만들어가는 시뮬레이션 게임이다. 그래픽이 대폭 업그레이드 되었으며, 설명 건물도 다수 등장한다.

각종 지원 아이콘   Best판 발매  PlayStation BB Unit 전용  PlayStation BB Unit 지원

SIMPLE 2000 시리즈 Vol.40 : THE 동양 3대 점술 - 풍수·성명판단·역점

●D3 퍼블리셔 ●ETC ●2003년 11월 6일 ●2,000엔
●플레이 명수 : 1인 ●세이브 용량 : 58KB 이상

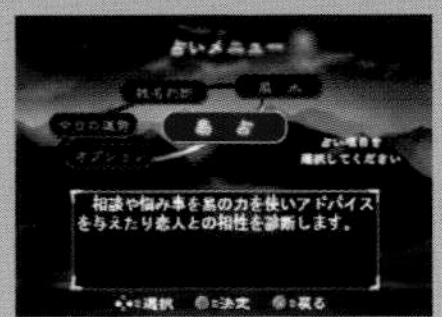

미래와 운세를 점칠 수 있는 소프트. 살고 있는 집이나 가구의 배치로 점을 치는 '풍수', 자신의 이름을 바탕으로 다양한 운세를 점치는 '성명판단', 팔괘판을 통해 조언하거나 상성을 점치는 '역점'까지 3가지를 수록하였다.

SIMPLE 2000 시리즈 얼티밋 Vol.11 : 원더바 스타일 - 돌격! 믹스 생JUICE

●D3 퍼블리셔 ●ETC ●2003년 11월 6일 ●2,000엔
●플레이 명수 : 1인 ●세이브 용량 : 91KB 이상

같은 제목의 인기 애니메이션을 게임화했으며, 어드벤처 게임과 리듬 액션을 결합한 타이틀이다. 수록곡은 15곡. 작품 내의 아이돌 유닛 '믹스JUICE'의 결성과정을 그린 OVA '믹스JUICE 만드는 법'도 감상 가능하다.

SIMPLE 2000 본격사고 시리즈 Vol.6 : THE 카드 - 블랙잭·대부호·드로우 포커·스피드·페이지 원 etc.

●D3 퍼블리셔 ●TBL ●2003년 11월 6일 ●2,000엔
●플레이 명수 : 1~2인 ●세이브 용량 : 34KB 이상

트럼프를 사용하는 카드 게임 총 15종류를 수록한 타이틀. 타이틀명에 있는 것처럼 룰이 비교적 널리 알려진 게임부터, 코팩·호이스트 등의 매니악한 카드 게임까지 이 작품 하나로 즐길 수 있다.

SuperLite 2000 낚시 : 빅 배스 - 배스 낚시 완전 공략

●석세스 ●SPT ●2003년 11월 6일 ●2,000엔 ●플레이 명수 : 1인
●세이브 용량 : 80KB 이상 ●낚시콘2 지원

배스 낚시의 본토인 미국의 배스 토너먼트를 재현하여, 연간 지속적으로 열리는 블랙배스 낚시에 도전한다. 무대인 호수는 계절·날씨에 따라 배스의 패턴이 변화하므로 공략 스타일도 달라진다. 낚시콘2 컨트롤러도 지원한다.

슈퍼로봇대전 스크램블 커맨더

●반프레스토 ●SLG ●2003년 11월 6일 ●7,800엔
●플레이 명수 : 1인 ●세이브 용량 : 41KB 이상

기존 「슈퍼로봇대전」 시리즈와는 완전히 다른 방향성의 리얼타임 시뮬레이션 게임. 지휘관이 되어 지시를 내려 아군을 승리로 이끌자. 등장하는 17개 작품의 기체들은, SD가 아니라 전부 실제비율로 3D화해 표현했다.

히트맨 2 : Silent Assassin

●에이도스 ●ACT ●2003년 11월 6일 ●6,800엔
●플레이 명수 : 1인 ●세이브 용량 : 510KB 이상

인기 암살 액션 게임 시리즈의 제2탄. 주인공인 코드네임 '47'(포티세븐)을 조작하여 총 20종의 암살 미션을 클리어하자. 인간병기로서 살아온 주인공의 치열하고도 덧없는 삶을 그린 스토리가 인상적이다.

야마사 Digi 월드 SP : 네오 매직 펄서 XX

●야마사 엔터테인먼트 ●SLG ●2003년 11월 6일 ●4,800엔
●플레이 명수 : 1인 ●세이브 용량 : 450KB 이상

'야마사 Digi 월드' 시리즈의 신작인, 디지털 슬롯머신 실기 시뮬레이터. 일격의 BIG으로 500매나 획득 가능한 'A-500' 타입의 기기 '네오 매직 펄서 XX'의 모든 연출과 거동을 실기 그대로 충실하게 재현해냈다.

NBA 라이브 2004

●일렉트로닉 아츠 ●SPT ●2003년 11월 13일 ●6,800엔
●플레이 명수 : 1~2인 ●세이브 용량 : 475KB 이상 ●멀티탭 지원(~8인)

NBA가 공인한 농구 게임. 당시의 최신 데이터를 수록하였으며, 스틱으로 조작하는 플레이가 더욱 리얼해졌다. 사상 최초의 10인 동시 모션 캡처를 도입한 덕에, 선수들끼리 연계하여 전략적으로 움직인다.

CERO 등급 아이콘   

컨텐츠 명시 아이콘  연애  선정성  폭력성  공포  음주·흡연   사행성  범죄  약물  언어·기타 

타카하시 나오코와 마라톤하자!

CERO A

●타이토 ●SLG ●2003년 11월 13일 ●6,800엔
●플레이 명수 : 1인 ●세이브 용량 : 750KB 이상

일본의 마라톤 금메달리스트 타카하시 나오코와 코이데 감독이 감수한 마라톤 러너 육성 시뮬레이션 게임. 클럽 오너 겸 감독이 되어, 연습 지시와 멘탈케어로 선수를 육성하여 대회 우승과 클럽 확장을 노린다.

해리포터 퀴디치 월드컵

CERO A

●일렉트로닉 아츠 ●SPT ●2003년 11월 13일 ●5,800엔
●플레이 명수 : 1~2인 ●세이브 용량 : 60KB 이상

원작 '해리포터' 영화에도 등장하는, 마법사 세계의 인기 스포츠 '퀴디치'를 직접 즐겨보는 액션 게임. 호그와트 내의 각 기숙사 팀 중 하나를 선택해, 기숙사 대항전을 거쳐 각국 대표팀에 도전해 보자.

BUSIN 0(제로) : Wizardry Alternative NEO

CERO B

●아틀러스 ●RPG ●2003년 11월 13일 ●6,800엔
●플레이 명수 : 1인 ●세이브 용량 : 295KB 이상

「BUSIN」(96p)의 400년 전이 배경인 속편. 시스템을 개량했고 시간 개념을 추가했으며, 새로운 직업 등도 제공한다. 전투에서는 파티가 협력하여 연계기를 구사하는 '어레이드 시스템'이 중요하다.

PRIDE GP 2003

CERO B

●캡콤 ●SPT ●2003년 11월 13일 ●6,800엔
●플레이 명수 : 1~2인 ●세이브 용량 : 48KB 이상

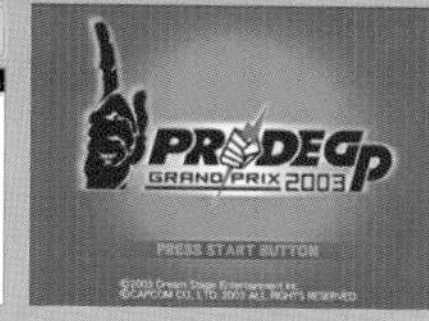

미르코 크로캅, 표도르 예멜리야넨코, 요시다 히데히코 등 30명 이상의 선수가 등장하는 종합격투기 게임. 전작에 비해 그라운드 공방의 폭이 넓어졌으며, 실황·해설 등의 연출도 한층 강화되었다.

러브★스매시! 5 : 테니스 로보의 반란

●D3 퍼블리셔 ●SPT ●2003년 11월 13일 ●4,800엔
●플레이 명수 : 1~2인 ●세이브 용량 : 65KB 이상

호평 받았던 「러브★스매시!」 시리즈의 리뉴얼판. 등장 캐릭터는 전부 여성으로서 12명으로 늘어났고, 코스튬도 캐릭터별로 2종류씩 준비했다. 보이스가 들어간 비장의 포토 갤러리도 수록되어 있다.

록키

●석세스 ●SPT ●2003년 11월 13일 ●6,800엔
●플레이 명수 : 1~2인 ●세이브 용량 : 55KB 이상

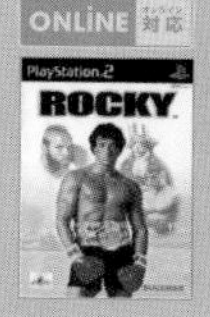

실베스터 스탤론 주연의 권투영화 '록키'를 게임화했다. 역대 '록키' 시리즈의 스토리를 플레이하며 쭉 따라갈 수 있다. '아폴로'·'드라고' 등, 영화에 등장했던 라이벌들을 포함한 23명의 권투선수들과 대전해보자.

쿠마우타

●소니컴퓨터엔터테인먼트 ●ETC ●2003년 11월 20일 ●5,800엔 ●플레이 명수 : 1인
●세이브 용량 : 472KB 이상 ●PlayStation BB Unit, 네트워크 어댑터 지원

엔카 가수인 '쿠마'(곰)의 스승이 되어, 쿠마와 함께 가사를 짜서 엔카 곡으로 만들어 쿠마가 직접 부르도록 하는 게임. 보컬로이드 '하츠네 미쿠'보다도 일찍이, 노래를 만들어 음성합성으로 부르는 기능을 구현했던 귀중한 소프트다. 쿠마와의 커뮤니케이션 도중 기억시킨 단어도 가사에 집어넣을 수 있다.

겟어웨이

●캡콤 ●ACT ●2003년 11월 20일 ●6,800엔
●플레이 명수 : 1인 ●세이브 용량 : 56KB 이상

갱들의 세계를 테마로 삼은 액션 게임. 런던을 무대로, 갱에 의해 아내가 희생당한 전직 갱과 형사의 이야기가 전개된다. 충실하게 재현된 런던 시내에서, 총격전과 자동차 추격 등의 미션을 수행하자.

신세기 에반게리온 2

●반다이 ●SLG ●2003년 11월 20일 ●6,800엔
●플레이 명수 : 1인 ●세이브 용량 : 699KB 이상

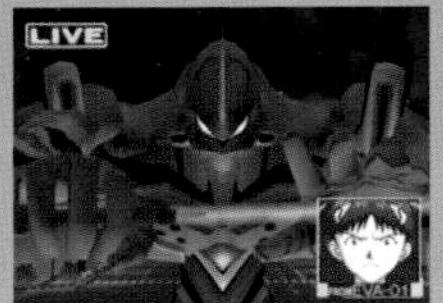

인기 애니메이션이 원작인 시뮬레이션 게임. 주인공 '이카리 신지'가 되어 '에바'의 세계에서 자유롭게 행동하자. 안노 히데아키 감독의 사고체계를 모방한 AI를 탑재하여, 원작과는 다른 전개나 결말도 체험할 수 있다.

SIMPLE 2000 시리즈 Vol.41 : THE 배구

●D3 퍼블리셔 ●SPT ●2003년 11월 20일 ●2,000엔
●플레이 명수 : 1~2인 ●세이브 용량 : 74KB 이상

간단한 조작으로 다채로운 전술을 펼칠 수 있는 배구 게임. 능력이 차별화된 100명 이상의 선수가 등장하며, 토너먼트전과 리그전도 플레이할 수 있다. 트레이닝 모드에서는 3가지 미니게임도 제공된다.

제노사가 에피소드 I 리로디드 : 권력에의 의지

●남코 ●RPG ●2003년 11월 20일 ●4,800엔 ●플레이 명수 : 1인
●세이브 용량 : 165KB 이상 ●PlayStation BB Unit (캐시) 지원 : 1792.22MB 이상

2002년 발매했던 북미판 「제노사가 에피소드 I」의 역수입 버전. 음성을 영어로 변경했으며(자막은 일본어 지원), 일부 캐릭터의 코스튬을 변경했다. 이벤트를 나중에 따로 감상하는 '이벤트 회상' 기능도 있다.

타임 크라이시스 3

●남코 ●STG ●2003년 11월 20일 ●6,800엔 ●플레이 명수 : 1~2인
●세이브 용량 : 215KB 이상 ●건콘2 지원

리로드시의 숨기 동작이 특징인 건 슈팅 게임 시리즈의 제3탄. 4종류의 무기를 교체하며 사용하는 시스템이 신규 추가되어 전략성이 늘어났다. 여성 주인공이 활약하는 가정용판의 오리지널 스토리도 수록하였다.

디지캐럿 판타지 엑설런트

●브로콜리 ●AVG ●2003년 11월 20일 ●5,800엔 ●플레이 명수 : 1인
●세이브 용량 : 100KB 이상 ●프로그레시브(525p) 출력 지원

드림캐스트용 게임의 이식작. 기억을 잃은 데지코와 함께 이세계를 여행하는 어드벤처 게임이다. 블랙 게마게마단이 등장하는 추가 시나리오와, OVA '삐요코에게 맡겨줘뾰!'의 미발표 에피소드 총 2화도 즐길 수 있다.

버기 그랑프리 : 달려라! 대작전

●크로스노츠 ●RCG ●2003년 11월 20일 ●5,800엔
●플레이 명수 : 1~2인 ●세이브 용량 : 250KB 이상

컨트롤러를 RC 조종기 느낌으로 조작하는 RC카 레이싱 게임. 13종류의 RC카를 수록하였으며, 파츠를 구입해 커스터마이즈할 수도 있다. 예술 점수 개념을 채용해, 다른 레이싱 게임과는 차별화된 재미가 있다.

필살 파친코 스테이션 V8 : 꾸러기 닌자토리

●선 소프트 ●SLG ●2003년 11월 20일 ●5,200엔
●플레이 명수 : 1인 ●세이브 용량 : 640KB 이상

파친코 기기 'CR 꾸러기 닌자토리' 시리즈 중 사양이 다른 5개 기종을 수록한 실기 시뮬레이터. 풍부한 리치 액션을 감상할 수 있는 '리치 카탈로그' 기능으로, 대박이 뜨기까지의 과정을 제대로 관찰할 수 있다.

CERO 등급 아이콘     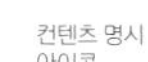

컨텐츠 명시 아이콘  연애  선정성  폭력성  공포  음주·흡연  사행성  범죄  약물 언어·기타

프로야구 팀을 만들자! 2003

●세가 ●SLG ●2003년 11월 20일 ●6,980엔
●플레이 명수 : 1~2인 ●세이브 용량 : 2172KB 이상

인기 시리즈의 2003년도판. 구단 경영과 선수 육성을 병행하며 일본 최고 팀으로 키워가는 프로야구 팀 육성 시뮬레이션 게임이다. 보유 가능한 선수 풀과 이벤트가 증가했으며, 2군 감독 채용 등의 신규 시스템도 탑재했다.

모지브리본

●소니컴퓨터엔터테인먼트 ●ACT ●2003년 11월 20일 ●5,800엔 ●플레이 명수 : 1인
●세이브 용량 : 195KB 이상 ●USB 키보드, PlayStation BB Unit, 네트워크 어댑터 지원

'서예'와 '랩'을 결합시킨 독특한 리듬 액션 게임. 타이밍에 맞춰 스틱을 조작해, 랩 가사를 붓으로 쓰며 전진한다. 힘의 강약에 따라 '번짐'이나 '획끊김'이 발생하기도 하며, 이로 인해 득점도 변화한다.

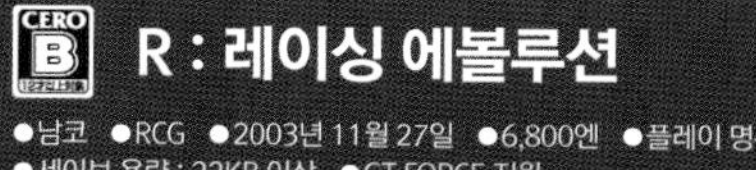

R : 레이싱 에볼루션

●남코 ●RCG ●2003년 11월 27일 ●6,800엔 ●플레이 명수 : 1~2인
●세이브 용량 : 22KB 이상 ●GT FORCE 지원

「릿지 레이서」 시리즈의 외전 격 작품. 실존하는 차량과 서킷이 등장하며, 차량의 거동도 리얼함을 중시해 재현했다. 메인 모드인 '레이싱 라이프'에선 레이스를 통해 주인공을 둘러싼 인간 드라마를 묘사한다.

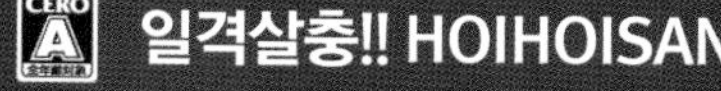

일격살충!! HOIHOISAN

●코나미 ●ACT ●2003년 11월 27일 ●6,800엔
●플레이 명수 : 1인 ●세이브 용량 : 27KB 이상

다나카 쿠니히코 원작의 인기 만화를 게임화했다. 초소형 살충로봇 '호이호이'를 조작해 해충을 물리적으로 박멸하는 액션 게임이다. 미션 클리어 후에는 원작에 등장하는 캐릭터들과의 대화도 즐길 수 있다.

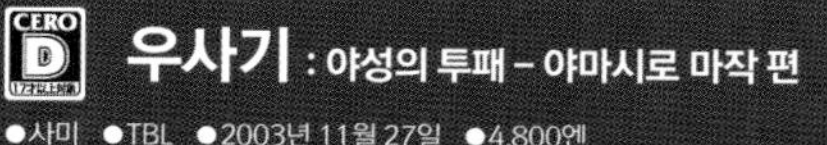

우사기 : 야성의 투패 - 야마시로 마작 편

●사미 ●TBL ●2003년 11월 27일 ●4,800엔
●플레이 명수 : 1인 ●세이브 용량 : 47KB 이상

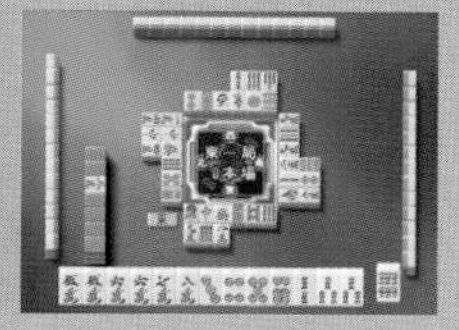

인기 만화 '우사기 : 야성의 투패'의 게임화 제3탄. 원작의 '야마시로 마작' 편을 충실하게 재현했다. 아오텐쵸·화패 등의 특수 룰도 세팅할 수 있다. 등장 캐릭터는 20명 이상이며, 스테이지도 60종 이상이나 있다.

Ever17 : the out of infinity PREMIUM EDITION

●키드 ●AVG ●2003년 11월 27일 ●4,800엔
●플레이 명수 : 1인 ●세이브 용량 : 75KB 이상

2002년 발매되었던 「Ever17 : the out of infinity」(132p)에 이벤트 CG를 대폭 추가하고 신규 CG와 음악도 수록했으며, 플레이 편의성도 향상시키는 등 다양한 추가요소를 탑재해 업그레이드한 버전이다.

귀무자 무뢰전

●캡콤 ●ACT ●2003년 11월 27일 ●6,800엔 ●플레이 명수 : 1~2인
●세이브 용량 : 80KB 이상 ●멀티탭 지원(~4인)

「귀무자」 시리즈의 캐릭터들이 총출연하는 멀티 대전 액션 게임. 아케치 사마노스케(금성무)나 야규 쥬베이(마츠다 유사쿠)로 대전 플레이를 할 수 있다. 시리즈 본편에선 그려지지 않았던 후일담 스토리도 수록했다.

학원 헤븐 : BOY'S LOVE SCRAMBLE!

●NEC 인터채널 ●AVG ●2003년 11월 27일 ●6,800엔
●플레이 명수 : 1인 ●세이브 용량 : 57KB 이상

PC용 게임의 이식작. BL 학원에 입학한 주인공과 친구들 간의 나날을 그린 여성용 연애 어드벤처 게임. 호화 성우진이 참여한 풀보이스화는 물론, MVP전을 미니게임 형태로 즐길 수 있는 등의 여러 요소를 추가했다.

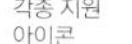

각종 지원 아이콘 · Best판 발매 · PlayStation BB Unit 전용 · PlayStation BB Unit 지원

가면라이더 : 정의의 계보

●반프레스토 ●ACT ●2003년 11월 27일 ●6,980엔
●플레이 명수 : 1인 ●세이브 용량 : 305KB 이상

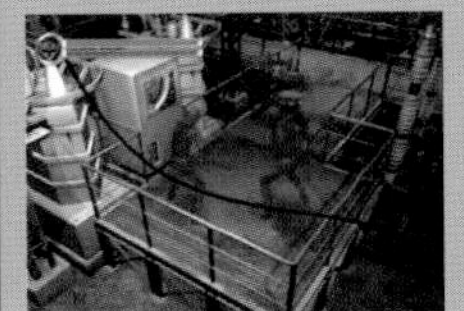

가면라이더·V3·BLACK·아기토의 각 라이더들이 시대를 초월해 함께 싸우는 액션 게임. 변신 신과 라이더 킥도 원작에 충실하게 재현하였으며, 라이더의 음성 역시 당시 연기했던 배우의 목소리로 수록했다.

가라오케 레볼루션 : J-POP 베스트 Vol.1

●코나미 ●ETC ●2003년 11월 27일 ●3,980엔 ●플레이 명수 : 1인~ ●세이브 용량 : 48KB 이상
●PlayStation BB Unit, 네트워크 어댑터, 가라오케 레볼루션용 마이크, USB 마이크 지원

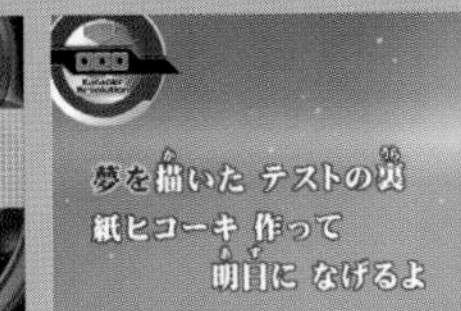

노래방기기 업체인 다이이치코쇼가 감수하여, 실제 마이크를 연결한 PS2로 노래방을 즐길 수 있는 소프트. 노래방 모드 외에, 레슨과 시나리오를 즐기는 오디션 모드 등이 있다. 수록곡은 총 50곡.

가라오케 레볼루션 : J-POP 베스트 Vol.2

●코나미 ●ETC ●2003년 11월 27일 ●3,980엔 ●플레이 명수 : 1인~ ●세이브 용량 : 48KB 이상
●PlayStation BB Unit, 네트워크 어댑터, 가라오케 레볼루션용 마이크, USB 마이크 지원

노래방 소프트의 J-POP 특화판 제2집. 각 소프트는 모두 단독 구동식이다. aiko의 '딱정벌레', DREAMS COME TRUE의 '미래예상도 Ⅱ', EXILE의 'song for you' 등, 총 50곡이 수록되어 있다.

가라오케 레볼루션 : J-POP 베스트 Vol.3

●코나미 ●ETC ●2003년 11월 27일 ●3,980엔 ●플레이 명수 : 1인~ ●세이브 용량 : 48KB 이상
●PlayStation BB Unit, 네트워크 어댑터, 가라오케 레볼루션용 마이크, USB 마이크 지원

노래방 소프트 「가라오케 레볼루션」 시리즈의 J-POP 특화판 제3집. SMAP의 '밤하늘 저편', Mr.Children의 '이노센트 월드', 175R(이나고 라이더)의 'akura', BoA의 'VALENTI' 등, 총 50곡을 수록했다.

가라오케 레볼루션 : J-POP 베스트 Vol.4

●코나미 ●ETC ●2003년 11월 27일 ●3,980엔 ●플레이 명수 : 1인~ ●세이브 용량 : 48KB 이상
●PlayStation BB Unit, 네트워크 어댑터, 가라오케 레볼루션용 마이크, USB 마이크 지원

노래방 소프트 「가라오케 레볼루션」 시리즈의 J-POP 특화판 제4집. 스핏츠의 '로빈슨', 포르노 그라피티의 '사우다지', B'z의 'ALONE', Kiroro의 'Best Friends' 등, 총 50곡을 수록하였다.

가라오케 레볼루션 : 나이트 셀렉션 2003

●코나미 ●ETC ●2003년 11월 27일 ●3,980엔 ●플레이 명수 : 1인~ ●세이브 용량 : 48KB 이상
●PlayStation BB Unit, 네트워크 어댑터, 가라오케 레볼루션용 마이크, USB 마이크 지원

주점과 바 등에서 인기가 많은 엔카·가요곡을 모은 소프트. 이츠키 히로시의 '나가라가와 엔카', 이시하라 유지로의 '밤안개여 오늘밤도 고맙다', 미소라 히바리의 '흐르는 강물처럼' 등, 50곡을 수록했다.

가라오케 레볼루션 : 러브 앤 발라드

●코나미 ●ETC ●2003년 11월 27일 ●3,980엔 ●플레이 명수 : 1인~ ●세이브 용량 : 48KB 이상
●PlayStation BB Unit, 네트워크 어댑터, 가라오케 레볼루션용 마이크, USB 마이크 지원

주로 러브송 중심으로 선곡한 「가라오케 레볼루션」 시리즈 단품판. Misia의 'Everything', Kinki Kids의 '이제 너 이외엔 사랑할 수 없어', Mr.Children의 '상냥한 노래' 등 총 50곡을 수록했다.

Castlevania

●코나미 ●ACT ●2003년 11월 27일 ●6,980엔
●플레이 명수 : 1인 ●세이브 용량 : 124KB 이상

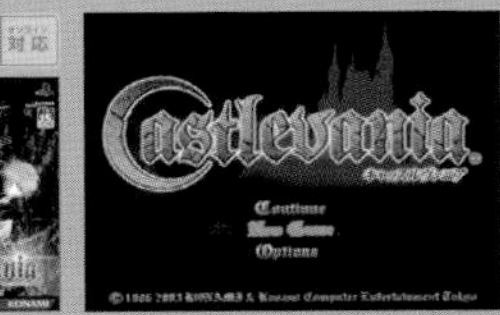

닌텐도 64의 「악마성 드라큘라 묵시록」에서 이어지는 3D 액션계 「악마성 드라큘라」 시리즈 신작. 채찍을 활용하는 다채로운 공격 액션은 물론, 서브웨폰과 '마도기'도 활용하면서 드라큘라의 성을 탐색해 나간다.

K-1 월드 그랑프리 2003

●코나미 ●ACT ●2003년 11월 27일 ●6,980엔
●플레이 명수 : 1~2인 ●세이브 용량 : 111KB 이상

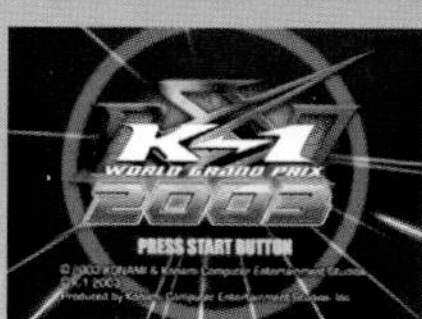

입식 타격계 격투기 이벤트 'K-1'을 재현한 대전격투 게임. 마이클 맥도널드와 마틴 홀름이 신규 참전하였으며, 콤비네이션과 KO 기술도 재현하였다. 오리지널 선수를 육성하는 모드도 탑재했다.

골드 X

●일본 어뮤즈먼트 방송 ●SLG ●2003년 11월 27일 ●4,800엔
●플레이 명수 : 1인 ●세이브 용량 : 400KB 이상

'밀리언 갓'의 후계기종인 '골드 X'의 파친코 시뮬레이터. 게임성은 그대로 유지하면서도 좀 더 마일드하게 시스템을 변경했고, 오토 플레이 및 전국 랭킹에 도전하는 '배틀 슬롯' 등의 신규 모드를 추가했다.

SIMPLE 2000 본격사고 시리즈 Vol.5 : THE 기력검정 - 즐겁게 배우는 바둑 입문

●D3 퍼블리셔 ●TBL ●2003년 11월 27일 ●2,000엔
●플레이 명수 : 1인 ●세이브 용량 : 120KB 이상

플레이어의 기량을 시험해볼 수 있는 바둑 소프트. 초보자라도 스토리를 따라가며 바둑의 규칙을 배울 수 있다. 일본기원이 감수한 다수의 문제를 수록했고, '기보 열람 모드'로 유명 기사의 대국을 감상할 수도 있다.

제로 : 붉은 나비

●테크모 ●ACT ●2003년 11월 27일 ●6,800엔
●플레이 명수 : 1인 ●세이브 용량 : 250KB 이상

2001년 발매했던 「제로」(100p)의 속편. 특수한 카메라 '사영기'를 이용해 유령을 퇴치하는 일본풍 호러 어드벤처 게임이다. 폐촌이 되어버린 미나카미 마을을 무대로, 아마쿠라 미오·마유 자매가 주인공인 공포 이야기가 전개된다.

쵸로Q HG 4

●타카라 ●RCG ●2003년 11월 27일 ●6,800엔 ●플레이 명수 : 1~2인
●세이브 용량 : 200KB 이상 ●GT FORCE 지원

등장 캐릭터들이 모조리 쵸로Q인 레이싱 게임. 저마다 특징이 있는 코스를 갖춘 5개의 섬을 무대로 삼아, 그랑프리 레이서를 목표로 달린다는 스토리다. 등장하는 파츠로 자신을 직접 커스터마이즈하여 레이스에 도전하자.

데스 크림즌 OX+

●에콜 소프트웨어 ●STG ●2003년 11월 27일 ●4,800엔
●플레이 명수 : 1~2인 ●세이브 용량 : 67KB 이상 ●건콘2 지원

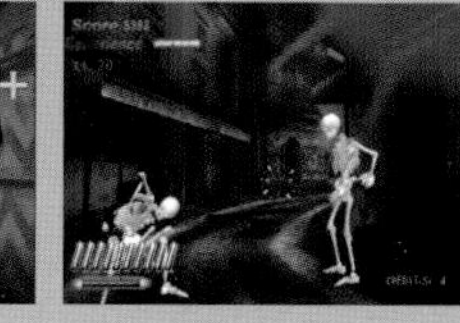

아케이드판 및 드림캐스트판으로도 발매된 바 있는 건 슈팅 게임. 1회 재장전으로 10발의 총알을 보충하며, 화면상에 속속 나타나는 적들을 물리치자. PS2판에선 타임 어택 모드가 추가되었다.

스프린터 셀

●UBISOFT ●ACT ●2003년 11월 27일 ●6,800엔
●플레이 명수 : 1인 ●세이브 용량 : 493KB 이상

미국의 작가 톰 클랜시가 감수한 스텔스 액션 게임. 특수부대의 일원이 되어 총 10종의 작전에 도전하자. 30가지가 넘는 스텔스 액션을 적절히 구사하여, 적에게 들키지 않도록 행동하며 임무를 수행해야 한다.

허드슨 셀렉션 Vol.1 : 큐빅 로드 러너

●허드슨 ●ACT ●2003년 11월 27일 ●3,000엔
●플레이 명수 : 1인 ●세이브 용량 : 142KB 이상

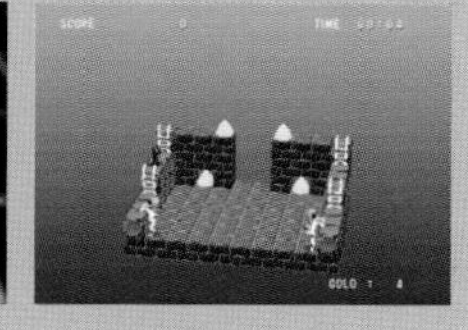

금괴를 모두 챙겨서 무사히 탈출하는 명작 액션 퍼즐 게임을 3D화했다. 스테이지에 입체화 개념이 추가되어 한 방향으로만 봐서는 전모를 알 수 없으니, 스테이지를 돌려가며 플레이해야 한다. 에디트 기능도 탑재했다.

허드슨 셀렉션 Vol.2 : 스타 솔저

●허드슨 ●STG ●2003년 11월 27일 ●3,000엔
●플레이 명수 : 1인 ●세이브 용량 : 150KB 이상

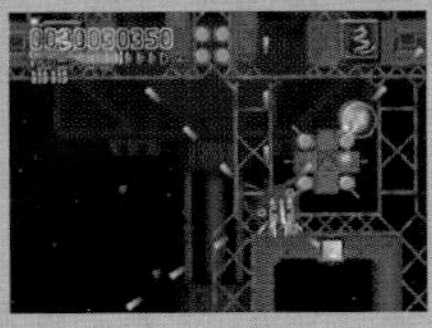

패미컴의 명작 종스크롤 슈팅 게임을 리메이크한 작품. 그래픽을 리뉴얼했고, 적탄을 없애버릴 수 있는 '블래스터'라는 시스템이 추가되었다. 2분 혹은 5분 제한으로 플레이하는 타임 어택 모드도 탑재했다.

프리모프엘 : 수다 파~트너~

●반다이 ●ETC ●2003년 11월 27일 ●4,800엔 ●플레이 명수 : 1인
●세이브 용량 : 272KB 이상 ●USB 마이크 필수

반다이가 당시 일본에서 발매했던, 말하는 봉제인형 '프리모프엘'을 게임화했다. 고성능 음성인식 엔진을 탑재하여, USB 마이크를 통해 말을 걸면 프리모프엘이 단어를 익혀간다. 미니게임도 3종류나 플레이할 수 있다.

미싱 파츠 side A : 더 탐정 스토리즈

●포그 ●AVG ●2003년 11월 27일 ●6,800엔
●플레이 명수 : 1인 ●세이브 용량 : 147KB 이상

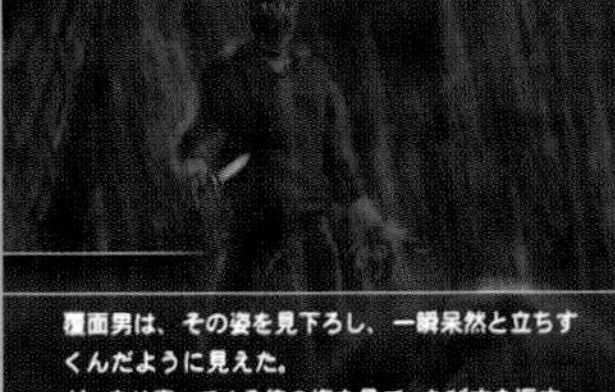

분실물 의뢰인으로 시작해 신참 탐정이 된 주인공 '마가미 쿄스케'가, 골동품 관련 사건을 추적해가는 옴니버스 스타일의 미스터리 어드벤처 게임. 드림캐스트용 게임의 이식판으로서, 세이브 슬롯 증가와 보너스 모드 추가 등의 개량을 가했다. 총 6화 중에서 전반부의 3개 화를 수록하였다.

모두의 GOLF 4

●소니컴퓨터엔터테인먼트 ●SPT ●2003년 11월 27일 ●5,800엔
●플레이 명수 : 1~4인 ●세이브 용량 : 750KB 이상 ●멀티탭 지원

캐디를 포함해 총 34명의 캐릭터가 등장하고, 시리즈 최초의 실존 코스 등을 포함해 총 13개 코스를 수록한, 「모두의 GOLF」 시리즈 사상 최대 볼륨의 작품. 조작을 더욱 간략화한 '간단 입력' 모드, 단시간에 플레이할 수 있는 '퍼터 골프' 등을 새로이 도입하였다. 삐뽀사루를 캐디로 삼을 수도 있다.

와일드 암즈 Alter code : F

●소니컴퓨터엔터테인먼트 ●RPG ●2003년 11월 27일 ●6,800엔
●플레이 명수 : 1인 ●세이브 용량 : 49KB 이상

PS1으로 발매했던 「와일드 암즈」 첫 작품의 리메이크작. 그래픽뿐만 아니라 스토리·시스템 등에 이르기까지 상당수를 개변했고 세계관도 원작의 평행세계라는 설정인지라, 사실상 신작에 가까운 작품이다.

내일의 죠 : 새하얗게 타 스러져라!

●코나미 ●SPT ●2003년 12월 4일 ●6,800엔
●플레이 명수 : 1~2인 ●세이브 용량 : 57KB 이상

풀보이스로 진행되는 스토리 모드로 원작 애니메이션의 수많은 명장면들을 재현해내는 권투 게임. 컷인 연출에서 이어지는 필살기를 발동시켜 상대를 쓰러뜨리자. 원작의 유명한 주제가도 수록되어 있다.

CERO 등급 아이콘   

컨텐츠 명시 아이콘 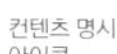 연애  선정성  폭력성  공포   음주·흡연   사행성  범죄  약물   언어·기타

쿠노이치

●세가 ●ACT ●2003년 12월 4일 ●6,980엔
●플레이 명수 : 1인 ●세이브 용량 : 285KB 이상

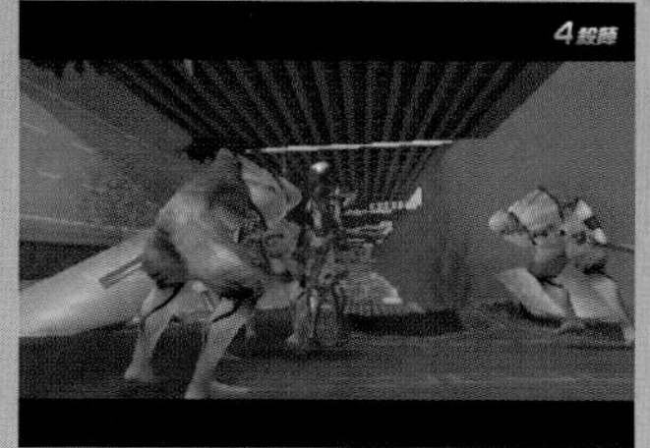

하이스피드 살진 액션 게임 「시노비」(144p)의 속편. 전작의 특징을 좀 더 가다듬은 액션 게임으로서, Shinobi 기관의 쿠노이치(여닌자) '히바나'가 요도 '아쿠지키'의 파편을 모으기 위해 총 13스테이지에 도전한다. 공중 킥 추가 등을 통한 킥 공격의 개량, 시간제한 게이지 삭제 등의 변경점이 있다.

기동전사 Z건담 : 에우고 vs. 티탄즈

●반다이 ●ACT ●2003년 12월 4일 ●6,800엔 ●플레이 명수 : 1~2인
●세이브 용량 : 211KB 이상 ●네트워크 어댑터, USB 키보드, USB 모뎀 지원

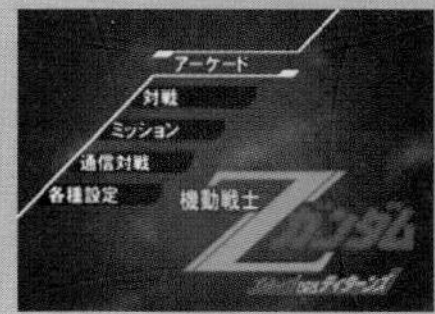

'기동전사 건담'의 모빌슈트들로 팀 배틀을 즐기는 「기동전사 건담 : 연방 vs. 지온」의 시스템을 계승한 속편. 무대를 '기동전사 Z건담'의 세계로 옮겼고, 하이퍼 콤비네이션과 변신 등의 신규 시스템도 도입했다.

그란 투리스모 4 Prologue

●소니컴퓨터엔터테인먼트 ●RCG ●2003년 12월 4일 ●2,980엔
●플레이 명수 : 1인 ●세이브 용량 : 150KB 이상 ●GT FORCE, GT FORCE Pro 지원

「그란 투리스모 4」가 발매되기 1년 전에 '입문편' 형태로 선행 발매한 타이틀. 스쿨 모드에서 기초적인 운전기술을 배우면서 새로운 차량을 획득하여, 사전 수록된 5개 코스에서 주행을 즐길 수 있다.

SuperLite 2000 퍼즐 : 스도쿠

●석세스 ●PZL ●2003년 12월 4일 ●2,000엔
●플레이 명수 : 1인 ●세이브 용량 : 105KB 이상

9×9칸 규모의 보드에서 가로·세로·소구역 내에 같은 숫자가 없도록 모든 칸을 채우는 스도쿠 퍼즐을 250문제+α만큼 수록했다. 라인 기능 덕에 시각적으로 정·오답을 바로 체크할 수 있다. 튜토리얼도 완비했다.

슬로터 UP 코어 α : 축호! 우승 패널! 신화! 거인의 별

●도라스 ●SLG ●2003년 12월 4일 ●2,800엔 ●플레이 명수 : 1인
●세이브 용량 : 480KB 이상 ●슬로콘, 파치슬로 컨트롤러 Pro·Pro 2·쿠로토 지원

전작인 「슬로터 UP 코어 : 염타! 거인의 별」(174p)의 디스크까지 활용하면 총 6개 기종을 선택할 수 있는 파치슬로 실기 시뮬레이터. 리플레이 내비게이션, 남은 RT 게임 수 표시 등의 추가기능을 갖추었다.

허드슨 셀렉션 Vol.3 : PC원인

●허드슨 ●ACT ●2003년 12월 4일 ●3,000엔
●플레이 명수 : 1인 ●세이브 용량 : 304KB 이상

PC엔진의 인기 액션 게임을 리메이크한 작품. 박치기와 벽 타기 등의 파워풀한 '원인 액션' 시스템은 원작을 그대로 준수한 대신, 그래픽은 모두 3D화했고 스테이지도 전반적으로 리뉴얼하였다.

메달 오브 아너 : 라이징 선

●일렉트로닉 아츠 ●STG ●2003년 12월 4일 ●6,800엔 ●플레이 명수 : 1~2인
●세이브 용량 : 117KB 이상 ●멀티탭 지원(~4인), USB 헤드셋, 네트워크 어댑터, PlayStation BB Unit 지원

「메달 오브 아너」 시리즈의 제5탄이자, PS2로는 2번째 타이틀이다. 태평양전쟁에 초점을 맞춘 FPS로서, 미군 병사가 되어 진주만 공격을 필두로 구 일본군과 다양한 전쟁터에서 전투를 펼치게 된다.

각종 지원 아이콘 Best판 발매  PlayStation BB Unit 전용 PlayStation BB Unit 지원

니모를 찾아서

●유크스 ●ACT ●2003년 12월 6일 ●6,800엔
●플레이 명수 : 1인 ●세이브 용량 : 91KB 이상

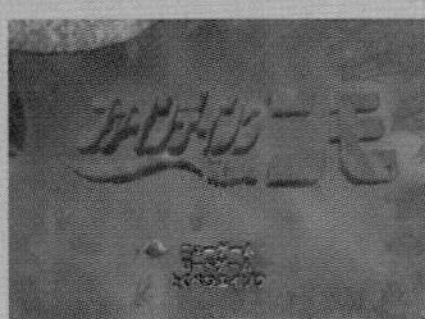

같은 제목의 픽사 애니메이션 영화를 게임화했다. 그레이트 배리어 리프를 무대로, '니모'나 '말린'을 조작해 영화와 동일한 스토리를 따라가자. 다양한 이벤트와 함께, 아름다운 바다 속 세계를 모험한다.

캄브리안 QTS

●글로벌 A 엔터테인먼트 ●SLG ●2003년 12월 11일 ●6,800엔
●플레이 명수 : 1인 ●세이브 용량 : 145KB 이상

수조 안에 든 캄브리아기의 생명체 'QTS'를 육성하는 게임. QTS는 성장하면 여자아이 모습이 되며, QTS를 꾸준히 돌보거나 수조 내부의 물체들을 재배치하다 보면 호감도가 올라가게 된다.

게게게의 키타로 : 이문 요괴기담

●코나미 ●SLG ●2003년 12월 11일 ●6,800엔
●플레이 명수 : 1인 ●세이브 용량 : 421KB 이상

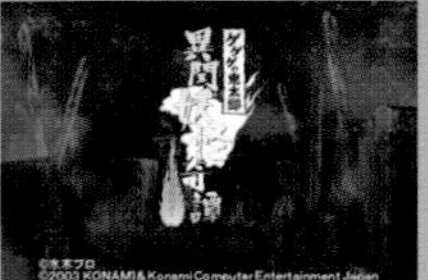

만화판 '게게게의 키타로'를 테마로 삼은 시뮬레이션 RPG. 원작의 분위기를 재현한 오리지널 스토리로 진행되며, 키타로와 친숙한 동료들이 나쁜 짓을 하는 요괴와 한바탕 싸움을 벌인다.

J리그 위닝 일레븐 택틱스

●코나미 ●SLG ●2003년 12월 11일 ●6,980엔
●플레이 명수 : 1~2인 ●세이브 용량 : 591KB 이상

「위닝 일레븐」 시리즈 중에서는 이색적인 시뮬레이션계 게임. 원하는 클럽의 감독이 되어, 전술과 작전지시를 활용해 우승으로 이끌자. 시합 진행 화면은 친숙한 「위닝 일레븐」 시리즈의 그래픽 그대로다.

신세기 에반게리온 : 아야나미 육성계획 with 아스카 보완계획

●브로콜리 ●SLG ●2003년 12월 11일 ●6,800엔
●플레이 명수 : 1인 ●세이브 용량 : 60KB 이상

아야나미 레이의 보호자 대리가 되어, 그녀를 지도하는 육성 시뮬레이션 게임. 훈련과 이벤트를 거치면, 군것질을 즐기는 레이 등의 다양한 가능성과 엔딩이 펼쳐진다. 클리어 후에는 아스카를 육성하는 모드도 개방된다.

SIMPLE 2000 시리즈 얼티밋 Vol.14 : 투패! 드라마틱 마작 - 텐 : 천화거리의 쾌남아

●D3 퍼블리셔 ●TBL ●2003년 12월 11일 ●2,000엔
●플레이 명수 : 1인 ●세이브 용량 : 49KB 이상

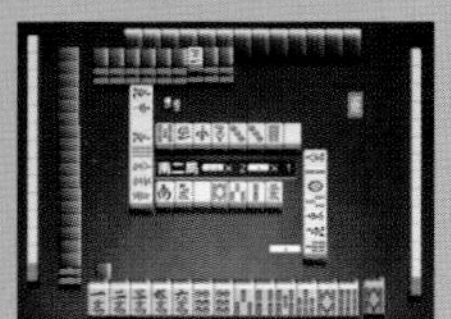

후쿠모토 노부유키의 인기 마작만화가 원작인 마작 게임. 원작에서 나온 특수한 룰을 이용한 대결과, 특수능력을 갖춘 캐릭터와의 스토리를 재현한 대국을 즐길 수 있다. 일반적인 프리 대국 모드도 탑재했다.

SIMPLE 2000 시리즈 얼티밋 Vol.15 : 러브★핑퐁

●D3 퍼블리셔 ●SPT ●2003년 12월 11일 ●2,000엔
●플레이 명수 : 1~2인 ●세이브 용량 : 84KB 이상

12명의 여성과, 자신이 입은 옷을 걸고 싸우는 탁구 게임. 라켓을 잡는 방식은 셰이크핸드와 펜홀더 중에서 선택 가능하며, 변화구도 구사할 수 있다. 각 캐릭터별로 마구 느낌의 스페셜 샷도 존재한다.

제로 파일럿 : 고공의 기적

●사미 ●STG ●2003년 12월 11일 ●5,800엔
●플레이 명수 : 1~2인 ●세이브 용량 : 260KB 이상

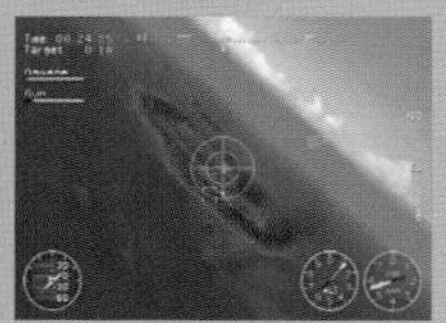

PS1판이 원작인 프로펠러기 플라이트 슈팅 게임 시리즈의 신작. 태평양전쟁을 무대로, 공대공 전투와 전함 공략 등의 다양한 상황별 미션을 수행한다. 풍향·기압 등의 변화도 조종에 영향을 미친다.

CERO 등급 아이콘   
컨텐츠 명시 아이콘 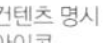 연애  선정성 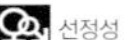 폭력성  공포  음주·흡연   사행성  범죄  약물  언어·기타 

더비츠쿠 3 : 더비 말을 만들자!

●세가 ●SLG ●2003년 12월 11일 ●6,980엔
●플레이 명수 : 1인 ●세이브 용량 : 185KB 이상

드림캐스트로 처음 시작되었던 경주마 육성 시뮬레이션 게임 시리즈의 제3탄. 마주·생산자·조교사의 3개 역할을 수행하면서 경주마를 육성하여, 일본 더비를 비롯한 GI 레이스의 완전제패를 노려보자.

댄스 댄스 레볼루션 : 파티 컬렉션

●코나미 ●SLG ●2003년 12월 11일 ●4,800엔 ●플레이 명수 : 1~2인
●세이브 용량 : 100KB 이상 ●RU017, RU023, RU025, RU031, RU039 지원

「댄스 댄스 레볼루션 익스트림」의 시스템 상에서, 댄스매니악스 및 코나미 오리지널 과거작의 곡들을 중심으로 플레이하는 일종의 베스트판. 신곡도 6곡 있으며, 과거 작품의 숨겨진 요소를 해금하는 서포트 기능도 넣었다.

모모타로 전철 12 : 서일본 편도 있구먼유!

●허드슨 ●TBL ●2003년 12월 11일 ●6,800엔 ●플레이 명수 : 1~4인
●세이브 용량 : 171KB 이상 ●멀티탭 지원

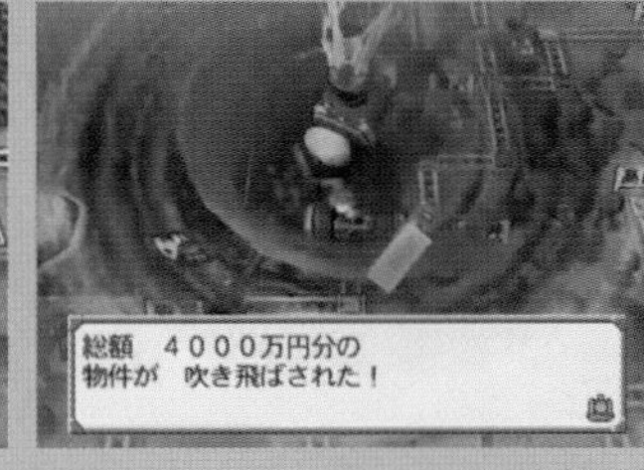

유명 보드 게임 시리즈의 12번째 작품. 시리즈 전통의 일본 전국 맵은 물론이고, 주고쿠·시코쿠·긴키 지방을 더욱 디테일하게 표현한 서일본 맵도 수록하였다. 서일본 편에서는 고속도로 루트가 있고 오사카 아줌마가 등장하기도 하는 등 기존작에 없던 요소가 많아, 신선한 느낌으로 플레이할 수 있다.

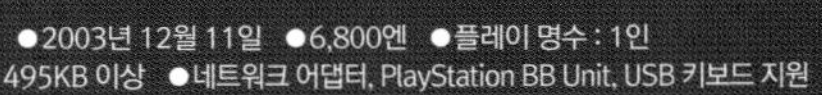

바이오하자드 아웃브레이크

●캡콤 ●ACT ●2003년 12월 11일 ●6,800엔 ●플레이 명수 : 1인
●세이브 용량 : 495KB 이상 ●네트워크 어댑터, PlayStation BB Unit, USB 키보드 지원

「바이오하자드」 시리즈의 외전 격 작품. 라쿤 시티의 시민 중 한 명이 되어, 좀비가 범람하는 도시에서 탈출에 성공해야 하는 액션 게임이다. 온라인으로 최대 4인까지의 동시 플레이가 가능했다.

라쳇 & 클랭크 : 공구전사 대박몰이

●소니컴퓨터엔터테인먼트 ●ACT ●2003년 12월 11일 ●5,800엔
●플레이 명수 : 1인 ●세이브 용량 : 476KB 이상

타이틀명대로 '라쳇'·'클랭크' 2인조가 다양한 공구를 활용하여 적을 물리치는 액션 게임의 속편. 무기 업그레이드 시스템이 추가되었고 도구 종류도 늘어나, 더욱 자유도 높고 다채로운 액션이 펼쳐진다.

원피스 그랜드 배틀! 3

●반다이 ●ACT ●2003년 12월 11일 ●6,800엔
●플레이 명수 : 1~2인 ●세이브 용량 : 49KB 이상

인기 만화가 원작인 대전 액션 게임의 제3탄. 전작까지는 2D 격투게임이었지만 이번엔 3D 공간을 누비는 배틀 액션 게임이며, 연출도 대폭 강화되었다. 캐릭터간 이벤트는 원작에 없던 조합으로도 발생한다.

Wind : a breath of heart

●알케미스트 ●AVG ●2003년 12월 18일 ●6,800엔
●플레이 명수 : 1인 ●세이브 용량 : 69KB 이상

PC판 성인용 연애 어드벤처 게임의 이식작. 십수 년 만에 태어난 고향으로 돌아온 주인공과, 다소 신비한 능력을 지닌 소녀들 간의 이야기를 그렸다. PS2판은 새로 제작된 루트도 추가했다.

각종 지원 아이콘  Best판 발매  PlayStation BB Unit 전용  PlayStation BB Unit 지원

스노보드 게임 시리즈의 제3탄. 설산 전체가 필드인 '백 컨트리', 하프파이프 상에서 연속 콤보를 경쟁하는 '슈퍼 파이프', 점프대에서 점프 기술을 겨루는 '빅 에어' 등의 다양한 모드가 있다.

실사영상으로 제작된 여성 캐릭터들과 마작을 즐기며 연애관계를 쌓아가는 게임. 히로인은 총 8명이며, 마작 외에도 대화·선물 등으로 서로간의 관계가 깊어지면 섹시 샷까지도 감상할 수 있다.

가챠로쿠 2

●소니컴퓨터엔터테인먼트 ●TBL ●2003년 12월 18일 ●5,800엔
●플레이 명수 : 1~4인 ●세이브 용량 : 64KB 이상 ●멀티탭 지원

미니게임을 즐기면서 돈을 벌어나가는 말판놀이 게임의 제2탄. 무대가 세계 전체로 확대되었고, 명물·명소 이벤트도 대폭 증가했으며, 미니게임도 80종류 이상이나 되는 등 볼륨이 한층 더 커졌다.

그녀의 전설, 나의 석판.

●D3 퍼블리셔 ●AVG ●2003년 12월 18일 ●4,800엔
●플레이 명수 : 1인 ●세이브 용량 : 74KB 이상

주인공이 그림책 제작 소프트를 사용하던 도중 생소한 이세계로 넘어가 버려, 그곳에서 체험한 일들이 그림책이 된다는 스토리의 연애 어드벤처 게임. 히로인은 5명+α로서, 호감도에 따라 엔딩도 변화한다.

가면라이더 파이즈(555)

●반다이 ●ACT ●2003년 12월 18일 ●5,800엔
●플레이 명수 : 1~2인 ●세이브 용량 : 82KB 이상

같은 제목의 인기 특촬 TV드라마가 원작인 대전격투 게임. 가면라이더나 오르페노크 괴인을 조작하여, 원작을 재현한 액션을 구사해 싸우자. 필살기를 발동시킨 후에 벌어지는 연타 승부가 특징이다.

가라오케 레볼루션 : 애니메 송 셀렉션

●코나미 ●ETC ●2003년 12월 18일 ●3,980엔 ●플레이 명수 : 1인~ ●세이브 용량 : 48KB 이상
●PlayStation BB Unit, 네트워크 어댑터, 가라오케 레볼루션용 마이크, USB 마이크 지원

역대 인기 애니메이션 및 특촬 드라마 테마송을 모은 「가라오케 레볼루션」 시리즈 신작. '은하철도 999', '우주전함 야마토', '표주박섬 표류기', '모모노케 히메' 등의 총 50곡을 수록하였다.

가라오케 레볼루션 : J-POP 베스트 Vol.5

●코나미 ●ETC ●2003년 12월 18일 ●3,980엔 ●플레이 명수 : 1인~ ●세이브 용량 : 48KB 이상
●PlayStation BB Unit, 네트워크 어댑터, 가라오케 레볼루션용 마이크, USB 마이크 지원

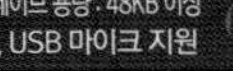

「가라오케 레볼루션」의 J-POP 베스트 시리즈 제5집. 제2기 격이라 '오디션 모드'의 시나리오가 추가되었고 '투어 모드'가 탑재되었다. 모리야마 나오타로의 '여름의 끝' 등 50곡을 수록하였다.

가라오케 레볼루션 : J-POP 베스트 Vol.6

●코나미 ●ETC ●2003년 12월 18일 ●3,980엔 ●플레이 명수 : 1인~ ●세이브 용량 : 48KB 이상
●PlayStation BB Unit, 네트워크 어댑터, 가라오케 레볼루션용 마이크, USB 마이크 지원

「가라오케 레볼루션」의 J-POP 베스트 시리즈 제6집. 서던 올 스타즈의 '희망의 바퀴자국', 마츠우라 아야의 '저기~?', 시이나 링고의 '죄와 벌', I WiSH의 '내일로 향하는 문' 등 50곡을 수록했다.

CERO 등급 아이콘

컨텐츠 명시 아이콘

연애

선정성

폭력성

공포

음주·흡연

사행성

범죄

약물

언어·기타

가라오케 레볼루션 : J-POP 베스트 Vol.7

●코나미 ●ETC ●2003년 12월 18일 ●3,980엔 ●플레이 명수 : 1인~ ●세이브 용량 : 48KB 이상
●PlayStation BB Unit, 네트워크 어댑터, 가라오케 레볼루션용 마이크, USB 마이크 지원

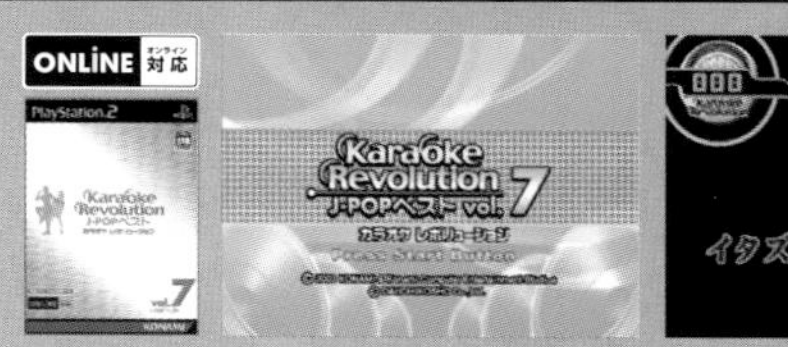

「가라오케 레볼루션」의 J-POP 시리즈 제7집. 히라이 켄의 '낙원', 우타다 히카루의 'Can You Keep A Secret?', V6의 '각인의 기억', CHEMISTRY의 '내일로 돌아가다' 등 50곡을 수록했다.

가라오케 레볼루션 : J-POP 베스트 Vol.8

●코나미 ●ETC ●2003년 12월 18일 ●3,980엔 ●플레이 명수 : 1인~ ●세이브 용량 : 48KB 이상
●PlayStation BB Unit, 네트워크 어댑터, 가라오케 레볼루션용 마이크, USB 마이크 지원

「가라오케 레볼루션」의 J-POP 시리즈 제8집. B'z의 'ultra soul', 후쿠야마 마사하루의 'MELODY', GLAY의 '유혹', BUMP OF CHICKEN의 'sailing day', Gackt의 '12월의 Lovesong' 등 50곡을 수록했다.

가라오케 레볼루션 : 스노우 앤 파티

●코나미 ●ETC ●2003년 12월 18일 ●3,980엔 ●플레이 명수 : 1인~ ●세이브 용량 : 48KB 이상
●PlayStation BB Unit, 네트워크 어댑터, 가라오케 레볼루션용 마이크, USB 마이크 지원

겨울에 불리는 인기 곡들을 모은 「가라오케 레볼루션」 시리즈 신작. 야마시타 타츠로의 '크리스마스 이브', 마츠토야 유미의 '애인이 산타클로스', SPEED의 'White Love' 등 50곡을 수록했다.

키와메 마작 DX II : The 4th MONDO21Cup Competition

●아테나 ●TBL ●2003년 12월 18일 ●4,800엔
●플레이 명수 : 1인 ●세이브 용량 : 290KB 이상

위성방송 전문채널의 인기 프로와 콜라보한 마작 게임. 프로에 출연하던 프로 마작사 16명이 실명으로 등장해 자신의 플레이스타일을 그대로 재현한다. 프로와 동일한 구성의, 전원과 겨루는 서바이벌 토너먼트도 즐길 수 있다.

그로우랜서 IV

●아틀러스 ●RPG ●2003년 12월 18일 ●6,800엔
●플레이 명수 : 1인 ●세이브 용량 : 83KB 이상

오리지널 시스템을 다수 탑재한 논스톱 드라마틱 RPG 시리즈의 제4탄. 이전작들과 세계관을 차별화하여, 천사 토벌이 목적인 주인공이 국가간 전쟁에 투신해가면서까지 세계를 구하는 스토리를 그려냈다.

그로우랜서 컬렉션

●아틀러스 ●RPG ●2003년 12월 18일 ●7,800엔
●플레이 명수 : 1인 ●세이브 용량 : 91KB 이상

이전까지 발매했던 「그로우랜서」 시리즈 전체, 즉 PS1판 「그로우랜서」와 PS2판 「그로우랜서 II」·「그로우랜서 III」를 한 패키지로 합본한 작품. 디스크는 모두 오리지널 픽처 레이블 디자인으로 재제작했다.

개골개골 킹 : 슈퍼 디럭스

●반다이 ●ACT ●2003년 12월 18일 ●3,800엔 ●플레이 명수 : 1~4인
●세이브 용량 : 14KB 이상 ●멀티탭 지원(~4인)

게임큐브로 발매되었던 시리즈 2번째 작품의 이식작. 골프와 유사하지만 볼 대신 개구리를 날리는 '개골프'라는 스포츠를 즐기는 작품이다. 타수뿐만 아니라, 코스에 설치된 장치를 활용해 득점을 버는 것도 중요하다.

컨플릭트 델타 : 걸프전쟁 1991

●캡콤 ●ACT ●2003년 12월 18일 ●6,800엔
●플레이 명수 : 1~2인 ●세이브 용량 : 224KB 이상

걸프전쟁이 소재인, 영국 Pivotal Games 사 제작의 3인칭 전술 밀리터리 슈터 게임. 미국·영국 중 한쪽 팀의 멤버가 되어, 적 섬멸과 동료 구출 등 전장에서의 다양한 임무를 수행하며 게임을 진행해야 한다.

HARDWARE 2000 2001 2002 2003 2004 2005 2006 2007 2008 2009 2010 2011 2013 INDEX

실황 파워풀 프로야구 10 초결정판 : 2003 메모리얼

●코나미 ●SPT ●2003년 12월 18일 ●6,980엔
●플레이 명수 : 1~2인 ●세이브 용량 : 800KB 이상

2003년도 페넌트레이스 결과를 반영한 데이터 개정판. 개막판보다 시스템 편의성이 향상되었으며, 역대 석세스 모드의 선수들과 계약할 수 있는 '석세스 올스타즈'라는 시나리오가 신규 추가되었다.

신세기 GPX 사이버 포뮬러 : Road To The Infinity

●선라이즈 인터랙티브 ●RCG ●2003년 12월 18일 ●6,800엔
●플레이 명수 : 1~2인 ●세이브 용량 : 74KB 이상

같은 제목의 인기 애니메이션이 원작인 근미래 3D 레이싱 게임. 원작에 등장하는 머신에 탑승하여 그랑프리 제패를 노려보자. 추월시 및 부스트 발동시에는 캐릭터의 컷인과 음성 연출이 나온다.

SIMPLE 2000 시리즈 Vol.42 : THE 이종격투기 - 복싱 vs 킥 vs 가라테 vs 프로레슬링 vs 유도 vs…

●D3 퍼블리셔 ●ACT ●2003년 12월 18일 ●2,000엔
●플레이 명수 : 1~2인 ●세이브 용량 : 20KB 이상

가라테나 복싱 등 다양한 종목의 달인들이 하나의 링에서 대결을 펼치는 프로레슬링 격투 게임. 총 10명의 격투가들이 등장하며, 「SIMPLE 2000」 시리즈의 간판 캐릭터 '후타바 리호'도 참전한다.

슈퍼 트럭스

●석세스 ●RCG ●2003년 12월 18일 ●5,800엔 ●플레이 명수 : 1~2인
●세이브 용량 : 85KB 이상 ●GT FORCE 지원

유럽에서 상당한 인기를 자랑하는 경기를 게임화한, 강력한 파워의 5톤 트럭을 몰고 달리는 레이싱 게임. 실존 트럭·팀·드라이버들이 실명으로 등장하며, 오리지널 커스텀 트럭도 직접 제작할 수 있다.

SuperLite 2000 퍼즐 : 테트리스 - KIWAMEMICHI

●석세스 ●PZL ●2003년 12월 18일 ●2,000엔
●플레이 명수 : 1~4인 ●세이브 용량 : 62KB 이상 ●멀티탭 지원

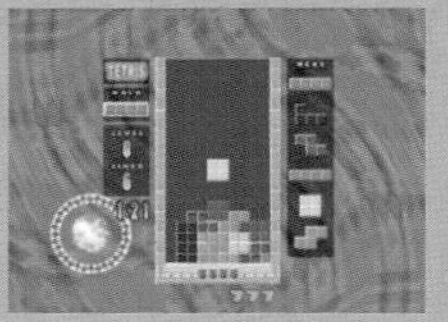

2,000엔이라는 염가로 「테트리스」를 즐길 수 있는 타이틀. '타깃'과 '핫라인' 등의 신규 룰을 추가했고, 2인 협력 플레이와 별매품인 멀티탭을 이용하는 최대 4인 대전도 흥미진진하다.

슬로터 UP 매니아 3 : 전설 부활! 뉴 페가수스 스페셜

●도라스 ●SLG ●2003년 12월 18일 ●5,800엔 ●플레이 명수 : 1인
●세이브 용량 : 290KB 이상 ●슬로콘, 파치슬로 컨트롤러 Pro·Pro2·쿠로토 지원

대박과 쪽박의 낙차가 격렬한 것이 매력 중 하나였던 '뉴 페가수스' 중 사양이 차별화된 3개 기종을 수록한 파치슬로 실기 시뮬레이터. 팸플릿 표시와, 실전 도중에 나오는 BGM·효과음을 즐기는 옵션도 탑재했다.

SEGA AGES 2500 시리즈 Vol.7 : 컬럼스

●3D 에이지스 ●PZL ●2003년 12월 18일 ●2,500엔
●플레이 명수 : 1~2인 ●세이브 용량 : 53KB 이상

동일한 보석을 가로·세로·대각선으로 3개 이상 배열하여 없애가는 낙하계 퍼즐 게임. 초대 「컬럼스」는 물론이고 오리지널 캐릭터의 대전 모드, 「컬럼스 '97」 기반의 리메이크판에 있는 무한 모드도 제공한다.

태고의 달인 : 두근두근 애니메이션 축제

●남코 ●ACT ●2003년 12월 18일 ●3,500엔 ●플레이 명수 : 1~2인
●세이브 용량 : 88KB 이상 ●타타콘 지원

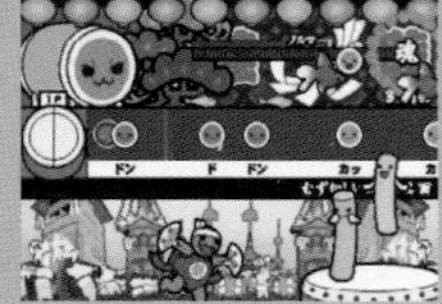

역대 「태고의 달인」 시리즈의 수록곡 중에서, '달빛의 전설'이나 '나는 도라에몽' 등 일본 아이들에게 인기가 있는 TV 애니메이션 및 특촬 드라마의 주제가들만을 한데 모은 작품. 수록곡은 총 18곡+α다.

CERO 등급 아이콘      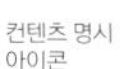

컨텐츠 명시 아이콘  연애  선정성  폭력성  공포  음주·흡연   사행성  범죄  약물  언어·기타

탐정학원 Q : 기옹관의 살의

●코나미 ●AVG ●2003년 12월 18일 ●6,800엔
●플레이 명수 : 1인 ●세이브 용량 : 72KB 이상

같은 제목의 만화가 원작인 추리 어드벤처 게임. 오리지널 스토리로 밀실 살인 사건의 비밀을 파헤친다. 수집한 힌트를 바탕으로 새로운 단서를 얻는 '정보합성 시스템'과, 마을사람의 인상을 바꾸는 '심증 시스템'이 특징.

테니스의 왕자 : Smash Hit! 2

●코나미 ●SPT ●2003년 12월 18일 ●6,800엔 ●플레이 명수 : 1~2인
●세이브 용량 : 72KB 이상 ●멀티탭 지원(~4인)

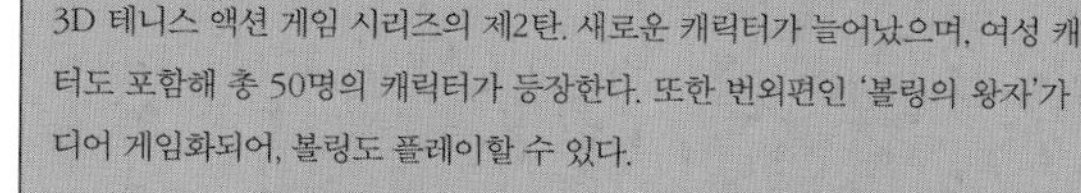

3D 테니스 액션 게임 시리즈의 제2탄. 새로운 캐릭터가 늘어났으며, 여성 캐릭터도 포함해 총 50명의 캐릭터가 등장한다. 또한 번외편인 '볼링의 왕자'가 드디어 게임화되어, 볼링도 플레이할 수 있다.

드림 믹스 TV : 월드 파이터즈

●허드슨 ●ACT ●2003년 12월 18일 ●6,800엔 ●플레이 명수 : 1~2인
●세이브 용량 : 83KB 이상 ●멀티탭 지원(~4인)

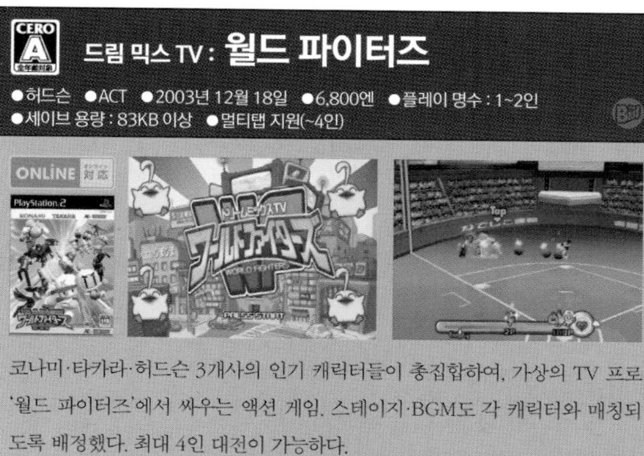

코나미·타카라·허드슨 3개사의 인기 캐릭터들이 총집합하여, 가상의 TV 프로 '월드 파이터즈'에서 싸우는 액션 게임. 스테이지·BGM도 각 캐릭터와 매칭되도록 배정했다. 최대 4인 대전이 가능하다.

Train Simulator + 전차로 GO! : 동경급행편

●온가쿠칸 ●SLG ●2003년 12월 18일 ●6,800엔
●플레이 명수 : 1인 ●세이브 용량 : 100KB 이상

전철 운전이 메인 테마인 양대 게임 시리즈의 콜라보로 탄생한 작품. 「Train Simulator」는 물론이고, 폴리곤이 아닌 실사영상으로 「전차로 GO!」를 즐길 수 있는 매우 드문 타이틀이 되었다.

하이퍼 스트리트 파이터 II : 애니버서리 에디션

●캡콤 ●ACT ●2003년 12월 18일 ●3,800엔
●플레이 명수 : 1~2인

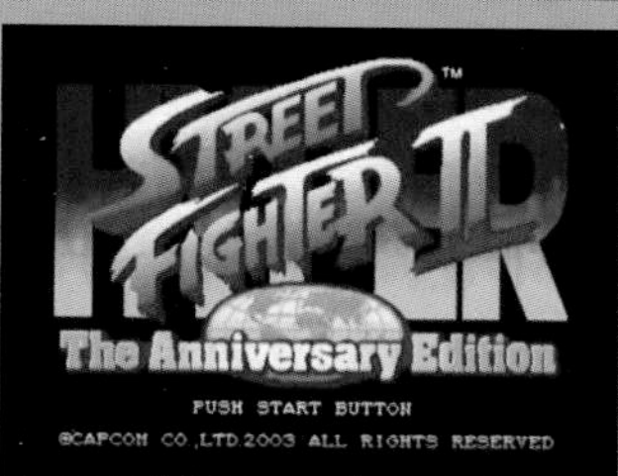

대전격투 게임의 금자탑 「스트리트 파이터 Ⅱ」 시리즈의 15주년 기념작. 「스트리트 파이터 Ⅱ」부터 「~ⅡX」까지 총 5개 작품에 등장한 모든 캐릭터들이, 각 버전의 성능을 유지한 상태로 자유롭게 대전하는 작품이다. 갤러리 모드에서는 애니메이션 영화 '스트리트 파이터 Ⅱ MOVIE' 전체를 감상할 수도 있다.

노부나가의 야망 : 창천록 with 파워업 키트

●코에이 ●SLG ●2003년 12월 18일 ●10,800엔 ●플레이 명수 : 1인
●세이브 용량 : 2938KB 이상 ●PlayStation BB Unit (캐시) 지원 : 256MB 이상 사용

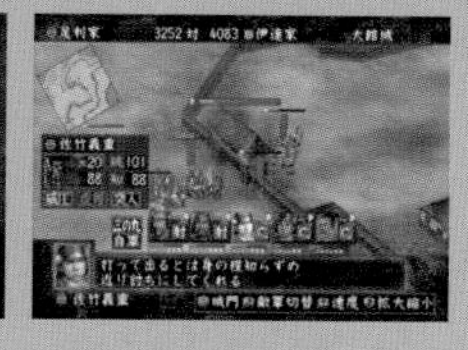

「노부나가의 야망 : 창천록」(150p)에 신규 시나리오와 300명의 무장을 추가한 업그레이드판. 각 나라별 상태 등을 변경할 수 있는 에디터와, 자잘한 게임 룰을 설정할 수 있는 특선 커스터마이즈 기능 등을 추가하였다.

허드슨 셀렉션 Vol.4 : 타카하시 명인의 모험도

●허드슨 ●ACT ●2003년 12월 18일 ●3,000엔
●플레이 명수 : 1인 ●세이브 용량 : 67KB 이상

패미컴의 인기 액션 게임을, 캐릭터를 3D화하여 풀 리메이크한 작품. 스테이지 도중에 출현하는 과일의 획득률 표시 시스템, 노 미스 플레이로만 클리어할 수 있는 '챌린지 게임' 모드 등이 추가되었다.

각종 지원 아이콘  Best판 발매 · ONLINE 専用 PlayStation BB Unit 전용 · ONLINE 対応 PlayStation BB Unit 지원

HARDWARE 2000 2001 2002 2003 2004 2005 2006 2007 2008 2009 2010 2011 2013 INDEX

프론트 미션 포스

●스퀘어 에닉스 ●SLG ●2003년 12월 18일 ●6,800엔
●플레이 명수 : 1인 ●세이브 용량 : 379KB 이상

로봇 병기 '반처'가 활약하는 SF 세계를 묘사한 시뮬레이션 RPG 시리즈의 제4탄. 두 주인공의 스토리가 번갈아가며 재핑 형식으로 진행된다. 복수 기체 운용의 장점을 살려주는 '링크 시스템'이 특징이다.

삼국지 IX

●코에이 ●SLG ●2003년 12월 20일 ●9,800엔 ●플레이 명수 : 1~8인
●세이브 용량 : 834KB 이상 ●PlayStation BB Unit (캐시) 지원 : 128MB 이상 필요

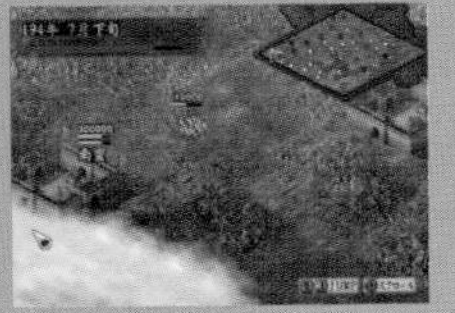

무장 시점의 플레이에서 군주 플레이로 다시 원점회귀한, 시리즈 제9탄. 중국 전토를 한 장의 대형 맵으로 표현하여, 각 군세의 움직임을 파악하며 전략을 세울 수 있도록 했다. 역사 및 if 시나리오를 각 10개씩 제공한다.

위저드리 엠파이어 III : 패왕의 계보

●스타피시 ●RPG ●2003년 12월 25일 ●6,800엔
●플레이 명수 : 1인 ●세이브 용량 : 74KB 이상

미국산 3D 던전 RPG 「위저드리」를 기반으로, 일본 회사가 독자 제작한 시리즈의 신작. 파티를 편성하여, 화·수·목·금·토 다섯 원소를 상징하는 던전에 도전한다. 던전 내에서는 세이브가 불가능한 '매니아 모드'도 있다.

SNK VS. CAPCOM : SVC CHAOS

●SNK 플레이모어 ●ACT ●2003년 12월 25일 ●6,800엔
●플레이 명수 : 1~2인 ●세이브 용량 : 100KB 이상

SNK와 캡콤의 인기 캐릭터들이 크로스오버하여 대전을 펼치는 격투 게임 프로젝트의 SNK측 개발 작품. PS2판은 히든 보스 2명을 사용할 수 있으며, 서바이벌 모드와 갤러리 모드도 추가되었다.

실전 파치슬로 필승법! : Sammy's Collection 2

●사미 ●SLG ●2003년 12월 25일 ●4,800엔 ●플레이 명수 : 1인
●세이브 용량 : 80KB 이상 ●실전 파치슬로 컨트롤러, 실전 파치슬로 컨트롤러 mini 지원

4호기 시대에 홀에서 가동되었던 '선풍의 보디가드 R', '슬로터 킨타로 RX'를 수록한 파치슬로 실기 시뮬레이터. LCD 연출을 즐기며 대량의 구슬을 획득하는 쾌감을 맛보자. 전용 컨트롤러도 지원한다.

스이스이 Sweet : 달콤한 사랑을 찾는 법

●스타피시 ●AVG ●2003년 12월 25일 ●6,800엔
●플레이 명수 : 1인 ●세이브 용량 : 79KB 이상

PC용 게임의 이식작. 고교 3학년인 주인공과 개성적인 소녀들 6명 간의 교류를 그린 연애 어드벤처 게임이다. 목적 중 하나인 '사랑의 격언'을 수집하려면 여성의 심리나 상황을 살펴가며 플레이할 필요가 있다.

스파이 픽션

●사미 ●ACT ●2003년 12월 25일 ●6,800엔
●플레이 명수 : 1인 ●세이브 용량 : 330KB 이상

스파이 아이템과 변장을 활용하여 첩보활동을 펼치는 액션 어드벤처 게임. 비합법 첩보기관의 요원인 'PHANTOM'과 범죄조직 간의 대결을 그린 스토리로서, 광학미채 등의 다양한 스파이 아이템이 등장한다.

D → A : BLACK

●톤킨 하우스 ●AVG ●2003년 12월 25일 ●6,800엔
●플레이 명수 : 1인 ●세이브 용량 : 330KB 이상

움직임이 있는 연출을 도입한 노벨 게임. 말풍선을 적극 활용하고 평문을 줄여 가독성을 올렸으며, 전투 장면을 삽입하여 몰입감을 연출했다. 선택지에 시간 제한이 있어, 이것이 상대의 반응이나 스토리에도 영향을 미친다.

CERO 등급 아이콘    

컨텐츠 명시 아이콘 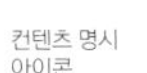 연애  선정성  폭력성  공포  음주·흡연  사행성  범죄  약물  언어·기타  

강철의 연금술사 : 날 수 없는 천사

●스퀘어 에닉스 ●RPG ●2003년 12월 25일 ●6,800엔
●플레이 명수 : 1인 ●세이브 용량 : 226KB 이상

같은 제목의 만화가 원작인 액션 RPG. 원작 초기의 에피소드 막간의 이야기를 그린 오리지널 스토리로서, 엘릭 형제가 열차 납치 사건 직후에 방문한 히스갈드 마을에서 벌어지는 사건을 그렸다. 비극적인 전개와 연금술을 활용하는 다채로운 액션 등, 원작의 느낌을 잘 재현한 작품이다.

니드 포 스피드 언더그라운드

●일렉트로닉 아츠 ●RCG ●2003년 12월 25일 ●6,800엔 ●플레이 명수 : 1~2인
●세이브 용량 : 139KB 이상 ●GT FORCE, GT FORCE Pro(200도) 지원

밤의 공공도로를 달리는 레이싱 게임. 레이스에 참가하여 승리하면 엔진 성능 향상이나 니트로 탑재 등의 커스터마이즈를 할 수 있게 된다. 드리프트 실력을 경쟁하는 모드도 탑재하였다.

배틀 기어 3

●타이토 ●RCG ●2003년 12월 25일 ●6,800엔 ●플레이 명수 : 1~2인
●세이브 용량 : 1190KB 이상 ●GT FORCE 지원

실존 차량을 리얼한 거동으로 운전할 수 있는 아케이드 레이싱 게임의 이식작. 아케이드판에 2개 코스와 4개 차종을 추가하였으며, 복수의 코스에서 CPU와 대전하는 '배틀 기어' 모드도 추가하였다.

FEVER 9 : SANKYO 공식 파친코 시뮬레이션

●인터내셔널 카드 시스템 ●SLG ●2003년 12월 25일 ●5,200엔
●플레이 명수 : 1인 ●세이브 용량 : 197KB 이상 ●회전형 컨트롤러 지원

파친코 제조사 SANKYO의 공식 실기 시뮬레이터. 귀여운 강아지가 액정화면에 등장하는 'CR 피버 프렌즈' 중, 사양이 각기 차별화된 3개 기종을 수록했다. 리치 액션이 다양하고도 매우 귀엽다.

무인가(武刃街)

●타이토 ●ACT ●2003년 12월 25일 ●6,800엔
●플레이 명수 : 1인 ●세이브 용량 : 1020KB 이상

홍콩 무협영화를 모티브로 삼아 제작한 3D 액션 게임. 인기 뮤지션 Gackt를 주인공의 모델로 기용했으며, 움직임은 모션 캡처 기술을 도입하여 표현하였다. 화려한 검술과 와이어 액션이 볼거리다.

어서 오세요 어린양 마을에

●석세스 ●SLG ●2003년 12월 25일 ●5,800엔
●플레이 명수 : 1인 ●세이브 용량 : 232KB 이상

어린양 마을의 주민이 되어, 자신의 목장을 확장시켜 키워가는 샌드박스 시뮬레이션 게임. 물물교환으로 씨앗·도구를 입수하고, 사냥도 해보고, 작물·가축을 길러 팔아도 보는 등의 슬로우 라이프를 즐겨보자.

소닉 히어로즈

●세가 ●ACT ●2003년 12월 30일 ●6,980엔
●플레이 명수 : 1~2인 ●세이브 용량 : 110KB 이상

「소닉」 시리즈의 인기 캐릭터들로 이루어진 3인 1조의 팀을 구성해, 각 장면별로 교대하면서 진행하는 하이스피드 3D 액션 게임. 4개 팀으로 구성된 총 12명의 캐릭터를 사용할 수 있다.

각종 지원 아이콘  Best!판 발매   PlayStation BB Unit 전용 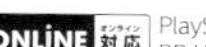 PlayStation BB Unit 지원

2004 PlayStation2 Game Software Catalogue

2004년의 PS2용 소프트 총수는 465개 타이틀이지만, 이 상권에서는 지면의 한계를 감안하여 2004년 상반기(~6월 30일)까지의 발매작으로 한정하여 게재했다. 소프트 라인업의 발매경향은 전년인 2003년과 대체로 엇비슷하나, 훗날 빅 타이틀로 성장하게 되는 「몬스터헌터」 시리즈의 첫 작품과, 신감각 굴리기 액션 게임 「괴혼」 등이 이 시기에 발매되었음은 강조해둘 만하다.

최강 도다이 쇼기 2004

●마이니치 커뮤니케이션즈 ●TBL ●2004년 1월 8일 ●4,800엔
●플레이 명수 : 1~2인 ●세이브 용량 : 200KB 이상

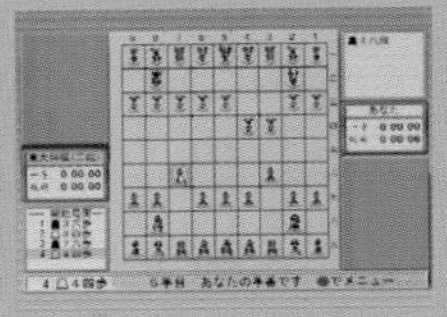

인기 시리즈의 2004년도판. 세계 최강을 자랑하는 사고엔진을 탑재한 쇼기 소프트로서, 기력에 맞춰 CPU의 실력을 10급부터 4단까지 조정할 수 있다. 박보장기 문제 자동생성 기능을 새로 탑재했다.

SEVEN SAMURAI 20XX

●사미 ●ACT ●2004년 1월 8일 ●6,800엔
●플레이 명수 : 1인 ●세이브 용량 : 115KB 이상

거장 구로사와 아키라 감독의 영화 '7인의 사무라이'가 원작인 시네마틱 액션 게임. 캐릭터 컨셉 디자이너로 프랑스 만화계의 거장 뫼비우스를 기용했고, 화려한 액션과 '베는 쾌감'을 중시한 작품이다.

헐크

●사이버프론트 ●ACT ●2004년 1월 8일 ●6,800엔
●플레이 명수 : 1인 ●세이브 용량 : 110KB 이상

이안 감독의 영화 '헐크'의 후일담을 다룬 액션 게임. 주인공 '브루스 배너'가 되어 악의 세력과 맞서 싸우자. 브루스는 심리상태가 불안정해지면 헐크로 변신하여 엄청난 힘을 사용할 수 있게 된다.

반지의 제왕 : 왕의 귀환

●일렉트로닉 아츠 ●ACT ●2004년 1월 8일 ●6,800엔
●플레이 명수 : 1~2인 ●세이브 용량 : 79KB 이상

영화 '반지의 제왕' 3부작의 최종장을 액션 어드벤처 게임화했다. 캐릭터별로 전개되는 시나리오를 통해 영화의 스토리를 따라갈 수 있다. 액션이 대폭 진화하였으며, 원작을 한층 더 충실하게 재현하였다.

아누비스 : ZONE OF THE ENDERS SPECIAL EDITION

●코나미 ●ACT ●2004년 1월 15일 ●3,300엔
●플레이 명수 : 1~2인 ●세이브 용량 : 140KB 이상

2003년 발매했던 「아누비스 : ZONE OF THE ENDERS」(153p)에, 일본 외 지역 발매판의 추가요소를 더한 완전판. 초고난이도 모드와 신규 스테이지를 추가했고, 그래픽도 강화시켰다.

이시쿠라 노보루 9단의 바둑강좌 상급 편

●언밸런스 ●TBL ●2004년 1월 15일 ●4,980엔
●플레이 명수 : 1~2인 ●세이브 용량 : 190KB 이상

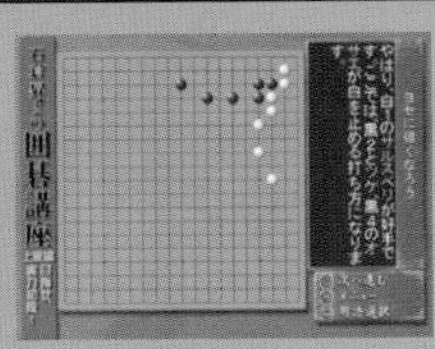

친절한 지도로 유명한 이시쿠라 노보루 9단이 직접 프로듀스한 바둑 해설 소프트의 제3탄. 중급자·상급자를 완전히 커버하는 체험식 바둑 학습 시스템을 탑재했다. 대국 모드에선 CPU 실력을 10단계로 설정할 수 있다.

CERO 등급 아이콘 A B C D Z

컨텐츠 명시 아이콘
 연애
 선정성
 폭력성
 공포
 음주·흡연
 사행성
 범죄
약물
언어·기타

SEGA AGES 2500 시리즈 Vol.6 : 하나 둘 탄트알과 보난자 브라더즈

●3D 에이지스 ●ACT ●2004년 1월 15일 ●2,500엔
●플레이 명수 : 1~2인 ●세이브 용량 : 70KB 이상

미니게임 모음집 「탄트알」·「이치단트알」과, 등장 캐릭터들이 공통인 「보난자 브라더즈」를 하나로 합본한 리메이크 이식작. 그래픽과 사운드를 리뉴얼했으며, 신작 미니게임도 추가하였다.

제3제국 흥망기

●글로벌 A 엔터테인먼트 ●SLG ●2004년 1월 15일 ●6,980엔
●플레이 명수 : 1인 ●세이브 용량 : 421KB 이상

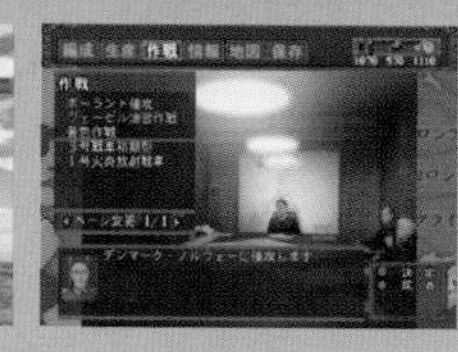

독일군 총통이 되어 제2차 세계대전에서 유럽 통일을 노리는 전략 시뮬레이션 게임. 전략 페이즈에서 부대를 편성하고 작전을 세운 뒤, 에어리어 페이즈와 전투 페이즈에서 실제로 침공을 진행한다.

우주의 스텔비아

●반다이 ●AVG ●2004년 1월 22일 ●6,800엔
●플레이 명수 : 1인 ●세이브 용량 : 161KB 이상

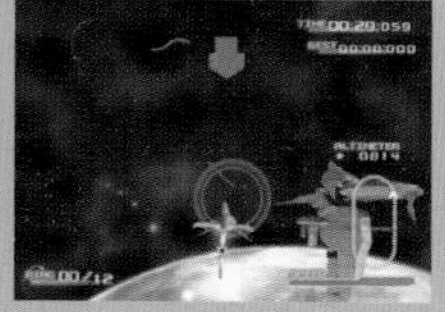

같은 제목의 인기 애니메이션을 어드벤처 게임화한 작품. 스텔비아의 신입생이 되어 학교생활을 보내자. 애니메이션에서 친숙했던 캐릭터들이 등장하며, 누구와 친해지느냐로 10가지 패턴의 스토리가 전개된다.

와호장룡

●ESP ●ACT ●2004년 1월 22일 ●6,800엔
●플레이 명수 : 1인 ●세이브 용량 : 280KB 이상

영화 '와호장룡'을 모티브로 제작한 검술 액션 게임. 역동적인 시점 이동과 직감적인 조작으로, 명검 '청명검'을 둘러싸고 벌어지는 원작의 스토리를 재현하였다. 화려한 액션과 영화의 분위기를 즐겨보자.

강철의 포효 2 : 워십 커맨더

●코에이 ●ACT ●2004년 1월 22일 ●6,800엔
●플레이 명수 : 1인 ●세이브 용량 : 1361KB 이상

PS2로는 시리즈 3번째 작품에 해당하는 함선 액션 게임. 직접 설계한 전함 외에도 종속함을 3척까지 함께 출격시킬 수 있게 되어, 더욱 강력해진 초병기와의 격렬한 전투가 펼쳐진다.

심즈 : 세상 밖으로

●일렉트로닉 아츠 ●SLG ●2004년 1월 22일 ●6,800엔 ●플레이 명수 : 1~2인
●세이브 용량 : 1412KB 이상 ●네트워크 어댑터, PlayStation BB Unit, USB 헤드셋, USB 키보드 지원

심타운 내에서 자신의 분신 '심'을 만들어 생활해 보자. 다양한 인생의 목표를 달성해가는 스토리 모드와, 마음 가는 대로 유유자적 생활하는 프리 모드가 있다. 일본판 제목은 「더 심즈」로 심플하다.

스타 오션 : Till the End of Time 디렉터즈 컷

●스퀘어 에닉스 ●RPG ●2004년 1월 22일 ●6,800엔
●플레이 명수 : 1~2인 ●세이브 용량 : 175KB 이상

2002년 발매했던 작품(156p)의 업그레이드판. 추가 동료 캐릭터로 '미라쥬 코스트', '아드레이 라즈버드'가 등장한다. 게임 밸런스가 대폭 수정되었으며, 캔슬 보너스 개념을 추가해 전투가 더욱 화끈해졌다. 이외에도 고난이도 추가 던전, 추가 코스튬, 대전 모드 등을 수록하여 볼륨이 대폭 향상되었다.

각종 지원 아이콘  Best판 발매  PlayStation BB Unit 전용  PlayStation BB Unit 지원

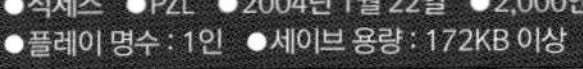

SuperLite 2000 퍼즐 : 크로스워드

●석세스 ●PZL ●2004년 1월 22일 ●2,000엔
●플레이 명수 : 1인 ●세이브 용량 : 172KB 이상

힌트를 바탕으로 칸에 일본어 글자들을 채워 단어를 완성해가는 퍼즐 게임. 수록 문제 수는 250문제+α이며, 칸 사이즈는 5×5부터 13×13까지 제공하여 실로 다양한 타입의 문제들이 준비되어 있다.

터미네이터 3 : 라이즈 오브 머신

●아타리 재팬 ●STG ●2004년 1월 22일 ●6,800엔
●플레이 명수 : 1인 ●세이브 용량 : 73KB 이상

스카이넷이 지배하는 2032년의 세계를 무대로 삼은 액션 슈팅 게임. T850을 조작하여 존과 케이트를 보호해가며 적과 싸우자. 총 4장 15스테이지 구성으로, 화끈한 논스톱 액션을 전개한다.

네뷸러 : 에코 나이트

●프롬 소프트웨어 ●AVG ●2004년 1월 22일 ●6,800엔
●플레이 명수 : 1인 ●세이브 용량 : 80KB 이상

망령들의 미련을 해결하여 승천시키며 진행하는 게임인 「에코 나이트」 시리즈의 신작. 무대는 미래의 월면에 있는 어느 시설이며, 감시 카메라를 통한 조사 등의 SF적인 탐색 시스템이 추가되었다.

폭주 트레일러 전설 : 남아의 가는 길은 아메리카 로망

●스파이크 ●RCG ●2004년 1월 22일 ●6,800엔
●플레이 명수 : 1인 ●세이브 용량 : 650KB 이상

트레일러를 운전하며 라이벌과 경쟁해 미 대륙을 횡단하는 트럭 레이싱 게임. 다양한 방해를 떨쳐내며 화물을 무사히 목적지까지 운반해내야 한다. 일본식 데코레이션 트럭처럼 커스터마이즈할 수도 있다.

팬텀 브레이브

●니폰이치 소프트웨어 ●SLG ●2004년 1월 22일 ●6,800엔
●플레이 명수 : 1인 ●세이브 용량 : 287KB 이상

영혼(팬텀)을 조종하는 소녀와 팬텀 청년이 주인공으로 등장하는 하트풀 판타지 시뮬레이션 RPG. 니폰이치 소프트웨어 특유의 파고들기 요소가 풍부한 시뮬레이션 게임으로서, '빙의' 개념을 도입해 동료를 아이템에 빙의시켜 싸우는 시스템이 특징이다. 랜덤 던전 제작 등, 즐길거리가 엄청나게 많다.

풍운 신선조

●겐키 ●ACT ●2004년 1월 22일 ●6,800엔 ●플레이 명수 : 1인
●세이브 용량 : 160KB 이상 ●클리어 후 2인 대전 플레이 가능

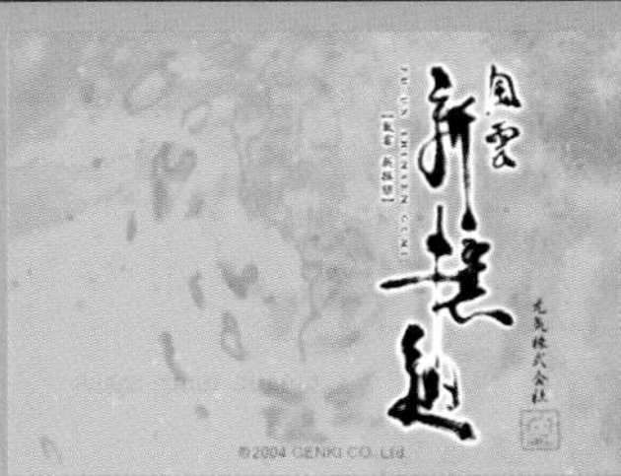

신선조의 일개 대원이 되어, 곤도 이사미 등과 함께 격동의 시대를 헤쳐 나가는 일본사 액션 게임. 대원들을 이끌고 불량 낭인의 포박이나 토벌·잠입 등의 임무에 도전하자. 동행자에 따라 대사가 변화하는 800여 종류의 풍부한 이벤트, '사번'을 비롯한 신선조 특유의 진형 설정 등, 디테일에 신경을 쓴 작품.

 CERO 등급 아이콘 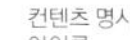   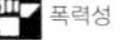

컨텐츠 명시 아이콘  연애  선정성  폭력성  공포  음주·흡연  사행성 범죄 약물 언어·기타

해리포터와 현자의 돌

●일렉트로닉 아츠 ●ACT ●2004년 1월 22일 ●5,800엔
●플레이 명수 : 1인 ●세이브 용량 : 179KB 이상

PS1용 게임의 이식작. 3D 그래픽과 자유로운 카메라 앵글, 다채로운 액션을 구현하여 '해리포터' 시리즈의 세계관에 더 깊이 빠져들 수 있다. 스토리는 원작을 충실하게 재현했다. 미니게임도 플레이 가능하다.

익사이팅 프로레슬링 5

●유크스 ●SPT ●2004년 1월 29일 ●6,800엔 ●플레이 명수 : 1~2인
●세이브 용량 : 356KB 이상 ●멀티탭 지원(~6인)

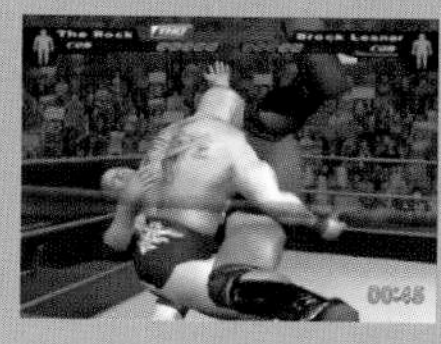

북미 최대의 프로레슬링 단체 WWE의 세계를 즐기는 프로레슬링 게임 시리즈의 제5탄. 새로운 슈퍼스타와 시합형식을 추가했고, 능력치 추가로 개성을 명확하게 부여했다. 여성 슈퍼스타의 비키니 매치도 즐길 수 있다.

노르망디의 비밀무기

●일렉트로닉 아츠 ●STG ●2004년 1월 29일 ●6,800엔
●플레이 명수 : 1~2인 ●세이브 용량 : 191KB 이상

연합군의 파일럿이 되어 제2차 세계대전에서 싸우는 플라이트 슈팅 게임. 당시의 명기와 환상의 기체 등, 총 20기종 이상이 등장한다. 임무해설 영상에 실제 역사자료를 사용하여, 시대배경을 리얼하게 연출했다.

식신의 성 II

●타이토 ●STG ●2004년 1월 29일 ●5,800엔 ●플레이 명수 : 1~2인
●세이브 용량 : 113KB 이상 ●프로그레시브(525p) 지원

식신을 사역하는 능력자를 직접 플레이어 기체로서 조작하는 종스크롤 탄막 슈팅 게임. 아케이드판을 이식한 모드 외에 프랙티스 모드, 중간보스 및 보스와의 연속 대결이 가능한 보스 어택 모드가 추가되었다.

진 여신전생 III NOCTURNE 매니악스

●아틀러스 ●RPG ●2004년 1월 29일 ●5,800엔
●플레이 명수 : 1인 ●세이브 용량 : 165KB 이상

「진 여신전생 III NOCTURNE」(155p)에 신규 악마·던전 등을 추가하고 게임 밸런스 재조정, 로딩 시간 단축 등의 개량을 가한 작품. 매니아용 신규 난이도인 'HARD 모드'도 추가되었다.

SIMPLE 2000 시리즈 Vol.44 : THE 입문용 RPG - 전설의 계승자

●D3 퍼블리셔 ●RPG ●2004년 1월 29일 ●2,000엔
●플레이 명수 : 1인 ●세이브 용량 : 123KB 이상

RPG 초보자라도 제대로 엔딩을 볼 수 있다는 점을 특징으로 내세운 친절 설계 RPG. 주인공이 되어 세계를 구하는 모험 여행을 떠나자. 50종류 이상의 마법과 40종류 이상의 무기·방어구, 100종류의 몬스터가 등장한다.

톰과 제리 : 수염수염 대전쟁

●석세스 ●ACT ●2004년 1월 29일 ●4,800엔
●플레이 명수 : 1~2인 ●세이브 용량 : 73KB 이상

인기 애니메이션 '톰과 제리'가 원작인 슬랩스틱 액션 게임. 등장하는 11마리의 캐릭터 중 하나를 골라, 온갖 함정이 가득한 13개 스테이지를 플레이하자. 상대 공격용 아이템이 무려 75종류나 등장한다.

서풍의 광시곡

●마벨러스 인터랙티브 ●RPG ●2004년 1월 29일 ●6,800엔
●플레이 명수 : 1인 ●세이브 용량 : 128KB 이상

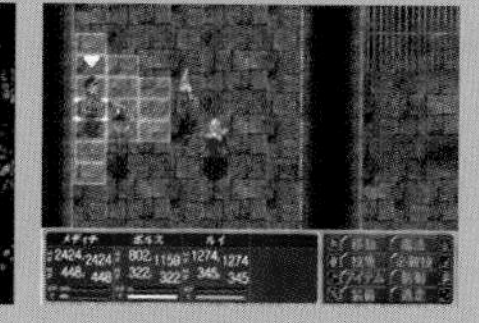

한국에서 제작되어 대히트했던 같은 제목 판타지 RPG의 이식작. 오랜 감옥 수감생활에서 해방된 주인공이, 자신을 억울하게 모함한 자들에게 복수한다는 스토리다. 이식 과정에서 그래픽을 리뉴얼했고 게임 밸런스도 조정했다.

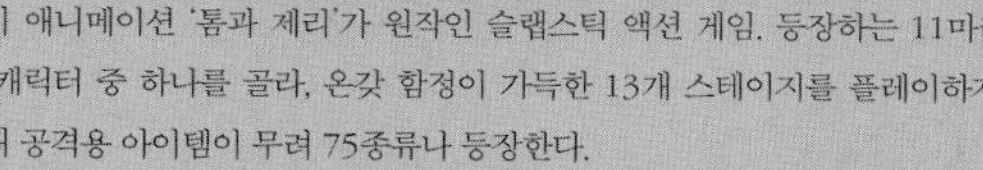

각종 지원 아이콘 · Best판 발매 · ONLINE 専用 PlayStation BB Unit 전용 · ONLINE 対応 PlayStation BB Unit 지원

하지메의 일보 2 : VICTORIOUS ROAD

●ESP ●ACT ●2004년 1월 29일 ●6,800엔
●플레이 명수 : 1~2인 ●세이브 용량 : 2.5MB 이상

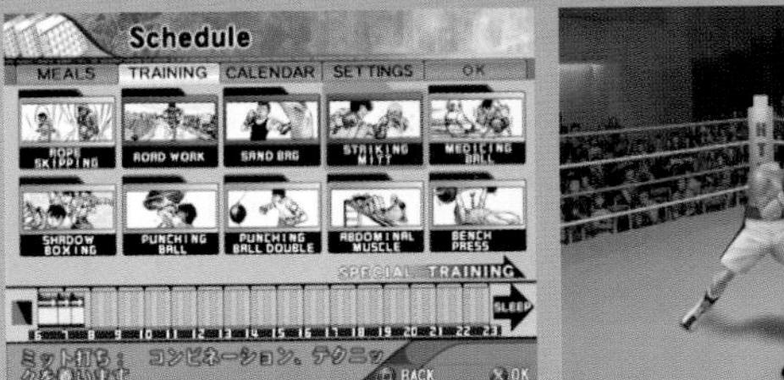

인기 권투만화의 세계를 재현한 3D 액션 게임. 주인공 '일보'를 조작하여 라이벌들에 도전하는 아케이드 모드가 기본이지만, 직접 제작한 오리지널 권투선수를 식단부터 관리하여 육체를 단련해나가는 '복서즈 로드' 모드가 이 작품의 진면목이다. 엑시비션·토너먼트 모드 등도 수록했다.

뿌요뿌요 피버

●세가 ●PZL ●2004년 2월 4일 ●4,980엔
●플레이 명수 : 1~2인 ●세이브 용량 : 50KB 이상

낙하계 퍼즐 게임 「뿌요뿌요」 시리즈의 제5탄. 게이지가 꽉 차면 발동할 수 있는 '피버 모드'에서는 연쇄가 즉시 가능한 상태로 뿌요들이 세팅되므로, 잘 활용하여 대전을 유리하게 이끌어가 보자.

에어포스 델타 : 블루 윙 나이츠

●코나미 ●STG ●2004년 2월 5일 ●6,800엔 ●플레이 명수 : 1인 ●세이브 용량 : 100KB 이상
●PlayStation BB Unit (캐시) 지원 : 1024MB 이상 필요, FLIGHT FORCE, 플라이트 스틱, 플라이트 스틱 2, 헤드마운트 디스플레이 지원

드림캐스트와 Xbox로 발매된 바 있는 플라이트 슈팅 게임 시리즈의 신작. 다양한 연대의 기체를 조종하여 다채로운 미션을 수행하자. 숨겨진 전투기로서, 코나미 고전 슈팅 게임의 기체도 사용할 수 있다.

드래곤볼Z 2

●반다이 ●ACT ●2004년 2월 5일 ●6,800엔
●플레이 명수 : 1~2인 ●세이브 용량 : 70KB 이상

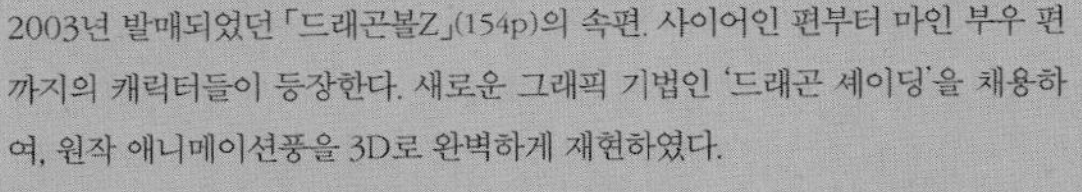

2003년 발매되었던 「드래곤볼Z」(154p)의 속편. 사이어인 편부터 마인 부우 편까지의 캐릭터들이 등장한다. 새로운 그래픽 기법인 '드래곤 셰이딩'을 채용하여, 원작 애니메이션풍을 3D로 완벽하게 재현하였다.

모에컴 : 모에코 섬에 어서 오세요

●프린세스 소프트 ●AVG ●2004년 2월 5일 ●6,800엔
●플레이 명수 : 1인 ●세이브 용량 : 362KB 이상

PC용 게임의 이식작. 태평양의 외딴섬 '모에코 섬'을 무대로 삼아, 메이드 훈련소의 소장을 맡게 된 주인공과 히로인들이 모에코 컴퍼니의 음모를 밝혀낸다는 스토리다. 이식 과정에서 신규 히로인을 추가했다.

아이토이 : 플레이

●소니컴퓨터엔터테인먼트 ●ETC ●2004년 2월 11일 ●6,980엔
●플레이 명수 : 1~4인 ●세이브 용량 : 350KB 이상 ●아이토이 카메라 필수

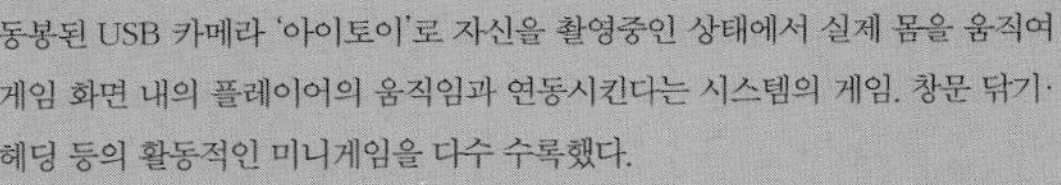

동봉된 USB 카메라 '아이토이'로 자신을 촬영중인 상태에서 실제 몸을 움직여 게임 화면 내의 플레이어의 움직임과 연동시킨다는 시스템의 게임. 창문 닦기·헤딩 등의 활동적인 미니게임을 다수 수록했다.

공전 II

●카도카와쇼텐 ●SLG ●2004년 2월 11일 ●4,800엔
●플레이 명수 : 1인 ●세이브 용량 : 230KB 이상

플라이트 액션 게임 시리즈의 제2탄. 조종 가능한 기체는 가상기체를 포함해 70기로 늘어났으며, 미션 수와 그래픽도 강화되었다. 귀중한 자료영상이 수록된 DVD 비디오 디스크도 동봉했다.

CERO 등급 아이콘    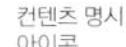

컨텐츠 명시 아이콘  연애  선정성 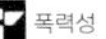 폭력성  공포  음주·흡연  사행성  범죄  약물  언어·기타

일기당천의 무장이 되어 무수한 적들을 쓸어버리는 「무쌍」 시리즈의 일본 전국시대판. 사나다 유키무라, 마에다 케이지, 아케치 미츠히데, 핫토리 한조 등 전국시대를 빛낸 다양한 캐릭터들로 일기당천 액션 플레이를 즐길 수 있다.

영국 비밀정보부의 스파이인 007이 활약하는 액션 게임. 이집트, 뉴올리언스, 모스크바를 무대로 삼아 다양한 미션을 수행하자. 본드 카, 본드 걸 등도 등장하여 007 시리즈의 세계관을 충실하게 재현한다.

SuperLite 2000 퍼즐 : ZOOO

●석세스 ●PZL ●2004년 2월 12일 ●2,000엔
●플레이 명수 : 1~2인 ●세이브 용량 : 121KB 이상

동물원이 소재인 웹브라우저 퍼즐 게임 「ZOO KEEPER」의 이식작. 패널을 상하좌우로 교체하여 같은 동물 3마리가 가로·세로로 붙도록 만들자. 노멀 게임, 타임 어택, 2인용 협력 플레이 모드가 있다.

테니스의 왕자 : LOVE OF PRINCE – Sweet

●코나미 ●ETC ●2004년 2월 12일 ●4,980엔
●플레이 명수 : 1인 ●세이브 용량 : 45KB 이상

2개 버전을 동시 발매한, '테니스의 왕자' 관련 뮤직 클립 게임의 제2탄. 「~Bitter」와의 차이점은 세이슌 중학교 외의 타 학교 캐릭터들이 교체돼 있다는 점으로써, 총 20인 분량의 곡을 수록하였다.

테니스의 왕자 : LOVE OF PRINCE – Bitter

●코나미 ●ETC ●2004년 2월 12일 ●4,980엔
●플레이 명수 : 1인 ●세이브 용량 : 45KB 이상

'테니스의 왕자' 관련 뮤직 클립 게임 제2탄의 어나더 버전. 시스템은 동일하며, 전부 신곡인 캐릭터별 오리지널 송을 총 20인 분량으로 수록하였다. 롯카쿠 중학교, 릿카이대학 부속중학교의 캐릭터도 등장한다.

SD건담 G제네레이션 SEED

●반다이 ●SLG ●2004년 2월 19일 ●5,800엔
●플레이 명수 : 1인 ●세이브 용량 : 161KB 이상

인기 애니메이션 '기동전사 건담 SEED'가 원작인 전략 시뮬레이션 게임. 애니메이션 기반으로 구성된 'SEED 모드'와, 아군을 편성하여 각 스테이지를 공략하는 'GENERATION 모드'를 즐길 수 있다.

건버드 1&2

●아틀러스 ●STG ●2004년 2월 19일 ●4,800엔
●플레이 명수 : 1~2인 ●세이브 용량 : 86KB 이상

종스크롤 슈팅 게임 「건버드」와, 속편 「건버드 2」를 한 패키지에 합본 수록한 타이틀. 개성만점의 캐릭터들이 보물을 둘러싸고 악당 트리오와 왁자지껄 쟁탈전을 펼친다는 스토리다.

갤롭 레이서 럭키 7

●테크모 ●RCG ●2004년 2월 19일 ●6,800엔 ●플레이 명수 : 1~2인
●세이브 용량 : 670KB 이상 ●PlayStation BB Unit, USB 키보드 지원

인기 시리즈의 제7탄. 자키가 되어 중상 제패를 노리는 경마 레이싱 게임이다. 전작(144p)의 시스템을 진화시켜, 과거 명마의 등장과 외국·지방 경마대회도 충실하게 재현하는 등 리얼하고 압도적인 현장감을 구현했다.

각종 지원 아이콘  Best판 발매  PlayStation BB Unit 전용  PlayStation BB Unit 지원

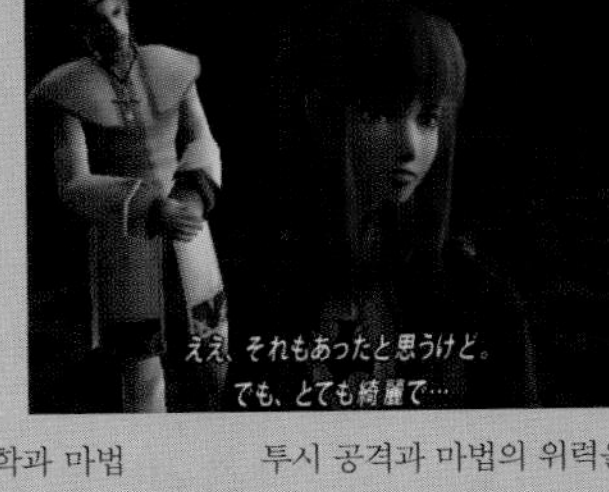

1915년의 유럽부터 극동까지를 잇는 모험과 비극을 그린 RPG. 과학과 마법이 공존하는 세계관이며, 전작의 배드 엔딩에서 스토리가 이어져 진행된다. 전투시 공격과 마법의 위력을 룰렛으로 정하는 '저지먼트 링', 몬스터의 혼과 융합하는 '퓨전' 등 독특한 시스템을 다수 채용했다.

COOL GIRL

●코나미 ●ACT ●2004년 2월 19일 ●6,800엔
●플레이 명수 : 1인 ●세이브 용량 : 210KB 이상

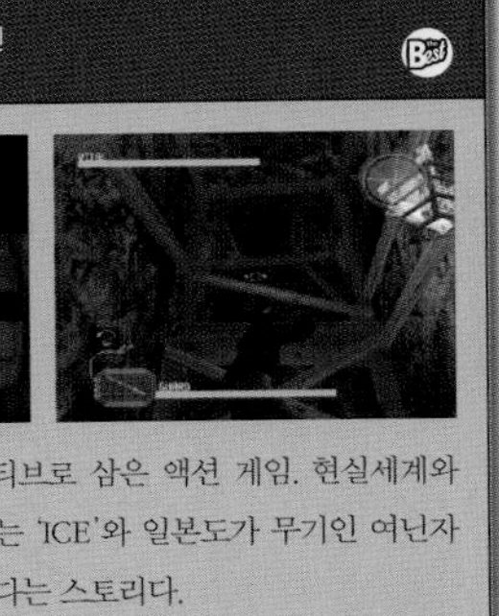

같은 명칭의 타카라 사 액션 피규어를 모티브로 삼은 액션 게임. 현실세계와 가상공간이라는 두 세계에서, 총기로 싸우는 'ICE'와 일본도가 무기인 여닌자 'ASKA' 두 여성이 흉악한 범죄조직에 맞선다는 스토리다.

SIMPLE 2000 시리즈 얼티밋 Vol.16 : 전국 VS 현대

●D3 퍼블리셔 ●SLG ●2004년 2월 19일 ●2,000엔
●플레이 명수 : 1~2인 ●세이브 용량 : 48KB 이상

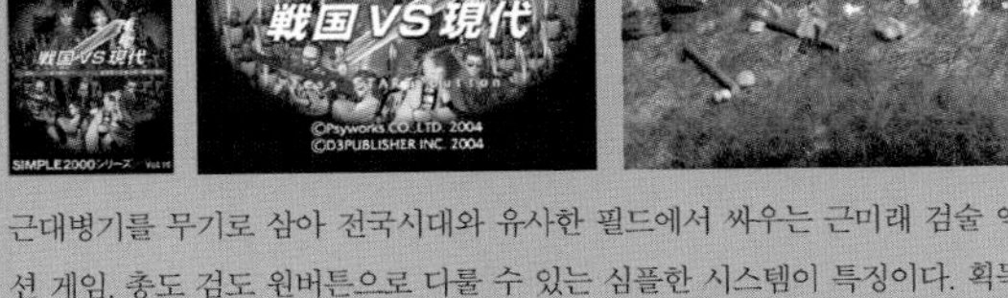

근대병기를 무기로 삼아 전국시대와 유사한 필드에서 싸우는 근미래 검술 액션 게임. 총도 검도 원버튼으로 다룰 수 있는 심플한 시스템이 특징이다. 획득한 포인트에 따라 숨겨진 캐릭터·코스튬이 개방된다.

온라인으로 봄버맨

●허드슨 ●ACT ●2004년 2월 19일 ●3,800엔 ●플레이 명수 : 1인
●PlayStation BB Unit 전용, USB 키보드 지원

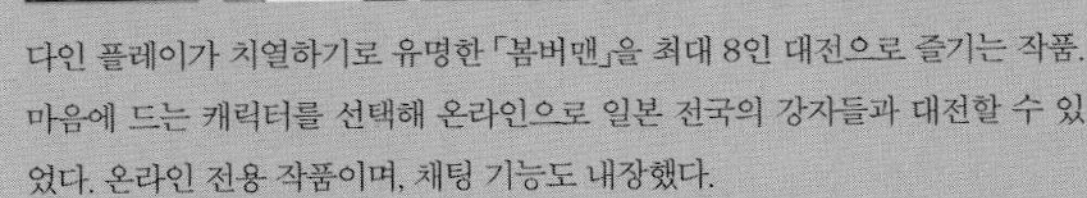

다인 플레이가 치열하기로 유명한 「봄버맨」을 최대 8인 대전으로 즐기는 작품. 마음에 드는 캐릭터를 선택해 온라인으로 일본 전국의 강자들과 대전할 수 있었다. 온라인 전용 작품이며, 채팅 기능도 내장했다.

파이널 판타지 X-2 인터내셔널 + 라스트 미션

●스퀘어 에닉스 ●RPG ●2004년 2월 19일 ●6,800엔
●플레이 명수 : 1인 ●세이브 용량 : 221KB 이상

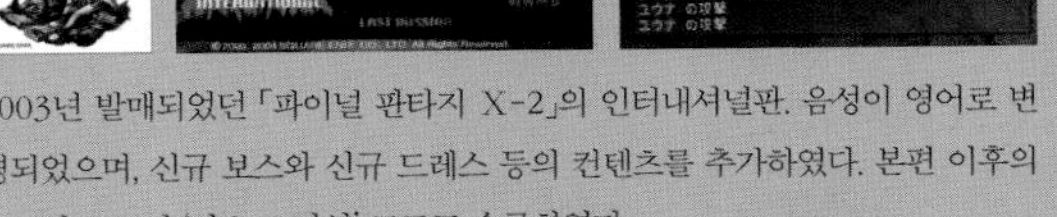

2003년 발매되었던 「파이널 판타지 X-2」의 인터내셔널판. 음성이 영어로 변경되었으며, 신규 보스와 신규 드레스 등의 컨텐츠를 추가하였다. 본편 이후의 스토리를 그린 '라스트 미션' 모드도 수록하였다.

팝픈 뮤직 9

●코나미 ●SLG ●2004년 2월 19일 ●6,800엔 ●플레이 명수 : 1~2인
●세이브 용량 : 100KB 이상 ●팝픈 컨트롤러, 아케이드 스타일 컨트롤러 지원

인기 음악 시뮬레이션 게임 시리즈의 제9탄. '추천 모드'와 '팝픈 카페' 등의 신규 모드를 탑재하였다. 가정용판으로는 최초인 오리지널 롱 버전을 포함해, 총 22곡을 추가 수록했다. 캐릭터 수도 과거 최다급이다.

미싱 파츠 side B : 더 탐정 스토리즈

●포그 ●AVG ●2004년 2월 19일 ●6,800엔
●플레이 명수 : 1인 ●세이브 용량 : 147KB 이상

드림캐스트판 원작을 이식한 본격 추리 어드벤처 게임. 2003년 발매했던 「미싱 파츠 side A」의 속편으로서, 후반부인 제4~6화를 수록하였다. 전편부터 차근차근 깔아놓은 복선을 모두 회수하여 대미를 장식하는 완결편이다.

CERO 등급 아이콘    
컨텐츠 명시 아이콘 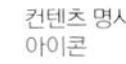 연애  선정성  폭력성  공포  음주·흡연  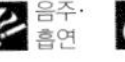 사행성  범죄  약물   언어·기타

「월드 사커 위닝 일레븐 7」(181p)의 업그레이드판. 유벤투스 FC·페예노르트 로테르담 등 일본에서도 유명했던 유럽 클럽들이 드디어 실명화되었으며, 자막 및 실황 음성은 총 6개 국어로 수록했다.

PC용 게임의 이식작. 일러스트레이터 Tony가 원화를 담당한 미소녀 어드벤처 게임이다. 반더포겔부에 소속된 주인공과 3명의 히로인들 간의 교류, 그리고 그 이후에 펼쳐지는 운명을 그린 작품이다.

귀무자 3

●캡콤 ●ACT ●2004년 2월 26일 ●6,980엔 ●플레이 명수 : 1인
●세이브 용량 : 379KB 이상 ●귀무자 3 컨트롤러 지원

시공의 뒤틀림으로 인해 전국시대 일본과 연결돼버린 2004년의 프랑스 파리에 대거 출현한 환마들과 싸우는 서바이벌 액션 게임. 1편의 주인공인 사마노스케와 함께, 배우 장 르노가 모델인 프랑스 특수부대원 '잭'이 새 주인공으로 등장한다. 모아베기·귀박 등의 다양한 신규 액션으로 3부작을 완결하는 작품.

카이도 배틀 2 : CHAIN REACTION

●겐키 ●RCG ●2004년 2월 26일 ●6,800엔 ●플레이 명수 : 1~2인
●세이브 용량 : 183KB 이상 ●GT FORCE 지원

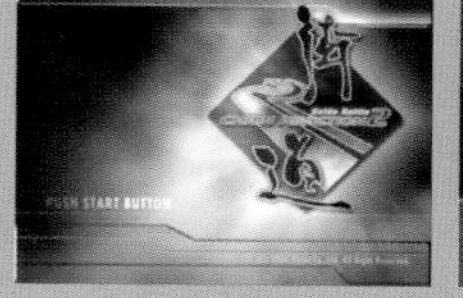

일본의 실제 가도를 재현한 코스를 다양한 제조사들의 실존 차량으로 주파하는 레이싱 게임 시리즈의 제2탄. 차량을 200종류 이상으로 대폭 늘렸으며, 새롭게 아카기·자오·아소 3개 코스를 추가했다.

기갑병단 J-PHOENIX 2

●타카라 ●ACT ●2004년 2월 26일 ●6,800엔
●플레이 명수 : 1~2인 ●세이브 용량 : 117KB 이상

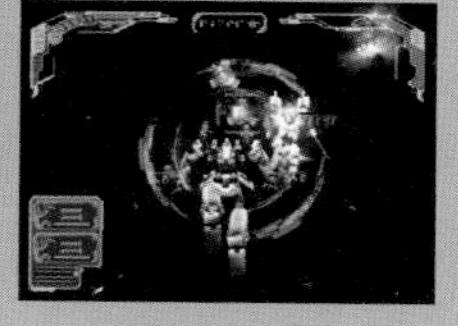

인간형 병기 '판처 프레임'을 조작하여 싸우는 로봇 액션 게임으로서, 스토리 모드에 수록된 미션 수는 무려 240종 이상이나 된다. 앞서 발매되었던 「기갑병단 J-PHOENIX 2 : 서장 편」의 세이브데이터를 연동시킬 수도 있다.

갤럭시 엔젤 : 문리트 러버즈

●브로콜리 ●SLG ●2004년 2월 26일 ●6,800엔
●플레이 명수 : 1인 ●세이브 용량 : 208KB 이상

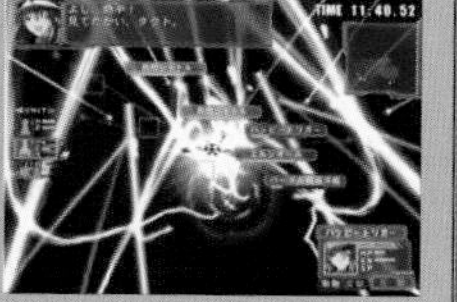

PC용 게임의 이식작. 인기 연애 시뮬레이션 게임의 속편으로서, 전작(163p)의 반년 후에 펼쳐지는 엔젤 부대의 새로운 싸움을 그렸다. 이식 과정에서 신규 히로인 '카라스마 치토세'와, 그녀 관련 시나리오를 추가했다.

사커 라이프!

●반프레스토 ●SLG ●2004년 2월 26일 ●6,800엔
●플레이 명수 : 1인 ●세이브 용량 : 1917KB 이상

프로 축구의 세계에서 인생을 체험하는 축구선수 육성 시뮬레이션 게임. 축구의 메카인 유럽의 클럽에 입단하여 확고한 지위를 구축하자. 일단 유스 클럽에 입단한 후, 트레이닝을 거듭해 능력치를 올려야 한다.

각종 지원 아이콘  Best판 발매 ONLINE 専用 PlayStation BB Unit 전용 ONLINE 対応 PlayStation BB Unit 지원

우뇌든 좌뇌든 마구 굴려야 하는 뇌세포 직격형 대전 액션 게임. 마을 곳곳에 떨어져 있는 폭탄으로 상대를 물리친다는 간단한 룰이 특징이다. 미션은 60종 이상. 폭발시의 화염을 이용한 연쇄로 대량의 적을 격파할 수도 있다.

아이돌 '후타바 리호'가 에어로빅을 즐기는 리듬 액션 게임. 리듬에 맞춰 효과적으로 산소를 공급하여 에어로빅을 완주시키자. 코스튬은 14종류이며, 곡수는 후타바 리호가 부르는 신곡 4곡을 포함해 총 12곡이다.

SNOW

●NEC 인터채널 ●AVG ●2004년 2월 26일 ●7,200엔
●플레이 명수 : 1인 ●세이브 용량 : 47KB 이상 ●프로그레시브 출력 지원

PC용 게임의 이식작. 1년 내내 눈으로 뒤덮인 류진 마을이 무대로서, 온천여관 영업을 돕기 위해 찾아온 주인공과 히로인들의 이야기다. 이식하면서 신규 히로인·시나리오를 추가해, PC판보다 설정이 더 두터워졌다.

슬로터 UP 매니아 4 : 남국의 향기! 슈퍼 하나하나&시오마루&오아제

●도라스 ●SLG ●2004년 2월 26일 ●5,800엔 ●플레이 명수 : 1인
●세이브 용량 : 320KB 이상 ●슬로콘, 파치슬로 컨트롤러 Pro, Pro2, 쿠로토 지원

레버 온 시에 기체 상단의 꽃잎이 밝게 빛나며 대박 찬스를 알려주는 '슈퍼 하나하나'·'시오마루'·'오아제' 3개 기종을 수록한 파치슬로 실기 시뮬레이터. 남국에 온 듯한 기분을 느껴보자.

SEGA AGES 2500 시리즈 Vol.8 : 버추어 레이싱 - 플랫 아웃

●3D 에이지스 ●RCG ●2004년 2월 26일 ●2,500엔
●플레이 명수 : 1~2인 ●세이브 용량 : 90KB 이상 ●GT FORCE 지원

레이싱 게임의 명작 「버추어 레이싱」의 리메이크판. 새로운 코스와 머신을 추가했으며, 프레임레이트도 60fps로 올라가 폴리곤 모델이 부드럽게 움직인다. GT FORCE 휠 컨트롤러가 있으면 핸들로도 조작 가능하다.

SEGA AGES 2500 시리즈 Vol.9 : 게인 그라운드

●3D 에이지스 ●ACT ●2004년 2월 26일 ●2,500엔
●플레이 명수 : 1~2인 ●세이브 용량 : 47KB 이상

전술 액션 게임의 명작 「게인 그라운드」를 폴리곤 그래픽으로 어레인지한 리메이크작. 어떤 순서로 어느 유닛을 어떻게 행동시킬지를 결정하는 전략이 매우 중요한, 독특한 매력의 타이틀이다. 2인 협력 플레이도 재미있다.

제독의 결단 Ⅳ with 파워업 키트

●코에이 ●SLG ●2004년 2월 26일 ●10,800엔
●플레이 명수 : 1인 ●세이브 용량 : 1858KB 이상

「제독의 결단 Ⅳ」(114p)의 강화판. 캠페인·쇼트 양쪽으로 시나리오가 추가되었으며, 양륙함이 새로 등장하여 상륙전 재현이 가능해졌고, 사용 병기를 제한하는 모드나 신 병기 등장 등으로 플레이의 폭도 넓어졌다.

텐타마 2wins

●키드 ●AVG ●2004년 2월 26일 ●6,800엔
●플레이 명수 : 1인 ●세이브 용량 : 95KB 이상

2003년 발매되었던 「텐타마」(192p)의 속편. 전작에서 수년 후가 지난 시점의, 주인공과 쌍둥이 견습 천사의 이야기다. 주인공 육성 시스템이 추가됐으며, 전작의 캐릭터가 등장하는 어나더 시나리오도 즐길 수 있다.

CERO 등급 아이콘    
컨텐츠 명시 아이콘 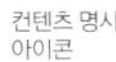 연애  선정성  폭력성  공포  음주·흡연  사행성   범죄  약물   언어·기타

너스 위치 코무기 매지카르테

●키드 ●AVG ●2004년 2월 26일 ●6,800엔
●플레이 명수 : 1인 ●세이브 용량 : 65KB 이상

같은 제목의 인기 OVA를 게임화한, 만화적인 연출이 재미있는 코미컬라이즈 어드벤처 게임. 1화 완결식 스토리 4종을 수록하였으며, '모에 연타' 시스템이나 '모에 속성'을 판정해주는 기능 등의 이색적인 시스템이 있다.

파이어파이터 F.D.18

●코나미 ●ACT ●2004년 2월 26일 ●6,980엔
●플레이 명수 : 1인 ●세이브 용량 : 92KB 이상

소방관이 되어 인명구조와 소화활동을 펼치는 파이어파이팅 액션 게임. 타오르는 불길을 뚫고 현장에 돌입하여, 고립되어 있는 사람들을 구조하자. 소방호스와 도끼 등을 사용해 다양한 미션을 클리어해야 한다.

후라세라

●데이텀 폴리스타 ●AVG ●2004년 2월 26일 ●6,800엔
●플레이 명수 : 1인 ●세이브 용량 : 165KB 이상

불시착한 미지의 행성을 무대로 삼은 SF 서바이벌 어드벤처 게임. 대화 장면에서 스토리를 효과적으로 연출하는 '액티브 다이얼로그' 시스템을 채용했으며, 특정 조건을 충족하면 6종류의 미니게임도 플레이 가능하다.

라이딩 스피리츠 II

●스파이크 ●RCG ●2004년 2월 26일 ●6,800엔
●플레이 명수 : 1~2인 ●세이브 용량 : 136KB 이상

2002년 발매했던 「라이딩 스피리츠」(129p)의 속편. 19개 제조사의 바이크 약 330종류를 수록한 모터사이클 시뮬레이터다. 디테일한 부분까지 공을 들여 묘사해낸 실존 바이크의 질주감각을 체험해보자.

로그 옵스

●코토부키 시스템 ●ACT ●2004년 2월 26일 ●6,800엔
●플레이 명수 : 1인 ●세이브 용량 : 116KB 이상

총기와 스파이 툴을 활용하며 임무를 수행하는 어드벤처 액션 게임. 남편과 아들을 테러로 잃은 주인공이 테러리스트와 싸우는 복수극이다. 적에게 들키지 않도록 몸을 숨기며, 다양한 미션을 수행해야 한다.

건그레이브 O.D.

●레드 엔터테인먼트 ●ACT ●2004년 3월 4일 ●6,980엔
●플레이 명수 : 1인 ●세이브 용량 : 79KB 이상

2002년 발매했던 「건그레이브」의 속편. 플레이어 캐릭터가 3명으로 늘었으며, 스테이지 수도 증가하였다. 근접공격과 총격을 연속으로 구사 가능해졌으며, 캐릭터 윈도우가 삽입되는 등 디테일한 연출도 강화했다.

공각기동대 STAND ALONE COMPLEX

●소니컴퓨터엔터테인먼트 ●ACT ●2004년 3월 4일 ●5,800엔
●플레이 명수 : 1~2인 ●세이브 용량 : 68KB 이상 ●멀티탭 지원(~4인)

인기 만화 '공각기동대'의 세계관을 기반으로 한 오리지널 스토리로, 공안 9과의 새로운 활약을 그린 사이보그 액션 게임. 무기 횡령 사건의 전모를 밝히기 위해, '모토코'와 '바토'를 조작하여 임무를 수행하자. 다양한 무기와 해킹을 구사하여, 근미래 세계의 전투에서 살아남아야 한다.

돌격!! 크로마티 고교 : 이거 혹시 게임인가!? 편

CERO A

●허드슨 ●AVG ●2004년 3월 4일 ●5,980엔
●플레이 명수 : 1인 ●세이브 용량 : 41KB 이상

인기 만화·애니메이션의 게임화 제2탄. 주인공 '카미야마'가 되어 다른 캐릭터와 대화하자. 헛소리를 지적하거나 화제를 돌리는 등으로 대화를 진전시켜야 한다. 도중에는 다양한 장르의 미니게임도 플레이할 수 있다.

영식 함상전투기

CERO A

●타이토 ●STG ●2004년 3월 4일 ●6,800엔 ●플레이 명수 : 1~2인
●세이브 용량 : 73KB 이상 ●플라이트 스틱, 플라이트 스틱 2, 헤드마운트 디스플레이 지원

게임큐브용 게임 「제로 파이터 격추전기」의 개량 이식작. 제로센 등의 구 일본군 전투기로 제2차 세계대전의 다양한 공중전 임무에 도전한다. 역사에 존재하지 않았던 가상 기체와 대형 폭격기도 조종할 수 있다.

다이어트 채널

CERO A

●코나미 ●ETC ●2004년 3월 4일 ●7,800엔 ●플레이 명수 : 1인
●세이브 용량 : 338KB 이상 ●댄스 댄스 레볼루션 전용 컨트롤러 지원

신체를 움직이는 건강한 다이어트를 PS2로 시도할 수 있는 타이틀. 메뉴에서 다양한 모드를 선택해 운동해보자. '더 댄스 TV'에서는 음악 게임으로 친숙한 같은 회사의 'DDR'도 미니게임 형태로 즐길 수 있다.

팝픈 대전 퍼즐구슬 온라인

CERO A

●코나미 ●PZL ●2004년 3월 4일 ●4,800엔 ●플레이 명수 : 1~2인
●세이브 용량 : 155KB 이상 ●PlayStation BB Unit 지원 : 128MB 이상 필요

상대의 공격구슬을 역이용하는 역전극과 보복이 매력인 대전형 낙하계 퍼즐게임. 「가자! 대전 퍼즐구슬」 기반으로 제작된 게임으로서, 등장하는 캐릭터는 전부 「팝픈 뮤직」 시리즈 계열이다.

wordimagesoundplay

CERO A

●소니뮤직엔터테인먼트 ●ETC ●2004년 3월 10일 ●4,800엔
●플레이 명수 : 1인 ●세이브 용량 : 64KB 이상

영국의 창작집단 'TOMATO'가 프로듀스한, 게임과 예술을 융합시킨 타이틀. 인터랙티브성이 풍부한 4가지 작품이 기본 컨텐츠이며, Underworld와 Johnny Conquest의 신곡도 수록하였다.

Angel's Feather

CERO C

●키드 ●RPG ●2004년 3월 11일 ●6,800엔
●플레이 명수 : 1인 ●세이브 용량 : 428KB 이상

PC용 게임의 이식작. 윈필드 왕국을 여행하며 '검은 날개'와 싸우는 본격 보이즈 러브 RPG다. 어드벤처 파트와 RPG 파트로 구성되어 있으며, 시나리오는 캐릭터 전환을 통해 다양한 시점으로 즐길 수 있다.

가르쳐줘! 포포탄

CERO Z

●웰메이드 ●AVG ●2004년 3월 11일 ●6,800엔
●플레이 명수 : 1인 ●세이브 용량 : 402KB 이상

PC용 게임의 이식작. 주인공 크리스와 아이·마이·미이 3자매간의 연애를 그린 미소녀 어드벤처 게임이다. 이식 과정에서 신규 시나리오, 신규 이벤트 CG, 오프닝 애니메이션 등의 컨텐츠를 추가하였다.

잭 2

CERO A

●소니컴퓨터엔터테인먼트 ●ACT ●2004년 3월 11일 ●5,800엔
●플레이 명수 : 1인 ●세이브 용량 : 1024KB 이상

2001년 발매된 「잭 & 덱스터」(101p)의 속편(일본 타이틀명은 「잭×덱스터 2」다). 지독한 인체실험을 당한 잭이 독재자 프락시스에게 복수한다는 스토리다. 세계관을 재정립했고, '다크 잭' 등 여러 신규 요소를 추가하였다.

CERO 등급 아이콘

컨텐츠 명시 아이콘
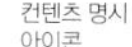

연애 선정성 폭력성 공포 음주·흡연 사행성 범죄 약물 언어·기타

몬스터헌터

●캡콤 ●ACT ●2004년 3월 11일 ●6,800엔 ●플레이 명수 : 1인
●세이브 용량 : 110KB 이상 ●네트워크 어댑터, USB 키보드 지원

약육강식의 대자연에서 헌터로 살아가는 헌팅 액션 게임 시리즈의 첫 작품. 헌터가 되어 6종류의 무기 중 하나를 선택해 비룡·괴조 등의 다양한 몬스터를 사냥하고, 더욱 강한 장비를 만들어 더 강한 몬스터에 도전하자. 당시엔 드물었던 온라인 위주의 액션 게임으로서, 온라인 한정 퀘스트도 제공했었다.

SuperLite 2000 테이블 : UNO

●석세스 ●TBL ●2004년 3월 11일 ●2,000엔
●플레이 명수 : 1인 ●세이브 용량 : 40KB 이상

유명한 카드 게임 'UNO'를 혼자서 즐길 수 있는 소프트. 8명의 CPU 캐릭터와 플레이하는 배틀 모드와, 불필요한 연출을 생략하고 스피디하게 즐기는 패스트 플레이 모드 등이 수록되어 있다.

아머드 코어 넥서스

●프롬 소프트웨어 ●ACT ●2004년 3월 18일 ●7,800엔 ●플레이 명수 : 1~2인
●세이브 용량 : 120KB 이상 ●PlayStation BB Unit, 네트워크 어댑터, i.LINK 케이블, i.LINK 허브, USB 마우스 지원

인기 시리즈의 신작. 이 작품부터 FPS 등에 흔한, 좌우 아날로그 스틱을 이용하는 이동 및 시점 조작을 지원한다(기존 조작방식도 가능). 기존작의 미션 및 자료 등을 수록한 디스크가 별도로 있어, 디스크 2매가 됐다.

우주소년 아톰

●세가 ●ACT ●2004년 3월 18일 ●6,980엔
●플레이 명수 : 1인 ●세이브 용량 : 356KB 이상

같은 제목의 2003년작 TV 애니메이션의 세계를 폴리곤으로 재현한 3D 액션 게임. 원작을 요약 정리한 스토리를 즐기면서, 메트로 시티를 자유롭게 탐색하며 아톰의 세계를 체험하자. 개발은 소닉 팀이 맡았다.

이자요이 렌카 : 신의 고향

●카가테크 ●AVG ●2004년 3월 18일 ●6,800엔
●플레이 명수 : 1인 ●세이브 용량 : 710KB 이상

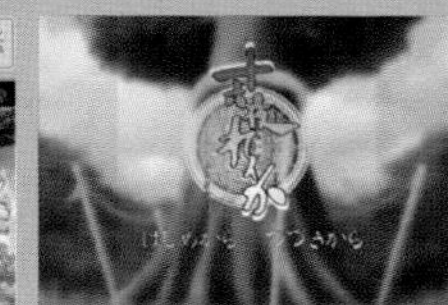

PC용 게임의 이식작. 쇼와 시대 초기의 산촌을 무대로 삼은 일본풍 연애 어드벤처 게임이다. 불가사의한 것을 꿰뚫어보는 특별한 눈을 지닌 주인공과, 기묘한 인연이 있는 히로인들의 이야기를 전기소설 풍으로 그려냈다.

이누야샤 : 저주의 가면

●반다이 ●RPG ●2004년 3월 18일 ●6,800엔
●플레이 명수 : 1인 ●세이브 용량 : 262KB 이상

타카하시 루미코 원작의 인기 애니메이션을 게임화했다. 전국시대로 타임 슬립한 주인공이 되어, 이누야샤·카고메와 함께 모험하는 어드벤처 RPG다. 신뢰도가 높아지면 필살기와 합체기도 사용 가능해진다.

가라오케 레볼루션 : J-POP 베스트 Vol.9

●코나미 ●ETC ●2004년 3월 18일 ●3,980엔 ●플레이 명수 : 1인~ ●세이브 용량 : 48KB 이상
●PlayStation BB Unit, 네트워크 어댑터, 가라오케 레볼루션용 마이크, USB 마이크 지원

「가라오케 레볼루션」의 J-POP 확장팩 제9집. 나카시마 미카의 '눈꽃', Mr.Children의 '호두', 포르노 그래피티의 '사랑이 부르는 쪽으로', w-inds.의 'Love is message' 등, 50곡을 수록했다.

괴혼 : 굴려라! 왕자님!

●남코 ●ACT ●2004년 3월 18일 ●4,500엔
●플레이 명수 : 1~2인 ●세이브 용량 : 655KB 이상

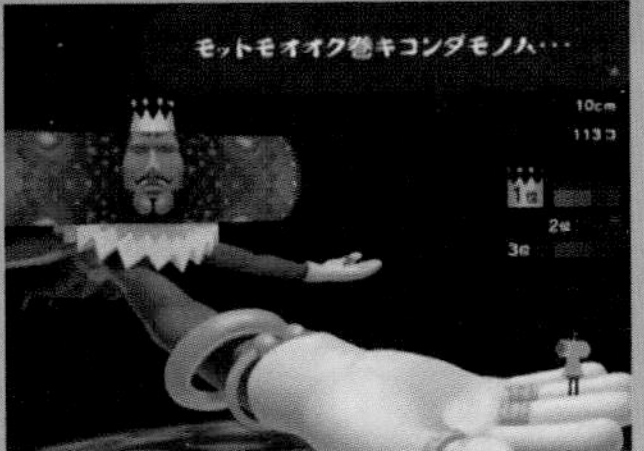

뭐든지 붙여버리는 '덩어리'를 굴려 규정된 크기로 키워가는 개성파 액션 게임. 방안의 잡동사니부터 큼직한 성까지 몽땅 붙여 뭉친 '덩어리'를 우주에 띄워, 잃어버린 밤하늘 별빛을 되찾자. 대시·점프 등의 액션을 구사해 각 스테이지에 도전하도록. 움직이는 물건이나 벽에 부딪히면 덩어리가 깨져 작아진다.

가라오케 레볼루션 : 드림즈 앤 메모리즈

●코나미 ●ETC ●2004년 3월 18일 ●3,980엔 ●플레이 명수 : 1인~ ●세이브 용량 : 48KB 이상
●PlayStation BB Unit, 네트워크 어댑터, 가라오케 레볼루션용 마이크, USB 마이크 지원

봄철에 맞게 되는 졸업을 비롯해, 만남·작별·새출발을 테마로 삼은 곡들을 모은 데이터집. Kiroro의 '미래로', 와타나베 미사토의 '졸업', 카이엔타이의 '너에게 주는 말' 등 50곡을 수록했다.

금색의 코르다

●코에이 ●SLG ●2004년 3월 18일 ●6,800엔
●플레이 명수 : 1인 ●세이브 용량 : 456KB 이상

음악을 테마로 삼은 여성용 연애 시뮬레이션 게임. 평범한 여고생이, 음악을 관장하는 요정의 선택을 받아 음악 콩쿠르에 출전한다는 스토리다. 풍부한 이벤트와 함께 다양한 우정과 사랑을 키워나갈 수 있다.

크로스 채널 : To all people

●키드 ●AVG ●2004년 3월 18일 ●6,800엔
●플레이 명수 : 1인 ●세이브 용량 : 95KB 이상

PC용 게임의 이식작으로서, 고등학교 방송부를 무대로 삼은 학원물 청춘 어드벤처 게임. 마음에 상처를 품은 부원들의 대립과 엇갈림을 그린 군상극이다. 이식하면서 시나리오를 추가했고, 신규 CG도 30장 이상 수록했다.

최유기 RELOAD

●반다이 ●RPG ●2004년 3월 18일 ●6,800엔
●플레이 명수 : 1인 ●세이브 용량 : 800KB 이상

미네쿠라 카즈야의 만화가 원작인 인기 애니메이션을 게임화했다. '대화 끼어들기'로 플레이어가 직접 삼장 일행에게 말을 거는 커뮤니케이션 RPG다. 적절히 끼어들면 스토리가 변화하고, 캐릭터와의 친밀도에도 영향을 끼친다.

사쿠라대전 이야기 : 미스테리어스 파리

●세가 ●AVG ●2004년 3월 18일 ●6,980엔
●플레이 명수 : 1인 ●세이브 용량 : 200KB 이상

「사쿠라대전」 시리즈의 외전에 해당하는 어드벤처 게임. 3편의 1년 후, 프랑스 파리에서 발생한 연쇄 실종사건에서 시작되는 일련의 수수께끼를 파리의 화조 멤버들과 함께 해결한다는 스토리다.

진 삼국무쌍 3 Empires

●코에이 ●ACT ●2004년 3월 18일 ●4,280엔 ●플레이 명수 : 1~2인
●세이브 용량 : 1900KB 이상 ●PlayStation BB Unit (캐시) 지원 : 1024MB 이상 필요

「진 삼국무쌍 3」 관련작으로는 3번째 작품. 동일한 기본 시스템 상에서 전략적 요소를 추가한 택티컬 액션 게임이다. 전투와 정략을 구사하여 중국대륙 통일을 노리는 '쟁패 모드' 등, 4가지 모드를 탑재하였다.

CERO 등급 아이콘    

컨텐츠 명시 아이콘  연애 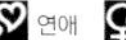 선정성  폭력성 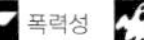 공포  음주·흡연    사행성  범죄  약물  언어·기타

SIMPLE 2000 시리즈 Vol.43 : THE 재판 - 신참 사법관 모모타 츠카사의 10가지 재판 파일

●D3 퍼블리셔 ●AVG ●2004년 3월 18일 ●2,000엔
●플레이 명수 : 1인 ●세이브 용량 : 82KB 이상

배심원 재판제도를 도입한 가상의 일본이 배경인 어드벤처 게임. 주인공인 사법관이 되어, 속속 맞닥뜨리게 되는 난제를 법정에서 해결하자. 기상천외한 사건부터 진지한 사건까지, 다양한 10가지 시나리오를 수록했다.

SIMPLE 2000 시리즈 Vol.45 : THE 사랑과 눈물과, 추억과…. - 스레드 컬러즈 : 작별의 저편

●D3 퍼블리셔 ●AVG ●2004년 3월 18일 ●2,000엔
●플레이 명수 : 1인 ●세이브 용량 : 129KB 이상

2002년 발매되었던 「스레드 컬러즈 : 작별의 저편」(140p)의 염가판. 기억상실 상태로 입원생활을 보내고 있던 주인공이, 그곳에서 만난 사람들과 마음으로 교류하는 과정을 그린 어드벤처 게임이다.

SIMPLE 2000 시리즈 Vol.46 : THE 한자 퀴즈

●D3 퍼블리셔 ●QIZ ●2004년 3월 18일 ●2,000엔
●플레이 명수 : 1~2인 ●세이브 용량 : 55KB 이상

일본 한자능력검정시험에서 과거 출제된 적이 있는 문제들을 수록한 한자 퀴즈 게임. 사자성어 퀴즈와 입체한자 퀴즈 등, 미니게임 형식으로 10급부터 2급까지의 카테고리로 나뉜 문제들에 도전할 수 있다.

세인츠 : 성스러운 몬스터

●소니컴퓨터엔터테인먼트 ●AVG ●2004년 3월 18일 ●5,800엔
●플레이 명수 : 1인 ●세이브 용량 : 400KB 이상

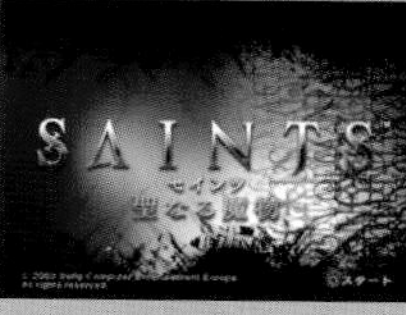

주인공과 파트너인 가고일을 교대로 조작하며 혼돈의 세계를 여행하는 어드벤처 게임. 가고일은 4종류의 몬스터로 변신할 수 있다. 난관을 돌파할 때마다 숙명과 갈등, 과거와 결의의 드라마가 전개된다.

폭소!! 인생 우여곡절 : NOVA 토끼가 보고 있다!!

●타이토 ●TBL ●2004년 3월 18일 ●6,800엔 ●플레이 명수 : 1~4인
●세이브 용량 : 405KB 이상 ●멀티탭 지원

자사의 패미컴용 게임 「폭소!! 인생극장」이 PS2로 등장했다! 연애·결혼·불륜 등의 온갖 인생 이벤트가 펼쳐진다. 당시 일본에서 TV광고로 화제였던 캐릭터 'NOVA 토끼'도 등장한다. 22시 이후에 플레이하면 야한 이벤트도 나온다.

삐리리~ 불어봐! 재규어 : 내일의 점프

●코나미 ●ETC ●2004년 3월 18일 ●6,800엔
●플레이 명수 : 1인 ●세이브 용량 : 100KB 이상

우스타 쿄스케의 인기 만화를 게임화했다. 원작에서도 인기였던 캐릭터가 총출동하는 작품이다. '재규어'가 되어 액션을 발동하자. 실수하면 무자비한 딴죽 어택이 들어온다. 본편과는 관계없는 보너스 컨텐츠도 가득하다.

FIFA 토탈 풋볼

●일렉트로닉 아츠 ●SPT ●2004년 3월 18일 ●6,800엔 ●플레이 명수 : 1~2인
●세이브 용량 : 1120KB 이상 ●멀티탭 지원(~8인), USB 헤드셋, 네트워크 어댑터, PlayStation BB Unit 지원

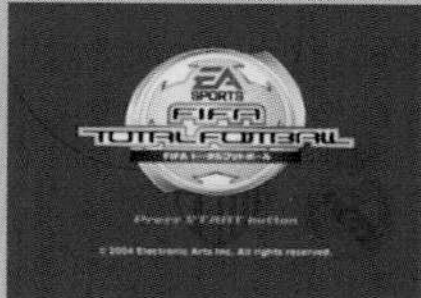

「FIFA」 시리즈를 대폭 진화시킨 축구 게임. 비조작 상태의 선수에게 지시를 내려 간접적으로 움직이는 '오프 더 볼 컨트롤'과 팀을 운영하는 '프랜차이즈 모드' 등으로, 새로운 축구 게임의 방향성을 제시했다.

프리덤 파이터즈

●일렉트로닉 아츠 ●STG ●2004년 3월 18일 ●6,800엔
●플레이 명수 : 1~2인 ●세이브 용량 : 400KB 이상 ●멀티탭 지원(~4인)

냉전에서 승리한 소비에트 연방의 미국 침공에 맞서 싸우는 가상의 전쟁을 소재로 삼은 3인칭 슈터 게임. 게릴라의 리더가 되어, 아군이 된 전사들에게 적절한 지시를 내리면서 싸우자.

각종 지원 아이콘  Best판 발매  PlayStation BB Unit 전용  PlayStation BB Unit 지원

HARDWARE 2000 2001 2002 2003 2004 2005 2006 2007 2008 2009 2010 2011 2013 INDEX

포포로크로이스 : 달의 규율의 모험

●소니컴퓨터엔터테인먼트 ●RPG ●2004년 3월 18일 ●5,800엔
●플레이 명수 : 1인 ●세이브 용량 : 746KB 이상

시리즈 제5탄으로서, 「포포로크로이스 : 시작되는 모험」의 반년 후를 그린 속편. 사람들이 석화되어 버리는 이변에 맞서, 주인공 '피논'이 다시 한 번 여행에 나선다. 물건을 튕겨내는 액션인 '플릭' 시스템이 특징이다.

Remember11 : the age of infinity

●키드 ●AVG ●2004년 3월 18일 ●6,800엔
●플레이 명수 : 1인 ●세이브 용량 : 110KB 이상

「infinity」 시리즈의 3번째 작품. 설산에서 조난된 '후유카와 코코로'와 기억을 잃은 '유키도 사토루' 두 주인공의 시나리오가 진행 도중 교대로 영향을 미치며 밀접하게 연결되어 가는 서스펜스 어드벤처 게임이다.

WAR OF THE MONSTERS : 괴수대격전

●캡콤 ●ACT ●2004년 3월 25일 ●6,800엔
●플레이 명수 : 1~2인 ●세이브 용량 : 70KB 이상

거대 몬스터들 간의 대박력 배틀이 펼쳐지는 괴수 액션 게임. 심플한 조작으로 괴수들 간의 격투를 즐기는 것은 물론, 스테이지 내에 있는 건물과 탈것도 파괴할 수 있다. 일발역전의 '분노 공격'으로 승리를 거머쥐자.

금색의 갓슈!! : 우정 태그 배틀

●반다이 ●ACT ●2004년 3월 25일 ●6,800엔
●플레이 명수 : 1~2인 ●세이브 용량 : 85KB 이상

라이쿠 마코토 원작의 인기 애니메이션이 기반인 액션 격투 게임. 8팀 16명의 캐릭터들이 애니메이션과 동일한 성우로 등장한다. '마계의 왕좌'를 둘러싸고, 술자와 마물이 뒤섞여 싸우는 2 : 2 배틀이 전개된다.

더 킹 오브 파이터즈 2002

●SNK 플레이모어 ●ACT ●2004년 3월 25일 ●6,800엔
●플레이 명수 : 1~2인 ●세이브 용량 : 100KB 이상

「더 킹 오브 파이터즈 '99」에서 이어져온 '네스츠 편'이 종료된 후 나온 드림매치 격 작품. 3 : 3 팀 배틀로 회귀했고, 첫 작품부터 「~2001」까지의 캐릭터들 대다수가 등장한다. 가정용판 추가 요소로서 야부키 신고와 킹도 사용 가능하다.

좋은 건 좋으니까 어쩔 수 없어!! : FIRST LIMIT & TARGET†NIGHTS Sukisyo! Episode #01+#02

●NEC 인터채널 ●AVG ●2004년 3월 25일 ●6,800엔
●플레이 명수 : 1인 ●세이브 용량 : 75KB 이상

PC로 발매되었던 보이즈 러브 어드벤처 게임의 이식작. 원작의 1·2편을 합본하여 수록했다. 성인용 묘사는 삭제했으나, 드라마 CD와 동일한 성우진을 기용하여 풀보이스로 대폭 파워업시켰다.

스테디×스터디

●아이디어 팩토리 ●AVG ●2004년 3월 25일 ●6,800엔
●플레이 명수 : 1인 ●세이브 용량 : 116KB 이상

애니메이션 컷을 풍부하게 삽입한 연애 어드벤처 게임. 주인공이 되어 클럽활동과 공부, 연애를 통해 자신이 하고 싶은 일을 찾아내보자. 고개를 돌려 주변을 보는 'ASV 시스템' 덕에, 주변을 관찰·발견하는 재미가 있다.

SEGA AGES 2500 시리즈 Vol.10 : 애프터 버너 II

●3D 에이지스 ●STG ●2004년 3월 25일 ●2,500엔
●플레이 명수 : 1인 ●세이브 용량 : 50KB 이상

속도감 넘치는 도그파이트를 즐길 수 있는 아케이드 3D 슈팅 게임을 풀 폴리곤으로 리메이크한 작품. 신규 수록된 '어레인지 모드'에서는 스텔스기·폭격기 등의 오리지널 기체도 선택할 수 있다.

CERO 등급 아이콘     

컨텐츠 명시 아이콘  연애  선정성 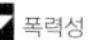 폭력성  공포  음주·흡연  사행성  범죄  약물  언어·기타

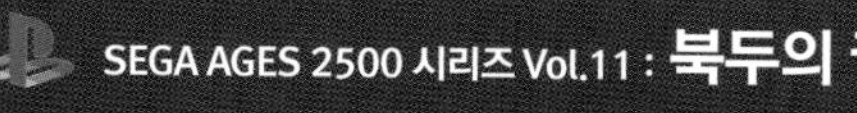

SEGA AGES 2500 시리즈 Vol.11 : 북두의 권

●3D 에이지스 ●ACT ●2004년 3월 25일 ●2,500엔
●플레이 명수 : 1~2인 ●세이브 용량 : 50KB 이상

만화 '북두의 권'을 훌륭히 재현해낸 세가 마크 Ⅲ용 명작 횡스크롤 액션 게임을 폴리곤으로 리메이크한 작품. 원작에 해당하는 세가 마크 Ⅲ판도 함께 수록하여, 시대의 변화를 체감해볼 수 있다.

TAISEN : ①쇼기

●마이니치 커뮤니케이션즈 ●TBL ●2004년 3월 25일 ●2,000엔 ●플레이 명수 : 1~2인
●세이브 용량 : 112KB 이상 ●네트워크 어댑터, PlayStation BB Unit 지원

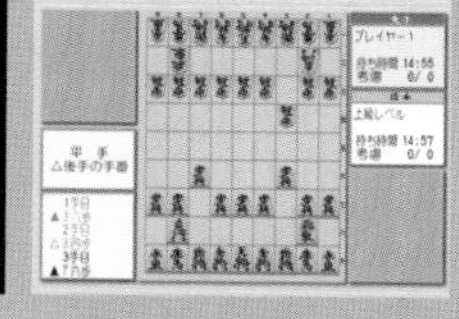

온라인으로 일본 전역에서의 대전을 지원했던 'TAISEN' 서비스에 접속해 쇼기 대국을 제공했던 소프트. 네트워크 대전을 즐기려면 회원 등록이 필요했으나, 현재는 서비스가 종료됐다. 오프라인 대국도 가능하다.

TAISEN : ②바둑

●마이니치 커뮤니케이션즈 ●TBL ●2004년 3월 25일 ●2,000엔 ●플레이 명수 : 1~2인
●세이브 용량 : 166KB 이상 ●네트워크 어댑터, PlayStation BB Unit 지원

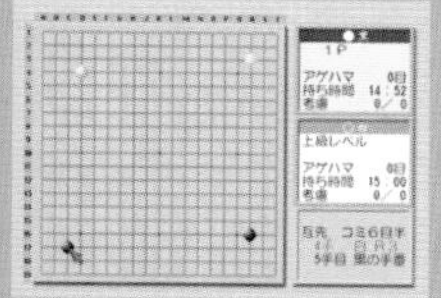

온라인으로 일본 전역에서의 대전을 지원했던 'TAISEN' 서비스에 접속해 바둑 대국을 제공했던 소프트. 네트워크 대전을 즐기려면 회원 등록이 필요했으나, 현재는 서비스가 종료됐다. 오프라인 대국도 가능하다.

TAISEN : ③마작

●마이니치 커뮤니케이션즈 ●TBL ●2004년 3월 25일 ●2,000엔 ●플레이 명수 : 1~2인
●세이브 용량 : 110KB 이상 ●네트워크 어댑터, PlayStation BB Unit 지원

온라인으로 일본 전역에서의 대전을 지원했던 'TAISEN' 서비스에 접속해 마작 대국을 지원했던 소프트. 4명이 다 모이지 않아도 CPU가 대타를 뛰어주며, 오프라인 대국도 가능했다. 현재는 서비스가 종료됐다.

TAISEN : ④솔저 - 기업전사 장기

●마이니치 커뮤니케이션즈 ●TBL ●2004년 3월 25일 ●2,000엔 ●플레이 명수 : 1~2인
●세이브 용량 : 112KB 이상 ●네트워크 어댑터, PlayStation BB Unit 지원

온라인으로 일본 전역에서의 대전을 지원했던 'TAISEN' 서비스에 접속할 수 있었던 소프트. '솔저'는 군인장기를 변형한 게임으로서, 탱크·지뢰 등의 말을 사장·평사원 등의 회사 직책으로 바꾼 것이 주 특징이다.

손바닥을, 태양에 : 영구의 인연

●프린세스 소프트 ●AVG ●2004년 3월 25일 ●6,800엔
●플레이 명수 : 1인 ●세이브 용량 : 348KB 이상

PC용 게임의 이식작. 자연에 둘러싸인 시골 마을을 무대로, 주인공과 전학 온 미소녀 간의 교류를 그런 스토리다. 선택지에서 실수해도 만회가 가능하다는 참신한 시스템을 탑재했다. 과거의 기억에 얽힌 신비한 체험을 즐기자.

드래곤 퀘스트 V : 천공의 신부

●스퀘어 에닉스 ●RPG ●2004년 3월 25일 ●7,800엔
●플레이 명수 : 1인 ●세이브 용량 : 188KB 이상

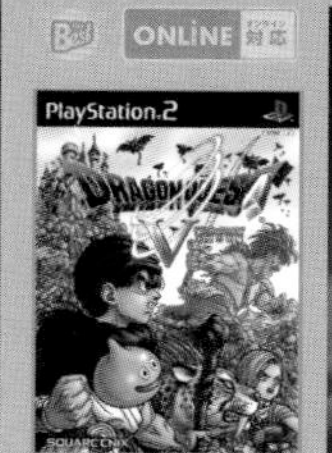

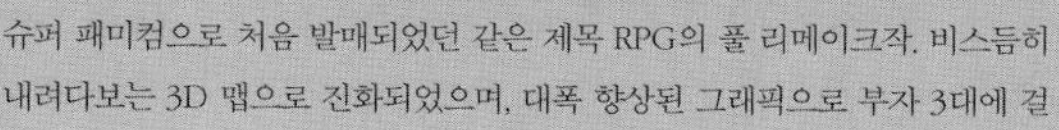

슈퍼 패미컴으로 처음 발매되었던 같은 제목 RPG의 풀 리메이크작. 비스듬히 내려다보는 3D 맵으로 진화되었으며, 대폭 향상된 그래픽으로 부자 3대에 걸친 대모험을 그려냈다. 음악도 오케스트라 실연주를 도입했으며, 시나리오와 시스템도 원작에서 다양한 추가와 변경을 가했다.

열중! 프로야구 2004

●남코 ●SPT ●2004년 3월 25일 ●6,800엔
●플레이 명수 : 1~2인 ●세이브 용량 : 52KB 이상

일본 후지TV와 남코의 제휴로 개발된 야구 게임 시리즈의 제3탄. 2004년도 데이터 기준으로서, 유명 선수들의 고유 모션도 대폭 추가하였다. '코스 타구'·'간단 투구'라는 초보자용 간편 조작계도 제공한다.

프로야구 스피리츠 2004

●코나미 ●SPT ●2004년 3월 25일 ●6,800엔
●플레이 명수 : 1~2인 ●세이브 용량 : 1350KB 이상

「프로야구 JAPAN 2001」(95p)에서 이어지는 리얼계 야구 게임의 명맥을 계승한 시리즈의 제1탄. 실제 일본 프로야구 선수들의 리얼한 모션으로 펼쳐지는 시합을 실황 해설과 함께 만끽할 수 있다.

마작 파티 : 아이돌과 마작승부

●CBC ●TBL ●2004년 3월 25일 ●5,200엔
●플레이 명수 : 1인 ●세이브 용량 : 50KB 이상

인기 그라비아 아이돌 10명과 마작으로 대결하는 게임. 스토리 모드를 비롯해, 아이돌과 직접 대국하는 모드도 수록했다. 입수한 포인트를 지불하여 비장의 동영상을 개방해 즐길 수도 있다.

미션 임파서블 : 오퍼레이션 서마

●아타리 재팬 ●ACT ●2004년 3월 25일 ●6,800엔
●플레이 명수 : 1인 ●세이브 용량 : 73KB 이상

대히트 영화 '미션 임파서블'의 세계를 즐길 수 있는 스파이 액션 게임. '에단 헌트'가 되어 다양한 임무에 도전해 보자. 하이테크 아이템을 활용하는 본격 잠입 액션을 플레이할 수 있는 작품이다.

환생 : 리프레인

●D3 퍼블리셔 ●AVG ●2004년 3월 25일 ●4,800엔
●플레이 명수 : 1인 ●세이브 용량 : 57KB 이상

카지오 신지의 소설이 원작인 어드벤처 게임. 원작자가 감수하여, 소설과 동일한 세계관을 즐길 수 있다. 스토리는 총 10편으로 나뉘어 있으며, 반복해 플레이하다 보면 스토리의 본질에 접근하게 된다.

라임빛 전기담☆순

●카도카와쇼텐 ●AVG ●2004년 3월 25일 ●6,800엔
●플레이 명수 : 1인 ●세이브 용량 : 50KB 이상

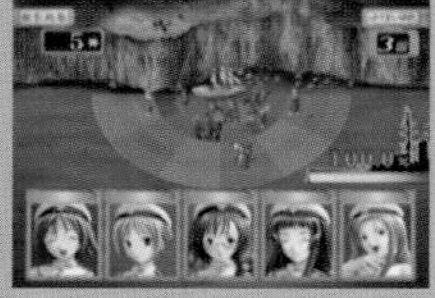

PC용 게임의 이식작. 러일전쟁 중이던 가상의 일본이 무대인 어드벤처 게임이다. 주인공인 교사가 되어 5명의 소녀들과 함께 수수께끼의 군단에 맞서 싸우자. 수업·전투 등으로 가득한 총 13화를 플레이한다.

구원(九怨)

●프롬 소프트웨어 ●ACT ●2004년 4월 1일 ●6,800엔
●플레이 명수 : 1인 ●세이브 용량 : 111KB 이상

헤이안쿄를 무대로 삼은 음습한 중세 일본풍 세계에서 스토리가 전개되는 괴담 액션 게임. 2개 장으로 구성되며, 주인공도 각 장에 따라 둘로 나뉜다. 복잡하게 깔린 복선과, 일본 괴담 특유의 독자적인 세계관을 즐기자.

어디서나 함께 : 토로와 별똥별

●소니컴퓨터엔터테인먼트 ●AVG ●2004년 4월 1일 ●5,800엔
●플레이 명수 : 1인 ●세이브 용량 : 1522KB 이상

토로와 함께 '별 조각'을 모아가는, 마음이 훈훈해지는 어드벤처 게임. 다양한 사람들의 꿈과 소원을 이뤄주며 '별 조각'을 모으자. 자신이 포케피들에게 가르쳐준 단어가 마을에 퍼져가는 모습도 즐길 수 있다.

 CERO 등급 아이콘      

컨텐츠 명시 아이콘  연애  선정성  폭력성  공포  음주·흡연  사행성  범죄  약물 언어·기타

번아웃 2 : 포인트 오브 임팩트

●사미 ●RCG ●2004년 4월 1일 ●5,800엔 ●플레이 명수 : 1~2인
●세이브 용량 : 85KB 이상 ●GT FORCE, 프로그레시브 스캔 지원

서양에서 대히트했던 공공도로 레이싱 게임. 드리프트와 역차선 주행 등의 위험운전으로 '부스트'를 모아 초고속으로 주행한다는 과격한 플레이가 특징이다. 총 피해금액을 경쟁하는 '크래시', 일부러 충돌하여 상대 차량을 크래시시키는 '체이스' 등, 강렬하고 자극적인 모드들을 탑재하였다.

노부나가의 야망 : 천하창세

●코에이 ●SLG ●2004년 4월 1일 ●9,800엔 ●플레이 명수 : 1인
●세이브 용량 : 1764KB 이상 ●PlayStation BB Unit (캐시) 지원 : 512MB 이상 필요

시리즈 11번째 작품. 지역 묘사와 전투장면 등이 모두 풀 3D화되어, 도읍의 발전과 전황을 실시간으로 확인할 수 있게 되었다. 샌드박스 내정 시스템도 부활했으니, 숙고하여 자국을 강화시켜 천하통일을 노리자.

건슬링거 걸 Volume. I

●마벨러스 엔터테인먼트 ●ACT ●2004년 4월 8일 ●6,800엔
●플레이 명수 : 1인 ●세이브 용량 : 64KB 이상

인기 만화가 원작인 건 액션 게임. '헨리에타'를 조작하여 오리지널 스토리로 진행되는 미션을 클리어하자. 애니메이션판 제1화부터 제5화까지를 수록한 DVD 비디오 디스크도 함께 동봉했다.

마음의 문

●제넥스 ●AVG ●2004년 4월 8일 ●5,800엔
●플레이 명수 : 1인 ●세이브 용량 : 96KB 이상

PC용 성인 게임 「한여름의 문」을 리메이크 이식한 작품. 시나리오 보강, 완전 풀보이스화, 오프닝 무비 추가 등의 변경점이 많아, 원작을 경험한 유저도 신선한 느낌으로 즐길 수 있다. 졸업 직전인 고교생들의 연애 이야기다.

샤먼킹 : 훈바리 스피리츠

●반다이 ●ACT ●2004년 4월 8일 ●6,800엔
●플레이 명수 : 1~2인 ●세이브 용량 : 120KB 이상

인기 만화가 원작인 대전격투 게임. 타이밍에 맞춰 버튼을 눌러 연속공격을 날리는 '훈바리 콤보'와, 적의 공격을 피하는 '무문둔갑' 시스템이 게임의 핵심이다. 등장하는 캐릭터들은 총 15명이다.

SIMPLE 2000 시리즈 Vol.47 : THE 전투 세키가하라

●D3 퍼블리셔 ●ACT ●2004년 4월 8일 ●2,000엔
●플레이 명수 : 1인 ●세이브 용량 : 104KB 이상

일명 '천하를 가른 싸움', 세키가하라 전투가 테마인 검술 액션 게임. 미야모토 무사시나 사사키 코지로 중 하나를 선택해, 화면을 가득 메운 대량의 적을 쓸어버리며 서군을 승리로 이끄는 것이 목적이다.

SIMPLE 2000 시리즈 Vol.48 : THE 택시 - 당신이 운전사

●D3 퍼블리셔 ●RCG ●2004년 4월 8일 ●2,000엔
●플레이 명수 : 1인 ●세이브 용량 : 32KB 이상

택시운전사가 되어, 수입 100만 엔을 목표로 다양한 손님의 요청에 응하며 무사히 실어 나르는 레이싱 게임. 일정 기준을 달성하면 갈 수 있는 곳이 늘어나고 야간영업도 가능해진다.

각종 지원 아이콘   Best판 발매  PlayStation BB Unit 전용  PlayStation BB Unit 지원

CERO A — SuperLite 2000 시뮬레이션 : 샌드박스 철도 – 블루 트레인·특급 편

●석세스 ●SLG ●2004년 4월 8일 ●2,000엔
●플레이 명수 : 1인 ●세이브 용량 : 1290KB 이상

철도모형 디오라마를 PS2로 즐길 수 있는 소프트. 산과 분지 만들기부터 시작해, 마을 파츠를 배치하면서 레일을 깔 수도 있고, 블루 트레인 및 특급열차 등이 달리는 모습을 3D 그래픽으로 감상할 수도 있다.

CERO B — Crimson Sea 2 : 붉은 바다 2

●코에이 ●ACT ●2004년 4월 15일 ●6,800엔
●플레이 명수 : 1~2인 ●세이브 용량 : 171KB 이상

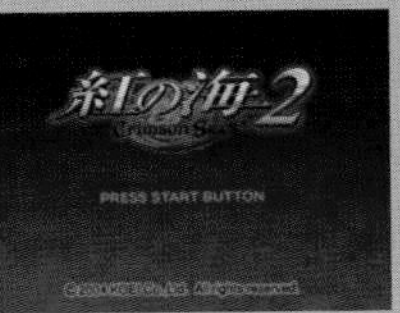

Xbox로 발매되었던 SF 액션 게임의 속편. 2명의 주인공을 전환해 가며, 화면에 가득한 적들을 건이나 블레이드, 혹은 '네오 사이오닉스'라는 이름의 공격 등을 적절히 활용해가며 쓰러뜨리자.

CERO C — 카에나

●남코 ●ACT ●2004년 4월 15일 ●6,800엔
●플레이 명수 : 1인 ●세이브 용량 : 120KB 이상

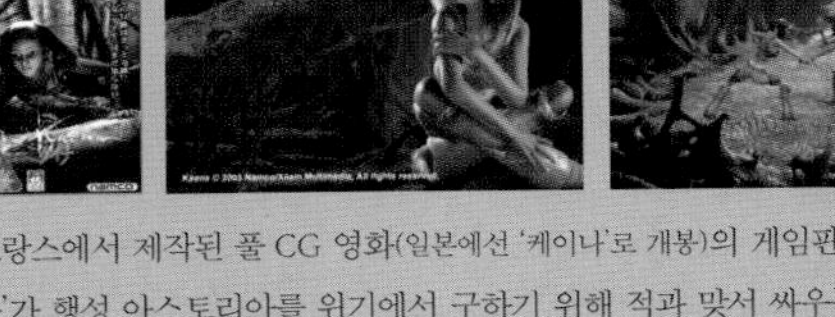

프랑스에서 제작된 풀 CG 영화(일본에선 '케이나'로 개봉)의 게임판. 주인공 '카에나'가 행성 아스토리아를 위기에서 구하기 위해 적과 맞서 싸우는 3D 액션 게임이다. 게임의 배경은 영화와 기본적으로 동일하다.

CERO A — 행복조작관

●소니컴퓨터엔터테인먼트 ●SLG ●2004년 4월 15일 ●5,800엔
●플레이 명수 : 1인 ●세이브 용량 : 1900KB 이상

현대풍의 작은 동네를 무대로 삼아, 사람들 100명의 일상 드라마를 관찰하며 도와주는 게임. 부부싸움, 회사 도산, 소소한 사랑 이야기 등의 희비극을, 사람들의 기분을 조작하여 행복으로 인도하자. 하루에 20분 정도로 플레이 가능.

CR 가면라이더 : 파치로 상투 달인 5

●핵베리 ●SLG ●2004년 4월 15일 ●5,800엔
●플레이 명수 : 1인 ●세이브 용량 : 159KB 이상

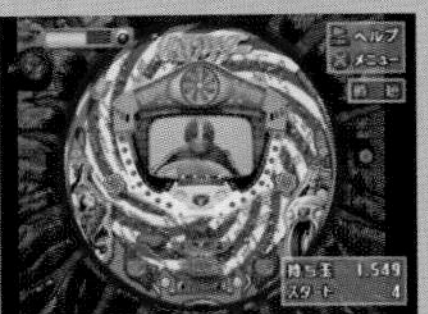

파친코 실기 시뮬레이터「파치로 상투 달인」시리즈에, 인기 TV 특촬 드라마 '가면라이더'가 드디어 등장했다. 더블 라이더 킥과 괴기 거미남자 등, 다채로운 리치 액션 연출을 즐길 수 있다.

CERO D — 백야드 레슬링

●에이도스 ●ACT ●2004년 4월 15일 ●6,800엔
●플레이 명수 : 1~2인 ●세이브 용량 : 88KB 이상

'뒷마당'이라는 의미의 '백야드'라는 타이틀명대로, 뒷마당·육가공 공장·주유소 등의 다양한 장소에서 싸우는 장외난투 프로레슬링 배틀 게임. 스테이지의 다채로운 장치를 활용해 수단방법을 가리지 않는 배틀을 즐길 수 있다.

CERO A — 봄버맨 랜드 시리즈 : 봄버맨 카트 DX

●허드슨 ●RCG ●2004년 4월 15일 ●5,980엔 ●플레이 명수 : 1~2인
●세이브 용량 : 282KB 이상 ●멀티탭 지원(~4인)

「봄버맨」시리즈의 캐릭터들이 등장하는 레이싱 게임의 제2탄. 카트·코스 종류가 늘어났으며, 튠업도 가능해졌다. 레이스 모드는 기본이고, 던전 RPG풍의 '서바이벌 봄버' 모드도 추가되었다.

CERO A — 가라오케 레볼루션 : 키즈 송 셀렉션

●코나미 ●ETC ●2004년 4월 22일 ●3,980엔 ●플레이 명수 : 1인~ ●세이브 용량 : 48KB 이상
●PlayStation BB Unit, 네트워크 어댑터, 가라오케 레볼루션용 마이크, USB 마이크 지원

아동용 곡들을 모은「가라오케 레볼루션」시리즈의 데이터집. '이웃집 토토로', '방가방가 햄토리', '춤추는 폼포코링', '가면라이더 아기토' 등, 당시 일본 어린이들에게 친숙했던 50곡을 수록하였다.

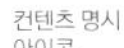

근육맨 제네레이션즈

●반다이 ●ACT ●2004년 4월 22일 ●6,800엔
●플레이 명수 : 1~2인 ●세이브 용량 : 42KB 이상 ●멀티탭 지원(~4인)

만화 '근육맨'의 25주년 기념작. '제네레이션즈'라는 타이틀명대로, 원작 '근육맨'과 그 자식 세대가 활약하는 '근육맨 Ⅱ세'까지의 초인 48명이 모두 등장한다. 유명한 '마스크 사냥'을 재현한 모드도 있다.

크림즌 티어즈

●캡콤 ●RPG ●2004년 4월 22일 ●6,800엔
●플레이 명수 : 1인 ●세이브 용량 : 52KB 이상

캡콤과 스파이크가 공동 제작한 3D 액션 RPG. 주무기를 차별화한 3명의 인간병기를 조작하여, 자동생성된 던전에 도전해보자. 격투공격과 무기공격을 구사하여, 거대한 미궁이 된 도쿄를 공략해야 한다.

신천마계 : 제네레이션 오브 카오스 Ⅳ

●아이디어 팩토리 ●SLG ●2004년 4월 22일 ●6,800엔
●플레이 명수 : 1인 ●세이브 용량 : 233KB 이상

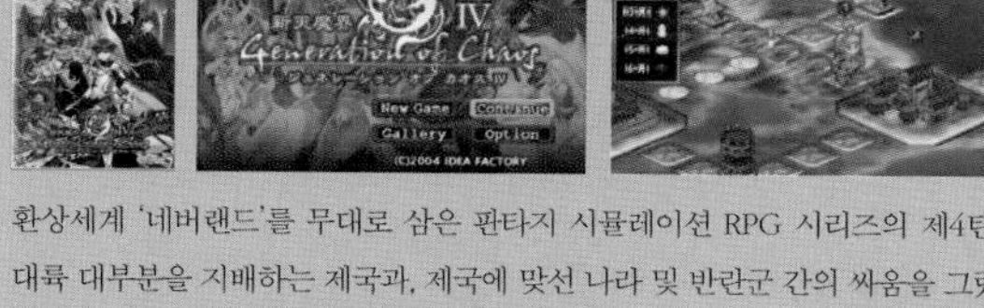

환상세계 '네버랜드'를 무대로 삼은 판타지 시뮬레이션 RPG 시리즈의 제4탄. 대륙 대부분을 지배하는 제국과, 제국에 맞선 나라 및 반란군 간의 싸움을 그렸다. 최대 30 : 30의 집단 전투를 즐길 수 있다.

SIMPLE 2000 시리즈 Vol.49 : THE 피구

●D3 퍼블리셔 ●SPT ●2004년 4월 22일 ●2,000엔
●플레이 명수 : 1~2인 ●세이브 용량 : 39KB 이상 ●멀티탭 지원(~4인)

역사적 인물을 SD화한 캐릭터들로 개성적인 필살기를 구사하며 플레이하는 피구 게임. 오다 노부나가, 아더 왕, 바흐 등의 유니크한 멤버들로 토너먼트와 프리 대전, 보너스 게임에 도전해보자.

더비 스탤리언 04

●엔터브레인 ●SLG ●2004년 4월 22일 ●6,800엔
●플레이 명수 : 1인 ●세이브 용량 : 326KB 이상

「더비 스탤리언」 시리즈의 제4탄이자, PS2로는 첫 작품. 등장하는 말과 기수가 실명으로 등록되어 있으며, 경마장 및 레이스별 데이터도 갱신되었다. PS2의 기능을 활용한 3D 그래픽이 근사한 작품이다.

탐정 진구지 사부로 : KIND OF BLUE

●워크잼 ●AVG ●2004년 4월 22일 ●5,980엔
●플레이 명수 : 1인 ●세이브 용량 : 95KB 이상

하드보일드풍 인기 어드벤처 게임 시리즈의 신작. 조수 요코가 탐정사무소를 떠난 후 시점에서 받게 되는 신변조사 건으로부터 스토리가 시작된다. 캐릭터 디자인이 변경되었고, 전반적인 화풍이 크게 달라졌다.

UFC 2004

●마벨러스 인터랙티브 ●AVG ●2004년 4월 22일 ●6,800엔
●플레이 명수 : 1~2인 ●세이브 용량 : 133KB 이상

미국의 종합격투기단체 'UFC'를 소재로 삼은 대전격투 게임. 타격·태클·마운트 등 맨손격투계의 다양한 공격을 사용 가능하며, 총 36명의 선수가 등장한다. 오리지널 캐릭터를 육성하여 시합할 수도 있다.

오렌지 포켓 : 류트

●피오네소프트 ●AVG ●2004년 4월 28일 ●6,800엔
●플레이 명수 : 1인 ●세이브 용량 : 73KB 이상

PC용 게임의 이식작. 자연에 둘러싸인 시골 마을을 무대로, 주인공과 히로인들 간의 교류와 왁자지껄 일상을 그린 평온한 연애 어드벤처 게임이다. 이식 과정에서 신규 공략 캐릭터와 신규 시나리오를 추가했다.

각종 지원 아이콘  Best판 발매 ONLINE 専用 PlayStation BB Unit 전용 ONLINE 対応 PlayStation BB Unit 지원

CERO A 쾌걸 조로리 : 되어보자! 장난 킹

●반다이 ●ETC ●2004년 4월 28일 ●4,200엔 ●플레이 명수 : 1~4인
●세이브 용량 : 100KB 이상 ●아이토이 카메라 필수

아이토이 카메라를 활용하여, 만화 '쾌걸 조로리'의 캐릭터들과 함께 몸을 움직이는 놀이에 도전하는 미니게임 모음집. 공기 대포를 발사하는 '방귀를 모아라!' 등의 미니게임 9종을 4가지 모드로 즐길 수 있다.

CERO A 제노사가 프릭스

●남코 ●ETC ●2004년 4월 28일 ●4,800엔
●플레이 명수 : 1~2인 ●세이브 용량 : 200KB 이상

「제노사가」를 소재로 삼은 버라이어티 소프트. 코미디 풍의 외전 스토리인 '제노코미'와 「단어퍼즐 모지핏탄」의 제노사가 버전인 '제노핏탄'에, 용어집과 동영상 클립 등까지 다양한 컨텐츠를 수록했다.

CERO C 최고속! 폭주 킹 BU : 압승전설 2

●D3 퍼블리셔 ●RCG ●2004년 4월 28일 ●4,800엔
●플레이 명수 : 1~2인 ●세이브 용량 : 215KB 이상

폭주족 차량이 테마인 「~최속! 폭주 킹 : 압승전설」(135p)의 속편. 차종과 개조 파츠가 늘어나 커스터마이징의 폭이 넓어졌다. 라이벌을 물리치는 모드와, 무모한 미션에 도전하는 '전설 모드'가 있다.

CERO B 프린세스 메이커

●제넥스 ●SLG ●2004년 4월 28일 ●4,980엔
●플레이 명수 : 1인 ●세이브 용량 : 109KB 이상

PC용 육성 게임 「프린세스 메이커」를 리파인한 이식작. 전쟁고아 소녀를 거두어, 12세부터 18세까지 성장하는 동안 공부·아르바이트·무사수행 등을 경험시켜 다양한 결말로 인도해 가는 게임이다.

CERO B 헌티드 맨션

●유크스 ●ACT ●2004년 4월 28일 ●5,800엔
●플레이 명수 : 1인 ●세이브 용량 : 60KB 이상

디즈니랜드의 인기 호러 어트랙션을 게임화한 작품. 악령을 혼내주고 착한 영혼을 도와주는 스토리를 따라가며 수많은 수수께끼를 풀어내자. 사람을 깜짝 놀라게 만드는, 유령의 집다운 장치와 연출이 재미있다.

CERO B 겟 백커스 탈환대 : 뒷세계 신주쿠 최강배틀

●코나미 ●RPG ●2004년 4월 29일 ●6,800엔
●플레이 명수 : 1~2인 ●세이브 용량 : 110KB 이상

주간 '소년 매거진'의 같은 제목 만화가 원작인, 오리지널 스토리로 전개되는 3D 액션 & 어드벤처 게임. 화려한 액션으로 적을 장애물과 함께 날려버리며, 파트너 캐릭터와 함께 위험한 의뢰를 해결해보자.

CERO Z 대전 핫 기믹 : 코스프레 마작

●크로스노츠 ●TBL ●2004년 4월 29일 ●5,980엔
●플레이 명수 : 1인 ●세이브 용량 : 42KB 이상

아케이드용 마작 게임 「대전 핫 기믹」의 이식판. 연출 중 일부를 가정용 게임의 허용범위에 맞춰 개변하였다. 적이 전신 타이즈 차림의 레슬러인 '작 파이트' 모드도 CPU와의 대전 형태로 플레이 가능하다.

CERO B 온라인 프로레슬링

●유크스 ●SPT ●2004년 5월 6일 ●4,800엔 ●플레이 명수 : 1~2인
●세이브 용량 : 203KB 이상 ●네트워크 어댑터, USB 키보드 지원

온라인 대전 플레이를 전제로 제작한 프로레슬링 게임. 1,500종 이상의 기술과 4,500종 이상의 파츠를 조합해 자신만의 레슬러를 만들어, 온라인을 통해 라이벌들과 기술을 겨룰 수 있었다. CPU와의 대전도 가능하다.

CERO 등급 아이콘   

컨텐츠 명시 아이콘 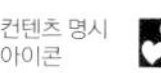 연애  선정성  폭력성  공포  음주·흡연   사행성  범죄  약물   언어·기타

코이코이·하나아와세·오이쵸카부 3종류의 게임을 즐길 수 있는 화투 게임. 프리 대전을 비롯하여, 12지구 중 한 곳의 대표가 되어 코이코이로 일본 최강을 노리는 전국제패 모드가 있다.

구슬 대량 방출의 트리거인 '투혼 찬스'로 수많은 파친코 유저를 매료시킨, 일본의 유명 프로레슬러 '안토니오 이노키'가 테마인 2개 기종을 수록한 파치슬로 실기 시뮬레이터. 대흥분의 '챔피언 로드'를 체험하자.

CERO A 위닝 포스트 6 MAXIMUM 2004

●코에이 ●SLG ●2004년 5월 20일 ●6,800엔 ●플레이 명수 : 1인
●세이브 용량 : 2183KB 이상 ●PlayStation BB Unit (캐시) 지원 : 1024MB 이상 필요

경마 시뮬레이션 게임 「위닝 포스트」 시리즈의 제6탄을 기반으로 하여, 더욱 충실해진 추가기능과 컨텐츠를 가득 담은 업그레이드판. 2004년도 레이스 및 기수 정보를 갱신하여 게임 내에 반영하였다.

CERO A 울트라맨

●반다이 ●ACT ●2004년 5월 20일 ●6,800엔
●플레이 명수 : 1~2인 ●세이브 용량 : 46KB 이상

철저한 집착으로 1966년 당시의 초대 '울트라맨'을 완벽 재현한 격투 액션 게임. 원작의 스토리를 충실히 따라가며, 괴수 출현 장면과 과학특수대의 활약도 그대로 펼쳐진다. 플레이하다 보면 숨겨진 모드와 숨겨진 괴수도 개방된다.

그랜드 셉트 오토 : 바이스 시티

●캡콤 ●ACT ●2004년 5월 20일 ●6,800엔
●플레이 명수 : 1인 ●세이브 용량 : 500KB 이상

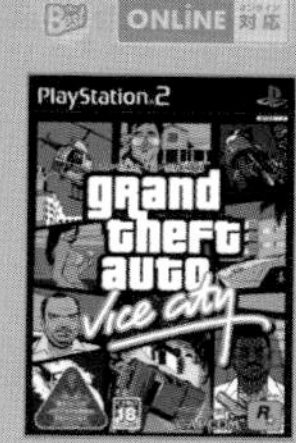

1986년의 미국 이스트 코스트 지역을 상정한 가상의 도시 '바이스 시티'가 무대인 크라임 액션 게임. 주인공 '토미 버세티'가 되어, 부패와 쾌락에 찌든 뒷세계를 헤쳐 나가자. 전작보다 시스템의 자유도가 크게 향상됐으며, 곳곳에 영화 '스카페이스'나 TV 드라마 '마이애미 바이스'에의 오마쥬를 녹여 넣었다.

CERO A 카레 하우스 코코이찌방야 : 오늘도 건강하게! 카레도 맛있게!!

●도라스 ●ACT ●2004년 5월 20일 ●5,700엔
●플레이 명수 : 1~2인 ●세이브 용량 : 128KB 이상

일본의 카레 프랜차이즈 '코코이찌방야'의 점원이 되어, 각 스테이지에서 조리·상차림·배달 등을 진행하며 점장을 목표로 일하는 액션 게임. 카레를 테마로 삼은 미니게임과 퀴즈도 수록되어 있다.

CERO B SIMPLE 2000 시리즈 Vol.50 : THE 대미인

●D3 퍼블리셔 ●ACT ●2004년 5월 20일 ●2,000엔
●플레이 명수 : 1인 ●세이브 용량 : 37KB 이상

바다에서 돌연 나타난 거대 생물은 비키니 차림의 미녀였다……라는 특촬 드라마 같은 설정으로 진행되는 액션 게임. 미녀를 원래대로 되돌리기 위해, 탱크와 전투기를 다루는 자위대원이 되어 다양한 미션에 도전하자.

각종 지원 아이콘  Best판 발매  PlayStation BB Unit 전용 ONLINE 対応 PlayStation BB Unit 지원

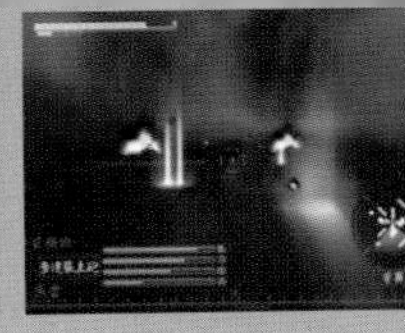

일본의 순양함이나 전함에 탑승해, 주포·기총·어뢰 등을 적절히 활용하여 미 해군을 격파하며 진행하는 슈팅 게임. 실제 역사에 있었던 유명 해전을 모티브로 삼은 미션 30종류가 수록되어 있다.

우주인으로부터 지구를 방위하는 슈팅 게임인 「스페이스 인베이더스」(147p)의 염가판. '스토리 모드'와, 2인 동시 플레이가 가능한 스코어 어택 게임인 '서바이벌 모드'가 있다. 연속 히트 보너스로 고득점을 노리자.

폭주 마운틴 바이커즈

●소니컴퓨터엔터테인먼트 ●RCG ●2004년 5월 20일 ●5,800엔
●플레이 명수 : 1~2인 ●세이브 용량 : 284KB 이상 ●멀티탭 지원(~4인)

산악자전거를 타고 대자연으로 가득한 급경사 코스를 내달리는 다운힐 레이싱 게임. 화려한 트릭을 구사하며, 펀치나 킥으로 경쟁하는 라이벌을 냅다 날려버리자. 총 24개 코스를 수록했다.

SEGA AGES 2500 시리즈 Vol.12 : 뿌요뿌요 투[通] - 퍼펙트 세트

●3D 에이지스 ●PZL ●2004년 5월 24일 ●2,500엔
●플레이 명수 : 1~2인 ●세이브 용량 : 512KB 이상

같은 색의 뿌요끼리 이어 붙여 없애 대연쇄를 노리는 낙하계 퍼즐 게임의 리메이크 이식작. 그래픽이 고해상도화되었으며 성우도 전부 교체하였다. 본편은 물론, 과제에 도전하는 묘수풀이 모드 '퍼즐뿌요' 300문제도 수록했다.

이리스의 아틀리에 : 이터널 마나

●거스트 ●RPG ●2004년 5월 27일 ●6,800엔
●플레이 명수 : 1인 ●세이브 용량 : 350KB 이상

「아틀리에」 시리즈의 6번째 작품. 역대 시리즈 중 최초로 남성 캐릭터가 주인공이며, 게임 내용 역시 아이템 합성 중심이었던 기존작에서 전투 중심의 스토리 RPG 형태로 대폭 변경되었다.

MLB 2004

●소니컴퓨터엔터테인먼트 ●SPT ●2004년 5월 27일 ●5,800엔
●플레이 명수 : 1~2인 ●세이브 용량 : 1165KB 이상

메이저리그 각 구단들의 당시 최신 데이터를 수록한 「MLB」 시리즈의 2004년도판. 당시 뉴욕 양키스 소속으로서 '고질라'라는 애칭으로 친숙했던 마쓰이 히데키 선수를 일본판의 이미지 캐릭터로 기용하였다.

컬러풀 BOX : to Love

●키드 ●ETC ●2004년 5월 27일 ●6,800엔
●플레이 명수 : 1인 ●세이브 용량 : 777KB 이상

PC용 게임의 이식작. 갑자기 학교 축제의 실행위원이 된 주인공과 히로인들의 쾌활한 나날을 그린 학원물 러브코미디 어드벤처 게임이다. 이식 과정에서 신규 CG 40장과 보너스 격인 마작 게임을 탑재하였다.

승부사 전설 테츠야 DIGEST

●아테나 ●TBL ●2004년 5월 27일 ●5,800엔
●플레이 명수 : 1인 ●세이브 용량 : 145KB 이상

'승부사 전설 테츠야'의 PS2 게임화 3번째 작품. '테츠야' 외의 다른 플레이어 캐릭터도 선택 가능하며, 시나리오와 콤비 기술, 프로 기술 등도 풍부하게 준비했다. 원작 재현보다는 충실한 게임성 쪽을 중시해 제작한 게임이다.

CERO 등급 아이콘    
컨텐츠 명시 아이콘  연애  선정성  폭력성  공포  음주·흡연  사행성  범죄  약물  언어·기타

켈리 슬레이터 프로 서퍼 2003

●캡콤 ●SPT ●2004년 5월 27일 ●3,800엔
●플레이 명수 : 1~2인 ●세이브 용량 : 207KB 이상

프로 서핑 선수 '켈리 슬레이터'가 감수한 서핑 게임. 세계의 파도에 도전하며 대회를 제패하는 모드가 메인이며, 세계 각지에서 촬영된 프로 선수들의 동영상이 무려 80분 이상이나 수록돼 있다.

최강 은성쇼기 4

●매그놀리아 ●TBL ●2004년 5월 27일 ●2,800엔
●플레이 명수 : 1~2인 ●세이브 용량 : 48KB 이상

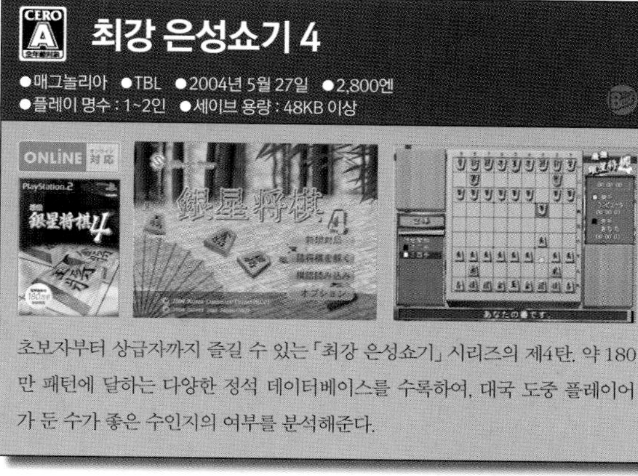

초보자부터 상급자까지 즐길 수 있는 「최강 은성쇼기」 시리즈의 제4탄. 약 180만 패턴에 달하는 다양한 정석 데이터베이스를 수록하여, 대국 도중 플레이어가 둔 수가 좋은 수인지의 여부를 분석해준다.

산요 파친코 파라다이스 10 : 겐 씨, 돌아오셨네요!

●아이렘 소프트웨어 엔지니어링 ●SLG ●2004년 5월 27일 ●4,800엔
●플레이 명수 : 1인 ●세이브 용량 : 170KB 이상

대히트 파친코 기기 '목수 겐 씨'의 실기 시뮬레이터. 사양이 차별화된 2개 기종을 수록하였으며, 플레이어가 파친코 센터 점주로서 점포를 번창시켜야 하는 '파치프로 풍운록 외전' 모드도 즐길 수 있다.

실전 파치슬로 필승법! : 북두의 권

●사미 ●SLG ●2004년 5월 27일 ●3,800엔 ●플레이 명수 : 1인
●세이브 용량 : 120KB 이상 ●실전 파치슬로 컨트롤러, 실전 파치슬로 컨트롤러 mini 지원

대히트작 '파치슬로 북두의 권'의 실기 시뮬레이터. 중단 체리 성립 후 32게임 동안의 흥분, 북두를 맞추면 발동되는 보너스 고객속 유지 등, 실기의 특징을 그대로 재현했다. 라오우를 승천시켜 엔딩을 보자.

슈퍼로봇대전 MX

●반프레스토 ●SLG ●2004년 5월 27일 ●7,980엔
●플레이 명수 : 1인 ●세이브 용량 : 220KB 이상

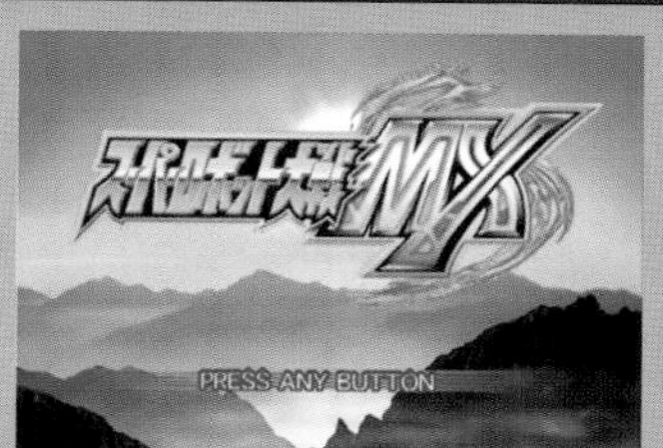

인기 로봇 애니메이션들을 크로스오버시킨 시리즈 작품의 신작. 실제 개발은 토세 사가 맡았다. '명왕계획 제오라이머'와 '라제폰'이 최초 참전했으며, '기갑전기 드라고나' 등도 스토리에서 큰 비중을 차지한다. 플레이어가 선택한 작품의 기체 개조 상한치를 올리는 '편애' 등의 신규 시스템도 추가되었다.

SEGA AGES 2500 시리즈 Vol.13 : 아웃런

●3D 에이지스 ●RCG ●2004년 5월 27일 ●2,500엔
●플레이 명수 : 1인 ●세이브 용량 : 120KB 이상

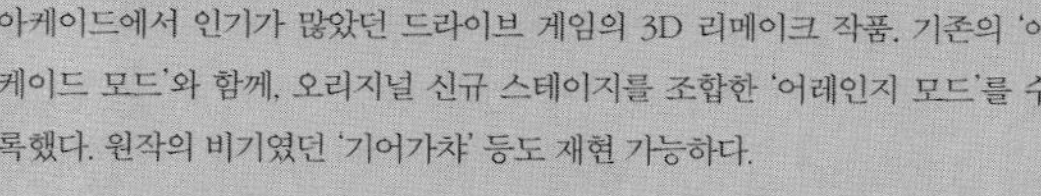

아케이드에서 인기가 많았던 드라이브 게임의 3D 리메이크 작품. 기존의 '아케이드 모드'와 함께, 오리지널 신규 스테이지를 조합한 '어레인지 모드'를 수록했다. 원작의 비기였던 '기어가챠' 등도 재현 가능하다.

WRC 3

●스파이크 ●RCG ●2004년 5월 27일 ●6,800엔
●플레이 명수 : 1~4인 ●세이브 용량 : 116KB 이상 ●GT FORCE 지원

2003년도 WRC(월드 랠리 챔피언십)을 재현한 레이싱 게임. 등장하는 머신은 물론, 차체의 부위파괴와 파편 묘사, 피트 크루에 관객들까지도 리얼하게 재현했다. 14개국 126개 코스를 수록해, 랠리의 가혹함을 만끽한다.

각종 지원 아이콘  Best판 발매  PlayStation BB Unit 전용  PlayStation BB Unit 지원

전차로 GO! FINAL

●타이토 ●SLG ●2004년 5월 27일 ●6,800엔 ●플레이 명수 : 1~2인 ●세이브 용량 : 80KB 이상
●전차로 GO! 컨트롤러 TYPE2, 신칸센 전용 컨트롤러, 여정편 컨트롤러 지원

PS2판 「전차로 GO!」 시리즈로는 마지막 작품. 일본 관동·관서의 인기 노선을 즐길 수 있는 타이틀이다. 라이프 제, 체인 시스템 등을 새로 도입해 게임을 쇄신했고, '엔조이 모드'라면 아이템으로 유리하게 진행 가능하다.

전생학원 환창록

●아스믹 에이스 엔터테인먼트 ●SRPG ●2004년 5월 27일 ●6,800엔
●플레이 명수 : 1인 ●세이브 용량 : 139KB 이상

죽음이 도사리는 일상, 그리고 청춘의 찬란함과 고뇌를 그린 학원물 전기 어드벤처 게임. 텐쇼칸 고등학교의 학생자치집행부에 가입한 주인공과 동료들이 괴물 '천마'와 싸운다는 스토리다. 본편 외에 검술과 미니게임도 있다.

토니 호크 프로 스케이터 2003

●캡콤 ●SPT ●2004년 5월 27일 ●3,800엔
●플레이 명수 : 1~2인 ●세이브 용량 : 63KB 이상

당시 스케이트보드계의 최정상급 프로 선수였던 토니 호크가 감수한 액션 게임. 플레이어는 게임 내에 등장하는 14명의 실존 선수를 직접 조작할 수 있다. 프로들의 퍼포먼스 영상도 잔뜩 수록했다.

판처 프론트 Ausf.B

●엔터브레인 ●SLG ●2004년 5월 27일 ●7,800엔
●플레이 명수 : 1인 ●세이브 용량 : 366KB 이상

탱크의 거동과 리얼리티를 집착적으로 재현한 탱크 조종 시뮬레이션 게임 시리즈의 PS2판 신작. 제2차 세계대전의 북아프리카 전선이 주요 무대로서, 독일군·이탈리아군과 영국군의 미션을 수록하였다.

비스트 샙

●일본 어뮤즈먼트 방송 ●SLG ●2004년 5월 27일 ●4,800엔
●플레이 명수 : 1인 ●세이브 용량 : 500KB 이상

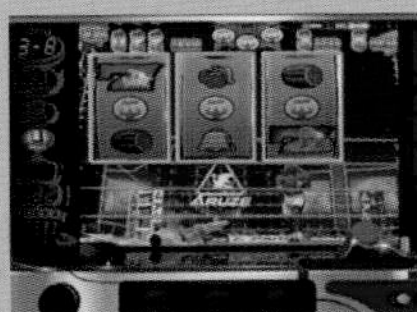

격투가 겸 연예인으로 당시 일본에서 인기였던 밥 샙을 테마로 제작한 파치슬로 기기의 실기 시뮬레이터. '야수'라는 그의 별명에 걸맞게, '배틀'·'폭식' 등의 다채로운 연출을 보면서 일격연속 찬스를 즐길 수 있다.

비브리플

●소니컴퓨터엔터테인먼트 ●ETC ●2004년 5월 27일 ●5,800엔 ●플레이 명수 : 1인
●세이브 용량 : 208KB 이상 ●PlayStation BB Unit, 네트워크 어댑터, 디지털 카메라 지원

PS1으로 발매된 음악 게임 「비브리본」에 등장했던 토끼 '비브리'를 조작하여, 사진으로 만든 트램펄린을 방방 뛰면서 '픽셀 캐릭터'를 모아가는 액션 게임. 직접 촬영한 사진을 스테이지로 만들 수도 있다.

풋볼 킹덤 : 트라이얼 에디션

●남코 ●SPT ●2004년 5월 27일 ●3,980엔 ●플레이 명수 : 1~8인
●세이브 용량 : 760KB 이상 ●멀티탭 지원

리얼함을 추구하고 '프리 패스'와 '프리 런'에 역점을 둔 축구 게임. 패스 궤도를 직접 정하는 프리 패스 시스템, '볼란테' 등의 역할을 선수에 부여하는 기능 등, 타 작품과는 차별화된 전략성이 특징이다. 8인 플레이까지 지원한다.

블러디 로어 4

●허드슨 ●ACT ●2004년 5월 27일 ●6,800엔
●플레이 명수 : 1~2인 ●세이브 용량 : 85KB 이상

수화(獸化) 시스템이 특징인 3D 대전격투 게임의 제4탄. 수화 게이지가 체력 역할도 겸하게 되어, 전투 스타일이 크게 달라졌다. '커리어'라는 캐릭터 육성 모드를 추가하는 등, 싱글플레이용 컨텐츠도 강화했다.

CERO 등급 아이콘   

컨텐츠 명시 아이콘  연애  선정성 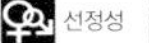 폭력성  공포  음주·흡연   사행성  범죄  약물   언어·기타

Princess Holiday : 굴러가는 사과정의 천일야화

●알케미스트 ●AVG ●2004년 5월 27일 ●6,800엔
●플레이 명수 : 1인 ●세이브 용량 : 126KB 이상

PC용 게임의 이식작. '굴러가는 사과정'이라는 주점 겸 여관을 무대로 하여, 성을 빠져나온 공주와 주인공 간의 순애를 그린 판타지 프린세스 어드벤처 게임이다. 이식 과정에서 신규 히로인과 다량의 CG를 추가했다.

마작패왕 : 진검 배틀

●마이니치 커뮤니케이션즈 ●TBL ●2004년 5월 27일 ●2,800엔
●플레이 명수 : 1인 ●세이브 용량 : 1500KB 이상

일본프로마작협회가 감수한 마작 게임. 사기 기술을 배제하고, 마작 대국을 진지하게 즐기는 데 집중한 작품이다. 하우스 룰이 차별화된 마작장에서 승부하는 '진검 배틀' 모드에선 뜨거운 전개가 펼쳐진다.

맷 호프먼 프로 BMX 2003

●캡콤 ●SPT ●2004년 5월 27일 ●3,800엔 ●플레이 명수 : 1~8인
●세이브 용량 : 112KB 이상 ●멀티탭 지원(~8인)

세계적인 자전거 경기 'BMX'의 탑 플레이어인 맷 호프먼이 감수한 액션 게임. 프로 선수들이 구사하는 화려한 온갖 테크닉을 대거 수록한 동영상을 참고하여, 자신만의 테크닉을 연마해 보자.

요시노야

●석세스 ●ACT ●2004년 5월 27일 ●3,800엔
●플레이 명수 : 1인 ●세이브 용량 : 102KB 이상

일본의 규동 체인 '요시노야'의 점원이 되어, 가게를 잇달아 방문하는 손님들의 주문을 신속 처리하는 접객 액션 게임. '1 : 1 접객승부'에서는 물 제공부터 음식 플레이팅까지 심혈을 기울여, 최고의 규동으로 손님의 호평을 얻어내자.

로스트 아야 소피아

●아이디어 팩토리 ●AVG ●2004년 5월 27일 ●6,800엔
●플레이 명수 : 1인 ●세이브 용량 : 122KB 이상

사람과 악마의 혼을 둘러싼 미스테리어스 연애 어드벤처 게임. 주인공이 전학생 미소녀와 연관된 악마의 봉인 수색에 말려든다는 스토리다. 플레이어의 성격을 진단해 주인공의 능력치를 결정하는 'PCS' 시스템이 특징이다.

스폰 : 운명의 사슬

●남코 ●ACT ●2004년 6월 3일 ●6,800엔 ●플레이 명수 : 1인
●세이브 용량 : 69KB 이상 ●프로그레시브(525p) 출력 지원

토드 맥팔레인의 인기 아메리칸 코믹스가 원작인 액션 어드벤처 게임. 다크한 세계관과 치밀한 스토리, 호쾌한 배틀을 즐길 수 있다. 총 23스테이지를, 다양한 무기를 구사하며 공략해 보자.

노부나가 전기

●글로벌 A 엔터테인먼트 ●SLG ●2004년 6월 3일 ●5,980엔
●플레이 명수 : 1인 ●세이브 용량 : 234KB 이상

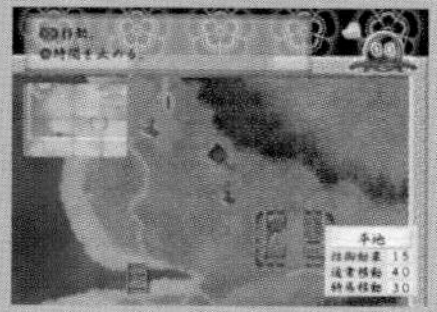

시뮬레이션 게임에 어드벤처 시스템을 첨가한 타이틀. 플레이어는 역사적인 인물 '오다 노부나가'가 되어 또 하나의 전국시대를 헤쳐 나가게 된다. 실제 역사에서 노부나가가 끝내 이루지 못했던 천하통일을 달성해보자.

애니메이션 배틀 불꽃소년 레카 : FINAL BURNING

●코나미 ●ACT ●2004년 6월 10일 ●5,980엔
●플레이 명수 : 1~2인 ●세이브 용량 : 155KB 이상

같은 제목 인기 만화의 'SODOM 편'을 기반으로 제작하고, 완전 신규 애니메이션을 풍성하게 삽입한 대전 액션 게임. 일반 대전격투 게임과 달리, 배틀 도중 입력한 커맨드에 맞춰 대응 애니메이션이 재생되는 시스템이다.

사쿠라자카 소방대

●아이렘 소프트웨어 엔지니어링 ●ACT ●2004년 6월 10일 ●6,800엔
●플레이 명수 : 1~2인 ●세이브 용량 : 64KB 이상

화재현장에서 소화활동·구호·구출 임무를 수행하며 연쇄방화 사건의 진상을 추적하는 액션 게임. 플레이어는 현장지시를 통해 사다리차·펌프차·구조헬기 등을 요청하며 다양한 현장에서 분투하게 된다.

세계최강 은성바둑 5

●매그놀리아 ●TBL ●2004년 6월 10일 ●5,800엔
●플레이 명수 : 1~2인 ●세이브 용량 : 55KB 이상

발매 전년도의 세계대회에서도 최강의 지위를 쟁취했던 「은성바둑」이 3D화된 바둑판으로 등장했다. 대량의 정석과 강력한 사고엔진 덕에 긴장감 있는 대국을 즐길 수 있다. '힌트'·'한색깔 바둑' 등 보너스 모드도 많다.

방과 후의 Love Beat

●D3 퍼블리셔 ●AVG ●2004년 6월 10일 ●4,800엔
●플레이 명수 : 1인 ●세이브 용량 : 109KB 이상

여성용 연애 어드벤처 게임과 음악 게임을 융합시킨 타이틀. 전학 온 학교에서 학생 밴드 '세실리아'를 접하고 마음을 빼앗긴 주인공에게, 세실리아가 작곡을 의뢰해온다. 라이브 공연의 결과에 따라 전개가 변화된다.

에스프가루다

●아리카 ●STG ●2004년 6월 17일 ●6,800엔
●플레이 명수 : 1~2인 ●세이브 용량 : 200KB 이상

발동하면 잠시 동안 시간 흐름이 느려지는 '각성' 시스템이 특징인 탄막 슈팅 게임. PS2판은 조작 가능한 신 캐릭터를 추가한 '어레인지 모드' 등을 새로 탑재했고, 공식 공략 동영상 DVD도 동봉했다.

건슬링거 걸 Volume.II

●마벨러스 엔터테인먼트 ●ACT ●2004년 6월 17일 ●6,800엔
●플레이 명수 : 1인 ●세이브 용량 : 67KB 이상

싸우는 소녀들이 활약하는 건 액션 게임의 제2탄. 오리지널 스토리는 이 작품에서 절정에 돌입한다. 전작에서 입수한 아이템을 계승해 사용할 수 있으며, 신무기도 등장한다. TV판 제6~9화를 수록한 DVD도 동봉했다.

사일런트 힐 4 : THE ROOM

●코나미 ●ACT ●2004년 6월 17일 ●6,980엔
●플레이 명수 : 1인 ●세이브 용량 : 781KB 이상

「사일런트 힐」 시리즈의 이전 작품들과는 차별화된 세계관의 호러 액션 게임. 자신의 방에 갇혀버린 주인공을 조작하여, 욕실 내의 구멍을 통해 연결된 이세계를 왕래하며 방을 탈출할 방법을 찾아내야 한다.

십이국기 : 혁혁한 왕도, 홍록의 우화

●코나미 ●RPG ●2004년 6월 17일 ●6,800엔
●플레이 명수 : 1인 ●세이브 용량 : 95KB 이상

2003년 발매했던 「십이국기 : 홍련의 표식, 황진의 길」(182p)의 속편. 오노 후유미의 인기 소설이 원작인 RPG로서, 원작 중 '바람의 만리, 여명의 하늘' 편을 기반으로 삼아 전작 등의 내용을 포함하여 오리지널 스토리를 전개한다.

슬로터 UP 코어 3 : 유타! 도론죠에게 맡겨줘

●도라스 ●SLG ●2004년 6월 17일 ●4,700엔 ●플레이 명수 : 1인
●세이브 용량 : 300KB 이상 ●슬로콘, 파치슬로 컨트롤러 Pro, Pro2, 쿠로토 지원

타임보칸 시리즈의 '얏타맨'에 등장하는 도론죠가 모티브인 파치슬로 실기 시뮬레이터. 보얏키와 톤즈라도 등장해 신나는 연출을 보여주어, 4호기 시대의 AT기기가 갖고 있던 매력을 맛볼 수 있다.

CERO 등급 아이콘

컨텐츠 명시 아이콘
 연애
 선정성
 폭력성
 공포
 음주·흡연

 사행성
 범죄
 약물
 언어·기타

피치카토 폴카 : 연쇄현야

●키드 ●AVG ●2004년 6월 17일 ●6,800엔
●플레이 명수 : 1인 ●세이브 용량 : 96KB 이상

PC용 게임의 이식작. 알프스 산맥 기슭에 있는 관광도시를 무대로, 주인공이 소녀 연쇄살인사건에 휘말려드는 미스테리어스 어드벤처 게임이다. 이식 과정에서 신규 시나리오와 이벤트 CG, 동영상 등을 추가했다.

프로거 레스큐

●코나미 ●ACT ●2004년 6월 17일 ●5,800엔 ●플레이 명수 : 1~2인
●세이브 용량 : 113KB 이상 ●멀티탭 지원(3~4인)

국제구조대의 일원이 된 '프로거'를 조작하여, 늪과 해저 등의 7가지 월드에서 동료 개구리를 구출하는 퍼즐 액션 게임. 3개 종목의 스테이지 기록에 도전하는 '챌린지'와 '멀티플레이', '갤러리' 모드도 있다.

아이토이 : 그루브

●소니컴퓨터엔터테인먼트 ●ACT ●2004년 6월 24일 ●4,500엔
●플레이 명수 : 1~4인 ●세이브 용량 : 124KB 이상 ●아이토이 카메라 필수

아이토이 카메라로 게임 화면에 자신을 투영하여, 실제 팔을 휘두르며 지시대로 춤추는 리듬 액션 게임. 애니메이션·J-POP 등 총 25곡을 수록했으며, 대전 플레이도 지원한다. 일본 타이틀명은 「아이토이 : 두 팔로 댄스천국」이었다.

뱀파이어 패닉

●사미 ●ACT ●2004년 6월 24일 ●6,800엔
●플레이 명수 : 1인 ●세이브 용량 : 250KB 이상

19세기 초엽의 시골 마을이 무대인 액션 어드벤처 게임. 퇴마사를 조작하여 흡혈귀와 싸우고 주민을 구해야 하는 'ISLA MODE', 흡혈귀가 되어 퇴마사를 쓰러뜨리는 'VAMPIRE MODE'를 플레이할 수 있다.

3학년 B반 킨파치 선생님 : 전설의 교단에 서라!

●춘소프트 ●AVG ●2004년 6월 24일 ●6,800엔
●플레이 명수 : 1인 ●세이브 용량 : 240KB 이상

전설의 교사 '사카모토 킨파치'를 대신해 학생들을 지도하는 '롤플레이 드라마' 게임. 3학년 B반의 담임을 맡아, 1년 후 무사히 졸업시키자. 삽입된 애니메이션 동영상은 모두 스튜디오 지브리가 제작했으며, 등장인물의 대사는 풀보이스화했다. 학생들의 문제를 해결해주며 10가지 시나리오를 클리어하자.

J리그 프로 사커 클럽을 만들자! '04

●세가 ●SLG ●2004년 6월 24일 ●6,800엔 ●플레이 명수 : 1~2인
●세이브 용량 : 788KB 이상 ●PlayStation BB Unit, 네트워크 어댑터 지원

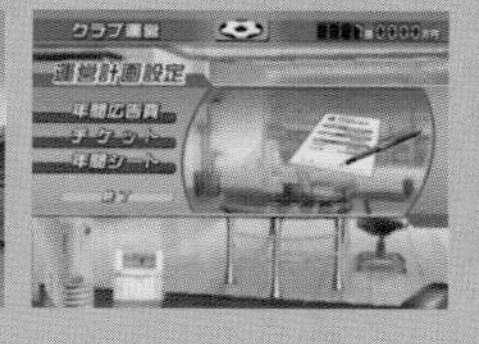

인기 시리즈의 2004년도판. 당시의 최신 데이터를 수록했고, 선수 1만 명 이상을 등록했다. 임대 이적 제도를 도입해 전력 보강 방법이 크게 변화했다. 유럽에 더해 브라질·포르투갈 리그 선수들도 실명으로 등장한다.

신혼합체 고단나!!

●반다이 ●ACT ●2004년 6월 24일 ●6,800엔
●플레이 명수 : 1~2인 ●세이브 용량 : 96KB 이상

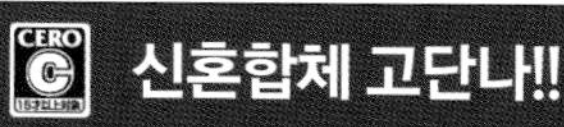

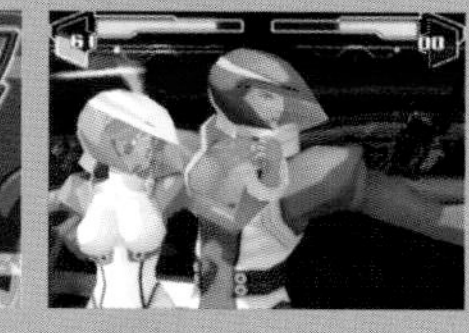

같은 제목의 TV 애니메이션에 등장하는 로봇들이 싸우는 3D 대전격투 게임. 전투 도중에 파일럿들의 컷인 연출도 표시된다. 애니메이션 제1기의 총집편 동영상을 수록한 DVD 비디오 디스크도 동봉하였다.

각종 지원 아이콘  Best판 발매  PlayStation BB Unit 전용  PlayStation BB Unit 지원

SIMPLE 2000 시리즈 Vol.53 : THE 카메라맨

●D3 퍼블리셔 ●ETC ●2004년 6월 24일 ●2,000엔
●플레이 명수 : 1인 ●세이브 용량 : 65KB 이상

카메라맨이 되어, 촬영회에 참가해 아이돌의 사진을 촬영해보자. 3명의 미소녀가 포즈를 취해주며, 잘 찍힌 사진을 아이돌에게 건네주면 친해질 수도 있다. 친해지면 둘만의 촬영회도 기대할 수 있을지도?!

SIMPLE 2000 시리즈 Vol.54 : THE 해양대괴수

●D3 퍼블리셔 ●ACT ●2004년 6월 24일 ●2,000엔
●플레이 명수 : 1인 ●세이브 용량 : 68KB 이상

서기 2600년, 육지의 대부분이 바다 속으로 잠겨버린 지구가 무대인 액션 게임. 플레이어는 헌터가 되어, 현상금이 걸린 거대 바다뱀과 거대 아귀, 심지어는 환상의 몬스터까지도 포획해야만 한다.

SIMPLE 2000 시리즈 Vol.55 : THE 캣파이트 – 암고양이 전설

●D3 퍼블리셔 ●ACT ●2004년 6월 24일 ●2,000엔
●플레이 명수 : 1~2인 ●세이브 용량 : 55KB 이상

10명의 캣파이터가 등장하는 대전 게임. 게이지를 모아 섹시 대난무를 발동하는 등, 온갖 섹시함을 풀풀 발산하는 작품이다. 일반 대전 모드는 물론, 기관총까지 쏠 수 있는 무규칙 데스매치 모드도 있다.

제노사가 에피소드 II : 선악을 넘어서

●남코 ●RPG ●2004년 6월 24일 ●6,980엔
●플레이 명수 : 1인 ●세이브 용량 : 292KB 이상

캐릭터 디자인·그래픽·배틀 시스템 등 게임의 거의 모든 요소를 리뉴얼하여 등장한, 시리즈 제2탄. 특히 전투 시스템에 심혈을 기울인 작품으로서, 제대로 연계를 연구해 적의 약점을 노려야 하는 등의 깊이가 있는 게임이다.

디어스

●미디어웍스 ●AVG ●2004년 6월 24일 ●6,800엔
●플레이 명수 : 1인 ●세이브 용량 : 131KB 이상

잡지 '전격 코믹 가오!'에서 연재되었던 같은 제목의 만화가 소재인 어드벤처 게임. 동화매수 4,000장에 달하는 애니메이션을 결합시켜 캐릭터가 항상 움직이는 등, 캐릭터의 매력을 살리는 데 최대한 주력한 타이틀이다.

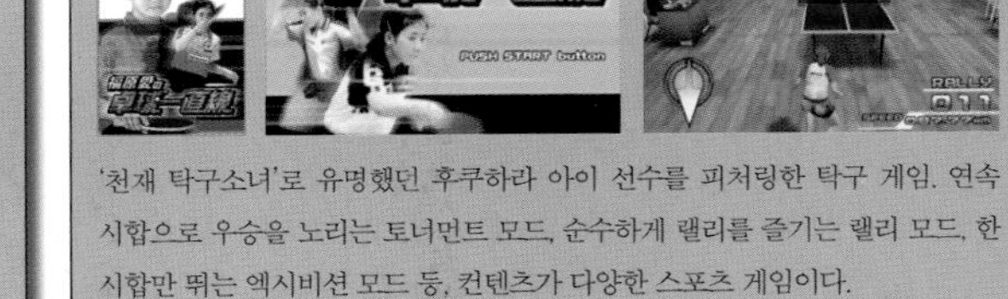

후쿠하라 아이의 탁구 일직선

●석세스 ●SPT ●2004년 6월 24일 ●5,800엔
●플레이 명수 : 1~2인 ●세이브 용량 : 59KB 이상

'천재 탁구소녀'로 유명했던 후쿠하라 아이 선수를 피처링한 탁구 게임. 연속 시합으로 우승을 노리는 토너먼트 모드, 순수하게 랠리를 즐기는 랠리 모드, 한 시합만 뛰는 엑시비션 모드 등, 컨텐츠가 다양한 스포츠 게임이다.

메모리즈 오프 : 그 이후

●키드 ●AVG ●2004년 6월 24일 ●6,800엔
●플레이 명수 : 1인 ●세이브 용량 : 100KB 이상

시리즈 2번째 작품의 무대이기도 했던 하마사키 고교에서 펼쳐지는 새로운 스토리. 졸업 직전의 밸런타인데이에 애인 '미사사기 이노리'로부터 초콜릿과 함께 이별을 통보받은 주인공 '사기사와 잇슈'의 행보를 그렸다.

해리포터와 아즈카반의 죄수

●일렉트로닉 아츠 ●ACT ●2004년 6월 26일 ●6,800엔
●플레이 명수 : 1인 ●세이브 용량 : 64KB 이상 ●아이토이 카메라 지원(1~4인)

같은 제목의 영화가 소재인 액션 게임. 점프 등의 이동이 특기인 해리, 마법이 특기인 헤르미온느, 다양한 아이템을 사용할 수 있는 론까지, 세 주인공을 적절히 전환하며 스테이지를 돌파해 보자.

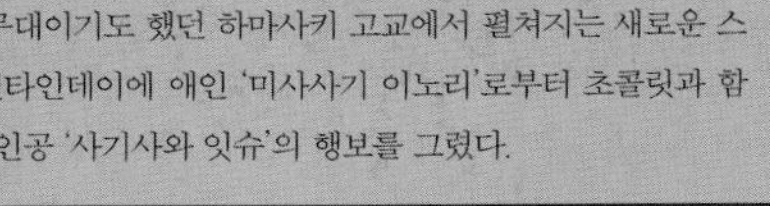

컨텐츠 명시 아이콘 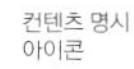 연애  선정성  폭력성  공포  음주·흡연  사행성  범죄  약물  언어·기타   

CHAPTER 3

플레이스테이션 2 일본 게임 소프트 색인

INDEX PLAYSTATION2 GAME SOFTWARE

원하는 타이틀을 바로 찾아낼 수 있는 소프트웨어 색인

플레이스테이션 2 일본 게임 소프트 가나다순 색인

Index of PlayStation2 Game Software

이 페이지는 본서 상권·하권에서 소개한, 일본에서 발매된 플레이스테이션 2용 게임 소프트 총 2,927개 타이틀을 가나다순으로 정렬한 색인이다.

이 책에 수록된 해당 게재 페이지도 소개하였으므로, 추억의 게임을 찾는 데 참고자료로 활용해준다면 감사하겠다.

범례
초록색 페이지 번호 …… 상권에 게재
붉은색 페이지 번호 …… 하권에 게재

HARDWARE 2000 2001 2002 2003 2004 2005 2006 2007 2008 2009 2010 2011 2013 INDEX

CHAPTER 4

한국의 플레이스테이션 2 이야기

PART 1

PLAYSTATION2 KOREAN CATALOGUE

해설 한국의 플레이스테이션 2 이야기 (2002~2004)

COMMENTARY OF PLAYSTATION2 #3

소니컴퓨터엔터테인먼트코리아에 의해, 2002년 2월 22일 첫 발매

제4장은 원서인 일본판에는 없는 한국어판의 독자적인 추가 지면으로서, 원서 감수자인 마에다 히로유키 씨의 허락 하에 한국어판 감수자가 추가 집필하였음을 먼저 밝혀둔다.

일본 소니컴퓨터엔터테인먼트(이하 SCE)의 한국지사로서 2001년 12월 8일 설립된 소니컴퓨터엔터테인먼트코리아(이하 SCEK, 현 소니인터랙티브엔터테인먼트코리아)의 활동 개시는, 그 자체가 '한국 콘솔 게임 정규 비즈니스 역사의 본격적인 출발점이자 원점'이라고 정의해도 좋을 만큼 중요한 의의를 가진다. 그 이전에도 한국에서 가정용·휴대용 게임기를 유통했던 시도와 움직임이 여럿 있었지만, 결국 수입업자에 의한 병행수입이나, '판매대행사' 내지는 '판매대리점' 형태로 대리판매 권한만 간신히 얻어낸 단순 수입·유통을 벗어나지 못했었다(이에 대해서는, PS2 이전의 타 게임기 관련 퍼펙트 카탈로그들의 제4장 해설면도 병행 참조하기 바란다). 하지만 SCEK는 SCE의 100% 자회사인 현지법인으로서 한국 시장에서의 폭넓은 자율권을 전적으로 보장받은 지역본사(RHQ; Regional Headquarter)였고, 한국의 플레이스테이션 사업을 총괄하는 임무를 맡아 SCEK 설립을 주도했던 윤여을 초대 사장은 SCE의 모회사였던 소니뮤직엔터테인먼트의 한국지사인 소니뮤직엔터테인먼트코리아의 사장을 다년간 역임해 성공적으로 키워낸 바 있던 전문가였다. 심지어 SCEK는 미국·유럽 지사에 이어 일본 SCE가 직접진출 형태로 설립한 3번째 RHQ였으니, 당시의 SCE가 한국 시장의 장래성을 상당히 높게 보았음을 짐작할 수 있다.

PS2 정식발매에 앞서 온라인 쇼핑몰을 통한 예약구매를 안내하는 당시의 전단지. 초기의 PS2는 공식매장 미비 등의 여러 사정으로, 당시엔 아직 개척기였던 온라인 쇼핑몰 판로를 적극 활용했다. 런칭 소프트의 번들 프로모션과 예약구매 특전 등, 당시로선 신선했던 시도도 행했다.

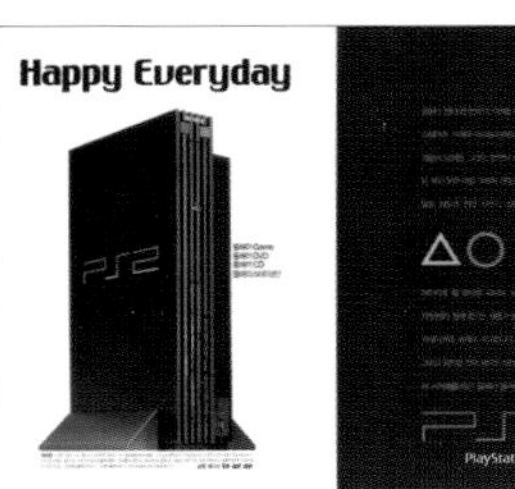

출시 초기의 SCEK 공식 PS2 팸플릿. PS2를 '게임도 영화도 음악도 가능한, 올인원 엔터테인먼트 기기'로서 소비자에게 어필하기 위한 노력이 엿보인다. 소프트는 런칭 타이틀 위주로 소개되어 있는데, 최종적으론 미발매된 작품도 일부 있다.

덕분에 SCEK는 하드웨어·소프트웨어의 단순 유통뿐만 아니라 TV·지면 광고와 외부협업 등의 독자적인 홍보 전략 전개, 온·오프라인 유통망 정비, 대규모의 자체 AS센터 운영 등 당시의 타 경쟁 플랫폼 유통사와 차원을 달리하는 대규모 사업전략을 밀어붙일 수 있었기에, SCEK가 전개하는 모든 활동이 '한국 최초'가 되어 콘솔 게임의 '정규 시장화'를 열망하던 당시 소비자들과 콘솔에 관심을 가진 일반인들에게 깊은 인상을 심어주었다.

길지 않은 준비기간을 거쳐, 2002년 2월 22일 드디어 한국판 PS2 모델(SCPH-30005R)은 13종의 런칭 타이틀(※ 1)과 함께 358,000원(기본 세트 기준)으로 판매 개시되었다. 이후 2002년 한 해에만 74종의 소프트가 정규 출시됐으며 이중 무려 44종이 자막 또는 음성 한국어화였고, 그중엔 PS2 최초의 국내 개발작인 「토막 : 지구를 지켜라 완전판」과 첫 일본어 음성+한국어 자막 발매를 성사시킨(※ 2) 「귀무자 2」 등 새로운 영역을 개척한 역작들도 있어, 한국 콘솔 게임 시장을 일거에 활성화시켰다. 때마침 당시는 1998년 IMF 사태의 여파로 국내 PC 패키지 게임 시장이 거의 고사 직전까지 몰린 반면 MMORPG를 위시한 온라인 게임이 크게 대두되고 있었기에, 수많은 국내 개발사들이 SCEK의 서드파티에 등록해 PS2용 게임 개발에 도전하는 풍조가 일기도 했다(다만, PS2의 개발환경이 당시 국내 개발사들에게 무척 난해한 면이 있었던 탓인지 완성되어 발매에 성공한 타이틀은 불과 11종이며, 대부분은 R&D 단계로 끝나거나 개발 중단되었다).

한국 최초 발매 모델인 SCPH-30005R의 후면 사진. 한국의 인증기준과 전원사양(AC 220V)을 맞추었으며, 소프트 지역코드가 일본과 동일한 NTSC/J라 일본판 소프트도 구동할 수 있다(단, DVD 비디오는 한국 지역코드인 '3'과 지역코드가 없는 'ALL'만 재생 가능). 무단 개조 여부를 판단하기 위한 분해금지 스티커가 붙어있는 것도 소소한 특징.

(※ 1) 이중 SCEK 발매작은 「ICO」·「잭 & 덱스터」·「철권 태그 토너먼트」 3종이며, 서드파티로는 일렉트로닉아츠코리아·코에이코리아·코코캡콤·한빛소프트 4개사가 참여했다. 이후 코나미마케팅아시아 한국지점·엠드림·YBM시사닷컴 게임사업부 등이 속속 PS2 게임을 출시하면서 초기 한국 PS2 소프트 시장을 함께 이끌어나갔다.

(※ 2) 당시는 아직 일본 대중문화 개방의 과도기였기에, 일본어 음성·자막이 있거나 이른바 '왜색이 짙은' 게임에 대한 사회적 저항이 컸고 발매도 어려웠으나, 코코캡콤이 심의당국과 끈질기게 줄다리기하여 일본 중세 배경의 게임 「귀무자 2」를 일본어 음성으로 발매 성공함으로써 드디어 돌파구를 뚫었다.

"방" 사업 전개와 온라인 게임 발매 등으로, 100만 대 보급을 향하여

2003년 4월 첫 출시된 SCPH-50005 모델과 네트워크 어댑터의 합본팩인 'PlayStation 2 Online Pack'. 이 시점부터 한국판 PS2의 기본 메뉴 및 설정화면(On Screen Display)이 한국어화되었다.

2002년 중반기의 PS2 TV광고. 당시까지만 해도 한국에서 게임기 TV광고는 매우 드물었기에 많은 화제를 낳았다. 게임해설가 엄재경과 프로게이머 김정민이 출연했고, 「반지의 제왕 : 두개의 탑」과의 콜라보 요소도 있다.

당시의 SCEK는 한국 최초 급의 프로모션을 다양하게 시도했다. 사진은 SBS의 TV드라마 '요조숙녀'(2003년 8~10월 방영)와의 콜라보 상품인 '요조숙녀 Special Pack'의 출시광고. 극중에도 PS2가 PPL 형태로 등장하며, 주인공에도 게임기 회사 직원이라는 설정을 붙였다.

이후 SCEK는 다양한 수단과 방법으로, PS2 브랜드를 확립하여 대중에 널리 알리고 하드웨어·소프트웨어 시장을 키워 한국에 콘솔 게임 시장을 정착시키는 데 총력을 기울였다. 2003~4년 기간은 한국 PS2의 황금기라고 할 수 있을 만큼 PS2가 크게 활성화되었던 시기로서, 한국어화 소프트 라인업의 대폭 확충을 비롯하여 내부 브라우저 UI를 한국어화한 신모델인 SCPH-50005 및 네트워크 어댑터 발매 개시(2003년 4월), 온라인 대응 소프트 발매 개시(2003년 7월), 한국에서도 큰 반향을 일으킨 인기 주변기기 '아이토이'의 발매(2003년 12월), 한국 시장의 첫 컬러 바리에이션인 세라믹 화이트 본체 발매(2004년 1월), 유저들이 열망하던 인기 RPG 시리즈의 첫 공식 한국어화인 「파이널 판타지 X-2」 발매(2004년 4월) 등 굵직한 화제를 연달아 터뜨렸다. 2003년 2월의 PS2 한국 런칭 1주년 기념행사에서, SCEK는 하드웨어 판매량을 30만 대로 공식 발표했고 향후의 사업방향으로 인기 한국어화 RPG 및 온라인 대응 게임의 적극적인 출시와 "방" 비즈니스 전개(※3)를 꼽았다.

소프트 쪽에서도 이 시기는 한국 시장에 맞는 히트작을 찾기 위한 다양한 시도가 줄을 이었던 활황기로서, 예약판매와 한정판 발매를 비롯해 체험판 배포, 해외 개발진을 불러오는 런칭 이벤트, 시유대 설치·운용, 팬클럽 운영, 각종 사은행사와 소프트 구매 마일리지 회원제 도입 등에 이르기까지, 당시의 게임 선진국인 일본·미국을 방불케 하는 다양한 유저 서비스가 플랫폼사 및 서드파티에 의해 시도되어 유저들을 즐겁게 하였다. 이런 다각도의 노력에 힘입어, 소프트 쪽에서도 「철권 4」가 최초로 판매량 10만 장 고지를 돌파(발매 후 1년 3개월여 시점)하는 등 여러 성과가 나왔다.

2002~4년 당시 SCEK와 서드파티가 행했던 여러 프로모션 중의 일부. 소프트 패키지 내의 라인업 안내책자부터 시작해 소프트 구매증빙번호를 자사 홈페이지에 등록하는 형태의 멤버십 운영이나 마일리지 제도, 온라인 매칭 서비스 운영, 체험판 배포, 예약특전 증정, 수집용 카드 동봉 등 다양한 프로모션이 시도되었다. PS2가 있었기에 처음으로 경험할 수 있었던 서비스들이었던 셈이다.

SCEK는 PS2 발매 2주년 시점인 2004년 2월 당시의 잡지 인터뷰에서 한국의 PS2 판매량을 약 75만 대(정식 발매 이전 병행수입품을 약 20만 대로 추산, SCEK 자체판매량은 약 55만 대)로 집계하고, 여름까지 100만 대 고지를 돌파하여 PS2 사업을 본 궤도에 올리고 다가올 신 플랫폼인 PSP의 한국 발매를 준비하겠다고 포부를 밝히기도 하였다. 2004년 6월 30일까지의 PS2 정식발매 소프트 종수는 244타이틀로서, 그중 국산·한국어화 소프트가 169타이틀이므로 거의 70%나 한국어화로 발매된 셈이니, PS2는 그야말로 한국 콘솔 게임 시장을 바닥부터 홀로 구축해내다시피 했다고 표현해도 지나치지 않을 것이다.

(하권에 계속)

(※3) 당시 한국에서 성행하던 PC방 비즈니스 모델을 PS2에 접목시킨 이른바 '플스방' 비즈니스 모델의 양성화 보급과, 이를 위한 영업용 PS2 본체 및 소프트 공급을 가리킨다. 실제로 「월드 사커 위닝 일레븐」 시리즈 국내 히트의 원동력이 되기도 했고, 지속적이지는 못했으나마 당시 '플스방'이 전국에서 성업함으로써 한국의 PS2 하드웨어 보급에 일조했다.

2002년부터 2004년 상반기까지 발매된 한국어화·국산 게임을 망라한

PS2 국산·한국어화 게임 소프트 카탈로그(상편)

본 지면에서는 한국에 PS2가 정식 발매된 2002년 2월 22일부터 원서 상권의 기준점인 2004년 6월 30일까지 한국 내에서 정규 발매된 PS2용 소프트들 중에서, 자막/음성이 한국어화되었거나 국내 회사가 자체 개발한 소프트 총 169종을 추려 원서와 동일한 양식으로 소프트 카탈로그화하였다.

2004년 7월부터 2012년까지의 나머지 국산·한국어화 발매작은 추후의 하권에 동일한 양식으로 수록할 예정이며, 2002~2012년까지의 한국 정규 발매 소프트 전체 리스트 역시 하권에 정리 수록할 것이므로, 추후 발간될 하권도 꼭 입수하여 함께 참조하여 주었으면 한다.

전체 이용가 FIFA FOOTBALL 2002

●일렉트로닉아츠코리아 ●SPT ●2001년 12월 21일 ●38,000원
●플레이 명수 : 1~8인 ●세이브 용량 : 910KB 이상 ●멀티탭 지원

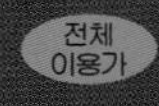

최초의 한국판 PS2 소프트이자, 정작 PS2가 한국에 정식 발매되기 2개월 전에 먼저 발매된 이색작. 같은 해 11월 발매된 PC판에 이어 출시되었고, 음성·자막도 PC판과 동일 사양이다. 커버모델로 홍명보 선수를 기용했다.

전체 이용가 철권 태그 토너먼트

●소니컴퓨터엔터테인먼트코리아 ●ACT ●2002년 2월 22일 ●29,000원
●플레이 명수 : 1~4인 ●세이브 용량 : 420KB 이상 ●멀티탭 지원

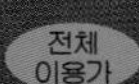

당시 한국에서도 대인기였던 아케이드 게임의 초월이식작. 유일한 DVD판이라 로딩이 약간 빠르고, 선명도가 다소 개선됐으며 타이틀 화면에 화랑·백두산이 나오는 등의 차이가 있다. 롱셀러로 10만 장을 돌파한 작품이기도 하다.

전체 이용가 ICO

●소니컴퓨터엔터테인먼트코리아 ●AVG ●2002년 2월 22일 ●45,000원
●플레이 명수 : 1인 ●세이브 용량 : 360KB 이상

후일 「완다와 거상」으로 세계적인 거장이 되는, 독보적인 센스의 게임 크리에이터 우에다 후미토의 데뷔작. R1 버튼으로 소녀 '요르다'의 손을 잡고 적막한 성 안을 달리는 주인공 '이코'의 모습이 실로 인상적이다. 회화적인 그래픽과 잔잔한 감동이 있는 전개 등으로, 지금도 칭송받는 시대의 명작이 되었다.

전체 이용가 SSX 트리키

●일렉트로닉아츠코리아 ●SPT ●2002년 2월 22일 ●33,000원
●플레이 명수 : 1~2인 ●세이브 용량 : 2MB 이상

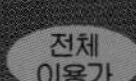

호쾌한 스노보드 게임 「SSX」의 속편. 한국판은 원작의 일본인 캐릭터 '카오리'를 한국인인 '유리'로 바꾸고, 성우 양정화가 목소리를 맡았다. Xbox로도 국내 발매되었지만, 한국어화는 PS2판만 되어 있다.

전체 이용가 윈백

●코에이코리아 ●ACT ●2002년 2월 22일 ●68,000원
●플레이 명수 : 1~4인 ●세이브 용량 : 120KB 이상 ●멀티탭 지원

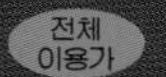

특수부대 'S.C.A.T.'의 일원이 되어, 테러리스트 집단에 탈취당한 군사위성을 탈환하는 작전을 위해 적진에 돌입하는 택티컬 액션 게임. 실은 1999년 9월 일본에서 닌텐도 64로 발매됐던 같은 제목 게임의 리메이크작이기도 하다.

등급 아이콘(영등위) 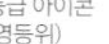 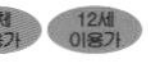  
각종 아이콘  Big Hit판 출시  네트워크 어댑터 지원

전체 이용가 진 삼국무쌍

●코에이코리아 ●ACT ●2002년 2월 22일 ●68,000원
●플레이 명수 : 1인 ●세이브 용량 : 128KB 이상

후일 PS2를 대표하는 인기작이 되는 「진 삼국무쌍」 시리즈의 첫 작품. '일기당천 액션 게임'이란 시리즈의 가장 기본적인 골격이 잡혔으며, 이 시점부터 이미 준수한 음성·자막 한국어화로 발매되었다.

전체 이용가 웨이브랠리

●한빛소프트 ●RCG ●2002년 2월 22일 ●45,000원
●플레이 명수 : 1~2인 ●세이브 용량 : 115KB 이상

일본 OPUS 사가 개발하고 미국 에이도스 사가 발매한 제트스키 레이싱 게임을 자막·음성 한국어화해 발매했다. 기본에 충실한 작품이며, Kawasaki·Arai·G-SHOCK 등 실존 브랜드도 다수 등장한다.

전체 이용가 그란 투리스모 컨셉 2002 TOKYO-SEOUL

●소니컴퓨터엔터테인먼트코리아 ●RCG ●2002년 4월 18일 ●32,000원
●플레이 명수 : 1~2인 ●세이브 용량 : 110KB 이상 ●GT FORCE 지원

일본에서 선행 발매된 소프트(104p)에 현대자동차의 CLIX·HCD6 Roadster·Tuscani·Verna WRC 4종을 추가 수록한 한국 특별판. 「그란 투리스모」 시리즈의 첫 한국 정식 소개작이라는 의의도 있다. 이후, 여기에 제네바 모터쇼 출품 차량도 추가한 버전이 유럽에서 같은 해 7월 발매되었다.

전체 이용가 기타루 맨

●코에이코리아 ●MUS ●2002년 3월 21일 ●58,000원
●플레이 명수 : 1~4인 ●세이브 용량 : 265KB 이상

청춘 스토리와 독특한 시스템을 버무린 리듬 액션 게임. 아날로그 스틱을 이용하는 공격 모드가 특징이며, 후일 닌텐도 DS로 인기작 「웃샤! 싸워라! 응원단」을 개발하는 이니스 사의 작품이다. 후일 Big Hit판으로도 발매됐다.

전체 이용가 2002 FIFA 월드컵

●일렉트로닉아츠코리아 ●SPT ●2002년 4월 27일 ●42,000원
●플레이 명수 : 1~2인 ●세이브 용량 : 450KB 이상 ●멀티탭 지원(~8인)

같은 해의 2002년 FIFA 월드컵 한국·일본 경기를 앞두고 선행 발매된 공식 비디오 게임. 총 23개국의 대표팀 및 선수·유니폼·경기장 등을 완전 수록했다. 자막이 삽입된 영상특전들도 매우 충실하다.

18세 이용가 메탈기어 솔리드 2 : SONS OF LIBERTY

●코나미마케팅아시아 한국지점 ●ACT ●2002년 5월 30일 ●49,800원
●플레이 명수 : 1인 ●세이브 용량 : 80KB 이상

코지마 히데오 감독을 세계적인 게임 크리에이터 반열에 올린 대히트작 「메탈기어 솔리드 2」를 드디어 자막 한국어화로 정규 발매한 작품이자, 이후 코지마 감독 작품의 꾸준한 한국어화 발매에 물꼬를 튼 기념비작. 다만 음성은 당시 국내 선호도가 높았던 일본어가 아니라, 영어 기준이었다.

결전

전체 이용가

●코에이코리아 ●SLG ●2002년 5월 23일 ●58,000원
●플레이 명수 : 1인 ●세이브 용량 : 216KB 이상

일본 본사의 에리카와 요이치 사장이 직접 내한해 출시발표회까지 개최했을 만큼의 당시 코에이 사 야심작을 완전 음성·자막 한글화한 작품. 일본 전국시대 테마 게임의 한국어화 발매는, 당시로서는 극히 드문 사례였다.

오토스타츠

전체 이용가

●소니컴퓨터엔터테인먼트코리아 ●PZL ●2002년 6월 13일 ●42,000원
●플레이 명수 : 1~2인 ●세이브 용량 : 98KB 이상

페이퍼크래프트풍의 그래픽으로 펼쳐지는 면클리어 사고형 퍼즐 게임. 물·나무·흙 블록을 규칙에 따라 배치하면 건물이 세워지고, 일정 조건으로 고레벨 건물도 만들어진다. 콤보를 노려보자.

철권 4

전체 이용가

●소니컴퓨터엔터테인먼트코리아 ●ACT ●2002년 7월 1일 ●48,000원
●플레이 명수 : 1~2인 ●세이브 용량 : 70KB 이상 ●프로그레시브(525p) 출력 지원

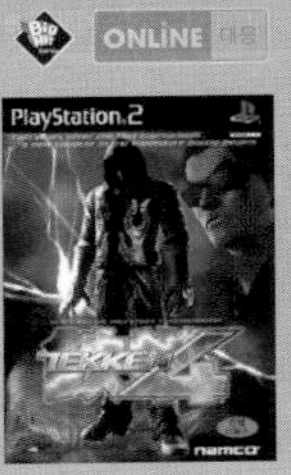

대망의 시리즈 최신작으로서, 2001년 출시된 아케이드판을 완벽 이식한 작품. 그래픽·스토리를 강화했으나 벽·고저차 개념 도입 및 무한필드 폐지 등으로 평이 엇갈렸다. PS2판은 TEKKEN FORCE 모드 등도 호평 받아 히트했다. 한국 정식발매 PS2 소프트 최초의 판매량 10만 장 돌파 기록으로도 유명하다.

귀무자 2

18세 이용가

●코코캡콤 ●ACT ●2002년 7월 5일 ●52,000원
●플레이 명수 : 1인 ●세이브 용량 : 390KB 이상

영어판으로 발매된 전작과 달리, 말끔한 자막 한글화로 한국에서도 크게 히트한 명작. 아직 일본 대중문화가 다 개방되지 않았던 과도기에, 심의기관과의 치열한 줄다리기 끝에 처음으로 일본어 음성을 그대로 남긴 채 자막 한글화로 발매하는 쾌거를 성공시켜, 국내 게임업계에 새로운 돌파구를 뚫었다.

진 삼국무쌍 2

12세 이용가

●코에이코리아 ●ACT ●2002년 8월 8일 ●68,000원
●플레이 명수 : 1~2인 ●세이브 용량 : 200KB 이상

「진 삼국무쌍」 시리즈의 2번째 작품. 화면분할 2인 대전·협력 플레이 추가에, 등장 캐릭터·스테이지가 대폭 늘었으며 캐릭터별 고유 스토리도 제공되는 등 컨텐츠가 그야말로 대거 확충되어, 시리즈의 기틀이 확립됐다.

E.O.E : EVE OF EXTINCTION

전체 이용가

●한빛소프트 ●ACT ●2002년 8월 9일 ●45,000원
●플레이 명수 : 1~2인 ●세이브 용량 : 84KB 이상

「WWE 스맥다운 대 로우」 시리즈로 유명한 일본 유크스 사가 개발한 오리지널 액션 게임(119p)의 북미판을 음성·자막 한국어화했다. 다채로운 무기와 '무기 변환 콤보', 특수공격 '레가시 드라이브'가 특징이다.

등급 아이콘(영등위)  전체 이용가 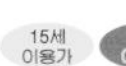 12세 이용가 15세 이용가 18세 이용가

각종 아이콘  Big Hit판 출시   네트워크 어댑터 지원

12세 이용가 삼국지전기

●코에이코리아 ●SLG ●2002년 8월 16일 ●68,000원
●플레이 명수 : 1~2인 ●세이브 용량 : 189KB 이상

코에이 사가 선보인 신 개념의 '삼국지'계 전술 시뮬레이션 게임. 플레이어는 군사(軍師) 입장이 되어, 마치 장기를 두듯 부대를 움직여 전법의 연쇄를 노리는 형태로 전투를 펼친다. 등용·동맹 등의 내정도 필요하다.

18세 이용가 제로

●소니컴퓨터엔터테인먼트코리아 ●AVG ●2002년 8월 29일 ●35,000원
●플레이 명수 : 1인 ●세이브 용량 : 1800KB 이상

일본 테크모 사 게임(100p)의 북미판을 자막 한국어화했다. 저항수단이 없는 소녀가 주인공으로서, 유령을 봉인하려면 카메라 '사영기'로 유령을 직시해 촬영해야 한다는 독특한 컨셉으로 어필해 히트한 작품이다.

전체 이용가 아머드 코어 3

●YBM시사닷컴 ●ACT ●2002년 8월 29일 ●49,000원
●플레이 명수 : 1~4인 ●세이브 용량 : 95KB 이상 ●i.LINK 지원, USB 마우스 및 USB 모뎀 지원

어학교육계의 유명 업체인 YBM시사닷컴(현 YBM)이 게임사업부를 설립하고 비디오 게임 한국어화·유통사업에 진출하여, 뛰어난 퀄리티의 자막·음성 한국어화로 출시한 첫 타이틀. 「아머드 코어」 시리즈를 한국에 알린 히트작으로서, 클랜 활동 활성화와 대회·행사 개최 등을 병행해 적극적으로 팬층을 육성했다.

전체 이용가 고스트 바이브레이션

●한빛소프트 ●AVG ●2002년 9월 6일 ●45,000원
●플레이 명수 : 1인 ●세이브 용량 : 42KB 이상

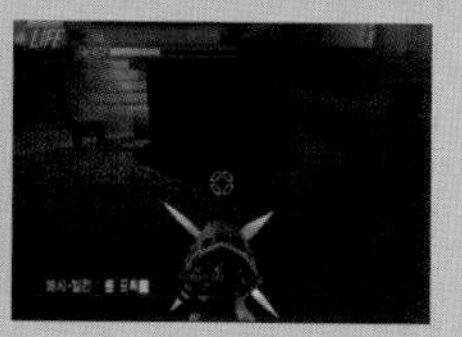

일본 아툰 사의 작품을 한국어화해 발매한 게임. 특수한 총으로 유령을 포획한다는 '고스트바스터즈'풍의 발상이 독특하며, 타이틀명처럼 컨트롤러의 '진동'을 활용했다. 8가지 타입의 고스트 190종 이상이 등장한다.

전체 이용가 라 퓌셀 : 빛의 성녀 전설

●카마디지털엔터테인먼트 ●SRPG ●2002년 9월 12일 ●45,000원
●플레이 명수 : 1인 ●세이브 용량 : 376KB 이상

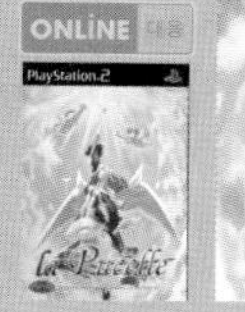

과거 PS1 하드웨어 유통을 하기도 했던 카마디지털엔터테인먼트의 첫 PS2 발매작으로서, RPG계 장르로는 최초의 한국어화 타이틀이었기에 당시 큰 셀링 포인트가 되었고, 히트하여 후일의 「마계전기 디스가이아」로 이어진다.

15세 이용가 건 서바이버 3 : 디노 크라이시스

●코코캡콤 ●STG ●2002년 9월 19일 ●45,000원
●플레이 명수 : 1인 ●세이브 용량 : 145KB 이상 ●건콘2 지원

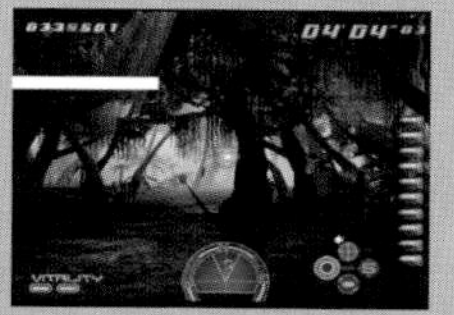

국내 정식발매 PS2 게임으로는 최초의 건콘2 지원 타이틀로서, 건콘2를 동봉한 스페셜 팩도 동시 발매되었다. 일반적인 건 슈팅 게임과는 달리, 방향키로 주인공을 직접 이동시켜야 하는 등 액션 어드벤처 성격도 강한 작품이다.

전체 이용가 스매쉬코트 프로토너먼트

●소니컴퓨터엔터테인먼트코리아 ●SPT ●2002년 9월 26일 ●42,000원
●플레이 명수 : 1~4인 ●세이브 용량 : 85KB 이상 ●멀티탭 지원

남코가 PS1으로 3편까지 내놓았던 「스매시 코트」 시리즈의 첫 PS2용 신작. 이전작들과는 달리 세계 4대 토너먼트와 실존 인기 선수 8명을 재현했다. 아케이드 모드를 클리어하면 연습 모드에서 숨겨진 선수가 나온다.

전체 이용가 결전 II

●코에이코리아 ●SLG ●2002년 10월 2일 ●49,500원
●플레이 명수 : 1인 ●세이브 용량 : 131KB 이상

「결전」의 속편. 이번엔 친숙한 '삼국지'로 소재를 바꿔, 유비·조조·초선 등의 유명 캐릭터들이 '사랑과 전쟁'이란 테마로 황당무계한 오리지널 스토리를 펼친다. 그래픽·스케일도 더욱 화려해졌다. 3편도 나왔으나, 국내 소개되진 못했다.

전체 이용가 -U- 언더워터 유니트

●소니컴퓨터엔터테인먼트코리아 ●ACT ●2002년 10월 10일 ●45,000원
●플레이 명수 : 1인 ●세이브 용량 : 76KB 이상

일본 아이렘 사의 작품을 자막·음성 한국어화해 발매했으며, 극중 나레이션은 TV 드라마 'X파일'에서 폭스 멀더를 연기한 성우 이규화가 맡았다. 예약 판매시 영화 'U-571' DVD도 제공하는 이색적인 프로모션을 펼치기도 했다.

12세 이용가 길티기어 젝스 플러스

●YBM시사닷컴 ●FACT ●2002년 10월 10일 ●52,000원
●플레이 명수 : 1~2인 ●세이브 용량 : 73KB 이상

아크시스템웍스의 「길티기어」 시리즈로는 최초의 정식 한국어화 발매 작품. 아케이드의 인기작을 충실한 음성·자막 한국어화로 선보여 큰 호평을 받았다. 다만 심의등급을 맞추기 위해서였는지, 유혈 이펙트를 황색으로 바꾸었다.

18세 이용가 건그레이브

●소니컴퓨터엔터테인먼트코리아 ●ACT ●2002년 10월 29일 ●45,000원
●플레이 명수 : 1인 ●세이브 용량 : 80KB 이상

레드 엔터테인먼트의 기획, 나이토 야스히로의 캐릭터 디자인, 후지시마 코스케의 메카닉 디자인이 결합된 공동 미디어믹스 프로젝트가 낳은 '풀브레이크 건 액션' 게임. 쾌감을 중시한 시스템과 매력적인 설정으로 히트작이 됐다.

전체 이용가 사이바리아 : 컴플리트 에디션

●스코넥엔터테인먼트 ●STG ●2002년 10월 30일 ●37,000원
●플레이 명수 : 1~2인 ●세이브 용량 : 388KB 이상

일본 석세스 사의 같은 제목 작품을, PS2 이식 작업을 맡았던 한국의 스코넥엔터테인먼트 사가 직접 한국어화해 국내 발매한 작품. 아케이드판 「사이바리아 MEDIUM UNIT」와 「사이바리아 REVISION」 두 작품의 합본판이다.

전체 이용가 다운힐 레이서

●소니컴퓨터엔터테인먼트코리아 ●SPT ●2002년 11월 7일 ●39,000원
●플레이 명수 : 1~2인 ●세이브 용량 : 97KB 이상

남코의 「알파인 레이서 3」(112p)의 타이틀명을 바꾸고 자막 한국어화해 발매한 작품. 원래 아케이드용으로 시작된 시리즈이지만 이 작품은 유일한 가정용 오리지널 게임이다. 숨은 캐릭터인 '크로노아'도 조작할 수 있다.

15세 이용가 반지의 제왕 : 두개의 탑

●일렉트로닉아츠코리아 ●ACT ●2002년 11월 12일 ●48,000원
●플레이 명수 : 1인 ●세이브 용량 : 80KB 이상

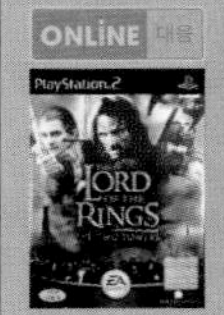

피터 잭슨 감독의 영화판 '반지의 제왕' 시리즈 첫 공식 비디오 게임판으로서, Xbox와의 멀티플랫폼으로 한국어화 발매됐다. 전반적으로 영화 1·2부의 내용을 따라가며, 영상특전들까지도 전부 자막이 들어가 있다.

전체 이용가 절체절명도시

●소니컴퓨터엔터테인먼트코리아 ●AVG ●2002년 11월 14일 ●45,000원
●플레이 명수 : 1인 ●세이브 용량 : 320KB 이상

일본 아이렘 사의 화제작을 SCEK가 음성·자막 한국어화해 발매한 작품. 대지진 상황을 소재로 삼아, '재난 어드벤처'라는 독보적인 장르를 개척했다. 한국 배경으로 바꿔, 간판·표지판 등까지 디테일하게 로컬라이징한 것이 특징이다.

등급 아이콘 (영등위)

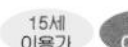

각종 아이콘

Big Hit판 출시

네트워크 어댑터 지원

전체 이용가 봉신연의 2

●코에이코리아 ●RPG ●2002년 11월 14일 ●49,500원
●플레이 명수 : 1인 ●세이브 용량 : 195KB 이상

ONLINE 대응

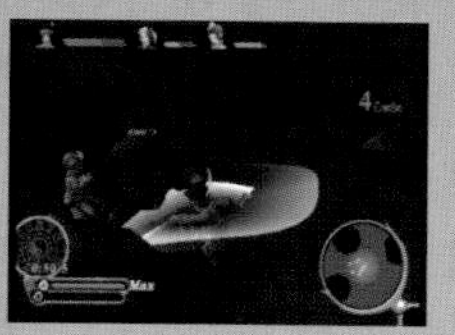

코에이가 일본에서 1998년 발매했던 PS1용 SRPG 「봉신연의」의 속편으로서, 한국에는 이 작품부터 정식 소개되었다. 당시로서는 드물게 음성·텍스트를 전면 한국어화한 RPG로서, 액션성이 매우 강한 것도 특징이다.

18세 이용가 닌자어썰트

●소니컴퓨터엔터테인먼트코리아 ●STG ●2002년 11월 21일 ●45,000원
●플레이 명수 : 1~2인 ●세이브 용량 : 48KB 이상 ●건콘2 지원

ONLINE 대응

같은 제목의 아케이드판 건 슈팅 게임을 업그레이드 이식한 작품. 건콘2와의 합본판도 동시 발매되었다. 아케이드판을 재현한 모드와, 구렌·군조·아오이 편 3가지로 나뉜 스토리 모드를 즐길 수 있다. 2인 동시 플레이도 지원한다.

전체 이용가 MARVEL VS. CAPCOM 2 : New Age of Heroes

●코코캡콤 ●FACT ●2002년 11월 26일 ●45,000원
●플레이 명수 : 1~2인 ●세이브 용량 : 58KB 이상

ONLINE 대응

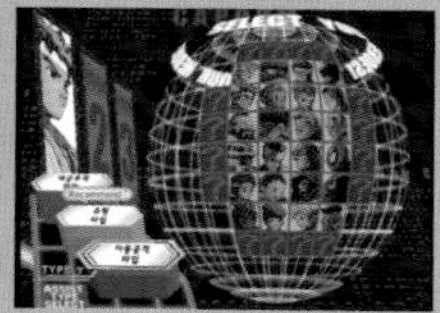

같은 제목 아케이드용 대전격투 게임의 이식판. 내부적으로는 북미판 기반이라, 일본에서 제공되었던 네트워크 매치 플레이 기능은 없다. 메뉴 텍스트 등의 부분적인 자막 한국어화가 들어가 있다.

15세 이용가 프로젝트 미네르바

●모디아 ●TPS ●2002년 12월 5일 ●35,200원
●플레이 명수 : 1인 ●세이브 용량 : 120KB 이상

ONLINE 대응

당시 한국에선 2002년 월드컵의 일본 측 홍보대사로 유명했던 여배우 후지와라 노리카를 CG 모델링해 주인공으로 삼은 3인칭 슈터 게임. 모바일 SI 업체였던 모디아 사가 PS2 시장에 진출해 한국어화 발매했던 유일한 작품이다.

전체 이용가 TETSU ONE 전차로 배틀! : WORLD GRAND PRIX

●조이온 ●RCG ●2002년 12월 6일 ●35,000원
●플레이 명수 : 1~2인 ●세이브 용량 : 85KB 이상

ONLINE 대응

시스컴 엔터테인먼트의 같은 제목 작품(109p)을 한국어화 발매했다. 한국을 비롯한 각국의 전철 기관차들이 자국 국기를 달고 레이스로 세계최강을 겨룬다는, 실로 유일무이한 컨셉의 '전철 레이싱 게임'이다.

전체 이용가 메모리스 오프

●엠드림 ●AVG ●2002년 12월 10일 ●46,000원
●플레이 명수 : 1인 ●세이브 용량 : 98KB 이상

ONLINE 대응

정식발매 한국어화 PS2 게임 중에선 최초의 미소녀계 연애 어드벤처 게임. 일본어 음성은 남기고 자막 전체를 번역 수록했다. 현 시점에서 접할 수 있는 유일한 정규 한국어판이기도 하며, 당시로선 드물게 한정판도 발매했다.

전체 이용가 해리포터와 비밀의 방

●일렉트로닉아츠코리아 ●ACT ●2002년 12월 10일 ●48,000원
●플레이 명수 : 1인 ●세이브 용량 : 174KB 이상

ONLINE 대응

대인기 영화 '해리포터' 시리즈의 게임판 중, 가정용 게임의 한국어화로는 국내 최초로 소개된 작품(Xbox·PC로도 발매되었다). 영화판 2편 '비밀의 방'의 게임화로서, 전반적으로 영화판의 전개를 액션 어드벤처풍으로 따라간다.

18세 이용가 SILENT SCOPE 3

●코나미마케팅아시아 한국지점 ●STG ●2002년 12월 12일 ●48,000원
●플레이 명수 : 1인 ●세이브 용량 : 79KB 이상 ●USB 마우스 지원

ONLINE 대응

아케이드용 스나이퍼 건 슈팅 게임 「사일런트 스코프」 시리즈의 PS2판. 오리지널 모드 'SILENT SCOPE 3'와, 아케이드판 「저격 : SOGEKI」를 완전 이식한 모드가 있다. 후자는 한국에 출시됐었기에, 한국어판으로 들어갔다.

HARDWARE | 2000 | 2001 | 2002 | 2003 | 2004 | 2005 | 2006 | 2007 | 2008 | 2009 | 2010 | 2011 | 2013 | INDEX

전체 이용가 FIFA SOCCER 2003

●일렉트로닉아츠코리아 ●SPT ●2002년 12월 13일 ●45,000원
●플레이 명수 : 1~8인 ●세이브 용량 : 487KB 이상 ●멀티탭 지원

ONLINE 대응

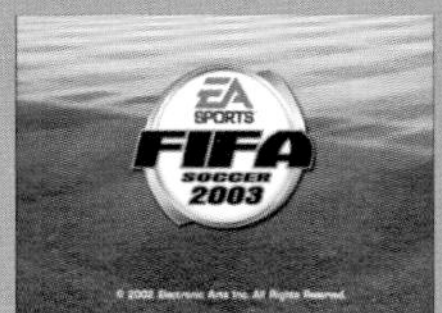

초기부터 꾸준히 한국어화로 발매되었던 EA SPORTS의 「FIFA」 시리즈 2003년판. 당시 한국 대표팀과 K-리그 전체를 비롯해 16개 리그, 450개 팀, 8천 명의 선수를 재현했다. 실황은 강신우 해설위원과 전용준 캐스터가 맡았다.

15세 이용가 레이징블레스 : 항마묵시록

●카마디지털엔터테인먼트 ●ACT ●2002년 12월 19일 ●48,000원
●플레이 명수 : 1~2인 ●세이브 용량 : 42KB 이상 ●멀티탭 지원(~4인)

ONLINE 대응

당시 잘레코 브랜드를 계승했던 일본 PCCW Japan의 게임(121p)을 한국어화해 발매했다. 전형적인 판타지풍 핵앤슬래시 액션 게임이며, 기본적으로 2인 플레이가 가능하고 멀티탭이 있다면 4명까지 함께 즐길 수 있다.

12세 이용가 진 삼국무쌍 2 맹장전

●코에이코리아 ●ACT ●2002년 12월 20일 ●38,000원
●플레이 명수 : 1~2인 ●세이브 용량 : 262KB 이상

ONLINE 대응

단독으로도 즐길 수 있지만 전편 「진 삼국무쌍 2」와 연동시키면 더욱 확장된 컨텐츠를 제공한다는 'MIXJOY'라는 새로운 플레이스타일을 제시해, 이후의 시리즈에도 꾸준히 '맹장전'이 나오는 전통을 확립시킨 히트작이다.

18세 이용가 트윈 칼리버

●디지털플랜스 엔터테인먼트 ●ACT ●2003년 1월 9일 ●45,000원
●플레이 명수 : 1~2인 ●세이브 용량 : 78KB 이상

ONLINE 대응

영국 Rage Software가 개발한, 변칙적인 스타일의 쌍권총 레일 슈터 게임. 두 아날로그 스틱을 각각 왼손·오른손 무기 조준에 대응시켰다. 18세 이용가지만 정작 원작의 유혈표현은 삭제. 유럽 외엔 한국이 유일한 발매국이기도 하다.

전체 이용가 토막 : 지구를 지켜라 완전판

●씨드나인엔터테인먼트 ●SLG ●2002년 12월 23일 ●39,000원
●플레이 명수 : 1인 ●세이브 용량 : 42KB 이상

ONLINE 대응

PS2 최초의 국산 게임이라는 영예를 차지한 작품. 2000년 PC로 첫 발매된 「토막 : 지구를 지켜라」를 PS2로 업그레이드 이식했다. 살아있는 여신의 머리가 담긴 화분을 받아 육성한다는 희대의 컨셉이 특징으로서, 신규 녹음한 한국어 성우 음성과 일본 PC판의 일본어 음성까지 모두 수록한 완전판이다.

전체 이용가 XI5 : 아쿠이 오형제

●소니컴퓨터엔터테인먼트코리아 ●PZL ●2003년 1월 16일 ●39,000원
●플레이 명수 : 1~5인 ●세이브 용량 : 221KB 이상 ●멀티탭 지원

ONLINE 대응

일본에서 PS1용으로 히트했던 작품 「XI[sai]」를 캐주얼하게 리뉴얼해 PS2로 내놓은 신작. 한국어로 룰을 친절하게 설명해주므로, 검증된 명작 퍼즐 게임을 쉽게 즐길 수 있다. 멀티탭이 있으면 최대 5인 동시 플레이도 가능하다.

전체 이용가 This Is Football 2003 : 세계최강축구

●소니컴퓨터엔터테인먼트코리아 ●SPT ●2003년 1월 23일 ●42,000원
●플레이 명수 : 1~2인 ●세이브 용량 : 1133KB 이상 ●멀티탭 지원(~8인)

ONLINE 대응

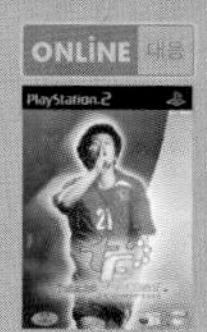

SCE 유럽 런던 스튜디오의 축구 게임을 한국어화해 발매한 작품. 유럽에선 1999년부터 2006년까지 꾸준히 발매된 장기 시리즈물이지만, 한국엔 이 한 작품만 소개되었다. 커버모델인 박지성 선수의 인터뷰 동영상도 들어있다.

전체 이용가 수퍼 퍼즐버블 2

●엠드림 ●PZL ●2003년 1월 24일 ●35,000원
●플레이 명수 : 1~2인 ●세이브 용량 : 225KB 이상

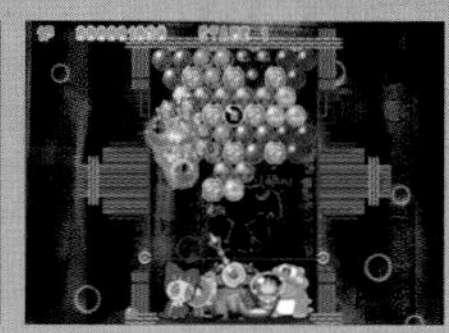

타이토의 「퍼즐버블」 시리즈로는 첫 한국어화 작품. 게임 특성상 스토리 자막 정도만 한국어화되었고, 음성은 북미판 기준이다. 후일 타이토 게임의 국내 판권을 넘겨받은 사이버프론트제넥스코리아가 합본 형태로 재발매하기도 했다.

18세 이용가 검호 2

●메가 엔터프라이즈 ●ACT ●2003년 1월 30일 ●48,000원
●플레이 명수 : 1~2인 ●세이브 용량 : 310KB 이상

일본 겐키 사의 「검호 2」를 자막 한국어화로 발매한 작품. 당시로서는 드물게 원작의 일본어 음성과 유혈 표현 등을 그대로 남겨두고 18세 이용가로 발매했다. 한정특전으로서 실제 목검을 증정하기도 했다.

18세 이용가 데빌 메이 크라이 2

●코코캡콤 ●ACT ●2003년 2월 6일 ●68,000원
●플레이 명수 : 1인 ●세이브 용량 : 368KB 이상

당시 PS2 최대의 화제작이었던 작품을 시리즈 첫 자막 한글화로 정식 발매하여, 온라인 예약판매시 3,000장이 12시간 만에 매진될 만큼 큰 호응을 얻어냈다. 주인공을 차별화한 '단테 편'과 '루시아 편'으로 구성한 것도 특징이다.

전체 이용가 Let's 브라보 뮤직

●소니컴퓨터엔터테인먼트코리아 ●MUS ●2003년 2월 22일 ●45,000원
●플레이 명수 : 1~2인 ●세이브 용량 : 699KB 이상

일본에서는 여러 작품이 나왔던, 오케스트라 지휘 게임 「브라보 뮤직」 시리즈의 최종판을 말끔한 한국어화로 발매한 작품. 일본판은 PS BB Unit로 다운로드 컨텐츠 추가곡을 제공했지만, 한국판은 기본곡인 44곡만 즐길 수 있다.

전체 이용가 슬라이 쿠퍼 : 전설의 비법서를 찾아서

●소니컴퓨터엔터테인먼트코리아 ●ACT ●2003년 2월 22일 ●45,000원
●플레이 명수 : 1인 ●세이브 용량 : 49KB 이상

후일 「인퍼머스」 시리즈와 「Ghost of Tsushima」를 개발하는 서커 펀치 프로덕션의 실질적인 데뷔작. 아동용 애니메이션풍의 재치 있는 캐릭터들과 스토리, 훌륭한 자막·음성 한국어화로 한국에서도 히트했다. 이후 시리즈 3부작이 모두 한국어판으로 소개되었고, 후일 PS3로 컬렉션화되어 재발매됐다.

12세 이용가 슈퍼 배틀봉신

●코에이코리아 ●ACT ●2003년 2월 27일 ●49,500원
●플레이 명수 : 1~2인 ●세이브 용량 : 49KB 이상 ●멀티탭 지원(~4명)

앞서 나온 「봉신연의 2」의 캐릭터와 세계를 바탕으로 신규 제작한 스핀오프성 로컬 멀티플레이어계 액션 게임. 실은 일본에서 게임큐브로 발매됐던 「배틀봉신」에 최대 4인 멀티플레이와 미션 모드 등을 추가한 업그레이드 이식작이다.

18세 이용가 아르고스의 전사

●소니컴퓨터엔터테인먼트코리아 ●ACT ●2003년 3월 6일 ●45,000원
●플레이 명수 : 1인 ●세이브 용량 : 150KB 이상

80년대에 아케이드·패미컴용으로 대히트했던 원작을, 성인용 3D 액션 어드벤처로 풀 리메이크한 작품. 원작의 아이콘인 '디스크 아머'도 잘 재현해냈다. 한국어판만의 숨은 오리지널 무기 '엽기 아머'는 발견조건이 쉬우니 꼭 찾아내보자.

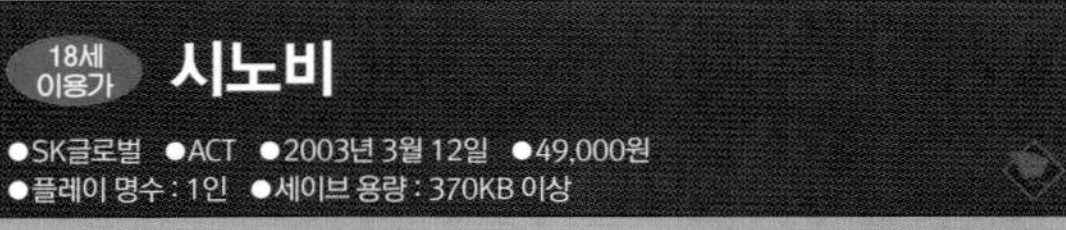

18세 이용가 시노비

●SK글로벌 ●ACT ●2003년 3월 12일 ●49,000원
●플레이 명수 : 1인 ●세이브 용량 : 370KB 이상

하드웨어 사업 철수 후 스튜디오 체제로 전환한 당시 세가의 첫 한국 진출작. SK그룹 계열사인 SK글로벌이 게임사업에 진출해 한국어화했으나, 직후 자사의 분식회계 사건이 터져서였는지, 이 작품이 처음이자 마지막 발매작이 되었다.

18세 이용가 카오스 레기온

●코코캡콤 ●ACT ●2003년 3월 27일 ●52,000원
●플레이 명수 : 1인 ●세이브 용량 : 277KB 이상

SF작가 우부카타 토우의 라이트노벨이 원작인 미디어믹스 작품. 일본 첫 발매 후 불과 3주만에 한국어판이 나온, 당시로선 드문 케이스였다. '레기온'이라는 소환수를 소환해 대량의 적들과 싸우는 호쾌한 액션 게임이다.

전체 이용가 크래쉬 밴디쿳 : 마왕의 부활

●한빛소프트 ●ACT ●2003년 3월 27일 ●40,000원
●플레이 명수 : 1인 ●세이브 용량 : 66KB 이상

미국 유니버설 인터랙티브 스튜디오의「크래쉬 밴디쿳」시리즈 연작 중 유일하게 한국어화된 작품. 특이하게도 2002년 8월 타이틀 화면만 한국어화된 영문판이 먼저 발매됐고, 음성을 풀 더빙한 한국어판이 7개월 후에야 재발매됐다.

전체 이용가 리얼 배스 피싱 : 탑 앵글러

●게임문화 ●SPT ●2003년 4월 3일 ●39,600원
●플레이 명수 : 1인 ●세이브 용량 : 72KB 이상

역대 PS2 정식발매 소프트 중에선 유일한 낚시계 게임. 배스 낚시를 소재로 삼은 일본 심스 사의 같은 제목 작품을 자막 한국어화했다. 비공식 지원이긴 하나, 실은 호리 사의 낚시콘도 게임 내에서 사용 가능하다.

전체 이용가 식신의 성

●엠드림 ●STG ●2003년 4월 3일 ●45,000원
●플레이 명수 : 1~2인 ●세이브 용량 : 70KB 이상

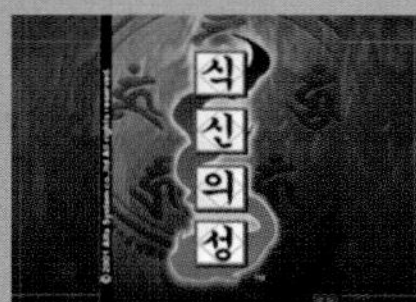

알파 시스템 사가 개발하고 타이토가 발매한 같은 제목 종스크롤 슈팅 게임을 한국어화했다. 시리즈 첫 한국 소개에 해당하며 스토리 데모 텍스트 전체를 한국어화했으나, 아쉽게도 원작에 있던 '사이드 스토리' 컨텐츠는 빠졌다.

15세 이용가 스페이스 레이더스

●엠드림 ●STG ●2003년 4월 10일 ●45,000원
●플레이 명수 : 1~2인 ●세이브 용량 : 295KB 이상

타이토 사가 자사의 대표작「스페이스 인베이더」의 25주년을 기념해 제작한 오리지널 슈팅 게임. 플레이어 캐릭터인 인간이 직접 뛰어다니며 쏘는 것이 최대 특징이다. 2004년 2월엔 게임큐브판도 한국어화되어 정식 발매됐다.

12세 이용가 테일즈 오브 데스티니 2

●소니컴퓨터엔터테인먼트코리아 ●RPG ●2003년 4월 17일 ●55,000원
●플레이 명수 : 1인 ●세이브 용량 : 61KB 이상 ●멀티탭 지원(~4명)

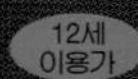

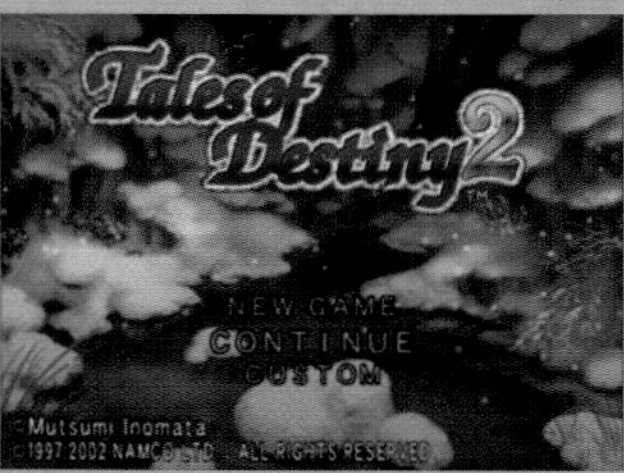

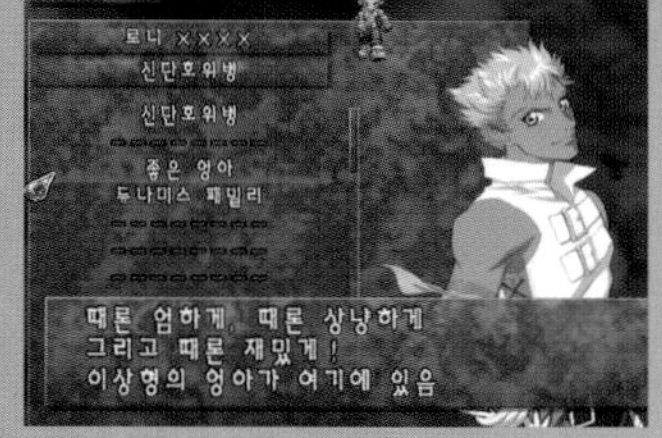

당시 한국 PS2 유저들의 오랜 요망이었던 '일본 대작 RPG의 한국어화'를 드디어 성사해내, 게이머들을 열광시킨 작품. 남코의「테일즈 오브」시리즈 최초의 한국어판이자, 유일한 자막·음성 한국어화 작품이기도 하다. 원작 개발과 병행해 한국어화를 진행한 덕에, 불과 5개월 만의 발매라는 쾌거도 이룩했다.

등급 아이콘(영등위)    

각종 아이콘  Big Hit판 출시  네트워크 어댑터 지원

18세 이용가 Tom Clancy's GHOST RECON

●코코캡콤 ●FPS ●2003년 4월 17일 ●45,000원
●플레이 명수 : 1~2인 ●세이브 용량 : 500KB 이상

ONLINE 대응

당시 유비소프트의 국내 유통권을 확보한 코코캡콤의 발매작으로서, 유비소프트의 PS2용 게임으로는 최초의 한국어화 작품이자, 시리즈 최초의 공식 한국어판이기도 하다. 8종의 싱글플레이 미션 'Desert Siege'도 추가돼 있다.

전체 이용가 아우토 모델리스타

●코코캡콤 ●RCG ●2003년 4월 17일 ●45,000원
●플레이 명수 : 1~2인 ●세이브 용량 : 237KB 이상 ●드라이빙 포스 지원

ONLINE 대응

액션 게임의 명가인 캡콤이 리얼 카 레이싱이라는 새로운 장르에 과감하게 도전해 화제가 된 타이틀. 한국어판은 한국어 자막 추가 외에도, 현대자동차의 투스카니와 베르나 Rally version을 비롯해 미국 차종 및 코스도 추가했다.

12세 이용가 WAR OF THE MONSTERS : 괴수대격전

●소니컴퓨터엔터테인먼트코리아 ●ACT ●2003년 4월 24일 ●39,000원
●플레이 명수 : 1~2인 ●세이브 용량 : 68KB 이상

ONLINE 대응

「Twisted Metal」 시리즈를 내놓았던 Incog Inc. Entertainment가 개발하고 SCE가 한국어화해 발매한, 20세기 중순의 괴수영화·SF영화에 대한 오마쥬가 가득한 대전 액션 게임. 30m급 대괴수가 되어, 대도시를 무너뜨리며 싸워보자.

18세 이용가 건 서바이버 4 : 바이오하자드 HEROES NEVER DIE

●코코캡콤 ●STG ●2003년 4월 24일 ●45,000원
●플레이 명수 : 1인 ●세이브 용량 : 130KB 이상 ●건콘2 지원

ONLINE 대응

건콘2로 즐기는 서바이벌 액션 게임, 「건 서바이버」 시리즈의 4번째 작품. 이번엔 대히트작 「바이오하자드」의 설정을 빌린 스핀오프작으로서, 두 스파이가 t-바이러스에 감염된 좀비로 가득한 크루즈선에서 탈출을 꾀하게 된다.

12세 이용가 드래곤볼Z

●반다이코리아 ●FACT ●2003년 4월 25일 ●49,500원
●플레이 명수 : 1~2인 ●세이브 용량 : 45KB 이상

ONLINE 대응

이후 꾸준히 한국어화 소개되는 반다이의 PS2판 '드래곤볼Z' 게임화 시리즈의 첫 작품. 원작의 초반에 해당하는 사이어인 편, 나메크성 편, 인조인간 편의 스토리를 충실히 재현했으며, 캐릭터의 스킬을 자유 편집하는 모드도 있다.

전체 이용가 NBA 스트리트 2

●일렉트로닉아츠코리아 ●SPT ●2003년 4월 28일 ●45,000원
●플레이 명수 : 1~4인 ●세이브 용량 : 103KB 이상 ●멀티탭 지원

ONLINE 대응

EA SPORTS BIG 브랜드로 발매된 2-on-2 길거리 농구 게임 「NBA 스트리트」 시리즈 중에서는 유일한 한국어화 작품. NBA의 전설들과 인기 선수 및 팀이 대거 등장하며, 길거리 농구답게 무규칙 황당무계 연출이 특징이다.

12세 이용가 기동전사 건담 전기

●반다이코리아 ●ACT ●2003년 4월 30일 ●49,500원
●플레이 명수 : 1~2인 ●세이브 용량 : 363KB 이상

ONLINE 대응

당시 건담베이스 용산 1호점을 막 오픈하는 등 건담 IP를 적극적으로 한국에 전개하던 반다이코리아의 야심작으로서, 음성까지 풀 로컬라이징했다. 1년전쟁에서 연방의 실험부대나 지온의 외인부대 일원으로 참가한다는 설정이다.

전체 이용가 릴로 & 스티치 : 스티치 626

●소프트뱅크 코리아 ●ACT ●2003년 5월 2일 ●36,000원
●플레이 명수 : 1인 ●세이브 용량 : 55KB 이상

ONLINE 대응

당시 디즈니 계열 어린이용 소프트를 발매하던 소프트뱅크 코리아의 유일한 PS2용 게임. 원제의 부제는 '실험체 626'(Experiment 626)이다. 디즈니 작품답게 철저한 한국어 음성 더빙으로 게임 스토리가 전개된다.

마계전기 디스가이아

●카마디지털엔터테인먼트 ●SRPG ●2003년 5월 1일 ●47,000원
●플레이 명수 : 1인 ●세이브 용량 : 368KB 이상

2002년의 「라 퓌셀」에 이어, 니폰이치 소프트웨어의 야심작을 한국어화한 작품. 원작의 개그·패러디를 충실히 살리면서도 한국판 오리지널 아이템 추가, 원곡의 가수가 한국어로 다시 부른 번안판 삽입곡 추가 등 '초월 한글화'를 완수해내 큰 호평을 받았다. 2008년 1월엔 SCEK가 빅히트판으로 재발매하기도.

아머드 코어 3 사일런트 라인

전체 이용가

●YBM시사닷컴 ●ACT ●2003년 5월 9일 ●49,000원
●플레이 명수 : 1~2인 ●세이브 용량 : 104KB 이상 ●i.LINK 지원, USB 마우스 및 USB 모뎀 지원

2002년 8월 한국에 발매되어 당시 3만 여장을 판매한 「아머드 코어 3」의 추가 미션판. 유저가 전작을 클리어했다는 것을 전제로 제작했기에 난이도가 높고, 원손 화기가 대폭 늘어나는 등 전반적으로 상급자 지향의 작품이 되었다.

천주 3 : 천벌

18세 이용가

●메가 엔터프라이즈 ●ACT ●2003년 5월 22일 ●52,000원
●플레이 명수 : 1~2인 ●세이브 용량 : 40KB 이상

컬트 팬이 많은 「천주」 시리즈의 첫 정규 한국어화 발매작. 북미판 기준의 유혈·잔혹표현에 일본어 음성과 한국어 자막을 추가해, 당시로서는 가장 이상적인 형태의 한국어판이 되었다. 시리즈 최초의 2인 멀티플레이도 지원한다.

클락 타워 3

18세 이용가

●코코캡콤 ●AVG ●2003년 5월 22일 ●34,000원
●플레이 명수 : 1인 ●세이브 용량 : 678KB 이상

공포 어드벤처 게임 「클락 타워」 시리즈의 넘버링 신작으로서, 당시 판권자였던 선 소프트가 '서바이벌 호러' 장르를 개척한 캡콤과 공동 개발했다. 영화 '배틀 로얄'의 감독 후카사쿠 킨지가 연출을 맡은 작품이기도 하다.

XII STAG (트웰브 스태그)

전체 이용가

●엠드림 ●STG ●2003년 5월 30일 ●25,000원
●플레이 명수 : 1~2인 ●세이브 용량 : 50KB 이상

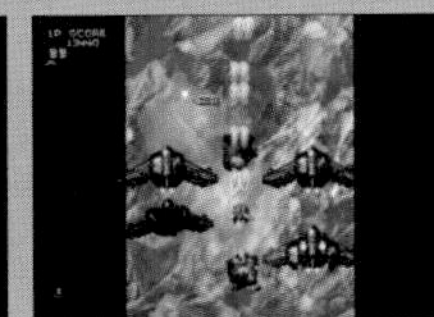

트라이앵글 서비스 사가 개발하고 타이토가 출시했던 아케이드용 종스크롤 슈팅 게임의 PS2판. 당시 인기였던 탄막계가 아닌 고전적인 스타일로서, '사이드 어택'과 '백화이어 어택'을 잘 활용하면 점수배율을 ×12까지 올릴 수 있다.

진 삼국무쌍 3

12세 이용가

●코에이코리아 ●ACT ●2003년 5월 29일 ●63,800원
●플레이 명수 : 1~2인 ●세이브 용량 : 150KB 이상

한국에서도 인기였던 「진 삼국무쌍」 시리즈 대망의 3번째 작품. 무쌍 모드가 크게 개편되어 위·오·촉 등의 세력별로 나뉘며, 신 유닛·병기가 다수 추가됐고 오리지널 무장을 만드는 '편집 모드'가 신설됐다. 충실한 자막·음성 한국어화로 크게 히트했고, 한정판 '트레저 박스'도 이 작품부터 국내에도 발매됐다.

등급 아이콘(영등위)      전체 이용가 12세 이용가 15세 이용가 18세 이용가

각종 아이콘  Big Hit판 출시  네트워크 어댑터 지원

15세 이용가 심즈

●일렉트로닉아츠코리아 ●SLG ●2003년 6월 3일 ●45,000원
●플레이 명수 : 1~2인 ●세이브 용량 : 1593KB 이상

ONLINE 대응

당시 EA의 간판 인기작이었던 「심즈」의 PS2 이식작. 평범한(?) 미국인의 인생 역정을 게임으로 재미있게 체험해보자. 원작인 PC판엔 없는 미션 클리어식 신규 모드 '새 인생의 시작'이 있으며, 2인 멀티플레이도 지원한다.

전체 이용가 R-TYPE FINAL

●소니컴퓨터엔터테인먼트코리아 ●STG ●2003년 6월 19일 ●42,000원
●플레이 명수 : 1인 ●세이브 용량 : 145KB 이상

ONLINE 대응

일본 아이렘 사의 간판 슈팅 게임 「R-TYPE」의 탄생 15주년을 기념해, '팬들에 바치는 감사'를 테마로 제작한 시리즈 신작. 원래 한·일 동시발매를 추진했으나 사정상 일본 발매일이 늦춰져, 결과적으로 한국 '선행발매' 작품이 되었다.

12세 이용가 언리미티드 사가

●일렉트로닉아츠코리아 ●RPG ●2003년 6월 19일 ●58,000원
●플레이 명수 : 1인 ●세이브 용량 : 261KB 이상

ONLINE 대응

스퀘어 사의 RPG(한국 발매 2개월 전, 스퀘어와 에닉스가 합병하여 사명이 바뀌었다)로는 최초의 한국어화 작품이자, 「사가」 시리즈의 첫 한국 정규 소개작. 현지화 퀄리티는 매우 훌륭하나, 시스템은 다소 사람을 가리는 편이었다.

18세 이용가 메탈기어 솔리드 2 SUBSTANCE

●코나미마케팅아시아 한국지점 ●ACT ●2003년 6월 19일 ●48,000원
●플레이 명수 : 1인 ●세이브 용량 : 90KB 이상

ONLINE 대응

「메탈기어 솔리드 2」의 확장판. 본편은 난이도를 6단계로 늘렸고, 자신의 실력을 시험하는 'VR MISSIONS' 350종, 'ALTERNATIVE MISSIONS' 150종, 스네이크가 빅쉘에서 활약하는 임무 'SNAKE TALES' 5종 등을 추가했다.

전체 이용가 ROBOTECH : BATTLECRY

●디알인터랙티브 ●STG ●2003년 6월 26일 ●45,000원
●플레이 명수 : 1~2인 ●세이브 용량 : 109KB 이상

ONLINE 대응

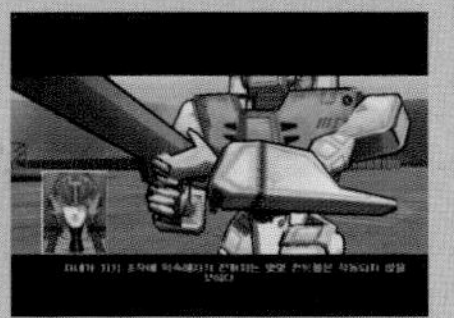

미국 TDK Mediactive 사가 제작한, '초시공요새 마크로스'의 북미 방영판인 'ROBOTECH'를 소재로 삼은 슈팅 게임을 한국어화했다. 원작의 전투기 '발키리'의 특성을 살려, 파이터·가워크·배틀로이드로 3단 변신이 가능하다.

18세 이용가 사일런트 힐 3

●코나미마케팅아시아 한국지점 ●AVG ●2003년 7월 3일 ●52,000원
●플레이 명수 : 1인 ●세이브 용량 : 364KB 이상

ONLINE 대응

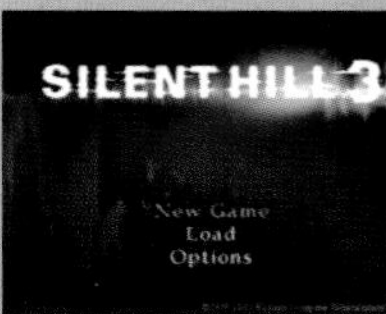

공포 게임의 역사에 한 획을 그은 「사일런트 힐」 시리즈의 첫 정규 한국어화 발매작. 우수한 퀄리티의 자막 번역과, 당시 게이머들을 놀라게 한 강렬한 욕설 표현 등으로 한국에서도 공포 게임 팬들의 찬사를 받았다.

18세 이용가 SOCOM : U.S. NAVY SEALs

●소니컴퓨터엔터테인먼트코리아 ●TPS ●2003년 7월 3일 ●45,000원
●플레이 명수 : 1인 ●세이브 용량 : 190KB 이상 ●USB 헤드셋 동봉, 온라인 대전 지원(~16명)

ONLINE 대응

한국 PS2 게임 최초의 온라인 멀티플레이 지원 작품. 온라인 게임에 익숙한 한국의 특성을 살려 당시 SCEK가 전사적으로 전개하던 네트워크 어댑터 보급 및 PS2 "방" 사업의 첨병이자 전략상품 역할을 맡았다. 발매 전 온라인 베타테스트까지 진행했고, 플스방용 TEEN 버전도 별도 공급하는 등 적극 푸시했다.

12세 이용가 더 킹 오브 파이터즈 2000

●메가 엔터프라이즈 ●FACT ●2003년 7월 10일 ●29,000원
●플레이 명수 : 1~2인 ●세이브 용량 : 100KB 이상

구 SNK의 도산 후 판권을 계승했었던 SNK 플레이모어의 첫 PS2 출시작을 메가 엔터프라이즈가 발매했다. 캐릭터 승리 대사 등은 모두 영어이며, 기술표나 시스템 메시지 등만 한국어화됐다. 참고로 PS3의 DL 버전은 일본어판이다.

전체 이용가 I.Q REMIX+ : intelligent qube

●카마디지털엔터테인먼트 ●PZL ●2003년 7월 12일 ●39,000원
●플레이 명수 : 1~2인 ●세이브 용량 : 34KB 이상

SCE의 일본 PS2 런칭 타이틀 중 하나로서, 퍼스트파티 타이틀을 서드파티가 한국어화해 퍼블리싱한 드문 케이스다. 「I.Q」 시리즈의 최초이자 유일한 한국어판이라는 의의도 있는 작품. 시스템 메시지 정도만 한국어화됐다.

18세 이용가 ZONE OF THE ENDERS : THE 2nd RUNNER

●코나미마케팅아시아 한국지점 ●ACT ●2003년 7월 17일 ●52,000원
●플레이 명수 : 1~2인 ●세이브 용량 : 140KB 이상

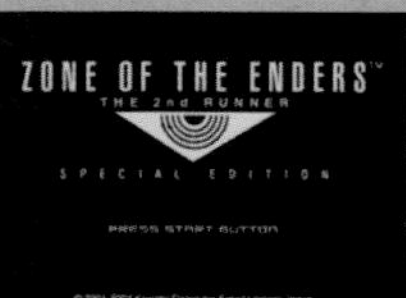

「아누비스 : ZONE OF THE ENDERS SPECIAL EDITION」(210p)의 한국어판. 일본어 음성을 원하는 게이머들의 요망에 응해 최초로 음성을 일본어판 기준으로 수록했다. 이는 이후의 「메탈기어 솔리드 3」 등으로도 계속 이어진다.

15세 이용가 엔터 더 매트릭스

●아타리코리아 ●ACT ●2003년 7월 24일 ●52,000원
●플레이 명수 : 1인 ●세이브 용량 : 186KB 이상

대히트 영화 '매트릭스 2 : 리로디드'의 공식 미디어믹스 게임. 원작의 워쇼스키 감독이 직접 기획해, 영화와는 다른 측면의 스토리를 다룬다. Xbox·게임큐브로도 발매되었으나, 게임큐브판만 유일하게 한국어화되지 않았다.

전체 이용가 Grand Slam 2003-Tennis

●이오리스 ●SPT ●2003년 7월 31일 ●29,000원
●플레이 명수 : 1~4인 ●세이브 용량 : 108KB 이상 ●멀티탭 지원

스포츠 장르 중에선 의외로 꽤 드문 편인 테니스 게임. 아케이드 게임 전문사인 이오리스의 유일한 PS2 발매작이며, 마호 사의 「매지컬 스포츠 : 하드 히터 2」(108p)를 한국어화했다. 멀티탭으로 4인까지의 복식 대전도 가능하다.

전체 이용가 타마마유 이야기 2

●감마니아코리아 ●RPG ●2003년 8월 8일 ●45,000원
●플레이 명수 : 1~2인 ●세이브 용량 : 712KB 이상

일본에서 1998년 12월 PS1용으로 발매됐던 「타마마유 이야기」의 속편. '성마'를 육성·배합한다는 특유의 시스템은 더욱 발전되었다. 캐릭터 디자인 및 원화 작업은 스튜디오 지브리 출신의 콘도 카츠야가 맡았다.

18세 이용가 길티기어 이그젝스 샤프 리로드

●YBM시사닷컴 ●FACT ●2003년 7월 31일 ●49,000원
●플레이 명수 : 1~2인 ●세이브 용량 : 73KB 이상

2002년 10월의 「길티기어 젝스 플러스」에 이어, 「길티기어 이그젝스」의 아케이드 최신판을 완전 한국어화해 일본과 동시 발매하는 쾌거를 이룬 작품. 20명 이상의 성우가 더빙을 맡았고, 고 신해철이 최초로 게임음악 작업에 도전해 40여 곡의 신곡을 제공했으며 스스로도 '테스타먼트' 역으로 참여했다.

등급 아이콘 (영등위)     전체 이용가 12세 이용가 15세 이용가 18세 이용가

각종 아이콘  Big Hit판 출시   네트워크 어댑터 지원

12세 이용가 아크 더 래드 : 정령의 황혼

●소니컴퓨터엔터테인먼트코리아 ●RPG ●2003년 8월 12일 ●48,000원
●플레이 명수 : 1인 ●세이브 용량 : 166KB 이상

SCE의 간판 RPG IP였던 「아크 더 래드」 시리즈의 유일한 한국 발매작. 자막·음성 완전 한국어화는 물론, 가수 이소은이 한국어판 타이틀곡을 새로 불러 수록했다. 500세트 한정판인 'Premium Box'도 함께 발매됐다.

15세 이용가 메탈 슬러그 3

●메가 엔터프라이즈 ●ACT ●2003년 8월 14일 ●39,000원
●플레이 명수 : 1~2인 ●세이브 용량 : 100KB 이상

아케이드로 출시된 같은 제목 작품의 PS2 이식판. PS2판만의 오리지널 보너스 컨텐츠로서, 아케이드 모드를 클리어해야 개방되는 미니게임인 'UFO모션돌입작전'과 '뚱보 아이랜드'를 제공한다. 이제 전쟁은 우주에서까지 펼쳐진다!

18세 이용가 스프린터 셀

●코코캡콤 ●ACT ●2003년 8월 14일 ●49,000원
●플레이 명수 : 1인 ●세이브 용량 : 493KB 이상

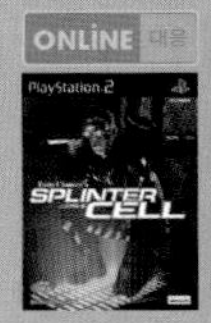

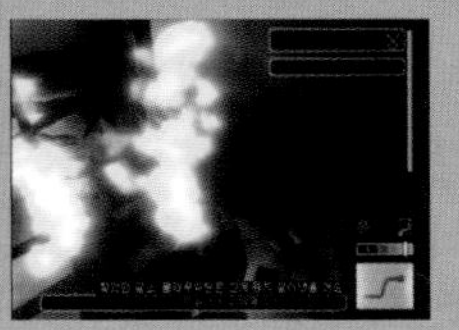

후일 유비소프트의 간판 IP가 되는 인기 시리즈의 첫 작품. 한국에선 자막 한국어화되어 Xbox판과 멀티플랫폼 형태로 동시 발매됐다. 밀리터리 색채가 강한 하드코어 잠입 액션 게임으로서, 시그니처 무브 '스플릿 점프'도 유명하다.

18세 이용가 히트맨 2 : SILENT ASSASSIN

●한빛소프트 ●ACT ●2003년 8월 19일 ●45,000원
●플레이 명수 : 1인 ●세이브 용량 : 510KB 이상

잠입·암살을 소재로 삼은 인기 게임 「히트맨」 시리즈의 첫 한국어화 발매작. 동일한 미션이라도 다양한 해결방법이 가능한 자유도가 최대 특징이다. 한국어화 과정에서 3종의 폰트를 자체 디자인해 가독성을 높이는 시도를 하기도 했다.

전체 이용가 카이도 배틀

●메가 엔터프라이즈 ●RCG ●2003년 8월 21일 ●48,000원
●플레이 명수 : 1~2인 ●세이브 용량 : 94KB 이상 ●FORCE GP 지원

공공도로 고갯길 레이스가 소재인 작품. 닛코·하루나·하코네·롯코의 실제 도로를 주파해 라이벌과 경쟁한다. 게임 내 라이벌 200여 명의 이름을 한국 게이머들의 응모를 받아 교체했고, 국내 업체들의 PPL 간판광고도 시도했다.

12세 이용가 버추어 파이터 4 에볼루션

●YBM시사닷컴 ●FACT ●2003년 8월 28일 ●49,000원
●플레이 명수 : 1~2인 ●세이브 용량 : 167KB 이상

세가의 간판 3D 대전격투 게임인 「버추어 파이터」 시리즈 최초이자 유일의 공식 한국어화 발매작. 일본판에는 없었던, 시리즈 10주년을 기념해 1편의 그래픽으로 대전을 즐기는 '스페셜 모드'가 추가됐다. 한정판도 발매되었다.

15세 이용가 진 여신전생 III NOCTURNE

●캔디글로벌미디어 ●RPG ●2003년 8월 28일 ●52,000원
●플레이 명수 : 1인 ●세이브 용량 : 160KB 이상

아틀러스의 간판 RPG 「진 여신전생」 시리즈의 당시 최신작을, 불과 6개월 만에 완전 한국어화 발매해 팬들을 열광시켰던 화제의 게임. 텍스트 번역이 어려운 작품인 탓에 원작의 팬사이트 유저들이 번역에 참여하여 퀄리티를 높였다. 17년 후인 2020년 10월엔 PS4·스위치·PC로 HD 리마스터판도 발매됐다.

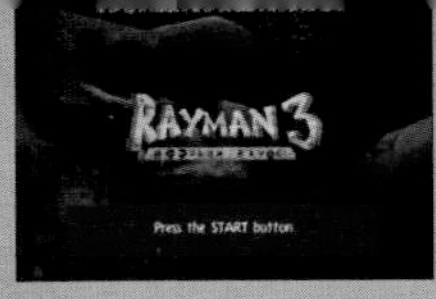

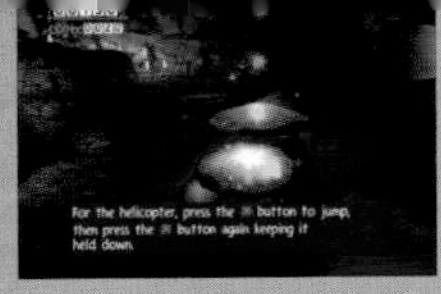

당시 유비소프트의 간판작 중 하나였던 「레이맨」 시리즈의 신작. 특이하게도 게임 내 텍스트는 영어 그대로 놔두고, 캐릭터 음성만을 한국 성우의 연기로 모두 교체했다. 코믹한 전개와 풍부한 미니게임들은 여전하다.

당시 반다이가 전개했던 초대형 미디어믹스 프로젝트 「.hack」(닷핵)의 게임판 4부작 중 첫 작품의 한국어판. 가상의 온라인 게임 '더 월드'가 무대로서, 일본과 동일하게 45분 분량의 OVA '.hack//Liminality' 디스크를 동봉했다.

전체 이용가 그로우랜서 II

●캔디글로벌미디어 ●SRPG ●2003년 9월 25일 ●38,000원
●플레이 명수 : 1인 ●세이브 용량 : 170KB 이상

1999년의 PS1용 게임 「그로우랜서」(한국에선 PC판으로만 발매)의 속편으로서, 전투 시스템에서 시뮬레이션성을 더욱 강화했다. 무기에 정령석을 끼워 강화하는 링=웨폰 시스템, 멀티 시나리오 채택 등 전작 대비 변경점이 많다.

18세 이용가 탐정 진구지 사부로 : Innocent Black

●게임문화 ●AVG ●2003년 9월 30일 ●45,000원
●플레이 명수 : 1인 ●세이브 용량 : 80KB 이상

패미컴판부터의 긴 역사를 자랑하는 「탐정 진구지 사부로」 시리즈의 첫 PS2 신작이자, 첫 한국어화 정식 발매작. 가정용 추리 어드벤처 게임 최초의 한국어화라는 숨은 의의도 있다. 인상적인 캐릭터와 BGM으로 인기를 얻었다.

전체 이용가 SD건담 G제네레이션 네오

●반다이코리아 ●SLG ●2003년 9월 30일 ●49,500원
●플레이 명수 : 1인 ●세이브 용량 : 179KB 이상

초대 「SD건담 G제네레이션」의 PC판에 이어, 한국어화 발매된 2번째 작품이다. 당시까지의 역대 '건담' 시리즈 주요 기체·파일럿들이 한 자리에 모여, 어스노이드와 스페이스노이드의 대립이라는 오리지널 시나리오를 펼친다.

12세 이용가 진 삼국무쌍 2 프리미엄 패키지

●코에이코리아 ●ACT ●2003년 9월 30일 ●68,000원
●플레이 명수 : 1~2인 ●세이브 용량 : 소프트 별로 다름

전년에 발매해 큰 인기를 얻었던 「진 삼국무쌍 2」와 「진 삼국무쌍 2 맹장전」 두 작품을 한 패키지에 담은 합본 염가판으로서, 내용 자체는 모두 동일하다. 저렴한 가격으로 MIXJOY 시스템의 재미를 만끽할 수 있다.

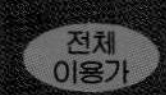

전체 이용가 AXEL IMPACT

●소니컴퓨터엔터테인먼트코리아 ●RCG ●2003년 10월 16일 ●35,000원
●플레이 명수 : 1~2인 ●세이브 용량 : 147KB 이상

PS2의 두 번째 한국 개발작으로서, 액시즈 엔터테인먼트 사가 3년간 개발해온 오리지널 레이싱 게임을 SCEK가 직접 퍼블리싱했다. 서울 압구정 대로 등의 11개 코스가 있으며, 모두 가상차량인 대신 물리적 파손 개념을 도입했다.

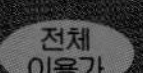

전체 이용가 컬드셉트 세컨드 익스팬션

●AK커뮤니케이션즈 ●TBL ●2003년 10월 16일 ●49,000원
●플레이 명수 : 1~4인 ●세이브 용량 : 62KB 이상 ●멀티탭 지원

보드 게임 매니아를 중심으로 이미 정평이 나 있었던 오오미야 소프트의 「컬드셉트」 시리즈 최신작을 과감히 완전 한국어화하여 국내 최초로 소개한 작품. 총 492장의 카드가 등장하며, 컨트롤러 하나로도 4인 대전이 가능하다.

 등급 아이콘 (영등위) 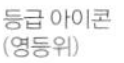   전체 이용가 12세 이용가 15세 이용가 18세 이용가 각종 아이콘  Big Hit판 출시   네트워크 어댑터 지원

12세 이용가 진 삼국무쌍 3 맹장전

●코에이코리아 ●ACT ●2003년 10월 30일 ●39,500원
●플레이 명수 : 1~2인 ●세이브 용량 : 150KB 이상

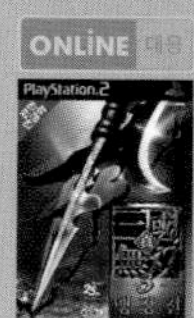

단독으로도 즐길 수 있지만, 전작 「진 삼국무쌍 3」의 세이브데이터가 있다면 더욱 확장된 재미를 제공하는 MIXJOY 시스템이 특징인 작품. 무장별 특수 스테이지 '열전 모드'와 '달인'·'입문' 난이도, 레벨 11 무기 등이 추가되었다.

12세 이용가 진 삼국무쌍 3 프리미엄 패키지

●코에이코리아 ●ACT ●2003년 10월 30일 ●68,000원
●플레이 명수 : 1~2인 ●세이브 용량 : 소프트 별로 다름

앞서의 「진 삼국무쌍 2 프리미엄 패키지」와 마찬가지로, 「진 삼국무쌍 3」와 「진 삼국무쌍 3 맹장전」의 합본 염가판. 사용설명서도 2권을 모두 넣은 탓에, 한 권을 바깥으로 빼고 투명 케이스로 통합 동봉하는 독특한 구성이다.

전체 이용가 FIFA SOCCER 2004

●일렉트로닉아츠코리아 ●SPT ●2003년 11월 5일 ●45,000원
●플레이 명수 : 1~8인 ●세이브 용량 : 832KB 이상 ●멀티탭 및 네트워크 어댑터 지원

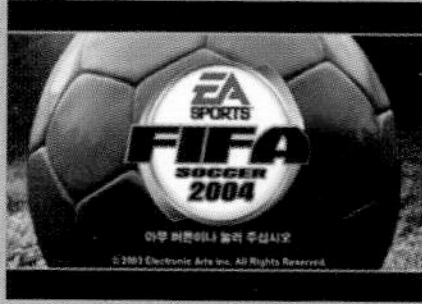

PS2판 EA SPORTS 게임 최초로, 네트워크 어댑터를 통한 온라인 대전을 제공한 작품. 2004년판의 메인 컨셉인 '토탈 사커' 개념에 맞게 한국판 오리지널 커버 모델로 설기현 선수를 섭외했고, 사인이 든 스페셜 카드도 동봉했다.

15세 이용가 툼 레이더 : 엔젤 오브 다크니스

●한빛소프트 ●ACT ●2003년 11월 7일 ●45,000원
●플레이 명수 : 1인 ●세이브 용량 : 384KB 이상

역사가 오랜 시리즈물인데도 불구하고 유독 한국어화와는 영 인연이 없었던 「툼 레이더」 시리즈 중에선 매우 드문 음성·자막 정규 한국어화 작품. 역대 작품들의 정보를 총망라한 스페셜 DVD 비디오 디스크도 한국어 자막을 넣었다.

전체 이용가 수도고 배틀 01(제로원)

●메가 엔터프라이즈 ●RCG ●2003년 11월 13일 ●48,000원
●플레이 명수 : 1~2인 ●세이브 용량 : 382KB 이상 ●FORCE GP 지원

일본 도쿄의 수도고속도로 등에서 벌어지는 스트리트 배틀 레이스를 소재로 삼은 「수도고 배틀」 시리즈의 유일한 한국어화 발매작. 타임어택 모드의 패스워드를 공식 웹페이지에 등록하는 형태의 온라인 랭킹 경쟁도 지원했다.

전체 이용가 NBA LIVE 2004

●일렉트로닉아츠코리아 ●SPT ●2003년 11월 14일 ●45,000원
●플레이 명수 : 1~2인 ●세이브 용량 : 2600KB 이상 ●멀티탭 및 네트워크 어댑터 지원

EA의 「NBA LIVE」 시리즈 중에서는 최초의 공식 한국어화 작품이자, 「FIFA SOCCER 2004」에 이은 2번째 온라인 대전 지원 게임. Xbox판도 동시 발매되었으나, 한국어화된 작품은 PS2판뿐이다. 'Freestyle 컨트롤'이 특징이다.

15세 이용가 반지의 제왕 : 왕의 귀환

●일렉트로닉아츠코리아 ●ACT ●2003년 11월 18일 ●45,000원
●플레이 명수 : 1~2인 ●세이브 용량 : 132KB 이상

같은 제목 영화의 개봉에 맞춰 동시기에 발매한 공식 게임화 작품으로서, PC·Xbox판도 동시 발매했다. 유통사 측에서는 게임 발매에 맞춰 10주간 매주 5명씩 실제 18K 절대반지를 제작·증정하는 캠페인을 진행하기도 하였다.

12세 이용가 타임 크라이시스 3

●소니컴퓨터엔터테인먼트코리아 ●STG ●2003년 11월 20일 ●42,000원
●플레이 명수 : 1~2인 ●세이브 용량 : 215KB 이상 ●건콘2 및 i.LINK 연결 지원

당시 남코의 아케이드용 인기 건 슈팅 게임이었던 「타임 크라이시스」 시리즈 최신작의 PS2 초월이식판. 한국어화 게임인데도 한국·일본 동시 발매에 성공하는 드문 사례를 만들어냈다. i.LINK를 통한 2인 협력 플레이도 지원한다.

전체 이용가 전격 Z작전

●조이온 ●ACT ●2003년 11월 20일 ●45,000원
●플레이 명수 : 1인 ●세이브 용량 : 121KB 이상

80년대 초 한국에서도 대인기였던 미국 TV드라마(원제는 'Knight Rider')를 바탕으로, 30년 만에 PS2용으로 제작한 게임의 한국어판. 원작을 더빙했었던 성우들을 재섭외해, 우리말 녹음 추가는 물론 설명서에 사인·인터뷰도 넣었다.

전체 이용가 해리포터 퀴디치 월드컵

●일렉트로닉아츠코리아 ●SPT ●2003년 11월 28일 ●45,000원
●플레이 명수 : 1~2인 ●세이브 용량 : 60KB 이상

10월의 PC판에 이어, Xbox(영문판)와 동시 발매한 가정용 게임기판. 원작 '해리포터' 시리즈의 인기 스포츠 '퀴디치'를 게임화했으며, 플레이어는 주로 추격꾼으로서 득점을 노린다. 캐릭터 대사에 자막이 없는 게 아쉬운 점이다.

12세 이용가 소울 칼리버 II

●소니컴퓨터엔터테인먼트코리아 ●FACT ●2003년 11월 27일 ●48,000원
●플레이 명수 : 1~2인 ●세이브 용량 : 138KB 이상 ● 프로그레시브(480p) 지원

「소울 칼리버」 시리즈 최초의 공식 한국어판. 일본 등에선 PS2·Xbox·게임큐브 3기종으로 동시 발매됐으며 게스트 캐릭터도 차별화했으나, 한국은 PS2판만 출시되어 아쉬움을 주었다. 영어 음성 전환이 가능한 등 일본판보다 몇 가지 수정·개선이 가해졌으며, 「철권」의 헤이하치가 게스트로 참전한다.

전체 이용가 아이토이 : 플레이

●소니컴퓨터엔터테인먼트코리아 ●ACT ●2003년 12월 4일 ●59,000원
●플레이 명수 : 1~4인 ●세이브 용량 : 350KB 이상 ●아이토이 카메라 동봉

PS2용 USB 카메라 '아이토이'를 활용하는 첫 소프트로서, 화면상에 유저의 모습이 나와 온몸으로 플레이한다는 새로운 놀이법을 제시한 작품. 이후로도 아이토이 전용 소프트가 다수 등장한다. 한국에서만 7만 장 이상이 판매됐다고.

전체 이용가 월드 사커 위닝 일레븐 7 인터내셔널

●코나미마케팅아시아 한국지점 ●SPT ●2003년 12월 4일 ●52,000원
●플레이 명수 : 1~2인 ●세이브 용량 : 1195KB 이상 ●멀티탭 지원(~8인)

당시 한국에서도 인기가 많았던 코나미의 간판 축구 게임 「월드 사커 위닝 일레븐」 시리즈 최초의 공식 한국어판. 한국팀도 전원 실명화됐다. 발매 20일 만에 초판 5만 장이 완매됐다고 한다. 다음해 3월에는 PC판도 발매되었다.

전체 이용가 록맨 X7

●코코캡콤 ●ACT ●2003년 12월 4일 ●42,000원
●플레이 명수 : 1인 ●세이브 용량 : 40KB 이상

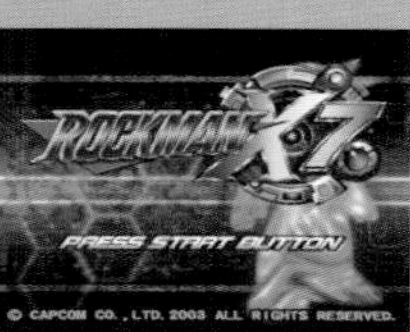

캡콤의 「록맨 X」 시리즈 중, 공식 한국어판으로는 3번째 작품이자 PS2로는 최초 발매작. 북미 명칭인 '메가맨'이 아니라 '록맨'으로 발매된 첫 타이틀이라는 의의도 있다. 시리즈 최초로 3D 액션 배틀 시스템을 추가한 작품이기도 하다.

전체 이용가 SSX 3

●일렉트로닉아츠코리아 ●SPT ●2003년 12월 5일 ●45,000원
●플레이 명수 : 1~2인 ●세이브 용량 : 1MB 이상

「SSX 트리키」에 이어 다시 한 번 한국어화 발매된 시리즈 최신작. 대신 이번엔 음성은 라디오와 내레이션에 한해서만 더빙되었고, 자막 위주로 한국어화되었다. 북미판에 있었던 온라인 플레이 기능도 삭제되어 있다.

전체 이용가 12세 이용가 15세 이용가 18세 이용가 각종 아이콘 Big Hit판 출시 네트워크 어댑터 지원

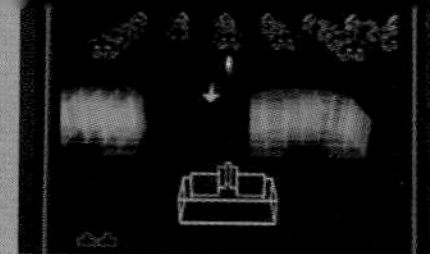

엠드림에 이어 일본 타이토 사 작품의 국내 판권을 획득한 사이버프론트제넥스코리아의 첫 타이토 게임 발매작이자, 「스페이스 인베이더」 관련 게임으로는 첫 한국 정식 발매작. 개발자 인터뷰에까지도 충실히 자막을 넣었다.

THQ 코리아의 첫 한국어화 발매작으로서, Xbox·게임큐브까지 3기종 멀티플랫폼으로 한국어화 발매되었다는 진기한 기록을 남겼다. 디즈니/픽사 관련 가정용 게임기계 작품으로는 첫 공식 한국어화 게임이기도 하다.

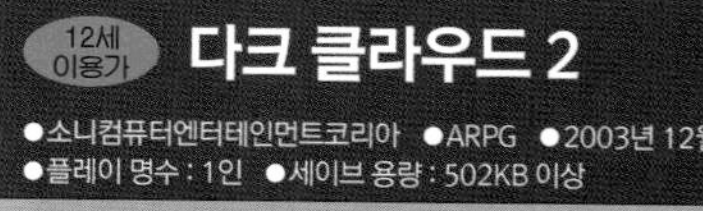

12세 이용가 다크 클라우드 2

●소니컴퓨터엔터테인먼트코리아 ●ARPG ●2003년 12월 11일 ●48,000원
●플레이 명수 : 1인 ●세이브 용량 : 502KB 이상

ONLINE 대응

「테일즈 오브 데스티니 2」와 「아크 더 래드 : 정령의 황혼」에 이은, SCEK가 2003년 발매한 3대 한글화 RPG 중 하나. 일본보다 1년쯤 늦게 발매됐는데, 방대한 볼륨 탓에 한글화 작업이 일반적인 게임의 3배 이상 걸려서였다고 한다.

18세 이용가 Castlevania

●코나미마케팅아시아 한국지점 ●ACT ●2003년 12월 18일 ●48,000원
●플레이 명수 : 1인 ●세이브 용량 : 124KB 이상

ONLINE 대응

코나미의 인기작 「악마성 드라큘라」 시리즈의 첫 PS2용 작품을 자막 한국어화로 발매했다. 시리즈 중 유일하게 일본을 포함한 전 세계 타이틀명을 「캐슬바니아」로 통일한 작품이며, 음성은 영어·일본어를 모두 수록했다.

전체 이용가 삼국지전기 2

●코에이코리아 ●SLG ●2003년 12월 18일 ●58,000원
●플레이 명수 : 1~2인 ●세이브 용량 : 197KB 이상

ONLINE 대응

삼국지연의의 유명 무장들로 치열한 턴제 전략 전투를 즐기는 시리즈의 마지막 작품. 기존의 조조·유비·손책 시나리오를 리뉴얼했고 여포 시나리오를 추가했으며, 단일 부대가 여러 전법을 사용하는 '연격'이란 신 시스템을 추가했다.

15세 이용가 귀무자 무뢰전

●코코캡콤 ●FACT ●2003년 12월 18일 ●45,000원
●플레이 명수 : 1~2인 ●세이브 용량 : 80KB 이상 ●멀티탭 지원(~4인)

ONLINE 대응

「귀무자」 1·2편의 주인공·조연·악역 중에서 골라 최대 4인 동시 대전을 펼치는 올스타전 게 액션 게임. 다음해 발매되는 「귀무자 3」의 트레일러 무비도 수록했으며, 「귀무자 3」의 세이브데이터가 있으면 스페셜 캐릭터가 해금된다.

전체 이용가 일격살충!! HOIHOISAN

●코나미마케팅아시아 한국지점 ●ACT ●2003년 12월 25일 ●45,000원
●플레이 명수 : 1인 ●세이브 용량 : 27KB 이상

ONLINE 대응

일본에서 월간지 '전격 대왕'을 통해 연재중이던 다나카 쿠니히코의 같은 제목 만화를 게임화한 미디어믹스 작품. 아쉽게도 일본판에 있던 인기 성우 5명 캐릭터 보이스는 삭제됐다. 만화판도 대원씨아이에서 정식 발매됐다.

전체 이용가 소닉 히어로즈

●YBM시사닷컴 ●ACT ●2003년 12월 30일 ●52,000원
●플레이 명수 : 1~2인 ●세이브 용량 : 110KB 이상

ONLINE 대응

세가의 간판 IP, 「소닉」 시리즈의 첫 공식 한국어화 발매작. '팀 액션' 시스템이 특징으로서, 항상 3인 1조로 플레이하며 언제든 교체 가능하고, 리더가 누구냐로 다양한 액션이 펼쳐진다. 후일 세가코리아 설립 후 재발매되었다.

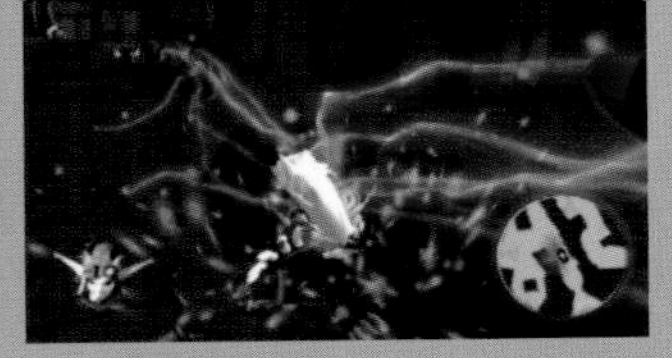

PS2 시대 너티 독의 대표작인 「잭 & 덱스터」 시리즈의 첫 정규 한국어화 작품이자, 시리즈 유일의 한국어 더빙 작품. 거대도시 '헤이븐 시티'를 누비는 어두운 분위기의 오픈월드 액션 어드벤처 게임이 되었다. 한국어·영어·일어·불어 등 총 7개국어의 음성·자막을 언제든 상호 교차 설정 가능한 것도 특징이다.

반숙영웅 VS 3D

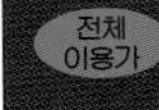

전체 이용가

●YBM시사닷컴 ●SLG ●2004년 1월 8일 ●49,000원
●플레이 명수 : 1인 ●세이브 용량 : 80KB 이상

YBM시사닷컴의 유일한 스퀘어 에닉스 발매작. 충실한 음성·자막 한국어화는 물론 한국판 오리지널 에그몬스터 공모·수록, 가수 김국환의 오프닝곡 캐스팅, 코미디언 '양배추와 낙지'와의 콜라보레이션 등 그야말로 '현지화'를 해냈다.

더 킹 오브 파이터즈 2001

12세 이용가

●메가 엔터프라이즈 ●FACT ●2004년 1월 15일 ●39,000원
●플레이 명수 : 1~2인 ●세이브 용량 : 100KB 이상

기술표의 한국어화에 그쳤던 전작과는 달리, 이번 작품은 메인 메뉴 및 승리대사, 각종 비주얼 데모 등까지 모두 제대로 한국어화했다. 원작은 한국의 이오리스 사와 공동 개발한 작품이며, 신 캐릭터로 한국인 '이진주'가 추가됐다.

.hack//악성변이 Vol.2

12세 이용가

●반다이코리아 ●RPG ●2004년 1월 15일 ●49,500원
●플레이 명수 : 1인 ●세이브 용량 : 706KB 이상

가상의 온라인 RPG 내 세계를 무대로 삼은 '.hack' 프로젝트의 게임판 4부작 중 2번째 작품의 한국어판. 전작과 동일하게 OVA '.hack//Liminality' 2편의 DVD 비디오 디스크를 동봉했다. OVA판은 온게임넷 채널에서도 방영되었다.

그란 투리스모 4 Prologue

전체 이용가

●소니컴퓨터엔터테인먼트코리아 ●RCG ●2004년 1월 15일 ●29,000원
●플레이 명수 : 1인 ●세이브 용량 : 150KB 이상 ●GT FORCE·드라이빙 포스 프로 지원

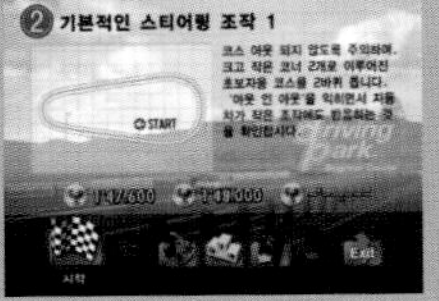

계속 출시가 지연되던 시리즈 최신작 「그란 투리스모 4」에 앞서, 팬들의 기다림을 해소하기 위해 선행 발매된 '프롤로그'판. 레이싱 게임 입문자를 위한 교습 모드인 '드라이빙 스쿨'을 신설했다. PS2 본체 동봉 팩도 한국에 발매됐다.

삼국지 IX

전체 이용가

●코에이코리아 ●SLG ●2004년 1월 15일 ●68,000원
●플레이 명수 : 1~8인 ●세이브 용량 : 834KB 이상

세가새턴판 「삼국지 IV」 한글판 이후 두 번째로 정규 한국어화된 게임기용 「삼국지」 시리즈 넘버링 작품. PS2판답게 자사의 「진 삼국무쌍 3」(+맹장전)나 「삼국지전기 2」의 세이브데이터가 메모리 카드에 있을 경우 관련 무장이 해금된다.

기동전사 건담 SEED

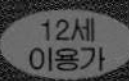

12세 이용가

●반다이코리아 ●ACT ●2004년 1월 18일 ●49,500원
●플레이 명수 : 1~2인 ●세이브 용량 : 192KB 이상

같은 제목 인기 TV 애니메이션의 공식 게임화 작품. 오프닝 무비를 게임 오리지널판으로 재편집했으며, 원작의 모빌슈츠들이 총망라된 것은 물론, 코믹스판 외전 'ASTRAY'의 모빌슈츠 2종도 등장한다. 스토리 모드는 원작을 따라간다.

등급 아이콘 (영등위)     전체 이용가 12세 이용가 15세 이용가 18세 이용가

각종 아이콘  Big Hit판 출시   네트워크 어댑터 지원

전체 이용가 에어 레인저 2

●엠드림 ●SLG ●2004년 1월 19일 ●45,000원
●플레이 명수 : 1인 ●세이브 용량 : 115KB 이상

ONLINE 대응

일본 애스크 사의 재난구조 헬기 시뮬레이션 게임을 음성·자막 한국어화했다. 더빙 과정에서 서혜정·장광 등 TV 외화로 친숙했던 당시 인기 성우들을 대거 섭외하기도 했다. 헬리콥터 조종 시뮬레이션이라는 흔치 않은 장르의 작품이다.

12세 이용가 메달 오브 아너 : 라이징 선

●일렉트로닉아츠코리아 ●FPS ●2004년 1월 27일 ●45,000원
●플레이 명수 : 1~4인 ●세이브 용량 : 136KB 이상 ●멀티탭 지원(~4인), USB 헤드셋 지원

ONLINE 대응

당시 EA의 간판 FPS IP였던 「메달 오브 아너」 시리즈의 콘솔판으로는 첫 공식 한국어화 작품. Xbox판과 동시 발매되었다. 2차대전의 진주만 공습전을 체험한 후, OSS 요원이 되어 과달카날 정글, 필리핀, 싱가포르 등에서 활약한다.

전체 이용가 니드 포 스피드 언더그라운드

●일렉트로닉아츠코리아 ●RCG ●2004년 1월 27일 ●45,000원
●플레이 명수 : 1~2인 ●세이브 용량 : 140KB 이상 ●네트워크 어댑터 지원

12월 18일 선행 발매된 PC판에 이어, Xbox와 동시 출시된 콘솔판. 국내에서는 힙합 아티스트 주석과 콜라보 PR을 진행했다. 20종의 공식 라이선스 차량 중 현대자동차의 투스카니가 포함되어 있어, 한국판의 표지모델로도 채택됐다.

15세 이용가 심즈 : 세상 밖으로

●일렉트로닉아츠코리아 ●SLG ●2004년 1월 27일 ●45,000원
●플레이 명수 : 1~2인 ●세이브 용량 : 1412KB 이상 ●네트워크 어댑터 지원

ONLINE 대응

콘솔판 「심즈」 시리즈의 2번째 작품. PC판 초기 확장팩들의 컨텐츠가 반영됐으며, 일종의 시나리오 모드인 '세상 밖으로'가 있다. 다만 안타깝게도, PS2판 「심즈」 시리즈로는 이 작품이 마지막 공식 한국어화 게임이 되었다.

18세 이용가 겟어웨이

●소니컴퓨터엔터테인먼트코리아 ●ACT ●2004년 1월 29일 ●45,000원
●플레이 명수 : 1인 ●세이브 용량 : 56KB 이상

ONLINE 대응

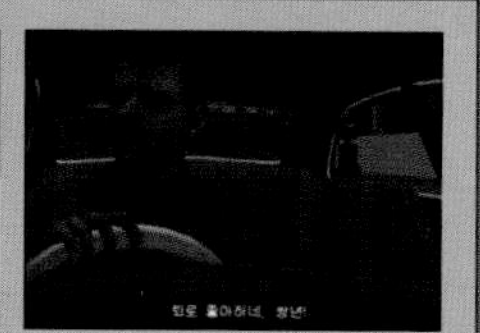

SCE 유럽의 런던 스튜디오가 제작한 게임의 한국어판. GTA3풍의 게임을 원하던 성인 유저를 노린 작품으로서, 전개가 갱스터 영화를 연상케 한다. 한국어판은 유명 영화번역가 이미도가 자막을 번역해, 강한 비속어 묘사를 시도했다.

전체 이용가 모노노케 이문록

●게임문화 ●SRPG ●2004년 2월 5일 ●39,000원
●플레이 명수 : 1인 ●세이브 용량 : 380KB 이상

ONLINE 대응

일본 거스트 사의 같은 제목 게임을 한국어화했다. 개화기의 일본을 무대로, 5명의 주인공 중 하나를 골라 멀티 시나리오로 스토리를 진행한다. '모노노케'를 동료로 삼아 커스터마이징하며 속성과 스킬을 고려해 준비하는 전략성이 특징.

15세 이용가 페르시아의 왕자 : 시간의 모래

●코코캡콤 ●ACT ●2004년 1월 29일 ●49,000원
●플레이 명수 : 1인 ●세이브 용량 : 88KB 이상

ONLINE 대응

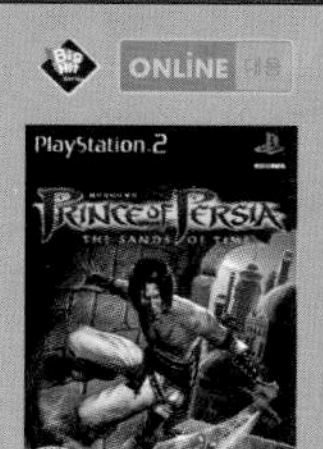

90년대의 명작 「페르시아의 왕자」 IP를 획득한 유비소프트가 새로운 스타일로 만들어낸 리부트작. 벽 달리기·덤블링·점프가 어우러지는 화려한 아크로바틱 액션, 실수해도 시간을 되돌려 만회하는 '시간의 모래'라는 독특한 오리지널 시스템이 호평 받아 세계적으로 히트했다. Xbox판으로도 한국어화 발매됐다.

전체 이용가 디지털 홈즈

●YBM시사닷컴 ●AVG ●2004년 2월 5일 ●45,000원
●플레이 명수 : 1인 ●세이브 용량 : 122KB 이상

일본 아크시스템웍스 사의 작품을 한국어화했다. 천재적인 두뇌의 국제지명수배자 소년 '휴 이부카 홈즈'와 엘리트 수사관 '알레프 왓슨'이, 48시간동안의 콤비로 런던에서 일어나는 불가사의한 사건의 흑막을 파헤치는 어드벤처 게임.

18세 이용가 쿠노이치

●YBM시사닷컴 ●ACT ●2004년 2월 12일 ●49,000원
●플레이 명수 : 1인 ●세이브 용량 : 285KB 이상

앞서 발매되었던 「시노비」의 속편. 이번엔 요염한 몸매의 쿠노이치(여닌자) '히바나'가 주인공으로서, 전작 특유의 '살진 액션'을 더욱 발전시켜 제작한 고난이도 액션 게임이다. 연속공격을 통한 차크라 게이지 충전이 중요하다.

18세 이용가 사혼곡 : 사이렌

●소니컴퓨터엔터테인먼트코리아 ●AVG ●2004년 2월 12일 ●45,000원
●플레이 명수 : 1인 ●세이브 용량 : 77KB 이상

SCE 재팬 스튜디오에서 제작한 오리지널 호러 액션 어드벤처 게임의 한국어판. 모든 텍스트를 한국어화했고 음성 더빙까지 수록했다. 좀비화한 마을 사람들인 '시인'은 죽일 수 없으며, 적의 시점을 훔쳐보는 '환시'를 이용해 잠입하며 돌파해야 한다. 실제 배우의 얼굴을 디지털 스캔해 생생함을 더했다.

전체 이용가 라쳇 & 클랭크 : 공구전사 대박몰이

●소니컴퓨터엔터테인먼트코리아 ●ACT ●2004년 2월 19일 ●45,000원
●플레이 명수 : 1인 ●세이브 용량 : 476KB 이상 ●프로그레시브(480p) 지원, 와이드스크린 지원

인섬니악 게임즈의 대표작 「라쳇 & 클랭크」 시리즈의 2번째 작품. 시리즈 첫 한국 정식 발매작이자, PS2 한국 발매 2주년 기념작이다. 시리즈의 특징인 기발한 무기들 및 코믹한 전개와 뛰어난 음성 한국어화 덕에, 국내에서도 빅히트판이 나올 만큼 히트했다. 새턴 실버 PS2 본체 동봉팩 형태로도 발매되었다.

15세 이용가 SNK VS. CAPCOM : SVC CHAOS

●메가 엔터프라이즈 ●FACT ●2004년 2월 26일 ●43,000원
●플레이 명수 : 1~2인 ●세이브 용량 : 100KB 이상

당시 2D 격투 게임계를 양분했던 SNK와 캡콤의 전격 콜라보레이션으로 탄생한, SNK 사이드의 신작을 PS2로 이식했다. 총 36명의 캐릭터가 대전 시작시 조합되는 모든 경우의 수에 고유 대사가 있으며, 이를 모두 한국어로 완역했다.

18세 이용가 귀무자 3

●코코캡콤 ●ACT ●2004년 2월 26일 ●52,000원
●플레이 명수 : 1인 ●세이브 용량 : 379KB 이상

블록버스터 게임 「귀무자」 3부작의 완결편. 1편의 주연이었던 금성무(카네시로 타케시)와 프랑스의 명배우 장 르노가 더블 주인공으로 출연한다. 배경이 풀 3D화됐고 아날로그 스틱으로 이동 가능해진 등, 완결편다운 위용을 보여주었다.

전체 이용가 그로우랜서 III

●캔디글로벌미디어 ●SRPG ●2004년 3월 11일 ●39,000원
●플레이 명수 : 1인 ●세이브 용량 : 91KB 이상

앞서 발매된 「그로우랜서 II」의 속편. 게임 내의 지역을 자유 이동할 수 있고 월드맵·세이브포인트 개념이 있으며 스토리도 강화되는 등, 일반적인 일본식 RPG에 가까워졌다. 우루시하라 사토시의 매력적인 캐릭터 디자인도 특징이다.

12세 이용가 브레스 오브 파이어 V : 드래곤 쿼터

●코코캡콤 ●RPG ●2004년 3월 18일 ●45,000원
●플레이 명수 : 1인 ●세이브 용량 : 240KB 이상

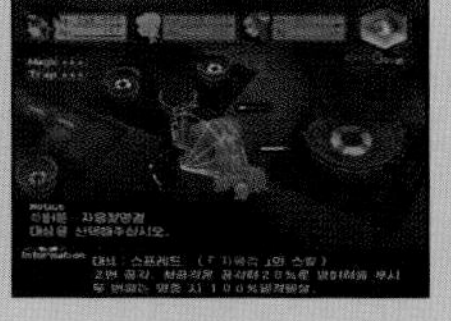

캡콤 작품 중에선 드문 RPG IP인 「브레스 오브 파이어」 시리즈의 5번째 작품이자, 시리즈 유일의 정규 한국어판. 설정·캐릭터·전투 시스템 등이 상당히 개성적인지라 사람을 가리는 편이나, 파장이 맞는 사람은 명작으로 꼽기도 한다.

전체 이용가 시라츄 탐험부

●사이버프론트제넥스코리아 ●AVG ●2004년 3월 24일 ●46,000원
●플레이 명수 : 1인 ●세이브 용량 : 200KB 이상

일본 타이토 사의 어드벤처 게임을 자막 한국어화했다. 성장해 어른이 된 주인공 다카히로 등의 과거 '시라츄 탐험부' 일행이 고향 시라가하마에 다시 모여, 자신들이 잊어버린 '무언가'를 찾아 나선다. 번역의 퀄리티가 뛰어난 작품이다.

18세 이용가 풍운 신선조

●메가 엔터프라이즈 ●ACT ●2004년 3월 26일 ●48,000원
●플레이 명수 : 1인 ●세이브 용량 : 160KB 이상

당시 한국에선 생경했던, 일본 막부시대 말기의 실존 무사집단 '신선조'를 소재로 다룬 액션 게임. 플레이어는 신선조의 신입 대원이 되어 역사적 인물들과 활약한다. 유통사가 업계 발전을 위해 주요 전문용어 번역안을 공개하기도 했다.

12세 이용가 스핑크스와 저주받은 미이라

●THQ 코리아 ●AVG ●2004년 3월 29일 ●45,000원
●플레이 명수 : 1인 ●세이브 용량 : 200KB 이상

영국 유로컴 디벨롭먼트 사가 개발한 작품의 한국어판. 이집트 신화가 소재로서, '스핑크스'와 '미이라' 2명의 주인공으로 번갈아 진행한다. 미이라 쪽은 납작해지거나 불붙거나 연기가 되는 등, 코믹한 전개가 많다. Xbox로도 발매됐다.

12세 이용가 강철기갑사단 : ONLINE BATTLEFIELD

●소니컴퓨터엔터테인먼트코리아 ●ACT ●2004년 4월 8일 ●29,000원
●플레이 명수 : 1인 ●세이브 용량 : 127KB 이상 ●온라인 대전 지원(~16명), USB 헤드셋 지원

SCE 유럽 런던 스튜디오의 「HARDWARE : ONLINE ARENA」의 한국어판. 「SOCOM」에 이은 2번째 온라인 지원작이며, 연습용 싱글플레이도 제공하나 실질적으로는 온라인 배틀 전용 게임이다. USB 헤드셋을 동봉해 발매했다.

12세 이용가 스타스키 & 허치

●메가 엔터프라이즈 ●RCG+SHT ●2004년 4월 15일 ●43,000원
●플레이 명수 : 1~2인 ●세이브 용량 : 65KB 이상 ●FORCE GP 및 드라이빙 포스 지원, 건콘2 지원

70년대 말 세계적으로 히트했던 미국의 TV 드라마를 영화화해 2004년 개봉한 같은 제목 영화의 공식 게임판. '레이싱 휠과 건콘을 동시 지원하는 최초의 게임'이 컨셉으로서, 두 플레이어가 각각 운전과 사격을 분담하는 시스템이다.

12세 이용가 그레고리 호러쇼 : 소울 컬렉터

●코코캡콤 ●AVG ●2004년 4월 15일 ●45,000원
●플레이 명수 : 1인 ●세이브 용량 : 707KB 이상

1999년 일본에서 인기리에 방영했던 TV용 풀 CG 애니메이션이 원작인 판권물이지만, 한국에선 원작이 소개되지 않아 사실상 오리지널 신작이었던 작품. '귀여움'과 '괴이함'이 교차하는, 독특한 분위기의 액션 어드벤처 게임이다.

12세 이용가 드래곤볼Z 2

●반다이코리아 ●FACT ●2004년 4월 16일 ●49,500원
●플레이 명수 : 1~2인 ●세이브 용량 : 70KB 이상

앞서 소개했던 「드래곤볼Z」의 속편. 원작의 인조인간 편까지를 다뤘던 전작에 이어 마인 부우 편까지 편입시켰고, 스토리 모드를 '드래곤 월드'라는 말판놀이 개념으로 바꾸어 다양한 IF 스토리를 연출할 수 있도록 했다.

12세 이용가 .hack//침식오염 Vol.3

●반다이코리아 ●RPG ●2004년 4월 20일 ●49,500원
●플레이 명수 : 1인 ●세이브 용량 : 681KB 이상

'.hack' 프로젝트 게임판 4부작의 3번째 작품. 미니게임인 '쁘띠쿠소 플래그 레이스'가 추가되었고, TV 애니메이션 '.hack//SIGN'의 캐릭터들이 등장하기도 하며, 최강의 검사 '창천의 발뭉크'도 드디어 동료로 삼을 수 있게 되었다.

12세 이용가 파이널 판타지 X-2

●일렉트로닉아츠코리아 ●RPG ●2004년 4월 20일 ●58,000원
●플레이 명수 : 1인 ●세이브 용량 : 221KB 이상

「파이널 판타지」 시리즈 최초의 공식 한국어판. 한국어화 발표시, 일본 대작 RPG의 한국어화를 갈망하던 당시 PS2 유저들의 열렬한 환영을 받아 큰 화제가 되었다. 음성은 영어판 기준이지만 텍스트는 충실히 한국어화되어 있다. 가이드북 합본판, 전작과의 합본판 등으로 이후 몇 차례 더 재발매되기도 했다.

전체 이용가 아이토이 : 그루브

●소니컴퓨터엔터테인먼트코리아 ●ACT ●2004년 4월 27일 ●45,000원
●플레이 명수 : 1~4인 ●세이브 용량 : 128KB 이상 ● 아이토이 카메라 필수

전년 12월의 「아이토이 : 플레이」에 이은, 아이토이 카메라 전용 게임 제2탄. 온몸으로 즐기는 체감형 댄스 게임으로서, 'Y.M.C.A.' 등의 서구 인기 댄스곡들은 물론 한국의 DJ DOC, BoA, 신화, JTL의 총 5곡도 수록돼 있다.

전체 이용가 카이도 배틀 2 : CHAIN REACTION

●메가 엔터프라이즈 ●RCG ●2004년 5월 14일 ●48,000원
●플레이 명수 : 1~2인 ●세이브 용량 : 183KB 이상 ●FORCE GP 지원

일본 겐키 사의 같은 제목 작품을 한국어화 발매했다. 전작에서 호평 받았던 유저들로부터의 라이벌 이름 공모 이벤트를 재실시해 게임에 반영했으며, 드리프트 위주의 '코너링 아티스트 배틀'과 고갯길 추격전 'FL 배틀' 등을 추가했다.

15세 이용가 건그레이브 O.D.

●소니컴퓨터엔터테인먼트코리아 ●ACT ●2004년 5월 27일 ●45,000원
●플레이 명수 : 1인 ●세이브 용량 : 79KB 이상

스타일리시 총격 액션 게임으로 호평을 받았던 「건그레이브」의 속편. 'O.D.'는 과다투여(overdose)의 약자로서, 플레이어블 캐릭터가 3명으로 늘었고 볼륨과 난이도도 증대됐다. 시스템을 이해하면 다양한 플레이스타일이 나오는 작품.

18세 이용가 무인가(武刃街)

●사이버프론트제넥스코리아 ●ACT ●2004년 5월 29일 ●49,000원
●플레이 명수 : 1인 ●세이브 용량 : 1020KB 이상

'하이스피드 무협 액션'을 표방한 액션 게임으로서, 주인공 '라우 윙'의 모델링 및 모션 연기를 인기 뮤지션 Gackt가 맡았다. 타이토 창립 50주년 기념작으로서 일본에선 미디어믹스도 전개됐으나, 한국에선 게임으로만 소개되었다.

등급 아이콘(영등위)     전체 이용가 12세 이용가 15세 이용가 18세 이용가

각종 아이콘  Big Hit판 출시  네트워크 어댑터 지원

전체 이용가 기동전사 건담 : 해후의 우주

●반다이코리아 ●ACT ●2004년 6월 3일 ●49,500원
●플레이 명수 : 1~2인 ●세이브 용량 : 348KB 이상

ONLINE 대응

극장판 애니메이션 '기동전사 건담 Ⅲ : 해후의 우주'의 게임화 작품으로서, 해당 작품의 DVD 비디오 디스크도 동봉했다. 음성 더빙 수록에 상당히 힘을 들여, 오디션 공모까지 개최하여 당시 최대인원인 40명 이상의 성우진을 기용했다.

12세 이용가 전국무쌍

●코에이코리아 ●ACT ●2004년 6월 10일 ●63,800원
●플레이 명수 : 1~2인 ●세이브 용량 : 311KB 이상

ONLINE 대응

「결전」에 이은, 코에이코리아의 2번째 일본 전국시대 소재작 한국어판. '무쌍' 시리즈로는 최초로 한국어·일본어 음성을 모두 수록했다. 이후로도 시리즈는 계속 이어지지만, 아쉽게도 「전국무쌍」 시리즈의 한국어화는 이 작품이 유일하다.

18세 이용가 사일런트 힐 4

●코나미마케팅아시아 한국지점 ●AVG ●2004년 6월 17일 ●40,000원
●플레이 명수 : 1인 ●세이브 용량 : 781KB 이상

ONLINE 대응

「사일런트 힐」 시리즈의 넘버링 신작이지만, 타 작품과의 연계성은 낮아 독립적인 작품에 가깝다. 시리즈 최초의 동양적인 유령·심령현상 개념 도입, 자신의 방을 중심으로 전개되는 독특한 구성, 심리적 공포감 연출의 강화 등이 특징이다.

15세 이용가 이브 버스트 에러 플러스

●손오공 ●AVG ●2004년 6월 23일 ●49,000원
●플레이 명수 : 1인 ●세이브 용량 : 50KB 이상

ONLINE 대응

칸노 히로유키의 걸작 추리 어드벤처 게임 「이브 버스트 에러」를 PS2로 이식한 작품의 한국어화 발매작. 그의 작품 중에선 유일한 정규 한국어판으로서, 번역 퀄리티도 준수하여 지금도 팬들로부터 높이 평가받고 있다.

18세 이용가 제로 : 붉은 나비

●소니컴퓨터엔터테인먼트코리아 ●AVG ●2004년 6월 24일 ●45,000원
●플레이 명수 : 1인 ●세이브 용량 : 250KB 이상

ONLINE 대응

「제로」의 속편. 영어 음성인 전작과 달리, 드디어 일본어 음성으로 자막 한국어화되어 팬들의 호평을 받았다. 주인공인 쌍둥이 자매와 붉은 나비에 얽힌 슬픈 비밀이 밝혀진다. 애절한 시나리오 등으로 시리즈 중 가장 호평 받은 작품 중 하나이나, 아쉽게도 현 시점에선 이 작품이 마지막 한국 정규 발매작이다.

18세 이용가 구원(九怨)

●YBM시사닷컴 ●AVG ●2004년 6월 24일 ●49,000원
●플레이 명수 : 1인 ●세이브 용량 : 111KB 이상

ONLINE 대응

프롬 소프트웨어의 같은 제목 호러 액션 게임을 한국어화한 작품. 당시 한국에선 생경했던 헤이안 시대의 음양사·음양술을 핵심 소재로 삼았다. 인상에 남는 커버 아트는, 독특하고 개성적인 화풍으로 유명한 치나이 코스케 화백이 그렸다.

12세 이용가 진 삼국무쌍 3 Empires

●코에이코리아 ●ACT ●2004년 6월 30일 ●39,600원
●플레이 명수 : 1~2인 ●세이브 용량 : 190KB 이상

ONLINE 대응

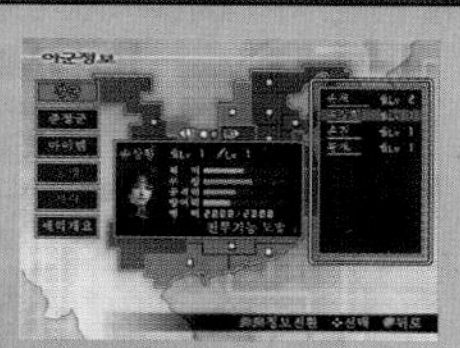

「진 삼국무쌍 3」의 기본 시스템에 「삼국지」로 친숙한 영지 통치·전략 시뮬레이션 요소를 결합시킨 이색작. 전략·전술 요소는 '전략 카드'라는 형태로 간략화했으며, 전투도 단순한 액션이 아니라 거점 공략 개념을 중시했다.

플레이스테이션 2
퍼펙트 카탈로그(상권)

1판 1쇄 | 2024년 11월 25일
감　　수 | 마에다 히로유키·조기현
옮 긴 이 | 김경문
발 행 인 | 김인태
발 행 처 | 삼호미디어
등　　록 | 1993년 10월 12일 제21-494호
주　　소 | 서울특별시 서초구 강남대로 545-21 거림빌딩 4층
www.samhomedia.com
전　　화 | (02)544-9456(영업부) (02)544-9457(편집기획부)
팩　　스 | (02)512-3593

ISBN 978-89-7849-712-1 (13690)